Mladen und Bojana Šćitaroci

SLAWONIENS SCHLÖSSER

Stocker
StV

Redaktion der kroatischen Originalausgabe
Ivo Bojanić

Wissenschaftliche Beratung
Univ.-Prof. Dr. Andre Mohorovičić, Univ.-Prof. Dr. Vladimir Marković
Dr. Ive Mažuran, Univ.-Prof. Dr. Sena Sekulić Gvozdanović
Baron Wolfgang Christian Steeb, Baron Janko Vranyczany-Dobrinović
Architekt Zlatko Karač

Layoutentwurf
Jelena Music

Übersetzung aus dem Kroatischen
Hofrat Dr. Friedrich Jäger, Baron Wolfgang Christian Steeb

Verleger der kroatischen Originalausgabe
ŠĆITAROCI d.o.o.
ZAGREB, SREBRNJAK 9

Gedruckt mit Unterstützung des Bundesministeriums für Bildung, Wissenschaft und Kultur, Wien.

Die Deutsche Bibliothek – CIP-Einheitsaufnahme

Šćitaroci, Mladen:
Slawoniens Schlösser : von Zagreb bis Vukovar /
Mladen und Bojana Šćitaroci. –
Graz ; Stuttgart : Stocker, 2000
ISBN 3-7020-0899-3

ISBN 3-7020-0899-3

Texterfassung: Klaudia Aschbacher, Gratkorn
Layoutumsetzung: Ecotext-Verlag, Wien
Belichtung, Filmherstellung, Lithographie:
Denona d.o.o., Zagreb
Druck und Bindung: Kratis d.o.o., Zagreb

Mladen und Bojana Šćitaroci

Slawoniens Schlösser

Von Zagreb bis Vukovar

Leopold Stocker Verlag
Graz – Stuttgart

Vorwort

Die Schlösser und Gärten (Parks), die seit der Renaissance bis ins 20. Jahrhundert hinein geschaffen wurden, nehmen innerhalb der europäischen Kulturgeschichte einen hohen Stellenwert ein. Sie sind nicht nur für Kultur, Kunst und Wissenschaft, sondern auch für den Tourismus von Bedeutung. Viele europäische Länder, namentlich jene im Westen, sind stolz auf ihre Schlösser und Schloßparks. Italien läßt sich kaum ohne seine Renaissancevillen vorstellen, Frankreich nicht ohne die malerischen Loire-Schlösser, Großbritannien nicht ohne seine Schlösser mit ihren weitläufigen englischen Parks... All diese Schlösser legen Zeugnis ab von der Kultur und Tradition ihrer Länder.

Viele Schlösser und Herrensitze (Kurien) auf dem Boden Kroatiens waren samt ihren Gärten – wie freilich auch manche im übrigen Europa – Jahrzehnte hindurch dem Verfall preisgegeben. Sie wurden weder gepflegt noch geschätzt. Das 20. Jh. war ihnen nicht sonderlich gewogen. Gleich nach dem Ersten Weltkrieg erwartete sie ein arges Schicksal, das nach dem Zweiten Weltkrieg noch schlimmer wurde. Im Verlauf eines halben Jahrhunderts wurden ihre Vergangenheit und ihre Bedeutung für die kroatische Kultur ausgelöscht. Aber auch heute sehen sie einem ungewissen Schicksal entgegen, da ihre Erhaltung und Pflege größerer Geldmittel bedarf, als Kroatien gegenwärtig aufzubringen in der Lage ist.

Der Niedergang der Schlösser und ihrer Gärten würde ohne Anpassung an die neuen Verhältnisse und ohne Schutzmaßnahmen weiter fortschreiten. Diese Tatsache war Anlaß für die nähere Beschäftigung mit ihnen. Nachdem schon unser Buch „Die Schlösser und Gärten des Kroatischen Zagorje“ Maßnahmen zum Schutz dieser Kulturgüter bewirkt hat, hoffen wir, daß diese Anregungen auch bei den Schlössern Slawoniens zum Tragen kommen werden. Diese Schlösser sind zwar weniger bekannt, aber keineswegs weniger wichtig. Das vorliegende Buch soll daher Anstoß zu weiteren Forschungen und zu geeigneten Schutzmaßnahmen geben und – nach europäischen Maßstäben – sachkundig durchgeführte Renovierungen und Revitalisierungen zur Folge haben, handelt es sich hier doch um die Bewahrung des kroatischen Kulturerbes.

Man sollte die kroatischen Schlösser, ihre Gärten und Parkanlagen nicht vernachlässigen, zumal ihre Geschichte mit jener Kroatiens, vor allem ab dem 17. Jh., eng verbunden ist. Volle drei Jahrhunderte hindurch waren sie Zentren des politischen und kulturellen Lebens, zuweilen auch des nach Kroatien einströmenden Adels. Sie sind ferner Zeugnisse der Baukunst und der gärtnerischen Gestaltung sowie der Kunstgeschichte. Wegen des eigenartigen Gefüges, das die Schlösser bzw. Kurien mit den wirtschaftlichen Elementen der Gutsherrschaft bildeten, sind sie zwangsläufig auch Gegenstand wirtschaftsgeschichtlicher Forschung. Sie und ihre Grünanlagen bezeugen die Identität der kroatischen Kultur, zugleich aber auch die Kontinuität der kroatischen Baukunst und des Kunstsinns. Es ist bemerkenswert, daß an der Südostgrenze Kroatiens (Slawoniens) auch die Verbreitung des europäischen Schlosses ihr Ende findet. Weiter in Richtung Südosten gibt es keine als historisch zu bezeichnenden Schlösser mehr.

Das vorliegende Buch fußt auf den Ergebnissen vieljähriger Forschungen aufgrund eines wissenschaftlichen Projektes der Fakultät für Architektur an der Universität Zagreb. Hierzu wurde viel Mühe aufgewendet, aber auch die Begeisterung der Autoren für die Erhaltung der kroatischen Schlösser kam dabei zum Tragen. Für die Vollendung dieser langwierigen Arbeit erwies sich die selbstlose Hilfe vieler Personen und Institutionen im In- und Ausland von unschätzbarem Wert. Sie werden im Nachwort angeführt; ihnen allen gebührt der herzlichste Dank.

Dieses Buch handelt von den Schlössern und Herrensitzen mit ihren Parks sowie von den Familien ihrer Eigentümer auf dem Gebiet Nordkroatiens zwischen Zagreb im Westen und Ilok im Osten. Es dehnt sich zwischen den Flüssen Drau,

Donau und Save aus. Innerhalb der gegenwärtigen politischen Grenzen Kroatiens zählen folgende Landschaften zu Slawonien: Prigorje, Moslavina, Podravina, Posavina, Slavonija (Slawonien im engeren Sinn), Baranja und Westsyrmien. Sechzig Schlösser und Kurien erinnern hier an die stürmische Vergangenheit Kroatiens.

Bezüglich der vorliegenden deutschsprachigen Ausgabe sei in erster Linie bemerkt, daß sie den gleichen Umfang aufweist wie die kroatische Erstausgabe und daß die Anordnung des Textes und der Illustrationen mit dieser nahezu übereinstimmt. Textkürzungen waren mit Rücksicht auf manche syntaktisch bedingte Eigenheiten der deutschen Sprache gelegentlich unumgänglich; andererseits schienen mit Bedacht auf den deutschsprachigen Leserkreis und zum besseren Verständnis der historischen Gegebenheiten Kroatiens und Slawoniens textliche Ergänzungen, vor allem in der Einleitung, erforderlich.

Zur Schreibweise von Namen wird bemerkt: Bei Orten wird der Konkurrenz zwischen deutschen, kroatischen und ungarischen Bezeichnungen durch Klammerausdrücke im Text (grundsätzlich bei erstmaliger Erwähnung) sowie im Ortsregister Rechnung getragen. Bei der gelegentlichen Konkurrenz zwischen deutschen, kroatischen und magyarischen Formen von Familiennamen wurde in gleicher Weise verfahren. Bei kroatischen Familiennamen wurde auch die ältere – d. h. die bis zur 2. Hälfte des 19. Jhs. gebräuchliche – Schreibweise berücksichtigt. (Dazu sowie über die Zitierung der Vornamen siehe die Anmerkung zum Personenregister, Seite 429.) Da allseits befriedigende Lösungen kaum erzielbar sind, wurden nach Tunlichkeit jene Namensformen verwendet, die in der jeweiligen Zeitphase gängig waren. Dies gilt auch für Behörden und ähnliche Institutionen sowie für Titel, Orden etc. aufgrund des Amtsgebrauchs, der deutschsprachigen historischen Literatur, der Adels-Lexika etc.

Das Literaturverzeichnis (Seiten 411–420) blieb unübersetzt, da es nahezu ausschließlich kroatischsprachige Literatur beinhaltet. Die wenigen anderssprachigen Quellen wurden in ihrer jeweiligen Sprache zitiert.

Einleitung

Der Name „Slawonien“ (kroat. Slavonija) kommt vom lateinischen Wort „Sclavonia“, mit dem in mittelalterlichen Urkunden die Gebiete der dort wohnenden Slawen bezeichnet wurden. Im 17. Jh. begann man als Slawonien das zwischen Drau, Donau und Save gelegene, aber nun im Westen durch das Flüßchen Ilova begrenzte Land zu verstehen. „Slawonien“ findet sich auch im Titel des „Dreieinigen Königreiches“ (Kroatien, Dalmatien, Slawonien), der zuletzt in der österreichisch-ungarischen Monarchie, also bis zum Jahre 1918, in Gebrauch war.

Slawonien repräsentiert auch heute den östlichen Teil des nördlichen Kroatien. In diesem Buch wenden wir die Bezeichnung „Slawonien“ auch auf das westlich der Ilova gelegene Gebiet an, und zwar bis Zagreb bzw. bis Zagorien (kroat. Zagorje), da Slawonien vor dem Türkeneinfall bis dorthin reichte. Damals erfolgte, eben an der Ilova, die faktische Teilung in ein „Oberslawonien“ und in ein (türkisch okkupiertes) „Unterslawonien“. Sie blieb noch nach der Befreiung von den Türken (Anfang 18. Jahrhundert) wirksam. Das Buch schließt somit eine Lücke, denn Zagorien ist in dem im Vorwort erwähnten Buch beschrieben.

Slawonien ist ein malerisches, freundliches, fruchtbares Land mit guten Ackerböden. Es hat Niederungen und Berge und ist von alters her wegen seines Weines und seiner Eichenwälder berühmt. Es ist aber auch ein Land, durch welches ganze Völkerschaften jahrhundertelang von Norden nach Süden, von Osten nach Westen und auch umgekehrt gezogen sind. Diese Wanderungen von Völkern und Volksgruppen haben zwar zur Entwicklung und zu künstlerischen Aktivitäten beigetragen sowie die Baukunst beeinflußt, aber leider auch zum Untergang einzelner Kulturen geführt.

Im Mittelalter hielten sich in Slawonien die ungarischen Könige Béla IV., Karl von Anjou und Sigismund von Luxemburg auf, der auch deutscher Kaiser war. Sultan Suleiman II. der Prächtige (1520–1566), unter dessen Herrschaft die Macht der Osmanen ihren Höhepunkt erreichte, war fünfmal in Osijek. Im Verlauf des 16. Jhs. waren bekannte europäische Festungsbauer in Oberslawonien tätig. Viele „Reisegeographen“ bereisten das Land und berichteten darüber, wie der Türke Ewliya Celebi, der Engländer Brown, der Deutsche Friedrich Wilhelm Taube und der Ungar Tekelly. Auch Königin Maria Theresia und die Kaiser Josef II. und Franz Joseph I. haben Slawonien Besuche abgestattet.

1 SUHOPOLJE, SCHLOSS JANKOVICH, 1993
2 NAŠICE, GROSSES SCHLOSS, 1993
3 NAŠICE, GROSSES SCHLOSS, 1993

Slawonien wurde durch viele Persönlichkeiten bekannt – durch ihren Geburtsort, ihre Abstammung oder ihre besonderen Leistungen. Schriftsteller, Dichter und Maler haben in ihrer Art das Leben beschrieben oder Inspirationen empfangen. Gebürtige Slawonier sind: Matija Antun Relković (Davor a. d. Save), Antun Kanižlić, Josip Eugen Tomić, Dobriša Cesarić (Požega), Matija Petar Katančić (Valpovo), Antun Gustav Matoš (Tovarnik), Ivan und Josip Kozarac (Vinkovci), August Harambašić (Donji Miholjac), Julije Benešić (Ilok), Slavko Batušić (Novska), Grigor Vitez (Kosovac bei Nova Gradiška), Dragutin Tadijanović (Rastušje) und Matko Peić (Požega). Mit Slawonien ist auch der Bischof von Djakovo, Joseph Stroßmayer, verbunden, geboren in Osijek, weiters der Chemiker und Nobelpreisträger Lavoslav Ružička aus Vukovar und der berühmte Philologe Josip Hamm aus Gat bei Valpovo. Aus Slawonien stammen auch zahlreiche Archäologen, Historiker und Kunsthistoriker: Vjekoslav Klaić aus Garčin bei Brod, Ferdo Šišić aus Vinkovci, Isidor Kršnjavi aus Našice, Gjuro Szabo aus Novska, Josip Matasović aus Vrpolje, Josip Brunšmid (Brunnschmied) aus Vinkovci und viele andere.

4 VELIKA, BLICK GEGEN DIE ALTE BURG, 1993

Die Geschichte Slawoniens

Als erste Einwohner Slawoniens gelten die Thraker und die Illyrer, seit der 1. Hälfte des 4. Jhs. v. Chr. auch die aus Gallien stammenden Kelten, die sich auch über mitteleuropäische Gebiete verbreitet haben. Zwischen den Jahren 6 und 9 n. Chr. gab es auf slawonischem Boden Kriege zwischen den illyrisch-keltischen Stämmen und römischen Heeren. Die siegreichen Römer begründeten die Provinz *„Pannonia"*, zu der auch das Gebiet des heutigen Slawonien gehörte.[1)]

Mit dem Einfall der Goten zu Ende des 4. Jhs. und der Hunnen im Jahre 441 wurde Pannonien in den folgenden Jahrhunderten Schauplatz von Auseinandersetzungen verschiedener Völker. In der Mitte des 5. Jhs. ließen sich in Slawonien die Goten nieder, unmittelbar darauf die Gepiden. Um die Mitte des 6. Jhs. traten die Kroaten in Pannonien auf. Sie hatten die Oberherrschaft der Awaren anerkannt, welche um 568 das heutige Ungarn beherrschten. Nach der Befreiung von ihnen wurden die slawonischen Kroaten um 798 Untertanen der Franken und für kurze Zeit der Bulgaren (827–829). Um die Zeit von Papst Johannes VIII. (872–882) begann die Christianisierung der pannonischen und damit auch slawonischen Kroaten, deren Fürst (knez) damals Mutimir war. Zum Ende des 9. Jhs. besetzten die Ungarn das nördliche Pannonien (nördlich der Drau). So gelangten sie an die Grenze des selbständigen Fürstentums zwischen Drau und Save, in dem Fürst Braslav (880–900) herrschte.

Ein Versuch der Ungarn, Anfang des 10. Jhs. die Drau zu überschreiten, war nicht erfolgreich. Sie wurden daran vom kroatischen Fürsten Tomislav gehindert, der die Grenze seines Gebietes nach Norden, zur Drau, vorgeschoben hatte. 925 wurde er kroatischer König. Um diese Zeit begann sich für das einstige slawonische Fürstentum der Name „Slavonia" einzubürgern. Nach der Ermor-

5 LANDSCHAFT IN DER UMGEBUNG VON GUŠĆEROVEC, 1993

dung des kroatisch(-slawonischen) Königs Zvonimir (1089) eroberte der ungarische König Ladislaus um 1091 Slawonien und setzte seinen Neffen Álmos zum König ein. Seit den weiteren Eroberungen des ungarischen Königs Koloman und den „pactae conventae“ (1102) führten die ungarischen Herrscher den Titel eines Königs von Ungarn und Kroatien (bzw. „Kroatien und Dalmatien“). Die Herrschaft übten in ihrem Namen Bane aus.

Diese Staatenunion sollte volle acht Jahrhunderte dauern. Mit Beginn des 12. Jhs. setzte der Feudalismus nach ungarischem Muster ein. Im Zusammenhang mit der Errichtung königlicher Gespanschaften bestand er aus einem System von großen Landvergaben an Einzelpersonen, die mit der Verteidigung ihres Besitzes zugleich auch den Staat verteidigten. Seit 1238 führte Slawonien (Slavonia) den Titel eines Königtums und hatte seinen eigenen Ban (Banus) und Sabor (Landtag). Zugleich wurden in Slawonien die ersten autonomen Städte errichtet („freie königliche Städte“). Sie erhielten vom König das Recht, Verfügungen zu erlassen, Gerichtsbarkeit auszuüben und sich selbst zu verwalten. Es handelte sich um die Städte Vukovar (ung. Vukovár; 1231), Virovitica (ung. Verőcze; dt. Virovititz; 1234) und Križevci (ung. Körös, dt. Kreutz; 1252).

Nach dem Aussterben der Arpaden (1301) kam es zu Dynastiekämpfen, in denen der slawonische Adel eine bedeutende Rolle spielte. Die neuen Könige des Hauses Anjou, Karl Robert und Ludwig, stärkten den Staat auf Kosten des Sabor. Aber König Ladislaus von Neapel-Anjou verkaufte für 100.000 Dukaten Dalmatien an die Republik Venedig (1409). Von da an, und besonders ab dem 16. Jh., wurde Slawonien als östlicher Teil des heutigen Nordkroatien angesehen, während man unter Kroatien die Gebiete zwischen Drau und Gvozd (Petrova gora, heute Kapela-Gebirge südlich von Karlovac) bzw. zwischen Save und Adria verstand. Slawonien war im 14. und 15. Jh. bereits ein besiedeltes und kultiviertes Land mit mächtigen Feudalherren, wie den Horvat, Lacković, Paližna (Palocsay), Korodj (Korogh), Ilok und anderen. Die Osmanen drangen immer rascher gegen Kroatien und Slawonien vor, nachdem sie Bosna (Ober-Bosnien) in Besitz genommen hatten (1463).

Eine Wende in der Geschichte Kroatiens und Slawoniens brachte das Jahr 1526, als auf dem Schlachtfeld von Mohács der ungarisch-kroatische König Ludwig II. aus dem Hause Jagello fiel. Der siebenbürgische Woiwode Johann Zapolya (Szapolyai) war bei seinen Ambitionen auf den ungarischen (kroatischen) Thron nicht erfolgreich. Der Großteil des kroatischen Adels meinte, daß ihm Ferdinand von Habsburg als Herr der österreichischen Erbländer im Kampf gegen die Osmanen hilfreicher sein würde als Zapolya. So wählte der Sabor 1527 Erzherzog Ferdinand zum kroatischen König (Erzherzog von Innerösterreich, als Ferdinand I. von 1556–1564 römisch-deutscher Kaiser).

Mit der Eroberung Slawoniens hatten die Osmanen (Türken) noch vor der Schlacht von Mohács begonnen. Sie besetzten Syrmien und die befestigten Städte entlang der Donau und Save: Ilok, Šarengrad, Vukovar, Dalj, Erdut und Osijek (Esseg, ung. Eszek). Zehn Jahre später waren sie bereits in der Mitte Slawoniens und erreichten zwischen 1541 und 1544 das Flüßchen Ilova. 1543 eroberten sie Daruvar, 1552 Virovitica und Čazma. Dann wurde ihrem weiteren Vordringen eine Grenze gesetzt; 1560 wurden sie aus Čazma vertrieben, und bei Sisak (ung. Sissek) erlitten sie 1593 eine Niederlage. Im Verlauf des dreizehnjährigen Krieges, der im Jahre 1606 endete, mußten sich die Türken an die Ilova zurückziehen, in deren Bereich sich bis zum Jahre 1684 eine dauerhafte Grenze einpendelte. Ab nun teilte sich Slawonien in ein „Oberslawonien" *(Slavonia superior)* zwischen der Ilova und dem Kroatischen Zagorje und in ein „Unter- bzw. Türkisch-Slawonien" ostwärts der Ilova. Allmählich zählte man Oberslawonien zu Kroatien, Unterslawonien blieb hingegen bis auf den heutigen Tag „Slawonien". (Zur Ilova-Grenze siehe die Bemerkungen auf Seite 26.)

Während der langen Besetzung durch die Türken waren alle wirtschaftlichen und politischen Bande zwischen Slawonien und den übrigen kroatischen Gebieten unterbrochen. Die osmanische Verwaltung in Slawonien basierte auf Sandžaks (Sandschak, türk. sancak), die ihre Zentren zunächst in Osijek, Požega und Čazma hatten. Als die Türken 1560 Čazma räumen mußten, übersiedelte das Sandschak-Zentrum zuerst nach Pakrac, 1592 aber nach Cernik. Um die Mitte des 16. Jhs. wurde der Sandschak Osijek aufgelassen und seine westliche Hälfte (westlich von Vukovar) an den Sandschak Požega, die andere Hälfte an den Sandschak von Syrmien (Ilok) abgegeben. In der Türkenzeit wurde Požega als Hauptstadt und Handelszentrum Slawoniens angesehen.

Die Befreiung Slawoniens setzte nach dem Sieg über die Türken bei Wien ein (1683). Bereits im darauffolgenden Jahr befreiten kroatische Grenzmilizen aus dem befestigten St. Georgen (Djurdjevac) Virovitica. 1687 wurden Osijek, Djakovo, Valpovo, Voćin, Sirač, Erdut und Vukovar erobert, 1688 Požega, 1691 Slawonisch Brod und 1688 Ilok. Mit dem Ende des „Großen Türkenkrieges" und dem Friedensschluß von Karlowitz (Srijemski Karlovci) im Jahre 1699 wurden Slawonien und die Baranja türkenfrei. (Der östlichste Teil von Syrmien wurde erst mit dem Türkenkrieg 1716–1718 zurückgewonnen.)

Mit dem Beginn des 18. Jhs. erhielt Slawonien zwei Verwaltungen, eine zivile und eine militärische. In jenem Teil, der der Verwaltung durch die kaiserliche Hof- und Finanzkammer unterlag (später die zivile bzw. Banal-Verwaltung), wurden zahlreiche Großbesitzungen begründet, deren Eigentümer kroatische und nichtkroatische Adelige waren. Die der Save nächstgelegenen Gebiete bildeten die militärisch verwaltete „Save-Grenze" als erster Abschnitt der ab dem Jahre 1702 (aufgrund der neuen Situation; vgl. S. 25 f.) umstrukturierten „Slawonischen Militärgrenze". Königin Maria Theresia vereinigte 1745 Slawonien (welches damals aus den Gespanschaften Virovitica, Požega und Vukovar-Syrmien bestand) mit Kroatien, wodurch eine einheitliche „Banal-Verwaltung" zustande kam. Zwei Jahre später wurde die Slawonische Militärgrenze so organisiert, daß sie sich aus den Regimentern Gradiška, Brod und Peterwardein zusammensetzte, mit den Regimentsstandorten in Nova Gradiška, Brod (später Vinkovci) und Peterwardein (später in Syrmisch Mitrovica). Das Territorium der Militärgrenze wurde vom kaiserlichen Hofkriegsrat in Wien verwaltet. (Dieser übernahm auch die Agenden des Innerösterreichischen Hofkriegsrates, der zuvor von Graz aus die Grenzgeneralate Warasdin und Karlstadt [Varaždin bzw. Karlovac] betreut hatte.)

6 LANDSCHAFT IN DER UMGEBUNG VON PAUKOVEC/LADOMER, 1993

7 KAPTOL (POŽEGA), 1993

Maria Theresia und Josef II. waren mit großen Veränderungen konfrontiert. Siedlungen und die natürliche Bevölkerungszusammensetzung waren zerstört, Kroaten aus Bosnien und aus den westlichen Gebieten Kroatiens siedelten sich in Slawonien an. Die Verwaltung der drei Gespanschaften mußte organisiert werden, indem man sie dem Landtag und dem Banus unterstellte. Das Steuersystem wurde nach ungarischen Regeln gestaltet, zumal die slawonischen Gespanschaften ab 1751 Abgeordnete in das ungarische Parlament (Reichstag) entsandten. 1756 erließ Maria Theresia eine Urbarialordnung für Slawonien, die 1762 in Kraft trat und die besitz- bzw. arbeitsrechtlichen Beziehungen zwischen den Grundherren und den Kmeten (Untertanen) regelte.[2)] Mit geringen Änderungen blieb dieses Urbar bis zur Aufhebung der Untertänigkeit 1848 in Kraft.

Slawonien war andauernd ein Zankapfel zwischen Kroatien und Ungarn. 1740 wurde „Zivilslawonien“ der königlich-ungarischen Hof- bzw. Finanzkammer in Ofen unterstellt. Die Magyaren entwickelten den Wunsch nach einem „einheitlichen“, möglichst zentralistisch geführten ungarischen Staat. Der daraus hervorgehende Zwist dauerte bis zum Jahre 1918. Die Divergenzen erreichten 1848 ihren Höhepunkt. Es kam zu regelrechten Kriegshandlungen, in deren Verlauf Banus Joseph Jelačić (Jellachich) nicht nur die Habsburgermonarchie, sondern auch Kroatien gegen Ungarn und dessen extremen Nationalismus verteidigte.

Die 2. Hälfte des 19. Jhs. brachte ganz Kroatien mit dem Jahre 1848 tiefgreifende Veränderungen, dann das sogenannte neoabsolutistische System mit Innenminister Bach, den Ausgleich zwischen Österreich und Ungarn (1867) und anschließend (1868) jenen zwischen Ungarn und Kroatien.

Die Zeit danach, bis zum Zerfall der österreichisch-ungarischen Monarchie, ist, wie bereits erwähnt, vom Kampf gegen den Magyarismus gekennzeichnet. Der Ausgleich war für die kulturelle und wirtschaftliche Entwicklung Kroatiens ungünstig, besonders aber für Slawonien, das die Ungarn seit jeher als ihre Provinz betrachteten. Das Ende dieses Jahrhunderts war durch eine starke nationale Bewegung gekennzeichnet, die 1883 ihren Höhepunkt erlebte. Sie richtete sich gegen die ungarische Herrschaft, die Einführung der ungarischen Sprache und zweisprachige Aufschriften, gegen ungarische Wappen und Fahnen sowie gegen die ungarische Finanzverwaltung und andere Verwaltungszweige. Die ungarische Reaktion bestand im Ausnahmeregime des Banus Karl Graf Khuen-Hédervàry von 1883–1903.

Die endgültige Auflösung der Militärgrenze im Jahre 1881 schuf die Voraussetzungen zur Einverleibung dieser kroatischen Gebietsteile. Nach den Wahlen dort und mehrjährigen Verzögerungen wurde die Vereinigung 1886/87 schließlich durchgeführt. Jetzt konnte sich Slawonien politisch wieder bis zur Save ausdehnen.

Mit dem Ersten Weltkrieg und dem Zerfall der österreichisch-ungarischen Monarchie im Jahre 1918 ging ein bedeutsamer Abschnitt in der Geschichte von Slawonien und Kroatien zu Ende – aber auch eine Zeit, in der man Schlösser baute.

Die Kunst in Slawonien

8 RUDINA NÄCHST POŽEGA, RELIEF VON DER BENEDIKTINERABTEI

Trotz hundertjähriger kriegsbedingter Verwüstungen und Mißgeschicke, die auch die kulturelle Entwicklung beeinträchtigten und die jeweils Herrschenden wechseln ließen, trotz dieser Wirrnisse konnte Slawonien seine künstlerische und kulturelle Schaffenskraft bewahren – ein Beweis für die Vitalität und Tüchtigkeit des künstlerisch begabten kroatischen Menschen, der ja auch Haus und Herd zu verteidigen hatte. Zwar begegnen wir einem Kunstschaffen auf slawonischem Boden längst vor der Einwanderung der Kroaten, doch die meisten wertvollen Werke entstanden erst anschließend, besonders im Bereich der Architektur. Sie zeigen trotz der Übernahme europäischer Kunstströmungen einen besonderen Charakter, eine Tradition und eine mit dem Heimatboden verbundene eigenständige Empfindsamkeit.

Aus urgeschichtlicher Zeit gibt es viele jungsteinzeitliche Fundstätten.[3)] Von der damaligen Kunst (6000–2000 v. Chr.) ist besonders die Keramik hervorzuheben, sowohl auf dem Boden Slawoniens wie Syrmiens: etwa in Vučedol und Sarvaš (älteres Neolithikum), in Bapska (mittleres Neolithikum) und in Vučedol auch aus dem jüngeren Neolithikum. Sehr bekannt sind zwei Geschirrstücke mit den Formen eines Hirsches und eines Täubchens aus der Vučedol-Kultur. In Slawonien finden sich auch zahlreiche Fundstätten aus der Bronze- und der Eisenzeit.[4)]

Die zahlreichen Funde aus der Römerzeit stammen vorwiegend aus Städten und Militärlagern sowie von Straßen. Durch das Tal der Save führte die Straße von Siscia (Sisak) nach Sirmium (heute Mitrovica in Syrmien) als Abschnitt der wichtigen Römerstraße Aquileia–Konstantinopel. So wurde Slawonien seit 395 zu einem Bindeglied zwischen West- und Ostrom. Größere römische Städte waren: Marsonia (Slavonski Brod), Mursa (Osijek) und Cibalae (Vinkovci); andere Niederlassungen Aquae Balissae (Daruvar), Incerum (bei Požega), Stravianae (Našice-Gradac), Certissa (Djakovo-Štrbinci), Ad Militare (Batina), Teutoburgium (Dalj), Cornacum (Sotin) und Cuccium (Ilok). Eine Reihe von Funden ist in Museen zu besichtigen, vor allem in Zagreb, Osijek, Slavonski Brod und Vinkovci. Bei ihnen handelt es sich um Porträts aus Stein, Grabmale, Mosaike, Fresken, Sarkophage und Glas.[5)]

Reste aus dem frühen Mittelalter weisen auf Nekropolen, Gräber und Wehranlagen der Kroaten und Awaren hin. Diese Periode benennt die Archäologie nach dem Fundort „Weißer Berg" (Bijelo Brdo) nächst Osijek.[6)] Eindrucksvoll ist die frühromanische Meraja-Kirche in Vinkovci (9.–11. Jh.), die sich heute innerhalb der gotischen Kirche des hl. Elias befindet.

Von der romanischen Baukunst aus dem 12. und 13. Jh. blieb wegen der Einfälle der Tataren, später der Türken kaum etwas erhalten. Träger der romanischen Kunst in Slawonien war der Benediktinerorden, der an die zehn Abteien und Klöster gründete, aber auch andere Orden waren von Bedeutung. Das wichtigste romanische Bauwerk ist die Abtei des hl. Michael (1210–1534; „Rudina-Abtei") oberhalb des Dorfes Čečavac bei Požega. Dort blieb eine Reihe Stein-

9 KUTINA, MARIA SCHNEE, 1993

skulpturen erhalten (weibliche und männliche Köpfe, weiblicher Akt, Vogelkopf), die von großem kulturgeschichtlichem Wert sind (Abb. 8). Einige romanische Kirchen sind erhalten geblieben, aber von weitaus mehr gibt es nur ärmliche Reste, sofern sie nicht überhaupt nur aus Urkunden bekannt sind.[7] Sehr bekannt ist die Marienkirche in Bapska (Gebiet Ilok). Die romanischen Kirchen Slawoniens und Syrmiens verfügten oft über Verteidigungselemente („Festungskirchen").

Die gotische Baukunst war gleichsam Ausdruck einer friedlicheren Entwicklung; sie setzte nach den Devastierungen durch den Tatarensturm ein. Ab der Mitte des 13. bis zum Beginn des 16. Jhs. wurde die Gotik zum beherrschenden Stilelement. Dafür spricht die Vielzahl der erhaltenen Bau- und Kunstwerke, obgleich in der Türkenzeit manches zerstört wurde. Auch die Kunst der Gotik verdankte katholischen Orden ihre Verbreitung, in erster Linie den Zisterziensern. Diese erbauten 1232 die Abtei der hl. Maria in Kutjevo. Ferner wirkten die Benediktiner (Rudina, Požega, Podborje-Daruvar, Nuštar, Sirač), der Templerorden (Čaklovac bei Pakrac, Požega, Našice), der Johanniterorden in Pakrac, die Franziskaner (Velika bei Požega, Požega, Kobaš, Kloštar, Virovitica, Šarengrad, Ilok und überhaupt in der Drauebene) sowie die Augustiner (Ilok, Borovo). Wegen permanenter Kriegsgeschehnisse präsentierte sich hier die gotische Baukunst nicht so schlank und elegant wie im übrigen Europa; sie war massiver und eher festungsartig. Es entstanden auch viele Kapitelkirchen (Požega, Djakovo, Čazma). Besonders eindrucksvoll waren die Kirche der hl. Jungfrau Maria in Voćin aus dem 14. und 15. Jh., die im „Vaterländischen Krieg" (1991) zerstört wurde, sowie die Kirche des hl. Laurentius in Požega mit gotischen Fresken.[8] Beachtenswert sind auch die Wandgemälde der Michaelskirche in Ratkovica (bei Požega) und der Kirche des hl. Martin in Lovčić.

Auch Burgen und Kastelle prägten die Baukunst des Mittelalters. Einige sind erhalten geblieben, vor allem jene, die zu Schlössern umgestaltet wurden, aber manche sind heute nur mehr Ruinen. Sie wurden an strategischen Punkten errichtet, sei es auf Anhöhen oder in der Ebene. Sie weisen Türme und andere, zur Verteidigung geeignete Bauteile mit rechteckigen oder kreisförmigen Grundrissen auf. Die meisten Burgen finden sich im bergigen Zentralgebiet Slawoniens, also an den Hängen des Berglandes von Požega, des Papukgebirges, des Krndija, Psunj und Dilj.[9] An der Donau erhoben sich drei bemerkenswerte Burgen: Ilok, Šarengrad und Erdut. Djurdjevac (St. Georgen), Virovitica, Valpovo (Valpo) und Korodvár lagen in der Ebene; sie waren „Wasserburgen". Eindrucksvoll ist die Burg Ilok mit gut erhaltenen mittelalterlichen Festungsanlagen. Die Gotik beherrschte in Slawonien das 15. und einen Teil des 16. Jhs., also die Zeit der italienischen Renaissance. Soweit nach der Katastrophe von Mohács (1526) Festungen errichtet wurden, erfolgte dies hauptsächlich nach italienischem Vorbild: quadratischer Grundriß, Ecktürme und Innenhof.[10]

Im Verlauf der Türkenherrschaft ging der Großteil der Baukultur, der Skulpturen und anderer bildnerischer Werke verloren. Aber auch nahezu alle Zeugnisse osmanischer Architektur wurden nach dem Abzug der Türken vernichtet.[11] Von ihren Moscheen blieb nur die Ibrahim Pascha-Moschee in Djakovo erhalten, die aber zur heutigen Allerheiligenkirche umgestaltet und völlig verändert wurde. In Ilok sind zwei Baudenkmäler erhalten: eine „Türbe“ (Grabmal) in Form eines Baldachins mit einer Kuppel und ein „hamam“ (öffentliches Bad) mit Arabeskenverzierungen. In Gorjani befindet sich ein mit Schießscharten versehener Turm (kula), der 1837 in eine Kapelle der Heiligen Drei Könige umgewandelt wurde. In Cernik, Oriovac und Požega sind türkische Brunnen erhalten geblieben.

Im 18. Jh. stand in Mittel- und Westeuropa das Barock in seiner vollen Blüte. Nach Slawonien kam es aus Italien (Franziskaner), aus Österreich und Spanien aber durch die Jesuiten. Aus einem islamisch-türkischen wurde ein katholisch-österreichisches Land. Damit verbunden waren auch die Demolierung von Moscheen bzw. deren Umwandlung in Kirchen, der Bau neuer Kirchen sowie Klöster und Schlösser. Man legte auch militärische Befestigungen an, „revitalisierte“ die mittelalterlichen Burgen und gründete neue Städte und andere Ansiedlungen. Daher gibt es auch sehr viele Barockkirchen. Etwa hundert davon sind architektonisch wertvoll, darunter die Pfarrkirche Maria Schnee in Kutina (Abb. 9), die Dreifaltigkeitskirche in Daruvar, die Kirchen der hl. Theresia in Požega, Nova Gradiška und Bjelovar sowie die Marienkirchen in Pakrac und Osijek.[12] Reiches Barockinventar (Altäre, Kanzeln und Chorgestühl) findet sich in der Theresienkirche in Požega, in der Pfarrkirche in Našice, in der Klosterkirche von Cernik, in der Marien-, Michaels- und Heiligenkreuzkirche in Osijek, in der Kirche zu den hl. Philipp und Jakob in Vukovar sowie in der Peter- und Paulkirche in Šarengrad. Franziskanerklöster wurden in Osijek, Virovitica, Požega, Cernik, Brod, Koprivna, Vukovar, Ilok, Stara Gradiška, Velika, Našice, Djakovo und Šarengrad errichtet. Orthodoxe Klöster befinden sich in Pakri bei Daruvar und in Lepavina bei Koprivnica (wo 1737 der erste ordentliche orthodoxe Bischofssitz der Militärgrenze installiert wurde).

10 SUHOPOLJE, KIRCHE DER HL. THERESIA, 1997

In den slawonischen Ebenen waren Stadtbefestigungen zum Schutz gegen türkische Einfälle errichtet worden. Dieses Typs von Befestigungswerken bediente man sich auch im übrigen Europa des 17. und 18. Jhs. aufgrund militärischer Erfahrungen und des Gebrauchs neuer Feuerwaffen (Artillerie). Die Fortifikationen erhielten sternförmige Grundrisse, kreisförmige Wälle und Bastionen sowie Gräben mit und ohne Wasser. Zu einer der stärksten Festungen dieser Zeit wurde Osijek (zwischen 1710 und 1721). Eine zweite große Festung gab es in Slawonski Brod. Zwischen 1722 und 1741 angelegt, war sie ein wesentlicher Bestandteil der entlang der Save eingerichteten „Slawonischen Militärgrenze“. Wehrhaft war auch die Festung in Stara Gradiška, weniger die älteren Anlagen in Čazma, Koprivnica und Križevci.

Im Verlauf des 18. Jhs. entstanden Barockstädte (Bjelovar, Novi Gradiška). Charakteristisch war ihr rechtwinkeliges Straßensystem mit einem quadratischen oder rechteckigen Hauptplatz, den öffentliche Gebäude und solche für klerikale Zwecke oder Militärbehörden säumten. Doch die meisten Städte in Slawonien entwickelten sich auch jetzt auf der Basis mittelalterlicher urbaner Strukturen (Požega, teilweise Vukovar, Vinkovci). Unter den neuen Bauwerken sind hervorzuheben: die Gespanschafts-Palais (in Vukovar, Požega, und Osijek

11 LANDSCHAFT ZWISCHEN FERIČANCI UND ORAHOVICA, 1997

erst im 19. Jh. entstanden), die Rathäuser (Osijek, Požega, Novi Gradiška, Pakrac), das bischöfliche Palais in Djakovo und das des orthodoxen Bischofs in Pakrac.

Der Klassizismus fand in der ersten, der Historismus in der zweiten Hälfte des 19. Jhs. in Slawonien Eingang. Klassizismus und Spätklassizismus, vom Adel bevorzugt, kamen aus Österreich und Deutschland. In der Militärgrenze nahm sich die Architektur eher den Klassizismus der napoleonischen Zeit zum Vorbild, da der künstlerische Ausdruck gegenüber den militärischen Notwendigkeiten zurückzutreten hatte. Eine der schönsten klassizistischen Kirchen in Kroatien ist die der hl. Theresia in Suhopolje bei Virovitica (Abb. 10) aus dem Jahre 1802.[13)]

Den Historismus repräsentieren zwei großartige Gebäude: die von Friedrich Schmidt erbaute neuromanische Kathedrale des hl. Petrus in Djakovo (1868–1882) und die neugotische Pfarrkirche St. Peter und Paul in Osijek (1898). Hervorragende Bauwerke im Sezessionsstil entstanden Anfang des 20. Jhs. in Osijek, Vukovar, Vinkovci, Djakovo, Brod, Pakrac etc. Die schönste in diesem Stil gehaltene Straße Kroatiens ist die Europa-Straße in Osijek.

Etliche Repräsentanten von Kunst und Kultur sind durch Geburt oder ihre Tätigkeit mit Slawonien verbunden, besonders im 19. und 20. Jh. In der klassizistischen Periode wirkte der aus Valpovo gebürtige Matija Katančić als Historiker, Archäologe und Dichter. Bekannte Maler waren: Franz und Hugo Conrad von Hötzendorf, Adolf Waldinger, Miroslav Kraljević, Vladimir Becić, Béla Čikoš (Csikos), Ljudevit Šestić, Ivan Domac, Vladimir Filakovac und Ivan Tišov. Von den Bildhauern stammten Vanja Radauš aus Vinkovci, Ivan Meštrović aus Vrpolje und Ivo Kerdić aus Davor. Wenn auch nicht gebürtige Slawonier, so hat doch eine Reihe weiterer Maler zeitweise hier erfolgreich gewirkt: Celestin Medović, Oton Iveković, Jerolim Miše, Ljubo Babić, Mirko Rački, Marijan Detoni u.a.

Die wirtschaftliche Entwicklung Slawoniens

Die Wirtschaft auf der Basis der Grundherrschaft existierte in Slawonien vom Mittelalter bis 1848, als die Untertänigkeit abgeschafft wurde. Schon in der 2. Hälfte des 18. Jhs. kamen Manufakturen auf, die in der 1. Hälfte des darauffolgenden Jhs. gut entwickelt waren und bereits Industriekredite erhielten. Industrie und nach kapitalistischen Maximen geführter Großgrundbesitz prosperierten in der 2. Hälfte des 19. Jhs. Derartige Großgrundbesitze gediehen auch nach der Agrarreform der Jahre nach 1918; der Großteil der übrigen, beträchtlich verkleinerten Besitze ging häufig unter.

Die Grundherrschaften (vor 1848) beruhten in wirtschaftlicher Hinsicht auf dem Landbesitz. Dieser setzte sich einerseits aus dem Allodium zusammen (persönlicher Besitz der Grundherrschaft), andererseits aus dem „feudalen Nutzland", aus dem der Grundherr über die abhängigen Bauern (Untertanen) eine „Rente" bezog. Auf den größeren Grundherrschaften bestanden nämlich „Ansässigkeiten" – kleinere Liegenschaften, auf denen die Untertanen (Kmeten) lebten und arbeiteten. Was sie ernteten, gehörte – abzüglich eines Naturalzinses – ihnen. Sie mußten ihre Arbeitskraft auch für die Bearbeitung der allodialen Flächen zur Verfügung stellen und auch andere Leistungen erbringen. Eine schwerwiegende Verpflichtung bestand in der Robot (Handdienste; kroat. tlaka), die entweder unbezahlt oder gegen geringe Entlohnung zu leisten war. Die kontinuierlichen Anhebungen sowie die Willkür der Grundherren bewogen Kaiser Karl VI. zu einer Regelung. Das diesbezügliche Urbar *(Carolina urbarialis regulatio)* wurde zwar 1737 erlassen, aber nicht durchgeführt. Maria Theresia erließ 1756 ein neues Urbar, das sogenannte Slawonische Urbar, welches bis zum Jahrhundertende in Kraft war.[2)]

12 LANDSCHAFT UM PLETERNICA, 1997

Mit der wirtschaftlichen Entwicklung ging es seit der Thronbesteigung Maria Theresias (1740) aufwärts. Die Zucht von Schweinen wurde einträglich, da sich der Handel damit bis nach Mitteleuropa erstreckte. Man begann mit dem Anbau von Kukuruz (Mais) und Tabak sowie mit der Waldnutzung. Die ersten Manufakturen zur Verarbeitung von Bauernleinen entstanden 1773 in Jazak bei Ilok und in Vukovar. Sie existierten aber nur zwei Jahre. Um die gleiche Zeit war die Seidenraupenzucht ein wichtiger Wirtschaftszweig. Mit dem Maulbeerbaumanbau wurde 1761 über Anordnung der Königin und auf Empfehlung von Solengi, einem bekannten Fachmann aus Italien, begonnen. Der erste derartige Betrieb nahm seine Tätigkeit 1770 in Osijek auf, zwei weitere folgten in Požega und Vinkovci. Eine der ältesten Manufakturen war eine Gerberei in Kutjevo (1767) auf dem Besitz der Jesuiten. Die erste Glasbläserei gründete 1770 ein Kaufmann aus Hamburg im Dorf Seona bei Našice. Als sie den Betrieb einstellte, wurde 1794 eine neue in Pakrac geschaffen.

Die Erzeugung von Kaliumkarbonat hatte um diese Zeit wirtschaftliche Bedeutung.[14)] Die erste derartige Manufaktur entstand 1764 in Bračevac, eine zweite 1771 in Detkovci (beide in der Gespanschaft Virovitica). In dieser Gespanschaft entstanden um 1790 fünf größere derartige Betriebe: davon gehörten den Grafen Pejácsevich zwei in Našice und einer in Virovitica, den Baronen Prandau einer in Valpovo. Auch Johann Kapistran II. Adamovich errichtete in der 2. Hälfte des 18. Jhs. einige Manufakturen.

In der 1. Hälfte des 19. Jhs. wurde Slawonien für die Glaserzeugung und für die Raffinierung von Zucker bekannt. Die erste größere Glasfabrik gründete 1801 die Grundherrschaft Daruvar in Jankovac am Fuß des Papukgebirges. Auf dem Besitz der Grafen Jankovich de Daruvar in Ivanovo Polje bei Daruvar gründete Adam Müller eine Glasfabrik, die das gesamte 19. Jh. hindurch arbeitete. Eine Glasfabrik in Mirin-Dol (Inhaber Anton Graf Pejácsevich) nahm 1825 ihren Betrieb auf; sie wurde 1837 von der bekannten Wiener Firma Lobmeyr übernommen. Lobmeyr bestellte in Frankreich die neuesten Maschinen. 1842 gründete er eine Glasfabrik in Zvečevo bei Požega. Einige dieser Erzeugungsstätten hielten sich bis zum Anfang des 20. Jhs. Der nächstwichtige Wirtschaftszweig war die Raffinierung von Zucker. Die größte Betriebsstätte befand sich in Čepin

13 LANDSCHAFT ZWISCHEN FERIČANCI UND ORAHOVICA, 1997

(gegründet 1836) auf einem Gelände des Johann Kapistran II. Adamovich. Mitbesitzer war ein Herr Mayer aus Wien. Kleinere Raffinerien mit Dampfkesselbetrieb wurden 1846 in Virovitica gegründet, im Dorf Korodj auf der Herrschaft Vukovar des Grafen Eltz die erste Dampfmühle.

Der wirtschaftliche Aufstieg verringerte sich um die Mitte des 19. Jhs. Gründe dafür waren der Arbeitskräftemangel als Folge der Aufhebung der Untertänigkeit, schlechte Verkehrswege und das Fehlen von Eisenbahnen. Die Straßen waren im Winter und zu Regenzeiten nahezu unbenützbar. Damals begann die Teilnahme an internationalen und nationalen Ausstellungen, wie etwa an der Pariser Weltausstellung 1855 (Seidenspinnerei Osijek, Gerbereien und Ölproduktion). Bei der Wiener Weltausstellung 1857 glänzte Slawonien mit seiner Waldwirtschaft. Bei der Hamburger Ausstellung (1863) stellten die Grafen Khuen aus Nuštar, die Grafen Eltz aus Vukovar und die Fürsten Schaumburg-Lippe aus Virovitica ihre Erzeugnisse vor. In Zagreb wurde die erste Wirtschaftsausstellung des Dreieinigen Königreiches am 18. August 1864 (am Geburtsfest des Kaisers Franz Joseph) eröffnet. Daran nahmen 778 slawonische Aussteller teil. Ihre bemerkenswertesten Produkte waren Pottasche (Kaliumkarbonat), Streichhölzer aus Osijek, Kohleprodukte des Michael Lay, landwirtschaftliche Maschinen des Melchior Leicht, Seide und Seidenwaren, Tapezierer- und Tischlererzeugnisse, Glas, Porzellan sowie Ziegel und Tonerzeugnisse. Die slawonischen Wirtschaftstreibenden waren auch an der Pariser Weltausstellung 1867 beteiligt, wo übrigens Srećko Lay sein Buch „La Slavonie“ vorstellte. Außerdem nahmen sie an den Ausstellungen in Wien (1873), Philadelphia (1876), Paris (1878) sowie Budapest (1885) teil.

Der nach der Mitte des 19. Jhs. wieder verzeichnete leichte Anstieg der slawonischen Wirtschaft wurde durch zwei staatsrechtliche Veränderungen der Habsburgermonarchie unterbrochen, nämlich durch den sogenannten Ausgleich zwischen Österreich und Ungarn (1867) und durch jenen zwischen Ungarn und Kroatien (1868). Die wirtschaftliche Stellung Kroatiens bis zum Jahre 1918 kennzeichneten Unselbständigkeit (Abhängigkeit von Budapest) und ein Mangel an Unterstützung der heimischen Aktivitäten. Das entscheidende Großkapital war nicht in kroatischen, sondern in ungarischen Händen. Im letzten Viertel des 19. Jhs. hatte die slawonische Wirtschaft unter zwei Hauptproblemen zu leiden: 1. dem Mangel an Verkehrsverbindungen, vor allem Eisenbahnstrecken; 2. den sehr geringen Möglichkeiten einer Akkumulierung heimischen Kapitals, das deshalb der auswärtigen Konkurrenz unterlag. Zusätzliche Negativfaktoren waren die Finanzkrise der Monarchie im Jahre 1873 und eine europäische Agrarkrise um die gleiche Zeit. Als besonders nachteilig erwiesen sich die Bestimmungen des „Ausgleichs“ von 1868 über „gemeinsame“ Angelegenheiten. Darunter fielen Industrie, Gewerbe, Bankwesen, Innen- und Außenhandel, Verkehr-, Post- und Eisenbahnwesen sowie das staatliche Eigentum. Darüber entschied das Parlament in Budapest, die Verwaltung lag in den Händen der ungarischen Regierung. In Fragen der Landwirtschaft waren der Sabor in Zagreb und die Gespanschaften zuständig. Immerhin kündigten die kroatische Wirtschaft und Politik gegen Ende des 19. Jhs. stärkere Aktivitäten an.

Im letzten Jahrhundertviertel war die Holzindustrie bedeutsam, welche die Nutzung der reichen und qualitätvollen slawonischen Wälder betrieb. Für die dabei an den Tag gelegte unbesonnene Eile waren die billigen Arbeitskräfte und das fremde Kapital verantwortlich. Diese Kampagne setze 1883 ein, als Graf Karl Khuen-Hédervâry das Banusamt antrat. Bereits im folgenden Jahr ging das große Sägewerk in Belišće in Betrieb. Es gehörte der Kaufmannsfamilie Gutmann aus Groß-Kanizsa, die den umliegenden Waldbesitz des Barons Prandau aus Valpovo kaufte. Dieses Werk versorgte besonders bis 1907 den europäischen Markt, an erster Stelle Frankreich, mit riesigen Wagenladungen Faßdauben. Der Waldausbeutung diente eine eigene Schmalspurbahn, die „Gutmann-Eisenbahn". Mit auswärtigem Kapital entstand 1884 auch eine große Tannin-Fabrik in Županja, die in Europa schnell bekannt wurde.

14 DAS MOOR VON KOPAČEVO (KOPAČKI RIT), BARANJA, 1985

Die Landwirtschaft auf den Großgrundbesitzungen wurde gegen Ende des 19. und zu Anfang des 20. Jhs. vernachlässigt, da weit größere Gewinne aus dem Waldverkauf und von einer kapitalistischen Wirtschaftsführung zu erwarten waren. Dennoch nahm die Verarbeitung von Getreide und Zuckerrüben einen wichtigen Platz innerhalb der Wirtschaft Slawoniens ein.

Die slawonischen Herrschaftsgüter und Großgrundbesitze wurden nach 1918 von der Agrarreform betroffen. Ihr Umfang wurde bedeutend verringert, doch konnten sie sich durch einen Übergang auf kapitalistische Wirtschaftsformen noch halten. So strömten reiche Nichtadelige ein, die nicht daran dachten, Schlösser auf den von der Stadt weit entfernten Besitzungen zu errichten, eher Palais und Häuser in der Stadt.

Das Eisenbahnnetz Österreich-Ungarns begann um die Mitte des 19. Jhs. zu entstehen, und zwar auf privater Kapitalgrundlage. Demgemäß war auch der Eisenbahnbau vom ungarischen Kapital und von der ungarischen Politik abhängig. Man bevorzugte ein sternförmiges Eisenbahnnetz, dessen Endpunkte in Budapest zusammenliefen. Jedenfalls gab es in Slawonien keine Querverbindungen, die aus wirtschaftlichen Gründen wichtig gewesen wären. Nach dem Ausgleich von 1868 berührten Kroatien nur Transitlinien, die die Verbindungen mit Bosnien und Serbien herstellten. So gab es in Slawonien die Strecke Dalj–Brod mit der Nebenlinie Vrpolje–Šamac, die 1878 in Betrieb genommen wurde. Osijek wurde umgangen, das Ende der normalspurigen Strecke rückte von Slawonisch-Brod nach Bosnisch-Brod, wo wegen der schmalspurigen bosnischen Eisenbahnstrecke die Warenumladungen erfolgten. Die Strecke Barcs–Virovitica–Pakrac, mit einer Abzweigung nach Slatina, wurde 1885 eröffnet, und zwar mit Rücksicht auf die Holzindustrie. Die slawonische Eisenbahn-Aktiengesellschaft in Osijek richtete 1894 die Strecke Osijek–Našice–Batrina mit einer Abzweigung Pleternica–Požega ein. Mit einheimischem Kapital wurden auch noch andere Eisenbahnlinien gebaut, zum Beispiel: Dugo Selo–Novska mit einer Abzweigung von Banova Jaruga nach Pakrac (1897), Virovitica–Križevci (1900), Vinkovci–Županja–Tuzla (1901), Osijek–Vrpolje (1905) und Osijek–Vinkovci (1910). Auf slawonischem Gebiet (zwischen der Ilova und der Donau) gab es im Jahre 1910 ein Gesamtbahnnetz von 1.214,5 km (staatliche, lokale und Industriestrecken). Die bekannteste Industriestrecke, die „Gutmann-Eisenbahn", wurde schon

15 LANDSCHAFT UM DJURDJEVAC (ST. GEORGEN), BLICK VON DER STADT, 1993

erwähnt. Diese Bahnlinien verbanden praktisch die Anlegeplätze an der Drau mit der durch die Drauebene (Podravina) führenden Strecke bzw. mit den zwei Mittelpunkten der Holzindustrie – Belišće und Djurdjenovac.[15)]

Die Natur Slawoniens

In der Einleitung wurde darauf hingewiesen, daß im Rahmen dieses Buches unter Slawonien auch ein Teil des nördlichen Kroatien zu verstehen ist, allerdings mit Ausschluß des Zagorje und des „Zwischenmurgebietes" (Medjimurje), somit ein Gebiet von rund 18.000 km^2, das von Zagreb im Westen bis Ilok im Osten reicht. Einst wurde das gesamte Gebiet (bis Zagreb) als Slawonien bezeichnet, bevor es infolge des Türkeneinbruchs am Flußlauf der Ilova geteilt wurde. So entstanden ein „Oberslawonien" und ein „Unterslawonien", wobei letzteres den Teil von der Ilova bis zur Donau umfaßte. Auf dem Weg von Osten nach Westen finden sich folgende Landschaften: 1. die Baranja an der nordöstlichen Grenze Kroatiens zwischen Donau und Drau; 2. Slawonien im engeren Sinne, welches sich nach Westen bis zur Ilova ausdehnt, im Norden in die Drau- und im Süden in die Save-Ebene übergeht; 3. das Gebiet Bjelovar–Drauebene mit den Städten Bjelovar, Koprivnica und Djurdjevac; 4. das Lonja-Ilova-Becken zwischen der Ilova und Zagreb, wozu man auch die Moslavina mit Kutina rechnet; 5. das Prigorje (die Gegend vor dem Kalnik) mit Križevci und Vrbovec, das im Westen an das Zagorje grenzt.

In der frühen geologischen Periode bildete Slawonien einen Teil des Pannonischen Meeres. Heute lassen sich in geomorphologischer Hinsicht folgende Einheiten unterscheiden: das Bergland, die Ebenen, die Terrassen und die Hochebenen.

Das Bergland findet sich besonders rund um den Talkessel von Požega: Papukgebirge, Krndija, Psunj, Požeska gora und Dilj. Das westslawonische Bergrelief bilden das Kalnik-Gebirge, die Bilogora und das Moslavina-Gebirge, die alle niedriger sind als die Berge um Požega.

Die Alluvialebenen der Save, Drau und Donau sind sehr umfangreich und, geologisch gesehen, sehr jung. Sie entstanden aus tektonischen Vorgängen und Flußerosionen. Das Terrain ist niedrig, der Grundwasserspiegel hoch, so daß es im Frühling und Herbst zu größeren Überschwemmungen kommt. Die größte Niederung verläuft entlang der Save, die sogenannte Posavina, die von Zagreb bis zur östlichen Grenze Kroatiens reicht.

Die Podravina ist die Niederung entlang der Drau. Im Süden wird sie vom Kalnik, von der Bilogora, dem Papuk und der Krndija begrenzt, nach Norden zu reicht sie tief nach Ungarn. Im Westen beginnt die Podravina bei Ludbreg und Koprivnica, im Osten endet sie bei Donji Miholjac, Belišće und Valpovo. Die Donau und die untere Drau geben ihr bis zu ihrem Übergang in die Baranja die Form. Ihr südlicher Teil ist sehr sumpfig und wird Kopački rit (siehe Abb. 14) genannt.

Die Terrassen und Hochebenen weisen einen sanften welligen Querschnitt auf. Sie erstrecken sich zwischen dem Tief- und dem Bergland. Im östlichen Slawonien gibt es Hochebenen in der Baranja und zwischen Djakovo und Vinkovci. Auch zwischen der Lonja und der Ilova findet sich eine größere Hochebene.

Außer den drei großen Flüssen, die Slawonien, ausgenommen im Westen, begrenzen, gibt es eine Reihe kleinerer Flüsse und zahlreiche Flüßchen und Bäche. Am wasserreichsten sind die Nebenflüsse der Save, die teilweise zusammenfließen: der Bosut, die Orljava mit der Lonja, die Pakra, die Ilova, die Česma mit der Glogovnica und der Lonja. In die Drau fließen zwischen Valpovo und Osijek die Karašica und die Vučica, in die Donau die Vuka bei Vukovar. Die meisten Flüsse haben ein geringes Gefälle, fließen langsam und in Windungen. Die mäßigen Niederschlagsmengen beeinflussen den Wasserstand nur gering. Seit der 2. Hälfte des 19. Jhs. hat man große Meliorationen zur Entwässerung und Regulierung durchgeführt.

16 LANDSCHAFT ZWISCHEN KRIŽEVCI UND GORNJA RIJEKA, 1993

Als Teil der Pannonischen Ebene verfügt Slawonien über ein gemäßigtes Kontinentalklima, das in den einzelnen geomorphologischen Zonen charakteristische Abweichungen zeigt. So besonders im östlichen Slawonien und in der Baranja, wo das Klima trocken ist. Im Winter ist es in ganz Slawonien verhältnismäßig kalt, im Sommer warm. Die Niederschlagsmengen sind ziemlich gleichmäßig verteilt, doch nehmen sie von West nach Ost allmählich ab, während die Temperaturen im Sommer in der gleichen Richtung zunehmen. In den Wintern nimmt die Kälte in Richtung Nordosten zu. Sehr häufig weht ein Nordwind, besonders in der kalten Jahreszeit. Der Grund ist die ungeschützte Lage gegenüber der Ungarischen Tiefebene. In der warmen Jahreszeit sind starke Regenfälle und auch Hagel häufig. Der Hagel kann großen Schaden an den landwirtschaftlichen Kulturen und an den Gärten verursachen.

Das nördliche Kroatien gehört pflanzengeographisch zum eurosibirisch-nordamerikanischen Kreis. Im östlichen Slawonien berühren einander drei Vegetationszonen: die illyrische, die moesische und die pannonische. Wegen dieser Lage, die Slawonien in pflanzengeographischer Hinsicht einnimmt, ist die Pflanzenwelt charakteristisch und vielseitig. Sie lockte bereits im 18. Jh. Forscher an. Heute kennt man 1.400 Pflanzenarten in Slawonien. Unter die euroasiatische Floragruppe fallen vor allem folgende: Die Föhre oder Gemeine Weiße Kiefer (*Pinus silvestris*; obični bijeli bor), die Silber- bzw. Weißpappel (*Populus alba*; topola), die Silberweide (*Salix alba*; srebrna vrba), der Berberitzenstrauch/Sauerdorn (*Berberis vulgaris*; berberis). Von den Pflanzen der europäischen Floragruppe ist die Steineiche/Sommereiche (*Quercus robur*; hrast lužnjak) die bedeutendste in den slawonischen Wäldern. Erwähnenswert sind aus dieser Gruppe noch die Rotbuche (*Fagus silvatica*; bukva), der Feldahorn (*Acer campestre*; klen), der Bergahorn (*Acer pseudoplatanus;* gorski javor), der Spitzahorn/deutscher Ahorn (*Acer platanoides;* javor mliječ), der Haselnußstrauch (*Corylus avellana*; lijeska), der Efeu (*Hedera helix*; bršljan) und das Immergrün (*Vinca minor*; zimzelen). Aus der mitteleuropäischen Gruppe wären die Weißbuche/Hagebuche (*Carpinus betulus*; obični grab) und der gemeine Liguster (*Ligustrum vulgare*; kalina) anzuführen. Zur südeuropäischen Floragruppe zählen vor allem die Zerreiche (*Quercus cerris*;

17 LANDSCHAFT ZWISCHEN KRIŽEVCI UND GORNJA RIJEKA, 1993

cer) und die Flaumeiche (*Quercus pubescens*; medunac). Außerdem können wir in Slawonien zahlreiche Pflanzen aus der mediterranen und der illyrisch-balkanischen (moesischen) Floragruppe entdecken.

Die bewaldeten Gebiete sind für die Vielfalt des Pflanzenwuchses am bedeutendsten. Nach der Höhenlage läßt sich ein unterer Waldgürtel von einem solchen des Berglandes unterscheiden. Nach der Vegetation lassen sich aber drei Gruppen erkennen: 1. Feuchtgebiete, 2. bewaldete Hügel, niedere Berge und Vorgebirgsland, 3. Waldgebirge und Hochland. Innerhalb dieser Vegetationsbereiche sind zwei Waldbestände die wichtigsten: Wälder mit Steineichen und Weißbuchen der Gattung *Carpinus betulus* sowie, 2., Wälder mit Wintereichen (*Quercus sessilifloro* bzw. *Quercus patraeae*; hrast kitnjak) und Weißbuchen der Gattung *Carpinetum „illyricum"*. Diese Zusammensetzung kommt häufig in den Parks unserer Schlösser und Kurien vor.

Die Steineichen- und Weißbuchenwälder dehnen sich auf den Anhöhen des Tieflandes aus. Dort sind sie im großen und ganzen außerhalb der Reichweite von Überschwemmungen. Diese Wälder stellen den Übergang dar vom Feuchtwald (Steineiche, Feldesche, Schwarzerle, Weiß- und Schwarzpappel, Weide) zum Bergwald, der aus Wintereichen, Weißbuchen, Flaumeichen, Schwarzeschen und Zerreichen besteht. In höheren Lagen überwiegt die Steineiche, in den tieferen die Weißbuche. Die Feldesche (*Fraxinus angustifolia*; poljski jasen), die Feldulme (*Ulmus minor*; poljski brijest), der Feldahorn und die kleinblättrige Linde (Winter- oder Steinlinde; *Tilia cordata*; malolisna lipa) kommen seltener vor. In solchen Wäldern können wir folgende Sträucher finden: Haselstauden, Kreuzdorn (*Ramnus cathartica*; pasdrijen), Weißdorn (*Crataegus*; glog), Pfaffenhütchen (*Evonymus europaea;* kurika), Hartriegel (*Cornus sanguinea*; svib) etc. In niederen Lagen gedeihen meistens: Hasenkraut (*Oxalis acetosella*; zečje zelje), Schilf (*Carex sylvatica*; šaš), Veronika/Männertreu (*Veronica montana*; čestoslavica), Walderdbeere (*Fragaria vesca*; šumska jagoda), Salomonssiegel/Maiblume (*Polygonatum multiflorum*; salamonov pečat), Schwingelgras (*Festuca gigantea*; velika vlasulja), Haselwurz/Wilde Narde/Leberkraut (*Asarum europaeum*; kopitnjak), Waldmeister (*Asperula odorata*; lazarkinja), Waldröschen/Aprilblume (*Anemona nemorosa*; šumarica), Efeu.

Die Wintereichen- und Weißbuchenwälder haben eine gemeinsame Klimazone vom unteren Bergland bis zum Fuß der höheren Massive. Durch den reichen Blumenschmuck sind sie im Frühjahr besonders malerisch. Beide Baumarten sind die häufigsten. Weniger vertreten sind die Zerreiche, der Kirschbaum (*Prunus avium*; šumska trešnja), der Feldahorn, der Berg- und Spitzahorn, die Linde und, in höheren Lagen, die Buche. Von den Sträuchern finden wir die Haselstaude, das Pfaffenhütchen, ferner Weißdorn, Hartriegel, Geißblatt (*Lonicera caprifolium*; obična kozokrvina), Seidelbast (*Daphne mezereum*; obični likovac), Wilde Birne (*Pyrus piraster*; divlja kruška), Wilder Apfel (*Malus sylvestris*; divlja jabuka), Wilde Rose (*Rosa canina*; divlja ruža) etc.[16)]

Slawonien ist reich an Naturdenkmälern. Zu erwähnen ist der Naturpark mit dem Tierreservat von Kopačevo/Baranja (Abb. 14), das vogelkundliche Reservat Krapje djol in der Lonja-Niederung (Lonjsko polje), der Waldpark Jankovac am Papuk, der Wald von Prašnik bei Okučani und das geographisch-botanische Reservat von Djurdjevac.[17)]

Das eben erwähnte Moor von Kopačevo (Kopački rit) nimmt 14 km nordöstlich von Osijek seinen Anfang. Es enthält einen üppigen Urwald und beherbergt rund 30.000 Vögel aus 267 teilweise seltenen Arten (wie Weißreiher und Schwarzstorch) sowie kapitale Hirsche und anderes Wild.

Krapje djol ist gleichfalls wegen seiner Sumpfvögel nennenswert, aber auch wegen seiner hübschen alten Häuser aus Eichenholz.

Der Wald Prašnik weist in erster Linie einen Urbestand an Steineichen auf, unter dem sich etwa 2.000 Bäume befinden, die 300 und mehr Jahre alt sind.

18 LANDSCHAFT ZWISCHEN KRIŽEVCI UND SV. HELENA KORUŠKA, 1993

Die Geschichte der Gespanschaften

Die Gespanschaft war die Gebietseinheit auf höherer Stufe der politischen Landesverwaltung vom Hochmittelalter bis zum Jahre 1918. Sie ist es auch heute in ganz Kroatien. Die sekundär verwendete deutsche Bezeichnung „Gespanschaft“ leitet sich sowohl vom Slawischen bzw. Kroatischen (župa, später županija) ab wie vom Ungarischen (ispánság). Ursprünglich bedeutete „župa“ etwa einen Talschafts-Familienverband (Stamm), dem der „župan“ vorstand. Bereits im Mittelalter unterstanden mehrere Gespanschaften einem Banus (Ban); bis zum Türkeneinbruch gab es einen für Kroatien und einen für Slawonien, seither einen gemeinsam für ganz Kroatien. Trotz Veränderungen der Gespanschaftsgrenzen bewahrte diese Verwaltungsorganisation ihre Kontinuität. Die einzige Unterbrechung erfolgte während der Türkenherrschaft in Slawonien (Unterslawonien). Ab der 2. Hälfte des 18. Jhs. erwecken die Gespanschaften insofern besonderes Interesse, als im Verlauf ihrer Wiedereinrichtung der politische Rahmen für das neuerliche Entstehen von Grundherrschaften (Herrschaftsgütern mit Schlössern und Kurien) geschaffen wurde.

Die ältesten urkundlichen Erwähnungen von Gespanschaften gehen auf das Ende des 12. Jhs. zurück. Sie führten die Bezeichnung „comitatus“ (der das ungarische „Comitat“ bzw. Komitat anstelle von „ispánság“ folgte), ausnahmsweise auch „parochia“ oder „provincia“. An der Spitze dieser Territorialeinheit stand, wie bereits angedeutet, der župan bzw. ispán (Gespan), dessen lateinischer Titel „comes“ oder, seltener, „comes parochialis“ lautete. Daraus konnte eine Großgespanschaft (velika župa bzw. föispánság) entstehen, der der Obergespan (veliki župan bzw. föispán) vorstand. Den Gespan bestellte der König aus den Reihen der Adeligen. Mittelpunkt der Gespanschaft war die „Burg“ (županijski grad), das „castrum“, dem der „castellanus“ vorstand. Das Land war entweder in weltlichem oder kirchlichem Besitz. Ein Teil konnte auch (unmittelbarer) „königlicher Grund“ sein. Anfang des 13. Jhs. gliederte sich das nördliche Kroatien in folgende Gespanschaften: Zagreb, Varaždin oder Zagorje, Križevci, Virovitica, Požega, Baranja (der Teil südlich der Drau), Vukovar und Syrmien.[18)]

19 WAPPEN DER GESPANSCHAFT BJELOVAR-KRIŽEVCI

Mit der Vertreibung der Türken aus Slawonien an der Schwelle zum 18. Jh. formierten sich die alten Gespanschaften nicht sogleich. In der ersten Hälfte des 18. Jhs. wurde Slawonien nämlich durch den Wiener Hofkriegrat und die Wiener Hofkammer (etwa Finanzministerium; „Cameralverwaltung") verwaltet. Gleiches galt hinsichtlich Syrmiens und anderer, auch später rückeroberter südungarischer Gebiete. Der Kaiser betrachtete sie als Neuerwerbungen („Neoacquisita"). Das war politisch verständlich, da bedeutende Teile Ungarns abtrünnig geworden und zeitweise mit den Türken verbündet waren. Dieser Standpunkt war aber staatsrechtlich nicht logisch und auf die Dauer nicht aufrechtzuerhalten, da der Kaiser gleichzeitig ungarischer König und als solcher zur Verteidigung verpflichtet war. Als König konnte er selbstverständlich über die herrenlos gewordenen Flächen verfügen. Schließlich wurden Slawonien und Syrmien mit Kroatien vereinigt, wofür die Slawonier und Kroaten ihrer Königin Maria Theresia, zugleich Königin Ungarns und Herrin der österreichischen Erbländer, ewig dankbar sind. Die Vereinigung vollzog Baron Engelshoffen am 8. Dezember 1745. Die Königin unterfertigte eine Urkunde über den Zusammenschluß der Gespanschaften Požega, Virovitica und Syrmien mit den übrigen Gespanschaften Kroatiens, die dem Banus unterstanden. Sie ernannte auch die ersten Župans, und zwar: Baron Ladislaus Vajaj (Požega), Graf Ludwig Patachich (Virovitica) und Baron Markus Pejácsevich (Syrmien). Bei den dem Banus unterstehenden kroatischen Gespanschaften handelte es sich um jenen Teil Kroatiens, der nicht in das Gebiet der „Militärgrenze" fiel und folglich der Jurisdiktion des Agramer Sabor unterlag („Zivilkroatien"/Provinziale). Der ungarische Reichstag, der noch in der Türkenzeit, wenngleich vergeblich, seine Ingerenz in die Angelegenheiten „Restkroatiens" (die Militärgrenze eingeschlossen) geltend machte, begehrte seit 1715 die „Wiedervereinigung mit der Stephanskrone" der beiden unterslawonischen Gespanschaften sowie Syrmiens und der Bačka (Bacska). Die königliche Entscheidung von 1745 erfolgte vorwiegend im Hinblick auf die vom Preßburger Reichstag von 1741 der Königin gewährte Hilfe im Erbfolgekrieg. Die Verwaltung dieser drei Gespanschaften besorgte der Agramer Statthaltereirat, bis 1779 die Verwaltung des slawonischen Provinziale an den ungarischen Statthaltereirat in Ofen überging.

Mit der Leitung einer Gespanschaft waren jeweils zwei Organe betraut: Die Skupština als regierende Versammlung (Komitatsversammlung), der ausschließlich Adelige angehörten, und ein Vollzugsausschuß, an dessen Spitze der Obergespan stand. Verwaltung und Rechtsprechung (Gerichtsbarkeit) waren bis zur Mitte des 19. Jhs. nicht getrennt. Dem Vollzugsdienst waren „Panduren" beigegeben, die zu Fuß oder zu Pferd die Aufrechterhaltung der öffentlichen Ordnung und Sicherheit besorgten. Vollmachten und Aufgabenkreis der Gespane waren weit gesteckt: Bestellung von Beamten für den Verwaltungs- und Gerichtsdienst, Streitschlichtungen, Sorge für die allgemeine Ordnung und für die Gesundheit von Mensch und Tier, Einhebung von Steuern, Straßen- und Brückenbau, Errichtung von Schulen, Förderung des Ackerbaus. Mit der Errichtung der Gespanschaften begann auch die Regelung der Untertanenverhältnisse aufgrund der neuen Urbarialordnung. Damals wurde auch verfügt, daß die in

Waldschluchten und auf bewaldeten Bergen befindlichen Dörfer aufzugeben seien und die Bewohner an die Hauptstraßen umzusiedeln wären. Das war aus Verkehrsgründen und wegen der Aufsicht notwendig, nämlich zur Vorbeugung von Aufständen und zur Bekämpfung des Räuberwesens etc., gewann aber auch entscheidenden Einfluß auf die Raumentwicklung und Besiedlung.

Die Gespanschaften verfügten über Wappen, die ihnen Maria Theresia (1740–1780) zuwies. Sie waren für Fahnen, Stempel, Urkunden und dergleichen gedacht. Bis dahin gab es sie nicht. Nur einige ungarische Komitate (Gespanschaften) wurden in der 2. Hälfte des 17. Jhs. mit Wappen ausgestattet, dem Großteil wurden im 18. und 19. Jh. Wappen verliehen, und zwar: Syrmien 1747, Požega 1748, Križevci und Zagreb 1759, Varaždin 1763. Die im 19. Jh. errichtete Gespanschaft Bjelovar-Križevci erhielt ihr Wappen 1872. Auf einigen derartigen Wappen befinden sich heraldische Symbole, die den Wappen einzelner Adelsfamilien entnommen sind: beispielsweise auf dem Virovitica-Wappen der Anker aus dem gräflichen Wappen Patachich, auf dem Križevci-Wappen die Ente aus dem Wappen der Grafen Nádasdy und der Löwe von jenem der Grafen Drascovics (Draskovich, Drašković).[19]

20 WAPPEN DER GESPANSCHAFT BJELOVAR

In den achtziger Jahren des 19. Jhs. erfuhren die slawonischen Gespanschaften wegen der Auflösung der kroatisch-slawonischen Militärgrenze und der Verschmelzung ihres Territoriums mit dem bisherigen „Zivilkroatien“ bzw. „Zivilslawonien“ räumliche Erweiterungen. Die einst erheblich kleiner gewordene Gespanschaft Križevci erhielt nun einen bedeutenden Umfang und einen neuen Namen: Gespanschaft Bjelovar-Križevci. Die Gespanschaften Požega und Syrmien konnten sich nach Süden bis zur Save ausdehnen. Die geringsten Veränderungen gab es für die Gespanschaft Virovitica. Der nun entstandene Zustand änderte sich bis zum Jahre 1921 kaum. Das Ende der Gespanschaften kam mit der Errichtung des „Königreiches der Serben, Kroaten und Slowenen“ und der „Vidovdan-Verfassung“ (1921), die 1923 in Kraft trat.

Wie bereits erwähnt, wurde der Obergespan (*supremus comes* bzw. veliki župan oder föispán) als Haupt der Gespanschaft vom König ernannt, während die übrigen Amtspersonen von der Skupština gewählt wurden. Der Obergespan berief die Versammlungen der Skupština ein, führte den Vorsitz, schloß die Sitzungen, überwachte die Einhaltung der Gesetze, sorgte für die Kundmachungen, leitete die Polizei und hatte auch den Vorsitz des Gespanschaftsgerichtes *(tabula judiciaria)*. Im Falle seiner Abberufung bestellte der König einen Vertreter *(administrator)*. Nach dem Obergespan rangierte der Vizegespan (*vicecomes*, kroat. podžupan, ung. alispán). Anfangs wurde ein Vizegespan gewählt, später zwei, von denen der eine für die Verwaltung, der andere für das Gerichtswesen zuständig war.

Die Gespanschaften zerfielen in Kreise (okrug; *processus*) und diese in Bezirke (kotar; *districtus*). In jedem Kreis (seit 1774 „Vizegespanschaften“) gab es einen Kreisrichter (veliki sudac; *judex nobilium*) und in jedem Bezirk einen Bezirksrichter (mali sudac; *districtualis judex*) sowie einen Referendar *(jurassor)*. Die übrigen Amtsträger einer Gespanschaft waren: Notar, Vizenotar, Hauptanwalt und Nebenanwälte *(fiscalis comitatensis)*, der Schatzmeister und seine

21 WAPPEN DER GESPANSCHAFT POŽEGA (POSZEGA), 1748

Gehilfen, weiters der Rechnungsprüfer, Archivar, Registrator und Kastellan sowie der Arzt, dem ein Chirurg, ein Geodät, ein Veterinär und Aufseher für die Seidenraupenzucht zur Seite standen. Diese Amtsträger mußten dem Adel angehören und in der jeweiligen Gespanschaft über Grundbesitz verfügen. Im Verlauf der mit 1848/49 erfolgenden Umstrukturierung der Monarchie wurde die vom Adel getragene Organisation der Gespanschaften (Komitate) mit Verordnung „Über die Gestaltung der politischen Verwaltungsbehörden im Königreich Kroatien und Slawonien“ vom 12. Juni 1850 aufgehoben. Justiz und Verwaltung wurden getrennt. Die Gespanschaften (Komitatsbehörden) übten nun vorzüglich nur die Aufsicht über die Bezirke aus. Trotz mancher Veränderungen blieben diese Grundlagen erhalten. Die Komitatsversammlungen (Skupština), an denen der Adel im Zuge des „Steueraufkommens“ beteiligt blieb, waren auf die Angelegenheiten der Selbstverwaltung beschränkt.

Die Schlösser und Kurien, über die in diesem Buch berichtet wird, gehörten im Verlauf des 18. und 19. Jhs. zu folgenden Gespanschaften: Križevci (seit 1871 Bjelovar-Križevci), Požega, Virovitica, Syrmien und Zagreb. Aus dem Bereich der großen Gespanschaft Zagreb, die sich hauptsächlich südlich der Stadt und der Save ausdehnt (und hier nicht erfaßt wird), sind die Schlösser von Zelina und Dugo Selo interessant. Sie befinden sich in einem Übergangsgebiet zwischen dem Zagorje und Slawonien. Die Schlösser in Rasinja und Gornja Rijeka sind gegen Ende des 19. Jhs. den Bezirken Ludbreg bzw. Novi Marof zugefallen, so daß wir hier auch die Gespanschaft Varaždin berühren.

DIE GESPANSCHAFT KRIŽEVCI UND BJELOVAR-KRIŽEVCI

Die älteste Erwähnung einer Gespanschaft Križevci (Kreutz, ung. Körös) findet sich in einer erhalten gebliebenen Urkunde aus dem Jahre 1193, die von einer Gespanschafts-Burg/-Stadt (županijski grad) Križevci spricht. Der zugehörige kleine Landstrich befand sich zwischen Križevci und Vrbovec. Zwischen den damals im allgemeinen kleinen Gespanschaften fanden, dem ungarischen Muster entsprechend, um das Jahr 1350 Vereinigungen statt. So verbanden sich Križevci und Rovišće, doch später entstand eine große Gespanschaft Križevci. Sie reichte von Ludbreg und vom Kalnikgebirge im Westen in Richtung des Psunj- und Papukgebirges (Pakrac und Orahovica) gegen Osten, zwischen Lonja und Save nach Süden und nach Norden zur Drau. Im Mittelalter gab es dort 76 Kastelle sowie 72 Burgen mit Grundherrschaften.[20]

Damals befanden sich im östlichen Teil um Pakrac, Trnava und Čaklovac große Besitzungen des Templerordens.

Im 16. Jh. erlitt diese Gespanschaft gravierende Einbußen durch türkische Streif- und Eroberungszüge sowie (und zwar westwärts der Ilova) durch Errichtung der „Slawonischen Militärgrenze“ mit ihrem Kommando in Varaždin. (Die österreichischen Militärbehörden bezeichneten diesen Grenzabschnitt als „Windische Grenze“, später als „Warasdiner Generalat“.) Die Einwohnerschaft genoß wegen der häufigen Verwüstungen durch die Osmanen zeitweise Steuerbefreiung, andererseits mußte sie am Bau von Befestigungen teilnehmen. 1558 beschloß der Zagreber Sabor, den Rest der Gespanschaft Križevci mit der von Zagreb zu vereinigen. Gleichzeitig bestellte er Ambroz Gregorijanec zum Vizebanus und zum Obergespan beider Gespanschaften. Dieser Zustand währte zwei Jahrhunderte. Während dieser Zeit war die Skupština für Križevci außer Funktion; alle Entscheidungen fällte der Sabor, die Gespanschaftsorgane führten sie aus. (Mit der faktischen Teilung der Gespanschaft Križevci an der Ilova wurde auch Slawonien geteilt und damit kleiner. Andererseits wurde die staatsrechtliche Verschmelzung Slawoniens mit Kroatien eingeleitet, da der slawonische Sabor seine Tätigkeit für immer einstellte.)

Im Verlauf des 17. Jhs. erlahmte der türkische Angriffsgeist. Nun bereiteten aber die österreichischen Kommanden der Militärgrenze (hier die Kapetanate/Hauptmannschaften Križevci, Koprivnica und Ivanić) Probleme. Die Befehlshaber bestritten die Besitzrechte des kroatischen Adels sowie die Rechte des Sabor und des Banus.

In Anbetracht des Übergangs der Kronen Ungarns und Kroatiens an das Haus Habsburg (S. 9) hatte das Erzherzogtum Innerösterreich (Steiermark, Kärnten, Krain/Slowenien) die Verteidigung Kroatiens von der Adria bis zur Drau übernommen. Als bereits der Großteil Slawoniens in türkischer Hand war, pendelte sich, wie erwähnt, im Bereich des Flüßchens Ilova eine stabile Grenze ein. Sie bestand aus einem bis zu 20 km tiefen verödeten Streifen „Niemandsland“. Der Großteil der Gespanschaft Križevci, der vor der türkischen Okkupation bewahrt geblieben war, war jedoch durch die vorangegangenen Streifzüge und Kämpfe verwüstet, teilweise entvölkert und der politischen und wirtschaftlichen Strukturen beraubt. Eine namhaftere Wiederbesiedlung begann erst an der Schwelle zum 17. Jh. Das Ödland wurde der buchstäblich herrenlos gewordenen Bevölkerung, vor allem kroatischen und nichtkroatischen Flüchtlingen (Vlachen, Serben etc.), zur Kultivierung überlassen. Gegen Verpflichtung zum unbesoldeten Kriegsdienst genossen diese „Grenzer“ kaiserliche Privilegien, vor allem Steuer- und Religionsfreiheiten. Diese Grundidee der österreichischen (später „k. k.“) Militärgrenze war mit den Interessen der grundbesitzenden Kirche und des Adels kaum vereinbar, sobald diese ihre Besitzrechte in Anspruch nahmen.

Die Gespanschaft Križevci wurde 1756 wieder selbständig und Križevci ihr Mittelpunkt. Die Verhandlungen im Sabor über die Trennung von der Gespanschaft Zagreb begannen bereits 1730, dauerten somit mehr als zwanzig Jahre. Obergespane waren der Reihe nach: Joseph Kasimir Draskovich (1756–1761, 1763–1765), Antun Bedeković (1761–1762), Johann Patachich (1765–1767), Johann Draskovich (1767–1773), Stephan Niczky (1773–1777), Georg Petrichevich (1777–1780), Ladislaus Erdödy (1780–1791), Ludwig Marich (1792–1800), Stephan Koritić (1800–1825), Franz Bedeković (1825–1827), Ludwig Bedeković (1827–1837), Nikolaus Zdenčaj (1838–1845), Peter Pejácsevich (1845–1848), Johann Zidarić (1848–1850), Otto Sermage (1850–1854), Ludwig Farkas Vukotinović (1861–1867) und Alexander Fodroczy (1868–1871).

22 DAS GOLDENE TAL VON POŽEGA, 1993

23 WAPPEN DER GESPANSCHAFT VIROVITICA (VERÖCZE), 1746

Im Jahre 1859 wurde die Gespanschaft in Bezirke unterteilt: Križevci, Koprivnica, Ludbreg, Novi Marof, Vrbovec und Moslavina. Damals hatte die Gespanschaft Križevci 21 Gemeinden, 83 Katastralgemeinden, drei Marktgemeinden (Ludbreg, Sveta Helena, Vrbovec), 234 Dörfer, 71 Weiler, 7.684 Häuser, darunter 23 Kastelle, 29 Adelsschlösser und 31 Meierhöfe. Zur gleichen Zeit beherbergte sie 72.894 Einwohner. Križevci war die einzige Stadt.

Mit Auflösung der Militärgrenze wurde aus den beiden ehemaligen Regimentsbezirken, nämlich der Grenzregimenter Kreutz und St. Georgen (Križevci bzw. Djurdjevac), die Gespanschaft Bjelovar-Križevci im Jahre 1869 mit einer zweijährigen Übergangsperiode eingerichtet. Sie bestand aus zwei Unter- bzw. Vizegespanschaften (podžupanija): Bjelovar und Križevci. Nach der Neueinrichtung der politischen Verwaltung im Königreich Kroatien und Slawonien im Jahre 1886 gab es in der gesamten Gespanschaft folgende Bezirke: Bjelovar, Križevci, Koprivnica, Djurdjevac, Grubišno Polje, Garešnica und Križ. Bei dieser Gelegenheit wurden die Bezirke Ludbreg und Novi Marof der Gespanschaft Varaždin eingegliedert. Der Bezirk Križ wurde 1894 in zwei Bezirke geteilt: Čazma und Kutina. Der erste Obergespan war Oberst Ivan Trnski (1871–1872), Schriftsteller und erster Präsident der Kroatischen Literaturgesellschaft. Das Amt bekleideten dann: Ludwig Reisner (1872–1874), Lazar Davidović (1875–1881), Alexander Fodroczy (1882–1886), Bude Budisavljević von Prijedor (1887–1888), Ladislaus Labas (1888–1890), Baron Radoslav Rubido (1890–1891), Milutin Kukljević (1892–1903), Theodor Georgijević (1904–1910), Djuro Dedović (1911–1913), Theodor Bošnjak (1914), Dr. Vladimir von Trešćec (1915), Ladislav Labas de Blaškovec (1915–1917), Peter Zrelec (1917–1918) und Gavro Gojković (1919).

Die zahlreichen herrschaftlichen Grundbesitze waren klein, was für diese Region typisch ist. Im Umkreis von Križevci bestanden folgende Grundherrschaften: Gornja Rijeka (Mali Kalnik), Čanjevo, Gušćerovec, Raven, Sudovec, Veliki Kalnik, Brežani, Gregurovec, Dubovec, Špiranec, Bogačevo, Beketinec, Bočkovec und andere. Im Bereich von Vrbovec: Vrbovec, Rakovec, Dulepska, Dubrava, Gradec, Lovrečina, Tkalec, Preseka.

Die Geschichte vermerkt einen großen Aufstand der Bauern und Grenzer im Februar 1755. Letztere führten Beschwerde wegen ihrer Bekleidung (Uniformierungsbeiträge) und anderer Abgaben. Die Erhebung der Bauern erfolgte wegen einer Registrierung der Einwohnerschaft und des Vermögens, was neue Steuern ankündigte. Der Aufstand begann in Raven, wo fünf Kurien angezündet und anschließend Schlösser in Pogančec, Preseka, Rakovec, Tkalec und Vrbovec geplündert und niedergebrannt wurden. In aller Kürze verwüsteten oder zerstörten die Bauern auf diese Weise 32 Kurien bzw. Schlösser. In Gornja Rijeka konnte der Aufstand erstickt werden.[21)]

DIE GESPANSCHAFT POŽEGA

In schriftlichen Quellen wurde die Gespanschaft Požega (ung. Poszega) erstmals 1210 erwähnt, ein Gespan im Jahre 1221 und eine Burg (grad-tvrdjava) Požega 1227. Um etwa 1225 übergab König Andreas II. (1205–1235) die Gespanschaft dem Erzbischof von Kalocsa namens Ugrin, der von dort aus den in Bosnien verbreiteten „Bogumilismus“ bekämpfen wollte. Es ist anzunehmen, daß der „Bogumilismus“, den man als manichäische Sekte bezeichnete, als Vorwand für einen Kriegszug diente, den Ungarn um 1225 gegen Bosnien unternahm. Tatsächlich dürfte es sich bei den bosnischen Bogumilen („Bosnische Kirche“) um den eher spärlichen Anhang eines vom Katholizismus abgespaltenen Mönchsordens gehandelt haben. Nach der Herrschaft von Herzog Andreas schenkte Béla IV. Burg und Gespanschaft seiner Gattin, der Königin Maria (Laskaris). Bis zu Beginn des 15. Jhs. blieben die Königinnen in diesem Besitz.

24 LANDSCHAFT NÖRDLICH VON CABUNA, 1993

Die mittelalterliche Gespanschaft Požega war viel kleiner als die damalige Gespanschaft Križevci. Gegen Süden reichte sie zur Save, ansonsten war sie von Gebirgen umschlossen: Psunj, Papuk, Krndija und Dilj. In der 2. Hälfte des 15. und zu Anfang des 16. Jhs. gab es außer der Stadt/Burg Požega zwölf kleine Marktflecken, etwa 360 Dörfer und Weiler, an die dreißig Burgen, Kastelle und befestigte Plätze sowie 100 mittlere und kleine Adelsbesitzungen.[22)]

Im 14. und 15. Jh. sind in Dokumenten achtzig Adelsfamilien erwähnt. Der niedere Adel war am stärksten vertreten. Vom hohen sind folgende Familien am bekanntesten: Berislavić Grabarski, Gorjanski, Dessewffy, Treutul, Tamas, Levanjski, Korodj, Hédervány u. a. Kirchlicher Besitz entstand erst in der 1. Hälfte des 13. Jhs., als Grundbesitz an den Templerorden ging und folgende Stiftungen entstanden: die Benediktinerabtei in Rudina, die Zisterzienserabtei in Kutjevo und die Domäne Kaptol des Archidiakonates Požega.

Die Gespanschaft Požega bestand bis zum Jahre 1537, als sie unter türkische Hoheit fiel. Bis zur Befreiung (1688) war Požega Sitz eines türkischen Sandžaks. Bis zur Wiedererrichtung verging ein halbes Jahrhundert, als sie nämlich 1745 mit den übrigen kroatischen Gespanschaften, soweit sie vom Banus verwaltet wurden, vereinigt wurde. Ihre damaligen Grenzen waren: Dilj, Cernik, Psunj, Lipik und Pakračka poljana nach Süden; Repušnica bei Kutina und die Ilova nach Westen; das Papuk- und Krndijagebirge sowie das Quellgebiet der Ilova nach Norden; Londžica und Imrevci nach Osten.

Eine Vergrößerung erfuhr die Gespanschaft im Jahre 1886 im Wege der Auflösung der Militärgrenze. Im Süden rückte sie nun von der Lonja im Westen bis Svilaj im Osten an die Save. So fielen auch Novska, Nova Gradiška und Brod an die Gespanschaft Požega, während Kutina an die Gespanschaft Bjelovar-Križevci abgegeben wurde.

Die administrative Gliederung der Gespanschaft änderte sich im Lauf der Zeit. Lange gab es zwei Kreise: den „oberen“ oder Pakrac und den „unteren“ oder Požega. Seit der Mitte des 19. Jhs. erhielten die Kreise die Bezeichnung Unter-Gespanschaft (podžupanija). Ab 1886 erfolgte die Gliederung nach Bezirken. Diese sechs Bezirke waren: Požega, Brod, Nova Gradiška, Novska, Pakrac und Daruvar. Städte im rechtlichen Sinn waren Požega und Brod, außerdem gab es acht Marktgemeinden. Bei einem Umfang von 2.379 km^2 hatte die Gespanschaft im Jahre 1848 64.467 Einwohner, aber 1880 bereits 72.277. Es handelte sich um das am dünnsten besiedelte Gebiet in Kroatien. Nach Einverleibung von Gebieten der Militärgrenze wuchs der Umfang auf 4.928,56 km^2. Anfang des 20. Jhs.

25 WAPPEN DER GESPANSCHAFT SYRMIEN

gab es 270.000 Einwohner und 602 Ortschaften. 1912 sind mehr als 2.000 Personen nach Amerika ausgewandert – eine relativ hohe Zahl.

Von 1745 bis 1923 haben zahlreiche angesehene Persönlichkeiten den Posten eines Obergespans bekleidet: Baron Ladislaus Vajaj, Graf Peter Keglevich, Graf Ludwig Erdödy, Joseph Anton von Čolnić, Graf Anton Jankovich de Daruvar, Franz von Balassa, Graf Joseph Erdödy, Graf Anton Pejácsevich, Graf Bartholomäus Patachich, Graf Alexander Erdödy, Graf Karl Zichy, Graf Nikola Szécsen de Temerin, Graf Julius Jankovich de Daruvar, Miroslav von Špun-Strižić, Miroslav von Kraljević, Petar von Maljevac, Silvin von Medunich, Ivan Vardian, Bude Budisavljević, Dragutin von Gvozdanović Grabarski, Dr. Nikola Jurkovich, Julius von Junkovich, Dragan Trnski, Vasilije von Belošević, Jovo Polovina, Dr. Ivo Supilo, Ernst Grabarić, Dr. Mihajlo Tomić Bogdanović.

In der Mitte des 19. Jhs. wurde die Gespanschaft Požega zum Brennpunkt für die Tätigkeit der kroatischen Nationalisten im Sinne einer Erweckung des nationalen Geistes in Slawonien, zum Unterschied von Virovitica und Syrmien, wo die Beteiligung an den öffentlichen Angelegenheiten zwischen den ungarnfreundlichen Kreisen („Magyaronen“) und den national betonten Kroaten geteilt war und der ungarische Einfluß überwog.

Unter allen kroatischen Gespanschaften kommt jener von Požega das Verdienst zu, als erste die kroatische Muttersprache für ihren Bereich als Amtssprache eingeführt und somit den Gebrauch der lateinischen und der ungarischen Sprache verdrängt zu haben. Dies geschah mit Sitzungsbeschluß vom 29. März 1848. Die von Ljudevit von Gaj herausgegebene Zeitung „Novine dalmatinsko-hrvatsko-slavonske“ schrieb in ihrer Ausgabe Nr. 31 vom 6. April 1848: „Damit hat das rühmenswerte Požega seiner Heimat ein hervorragendes Beispiel gegeben. Man sieht, daß die Požeganer ihren alten Ruhm nicht aufgegeben haben. Sie sollen lange leben!“ 1891 erhielt die Gespanschaft eine eigene Zeitung, und zwar den „Boten der Gespanschaft Požega“ (Glasnik županije požeške), als Zeitung der Aufklärung, für die Wirtschaft und das gesellschaftliche wie öffentliche Leben.

Die ersten Grundherrschaften nach der Türkenbefreiung entstanden Anfang des 18. Jhs.: die Grundherrschaft Kaptol des Bosnisch-syrmischen Bistums Djakovo (1701); als erste Adelssitze wurden die Grundherrschaften Brestovac und Velika (1702) sowie Cernik (1707) errichtet, dann Stražeman (1719) und Pleternica (1728). Im Jahr der Vereinigung mit dem übrigen Kroatien (1745) bestanden in der Gespanschaft Požega 14 Grundherrschaften: Blacko, Brestovac, Cernik, Kaptol, Kutina, Kutjevo, Pakrac, Pleternica, Podborje (Daruvar), Požega, Sirač, Stražeman (Fürkovo), Stražeman (Vojkovićevo) und Velika. Die größten Grundherrschaften in der 2. Hälfte des 19. Jhs. waren: Kutjevo, Pleternica, Velika, Kaptol, Brestovac, Požega (städtische Grundherrschaft), Blacko, Stražeman und Vetovo.

Stadt und Gespanschaft Požega wurden von Kaiser Joseph II. zweimal kurz besucht, 1768 und 1783. (Er wurde 1764 zum römisch-deutschen König [1765 Kaiser] gewählt. Bis zum Tod von Königin Maria Theresia [1780] war er Mitregent in allen habsburgischen Ländern.)[23]

DIE GESPANSCHAFT VIROVITICA

26 LANDSCHAFT ZWISCHEN ČEPIN UND BIZOVAC, 1993

Die Gespanschaft Virovitica (Virovititz, ung. Veröcze) umfaßte im Mittelalter nur die Gegend von Virovitica bzw. die Domäne, die nach Norden zur Drau reichte. Grundherrschaft und Gespanschaft waren bis 1437 im Besitz ungarischer Königinnen oder Fürsten. Dann wurden sie zum Lehen, wobei dem Grundherrn auch die Würde eines Gespans (Ispán, župan) zukam. In Urkunden wurden ein Gespan und eine Gespanschaft Virovitica erstmals 1269 bzw. 1275 erwähnt, eine Adelsversammlung (skupština) im Jahre 1343. Im Umkreis des Marktes Virovitica gab es 1353 sieben kleine Lehnsbesitze.[24] Dem Markt Virovitica verliehen die Herrscher im 13. Jh. öfters Privilegien.

Virovitica war in dieser Zeit ein wichtiger Platz, weil sich die Herrscher oft hier aufhielten. Die „Goldene Bulle", mit welcher der Oberstadt von Zagreb (Gradec) durch König Béla IV. im Jahre 1242 die Stellung einer königlichen Freistadt verliehen wurde, wurde in Virovitica erlassen. Die mittelalterliche Gespanschaft endete mit der türkischen Eroberung im Jahre 1552. Sie erstand erst nach 193 Jahren wieder. Ihre Ratsversammlung (Skupština) konstituierte sich am 9. Dezember 1745 in Osijek (Esseg, ung. Eszék) im Haus des Leopold Übel. Die Sitzung wurde durch Ludwig Graf Patachich, den ersten Obergespan, eröffnet. Gemäß Anweisung der Königin Maria Theresia war die Gespanschaft in zwei Kreise zu teilen: Virovitica und Djakovo. Der Sitz des Obergespans war Virovitica, der des Vizegespans Osijek. Die Skupština versammelte sich abwechselnd in Virovitica, Osijek und Valpovo. Die Gespanskasse war in Osijek untergebracht, das Archiv in Virovitica, und als Gefängnis diente die Kaserne in der Oberstadt von Osijek.

Die Stellung eines Obergespans hatten inne: Ludwig Graf Patachich von Zajezda (1745–1756), Georg Klimó (1756–1761), Johann Graf Patachich von Zajezda (1761–1766), Christoph Graf Niczky de Niczk (1766–1783), Georg Graf Niczky de Niczk (1783–1785, 1790–1811), Franz Graf Széchényi de Sárvár et Felsövidék (1785–1790), Josef Graf Mailáth de Székhely (1811–1818, 1825–1827), Anton Adamovich de Csepin (1818–1825), Emmerich Lányi de Kis Szánto (1827–1830), Franz Szegedy de Mezö Szeged (1830–1841), Josef Siskovich de Almas et Gödre (1850–1861, 1867–1870), Peter Graf Pejácsevich (1850–1861, 1867–1870), Ladislaus von Delimanić (1861–1862), Miroslav von Kraljević (1870–1875), Mirko Kršnjavi (1875–1886), Dr. Theodor Graf Pejácsevich (1886–1902), Anton von Mihalovich (1902, 1906–1908), Levin Chavrak de Lettovanich (1903–1906), Vladimir Baron Rajačić (1908–1910), Franz von Kukuljević Sakcinski 1912–1913) und Johann Baron Adamovich de Csepin (1914–1918). 1911 und 1913 blieb der Posten unbesetzt.

Die Gespanschaft Virovitica war, neben Syrmien, das wichtigste Ackerbaugebiet Kroatiens, was das Ausmaß seiner genutzten Flächen, den Ertrag, die Bebauungsweise und den Einsatz neuer landwirtschaftlicher Maschinen betraf. Außerdem bildete die Viehzucht ein sehr wichtiges Betätigungsfeld. Am einträglichsten war die Rinderzucht. Die Haupteinkünfte stammten aus dem Verkauf von Getreide und Vieh, das nach Italien, in die Schweiz sowie nach Österreich

27 LANDSCHAFT ZWISCHEN PODGORAČ UND NAŠICE, 1997

und Deutschland ausgeführt wurde. Bekannt war die Gespanschaft Virovitica auch wegen ihrer großen Eichenwälder, die besonders in der 2. Hälfte des 19. Jhs. intensiv genutzt wurden. So sind auch andere Wälder südlich der Drau verschwunden, die Slawonien vor den kräftigen Nordwinden aus der pannonischen Ebene schützten.

Gegen Ende des 19. Jhs. wurde die Gespanschaft in drei Vizegespanschaften gegliedert: Osijek, Djakovo und Virovitica. Ein starker politischer, wirtschaftlicher und kultureller Einfluß Ungarns war spürbar. Der politische Kampf wurde zwischen den kroatischen Nationalen und den „Magyaronen" geführt, denen der begütertste Adel und die wohlhabendsten Bürger angehörten. Die mächtigsten Adeligen waren die Grafen Pejácsevich, aber ab der Mitte des 19. Jhs. die Fürsten Schaumburg-Lippe. Zu den reicheren Grundherren gehörten auch die Adamovich de Csepin, die Grafen Jankovich de Daruvar, die Barone Prandau und die Bischöfe von Djakovo.

In der Gespanschaft gab es im Jahre 1745 zwölf Grundherrschaften: Aljmaš, Bukovica, Čepin, Dalj, Djakovo, Erdut, Našice, Orahovica, Retfala, Valpovo, Virovitica und Voćin. Am reichsten davon waren damals: Djakovo, Valpovo und Voćin, mit 200 Sessionen (Untertanen-Ansässigkeiten) sowie Virovitica mit 169 Sessionen.[25] (Dalj, zwischen Erdut und Vukovar gelegen, war seit 1706 Domäne des orthodoxen Metropoliten von Karlowitz und bis 1724 auch dessen Residenz. Dalj wurde vom Kaiser der Metropolie zur Nutznießung überlassen.)

DIE GESPANSCHAFT SYRMIEN

Geht man von den Grenzen der Gespanschaft Syrmien (Srijem, Srem, ung. Szerem) zwischen 1745 und 1918 aus, so umfaßte die mittelalterliche Gespanschaft nur deren westlichen Teil. Sie nannte sich nach ihrer Stadt „Vukovo" (Vukovar; Vukovár, zu deutsch: Burg an der Vuka); der ostwärts der Fruška gora (Fruschkagebirge) gelegene kleinere Teil bildete die Gespanschaft „Syrmien". Die westliche Grenze der Vukovo-Gespanschaft verlief ab dem 13. Jh. bei Brod, Čepin und Osijek.

Im 15. Jh. wies die Gespanschaft 33 Kastellle[26], 34 Marktflecken und 1.182 Ortschaften auf. Große Grundbesitzer waren die Morović, Gorjanski, Korodj (Korogh), Alšan und Ilok. Ihrem Gebietsumfang nach entspricht die mittelalterliche westsyrmische Gespanschaft etwa der heutigen Gespanschaft Vukovar-Srijem; sie grenzt östlich Ilok an Serbien.

Sitz der neuen, vergleichsweise noch immer kleinen Gespanschaft Syrmien war zunächst (1745) Vukovar. Großen Umfang erhielt sie erst mit Auflösung der Militärgrenze (Regimentsbezirke Brod und Peterwardein). Neben Vukovar entstand ein zweiter Kreis: Irig, zu dem die Herrschaften Semlin (Zemun) und Mitrovica (Ruma) gehörten. Zum westlichen Kreis mit dem Donaugebiet zählten Vukovar, Nuštar, Ilok und Karlowitz (Srijemski Karlovci). Nach Auflösung der Militärgrenze entstanden in der Save-Ebene die Herrschaften Šid, Čalma und Čerević.[27]

Ein großes Problem bildete in Syrmien die Urbarialfrage insofern, als die Bauernschaft an das Land und an die Herrschaft gebunden werden sollte. Wegen der Steuerlast verzogen die Bauern nämlich häufig in das Militärgrenzgebiet, ja sogar auf türkischen Boden, wo die Belastungen geringer waren. Während die als „Keglevich-Urbar“ bekannte und von Maria Theresia bestätigte provisorische Urbarialordnung aus dem Jahre 1755 im übrigen Slawonien angenommen wurde, stieß sie wegen sechs Artikeln in Syrmien auf Ablehnung. Den Kampf gegen dieses Urbar unterstützte der orthodoxe Metropolit von Karlowitz (oft als „Patriarch“ bezeichnet), Pavle (Paul) Nenadović, der die Bauern dagegen aufhetzte. Die endgültige, von der Königin 1756 erlassene Urbarialordnung brachte den syrmischen Bauern insoweit Erleichterungen, als ihnen freigestellt wurde, als Untertanen die Arbeitsverpflichtungen gegenüber dem Grundherrn weiterhin zu erfüllen oder aber sie mit Geld abzulösen. Dieses Recht der Entscheidung hatte die Bauernschaft im übrigen Slawonien nicht. Die Ablöse bereitete den Grundherren Schwierigkeiten, da ihnen nun Arbeitskräfte abgingen und das Land nicht entsprechend bebaut werden konnte – es sei denn, sie gaben es den Bauern in Pacht.[28)]

28 LANDSCHAFT ZWISCHEN ČEPIN UND PODGORAČ, 1997

Der herrschaftliche Grundbesitz

Zur Zeit des Feudalismus vom Mittelalter bis ins 19. Jh. bildete die „Grundherrschaft“ die kleinste Verwaltungseinheit. War der Feudalismus jene politische Richtung, die dem grundbesitzenden Adel (Grundadel) eine bevorzugte Stellung einräumte, so wird klar, daß sich diese auch auf die gesellschaftliche und wirtschaftliche Entwicklung auswirkte. In der Grundherrschaft spielte sich das gesamte Leben der abhängigen Bauernschaft, der „Untertanen“ (Kmeten), ab.

Die erste Periode des Feudal- bzw. Lehnssystems ging etwa mit dem 15. Jh. zu Ende, als, zugleich mit der Einführung stehender Heere, entweder das Königtum die Macht der Feudalherren brach oder – wie in Deutschland – die kaiserliche Macht durch die entstehenden Landeshoheiten schrumpfte. Bis dahin konnten die Könige nach Belieben die Lehen einziehen. Davon machte beispielsweise Matthias Corvinus gegenüber kroatischen Feudalherren wegen ungenügender Durchführung der Landesverteidigung Gebrauch. Dieses Prinzip war nach der Befreiung Slawoniens von den Türken bereits obsolet. Aber der Kaiser (König) verschenkte oder verkaufte Landgüter an Kirchen bzw. an verdiente Militär- und Zivilpersonen.

Sitz der Grundherrschaft war im Mittelalter die Burg oder das Kastell *(castrum)*, seit dem 17./18. Jh. aber das Schloß oder die Kurie. Auch wenn „Grundherrschaft“ und „Herrschaft“ (herrschaftlicher Grundbesitz) meist das gleiche bedeuteten, so decken sie einander, streng genommen, nicht. Erstere (kroat. gospoštija) bezieht sich auf die Zeit vor der Abschaffung der Untertänigkeit (1848), letztere (kroat. vlastelinstvo) auf die Zeit nachher, als der Eigentü-

29 LANDSCHAFT IN DER UMGEBUNG VON PITOMAČA, 1997

mer seinen herrschaftlichen Besitz unter größerem persönlichem Einsatz bewirtschaftete.

Die Liegenschaft einer „Grundherrschaft" konnte in das Allodium *(terra dominicata)*, in die Ansässigkeiten oder Sessionen (Urbarialland, auch Bauern- bzw. Untertanenland) sowie in Gemeinschaftsland eingeteilt werden. Letzteres (nichturbarialer bzw. außersessionaler Grund) bestand beispielsweise aus Wald und nicht bebaubaren Flächen. Die dörflichen Gemeinden fielen in den administrativen Bereich der Herrschaft. Unter „Allodium" (Allod) verstand man das herkömmliche (auch zur Lehnszeit) unbeschränkte Eigentum des Grundadeligen, dessen bebaubare Flächen gleichfalls von den abhängigen Bauern bearbeitet wurden (Robot = Fron-Handdienste).

Innerhalb der Untertanen gab es nach ihrer jeweiligen wirtschaftlichen Stellung Unterschiede, doch in rechtlichem Sinn waren sie gleich: sie besaßen keine politischen Rechte. Auf größeren und besser entwickelten Besitzungen entstanden Untertanensessionen (Ansässigkeiten), die nach deutschen Begriffen mit einer „Kate" vergleichbar waren. Eine Session (selište), auf der die Untertanen (Hintersassen, Kmeten) lebten und arbeiteten, setzte sich aus Ackerboden und Wiese sowie einem Haus mit Garten- bzw. Hofgrund zusammen. Im 18. Jh. umfaßte sie einen Morgen Hofgrund mit Haus, 24 Morgen Ackerboden erster Güteklasse (32 Morgen zweiter oder 40 Morgen dritter Klasse) sowie Wiese im Umfang von acht „Mähgründen" (1 Mähgrund = 800 bis 1.200 Quadratklafter, was, an einem Vormittag gemäht, 1 Fuhre Heu ergibt). Zu den angeführten Feldmaßen: 1 Morgen = 1 Katastraljoch (im folgenden kurz: „Joch") = 1.600 Quadratklafter; 1 Quadratklafter = ca. 3,5 Quadratmeter (exakt: 3,5966 Quadratmeter). Es handelt sich dabei um den „Wiener Morgen" = „Wiener Joch" = 5.754 Quadratmeter bzw 0,5754 Hektar, praktisch soviel Ackerland, wie man mit einem Paar (Joch) Ochsen an einem Tag (Vormittag) pflügen kann. (Das ungarische Joch umfaßte hingegen nur 4.315 Quadratmeter. Das Verhältnis Wiener Joch : Hektar wird durch den dem österreichischen Jagdrecht entnommenen Hilfsbegriff 200 Joch = 115 Hektar [Umfang einer „Eigenjagd"] überschaubarer.) Das Feldmaß der Weingärten bestimmte sich nach den bearbeiteten „Furchen" bzw. „Rigolen". 1 Rigol entsprach 200 Quadratklaftern = ca. 700 Quadratmetern mit Reihen von Weinstöcken besetztem Grund.

Selten verfügte ein Bauer über eine ganze Session. Folglich wurden die urbarialen Flächen in Achtelsessionen gemessen, so daß den Untertanen beispielsweise zwei, drei, vier etc. Achtelsessionen zukamen, nach denen auch ihre Steuern bemessen wurden. „Urbarium" etc. dürfte aus dem Magyarischen abzuleiten sein: úr = Herr; bér = Lehen; úrbér = Abgabe der Untertanen an die Herrschaft. Über Urbarialland konnte der Kmet überhaupt nicht verfügen. Nichturbarialland durfte er mit Zustimmung des Grundherrn verkaufen oder vererben. Außerdem mußte er das Allodium bearbeiten. Den Zins für die Session zahlte er dem Grundherrn bzw. der Kirche oder dem König entweder in Naturalien oder in Geld. Die Steuer an den Regenten hieß „dika"; die allgemeine Steuer in Kroatien und Slawonien war der „dim" bzw. die „dimnica" (Rauchpfennig/Herdsteuer). Die „desetina" (der Zehent) wurde an den Bischof/Bistum und an das Kapitel (kaptol) geleistet. Eine Naturalabgabe (lukno) war für den Pfarrer bestimmt.[2)]

In den in Dorfgemeinden zusammengefaßten Sessionen sorgte der Dorfknez (etwa Bürgermeister) für die öffentliche Ordnung und Sicherheit. Gewöhnlich schlug die Dorfgemeinschaft dem Grundherrn für dieses Amt mehrere Personen vor. Der „knez" wurde für ein Jahr eingesetzt, beginnend jeweils am Allerheiligentag (1. November). Die Dorfgemeinschaft wählte Dorfräte (Dorfälteste), einen Vize-knez, einen Schriftführer sowie Wächter, Feldhüter und einen „Korporal".[29)]

Die administrative und gerichtliche Gewalt innerhalb eines Herrschaftsgutes hatte der Grundherr *(dominus terrestris)* inne. Dem Gericht präsidierte entweder er persönlich oder ein von ihm ernannter Beamter *(comes curialis)*. Dem herrschaftlichen Gericht gehörten noch drei Beisitzer und der Gespanschaftsrichter an *(testimonium legale)*. Ein Anwalt der Grundherrschaft hatte die Funktion eines Berichterstatters (Referenten) und Schriftführers. Geregelt wurden Streitfälle zwischen Grundherrn und Untertanen, der Untertanen untereinander sowie zwischen ihnen und anderen Personen (Bürgern wie Adeligen). Die Gerichte hatten auch die Anordnungen der Gespanschaft und des Sabor zu verlautbaren. Ihnen übergeordnet war das Gespanschaftsgericht *(sedes iudiciaria)*.[30)]

Den Betrieb größerer Güter leitete ein Wirtschaftsverwaltungsdienst, der gegen Ende des 19. Jhs. Wirtschafts- und Forstbeamte ausbildete. An der Spitze stand der Güterdirektor bzw. Domänenrat. Ihm waren untergeordnet: Verwalter von selbständigen Wirtschaften, wie Meierhöfen und Außenwirtschaften („Pusten"), und anderen Wirtschaftszweigen, das Rentamt, die Distriktsleiter, der Hauptrechnungsführer, der Kastellan, die Geflügelzüchter, der Obergärtner, der Oberbuchhalter, der Weingartendirektor sowie Rechtsberater und Ärzte. Hinzu kamen untergeordnete Angestellte und Hilfskräfte, beispielsweise Rechnungsführer, Gerichtsbeamte, Verwalter, Weinberg- und Feldhüter, Gärtner, Wächter, Panduren (Leibjäger) und Praktikanten. An Dienstpersonal „im Hause" gab es Beschließer, Köche, Bäcker, Kutscher, weiters Schmiede, Wagner, Faßbinder, Rauchfangkehrer, Schuster usw. Schließlich sollte man nicht die Arbeiter und Diener für den Allodialbereich vergessen: Leute, die sich mit Schweinehaltung und Rindvieh befaßten, Hirten, Taglöhner (Lohnarbeiter) sowie Saison- bzw. Wanderarbeiter. An der Spitze der Forstverwaltung stand der Oberförster, nach ihm Forstinspektoren, Förster und Forstverwalter als Oberbeamte; ihnen folgte eine Reihe untergeordneter Förster, Adjunkten und Praktikanten. Die unmittelbare Waldaufsicht führten Forstaufseher (lugari). Das Personal der Grundherrschaften erreichte gegen Ende des 19. Jhs. beträchtlichen Umfang. Die Gutsangestellten führten auch ausführliche Aufzeichnungen (Berichte, Anweisungen). Diese Schriftstücke wurden in einem Archiv aufbewahrt.[31)]

Die Institution der Feudal- bzw. Grundherrschaft begegnet in Slawonien im 12. Jh., also mit der Herrschaft der ungarischen Könige über die kroatischen Länder. Als Eigentümer des gesamten Königreiches verlieh der Herrscher Land an kirchliche Einrichtungen und an verdienstvolle Personen. Diese Institution verschwand nach Eindringen der Türken. Die Grundherrschaften bestanden in jenen kroatischen Gebieten fort, die die Türken nicht okkupieren konnten, wie insbesondere in den westlichen Teilen der Gespanschaft Križevci sowie in den Gespanschaften Zagreb und Varaždin. Nach dem Abzug der Türken mußte man im verödeten und niedergebrannten Slawonien das Leben von Grund auf einrichten, vorzüglich die Herrschaftsgüter als Fundament künftiger wirtschaftlicher Entwicklung.

Mit dem erwähnten Abzug der Osmanen Ende des 17. Jhs. wurde Slawonien wieder dem Habsburgerreich angeschlossen. Adelsfamilien, die ihren früheren Besitz hätten wiedereinnehmen können, gab es kaum mehr. Proklamationen der kaiserlichen Regierung im Jahre 1700, Besitzansprüche einer kaiserlichen Kommission nachzuweisen, blieben in der Regel ohne Erfolg. Die in Slawonien begütert gewesenen Adelsfamilien waren nämlich abgewandert, vertrieben oder ausgestorben, und diesbezügliche Urkunden gab es meist nicht mehr. Bei der ersten Landbeschreibung und Erhebung der Einwohnerschaft im Jahre 1698 (Kollonitsch-Plan; Kardinal Graf Leopold Kollonitsch, Präsident der Hofkammer und Primas von Ungarn) wußten auch die Einwohner nichts über frühere Feudalherren zu berichten. In dieser Situation griff der Wiener Hof zur Maxime, daß die kaiserliche Armee neben Ungarn auch Slawonien befreit und hierdurch der Kaiser das Verfügungsrecht über das gesamte Land gewonnen habe. So übernahm die Hofkammer namens des Herrschers die Verwaltung Slawoniens, und zwar im Einklang mit der Armee, die in den grenznahen Bereichen die „Militärgrenze“ etablierte. Doch bald sah die Hofkammer ein, daß das Experiment wegen der Verwüstungen und mangels ausreichender Bevölkerung kaum durchführbar war. Folglich schien der Landverkauf ein geeigneteres Mittel, durch das man auch die hohen Geldausgaben begleichen konnte. Schon 1702 wurden Verzeichnisse über die Bevölkerung und die Liegenschaften sowie über die Dörfer und Städte angelegt. Da um diese Zeit aber kaum jemand Kroatien oder Ungarn in Richtung der slawonischen „Wüste“ verlassen wollte, entschloß sich der Hof zu Landschenkungen (Donationen) an die Kirche.

Der Prozeß der Dekameralisierung, das heißt der Institutionalisierung von Grundherrschaften mit Eigentumsübertragung, sei es zugunsten kirchlicher Einrichtungen oder von Adelsfamilien, wurde in zwei Phasen abgewickelt: Die erstere endet 1707, die zweite lag zwischen 1721 und 1730. Zunächst schuf man die Grundbesitze des Jesuitenordens in Kutjevo (1689) und in Aljmaš (1702), dann wurde der ehemalige Kaptol-Besitz (S. 184) dem Bischof von Djakovo (ungar. Djakovár) verliehen (1701) und im Jahre 1707 das Gut Djakovo diesem Bistum. Es erhielt den Besitz aufgrund eines Privilegs aus dem Jahre 1650. (Um diese Zeit galt Djakovo als „bosnisches Bistum“. Dies ging auf das 13. Jh. zurück, als, in Zusammenhang mit dem „Bogumilenkrieg“ [S. 28], der „bosnische Bischof“ nominell im Königsgut Djakovo [Dyacon] residierte. Seit 1735 fungierte es als Apostolisches Vikariat für Bosnien und die Herzegowina [Vertrag Kaiser – Sultan], das mit der Gründung des Erzbistums Vrhbosna [Sarajevo] 1881 sein Ende fand. 1773 wurde Djakovo als bosnisch-syrmisches Bistum des Erzbistums Kalocsa neu errichtet und 1850 dem Erzbistum Zagreb unterstellt.) Außerdem wurden damals zwei Domänen der serbisch-orthodoxen Metropolie gegründet, und zwar Neradin (1691) und Dalj (1706). Den römischen Fürsten Odescalchi wurde ein großer Teil Syrmiens unter dem Titel „Herrschaft Ilok" verliehen (1697), wodurch damals der größte Adelsbesitz in Slawonien entstand (S. 174). Anfang des 18. Jhs. entstanden noch einige kleinere Adelsgüter, vornehmlich in der Gegend um Požega: Brestovac, Velika und Voćin (1702), Blacko, Nuštar und Stražeman (1703) sowie Cernik (1707). Die meisten Herrschaftsgüter entstanden aber in den zwanziger Jahren des 18. Jhs., also in der zweiten Phase der Dekameralisierung. Sie begann mit der Verleihung der Herrschaft Valpovo (ung. Valpo) an die Barone Prandau und setzte sich mit den folgenden Herrschaften fort: Orahovica 1722, Našice 1723, Virovitica 1726, Vukovar, Mitrovica (später „Trenck"), Pakrac, Pleternica und Semlin (Zemun) 1728 sowie Erdut und Karlowitz (Sremski Karlovci) 1730. Nach dieser Phase bzw. nach 1730 verblieben unter der Hofkammerverwaltung die Grundherrschaften in den Städten Osijek, Požega und Peterwardein, der Umkreis von Daruvar sowie Kutina und einige kleinere Güter. Der Fall Kutina löste sich 1738 mit der Übergabe an die Grafen Erdödy, denen diese Herrschaft bereits vor der Ankunft der Türken gehört hatte. Die Grundherrschaften Podborje (Daruvar) und Sirač verblieben bis zur allgemeinen Inkorporierung (1745) Kammereigentum, die Grundherrschaft Čepin bis 1765, als die Gespanschaften effektiv eingerichtet wurden.[32)]

Im 18. und 19. Jh. waren zwei Umstände charakteristisch: Das Übergewicht weniger, aber großer Grundbesitze (Großgrundbesitze) und ein bedeutender Anteil von Fremden (Nichtkroaten). Hingegen gab es in den Gespanschaften Križevci, Varaždin und Zagreb, wo der feudale Grundbesitz unberührt geblieben war, nur sehr selten große Besitze; hier überwog der einheimische Adel.

Unter einem Großgrundbesitz verstand man eine Herrschaft mit mehr als 1.000 Wiener Morgen. Ein weiteres Kriterium bildete die Zahl der Sessionen. Kleine Herrschaften verfügten über 10 bis 50, große über 150 bis 300 Sessionen, aber wahren Großgrundbesitzungen fielen mehr als 300 Sessionen zu. Eine Dichte übergroßer Grundherrschaften gab es in der Gespanschaft Virovitica bzw. in der Drauebene. In den Jahren 1726 und 1745 gab es zwei Großgrundbesitze mit mehr als 300 Sessionen, aber 1848 sieben dieser Größenordnung. Anfang des 20. Jhs. gab es 22 Großgrundbesitze mit einem Ausmaß von mehr als 5.000 Hektar (= etwa 8.700 Joch). Diese machten zwar nur 24 Prozent aller herrschaftlichen Besitze Slawoniens aus, deckten der Fläche nach jedoch 86 Prozent ab. In den drei unterslawonischen Gespanschaften gab es 1895 23 Besitze mit mehr als 10.000 Joch, aber in den übrigen kroatischen Gespanschaften nur sieben in dieser Größenordnung. Hingegen war das Verhältnis der kleineren Großgrundbesitze (1.000 bis 10.000 Joch) im gleichen Jahr ziemlich ausgeglichen: 95 in Slawonien und 84 im übrigen Kroatien. Die Statistik für 1895 zeigt, daß sich die Grundherrschaften mit mehr als 1.000 Joch wie folgt verteilen: Virovitica 72, Syrmien 32, Požega nur 14. Die 72 in der Gespanschaft Virovitica erstreckten sich auf 430.000 Joch, von denen 265.000 Wald waren.[33)]

Die Grundherren waren großteils „Fremde", vornehmlich Deutsche und Magyaren. (Unter „Fremden" sind Personen zu verstehen, deren Familien nicht aus Kroatien, Dalmatien oder Slawonien stammten [„Nichtkroaten"], unter

Deutschen vorwiegend deutschsprachige Österreicher bzw. Deutschsprachige aus den habsburgischen Erbländern oder in habsburgischen Diensten, während magyarische Familien schon vor dem Türkeneinfall in Kroatien seßhaft waren.) Diese „Fremden" waren besonders stark in der Gespanschaft Virovitica vertreten, wo es 1895 27 „deutsche" Großgrundbesitze gab (über 1.000 Joch), weiters 22 „magyarische" in den Gespanschaften Virovitica und Požega. Diese 49 Besitze repräsentierten 19 Prozent der Grundherrschaften, deckten aber 47 Prozent von deren Flächen ab. Die vier größten slawonischen Grundherrschaften entlang der Drau und Donau (Virovitica, Valpovo, Vukovar und Ilok) gehörten „fremden" Adelsfamilien. Hingegen waren die Grundherrschaften nördlich des Beckens von Požega (Našice, Podgorač, Orahovica, Daruvar, Sirač, Pakrac) sowie jene um Požega selbst hauptsächlich in Händen des einheimischen Adels. Unter den Inhabern von Grundherrschaften waren drei Hauptgruppen zu unterscheiden: 1. Kammerverwaltung (kaiserlicher Hof), 2. katholische und orthodoxe Kirche, einschließlich Klöster und Orden, 3. weltliche Eigentümer. Zwar wechselten die Besitzverhältnisse im Lauf der Zeit, aber die meisten Besitze befanden sich immer in Händen „weltlicher Herrschaften", wenn man vom 1. Jahrzehnt des 18. Jhs. absieht.

Das Jahr 1848 brachte einschneidende Veränderungen. Die bisherigen Untertanen wurden Eigentümer der urbarialen Liegenschaftsteile, also der Sessionen, die sie bisher bearbeitet hatten. Die Gutsherren behielten das Eigentum über die allodialen Flächen, aber auch über das sogenannte Gemeinschaftsland, wie etwa: Weingärten, Weiden, gemeinschaftlich genutzter Wald etc., sozusagen außersessionales Land bzw. zinsbare Pachtliegenschaften. Gerade wegen solcher Flächen entwickelte sich ein anhaltender Streit zwischen der Herrschaft und den ehemaligen Kmeten. Wollten letztere dieses Land erwerben, mußten sie es abkaufen und die Ablösesumme aushandeln. Zu solchen Ablösen kam es selten oder nur zögernd, da die Bauern nicht über genügend Geldmittel verfügten. Ein großer Teil von ihnen verdingte sich als Taglöhner oder Diener beim ehemaligen Grundherrn. (Eine gewisse Notlage der Bauern resultierte nämlich daraus, daß die von der Herrschaft zur Verfügung gestellten Hilfsmittel [Werkzeuge, Maschinen, Zugtiere etc.] sowie die formlose Fürsorge nun entfielen.)

Der herrschaftliche Grundbesitz wurde durch die „Agrarreformen" nach 1918 schwer beeinträchtigt. Das Jahr 1945 brachte überhaupt das Ende. Nach dem Ersten Weltkrieg wurden die Besitze um bedeutende Flächen verringert. Daher konnten sich die Güter nur unter Annahme kapitalistischer Wirtschaftsmethoden behaupten, was hauptsächlich jenen gelang, die sich schon zuvor dahingehend umgestellt hatten. Diese „neuen" Güter erzeugten meist spezielle Produkte en gros, vor allem landwirtschaftliche Rohstoffe, welche die Industrie benötigte.

Mit den strukturellen Veränderungen, die dem Jahre 1848 folgten, setzte auch ein Übergang in bürgerlich-kaufmännische Hände ein. Gleichzeitig begannen sich die Gutsbesitze voneinander zu unterscheiden. Dabei spielten die ererbte Wertschätzung, die Statuszugehörigkeit, das „Prestige" oder der Sinn für Wirtschaft eine Rolle. Es entstanden auch neue Bezeichnungen mit häufig ähnlicher

Bedeutung: Majoratsherrschaft, Allodialgut, Herrschaft, herrschaftliches Gut, Adelsgut, adeliger Besitz etc.[54] Insgesamt handelte es sich um ein mehr oder weniger großes Gut, um einen Großgrundbesitz, eine Domäne oder eine „Wirtschaft". Unter einem Adelsgut waren nur jene Besitze (Güter) zu verstehen, die nicht im allgemeinen Grundbuch eingetragen wurden, sondern im „Adeligen Grundbuch" (Landtafel) in Zagreb. Dieses war nicht nach Grundkatastern, sondern nach den Namen der Eigentümer geführt. In Kroatien wurde die Landtafel (Landtäflige Güter) um 1934 abgeschafft. In rechtlicher Hinsicht standen dem Allodialgut die Fideikommisse (kroat. povjerbinsko dobro) gegenüber, welche Majorate, Seniorate oder Minorate sein konnten. Ein Fideikommiß konnte weder geteilt noch verkauft werden und durfte nur aufgrund besonderer Vorschriften in den Besitz eines anderen übertragen werden. Beim Majorat richtet sich die Nachfolge nach dem Salischen Erbprinzip, das heißt vom Vater auf den ältesten Sohn, dann den Bruder, dessen Sohn etc. Beim Seniorat ist das älteste männliche Mitglied der gesamten Familie begünstigt, beim Minorat (Juniorat) das jüngste männliche Mitglied der gesamten Familie. Beim Allodialgut (vlastelinstvo) ist die Nachfolge an keine außerordentliche Vorschrift geknüpft. Sein Inhaber ist unbeschränkter Eigentümer, der das Gut im Rahmen des bürgerlichen Rechts jedermann entgeltlich oder unentgeltlich abtreten kann.

30 LANDSCHAFT ZWISCHEN FERIČANCI UND ORAHOVICA, 1997

DER ADEL IN SLAWONIEN

Der Adel in Kroatien, Slawonien und Dalmatien tritt im frühen Mittelalter auf. Ungeachtet rechtlicher Einbußen im Jahre 1848 bestand er offiziell bis zum Jahre 1918, also bis zum Ende Österreich-Ungarns. Unter Bedachtnahme auf die politischen und gesellschaftlichen Wandlungen während dieser langen Zeit lassen sich ein Uradel, ein alter Adel, ein neuerer sowie ein neuester Adel unterscheiden. Solchen Wandlungen entspricht auch die Scheidung des Uradels in einen (älteren) Stammesadel und in einen (jüngeren) Feudaladel. Ersterer entsprang der sozialen Ordnung des alten kroatischen Staates. Sie gründete sich auf Stämme, welche sich aus Bruderschaften und diese wiederum aus Geschlechtern zusammensetzten. Wie bereits bekannt, nannte man das Territorium eines Stammes „župa" (Gespanschaft) und den Stammesführer „župan" (Gespan). Aus den angesehensten und stärksten Bruderschaften wurden die Gespane, Heerführer (Vojvoden), „Fürsten", Richter und andere Würdenträger gewählt, die die Keimzelle des kroatischen Adels darstellen. Nach dem Untergang der einheimischen Königsdynastie Kroatiens im Jahre 1102 bestand der Stammesadel weiter. Doch mit der Inbesitznahme des kroatischen Königsthrones durch die ungarischen Arpaden (somit dem Entstehen des ungarisch-kroatischen Dualismus) begann des Zeitalter des Feudaladels. Entsprechend seinem Namen (*feudum* = Lehen) leitet er sich von den vom König (gegen Treue und Kriegsdienst) verliehenen Ländereien ab. Landvergaben erfolgten auf analoger Basis – nunmehr als „Afterlehen" –, auch durch mächtige Adelsgeschlechter („Fürsten", „Magnaten"),

31 WAPPEN DER GRAFEN PEJÁCSEVICH

wie es namentlich die dalmatinischen Šubić (die späteren Zrinyi) oder die Herren der Adriainsel Krk (die späteren Frankopan) sowie die Babonić-Blagaj und die Nelipić waren. Aus solchen Landvergaben ging später die „Klasse" des „niederen Adels" hervor.

Die grundherrschaftlichen Donationen (Lehnsvergaben) wurden nach dem Tod des böhmisch-ungarischen Königs Sigismund von Luxemburg (röm.-deutscher König seit 1411, Kaiser 1433) im Jahre 1437 seltener, schon allein weil es immer weniger frei verfügbare Lehnsgüter gab. Der andere Grund war das Ende des Lehnssystems schlechthin. Aus der ersten Periode sind uns keine Wappen überliefert, obgleich sie in Europa ab dem 13. Jh. sogar bei den einfachen Rittern Mode wurden. Auch Adelstitel (Prädikate) waren noch nicht entwickelt. „Gespan" und „Herzog" (herceg, vojvoda) waren reine Amtstitel, wie zunächst auch in Ungarn der „gróf" *(comes)* in seiner Eigenschaft als Gespan bzw. „ispán". Demgemäß gab es ursprünglich auch keinen äußerlichen Unterschied zwischen „hohem" und „niederem Adel". Eine rechtliche Klassifizierung dokumentierte König Sigismund zugunsten des „niederen Adels", als er den Reichstag erweiterte, indem er der Magnatentafel eine Ständetafel hinzufügte. In dieser waren Abgeordnete der Städte und des übrigen Adels vertreten, soweit sie nicht persönlich zur Teilnahme am Reichstag berufen waren (Gespanschaftsadel). Die Absicht des Königs lag darin, das durch die „Goldene Bulle" verbürgte Übergewicht der Magnaten einzudämmen.

Zum „alten Adel" Kroatiens kann man jene Personen zählen, deren Standeserhebung zwischen 1438 und der Thronbesteigung bzw. Krönung Maria Theresias (1740 bzw. 1741) erfolgte. Hier lassen sich wieder zwei Perioden unterscheiden, deren zweite 1526/27 beginnt, als die Habsburger Könige von Ungarn und Kroatien wurden. In beiden Perioden wurde der Adel mittels Adels- bzw. Wappenbriefes erworben (Briefadel). Die Träger nannte man Armalisten (*armes* = Wappen). Auch die Habsburger verliehen in der Regel den ungarisch-kroatischen Adel. An Kroaten wurden aber auch der (deutsche) Reichsadel sowie der Adel der österreichischen Erblande (erbländischer Adel) verliehen. Die hauptsächlichen Adelsränge waren: Fürst, Graf, Baron (Freiherr), Ritter und (einfacher) Adeliger (allenfalls mit dem Ehrenwort „Edler"). Die entsprechenden kroatischen und ungarischen Prädikate lauteten: Herceg/herczeg, grof/gróf, barun/báró, vitez/vitéz und plemić (pl.)/de.

Der „neuere Adel" wurde von der Dynastie Habsburg-Lothringen bis 1806 verliehen. Diese Zäsur ist für Kroatien nur von mittelbarer Bedeutung. Ausgangspunkt ist die Niederlegung der Krone des „Heiligen Römischen Reiches Deutscher Nation" durch Kaiser Franz II., nachdem er als Kaiser Franz I. 1804 das „Kaisertum Österreich" begründet hatte. Auch in dieser Phase, wie auch später, wurde an Kroaten und „Serben" (Orthodoxe), namentlich für Verdienste in der Militärgrenze, häufig der „erbländische Adel" verliehen.

Der „neueste Adel" (1806–1918) ist entweder königl. ungarisch-kroatischer oder kaiserl. österreichischer Adel. Die Prädikate sind fast immer in kroatischer Sprache.

Wenn man den „Stammesadel" außer Betracht läßt, konnte der ungarisch-kroatische Adel auf verschiedene Weise erworben werden: Mittels einer königlichen Donation (auch nach Untergang des Lehnssystems), durch Verleihung eines Adels- bzw. Wappenbriefes, weiters durch Perfektion, Adoption oder Indigenat. Die Donation *(Donatio regia)* ist eine Urkunde, derzufolge verdienstvolle Personen mit (adeligen) Gütern belehnt wurden. (Für die Güter galt das Heimfallsrecht der Krone.) Die Donation mußte vom gekrönten König oder vom Palatin namens des Königs unterfertigt sein. Adelige durch Donation genossen nominell, nicht aber adelsrechtlich eine bevorzugte Stellung. Adelsgemeinschaften wie die in Turopolje und dem Kalnikgebiet gehören zu dieser Gruppe.

32 WAPPEN DER ADELIGEN FAMILIE POZVEK, 1790

Der Adels- oder Wappenbrief wurde vom König an Einzelpersonen entweder allein oder samt ihren Familien vergeben. Er stand grundsätzlich mit keinem Lehen bzw. mit keiner Landschenkung in Verbindung. Diese Nobilitierungen, von König (Kaiser) Sigismund eingeführt, praktizierten die Habsburger mit Vorliebe. Wie schon bemerkt, war der Briefadel dem sonstigen Adel rechtlich gleichgestellt. Unter Perfektion versteht man einen königlichen Erlaß (Gnadenakt), mit welchem die Adelsrechte des letzten Agnaten einer Familie auf dessen Tochter oder Schwester übertragen werden („Kunkellehen"). Damit wurde eine neue Familie begründet. (Die bekannteste „Perfektion" war die „Pragmatische Sanktion", mit der Maria Theresia und ihren Nachkommen die Nachfolge in allen habsburgischen Ländern gesichert wurde.) Die Adoption ist gleichfalls ein königlicher Akt, mit dem der Adel auf eine andere Person übertragen wird (nach der zivilrechtlichen Adoption). Das Indigenat (Heimatrecht) ist ein feierlicher Akt, mit dem fremde Adelige auf Vorschlag des Königs und nach Beschluß der gesetzgebenden Körperschaft (in Kroatien des Landtages/Sabor) den einheimischen Adeligen zugeordnet werden. Das kroatische Indigenat war mit dem ungarischen nicht ident und umgekehrt. Dieser Umstand wurde als wesentliches Merkmal der staatsrechtlichen Selbständigkeit (bzw. Sonderstellung) Kroatiens innerhalb der Königreiche und Länder der Stephanskrone angesehen.

Der auf eine dieser Arten erworbene ungarisch-kroatische Adel mußte vom Landtag (Sabor) oder von einer Gespanschaftsversammlung (Skupština, Komitatsversammlung) kundgemacht und in besondere Bücher (Adelsmatrikel) eingetragen werden. (Diese sind im Staatsarchiv in Zagreb verwahrt.) Anschließend erfolgte eine Einverleibung in das Königlich-ungarische Faszikel *(Liber regius)*. In zwölf Bänden der Protokolle des kroatischen Landtages scheinen unter dem Titel *„Acta et articuli Dominorum Statuum et Ordinis Regni"* (Verzeichnis der Adeligen von 1557 bis 1831) etwa 700 Familien auf. Der übrige Adel (etwa doppelt so viele Familien) ist in den Adelsmatrikeln der Gespanschaften *(Catastrum nobilium)* eingetragen.[35)]

Der Briefadel war mit Adelsprädikaten verbunden, so daß sich, wie bereits angeführt, Abstufungen zeigten. Damit wurde auch die Zugehörigkeit zum „Hochadel" markiert, die allerdings nicht unbedingt mit einer staatsrechtlichen Sonderstellung (etwa persönliches Stimmrecht in einer gesetzgebenden Körperschaft) verbunden war. Seit der Regierung des ersten Habsburgers in Ungarn

33 WAPPEN DER ADELIGEN FAMILIE DOMIN, 1837

und Kroatien (Ferdinand, 1526–1564) zählten hier die Titel Fürst, Graf und auch Baron zum Hochadel.

Nicht nur die Vermehrung der Anzahl der Adeligen, sondern – in erster Linie – die Veränderungen der politischen Struktur (1848: „erster bürgerlicher Sabor“) bedingten neue Regelungen zur Beschränkung der traditionellen Teilnahme des Adels an den öffentlichen Angelegenheiten. Vor wie nach dem Ausgleich mit Ungarn (1868) war der Adel im Sabor im Rahmen der „Virilisten“ vertreten. Diese setzten sich aus geistlichen und weltlichen Amtsinhabern, aber eben auch aus jeweils einem Vertreter einzelner Adelsfamilien zusammen. Seit dem letzten Drittel des 19. Jhs. durfte die Zahl der Virilisten nicht mehr als die Hälfte der Zahl der gewählten Abgeordneten betragen, somit seit 1888 maximal 44 Virilisten. Aufgrund eines Gesetzes vom 9. Januar 1891 wurde ein Verzeichnis über die zunächst in Frage kommenden hochadeligen Familien angelegt. Darin fanden sich neben den Fürsten Batthyány-Strattmann und Odescalchi 14 Grafen und 7 Barone. (Gräfliche Familien: Bombelles, Chotek, Draskovich, Eltz, Erdödy, Jankovich de Daruvar, Keglevich, Khuen-Belasi, Khuen-Hédervány, Normann-Ehrenfels, Nugent, Orsich, Pálffy de Erdöd, Pejácsevich; Barone: Edelsheim, Inkéy, Hellenbach, Jellachich [österr. Grafenstand], Kulmer [österr. Grafenstand], Ottenfels-Gschwind, Rauch de Nyék.) Ihrer väterlichen Linie nach waren nur wenige kroatischer Abstammung (Draskovich, Jankovich, Jellachich, Keglevich, Orsich), die übrigen erhielten das Indigenat in Kroatien.[36] Allerdings ist zu bemerken, daß in den meisten Fällen längst eine Vermischung eingetreten war. Ungeachtet eines herkunftsmäßig nationalen Übergewichts bildete man in der Regel eine mit dem Land verbundene Einheit. Selbst die im 19. Jh. aufgetretenen Gegensätze basierten auf der Seite der „Magyaronen“ nicht auf nationaler Herkunft, sondern auf „Imponderabilien“, auf politischer Auffassung und auf persönlichen Interessen.

In den beiden Jahrhunderten der türkischen Eroberung Slawoniens ist der alte Adel überwiegend untergegangen, ausgestorben oder ausgewandert. Besser erging es dem Adel in Banalkroatien, wo auch die Kontinuität des Grundbesitzes erhalten blieb. Wie schon erwähnt, mußten nach dem Sieg des habsburgischen Reiches über die Türken die slawonischen Adeligen ihren früheren Besitzstand nachweisen. Dazu war eine Lehns-, Donations- oder Schenkungsurkunde oder ein Adels- bzw. Wappenbrief erforderlich. Er konnte durch eine Beurkundung durch den Sabor, einer Gespanschaft, der Adeligen Gemeinde Turopolje, des Bischofs oder des Domkapitels ersetzt werden.

Während sich der Adel in Banalkroatien ab der 2. Hälfte des 18. Jhs. zunehmend vom Militärdienst zurückzog, betrachtete man in Slawonien den Dienst in der Armee als günstige Möglichkeit zu gesellschaftlichem Aufstieg. Für Offiziere gab es Erleichterungen bei Nobilitierungen, allein aufgrund einer langjährigen Dienstzeit (ohne konkrete Taten, Verdienste oder Ordensverleihungen). Außerdem waren Nobilitierungen und Adelserhöhungen bis zum Freiherrnstand für Offiziere, Beamte, Wissenschaftler etc. aufgrund von Verleihungen bestimmter Orden „systemisiert“: Militärischer Maria-Theresien-Orden; Königl. ungarischer St. Stephansorden (Zivilverdienstorden); Leopoldsorden;

Eiserne Krone. Das führte dazu, vom Militär- und Beamtenadel zu sprechen, was aber faktisch wie adelsrechtlich unzutreffend bzw. bedeutungslos war.

Mit dem Jahre 1848 verlor der Adel seine privilegierte Stellung; der Adelige wurde rechtlich dem Nichtadeligen gleichgestellt.[37] Mit Aufhebung der Untertänigkeit büßte er auch den Rest der noch geübten Gewalt über die bäuerliche Bevölkerung ein und erfuhr eine wirtschaftliche Minderung. Sein Einfluß in der Gesellschaft, sein Gewicht in der Wirtschaft, im Finanzwesen, in der Politik und in der Verwaltung, schließlich seine kulturelle Trägerrolle gingen aber nicht verloren.[38] In diesem Zusammenhang ist erwähnenswert, daß sich unter den für Kroatien zuständigen Virilisten im Oberhaus (Magnatentafel) des ungarischen Parlaments auch Vertreter einzelner hochadeliger Familien befanden.

Nach 1918 wurden im „Königreich der Serben, Kroaten und Slowenen" (bzw. im Königreich Jugoslawien) die im Gebiet der ehemaligen Monarchie Österreich-Ungarn gebräuchlichen Adelstitel seitens der von Belgrad gesteuerten staatlichen Verwaltung nicht anerkannt, aber ihr Gebrauch auch nicht verboten. Sie galten als „nicht existent", zumal der im Türkensturm untergegangene serbische Adel im Fürstentum und Königreich Serbien im 19. Jh. keine Wiedererweckung erfuhr. In dieser Zeit behandelten die kroatischen Landesbehörden (Banalbehörden) den Adelstitel in der Regel als zum Namen gehörend. Im „Unabhängigen Staat Kroatien" (1941–1945) wurde der (nicht erbliche) Titel „Ritter" (vitez) in Verbindung mit Orden verliehen. Im kommunistischen Jugoslawien (1945–1991) zählte alles, was mit Adel zu tun hatte, zum Feindbild. Die Republik Kroatien hat nach dem „Vaterländischen Krieg" (1991) keine gesetzliche Regelung hinsichtlich der Adelstitel getroffen. Man könnte meinen, daß der Adel in Kroatien niemals zu bestehen aufhörte.

34 DONJI MIHOLJAC, NEUES SCHLOSS, 1997

35 DONJI MIHOLJAC, NEUES SCHLOSS, 1997

Die Schlösser und Herrensitze (Kurien) Slawoniens

Die Schlösser Nordkroatiens hatten eine zweifache Funktion. Einerseits waren sie Verwaltungszentren eines Wirtschaftsbetriebes, in dessen Gebäuden die Feldfrüchte gelagert wurden und gewerbliche Produktionsstätten eingerichtet waren. Andererseits dienten die Schlösser den Eigentümern als Wohnsitz. Waren Schloß und Gut einziger Besitz oder traditioneller Stammsitz einer adeligen Familie, wurde das Schloß in der Regel ständig bewohnt. Wenn aber, wie es häufig der Fall war, begüterten Familien mehrere Herrschaften und Schlösser zur Verfügung standen, wurden sie eher für zeitweise Aufenthalte genützt, sei es in der Phase der jeweiligen wirtschaftlichen Haupttätigkeit, sei es als Orte der Erholung und Unterhaltung (beispielsweise das Sommerschloß der Grafen Erdödy in Kutina oder das Jagdschloß Jelengrad der Grafen Normann-Ehrenfels).

Die Schlösser sind nicht nur als dem Ansehen und der Stellung ihrer Eigentümer entsprechende Bauwerke zu betrachten. Unter dem Begriff Schloßbesitz ist vielmehr das Zusammenspiel von Wohngebäude, Wirtschaftsgebäuden, Park, Gärten und Obstgärten sowie anschließenden Waldungen, Hainen, Wiesen und Feldern zu verstehen. Dies alles, miteinander verwoben und in die natürliche und kultivierte Landschaft eingebunden, bildet den Begriff des Schlosses.

Im Hinblick auf Größe und Ausstattung läßt sich ein Schloß von einem bloßen Herrensitz (Kurie) unterscheiden, obgleich es schwierig ist, die Grenze zu finden. Von den sechzig in diesem Buch behandelten Gebäuden könnte man die Hälfte den Herrensitzen (Kurien) zuordnen.[39] Kurien sind grundsätzlich kleinere und, vom architektonischen Standpunkt, bescheidenere Bauwerke, oft Besitz des ärmeren Adels bzw. Sitz kleinerer Güter. Nicht selten waren sie auch Zentren der Meierhöfe und Randgüter großer Herrschaften, die im Eigentum des vermögenden Hochadels standen, wie z. B. Bizovac, Erdut, Kneževo u. a. Ausgesprochene Meierhöfe findet man häufiger im westlichen Kroatien und die sog. „Pusta“ (vom ung. Fuszta) im Osten des Landes (dem Westen von Syrmien bzw. östlichen Slawonien und in der Baranja/Baranya). Meierhöfe bzw. Pusten sind selbständig produktive Einheiten mit Wohnmöglichkeiten (Wirtschaften mit einer Ansiedlung). Der wichtigste Teil von ihnen war ein wirtschaftliches Konglomerat (der Wirtschaftshof) mit Stallungen, Lagerräumen für die Feldfrüchte und Gebäuden, die der Produktion und den Handwerkern dienten (Milchwirtschaft). Etwas abseits und umgeben von bescheidenen Parkanlagen befindet sich das Verwaltungsgebäude (die Kurie). Die Bezeichnung Kurie wird häufiger in Westkroatien verwendet; im Osten spricht man fast immer von einem Schloß, ohne Rücksicht auf die Größe des Gebäudes oder die Stellung des Eigentümers. Bei Teilungen wurden Kurien oft zum Sitz der neu entstandenen Herschaft.

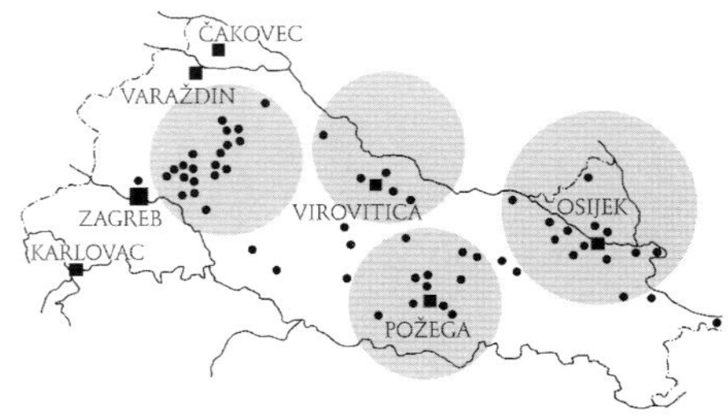

36 DIE RÄUMLICHE VERTEILUNG DER SCHLÖSSER UND KURIEN

Unter den Schlössern dieses Buches waren einige kirchliches Eigentum: Gornji Tkalec (Schloß des Bischofs von Križevci), Gradec (Schloß des Bischofs von Zagreb), Kaptol (Schloß des Kapitels von Požega und des Bischofs von Djakovo), Kutjevo (Schloß der Jesuiten), Paukovec (Schloß der Jesuiten) und Prečec (Kurie des Bischofs bzw. Erzbischofs von Zagreb); weiters die bischöfliche Residenz in Djakovo und des „serbischen Patriarchen“ in Dalj (hier nicht beschrieben).

Im Verhältnis zu den Schlössern und Kurien im Kroatischen Zagorien oder zu den Sommersitzen in der Umgebung von Dubrovnik sind die Schlösser und Kurien von Slawonien weit weniger erforscht. Es gibt nur wenige Bücher, in denen die Schlösser von Slawonien und Nordkroatien ausführlicher beschrieben sind (Djurić T. und Feletar D., 1981 und 1983; Radauš V., 1975). Eine wertvolle Quelle zur Erforschung von Schlössern ist die Studie des Instituts der Republik zum Schutz der kulturellen Denkmäler Kroatiens (Denkmalamtes) betreffend diese Gebäude in Nordkroatien (Horvat A., Habunek-Moravac S. und Aleksić N., 1970). Die wirtschaftliche Bedeutung der Schlösser und Herrschaften ist in zwei Büchern näher beschrieben (Krška J., 1902; Mažuran I., 1993), weiters in einer größeren Anzahl von Aufsätzen (Despot M., 1970; Karaman I., 1961 und 1973). Zahlreicher sind die Artikel und kürzere Beschreibungen einzelner Schlösser und Kurien sowie ihrer Eigentümer. Von einigen Schlössern wurde ausführlicher geschrieben, von anderen wenig oder gar nichts. Viele Angaben über Schlösser und ihre Eigentümer sind unvollständig, widersprüchlich und ungenau. Aus diesem Grund wurden die primären Erforschungen aller Schlösser den zur Verfügung stehenden kartographischen, graphischen und archivalischen Quellen entnommen. Dies ist auch der Grund dafür, daß einige Angaben in diesem Buch von jenen in der bisherigen Literatur abweichen.

Ausbreitung des Schlossbesitzes

Im Kroatischen Zagorien und im Gebiet von Dubrovnik ist die Dichte der Schlösser (Kurien und Sommersitze) am größten, da diese Gebiete keinen kriegerischen Ereignissen ausgesetzt waren. Ihre große Anzahl erklärt sich aus dem geringen Flächenumfang der meisten Adelsbesitze. Im Gebiet von Zagreb bis Ilok gibt es ebenso viele Schlösser wie im Zagorje, aber auf einer ungefähr achtmal so großen Fläche. Grund dafür sind die viel ausgedehnteren Herrschaften, die gerade in Slawonien die größten von ganz Kroatien waren. Auf dem Gebiet der ehemaligen Militärgrenze finden sich keine Schlösser, da dort keine Adelsgü-

ÜBERSICHT ÜBER DIE SCHLÖSSER UND KURIEN NACH GESPANSCHAFTEN, STÄDTEN UND GEMEINDEN

GESPANSCHAFT ZAGREB

Stadt Zagreb	ŠESTINE
Stadt Dugo Selo	DUGO SELO
Stadt Sv. Ivan Zelina	DONJA TOPLIČICA DONJA ZELINA NESPEŠ OMILJE PAUKOVEC SVETA HELENA
Stadt Vrbovec	GORNJI TKALEC LOVREČINA VRBOVEC
Gemeinde Gradec	GRADEC
Gemeinde Brckovljani	BOŽJAKOVINA PREČEC ŠTAKOROVEC

GESPANSCHAFT SISAK-MOSLAVINA

Stadt Kutina	KUTINA
Gemeinde Popovača	POPOVAČA

GESPANSCHAFT KOPRIVNICA-KRIŽEVCI

Stadt Križevci	KRIŽEVCI SV. HELENA KORUŠKA VELIKI RAVEN
Stadt Djurdjevac	DJURDJEVAC
Gemeinde Rasinja	RASINJA
Gemeinde Sv. Petar Orehovec	GORNJA RIJEKA GUŠĆEROVEC

GESPANSCHAFT BJELOVAR-BILOGORA

Stadt Daruvar	DARUVAR
Gemeinde Končanica	DIOŠ

GESPANSCHAFT VIROVITICA-PODRAVINA

Stadt Virovitica	VIROVITICA
Stadt Orahovica	ORAHOVICA
Gemeinde Lukač	KAPELA DVOR
Gemeinde Suhopolje	CABUNA SUHOPOLJE
Gemeinde Špišić Bukovica	ŠPIŠIĆ BUKOVICA
Gemeinde Voćin	VOĆIN

GESPANSCHAFT POŽEGA

Stadt Pakrac	PAKRAC
Stadt Pleternica	KUZMICA-BLACKO PLETERNICA
Gemeinde Brestovac	BRESTOVAC
Gemeinde Kaptol	KAPTOL
Gemeinde Kutjevo	KUTJEVO
Gemeinde Velika	STRAŽEMAN TRENKOVO

GESPANSCHAFT BROD-POSAVINA

Gemeinde Cernik	CERNIK

GESPANSCHAFT OSIJEK-BARANJA

Stadt Osijek	RETFALA TENJE
Stadt Donji Miholjac	DONJI MIHOLJAC
Stadt Našice	NAŠICE
Stadt Valpovo	VALPOVO
Gemeinde Bilje	BILJE
Gemeinde Bizovac	BIZOVAC
Gemeinde Čepin	ČEPIN
Gemeinde Darda	DARDA
Gemeinde Erdut	ALJMAŠ ERDUT
Gemeinde Feričanci	FERIČANCI
Gemeinde Petrijevci	JELENGRAD
Gemeinde Podgorač	PODGORAČ
Gemeinde Popovac	KNEŽEVO

GESPANSCHAFT VUKOVAR-SYRMIEN

Stadt Ilok	ILOK
Stadt Vukovar	VUKOVAR
Gemeinde Nuštar	NUŠTAR

ter waren. Die frühesten, im 17. Jh. erbauten Schlösser und Kurien liegen zwischen Zagreb und Križevci. Dieses Gebiet (Prigorje = den Gebirgen vorgelagert) ist nach wie vor die Gegend mit den meisten „Herrengütern" Kroatiens. In Slawonien ermöglichten erst die günstigen politischen und wirtschaftlichen Verhältnisse in der 2. Hälfte des 18. Jhs. eine größere Anzahl von Schlössern, und zwar im Talkessel von Požega, im Gebiet von Osijek und im Drautal.

37 NAŠICE, GROSSES SCHLOSS, 1993

Der Zustand der Schlösser gegen Ende des 20. Jhs.

Von den sechzig in diesem Buch angeführten Schlössern und Kurien befindet sich die Hälfte in verhältnismäßig gutem Zustand. Diese Beurteilung basiert auf Feststellungen, die im letzten Jahrzehnt des 20. Jhs. gemacht wurden.

Zwölf von den Schlössern und Kurien sind in sehr gutem Bauzustand: das Schloß in Daruvar, die Kurie Domjanić in Donja Zelina, das Schloß in Donji Miholjac, die Burg in Djurdjevac (renoviert 1984–1990), das Schloß in Gradec, die Kurie in Kutina, das Schloß in Lovrečina, das Große Schloß in Našice, die Kurie in Orahovica, das älteste Schloß von Popovača (Schloß Nr. I), das Schloß in Virovitica und der erhaltene Teil des Schlosses in Vrbovec. Wenn wir aber das Gesamtbild eines Schloßbesitzes (Schloß, Park, Gärten und Wirtschaftsgebäude) betrachten, werden wir weniger zufrieden sein. Zwanzig Schlösser befinden sich in mittelmäßigem Zustand. Konservierungen und Restaurierungen sind dringend notwendig. Unter ihnen gibt es Schlösser, bei denen eine Sanierung erfolgt ist oder damit begonnen wurde. Zu dieser Gruppe gehören die Schlösser und Kurien von Aljmaš, Bilje, Bizovac, Božjakovina, Brestovac, Cernik, Donja Toplička, Ilok, Kutjevo, Nuštar, Pakrac, Rasinja, Retfala, Sv. Helena, Špišić Bukovica, Štakorovec (bei diesen wurden Restaurierungsarbeiten durchgeführt), Tenje, Trenkovo und Valpovo.

Neun Schlösser sind in schlechtem Zustand. Bei diesen ist eine bauliche und konservatorische, häufig auch eine statische Sanierung notwendig. Es handelt sich um die Schlösser bzw. Kurien in Čepin, Dioš, Dugo Selo, Feričanci, Kuzmica, Našice (Kleines Schloß), Nespeš, Prečec und Veliki Raven.

1996 waren vier Schlösser dem Verfall preisgegeben: das Schloß der Gräfin Sidonie Erdödy in Gornja Rijeka (Restaurierungsarbeiten wurden nach kurzer Zeit wieder eingestellt), die Kurien in Kapela und Omilje sowie das Schloß Suhopolje.

Sechs einst sehr vornehme Schlösser können wir heute nur mehr als Ruinen bezeichnen. Die Devastierung von Cabuna begann mit dem Ende des Zweiten Weltkriegs und wurde 1970 fortgesetzt. Vom Schloß Gornji Tkalec, das 1986 abgetragen wurde, verblieben nur die Kellergewölbe und die Kapelle. Die Zerstörung der Festung Kaptol bei Požega und des in sie eingebauten Schlosses begann 1943. Teile des Schlosses in St. Helena verfallen seit 1975 (ein Teil dient

38 CABUNA, RUINE DES SCHLOSSES, 1993

Wohnzwecken). Das Schloß der Grafen Kulmer in Šestine (Zagreb) wurde 1945 abgetragen; nur der Keller verblieb. Das Schloß Eltz in Vukovar hat die sog. „Jugoslawische Volksarmee“ im „Vaterländischen Krieg“ (1991) vernichtet.

Zehn Schlösser und Kurien bestehen nicht mehr. In der Literatur gibt es über sie nur spärliche Angaben. Die Kurie Draskovich in Dugo Selo wurde 1955 abgerissen (verblieben ist der Teil mit dem 1. Stockwerk). Das Schloß Gušćerovec verschwand um 1914, und Jelengrad hatte die kürzeste Lebensdauer von allen Schlössern Slawoniens. Nach 30 Jahren des Bestehens wurde es in den zwanziger Jahren abgetragen. Das Schloß Kiepach in Križevci verschwand 1965. Die Devastierung von Paukovec begann 1922; es verblieb nur ein Teil des Kellers, auf dem ein kleines Wohnhaus steht. Die Schlösser Pleternica und Podgorač wurden 1944/45 zerstört, Stražeman und Voćin 1918. Die Kurie Sv. Helena Koruška wurde nach 1970 devastiert.

Die Schlösser in Nuštar, Pakrac und Retfala wurden im „Vaterländischen Krieg“ beschädigt; das Schloß in Vukovar ist praktisch zerstört. In der Zeit des Entstehens dieses Buches war es nicht möglich, die damals serbisch besetzten Gebiete in Ostkroatien zu besuchen, um den Zustand der dortigen Schlösser festzustellen. Acht solcher Schlösser gehören dazu: Aljmaš, Bilje, Darda, Erdut, Ilok, Kneževo, Tenje und Vukovar, schließlich auch Dalj.

Das Innere des Schlosses Donji Miholjac ist weitgehend erhalten, aber ohne dazugehörende Einrichtung. Bei einem Viertel der beschriebenen Schlösser sind nur Teile der ursprünglichen Ausstattung erhalten. Außer Stukkaturen und Holzbalustraden im Stiegenhaus sind in Božjakovina Kachelöfen und einzelne Objekte der Einrichtung zu sehen. Im Schloß Daruvar sind die Fresken (in schlechtem Zustand), die Zimmertüren, die Stiegengeländer und teilweise die Fußböden erhalten. Im benachbarten Schloß Dioš sind Fresken, das Stiegengeländer, dekorative Tischlerarbeiten, besonders an den Türen, sowie Kachelböden feststellbar. Stukkaturen und Reste der ehemaligen Dekorationen an den Wänden wurden vor der letzten Restaurierung in Gornja Rijeka entdeckt. Im Schloß von Kapela Dvor sind die Türen im Inneren erhalten, ebenso das Holzgeländer im Stiegenhaus und in der Galerie sowie die Bemalung der Wände in einigen Zimmern und in der mittleren Halle. In der St. Georgs-Kirche in der Festung Kaptol sind die Fresken erhalten. Das Große Schloß in Našice befindet sich in relativ gutem Zustand, auch im Inneren die Stukkaturen, die Türen, die Wand- und Deckenvertäfelungen, das Stiegengeländer und einige Möbelstücke. Das hölzerne Geländer im Stiegenhaus in klassizistischem Stil und die spätklassizistischen Deckengemälde sind in der Kurie Nespeš erhalten. Im Inneren von Rasinja sind das reichverzierte Stiegengeländer aus Metall erwähnenswert sowie die Bemalung der Decke in der Halle des Haupttraktes. In Retfala sind die Stukkaturen im Hauptsaal, teilweise die Wandvertäfelungen und die Böden erhalten, die Fresken an Wänden und Decken hingegen übermalt. Im Stiegenhaus von Štakorovec sind zwei gemalte Wappen vorhanden. Die Stukkaturen an den Decken und sämtliche Türen im Schloß von Virovitica sind gut erhalten. Bis zur Zerstörung des Schlosses in Vukovar 1991 waren vom ursprünglichen Interieur die Stukkaturen an den Decken, die Kachelöfen, Marmorfassungen der Kamine, Teile des Mobiliars, die Türen und teilweise die Fußböden vorhanden.

Von allen sechzig in diesem Buch beschriebenen Objekten haben nur zwei Kurien ihre ursprüngliche Bestimmung bewahrt: In Donja Zelina wohnen die Nachkommen der Familie Domjanić ständig in ihrer Kurie, deren Interieur zur Gänze erhalten ist; die Kurie in Donja Topličica dient als zeitweiliger Wohnsitz. Die übrigen 58 Schlösser wurden im Verlauf des 20. Jhs. auf verschiedene Art genützt, aber nur in wenigen Fällen gewissenhaft und mit Respekt vor der kulturhistorischen Bedeutung. In sieben Schlössern sind museale Einrichtungen bzw. Galerien untergebracht: Bizovac, Djurdjevac, Kutina, Našice (im Großen Schloß), Orahovica, Valpovo und Virovitica. Vor dem „Vaterländischen Krieg“ gab es solche auch in Ilok und Vukovar.

39 GORNJI TKALEC, EINGANG DER SCHLOSSKAPELLE, 1993

In zehn Schlössern befanden sich Schulen, in einigen noch heute, z. B. in Daruvar (seit 1920), Gradec, Pakrac, Veliki Raven und Vrbovec. Bis zum „Vaterländischen Krieg“ 1991 waren Schulen auch in Aljmaš und in Tenje; bis 1977 ebenso in Omilje, bis in die achtziger Jahre des 20 Jhs. in Gornja Rijeka, bis 1994 in Rasinja.

Zwei Schlösser dienen religiösen Einrichtungen: in Lovrečina ist ein Altersheim der Barmherzigen Schwestern, und in einem Teil des Schlosses von Retfala ist die Kongregation der Schwestern der „Wundertätigen Medaille“ untergebracht.

Einige Schlösser werden für das Gesundheitswesen genützt. In Popovača und Čepin sind psychiatrische Kliniken, im kleinen Schloß Rasinja ist eine Ambulanzstation eingerichtet, im größten Teil des Schlosses von Retfala ist das Allgemeine Krankenhaus von Osijek untergebracht.

Gastwirtschaftliche Einrichtungen befinden sich im kleineren Teil der Burg von Djurdjevac, sind aber in Zukunft in mehreren Schlössern vorgesehen. Gornja Rijeka soll ein Hotel der gehobenen Kategorie werden, im Schloß von Kutjevo, samt Nebengebäuden, beginnt man einen Beherbergungsbetrieb einzurichten, und die Kurie in Nespeš, mit ihrem Weinkeller, soll eine repräsentative Gaststätte werden.

Die Kurie in Božjakovina wurde eine Werkstätte. In einem Teil des Schlosses von Vrbovec und in Donji Miholjac befinden sich die Gemeindeämter. Manche Schlösser und Kurien dienen als Arbeitsräume für verschiedene Zwecke.

40 SCHLÖSSER IM 17. JH.

41 SCHLÖSSER IM 18. JH.

Die Hälfte der Schlösser und Kurien hat keine – vom Standpunkt ihrer kunst- und kulturhistorischen Bedeutung – angemessene Bestimmung. Zehn stehen leer, was ihren sicheren Verfall bedeutet. Die Gründe für den schlechten Zustand sind ungenügende Pflege, Mißachtung ihres historischen und künstlerischen Wertes sowie Unverständnis.[40] Dieses verantwortungslose Verhalten ist seit der 2. Hälfte des 20. Jhs. feststellbar. Trotz positiver gesetzlicher Bestimmungen sind die Maßnahmen zum Schutz der Schlösser unzureichend. Ihr Zugrunderichten wird vielfach durch unfachmännische und unangemessene architektonische Veränderungen bewirkt, aber auch durch inakzeptable Nutzungen der Parkanlagen sowie nicht durchdachte urbanistische Projekte. So haben

42 RASINJA, OSTFLÜGEL DES SCHLOSSES, 1993

z. B. das Große und das Kleine Schloß in Našice ihr ursprüngliches Ambiente verloren, nachdem man in diese geschichtlich gewachsene Einheit moderne Gebäude plazierte. Die Renovierung und der Ausbau der Badeanlagen von Virovitica zerstörten nicht nur das historische Bild des Parks, sondern beeinträchtigen auch die Schönheit des Blicks auf das Schloß und vernichteten so den Kern des historischen Zentrums.

Die Periode des Schlösserbauens

Türkische Niederlagen und der Friede von Zsitvatorok (1606) kündigten ruhigere Verhältnisse an, wenngleich die Türken auch zu „Friedenszeiten" militärische Überfälle unternahmen. Diese Situation gestattete den Bau von Schlössern im nördlichen Kroatien, zunächst im Zagorje, wo man schon gegen Ende des 16. Jhs. mittelalterliche Burgen und andere Festungsanlagen modernisierte. Mit Beginn des 17. Jhs. entstanden (neue) Schlösser und Kurien im westlichen Slawonien, und zwar in der ersten Periode: die Kurie der Grafen Kulmer in Šestine (Zagreb), Gornja Rijeka (1663), Gornji Tkalec und Štakorovec. Das Kastell Gušćerovec wurde um die Jahrhundertwende mit einem Zubau versehen, so daß aus diesem Bauwerk im Stil der Renaissance (15. Jh.) eine Wasserburg entstand. Die spätmittelalterliche Festung Djurdjevac wurde wegen ihrer Bedeutung für die Verteidigung Kroatiens durch Zu- und Umbauten den kriegstechnischen Erfordernissen angepaßt.

In Slawonien wurde mit dem Bau von Schlössern erst nach der türkischen Niederlage vor Wien (1683) und den anschließenden Rückzügen begonnen. Das erste Schloß in einem Gebiet, das 150 Jahre unter türkischer Herrschaft gestanden war, war Bilje (Béllye), ein Schloß des Prinzen Eugen von Savoyen. In den zwanziger Jahren des 18. Jhs. baute man das Schloß Nuštar (erste Phase). Um die Mitte dieses Jahrhunderts entstanden die Schlösser in Kutina, Pakrac (1740–1745), Popovača (Schloß I 1746–1754) und Vukovar (1749–1751). In der 2. Hälfte des 18. Jhs. wurden die Schlösser von Daruvar (1771–1777), Trenkovo (Umbau der alten Kurie), Veliki Raven und Nuštar (völliger Umbau) errichtet. Auch wenn wir die genaueren Daten nicht kennen, sind im Verlauf des 18. Jhs. die Schlösser und Kurien in Božjakovina, Donja Topličica, Feričanci, Križevci, Kuzmica, Paukovec, Pleternica, Podgorač (die alte Kurie), Stražeman, Sv. Helena Koruška, Šestine (der barocke Zubau an die alte Kurie), Voćin und Vrbovec gebaut worden. Ende des 18. Jhs. (vielleicht auch Anfang des 19. Jhs.) wurden Retfala (1796–1801), Suhopolje (erste Phase – Haus des Verwalters) und Špišić Bukovica errichtet. Im 18. Jh. wurden fünf Burgen aus dem Mittelalter durch Zu- und Ausbauten zu Schlössern umgewandelt: Cernik, Djakovo, Ilok, Kaptol (Požega) und Valpovo (der barocke Zubau verbrannte 1802). Im 18. Jh. wurden die mittelalterlichen Klosterbauten in Kutjevo ebenfalls umgebaut und durch Zubauten erweitert.

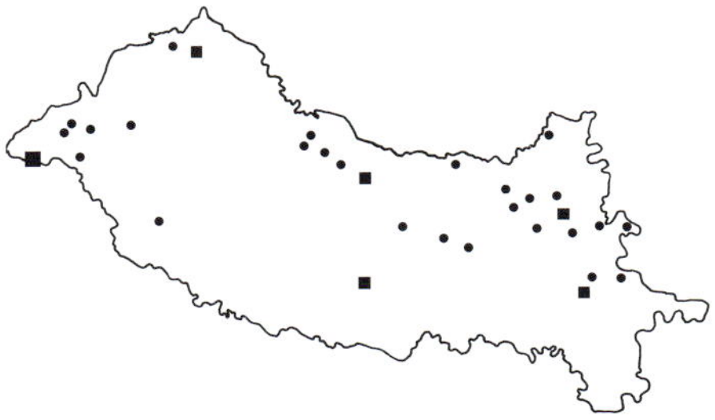

43 SCHLÖSSER IM 19. JH.

44 SCHLÖSSER IM 20. JH.

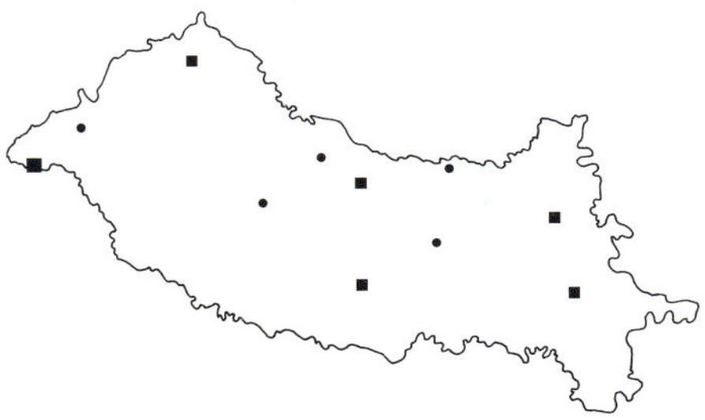

Nach Vertreibung der Türken wurde Slawonien Schauplatz großer Bauaktivitäten. Zuerst wurden freilich nur bescheidene Kurien und Schlösser errichtet. Die Nähe des Osmanischen Reiches (Save-Grenze) war zu gefährlich, als daß sogleich große und teure Schlösser erbaut worden wären. Außerdem waren die neuen Herrschaften meist Fremde, die nicht in großem Ausmaß repräsentieren wollten. Die slawonischen Schlösser sollten ihren Glanz erst Ende des 18., häufiger aber erst im 19. Jh. erhalten.

Anfang des 19. Jhs. (vielleicht auch Ende des 18. Jhs.) entstanden die Schlösser und Kurien in Darda, Erdut, Orahovica, Tenje, Valpovo (das heutige Neue Schloß besteht seit dem Brand von 1802) und in Virovitica (1800–1804). In der 1. Hälfte des 19. Jhs. wurden die Schlösser und Kurien in Bizovac, Čepin, Donji Miholjac (1818 das Alte Schloß), Gradec (1821–1822), Kneževo, Našice (1811–1812 das Große Schloß), Omilje (1822) und Popovača (1812–1820, Schloß II; bis 1839 Schloß III) errichtet. In der 2. Hälfte des 19. Jhs. wurden die Schlösser in Cabuna, Dugo Selo (der noch bestehende Rest nach 1862), Rasinja (1883–1885 wurde die alte ebenerdige Kurie ausgebaut) und Suhopolje (zweite Phase – erster Zubau und Umbau des Verwalterhauses) gebaut; im Verlauf des 19. Jhs. entstanden die Schlösser von Aljmaš, Nespeš, Podgorač (Zubau an die barocke Kurie des 18. Jhs.) und Sv. Helena (an Stelle der alten Kurie aus dem 17. Jh.). Gegen Ende des 19. Jhs. wurden die Schlösser Jelengrad bei Petrijevac (1894) und Kapela Dvor bei Virovitica ausgebaut. Ebenfalls zu dieser Zeit wurden die Schlösser von Vukovar (1895–1907; letzte Renovierung des Schlosses) und Nuštar mit Zubauten versehen bzw. restauriert.

Einige Schlösser wurden Anfang des 20. Jhs. errichtet: Dioš bei Daruvar, die Kurie Domjanić in Donja Zelina (1905–1907), das Neue Schloß in Donji Miholjac (1905–1914), das Kleine Schloß in Našice (1904–1907) und die dritte Phase des Schlosses Suhopolje (der historistische bzw. neugotische Zubau). Mit dem Bau des letzten Schlosses in Slawonien wurde 1939 begonnen. Es handelte sich um das Schloß des Barons Adamovich de Csepin in Našice, mit dessen Bau man vor dem Zweiten Weltkrieg fertig wurde. Es wurde aber gleich nach dem Krieg abgerissen. Wir können es somit als das letzte kroatische Schloß bezeichnen.

Alle Schlösser und Kurien wurden im Verlauf der Geschichte erneuert, um- oder ausgebaut. Zuverlässige Daten über diese architektonischen Veränderungen gibt es nur wenige. Häufig geben darüber an den Hauptfassaden angebrachte Jahreszahlen Auskunft. Manche Schlösser und Kurien erfuhren mehrere Restaurierungen, die deren Aussehen grundlegend veränderten.

Die Namen derer, die die einzelnen Schlösser entworfen haben, sind in den seltensten Fällen bekannt. Die Annahme, daß das Schloß Bilje, welches Prinz Eugen von Savoyen erbauen ließ, Johann Lukas von Hildebrandt plante, muß erst bewiesen werden. Nach dem heutigen Wissensstand wurde das Barockschloß in Daruvar 1771–1777 nach den Plänen bisher unbekannter Wiener Architekten errichtet. Die Restaurierung dieses Gebäudes wurde 1868–1870 unter Aufsicht des Wiener Architekten König durchgeführt. Urheber des Entwurfes für das Schloß Dioš bei Daruvar war Ing. Gyula Sándy, Universitätspro-

SCHLÖSSER DES 17. JAHRHUNDERTS
- GORNJA RIJEKA (1663)
- GORNJI TKALEC
- ŠTAKOROVEC

SCHLÖSSER DES 18. JAHRHUNDERTS
- BILJE (BÉLLYE)
- NUŠTAR (zwanziger Jahre)
- KUTINA (Mitte 18. Jahrhundert)
- PAKRAC (1740–1745)
- MOSLAVINA/POPOVAČA (Schloß I, 1746–1754)
- VUKOVAR (1749–1751)

- DARUVAR (1771–1777)
- PREČEC (1785)
- TRENKOVO (Anbau)
- VELIKI RAVEN
- NUŠTAR (Umbau)

- DARDA (Ende 18. oder Anfang 19. Jahrhundert)
- RETFALA (1796–1801)
- SUHOPOLJE (erste Phase, Ende 18. Jahrhundert)
- ŠPIŠIĆ BUKOVICA (Ende 18. Jahrhundert)

- BOŽJAKOVINA
- DONJA TOPLIČICA
- FERIČANCI
- KRIŽEVCI
- KUZMICA
- PAUKOVEC
- PLETERNICA
- PODGORAČ (alte Kurie)
- STRAŽEMAN
- SV. HELENA KORUŠKA
- VOĆIN
- VRBOVEC

Zu Schlössern umgebaute mittelalterliche Befestigungswerke
- ČERNIK
- ILOK
- KAPTOL (Požega)
- VALPOVO

Zu Schlössern umgebaute mittelalterliche Klöster
- KUTJEVO

SCHLÖSSER DES 19. JAHRHUNDERTS
- DARDA (möglicherweise Ende 18. Jh.)
- ERDUT
- ORAHOVICA
- TENJE
- VALPOVO (Renovierung)
- VIROVITICA (1800–1804)

- BIZOVAC
- ČEPIN
- DONJI MIHOLJAC (Altes Schloß, 1818)
- GRADEC (1821–1822)
- KNEŽEVO
- NAŠICE (Großes Schloß, 1811–1812)
- MOSLAVINA/POPOVAČA (Schloß II, 1812–1820)

- CABUNA
- DUGO SELO
- RASINJA (1883–1885)
- SUHOPOLJE (zweite Phase)

- JELENGRAD (1894)
- KAPELA DVOR
- VUKOVAR (Zubau und Renovierung, 1895–1907)
- NUŠTAR (Zubau und Renovierung)

- ALJMAŠ
- NESPEŠ
- PODGORAČ (Erweiterung der barocken Kurie)
- SV. HELENA

SCHLÖSSER DES 20. JAHRHUNDERTS
- DIOŠ
- DONJA ZELINA (Kurie Domjanić, 1905–1907)
- DONJI MIHOLJAC (Neues Schloß, 1905–1914)
- NAŠICE (Kleines Schloß, 1904–1907)
- SUHOPOLJE (dritte Phase, Anfang 20. Jh.)
- NAŠICE (Schloß Adamovich, 1939)

45 LANDSCHAFT UM DAS SCHLOSS BLAHIMIR (BOŽJAKOVINA), 1993

fessor in Budapest. Architekt N. Roth wird als Planer des Schlosses in Virovitica, erbaut 1800–1804, genannt. Als möglicher Erbauer des Pferdestalls und Planer des Umbaus des Schlosses in Križevci im 19. Jh. gilt der Architekt Bartholomäus Felbinger. An der Erneuerung des Schlosses in Kutjevo, Anfang des 20. Jhs., arbeitete der Architekt Viktor Kovačić. Es wird angenommen, daß das Projekt zur Erneuerung des Schlosses in Lovrečina von einem französischen Architekten stammte. Als junger Architekt arbeitete Stephan Möller (1860–1934) in Nuštar, wo er im 19. Jh. den Zubau, das sog. Kleine Schloß und die Wirtschaftsgebäude, entwarf. Möller hat auch das Neue Schloß in Donji Miholjac 1905 entworfen. Ein Plan für das älteste Schloß in Popovača (Schloß I) von 1742 wird im Archiv in Preßburg verwahrt; er ist weder unterzeichnet, noch wurde der Bau danach ausgeführt. Es wurde nach einem Plan aus dem Jahr 1851 von G. Reitz umgebaut. Das Projekt für den Um- und Zubau des Schlosses in Sv. Helena bei Zelina unterfertigte 1862 und 1863 Architekt Gerok aus Wien. Der Leiter der neubarocken Restaurierung des Schlosses in Vukovar (1895–1907) war der Wiener Architekt Viktor Siedek.

Das Schloss-Ambiente

Alle Schlösser haben besondere Merkmale, die aus der Lage, ihrem Bezug zu den Ansiedlungen und der Landschaft, aus der Beschaffenheit des Bodens und ihrer Ausrichtung nach den Himmelsrichtungen sowie aus ihrem Zusammenhang mit den Wirtschaftsgebäuden, dem Schloß selbst, der Schloßkapelle, der Zufahrtsallee und ähnlichem mehr resultieren. Die Hälfte der Schlösser und Kurien, die in diesem Buch beschrieben sind, befand sich zur Zeit ihrer Entstehung innerhalb von Ansiedlungen (Bizovac, Brestovac, Cernik, Čepin, Daruvar, Donji Miholjac, Dugo Selo, Feričanci, Gradec, Ilok, Kapela Dvor, Kaptol, Kneževo, Križevci, Kutina, Kutjevo, Našice, Orahovica, Pleternica, Podgorač, Sv. Helena Koruška, Trenkovo, Valpovo, Veliki Raven, Virovitica, Voćin, Vrbovec und Vukovar).

Am Rand von Ansiedlungen befanden sich im 19. Jh. rund zwanzig Schlösser, z. B. Aljmaš, Bilje, Darda, Dioš, Djurdjevac, Erdut, Gornja Rijeka, Gornji Tkalec, Kuzmica, Nespeš, Nuštar, Pakrac, Paukovec, Prečec, Rasinja, Retfala, Stražeman, Suhopolje, Sv. Helena, Špišić Bukovica und Tenje. Durch die Erweiterung der Siedlungen im 20. Jh. wurden viele in die Ortschaften integriert. Elf haben eine von den Ansiedlungen separierte Lage: Božjakovina, Cabuna, Donja Topličica, Donja Zelina, Gušćerovec, Jelengrad, Lovrečina, Omilje, Popovača, Šestine und Štakorovec.

Die Hälfte der Schlösser Slawoniens ist in der Ebene oder auf leichten Anhöhen zu finden. Dazu gehören Bilje, Bizovac, Božjakovina, Brestovac, Cabuna, Cernik, Čepin, Darda, Donji Miholjac, Djurdjevac, Feričanci, Gornja Rijeka, Gušćerovec, Jelengrad, Kapela Dvor, Kneževo, Križevci, Kutjevo, Lovrečina,

Nuštar, Orahovica, Pakrac, Pleternica, Prečec, Retfala, Stražeman, Špišić Bukovica, Tenje und Trenkovo.

Zwanzig Schlösser bzw. Kurien befinden sich auf einer leichten Anhöhe oder auf einer Bodenwelle, die gute Aussicht auf die Umgebung gewährt, andererseits dem Gebäude einen markanten Blickpunkt in der Landschaft verleiht. Diese Lage haben die Schlösser in Aljmaš, Dioš, Dugo Selo, Gornji Tkalec, Kutina, Kuzmica, Našice, Paukovec, Podgorač, Popovača, Rasinja, Suhopolje, Sv. Helena Koruška, Šestine, Štakorovec, Valpovo, Veliki Raven, Virovitica, Voćin und Vukovar.

Neun Schlösser befinden sich auf bedeutenderen Anhöhen oder auf Ausläufern von Gebirgen: Daruvar, Donja Topličica, Erdut, Gradec, Ilok, Kaptol, Nespeš, Omilje und Vrbovec.

Da die Schlösser in Slawonien in erster Linie die Funktion eines Mittelpunktes für den Guts- bzw. Wirtschaftsbetrieb hatten, kann das aufeinander abgestimmte Verhältnis zwischen dem eigentlichen Schloß und den Wirtschaftsgebäuden nicht überraschen. Vielfach strahlt dieses Zusammenspiel von Architektur und Umfeld die Wirkung eines Ensembles aus. Dies läßt sich bei 35 Schlössern (Kurien) beobachten.[41)]

Hinsichtlich der Lage nach den Himmelsrichtungen sind keine Regelmäßigkeiten zu bemerken. Die Eingangsfront zeigt bei den wenigsten Schlössern (8) nach Osten, bei den meisten (18) nach Süden, bei 16 nach Norden und bei 14 nach Westen.[42)] Der häufigste Zugang führt über einen Hof[43)] und vom Park her[44)], nur bei wenigen von der Straße (direkt oder durch einen Vorgarten)[45)]. Die Hauptfront zeigt meistens nach Süden[46)], manchmal nach Westen oder Osten, aber selten nach Norden[47)]. Etwa in der Hälfte der Fälle zeigt sie zur Straße (meist Verkehrsader)[48)], vielfach zum Park[49)]. In zwanzig Fällen sind Eingangs- und Hauptfront identisch (oft repräsentative Front genannt)[50)]. Manchmal gibt es zwei derartige Fronten[51)], während die Gleichheit sämtlicher Fronten äußerst selten vorkommt[52)]. Die Ausrichtung nach der Sonne spielte keine Rolle. Wesentlicher war die Lage im Verhältnis zu den Siedlungen, den Straßen, topographischen Gegebenheiten und der Möglichkeit zum Anlegen eines Parks.

In zehn Fällen erfolgte die Zufahrt durch eine Allee.[53)] Die Alleen waren verschieden angelegt: im rechten Winkel zur Achse der Hauptfront (Gornja Rijeka, Nuštar, Pakrac), schräg zu dieser (Božjakovina, Daruvar, Donja Zelina, Popovača, Šestine, Špišić Bukovica, Štakorovec) oder vom Parktor zum Schloßeingang (Božjakovina).

Nur selten gelangte man durch den Wirtschaftsteil zum Schloß (Donja Topličica, Kuzmica, Nespeš, Omilje). In elf Fällen führte die Zufahrt über einen von Blumenbeeten flankierten Weg (Cernik, Darda, Kutjevo, Lovrečina, Našice [Großes Schloß], Podgorač, Retfala, Suhopolje, Trenkovo, Valpovo, Voćin). Eine Zufahrt durch den Park gab es in Bilje, Gradec, Kutina, Rasinja und Virovitica. Zufahrten direkt von der Straße (mit kleinem Vorgarten) waren in Ilok, Kaptol, Sv. Helena und Vukovar, in Nuštar durch einen anschließenden „Paradehof“.

46 NAŠICE, GROSSES SCHLOSS, 1997

47 POPOVAČA, SCHLOSS I, 1993

Teil einer Schloßanlage sind auch Kapellen. Diese stehen manchmal in den Parks, wie in Božjakovina (nicht mehr vorhanden, im 18. Jh. dem hl. Johannes Nepomuk geweiht und im 19. Jh. dem hl. Stefan), in Daruvar (heute Pfarrkirche), in Omilje (der Muttergottes von Lourdes geweiht), Paukovec, Retfala, Suhopolje (heute Ruine), Sv. Helena und Vrbovec.

In manchen Fällen gehörte die Kapelle zur architektonischen Einheit des Schlosses, z. B. in Gornji Tkalec (angelehnt an den Seitenflügel), Gradec (die Pfarrkirche in unmittelbarer Nähe des Schlosses übernahm die Rolle einer Schloßkapelle), Kaptol (Pfarrkirche in das Kastell integriert), Kutjevo (Klosterkapelle der Jesuiten von 1786, später Pfarrkirche), Nuštar und Stražeman (angebaute und an das Schloß angelehnte Kapelle), Valpovo (im mittelalterlichen Teil des Schlosses) und Vukovar (Kapelle zum hl. Rochus, für die deutschen Zuwanderer erbaut).

In den Schloßbau integriert sind die Kapellen in Donji Miholjac, Gornja Rijeka (in einem der Schloßtürme, geweiht dem hl. Johannes Nepomuk), Gušćerovec (geweiht der hl. Katharina), Lovrečina (ein Zimmer des Schlosses wurde im 20. Jh. zur Kapelle umgewandelt), Paukovec (in der Zeit der Jesuiten vorhanden), Popovača (Schloß I) und Šestine.

Bauliche Merkmale der Schlösser

Es gibt nur wenige Schlösser, die in baulicher Hinsicht genau erforscht und beschrieben worden sind. Die architektonischen Merkmale der Schlösser und Kurien von Zagreb im Westen bis Ilok im äußersten Osten wurden hier aufgrund von Untersuchungen des graphisch und kartographisch vorhandenen Materials und einer kritischen Analyse der Literatur zusammengestellt. Unter dem kartographischen Material sind die Katasterpläne aus der 2. Hälfte des 19. Jhs. am wertvollsten. Originalpläne der Schlösser sind praktisch nicht vorhanden. Ausnahme ist eine Mappe mit Plänen und Zeichnungen betreffend das Schloß St. Helena bei Zelina und Pläne vom Schloß in Dioš. Gelegentlich stößt man in den Archiven auf Pläne und Zeichnungen, aber außer einer Untersuchung zum gegenwärtigen Zeitpunkt an Ort und Stelle geben uns alte Photographien und Ansichtskarten noch die besten Auskünfte.

Baustile

Die in diesem Buch beschriebenen Schlösser und Kurien zeigen ein buntes Bild, was ihre stilistischen Besonderheiten anlangt: von der späten Gotik angefangen, über die mitteleuropäische Variante der Renaissance, den frühen Barockstil bis zur Neuromantik und zum Historismus des frühen 20. Jhs. Nicht selten findet man mehrere stilistische Merkmale. Manche Stilelemente gingen durch spätere Erneuerungen verloren oder traten in den Hintergrund.

Elemente des Spätmittelalters (bis zum Beginn des 16. Jhs. bzw. aus der Zeit vor der Besetzung durch die Türken) finden wir bei den Schlössern in Cernik, Djakovo, Djurdjevac, Ilok, Kaptol, Kutjevo, Valpovo, Virovitica und Vrbovec. Merkmale der mitteleuropäischen Renaissance und des frühen Barock des 17. Jhs. sind in Cernik, Gornja Rijeka und Gušćerovec feststellbar.

Dem Barockstil der ersten Hälfte des 18. Jhs. kann man die Schlösser in Bilje, Gornji Tkalec, Kutjevo, Pakrac, Paukovec, Pleternica, Popovača (Schloß I) und Štakorovec (Altes Schloß) zuordnen.

Der zweiten Hälfte des 18. Jhs. gab der Hochbarock sein Gepräge. Dieses Stilelement ist ganz oder zum Teil bei den Schlössern und Kurien in Cernik, Daruvar, Donja Topličica (Gewölbe im alten Teil des Kellers), Donji Miholjac (Altes Schloß), Ilok, Kutina (barocke Decken), Nuštar, Prečec, Stražeman, Suhopolje (in der ersten Phase), Sv. Helena Koruška, Veliki Raven, Vrbovec und Vukovar vorhanden.

Eine verhältnismäßig große Zahl der Schlösser entstand an der Wende vom 18. zum 19. Jh., in der Zeit des spätbarocken Klassizismus. Außer Ilok, Paukovec und Stražeman, mit deren Bau früher begonnen wurde, wurden Schlösser und Kurien in diesem Stil in Darda, Feričanci (die zerstörte ursprüngliche Fassade), Križevci, Našice (im Großen Schloß), Orahovica, Popovača (Schloß II), Retfala, Šestine (letzte Phase), Špišić Bukovica, Tenje, Trenkovo, Valpovo, Virovitica, Voćin und Vukovar errichtet. Einige Schlösser waren im klassizistischen Stil der 1. Hälfte des 19. Jhs. gebaut, wie Aljmaš, Čepin, Kneževo, Nespeš, Podgorač, Popovača (Schloß III), Suhopolje (2. Bauphase) und Sv. Helena Koruška.

Spätklassizistische und historistische Merkmale verschiedener Prägung lassen sich bei vielen Schlössern und Kurien erkennen. Elf wurden ausschließlich in einer dieser Stilarten gebaut: Bizovac, Brestovac, Cabuna (spätklassizistisch), Dugo Selo, Erdut, Jelengrad, Kapela Dvor, Kuzmica, Omilje, Rasinja und Sv. Helena.

Viele Schlösser wurden in der zweiten Hälfte des 19. Jhs. in historistischer Manier umgestaltet (Zubauten, Umwandlungen, Fassadenänderungen), wie etwa: Aljmaš, Donja Topličica, Gornja Rijeka, Ilok, Kutina, Kutjevo, Lovrečina (Neurenaissance), Našice, Nuštar, Podgorač, Stražeman, Suhopolje (3. Phase), Štakorovec und Vukovar.

Im Stil der Romantik (um 1800) wurde in Slawonien kein einziges Schloß gebaut oder umgestaltet. Diesen Stil repräsentiert hingegen Schloß Trakošćan in Zagorien. Noch Anfang des 20. Jhs. fand die Neuromantik bei den Schlössern Dioš und Donji Miholjac Berücksichtigung. Weitere historistische Merkmale verschiedener Prägung aus der Zeit zwischen 1850 und 1910 entdecken wir noch bei den Schlössern/Kurien von Erdut und Suhopolje sowie beim Kleinen Schloß von Našice. Erwähnenswert sind die festungsartigen Turmbekrönungen in Dioš, Jelengrad (viereckiger Turm), Sv. Helena (Projekt) und Lovrečina. Sie sind offensichtlich von den im zeitgenössischen „Tudor- bzw. Windsorstil" in Wien geschaffenen Bauwerken (z. B. Rossauer Kaserne und Arsenal) beeinflußt worden.

48 Grundrissformen der Schlösser

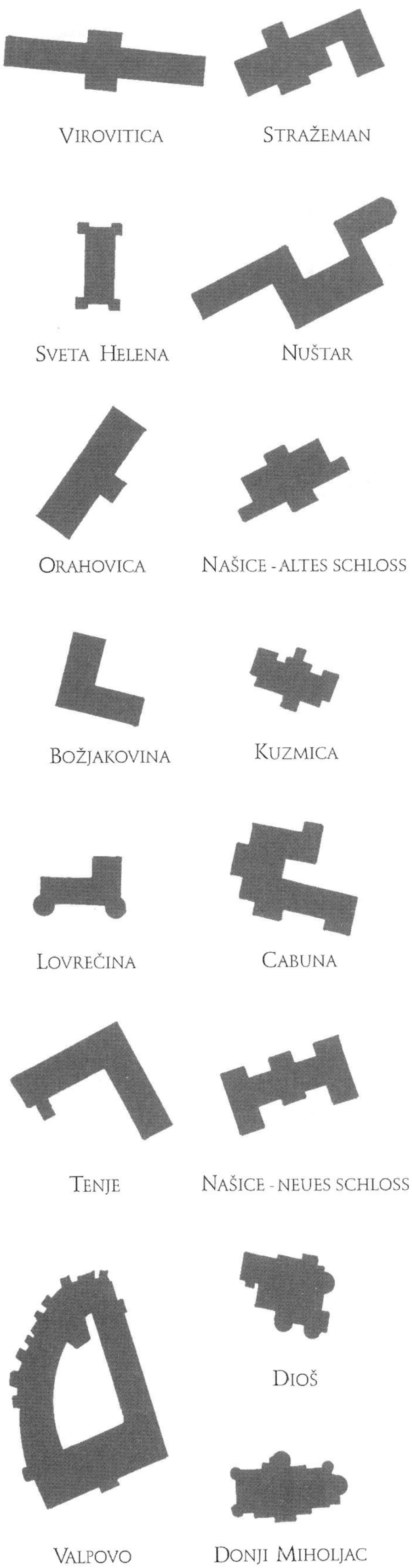

49 GRUNDRISSFORMEN DER SCHLÖSSER

GRUNDRISSFORMEN

Die Formen (Grundrisse) der Schlösser/Kurien entstanden nicht nur aufgrund stilistischer Besonderheiten; sie ergaben sich auch aus der baulichen Entwicklung während eines größeren Zeitraumes. Vierflügelige Schlösser (quadratischer oder rechteckiger Grundriß mit Innenhof) entstanden im 17. und Anfang des 18. Jhs. Dies entsprach dem spätmittelalterlichen Kastell. In diese Kategorie fallen Bilje, Cernik, Gušćerovec, Kutjevo (Einheit Schloß/Kirche), Lovrečina, Pakrac, Pleternica und Popovača (Schloß I). Die Schlösser in Cernik, Gušćerovec und Lovrečina haben an den Ecken Rundtürme, die auf die Renaissance verweisen. In die gotische Burg von Djakovo wurde das Schloß mit L-förmigem Grundriß eingebaut. Die Barockschlösser sind meist dreiflügelig (U-Form), teilweise mit langen Seitenflügeln: Aljmaš, Darda, Daruvar, Gornja Rijeka, Ilok, Lovrečina (von 1830), Paukovec, Suhopolje. Die Schlösser Kutjevo, Popovača (Schloß II) und Retfala haben kurze Seitenflügel.

Mehr als die Hälfte der in diesem Buch beschriebenen Schlösser (meist aus dem 19. Jh.) haben einen rechteckigen Grundriß. Langgezogene Vierecke finden wir in Donji Miholjac (Altes Schloß), Gornji Tkalec, Kneževo, Orahovica, Šestine und Voćin. Nahezu quadratisch ist Kapela Dvor. Donja Zelina und Jelengrad sind rechteckig mit Ausbuchtungen. Die Seitenverhältnisse sind in der Regel 1:1,5 bis 1:2,5. In diese Kategorie gehören: Bizovac (1. Phase), Brestovac, Donja Topličica, Donji Miholjac (Neues Schloß), Erdut (ursprünglich), Feričanci, Gradec, Kutina, Kuzmica, Našice (Großes Schloß), Nespeš, Omilje, Podgorač, Popovača (Schloß III), Prečec, Rasinja, Stražeman, Suhopolje (1. Phase), Sv. Helena, Sv. Helena Koruška, Špišić Bukovica, Štakorovec, Trenkovo, Valpovo (ein rechtwinkeliger klassizistischer Bau wurde an die mittelalterliche Burg angesetzt und bildet nun mit dieser zusammen ein unregelmäßiges Dreieck), Veliki Raven (ursprünglich), Virovitica, Vrbovec und Vukovar.

Manche Schlösser/Kurien lassen sich diesem Schema nicht zuordnen. In Bizovac (2. Phase), Božjakovina, Čepin, Donji Miholjac (Altes Schloß), Križevci, Lovrečina (bis zur 2. Hälfte 18. Jh.), Tenje und Veliki Raven (2. Phase aus dem 19. Jh.) finden wir die Grundrißform eines „L". Auch Vukovar ist mit den Nebentrakten L-förmig. Die Kurie in Dugo Selo hat die Form eines „T"; das Kleine Schloß in Našice und die Schlösser in Rasinja sind H-förmig. Freilich gibt es auch Schlösser mit unregelmäßigem Grundriß. Bei den Schlössern Cabuna, Dioš und Erdut (2. Phase/Ende 19. Jh.) ist er auf rechteckiger Basis zergliedert. Die alte Burg Djurdjevac bildete ein ungleiches Achteck mit Innenhof, das Kastell in Kaptol ein ungleiches Sechseck. Die mittelalterliche Befestigungsanlage in Valpovo gleicht, zusammen mit dem Schloß, einem unregelmäßigen Dreieck.

DIE GRÖSSE DER SCHLÖSSER

Mehr als drei Viertel der Schlösser und Kurien sind zweigeschossig, mit hohem oder niederem Parterre und manchmal unterkellert. Zwei Schlösser sind dreigeschossig:[54] Ilok und Popovača (Schloß I). Der Mittelteil des Schlosses in Vukovar ist ebenfalls dreigeschossig. Zwölf Schlösser und Kurien sind ebenerdig (Hochparterre): Aljmaš, Bilje (der größere Teil des Schlosses), Bizovac, Brestovac, Dioš, Donja Topličica, Erdut, Kutina, Kuzmica, Našice (das Kleine Schloß), Orahovica und Podgorač.

Bei den meisten Schlössern und Kurien ist die annähernde Gesamtfläche des Grundrisses nach den Katasterplänen berechnet, seltener nach Bauplänen. Nach der Fläche der Basis sind die Schlösser und Kurien in diesem Buch in fünf Gruppen geteilt: sehr große, große, mittlere, kleine und sehr kleine. Dabei muß zwischen der Fläche des ebenerdigen Traktes und allen anderen Flächen (ohne Keller und nicht überdacht) unterschieden werden.[55] Es wurden die Schlösser (Kurien) ohne Nebengebäude berücksichtigt.

Die Hälfte aller Schlösser und Kurien gehört zu den kleinen oder sehr kleinen, ein Viertel zu den mittelgroßen und ein knappes Viertel zu den großen. Nur vier Schlösser kann man (wenigstens nach kroatischen Verhältnissen) als sehr große bezeichnen (Grundfläche über 3.000 m^2). Das sind die Schlösser in Popovača (Schloß I: 4.850 m^2), Ilok (3.210 m^2), Daruvar (3.175 m^2) und Gornja Rijeka (3.000 m^2).

Elf Schlösser können wir als „groß“ bezeichnen, mit einer Fläche von über 2.000 m^2: Kaptol (Schloß innerhalb der Festungsanlage, 2.600 m^2), Retfala (2.400 m^2), Darda (2.350 m^2), Paukovec (2.300 m^2), Virovitica (2.290 m^2), Tenje (2.160 m^2), Kneževo (2.130 m^2), Nuštar (2.100 m^2), Pakrac (2.100 m^2), Pleternica (2.100 m^2) und Vukovar (2.000 m^2).

15 Schlösser bedecken eine Fläche zwischen 1.000 und 2.000 m^2, die wir in die Gruppe der mittelgroßen Schlösser einordnen können. Das sind: Gušćerovec (1.980 m^2), Donji Miholjac (das Neue Schloß, 1.900 m^2), Kutjevo (1.840 m^2), Križevci (1.830 m^2), Stražeman (1.830 m^2), Cernik (1.800 m^2), Valpovo (das Schloß ohne Festungsanlage, 1.800 m^2), Cabuna (1.700 m^2), Djurdjevac (1.600 m^2), Šestine (1.600 m^2), Bilje (1.500 m^2), Našice (das Große Schloß, 1.500 m^2), Voćin (1.350 m^2), Rasinja (Schloß I, 1.300 m^2) und Božjakovina (1.080 m^2).

Zwanzig Schlösser haben eine Flächenbasis von 500 bis 1.000 m^2. Die Mehrzahl sollte besser „Kurien“ genannt werden. Es sind dies: Gradec (960 m^2), Popovača (Schloß II, 920 m^2), Dioš (900 m^2), Feričanci (900 m^2), Trenkovo (890 m^2), Našice (das Kleine Schloß, 850 m^2), Orahovica (825 m^2), Kapela Dvor (800 m^2), Sv. Helena (800 m^2), Erdut (770 m^2), Dugo Selo (765 m^2), Gornji Tkalec (730 m^2), Veliki Raven (720 m^2), Aljmaš (700 m^2), Lovrečina (700 m^2), Čepin (690 m^2), Špišić Bukovica (650 m^2), Prečec (600 m^2), Suhopolje (600 m^2) und Štakorovec (600 m^2).

Zehn weitere Schlösser sind sehr klein, ihre Grundfläche übersteigt nicht 500 m^2. Dies sind die Kurien in Kutina (500 m^2), Kuzmica (500 m^2), Bizovac (480 m^2), Omilje (480 m^2), Nespeš (440 m^2), Podgorač (400 m^2), Sv. Helena Koruška (400 m^2), Donja Zelina (360 m^2), Brestovac (340 m^2) und Donja Topličica (320 m^2).

50 VUKOVAR, HOFFRONT DES SCHLOSSES ELTZ

51 DONJI MIHOLJAC, INNENDETAIL DES NEUEN SCHLOSSES, 1997

DIE HAUPTFRONTEN

Die Stirnfassaden der Schlösser und Kurien sind oft durch einen mäßig nach vorne ragenden Vorbau verschönt, den man Risalit nennt. Dieser befindet sich fast immer in der Mitte der Hauptfront, manchmal (auch) an den Seiten, wie bei den Schlössern in Daruvar (an den Ecken), Kutina (an den Seiten), Kutjevo (an den Ecken, über das Dach erhöht), Kuzmica und Podgorač. Der Risalit kann „seicht" sein oder stark aus der Hausfront hervortreten („tief"). Erstere findet man bei den Schlössern in Bilje, Čepin, Daruvar (seitlicher Risalit), Feričanci, Gornja Rijeka, Kapela Dvor, Kneževo, Križevci, Lovrečina, Našice (am Großen und Kleinen Schloß), Podgorač (Mittelrisalit), Rasinja, Sv. Helena, Šestine, Špišić Bukovica, Tenje (zwei Risalite) und Vukovar. „Tiefe" Risalite finden sich bei den Schlössern in Donji Miholjac (in Form von Türmen), Gradec (in Dreieckform), Kutina (an den Seiten), Kuzmica (Mittelrisalit), Podgorač (Seitenrisalite), Trenkovo (mit Giebel) und Valpovo (in Form eines Turms). Bei manchen Schlössern nimmt der mittlere vorspringende Risalit den zentralen Salon auf, z. B. in Daruvar, Kutjevo, Retfala, Stražeman, Suhopolje und Virovitica.

15 der Schlösser haben einen „Altan", wie man Balkone bzw. kleinere Terrassen nennt, die auf Säulen ruhen. Meist befinden sich die Altane in der Mitte der Hauptfront über dem Eingang. Man betritt sie aus dem Großen Salon oder Saal. Das Schloß in Paukovec hatte zwei Altane. Lovrečina hat einen seichten Altan, Aljmaš einen in dreieckiger Form und Darda eine übergiebelte verglaste Veranda. Noch weitere Schlösser haben Altane: Daruvar (im 19. Jh. angebaut), Dugo Selo, Feričanci, Kapela Dvor, Našice (am Großen Schloß), Rasinja, Suhopolje, Špišić Bukovica, Trenkovo und Virovitica. Das Schloß in Šestine hatte einen Balkon, Orahovica einen Vorbau und Štakorovec eine Vorhalle.

Große Schlösser haben an der Hauptfront Ziertürme, die im 19. Jh. entstanden sind. Solche Türme, oft Rundtürme, findet man bei den Schlössern Brestovac, Dioš, Donja Zelina, Donji Miholjac, Erdut, Jelengrad, Kapela Dvor, Našice (am Großen Schloß), Rasinja, Suhopolje, Sv. Helena und Štakorovec.

ELEMENTE ZUR VERTEIDIGUNG

Nur bei einigen Schlössern sind mittelalterliche Türme zu erkennen, die der Verteidigung gedient haben (Djurdjevac und Kaptol), oder solche, die aus dem 17. Jh. stammen (Cernik, Gornja Rijeka, Gušćerovec, Lovrečina und Vrbovec). Schießscharten aus dem Mittelalter gibt es in Cernik und Kaptol. Burggräben findet man – bzw. kann man vermuten – in Bilje, Cernik, Djurdjevac, Gornja Rijeka, Gradec (Gräben bestanden bis 1828), Kaptol und Virovitica. Bei den Schlössern in Cernik, Kaptol und Virovitica sind noch Reste von Zugbrücken zu erkennen. In Kaptol wurde der Eingang vermauert (im 18. Jh.), in Virovitica wurde später an Stelle der Zugbrücke eine gemauerte Brücke errichtet, über die man heute das Schloß betritt.

DAS INNERE DER SCHLÖSSER

Als die Eigentümer der Schlösser und Kurien während oder nach dem Zweiten Weltkrieg ihren Besitz verließen, konnten sie nur in den seltensten Fällen das bewegliche Gut (Möbel, Bilder etc.) mitnehmen. Innerhalb kurzer Zeit waren die Räume devastiert und im Verlauf der letzten fünfzig Jahre auch derart beschädigt, daß von den ursprünglichen baulichen Einzelheiten oft nur wenig zu erkennen war. Leider sind auch Photographien selten, die über das Innere der Schlösser Auskunft geben könnten. Auch hinsichtlich der noch bestehenden Schlösser gibt es großteils keine Baupläne, so daß man bei jenen, die sich in schlechtem Zustand befinden, die ehemalige Beschaffenheit ihrer Räumlichkeiten schwer feststellen kann. Als die Herausgabe dieses Buches vorbereitet wurde, gab es nur unvollständige und bescheidene Daten über die Interieurs. Gründliche Untersuchungen wären angebracht. So können hier nur die wichtigsten und ins Auge springenden baulichen Merkmale, die über die Innenräume Aufschluß geben, erörtert werden.

Größere Schlösser verfügten meist über ein repräsentatives Stiegenhaus (Hauptstiege) und ein weiteres für das Hauspersonal, gegebenenfalls auch mehrere. Die Hauptstiegen sind verhältnismäßig groß und teilweise „feierlich" gestaltet, wie etwa in Daruvar (Doppeltreppe), im Großen Schloß von Našice und in Popovača (Schloß I, zwei symmetrische Treppenaufgänge). Das aus Metall hergestellte Treppengeländer (19. Jh.) in Rasinja ist besonders reizvoll, gleichfalls das in Božjakovina aus geschnitztem Holz und das barock-klassizistische (Holzarbeit) in Tenje.

Spuren von Fresken an den Wänden und Decken sind selten. Reste davon finden sich in Daruvar (im Hauptsalon), in Gornja Rijeka vor der Restaurierung (im Südturm von 1867), Nespeš (klassizistisches geometrisches Motiv aus dem 19. Jh.), Rasinja, Retfala (die Bemalung übertüncht) und Sv. Helena. Stukkatur an den Decken gibt es in den Festräumen der Schlösser in Daruvar, Našice, Retfala und Virovitica. Bis zum „Vaterländischen Krieg" waren sie auch in Vukovar vorhanden. Kassettendecken sind zur Gänze in Donji Miholjac und Našice erhalten, teilweise in Gornja Rijeka (vor der Restaurierung) und Sv. Helena. In Suhopolje wurden die Wölbungen aus der Barockzeit durch klassizistische Decken des 19. Jhs. ersetzt. Die ebenerdigen Räume in den Schlössern des 17. und 18. Jhs., manchmal auch die in den Stockwerken, haben gewölbte Decken. Die Kellerräume sind fast immer gewölbt.

52 DIOŠ, BLICK VOM SCHLOSSTURM, 1993
53 KUTJEVO, SCHLOSSPARK, 1993

Die slawonischen Schlossparks

Die Parkanlagen, Gärten und die landschaftliche Umgebung der Schlösser Slawoniens sind eine wertvolle Bereicherung und Fortsetzung der Anlagen, die man in Nordkroatien vorfindet. Zahlreich sind besonders diejenigen des 19. Jhs. Man sollte aber auch den Parkanlagen der Kuranstalten Aufmerksamkeit zuwenden, die an der Wende zum 20. Jh. entstanden, so in Daruvar und Lipik. (Letztere wurden im „Vaterländischen Krieg" stark in Mitleidenschaft gezogen.) Nebst dem einst malerischen bischöflichen Park in Djakovo sind die zahlreichen Gartenanlagen in den Städten (Parks, Promenaden, bepflanzte Plätze, Alleen, Gärten und Villen u. a.) erwähnenswert. Osijek ist, nach Zagreb, die mit Parkanlagen am reichsten ausgestattete Stadt in Kroatien. Diese Tradition war beispielgebend für die Gestaltung der Parkanlagen in Slawonien. Auch wenn sich die Parks der Stadt heute in einem beklagenswerten Zustand befinden, sind sie doch zutiefst mit dem Stadtbild – und der Hoffnung auf eine Wiederbelebung – verbunden. Die gleiche Hoffnung kann man auch in bezug auf Zagreb hegen. Die Kontinuität in der Gestaltung der Garten- und Parkanlagen vom späten 18. bis zum Beginn des 20. Jhs. (die romantischen Parks von Maksimir und Ribnjak, die Gärten städtischer Sommerresidenzen und Villen, die Spazierwege an den Hängen des Grič, in Parks umgestaltete Plätze, Grünanlagen, städtische Haine und Wälder usw. in Zagreb) ist der zweite Brennpunkt einer perfekten Gartenarchitektur in Nordkroatien. Zwischen diesen beiden Zentren, Zagreb und Osijek, entstanden und verschwanden viele Gärten und Parks.

Leider gibt es keinen einzigen Plan über die Anlage eines Parks,[56)] sondern nur alte Karten, auf denen sie eingezeichnet sind: Ilok (1784), Valpovo (1786) und Vukovar (1817). Ansonsten sind die fortlaufend ergänzten „Katasterkarten" des im Jahre 1839 in Wien gegründeten k. k. Militärgeographischen Instituts die wichtigste Quelle für die Erforschung unserer Gärten und Parks. Diese Katasterkarten gehen auf eine Anordnung Maria Theresias von 1763 zurück, die zwanzig Jahre später zur „Josephinischen Landesaufnahme" führte. Darüber hinaus wurden in der 2. Hälfte des 20. Jhs. nur einzelne Pläne von Schloßparks angefertigt (Erdut, Nuštar, Suhopolje, Valpovo, Virovitica etc.), die allerdings selten greifbar sind. Photographien, Ansichtskarten und Zeichnungen stehen gelegentlich zur Verfügung, archivalische Aufzeichnungen kaum. Die Künstler haben sich anscheinend der Parks als Motive ihrer Bilder nur selten angenommen; siehe immerhin Abb. 145 und 653 (Čepin bzw. Tenje) sowie Abb. 510 (Popovača), wohingegen die auf den Park von Vrbovec (Abb. 747) bezogene Darstellung überwiegend von Phantasie geleitet war. Aus der Mitte des 19. Jhs. sind einige Aquarelle der Landschaft und der Gebäude der Herrschaft Vukovar vorhanden, die dem Maler Josef Franz Mücke zugeschrieben werden.

Hervorzuheben ist Valpovo mit seinem barocken Wildpark. Der sternförmige Grundriß der Anlage ist (soweit er nicht dem Ausbau einer Umfahrungsstraße zum Opfer fiel) noch erhalten. Der Park ist auf einer Karte der Herrschaft Valpovo aus dem Jahre 1786 und auf dem Katasterplan von 1863 eingezeichnet. Dieser relativ gut erhaltene „Jagdpark“ mit einer ziemlich fundierten archivalischen Dokumentation aus der Barockzeit ist einmalig in ganz Kroatien. Der Park in Daruvar ist wegen des größten und ältesten Ginkgo-Baumes *(Ginkgo biloba)* Kroatiens bekannt. Der Schloßpark von Paukovec wird in Zusammenhang mit zwei berühmten Persönlichkeiten oft genannt. In ihm gibt es einen Pavillon, der zur Ehre Ludwig van Beethovens errichtet wurde. Kaiserin Eugénie von Frankreich (Gemahlin Napoleons III.) wollte Paukovec erwerben, trat jedoch von dem Plan zurück, weil die Eschenallee geschlägert worden war. Man nimmt an, daß den Park in Božjakovina ein Gärtner der kaiserlich-königlichen Sommerresidenz in Laxenburg (südlich von Wien) geschaffen hat.[57]

Nicht alle Schlösser hatten Parkanlagen. Bei dreizehn der untersuchten sechzig Objekte konnten keine Parks oder größeren Ziergärten festgestellt werden. Es handelt sich um die Schlösser Brestovac (es gab nur kleine Gärten), Donja Zelina (Bäume und Gebüsche sind im Hof gepflanzt), Djurdjevac (die Landschaft übernimmt die Rolle eines Parks), Gornji Tkalec, Kaptol, Lovrečina (es besteht ein neuzeitlicher Blumengarten vor dem Hauptportal), Nespeš (es bestand ein vorspringender Hof), Omilje (ebenfalls vorspringender Hof), Pakrac (Anfang des 20. Jhs. wurde in der Achse zur Hauptfront eine Roßkastanienallee angelegt), Pleternica, Popovača (es gab Küchengärten und landwirtschaftlich genutzte Flächen in unmittelbarer Umgebung des Schlosses). In Sv. Helena Koruška und Šestine ersetzten Weingärten und die Waldlandschaft einen Park.

54 STRAŽEMAN, SCHLOSSPARK, 1993

Zustand der Parks gegen Ende des 20. Jhs.

Nach einem halben Jahrhundert ungenügender Pflege, Vernachlässigung und sogar Verwüstung ist der Zustand der Gartenanlagen der slawonischen Schlösser schlecht, wenn nicht hoffnungslos. Alle sollten geschützt, erhalten und erneuert werden. Bis dies begriffen wird und die notwendigsten Maßnahmen getroffen werden, ist mit weiterem Verfall zu rechnen.

Zehn der hier beschriebenen Parks gibt es überhaupt nicht mehr (Bizovac, Cabuna, Feričanci, Gušćerovec, Križevci, Našice – beim Kleinen Schloß, Paukovec, Sv. Helena, Špišić Bukovica, Veliki Raven). An der Stelle des Parks von

55 VALPOVO, SCHLOSSPARK, 1993

Križevci wurden Miethäuser mit Parkplätzen errichtet, so daß eine Erneuerung desselben überhaupt nicht mehr möglich ist. Bezüglich der ehemaligen Anlagen um Paukovec und Našice (Kleines Schloß) wären Untersuchungen wegen ihrer geschichtlichen und künstlerischen Bedeutung notwendig. Bei den übrigen verschwundenen Parks sind wenigstens die Flächen, auf denen sie sich befanden, verblieben, so daß eine Revitalisierung möglich ist.

In 16 Parks sind aus früherer Zeit nur einige Bäume erhalten: Aljmaš, Cernik, Čepin, Erdut, Gornja Rijeka (einige Bäume des ehemaligen Parks, alles andere wurde in der 2. Hälfte des 20. Jhs. gepflanzt), Jelengrad, Kapela Dvor, Kutina, Kuzmica, Podgorač, Prečec, Retfala, Stražeman, Štakorovec, Vrbovec und Vukovar. Bei einigen davon wäre eine Erneuerung möglich, soweit sie nicht verbaut wurden.

Ein Viertel der Parks ist immerhin zum Teil erhalten. Die Mehrzahl wurde jedoch vieler gartenarchitektonischer Einzelheiten beraubt. Angemessene Schutzvorschriften und fachmännische Erneuerung wären angebracht. Hier handelt es sich um die Parks von Bilje, Božjakovina, Daruvar, Dioš, Donji Miholjac, Dugo Selo, Gradec, Ilok, Kutjevo, Nuštar, Orahovica, Rasinja, Suhopolje, Tenje, Trenkovo und Voćin.

Der Zustand keines einzigen Parks in Slawonien kann als sehr gut oder gar perfekt bezeichnet werden. In ziemlich gutem Zustand sind die Anlagen um das Große Schloß in Našice, in Valpovo und in Virovitica, bis zu einem gewissen Grad auch bei den Schlössern Donji Miholjac und Trenkovo. Bei diesen wurden übrigens die notwendigsten Erhaltungsmaßnahmen gesetzt. Aufgrund ihres Zustandes, aber weit mehr wegen ihrer geschichtlichen, kulturellen und urbanen Bedeutung wäre eine angemessene Pflege sowie fachmännische und qualitätvolle Erneuerung notwendig.

In der 2. Hälfte des 20. Jhs. wurden um einige Schlösser und Kurien neue Parks angelegt. Sie weisen jedoch keine stilistischen Merkmale oder sonstige Besonderheiten auf, sondern dienen nur der Flächenbegrünung. Solche Parks gibt es in Donja Topličica (ehem. Hofgelände), Donja Zelina, Gornja Rijeka (1956), Kutina, Lovrečina und Popovača.

Die architektonische und künstlerische Ausstattung der alten Parks ist bestenfalls in bescheidenem Umfang bzw. in schlechtem Zustand erhalten geblieben. Manchmal sind Einfriedungen vorhanden, so in Cernik (eine Mauer), Donji Miholjac (Mauer mit Holzleisten), Gradec (Ziegelmauer mit Metallgittern), Kutjevo (Mauer), Našice (Mauer; die Gitterstäbe sind verschwunden), Retfala (Mauer mit Ziergitter) und Valpovo (Holzzaun). Im Schloßpark von Vukovar gab es bis zum Krieg von 1991 ein neubarockes schmiedeeisernes Gitter.

Parktore (Eingangs- und Einfahrtstore) sind heute nur mehr in Daruvar, Donji Miholjac, Kutjevo, Našice, Nuštar, Retfala, Trenkovo (beschädigt) und Valpovo vorhanden. Hervorzuheben sind vom Standpunkt der Repräsentation die Tore in Retfala (klassizistisch) und Valpovo (Barock). Ein Glashaus (Orangerie) ist lediglich in Donji Miholjac vorhanden, allerdings in sehr schlechtem Zustand. Hier können wir auch einen Gartenpavillon entdecken, desgleichen in Našice („Dora“-Pavillon im Park des Großen Schlosses). Ein barockes Portierhaus an der Einfahrt zum Großen Schloß in Našice ist das einzige erhaltene Bauwerk dieser Art. Gartenskulpturen sind nur in Retfala erhalten: Auf der klassizistischen Außenmauer, die den Park von der Straße trennt, befinden sich Vasen und Figuren von Knaben und Löwen. Ein teilweise erhaltener Aussichtsplatz ist im Park von Paukovec zu sehen: 99 Treppen führen zu seinem „Gipfel“. Teilweise erhaltene Balustraden gibt es in Donji Miholjac und im Großen Schloß Našice. In Donji Miholjac und Retfala gibt es Gartenterrassen unmittelbar bei den Schlössern. Bescheidene Springbrunnen kann man in den Parks von Donji Miholjac und Suhopolje erkennen. Teiche gibt es in den Parkanlagen des Großen Schlosses in Našice und in Rasinja. Brücken führen über den Teich in Našice, über den ausgetrockneten Kanal Jadica in Valpovo und über den trockenen Burggraben in Virovitica. In Nuštar wird eine Blumenvase aus weißem Marmor, mit Wappen, verwahrt. Im Park von Rasinja sind Reste der Eisgrube zu sehen. In Vukovar befand sich bis zum „Vaterländischen Krieg“ ein römischer Herkules aus Stein, der früher im Park gestanden war und nach dem Zweiten Weltkrieg in die Vorderfront der Kapelle des hl. Rochus eingemauert wurde.

56 NAŠICE, GROSSES SCHLOSS, 1993

Teile der Wälder in Nuštar und Valpovo, in denen sich einst Wildgatter befanden, bestehen noch. Natürliche Wälder, aus denen sich zum Teil die Parks entwickelt haben, sind noch in Božjakovina, Dugo Selo, Jelengrad, Našice, Nuštar, Rasinja und Valpovo feststellbar. Alleen gibt es um die Schlösser in Cernik, Donja Zelina (neu gepflanzte Pappelallee), Feričanci (Reste einer Lindenallee), Gornja Rijeka (Pappelallee nördlich vom Schloß), Suhopolje (Buchenallee), Špišić Bukovica (Roßkastanienallee längs der Zufahrtsstraße zur Kurie) und Štakorovec (Reste einer Lindenallee). Gestutzte Buchsbaumhecken sind in den Parks von Donji Miholjac, Gornja Rijeka, Rasinja und Valpovo erhalten. Reste von Ziergärten mit Blumenrabatten sieht man noch in Božjakovina, Cernik, Donji Miholjac, Kutjevo, Našice und Valpovo. Die Gewächse von heute sind neu gepflanzt. Anders steht es um die Bäume. Viele sind wild gewachsen oder in den letzten Jahrzehnten gepflanzt worden, aber es gibt noch viele, die zur ursprünglichen Parkgestaltung gehören. Im Park von Daruvar sind die alten Ginkgos *(Ginkgo biloba)* bemerkenswert, ebenso eine eineinhalb Jahrhunderte alte Linde und hundertjährige Fichten, die wir in Donja Topličica vorfinden; um die Kurie in Donja Zelina wachsen alte Fichten, Tannen, Linden und Edelkastanienbäume. Unter den vielen alten Bäumen in Donji Miholjac fällt, der Stärke wegen, eine Pterokarya *(Pterocarya fraxinifolia*; Flügelfruchtbaum) auf, ein einst häufig anzutreffender Baum in den herrschaftlichen Parks Nordkroatiens. In Erdut fällt ein weiterer Baum aus der Familie der Leguminosen, eine *Sophora japonica*, ins Auge und in Gradec eine 1828 gepflanzte Platane, in Kapela Dvor ein Tulpenbaum *(Liriodendron tulipifera)*. Sechs alte Schwarzföhren *(Pinus nigra)* widerstehen der Zeit im kleinen Park der Kurie Kutina, eine Platane streckt ihre alten Äste zum Schloß von Kutjevo, und in Nuštar fallen dem Besucher der Stamm einer Platane und ein schwarzer Walnußbaum *(Juglans nigra)* auf. Im bescheidenen Park der Kurie in Orahovica sind vier Weißföhren *(Pinus silvestris)*

57 NAŠICE, PFÖRTNERHAUS AM PARKEINGANG, 1988

und in Prečec einige alte Föhren und Linden erwähnenswert. Eine alte Fichte und eine Paulownia (*Paulownia tomentosa*; Kaiserbaum) sind die Reste des großen Parks in Retfala. Unter einer größeren Zahl alter Bäume in Trenkovo sticht eine alte Eiche hervor, welche die Einheimischen als Eiche des Franz Baron Trenck bezeichnen. Die heute vom dendrologischen Standpunkt am besten bestückten Parks in Slawonien befinden sich um die Schlösser in Našice, Valpovo und Virovitica. Ihre nähere Beschreibung ist in den Anmerkungen – in Verbindung mit dem jeweiligen Schloß – nachzulesen.[58)]

Einige Parkanlagen wurden in der 2. Hälfte des 20. Jhs. erneuert, was sehr zum Schaden ursprünglicher Formen verlief. Ihre Tradition wurde zerstört, eine Menge Pflanzen wurde gesetzt, die niemals in slawonischen Parks anzutreffen waren (Parks in Gornja Rijeka [1956 und 1970], Našice [1958, Autor D. Kiš], Nuštar [1967, Autor D. Kiš], Valpovo [1957, Autorin S. Seissel]). In den vergangenen Jahren wurden einige wissenschaftliche Studien für die Revitalisierung der Parkanlagen in Nuštar (1993, Autoren V. Koščak und B. Aničić), Suhopolje (1993, Autoren J. Janjić und A. Denich), Valpovo (1989, 1990 und 1992, Autoren M. u. B. Obad-Šćitaroci, T. Jukić, A. Denich) und Virovitica (1996, Autoren M. u. B. Obad-Šćitaroci) verfaßt.

Man weiß sehr genau, daß in der Zeit des Übergangs vom 19. zum 20. Jh. äußerst selten Parks und Gärten grundlegend umgestaltet wurden. Dies war aber in Daruvar der Fall, als am Ende des 19. Jhs. die Parkfläche von 13,7 auf 8 Hektar verringert wurde. Um diese Zeit erlebte auch der Park von Donji Miholjac Veränderungen: Mit dem neuen Schloß entstand auch ein neuer Park. Der Park von Cernik wurde nach dem Jahre 1919 umgestaltet.

Vernachlässigung der Schlossparks

Die Schädigung, Vernachlässigung und Devastierung der Schloßparkanlagen ist dem Umgang mit ihnen vorwiegend in der 2. Hälfte des 20. Jhs. zuzuschreiben. Der sorgfältig gepflegte Park in Božjakovina, in welchem in der Zwischenkriegszeit die erste Gartenbauschule Kroatiens gegründet wurde, ist 1947 durch den Bau einer neuen Straße (Zagreb–Bjelovar) in zwei Teile zerschnitten worden. In den fünfziger Jahren wurde in ihm auch noch ein Hotel mit Freibad errichtet. Anläßlich des Einzugs einer Volksschule in Cabuna wurde der Park umgeackert. Ab 1946 hat man den Park in Cernik verunstaltet. Die Außenmauer in Ilok wurde 1956 abgerissen. An der Stelle des Glashauses (Orangerie) in Našice wurde in den fünfziger Jahren eine Wohnanlage errichtet und zwischen dem Großen und dem Kleinen Schloß ein Hotel gebaut. Die Vernichtung des Parks in Suhopolje erfolgte ab 1962 durch den Bau einer Tankstelle, von Sportplätzen und Kfz-Parkflächen sowie einer Gaststätte. Die Anlage eines Freibades 1942 im Park von Virovitica und dessen Erweiterung zur städtischen Badeanstalt 1990 fügten ihm großen Schaden zu. Der schöne Park in Vukovar ist in den Jahrzehnten nach dem Zweiten Weltkrieg völlig verschwunden. In einigen Parks begann der Niedergang bereits am Ende des 19., aber besonders zu Beginn des 20. Jhs. Der Verfall des malerischen Parks in Paukovec nahm 1830 seinen Anfang; in Daruvar 1905, als das Schloß ohne Eigentümer verblieb, und er setzte sich nach 1920 fort, nachdem eine Schule eingezogen war. Der große Park in Retfala fiel der „Agrarreform“ nach dem Ersten Weltkrieg zum Opfer.

Michael von Kunich führt als Zeitzeuge einige Gründe an, warum in den dreißiger Jahren des 19. Jhs. manche Schloßgärten in Verfall gerieten. Es gab Eigentümer, die weitläufige Parks zwar anlegten, diese aber wegen der hohen Kosten nicht erhalten konnten. Von Grund auf war es von Nachteil, wenn die Eigentümer ihr Schloß nicht ständig bewohnten. Im Fall einer Veräußerung war das Interesse des Erwerbers für den Park häufig gering. Die Anforderungen, die der landwirtschaftliche Betrieb und der Gartenbau (Obst- und Gemüsegärten) stellten, liefen der Haltung und Pflege von Ziergärten und Parks zuwider, so daß manche derartige Anlagen zwar begonnen, aber nie vollendet wurden. Oft gab es keine eigenen Gärtner, oder diese erhielten keine Hilfskräfte. Auch der häufige Wechsel des Gartenpersonals war der Sache nicht förderlich, abgesehen davon, daß die Gärtner oft geringe Fachkenntnisse besaßen und nicht über den entsprechenden Geschmack verfügten. Einen „Kunstgärtner“ zu finden, war nicht einfach. Darüber hinaus konnte freilich auch „höhere Gewalt“ große Schäden an Gärten und Parks verursachen, die unter Umständen eine Vernachlässigung begünstigten: Unwetter, Hagel, Frost, Stürme etc.[59)]

Die Hauptursache für den Untergang der Schlösser und Parks im 20. Jh. bestand ohne Zweifel in der Absicht der Regierenden im ersten wie im zweiten jugoslawischen Staat, die „Herrschaften“ und ihre Traditionen zu vernichten. Die „Agrarreformen“ nach dem Ersten Weltkrieg bewirkten, daß die Gutsbetriebe die zur Schloßerhaltung notwendigen Mittel nicht mehr aufbringen konnten. In den Kriegen selbst kam auch etliches zu Schaden: Im Ersten und Zweiten Weltkrieg sowie im „Vaterländischen Krieg“ (1991). Zuletzt waren davon die Parks von Cernik und Nuštar betroffen.

58 JELENGRAD (PETRIJEVCI), RESTE DES PARKS, 1993

Die Entstehungszeiten der Parks

Die ältesten slawonischen Schloßparks stammen aus der 1. Hälfte des 18. Jhs. Wie sie ausgesehen haben, wissen wir nicht, aber es ist bekannt, daß sie in Ilok, Nuštar (nach 1729) und Paukovec (zur Zeit der Jesuiten) als erster Schritt in der Entwicklung späterer größerer Parkanlagen bestanden. In der 2. Hälfte des 18. Jhs. wurde der Park in Trenkovo in Angriff genommen, ebenfalls der in Vrbovec. Im Landschaftspark (englischer Park) aus dem 19. Jh. in Trenkovo sind noch heute Elemente der Barockzeit zu erkennen. Auf das Ende des 18. Jhs. gehen die Anfänge des Parks von Daruvar zurück. Jener in Paukovec hatte den Charakter eines Lustgartens (pleasure garden, giardino di piacere). Um diese Zeit wurde auch mit der Anlage des Parks von Stražeman begonnen. Im 18. Jh. wurde

59 KUTJEVO, PARKEINGANG, 1993

bereits der Jagdpark von Valpovo erwähnt. Es ist wahrscheinlich, daß noch um diese Zeit weitere Parks entstanden.

Der Großteil der Parks im Bereich slawonischer Schlösser und Kurien, etwa vierzig, ist aber im Verlauf des 19. Jhs. angelegt worden; in der 1. Hälfte 21, und zwar: Božjakovina, Cernik, Daruvar (zweite Phase), Donji Miholjac (erste Phase), Dugo Selo, Gradec (1828), Kneževo (ab 1814), Križevci, Našice (beim Großen Schloß), Rasinja (1834 vorhanden), Retfala, Stražeman (zweite Phase), Suhopolje, Sv. Helena (möglicherweise Mitte des 19. Jhs.), Špišić Bukovica, Trenkovo (zweite Phase), Valpovo, Veliki Raven, Voćin (1821–1823), Vrbovec und Vukovar (1817 besteht der Plan für den Park und die Schloßanlage).

Mitte des 19. Jhs. sind die Parks in Bilje, Feričanci (1862), Kutina, Orahovica (1862) und Virovitica entstanden; in der 2. Hälfte des 19. Jhs. neun weitere: Aljmaš, Bizovac, Cabuna, Čepin, Gornja Rijeka, Gušćerovec, Štakorovec, Tenje und Trenkovo (dritte Phase). Gegen das Ende des 19. Jhs. datiert man die Parks von Erdut, die zweite Phase des Parks in Ilok (um 1896) und den Park in Podgorač. Im 19. Jh. (doch können wir sie nicht genau datieren) entstanden die Parks in Darda, Nuštar (der „englische“ Teil) und Prečec.

Um die Wende zum 20. Jh. entstanden die Schloßgärten in Donji Miholjac (zweite Phase), Jelengrad, Kapela Dvor und Kutjevo. Auf den Anfang des 20. Jhs. datiert man jene von Dioš und um das Kleine Schloß Našice. Die Parks in Donja Topličica, Donja Zelina (die alten Bäume stammen aus herrschaftlichen Zeiten), Lovrečina und Popovača wurden in der 2. Hälfte des 20. Jhs. angelegt.

Die Gelände der Parks

Rund die Hälfte der Schloßparks in Slawonien liegt in der Ebene: Bilje, Bizovac, Božjakovina, Cabuna, Cernik, Čepin, Darda, Dugo Selo, Erdut, Feričanci, Gornja Rijeka, Gušćerovec, Jelengrad, Kapela Dvor, Kneževo, Križevci, Kutjevo, Nuštar, Orahovica, Prečec, Retfala, Stražeman, Špišić Bukovica, Tenje, Trenkovo, Valpovo und Virovitica. 16 Parks befinden sich auf leichten Anhöhen. Das ist bei den Schlössern Aljmaš, Dioš, Donja Zelina, Donji Miholjac, Gradec, Kutina, Kuzmica, Paukovec, Podgorač, Rasinja, Suhopolje, Sv. Helena, Štakorovec, Veliki Raven, Voćin und Vukovar der Fall. Nur vier Schloßgärten befinden sich auf hügeligem Gelände, und zwar in Daruvar, Donja Topličica, Našice und Vrbovec.

Der Park in Ilok ist auf dem Plateau eines markanten Berges gelegen. Meist befinden sich die Schlösser an den Rändern der Parks; in deren Mitte liegen 15. In Feričanci und Kapela Dvor sind dazwischen Wirtschaftshöfe gelegen und in Ilok eine Gemeindestraße.

Wenn das Schloß am Rand liegt, sind zwei Varianten festzustellen: Parks mit und ohne Vorgärten. Beide Formen sind in gleicher Weise vertreten. Vorgärten, die sich zwischen dem Schloß und einer Straße oder Außenmauer befinden, gestalten den Zutritt zum Schloß festlicher. Sie sind oft mit reichen Blumenanlagen in künstlerischen Formen ausgestaltet. Diese findet man in Cernik, Donji Miholjac (Neues Schloß), Gornja Rijeka, Kneževo und Našice (Großes Schloß), Orahovica, Podgorač, Retfala, Stražeman, Špišić Bukovica, Trenkovo und Veliki Raven.

Schlösser ohne Vorgärten liegen meist direkt am Straßenrand, z. B. Bizovac, Donji Miholjac (Altes Schloß), Feričanci, Križevci, Sv. Helena bei Zelina und Vukovar. In Nuštar ist zwischen dem Schloß und der Straße der sog. Ehrenhof *(cortile d'onore)* gelegen. Zu einigen am Straßenrand gelegenen Schlössern führt die Einfahrt über den Park (Božjakovina, Daruvar, Dioš, Dugo Selo und Rasinja).

An zwei oder allen Seiten von Parks umgeben sind die Schlösser in Bilje, Čepin, Darda, Gradec, Gušćerovec, Kutina, Našice (Kleines Schloß, vor dem Ausbau des Hotels), Paukovec, Suhopolje, Tenje, Valpovo, Virovitica, Voćin und Vrbovec.

60 VALPOVO, BLICK VOM SCHLOSSTURM, 1996

Der Umfang der Parks

Die Gärten und Parks der Schlösser und Kurien Slawoniens sind im allgemeinen nicht groß. Nur wenige nahmen eine Fläche von mehr als 10 Hektar ein, so daß sie sich dem Umfang nach mit den Landschaftsparks Englands, wo nicht selten das Schloßumfeld zu „Parklandschaften" umgestaltet wurde, nicht messen konnten.

Manche größere Parks sind mit der Zeit kleiner geworden. Von einigen nicht mehr bestehenden Anlagen konnten mangels Unterlagen die Ausmaße nicht festgestellt werden. Fast die Hälfte von ihnen weist einen Umfang von zirka 3,5 Hektar auf.

Am zahlreichsten sind kleinere Schlösser mit Gärten und Parks unter einem Hektar, so in Bizovac, Čepin, Donja Topličica, Dugo Selo, Erdut, Gradec, Križevci, Kutina, Kuzmica, Orahovica, Špišić Bukovica und Štakorovec.[60)] Zehn Parks umfassen zwischen 1 und 3,5 Hektar: Feričanci, Gornja Rijeka, Gušćerovec, Ilok, Kutjevo, Paukovec, Sv. Helena bei Zelina, Tenje, Trenkovo und Vukovar.[61)] Einen Umfang in der Größenordnung von 5 bis 10 Hektar haben die Parkanlagen von Bilje, Božjakovina, Cernik, Donji Miholjac, Kneževo, Podgorač, Rasinja, Suhopolje und Voćin.[62)]

Der Katasterkarte von 1861 zufolge hatte der Park in Daruvar 13,7 Hektar (1898 um 8 ha verkleinert). In der 2. Hälfte des 19. Jhs. hatte der Park in Retfala eine Größe von 17,5 ha, die bis zum Ende des 20. Jhs. auf 0,5 ha sank. Der Park in Valpovo behielt seine 25 ha bis heute. Nach der Katasterkarte von 1862 maß der Park in Stražeman 26 ha. Der größte Park befindet sich heute, erhalten und geschützt, in Našice (34,5 ha).

61 DONJI MIHOLJAC, ZIERGARTEN IM PARK, 1993

Stilistische Merkmale der Parks

Die unsicheren Verhältnisse und die schlechte wirtschaftliche Lage in den Gebieten, die durch die Türkenbesetzung gelitten hatten, die bescheidenen Anfänge einer Schloßarchitektur und ein durch fortwährende kriegerische Ereignisse verarmter Adel waren der Anlage von Schloßgärten im 18. Jh. nicht förderlich. Die wenigen Wildgatter und sonstigen Parks, deren Anfänge der Barockzeit zugeordnet werden können, wurden im 19. Jh. umgewandelt und erweitert.

Von unschätzbarem Wert für das gartenbauliche Erbe Kroatiens ist der Wildpark in Valpovc, der auf dem Plan der Herrschaft von 1786[63] eingezeichnet ist – ein Beweis dafür, daß es im 18. Jh. in Kroatien sternförmige (barocke) Wildgärten gab, wie sie in den übrigen europäischen Ländern im 17. und 18. Jh. üblich waren. Der „Stern" des Barockparks von Valpovo ist jedenfalls älter als der, den Bischof Maximilian Vrhovac im Maksimir-Park anlegen ließ, als er 1787 den alten bischöflichen Wald schlägern ließ. In völliger Unkenntnis über seinen kulturellen und historischen Wert hat man in den neunziger Jahren des 20. Jhs. eine Straße durch dieses parklandschaftliche Juwel gezogen.

Barocke Elemente sind noch in den Parks von Daruvar, Ilok, Nuštar, Virovitica und Vrbovec zu erkennen.

Das 19. Jh. hat mit zahlreichen Parkanlagen im Stil der romantischen Landschaftsgärten (englischen Parks) in Slawonien wertvolle Zeugen hinterlassen. Zwei Drittel der Schlösser und Kurien verfügten über Gärten. Die Eigentümer versuchten auch auf kleinsten Flächen Parks anzulegen, wenn auch oft nicht das gewünschte Ziel, ein „englischer Park", erreicht wurde. Michael von Kunich meint: „Ein sich schlängelnder Pfad und ein geschweifter Bogen machen noch keinen englischen Park." Der gleiche Autor beschrieb in seinen Aufsätzen den Zustand der Landschaftsparks in der 1. Hälfte des 19. Jhs. In seinem oft harten Urteil über den Wunsch, einen „englischen Park" auf zu kleinem Areal anzulegen, sagt er: „Mit winzigen Glashäusern, kleinen Orangerien, einem Miniteich mit Trauerweide, einem Inselchen, einem Bächlein, einem Kanal, der nur eine Elle breit ist (im Sommer mehrmals ausgetrocknet), einem Hügelchen mit Weinreben und ähnlichem hat man nur ‚Kindergärten' geschaffen."[64]

Landschaftsparks – oder solche mit Merkmalen dieser Art – konnte man an vierzig Orten antreffen.[65] Romantische Parks gibt es in Daruvar (frühromantisch), Retfala (um 1888) und Špišić Bukovica. Romantische Merkmale sind teilweise erhalten oder aufgrund archivalischer Unterlagen nachzuweisen in den Gärten von Bizovac, Darda, Feričanci, Gornja Rijeka, Ilok, Križevci, Kutina, Našice (Großes Schloß), Podgorač, Rasinja, Suhopolje, Valpovo, Virovitica, Voćin und Vukovar. Klassizistische Eigenheiten sind in Kneževo erkennbar.

Gegen Ende des 19. Jhs. hat man viele Gärten und Parks in Slawonien als Produkte des Historismus angesehen. In Wahrheit verdienen sie aber nicht diese Bezeichnung, weil kein einziger ausschließlich von dessen Elementen geprägt war.[66] Allerdings entstanden Anfang des 20. Jhs. der historistische (neuromantische) Park von Cernik und jener beim Kleinen Schloß von Našice nach klassizistischem Vorbild.

Historistische Elemente waren aber in verschiedenen Schloßparks vorzufinden: Donji Miholjac, Erdut, Križevci, Kutina und Kutjevo. Keine solchen Stilelemente sind in folgenden Parks zu erkennen: Brestovac, Donja Topličica, Donja Zelina, Lovrečina, Nespeš, Omilje sowie Popovača.

Schließlich ist zu bemerken, daß bei allen Parkanlagen Slawoniens Merkmale unterschiedlicher Stilrichtungen zum Ausdruck kommen. Überwiegend handelt es sich um Landschaftsparks mit mehr oder weniger starkem historistischem, meist neuromantischem Einschlag. In der Mehrzahl der Fälle wurden ihre Merkmale in der 2. Hälfte des 20. Jhs. durch Eingriffe auf ein Minimum reduziert.

62 DONJI MIHOLJAC, PAVILLON IM ZIERGARTEN, 1993

Elemente der Gestaltung

Bei Parks handelt es sich überwiegend um „landschaftliche Grundrißkompositionen“ anstelle rein geometrischer Bilder. Die Hälfte der Parks Slawoniens entsprach dieser Komposition.[67] Gelegentlich wiesen sie in Form kleiner Ziergärten geometrisch angelegte Teile auf, meist in Verbindung mit der Hauptfront des Schlosses.[68] Sieht man von dem schon erwähnten, unrealistisch gemalten Aquarell des Schloßgartens von Vrbovec ab (Abb. 747), kommt nur der Park des Kleinen Schlosses von Našice als sicheres Beispiel dafür in Frage. Für Ilok (erste Phase) ist das einstige Vorhandensein geometrischer Elemente anzunehmen, bei zehn weiteren Gärten nur zu vermuten.[69]

Zier- oder Blumengärten, die an ein Schloß unmittelbar anschließen, sich auch meist vor der Hauptfront mit dem Haupttor befinden (somit eine optische Verlängerung und repräsentative Ausschmückung der Schloßarchitektur darstellen), nennt die Gartenbaukunst „Parterre“. Im Verhältnis zu anderen europäischen Beispielen sind sie in Slawonien ziemlich bescheiden ausgefallen.[70] Abweichungen von dieser Regel sind selten: Parterre vor der Gartenfront oder vor zwei oder mehreren Schloßflügeln, wie in Našice (Großes Schloß), Rasinja und Stražeman.[71]

Archivalische Quellen, Erinnerungen von Einzelpersonen, archäologische Reste etc. vermitteln uns immerhin ein Bild vieler gartenbaulicher Einzelheiten von mittlerweile verschwundenen Garten- bzw. Parkanlagen. Orangerien und (oder) Glashäuser befanden sich in den Parks von Božjakovina (an der Stelle des heutigen Hotels), Cernik (ein Glashaus für Blumen und die Orangerie für Palmen und Zitronenbäume), Daruvar, Donji Miholjac (stark beschädigt erhalten), Gornja Rijeka, Gradec, Ilok, Kutjevo, Retfala, Stražeman, Suhopolje, Voćin, Vrbovec und Vukovar.

Pavillons und Lauben sind vielfach verschwunden. Man weiß, daß solche in Cernik, Gornja Rijeka (wird 1731 genannt), Jelengrad (auf einem Hügel),

63 DONJI MIHOLJAC, ORANGERIE IM PARK, 1990

Kutina (ein Pavillon aus Holz wurde in den achtziger Jahren des 20. Jhs. abgerissen), Paukovec (Bacchus, Diana und Beethoven gewidmet), Podgorač, Veliki Raven und Vrbovec bestanden haben.

Gartenfiguren werden in Donji Miholjac (Skulpturen, welche vier Trinkwasserquellen geschmückt haben), Nuštar, Paukovec (Jupiter, Neptun, Minerva, Apollo, Merkur und Pluto) und Tenje (Denkmäler aus der Römerzeit, die dem Flußgott gewidmet waren) genannt. Im Hain von Paukovec gab es Schaukeln. Die Parkanlagen wurden leider nicht nur ihrer Ausschmückung (wie Blumenbeete, Sträucher etc.) beraubt, oft wurde ihnen alles genommen, was ihr einstiges Bild formte, wie Alleen, Baumreihen, Baumgruppen, Haine und Wildgatter.

Die zahlreichen Alleen und Baumreihen sind in den Parks von Božjakovina und Feričanci verschwunden. In Nuštar gibt es die Allee von Schwarznußbäumen nicht mehr, und in Erdut fehlt das Weinrebenspalier, welches vom Schloß in Richtung Donau zur alten Stadt führte. Die Reihen von Linden, Roßkastanien und Eschen, die einst in Paukovec standen, und die Pappeln längs der Zufahrtsstraßen nach Štakorovec und Voćin gehören leider gleichfalls der Vergangenheit an.

In den slawonischen Garten- und Parkanlagen hat Wasser keine besondere gestalterische Rolle gespielt. Freilich war es in verschiedenen Formen durchaus präsent. Die Drau bei Jelengrad und die Donau bei Ilok und Vukovar gaben zweifellos einen optischen Hintergrund für die Parkkomposition ab.

Häufig flossen Bäche durch die Parks, vor allem entlang von deren Rändern, was als Teil der natürlichen Landschaft in die Parkgestaltung einbezogen wurde, so etwa in Cernik (der Bach Šumetlica), Dugo Selo, Feričanci (der Bach Iskrica), Gornja Rijeka, Našice, Orahovica (Bach mit Mühle), Paukovec, Stražeman, Trenkovo, Valpovo (der Bach Jadica teilt den Park in zwei Teile) und Voćin.

Zehn Parks hatten einen Teich, der manchmal recht groß war und als Fischwasser diente, wie z. B. in Darda, Dugo Selo, Našice, Nuštar, Paukovec, Rasinja, Tenje und Veliki Raven. In Cernik gab es zwei Zierteiche, einen für Irispflanzen und einen für Schwäne. Der Teich in Kutjevo beherbergte Schildkröten. Der Burggraben um das Schloß in Virovitica war noch im Jahre 1909 mit Wasser gefüllt, so daß das Schloß mit dem Park wie eine Insel wirkte. Springbrunnen (Fontänen) waren äußerst selten; wenn, dann waren sie eher unansehnlich und bescheiden. Es gab sie in Erdut (Ende 19. oder Anfang 20. Jh.), in Suhopolje (1942) und in Voćin.

Ausblicke auf die Schlösser bzw. Parks – wie auch umgekehrt – sind gegenwärtig durch Neubauten, Neubepflanzungen oder Wildwuchs oft versperrt. Aber gerade derartige Ausblicke, die ein ästhetisches Erlebnis vermitteln, verkörpern einen guten Teil des künstlerisch-kompositorischen Wertes, der einst in den Park eingebracht wurde und daher bei der Pflege besonders berücksichtigt werden sollte.

KARTE DER SCHLÖSSER, KURIEN UND PARKS IN SLAWONIEN

1. ALJMAŠ
2. BILJE
3. BIZOVAC
4. BOŽJAKOVINA
5. BRESTOVAC
6. CABUNA
7. CERNIK
8. ČEPIN
9. DARDA
10. DARUVAR
11. DIOŠ
12. DONJA TOPLIČICA
13. DONJA ZELINA
14. DONJI MIHOLJAC
15. DUGO SELO
16. DJURDJEVAC
17. ERDUT
18. FERIČANCI
19. GORNJA RIJEKA
20. GORNJI TKALEC
21. GRADEC
22. GUŠĆEROVEC
23. ILOK
24. JELENGRAD
25. KAPELA DVOR
26. KAPTOL
27. KNEŽEVO
28. KRIŽEVCI
29. KUTINA
30. KUTJEVO
31. KUZMICA-BLACKO
32. LOVREČINA
33. NAŠICE
34. NESPEŠ
35. NUŠTAR
36. OMILJE
37. ORAHOVICA
38. PAKRAC
39. PAUKOVEC
40. PLETERNICA
41. PODGORAČ
42. POPOVAČA / MOSLAVINA
43. PREČEC
44. RASINJA
45. RETFALA
46. STRAŽEMAN
47. SUHOPOLJE / TEREZOVAC
48. SV. HELENA
49. SV. HELENA KORUŠKA
50. ŠESTINE
51. ŠPIŠIĆ BUKOVICA
52. ŠTAKOROVEC
53. TENJE
54. TRENKOVO
55. VALPOVO
56. VELIKI RAVEN
57. VIROVITICA
58. VOĆIN
59. VRBOVEC
60. VUKOVAR

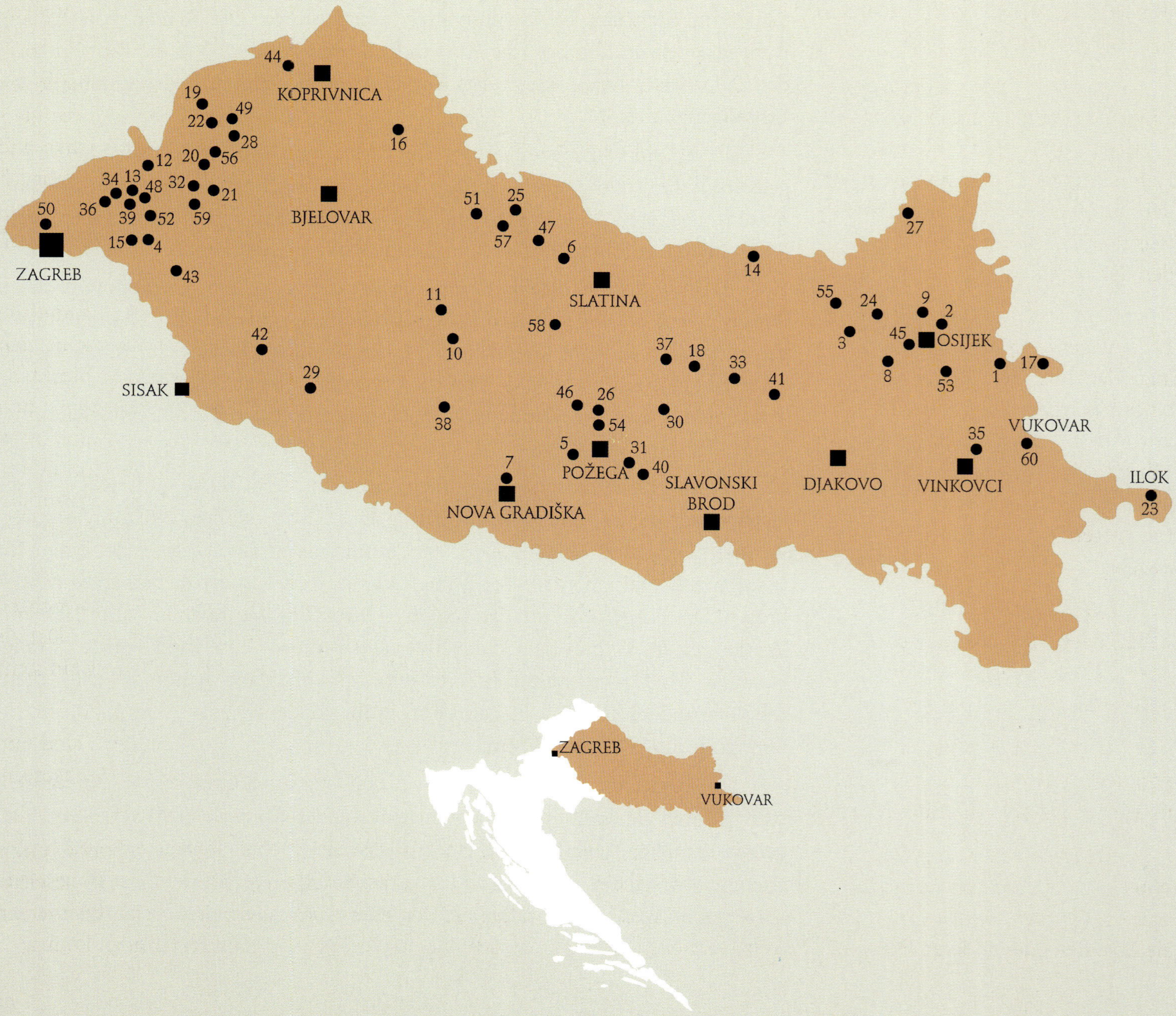

Beschreibung der Schlösser, Kurien und Parks

Die Beschreibung von Schlössern, Kurien und ihrer Parkanlagen auf dem Gebiet Kroatiens zwischen Zagreb (Agram) im Westen und Ilok im Osten ist in räumlicher und geschichtlicher Hinsicht als Fortsetzung des im Vorwort erwähnten Werkes „Schlösser und Gärten im Kroatischen Zagorje“ gedacht.[72] Dieses Buch, das im Verlag „Školska Knjiga d.d.“ in Zagreb in mehreren Auflagen in kroatischer, englischer und deutscher Sprache erschienen ist, dürfte in der schweren Zeit seit dem „Vaterländischen Krieg“ Kroatien und seine mitteleuropäische Kultur dem Ausland nähergebracht haben.

Zur Beschreibung der Schlösser und Parks Slawoniens wurden wissenschaftliche und fachkundige Publikationen sowie Presseartikel herangezogen. Es wurden aber auch Nachforschungen in in- und ausländischen Archiven, besonders hinsichtlich graphischer Unterlagen, angestellt, Besichtigungen durch die Autoren an Ort und Stelle vorgenommen und Erinnerungen der ehemaligen Eigentümer und ihrer Nachkommen verwertet. Die Untersuchungen haben hinsichtlich der einzelnen Objekte nicht immer gleich gute Ergebnisse gezeitigt. Bei manchen von ihnen, besonders bei den Kurien, war man auf sehr spärliche Unterlagen angewiesen. Manches hätte eine eingehendere Behandlung verdient, doch standen dem auch die schwierigen Zeitumstände entgegen.

Die Mitteilungen über die einzelnen Schlösser und Kurien beschränken sich nicht allein auf die Gebäude und Parkanlagen. Die Autoren haben auch den Gesichtspunkt des „Begriffes Schloß“ berücksichtigt. Damit ist gemeint, daß auch die Umstände, die den Schloßbesitz betreffen, erörtert werden sollten. Dazu gehören Vorzüge wie auch Nachteile eines bestimmten Besitzstandes, die von der geographischen Lage abhingen, aber auch politischen Veränderungen und wirtschaftlichen Entwicklungen unterworfen waren. Solche Umstände beeinflußten Umfang, Entwurf und Ausführung der Bauten, die oftmals den Sitz der einstigen Grundherrschaften bildeten. Deshalb wurde zur Abrundung auch auf die Familien der Grundbesitzer eingegangen. Unter den verschiedenartigen Quellen sind die k. k. Katasterkarten wegen ihrer genauen und qualitätsvollen Ausführung hervorzuheben, die über Auftrag des Kaisers seit dem 18. Jh. angelegt wurden.

Wie soeben erwähnt, sind mit den Schlössern und Kurien jene Adelsfamilien eng verbunden, die sie errichten ließen oder lange darin gelebt haben. Ihnen sind viele Textseiten gewidmet. Aus den Anmerkungen kann man Details über einzelne Angehörige dieser Familien erfahren, die in kultureller, politischer, militärischer oder religiöser Hinsicht Spuren hinterlassen haben.

In diesem Buch haben wir auch jenen Schlössern Raum gewidmet, die im Lauf der Zeit verschwunden sind und von denen oft nicht einmal mehr der genaue ehemalige Standort gefunden werden kann. Man sollte sie nicht vergessen, da auch sie zum kulturellen Erbe zählen.

In den Anmerkungen sind die jeweiligen Quellen angeführt. In Einzelfällen wird man widersprüchliche, ungenaue oder nicht zuverlässige Literaturangaben finden. Wo derartige Mängel nicht eindeutig aufgeklärt und beseitigt werden konnten, wurde ihre Wiedergabe mit Absicht nicht unterlassen. Die Verfasser wären den Lesern dankbar, wenn sie im einen oder anderen Fall zur Aufklärung beitragen würden, so daß eine spätere Berichtigung stattfinden könnte.

Aljmaš

Schloss und Kurie Adamovich

Gespanschaft Osijek-Baranja
Gemeinde Erdut
Kat.-Gmde. Aljmaš

Aljmaš ist ein Dorf am rechten Donauufer nächst der Mündung der Drau, 20 km von Osijek (Esseg) entfernt. Tausende Wallfahrer kamen jährlich zur Pfarrkirche der „Heimsuchung Mariens", um vor der Statue der Gottesmutter zu beten. Die Kirche wurde im Auftrag von Anton Adamovich (1808–1848; Abb. 662) gebaut und 1991/92, im „Vaterländischen Krieg", zerstört. Die Geschichte von Aljmaš beginnt mit einem Besitztum (1237), mit der Kapelle der hl. Jungfrau (1272) und der Pfarre (1332).[73)] Im Ort befinden sich ein Schloß und eine Kurie der Familie Adamovich de Csepin (Adamovich Čepinski).

Im Mittelalter war Aljmaš ein Handelsplatz, dessen Eigentümer besonders im 15. Jh. häufig wechselten: Talovac (Taloczi), Kružići (Korogy), Nikolaus Čupor (Csupor) und die Herren von Moslavina (Monoszló). Nach deren Ableben (1479) kam Aljmaš in den Besitz des neu gegründeten Ordens der „Seligen Jungfrau Maria" in Ofen, in dessen Eigentum es bis zur Eroberung durch die Türken (1526) verblieb. Nach der Befreiung von den Türken (1687) entstand die Ortschaft nicht an derselben Stelle wieder; die Grundherrschaft wurde den Jesuiten von Osijek übertragen (1690). Diese Schenkung bestätigte 1702 König (Kaiser) Leopold I. Ab diesem Zeitpunkt entwickelte sich Aljmaš stark. Das klostereigene Gut hatte 1745 zehn Ansässigkeiten mit 58 Untertanen.[74)] 1785 gelangte die Herrschaft Aljmaš in den Besitz der Familie Adamovich de Csepin. Der erste Eigentümer war Johann Kapistran I. von Adamovich[188)] (1726–1808), der gleichzeitig Besitzer der nahe gelegenen Herrschaften Erdut und Tenje wurde. Aljmaš kaufte er von Johann Graf Pálffy d. J. Sein Sohn Anton Caspar[189)] (1762–1829) folgte als Eigentümer von Aljmaš, Erdut, Tenje und Sarvaš.

65a

Das Schloß Aljmaš befindet sich auf einer leichten Erhebung der Ansiedlung an der Hauptstraße. Das Untergeschoß hat die Form des Buchstabens „U", die Fassaden entsprechen neuklassizistischen Vorbildern. In der Mitte der Stirnfront, die eine Länge von 31,45 m und neun Fensterachsen hat, befindet sich ein Portikus in Form eines Vorbaus mit vier Säulen, der das Giebeldach mit historistischen Verzierungen trägt. Mit dem Bau des Schlosses begann 1880 der Gutsbesitzer Szabó de Gomb, gebürtig aus Preßburg, nachdem er sich mit Antonie (geb. 1862) vermählt hatte, Tochter des Johann (geb. 1827) und der Eleonore (1831–1895) Adamovich, die Eigentümer der Herrschaft Aljmaš waren. Nachdem Szabó de Gomb den Kredit, welchen ihm die Bank zum Bau bewilligt hatte, nicht zurückzahlen konnte, verkaufte er 1890 das Schloß dem Gutsbesitzer Dr. Felix Schaurek aus Fünfkirchen (Pécs). Das Schloß erwarb 1906 die Gemeinde

65b

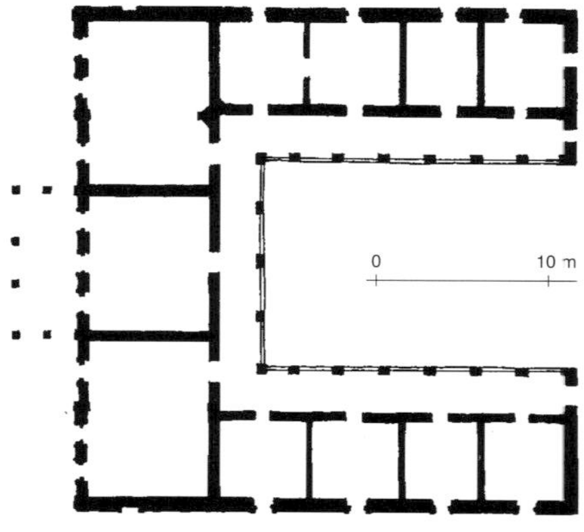

66

65a ANTON CASPAR ADAMOVICH
65b GRUNDRISS DES ERDGESCHOSSES
66 EINGANGSFRONT DES SCHLOSSES, 1963
67 KATASTERKARTE, 1863
68 STRASSENFRONT DER KURIE, 1963

67

68

für 14.000 Kronen und richtete darin eine Schule ein, die das ganze 20. Jh. über als solche in Verwendung war.[75]

Die Kurie in Aljmaš ist ein ebenerdiger Bau in der Form eines verlängerten Rechtecks (ca. 35 x 10 m; Abb. 67 u. 68). Die Stirnfront ist zur Straße gerichtet. Die Hoffassade hat einen kleinen geschlossenen Vorbau. Die Kurie wurde von der Familie Adamovich als Sommerresidenz genützt.[76] Vor der Stirnfront, die nach Osten gerichtet ist, befand sich ein kleiner historistischer Ziergarten, wie man der Katasterkarte von 1863 entnehmen kann. Der Park wurde in der zweiten Hälfte des 20. Jhs. zerstört.

BILJE / BELJE (BÉLLYE)

SCHLOSS DES PRINZEN EUGEN VON SAVOYEN

GESPANSCHAFT	OSIJEK-BARANJA
GEMEINDE	BILJE
KAT.-GMDE.	BILJE

Bilje ist ein Dorf in der Baranja, zehn Kilometer nordöstlich von Osijek. In der Literatur scheint es oft unter dem Namen Belje (vom ungarischen Namen Béllye) auf. Urkundlich wird Bilje (Billie) erstmals 1212 genannt. Bis 1918 gehörte es zum ungarischen Komitat Baranya (Fünfkirchen/Pécs). Das im Dorf befindliche Schloß war einst Sitz einer sehr großen Grundherrschaft, die nach dem Tod des Prinzen Eugen (1736) vor allem Erzherzögen aus dem Hause Habsburg-Lothringen gehörte. Hier, im äußersten Osten Kroatiens, in der Ebene zwischen der Donau und der Drau, befinden sich drei Schlösser: Bilje und Darda im Süden, Kneževo im Norden. Beim Dorf Lug (im Zentrum der Baranja) befindet sich das Jagdschloß Tikveš, das in der Fachliteratur nicht angeführt ist (Abb. 69). Es entstand erst zwischen den beiden Weltkriegen und ist seit dem „Vaterländischen Krieg" unbewohnt und im Inneren devastiert. In der Ebene der Baranja – mit ihren weiten Getreidefeldern, Auwäldern und Weingärten – ist Bilje wohl das einzige Schloß von Bedeutung. Es liegt am Rand des großen Überschwemmungs- und Moorgebietes, das man Kopački rit nennt. Hier ist die Natur mit ihren vielen Vogelarten, Fischlaichplätzen und den Eichen-, Weiden-, Silberpappel-, Ulmen- und Eschenwäldern unberührt geblieben.

Das Schloß in Bilje erbaute der berühmte kaiserliche Staatsmann und Feldherr Prinz Eugen von Savoyen zwischen 1707 und 1712 auf einem weitläufigen Gebiet, das ihm von König/Kaiser Leopold I. geschenkt worden war.[77] Es war als Jagdschloß gedacht, allerdings kennen wir seinen Baumeister nicht. Manche vermuten, daß es Lukas von Hildebrandt (1668–1745) war, der für Prinz Eugen das berühmte Schloß Belvedere in Wien erbaute. Es handelt sich um einen einheitlichen Komplex mit Neben- und Wirtschaftsgebäuden. Das Schloß selbst ist vierflügelig und verhältnismäßig groß (55,86 x 56,89 m; quadratischer Innenhof mit 42,26 m Seitenlänge). Zur Bauzeit war diese renaissance-frühbarocke Anlage im Verhältnis zu anderen in Mittel- und Westeuropa „antiquiert". Trotz der gedachten Funktion als Jagdschloß ist es ein „festes Schloß", das zwar keine Verteidigungseinrichtungen aufwies, aber durch Vorwerke und Wälle sowie einen Burggraben gesichert war – gedacht wohl gegen Räuberbanden und türkische Streifkorps. Der Prinz weilte nur selten hier, doch war er um die Kolonisierung des verwüstet vorgefundenen Gebietes sehr bemüht.

Das Schloß wird von Süden her, aus dem Park kommend, über eine Brücke betreten. Der Mittelteil dieser Stirnfront, mit dem Einfahrtstor und einem dar-

69

69 SCHLOSS TIKVEŠ, 1997
70 GRUNDRISS DES OBERGESCHOSSES
71 GRUNDRISS DES ERDGESCHOSSES
72 SCHLOSSEINGANG, 1997
73 SÜDFRONT DES SCHLOSSES, 1997

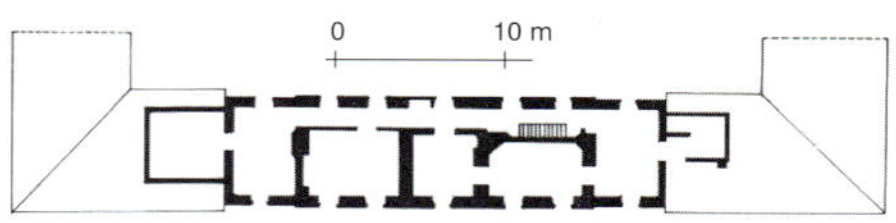

70

71

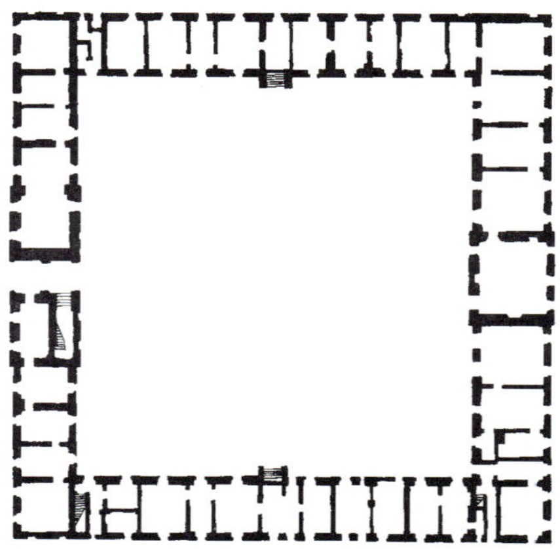

72

73

74

über befindlichen Turm, ist zweigeschossig und weist sieben Fensterachsen auf. Hier ist die Fassade durch Pilaster, Fensterumrahmungen sowie Dach- und Gurtgesimse geschmückt. Die Seitenflügel der Stirnfront, wie auch die drei übrigen Flügel, zeigen im Erdgeschoß – zumindest heute – keine Verzierungen. Nur das erste Stockwerk der Stirnfront diente zu Wohnzwecken. Das hofseitige Portal trägt das Wappen des Prinzen Eugen mit einem Trophäus (Abb. 77). Innerhalb des Schlosses befand sich eine Kapelle, die der „hl. Jungfrau ohne Makel der Erbsünde empfangen" geweiht war und vermutlich 1720 erbaut wurde. Sie war ein vorläufiger Ersatz für die erst 1775 fertiggestellte Pfarrkirche.[78)]

Etwa im Jahre 1824 wurde um das Schloß herum ein Landschaftspark im englischen Stil angelegt, der heute noch acht Hektar groß ist. Bis zu diesem Zeitpunkt waren dort Wald und Gärten mit Zwetschkenbäumen. Dieser Park diente auch jagdlichen Zwecken, der Übergang vom Park zur umgebenden Landschaft war fließend. Obgleich viele „Exoten" gepflanzt wurden, überwiegen die heimischen Baumarten.[79)] Heute steht der Park unter Naturschutz. In historischer Hinsicht ist er ebensowenig wie das Schloß erforscht.[80)]

Die Herrschaft Béllye (Bilje) gelangte, wie schon vorhin erwähnt, in den Besitz von Erzherzögen des Hauses Habsburg. Die „Güterdirektion Seiner kais. Hoheit des Erzherzogs Albrecht" befand sich bis 1827 in Béllye. Dann wurde sie nach Kneževo verlegt (siehe Schloß Kneževo). 1767 befanden sich auf dem Gut 28 Ansiedlungen mit 1.066 Ansässigkeiten. In der zweiten Hälfte des 19. Jhs.

74 PARK ANFANG DES 20. JHS.
75 ZUGANG ZUM SCHLOSS, 1997

75

76

76 PARK, 1903
77 WAPPEN DES PRINZEN EUGEN ÜBER DEM HOFPORTAL, 1997

77

hatte die Herrschaft folgende Grenzen: Im Osten die Donau und das Komitat Bács-Bodrog, im Süden die Drau und Osijek, im Westen das Gut Darda, im Nordwesten die Herrschaft des Fürsten Batthyány in Németbolyu und im Norden den Besitz des Bistums Pécs (Fünfkirchen). 1851/52 umfaßte die Herrschaft 94.443 Joch (51.119 Kat.-Joch) bebautes Land. Davon entfielen auf verbaute Flächen und auf Gärten 1.645 Kat.-Joch, auf Felder 31.324, auf Wiesen 14.846 und auf Weingärten 3.302 Kat.-Joch. Im Jahre 1883 betrug das Flächenausmaß 109.062 Joch, und zwar Felder (19,68 %), Wiesen (8,09 %), Gärten und Weingärten (0,20 %), Wald (30,45 %), Weiden (12,17 %), Moorland (9,52 %), unfruchtbare Flächen (11,19 %), Flußbette und Teiche (8,7 %). Die Güterdirektion hatte zwei Zentren (Bilje und Kneževo), denen acht Bereiche mit 28 Meierhöfen (Pusten) zugeordnet waren (darunter: Brestovac, Jasenovac, Kozjak, Malo Kneževo, Mirkovac, Mitvar, Sokolovac, Sudaraš, Šebešir, Širine, Zeleno Polje, Zlatna Greda etc.). Die Forstverwaltung umfaßte sieben Distrikte: drei mit dem Sitz in Bilje und vier mit dem Sitz in Baranyavár (Baranja Vrh). Ende des 19 Jhs. waren auf dem Besitz 483 Gebäude verzeichnet, von denen 177 Wohnobjekte waren. Beschäftigt waren 39 Beamte und 867 Hilfskräfte.[81)]

Die Feudalherrschaft Béllye wurde unmittelbar nach der Vertreibung der Türken eingerichtet. Ihr erster Eigentümer (durch kaiserliche Schenkung) war Prinz Eugen Franz (geb. 1663 in Paris) aus dem herzoglichen Haus Savoyen-Carignan. 1697 zum Oberbefehlshaber in Ungarn ernannt, erkämpfte er die Vor-

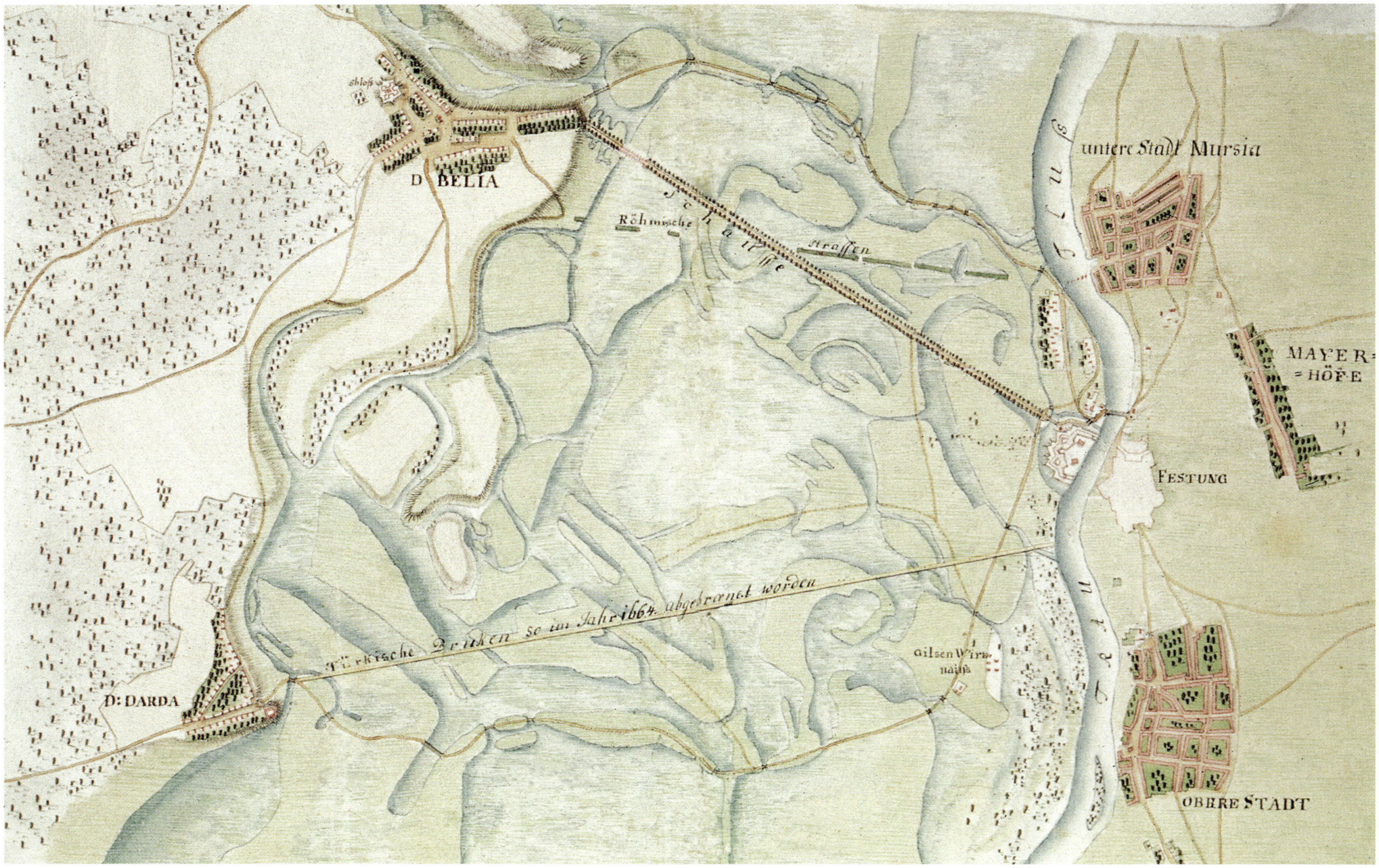

78

79

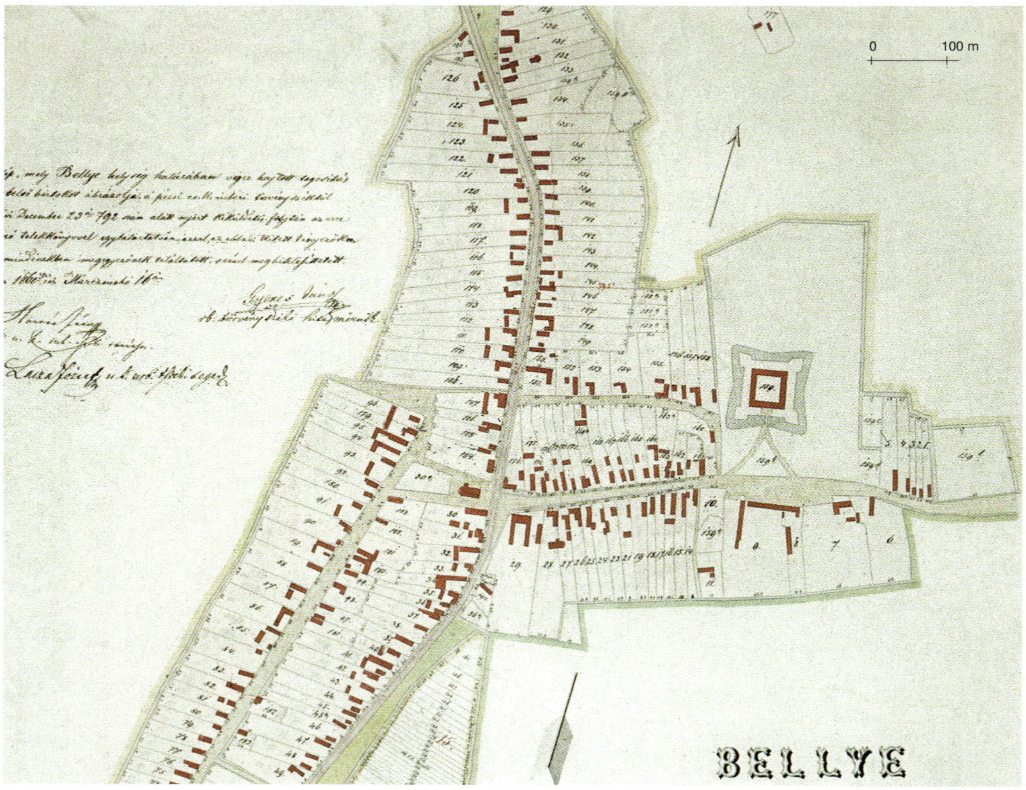

78 KARTE DER UMGEBUNG VON OSIJEK (BILJE, DARDA), 18. JH.

79 KATASTERKARTE, 1859

80 EUGEN VON SAVOYEN

81 PARK, ANFANG DES 20. JHS.

80

aussetzungen zum Friedensschluß von Karlowitz (1699). Als kaiserlicher Generalissimus und Reichsfeldmarschall (1707) eroberte er im Türkenkrieg 1716–18 Belgrad. Nach seinem Tod (1736) wurde hinsichtlich der in Ungarn gelegenen Güter das Heimfallsrecht in Anspruch genommen (während die Sammlungen und die „österreichischen" Güter vom Kaiserhaus und anderen Personen der Großnichte und Erbin des Prinzen abgekauft wurden). Béllye wurde zunächst von der Hofkammer verwaltet. Spätestens 1780 wurde es Eigentum der Erzherzogin Maria Christine (Tochter der Königin Maria Theresia) und ihres Gemahls, des Herzogs Albrecht von Sachsen-Teschen – sei es durch Schenkung, sei es, was wahrscheinlicher ist, durch Kauf, und zwar gegen eine Summe von 1,200.000 Gulden, die Herzog Albrecht erlegte (nach: Alfred Arneth, Prinz Eugen von Savoyen, Wien 1864, 3. Band). Den Nachlaß der Erzherzogin erbte 1798 deren Neffe Erzherzog Karl (1771–1847), der Sieger von Aspern (1809). Dieser begründete mit der ganzen Herrschaft (Bilje und Kneževo) ein Majorat *(fideicommissum)* für die Teschener Linie des Hauses Habsburg. Erbe wurde sein Sohn Albrecht (1817–1895), auf den dessen Neffe Friedrich (1856–1936) folgte.[82)]

Erzherzog Friedrich war der letzte Eigentümer der gesamten Herrschaft bis zum Ende des Ersten Weltkrieges. Aufgrund der Pariser Vorortverträge entfielen 78 % des Besitzes auf das „Königreich der Serben, Kroaten und Slowenen" (späteres Jugoslawien). 22 % verblieben dem Erzherzog in den Grenzen von Ungarn. Der in Jugoslawien befindliche Teil (mit Bilje und Kneževo) wurde 1920 zum Staatsgut erklärt und verblieb so bis zum „Vaterländischen Krieg" in den neunziger Jahren.[83)]

81

Bizovac

Kurie Normann-Ehrenfels

Gespanschaft	Osijek-Baranja
Gemeinde	Bizovac
Kat.-Gmde.	Bizovac

Bizovac ist heute bekannter durch sein Warmbad als aufgrund der bescheidenen Kurie der Grafen Normann-Ehrenfels. Die Geschichte des Ortes ist an die der Herrschaft von Valpovo gebunden, zu der er gehörte und von der er von 1891 bis 1919 abgetrennt war – wenn das Gut auch eigentumsmäßig im gleichen Familienverband verblieb. Über Bizovac ist wenig bekannt, weil der Besitz immer im Schatten des acht Kilometer entfernten Valpovo stand (siehe daher auch die Kapitel über Valpovo und Donji Miholjac).

Bizovac ist ein typisches slawonisches Dorf, zwanzig Kilometer westlich von Osijek gelegen. Im Jahre 1895 wurden hier 332 Gegenstände aus der späten Bronzezeit entdeckt (Sicheln, Schwerter, Lanzen, Schilde, Schmuck und Keramiken), die sich heute im Archäologischen Museum in Zagreb befinden. Die Dorfkirche ist dem hl. Matthias geweiht und stammt aus dem Jahre 1802. In Bizovac ist der bekannte kroatische Lexikograph und Slawist Bratoljub Klaić geboren, der dort auch seine Kindheit verbrachte.[84)]

In der Geschichte der Herrschaft Valpovo ist Bizovac nur dadurch von Bedeutung, daß die Ortschaft an der Hauptstraße zwischen Osijek und Virovitica gelegen ist und der Weg nach Valpovo und Donji Miholjac dort abzweigt. Dies wird wohl der Grund dafür gewesen sein, daß Baron Anton Gustav Hilleprand von Prandau[718)] (1807–1885, Abb. 82) hier eine Kurie erbauen ließ. In Bizovac lebte daraufhin für einige Zeit Gustavs Tochter Marianne[719)] (1828–1891) mit ihrem Ehemann Constantin Graf von Normann-Ehrenfels, den sie 1852 geheiratet hatte. Nach dem Tod des Vaters erbte sie als älteste Tochter die große Herrschaft Valpovo.

Nach Mariannes Tod erbten ihre drei Kinder Rudolf I., Gustav und Anna den Besitz (1891). Rudolf kaufte seiner Schwester Anna verh. Gräfin Csáky für 3,160.714 Gulden ihren Anteil ab, so daß die Herrschaft mit dem Sitz in Valpovo zu zwei Dritteln im Eigentum von Rudolf I. war, während ein Drittel mit dem Zentrum in Bizovac Gustav gehörte. Bereits sechs Jahre zuvor, 1885, nachdem Anton Gustav Baron Prandau verstorben war, war der nördliche Teil der Herrschaft Valpovo mit dem Zentrum in Donji Miholjac abgetrennt worden (siehe darüber das Kapitel Donji Miholjac). Somit entstand nach dem Tod von Marianne Normann geb. Prandau auf der einst ausgedehnten Domäne von Valpovo eine dritte Herrschaft mit dem Sitz in Bizovac.

82

83

84

85

82 ANTON GUSTAV HILLEPRAND VON PRANDAU
83 ADELHEID HILLEPRAND GEB. CSÉH
84 SÜDFRONT (EINGANGSFRONT), 1993
85 KATASTERKARTE, 1891
86 GRUNDRISS DES ERDGESCHOSSES

86

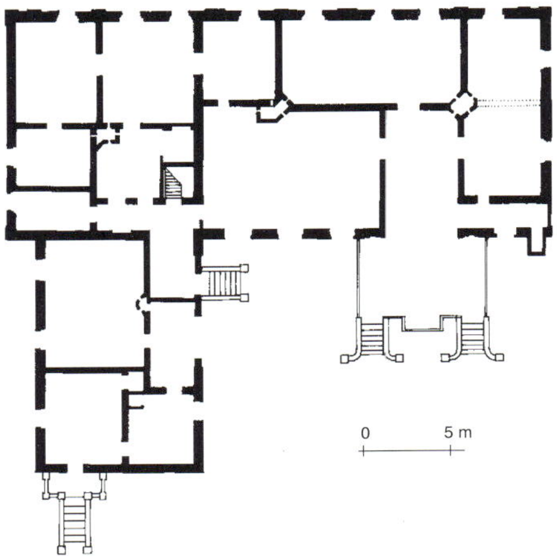

87

88

87 WESTFLÜGEL, 1993
88 INNERES DER VERANDA, 1993
89 BLICK AUS DER VERANDA IN DEN HOF, 1993

Aufgrund des Vertrages vom 19./23. Juni 1892 zwischen den Grafen Rudolf I. und Gustav Normann-Ehrenfels wurde der Besitz Valpovo wie folgt geteilt: Rudolf I. erhielt die Meierhöfe Valpovo, Gorica, Krtinjača und Jedinac sowie die Waldgebiete von Valpovo, Koška und Poganovci (zur Hälfte), Gustav fielen die Meierhöfe Selce und Samatovci, die Wälder in Petrijevci und die zweite Hälfte von Poganovci zu.

So erhielt Gustav den östlichen Teil der Domäne, während der größere westliche Teil (siehe Abb. 678) Rudolf I. zukam. Zur Herrschaft Bizovac gehörte der große und bekannte Wald von Lipovača, nordwestlich von Petrijevac, zwischen den Flüssen Drau und Karašica gelegen, in welchem Graf Gustav Normann das Schloß Jelengrad erbauen ließ (siehe das Kapitel über Jelengrad). 1919 kam es zu einer neuerlichen Vereinigung des Besitzes von Bizovac mit Valpovo, als Graf Rudolf I. Normann Bizovac von Gustav erwarb und so die Grenzen der Domäne Valpovo von 1892 wiederherstellte.[85] Diese hatten jedoch keinen weiteren Bestand, als die sogenannte „Agrarreform" nach Ende des Ersten Weltkrieges einsetzte. Im Zuge dieser Reform wurden alle landwirtschaftlichen Flächen von Bizovac an Bauern verteilt, während die Waldgebiete der Herrschaft Bizovac, unter ihnen auch der Wald von Lipovača, im Eigentum der Grafen Normann – bis zur kompletten Enteignung 1945 – verblieben.

89

Als Bizovac eigenständiger Besitz war, gehörten zu dieser Herrschaft 2.371 ha landwirtschaftliche Gründe und 5.762 ha Waldungen.[86] Die Wirtschaft wurde von den Meierhöfen Samatovci und Selce aus geführt. Zu Samatovci, das über 1.169 ha verfügte, gehörten als kleinere wirtschaftliche Einheiten Bologovci, Alovi und Vučevci, zu Selce (1.202 ha) Cerovac, Mandarinci und Bicarevci.

90

91

90 DETAIL DER STRASSENFRONT, 1993
91 NORDFRONT (STRASSENFRONT), 1993
92 VERANDA-EINGANG, 1993

92

Die Wälder waren in drei Verwaltungskomplexe geteilt: Petrijevci mit 1.662 ha, Martinci mit 1.473 ha und Poganovci mit 2.627 ha. Die landwirtschaftliche Verwaltung war in Samatovci, die Forstverwaltung in Bizovac.[87]

Die Kurie in Bizovac wurde wahrscheinlich in der ersten Hälfte des 19. Jhs. erbaut, und zwar als bescheidener ebenerdiger Bau, der auch den Gutsangestellten als Wohnung diente (34 x 14 m). Als Gräfin Marianne Normann dort wohnte, ließ sie ausbauen, so daß sie schließlich eine Fläche von 644 m² (in Form eines „L“) zur Verfügung hatte.[88] Aufgrund der Beschreibung von Adolf Danhelowsky von 1885 wissen wir, daß die Kurie in Bizovac ein massiv gebautes, mit Schindeln gedecktes, ebenerdiges Gebäude war. Sie hatte einen Westflügel und eine Veranda in Richtung Süden (zum Garten hin). Die Stirnfront zeigte nach Norden, zur ehemaligen Reichsstraße nach Osijek. Die Veranda war verglast (siehe Abb. 89 und 92). Die Kurie hatte ebenerdig 17 Zimmer sowie zwei Räume im Keller. Die gartenseitigen Fronten trugen Holzkonstruktionen im „Schweizer Stil“. Im Gebäude gab es Wasserleitungen und Kanalisation.[89] Fassaden und Innenräume zeigen heute noch historistische Elemente. Die Kurie wurde bis vor kurzem als Volksschule genutzt; heute befindet sich das Gemeindeamt von Bizovac darin. Das neue Schulgebäude wurde im ehemaligen Park errichtet.

Wie man der Katasterkarte entnehmen kann, betrug die Fläche der Kurie, samt Nebengebäuden und Hof, 60 x 30 m. Südlich davon war ein kleiner Park, der in einen relativ großen Küchengarten überging,[90] die Gesamtfläche betrug etwas mehr als sieben Joch.[91] Es handelte sich um einen (englischen) Landschaftspark mit neuromantischen (historistischen) Elementen. Dieser Park bestand bereits 1863; Schäden erlitt er zur Zeit der „Agrarreform“ in der Zwischenkriegszeit und nach 1945.

Božjakovina

Schloss Draskovich, Blahimir, Dvorišće, Ostrna

Gespanschaft Zagreb
Gemeinde Brckovljani
Kat.-Gmde. Andrilovec

Das Dorf Božjakovina befindet sich 25 km östlich von Zagreb, an der Straße nach Vrbovec und Bjelovar. Seine Geschichte reicht in das 13. Jh. zurück und war mit dem Templer- und dem Johanniterorden verbunden; besonders bewegt war sie in der Ära der Familien Tahy und Zrinyi sowie in der Zeit der Türkeneinfälle. Danach stand Božjakovina vorübergehend unter der Verwaltung der Hofkammer, doch für lange Zeit, und zwar bis zum Ende des 19. Jhs., gehörte die Herrschaft der Familie Draskovich (Drašković). Über die Namensherkunft gibt es zwei Legenden. Der einen zufolge nannten die Templer, die hier über ein Kloster und großen Grundbesitz verfügten, die Einwohner „Božjaken".[92] Gemäß der zweiten Version soll der Eigentümer nach dem Genuß des bodenständigen Weines gesagt haben: „Bože jako vino!", was bedeutet: „Herrgott, ist das ein kräftiger Wein!"[93] Übrigens wurde der „kroatisch-serbische Ausgleich" vom 24. August 1939 vom jugoslawischen Ministerpräsidenten Cvetković und dem Vorsitzenden der Kroatischen Bauernpartei, Dr. Maček, im Schloß Božjakovina unterzeichnet. Der Vorgänger des letzteren, Stjepan Radić, hielt sich als junger Jurist gleichfalls hier auf, und zwar als Hauslehrer eines Draskovich-Sohnes.[94]

Urkundlich wurde Božjakovina erstmals 1209 erwähnt, und zwar als „Land des hl. Martin" *(terra Sancti Martini)*. Anlaß war die Abtrennung vom Zagreber Pfarrbereich durch König Andreas II., zunächst zur Warasdiner Pfarre Kračun, aber noch im selben Jahr an den Orden der Tempelritter.[95] Dieser besaß Božjakovina volle hundert Jahre lang. Er erbaute hier ein Kloster, das zur Zeit der Ordensaufhebung (1311/12) als „Martinshaus der Tempelritter" *(domus Sancti Martini miliciae Templi)* bekannt war. Das Kloster befand sich möglicherweise am Platz der späteren Martinskirche in Prozorje (nördlich von Dugo Selo) oder in Božjakovina selbst, und zwar am Platz der späteren Festung, deren Spuren man im heutigen Schloßpark vermutet. Unmittelbar nach Aufhebung des Templerordens folgten die Johanniter,[96] die jedenfalls um das Jahr 1320 als Feudalherren von St. Martin bezeichnet wurden. In ihrer Periode, und zwar um 1367, kam die Bezeichnung „Božjako" (Bosiako) auf. In der 2. Hälfte des 15. Jhs. verpfändeten zunächst König Matthias Corvinus, dann der Johanniterorden (als faktischer Erbe des „Priorates von Vrana") Teile des Grundbesitzes. Zwischen 1471 und 1489 waren die Bane Blasius Podmanicky, Ladislaus von Egervár und Matthias Gereb Inhaber. Der letzte aus den Reihen der Johanniter war der Banus und

93

94

95

96

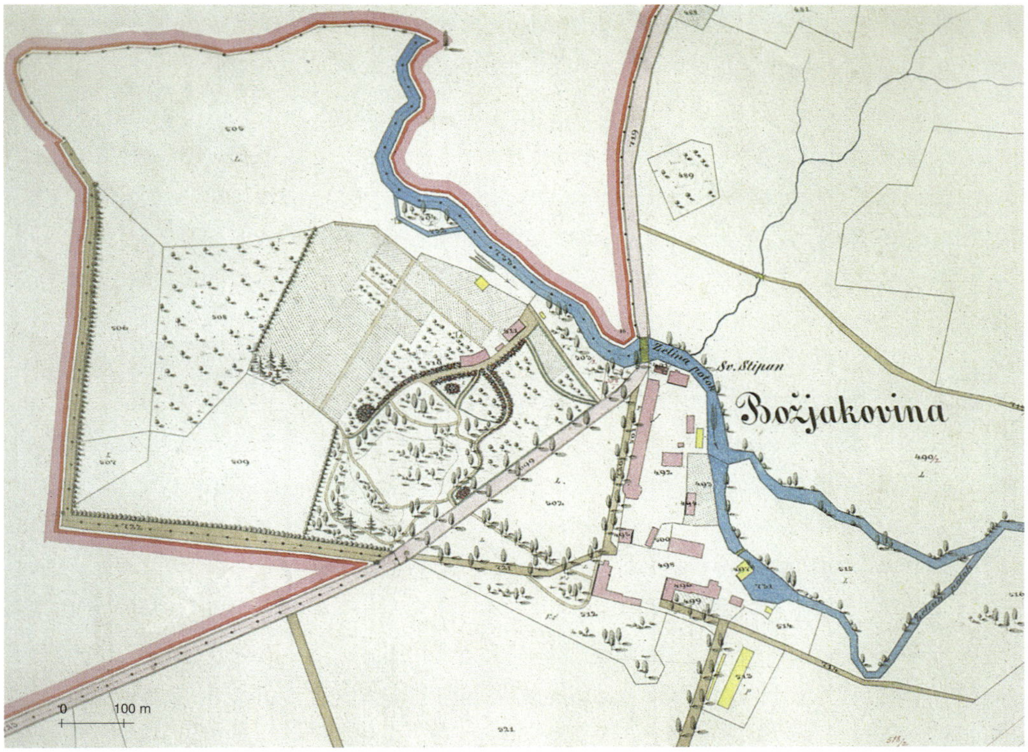

93 NORDFRONT, ANSICHTSKARTE, VOR 1945
94 SÜDFRONT, ANSICHTSKARTE, 1917
95 SÜDFRONT, 1993
96 KATASTERKARTE, 1862

Ordensprior Peter Berislavić (1517–1520). Damit endete das Zeitalter des Johanniterordens in Božjakovina.

Dann wurde Johann Graf Tahy zum Gubernator aller in Kroatien gelegenen Güter des Johanniterordens (Priorat von Vrana) bestellt. Damit begann ein Zeitalter wechselnder Besitzer (Johann Tahy, Banus Ivan Karlović von Krbava, Nikolaus [Miklós] Zrinyi, Franz Tahy, Georg Jankovich),[97] und zwar bis zum Jahre 1597, als Božjakovina dem Grafen Georg Zrinyi bzw. – bis 1670 – seinen Nachkommen zufiel. (Über die Familie Zrinyi siehe das Kapitel über Schloß Vrbovec.) Bei diesen handelte es sich um Georg (Juraj) IV. (1549–1603)[795], Nikolaus VI. (†1625)[794], dessen zweite Frau Elisabeth geb. Gräfin Széchy (†1646) und Peter IV. (1621–1671)[797]. Als letzterer unter kaiserlicher Anklage stand und gefangen war, besetzte Johann Jakob Teuffenbach, kaiserlicher Grenzkapitän von Ivanić, Božjakovina. Im folgenden Jahr (1671) übernahm die Hofkammer die Verwaltung.[98]

97 JOHANN V. DRASKOVICH

Im Jahre 1685 verkaufte Kaiser (König) Leopold I. Božjakovina an Johann IV. Graf Draskovich (†1692)[99] für 18.733 rheinländische Gulden, was dem Schätzwert entsprach. Schloß und Gut gehörten dieser Familie in der Folge 197 Jahre hindurch. Besitznachfolger von Johann IV. waren seine Witwe Maria Magdalena geb. Gräfin Nádasdy[100], dann sein Sohn Johann V. (Abb. 97)[101]. Dessen zweite Gattin, Katharina geb. Gräfin Brandis[102], erbte 1733 den Besitz. Nach ihrem Tod (1744) fiel er ihrem zweitgeborenen Sohn Joseph Kasimir Graf Draskovich zu.[103] Im Zuge der Verlaßteilung nach dessen Tod (1766) erbte der älteste Sohn Johann VIII.[104] Božjakovina, danach der jüngere Sohn Georg IV. (V.)[105], welcher den Besitz den Söhnen Johann Nepomuk[106] und Theodor I.[252] hinterließ. Theodor II. beerbte nicht nur seinen Vater Theodor I., sondern auch Johann Nepomuk. Zwei Drittel des Besitzes Božjakovina verkaufte er dem Rechtsanwalt Ferdinand Šaj. Ein Drittel und den Grund des nahe gelegenen Dugo Selo behielt er.[107] (Siehe auch das Kapitel über Dugo Selo.)

98 DR. IVO MALLIN

Gegen Ende des 19. Jhs. geriet der Besitz Božjakovina in immer größere wirtschaftliche Schwierigkeiten, so daß ihn Herr Šaj im Jahre 1896 der Landesregierung in Zagreb verkaufte. Diese beabsichtigte, eine Musterwirtschaft zum Nutzen der Volkswirtschaft und der kroatischen Bauernschaft einzurichten. Das Programm entwarf Dr. Ivo Mallin (Abb. 98), der eine entsprechende Stellung bei der Landesregierung innehatte. Damals umfaßte Božjakovina eine Fläche von annähernd 1.500 Hektar.[108] In der Folge wurden einzelne Meierhöfe abgetrennt, so daß um 1925 das eigentliche Gut 642 Hektar umfaßte.[109] Zwischen den beiden Weltkriegen waren einige Schulen hier untergebracht, beispielsweise für die wirtschaftliche Weiterbildung von Bauern, eine bäuerliche Hauswirtschaftsschule und eine Gartenbauschule, die erste dieser Art in Kroatien. Außerdem gab es hier eine schulische Praxis für die Schüler der Landwirtschaftsschule Križevci und für Studenten der Agronomischen Fakultät in Zagreb.[110]

Wie wir noch sehen werden, wechselten im Laufe des mehrhundertjährigen Bestandes der Herrschaft Božjakovina ihre Inhaber häufig. Die wirtschaftliche Weiterentwicklung der mittelalterlichen Grundherrschaft (das Gebiet war

Anfang des 16. Jh. gut besiedelt) verhinderten die Türkeneinfälle, welche 1540 einsetzten. Nach dem Fall von Moslavina (dem heutigen Popovača) im Jahre 1545 wurde in der ganzen Region geplündert und ein Teil der Einwohner verschleppt, während ein anderer Teil die Gegend verließ. Starke Verwüstungen gab es 1591. Damals brannte Hassan Pascha das Kastell nieder und zerstörte das Dorf Božjakovina. Erst nach dem Jahre 1606, dem Ende des „Langen Türkenkrieges", war an einen Wiederaufbau zu denken. Um eine Wiederbesiedlung zu erreichen, machte Zrinyi soziale Zugeständnisse, und zwar nicht nur für Slawonier, sondern auch für zugewanderte Orthodoxe, die man als Vlachen bezeichnete. Hier gab es vor der Türkenzeit auch etwa zehn kleinere Besitze im Stand von „Afterlehen". In den siebziger Jahren des 17. Jhs. lebten in der Grundherrschaft etwa 140 Untertanen (Kmeten), die 1.100 Joch Ackerboden bebauten, wovon etwa 35 Prozent gerodet worden waren.[111] Nach dem Ende der Untertänigkeit (1848) richteten die Grafen Draskovich einen Großgrundbesitz ein, der 1852 über folgende Flächen verfügte: 1.659 Joch Ackerboden, 1.621 Joch Wiesen, 34 Joch Weingärten, 188 Joch Weiden und über 4.000 Joch Wald.[112] Im Jahre 1848 gab es noch 102 Ansässigkeiten.[113] Der Umfang des Besitzes betrug zu Anfang des 20. Jhs. 1.626 Hektar (2.829 Joch) samt einigen Meierhöfen: Božjakovina und Dvorišće (394 ha), Ostrna (147 ha) und Čret (803 ha).[114]

Wie bereits erwähnt, gab es in Božjakovina, wahrscheinlich aus der Zeit des Johanniterordens, ein Kastell. Es wurde als *castrum Bosyako* (1510) bzw. *castellum Bosyako* (1525) beschrieben. Spuren davon sind heute nicht mehr sichtbar, aber es befand sich an dem Flüßchen Zelina innerhalb der Gutswirtschaft, östlich der im Jahre 1945 zerstörten Brücke. Zum Kastell gehörte auch eine dem hl. Johann von Nepomuk geweihte Kapelle, welche Katharina Gräfin Draskovich im Jahre 1744 erbauen ließ. Auf der Katasterkarte von 1862 ist sie als Kapelle des hl. Stephan eingetragen. Sie wurde in den siebziger Jahren des 20. Jhs. abgerissen. Nachdem die Türken 1552 Čazma und Dubrava besetzt hatten, gewann das Kastell innerhalb der Verteidigungszone an Bedeutung. Der Landtag ordnete in den folgenden Jahrzehnten Fortifizierungen an: 1557 sollten alle herrschaftlichen Untertanen zu Arbeiten herangezogen werden, 1572 alle Untertanen der Grafen Tahy von Susedgrad, Donja Stubica und Božjakovina. Wegen des großen Aufstandes von 1573 wurden diese Anordnungen nicht ausgeführt. 1574, 1584 und 1589 erfolgten gleichlautende Aufträge. Trotz aller Anstrengungen widerstand das Kastell dem türkischen Angriff vom Jahre 1591 nicht. 1610 wurde es wiedererrichtet, 1672 allerdings abgerissen. Es war aus Holz gebaut und hatte sieben Räume, daneben befanden sich einige Wirtschaftsgebäude. Es entsprach dem Typ einer Wasserburg. „Nachfolger" des Kastells wurde im 18. Jh. das Schloß Božjakovina.[115]

Im Verlauf des 18. Jhs., als die Grafen Draskovich bereits Božjakovina besaßen, entstanden mehrere Gebäude: das Alte Schloß unter dem Namen Blahimir (später Lješčara), das Neue Schloß, die Kurie an der Straße Zagreb–Vrbovec, die Kurie in Dvorišće sowie einige Kurien mit Meiereien.

Das Schloß Blahimir (nach dem Ortsnamen Blaha Katharina benannt) wurde wahrscheinlich zu Anfang des 18. Jhs. als Wohnsitz anstelle des niedergerissenen Kastells erbaut. Leider weiß man darüber sehr wenig. Heute ist es verlassen und steht baufällig mitten in einem Feld nahe dem Verbindungskanal Zelina–Lonja–Glogovnica–Česma, ungefähr 950 Meter südöstlich des „Neuen Schlosses" von Božjakovina (Abb. 99 und 101). Blahimir ist zweigeschossig mit einem langgezogenen rechteckigen Grundriß, hohem Walmdach und elf Fensterachsen an der Eingangsfront, die nach Nordwesten gerichtet ist. An dieser Front befindet sich ein gemauerter Portikus, dessen überwölbte Stiegen in das Erdgeschoß (Hochparterre) führen. Nahe der Ecken dieser Front sieht man zwei hölzerne Vordächer über Kellerabgängen. Vor dieser Front dehnte sich ein Garten aus (0,4 ha), wie der Katasterkarte von 1862 und ihrer Ergänzung vom Anfang des 20. Jhs. zu entnehmen ist. Auf der neuen Karte sind auch Gartenpfade zu erkennen, die einen klassizistischen Entwurf zeigen. (Ein Pfad verläuft genau in der Achse des Schloßeinganges.) Der große Brunnen war einst ein Bestandteil des Gartens. In den siebziger Jahren des 20. Jhs. gab es auch noch einige alte Bäume.[116)]

Auch das „Neue Schloß", also das heutige Schloß Božjakovina (Abb. 93, 94, 95), entstand im 18. Jh. Erbaut wurde es etwa 200 Meter südlich des Kastells im Grundriß eines „L". Es steht am südwestlichen Rand des aus mehreren Gebäuden bestehenden Schloßgefüges, dessen nördliche und östliche Grenze das Flüßchen Zelina bildet. Im Westen befinden sich Alleen, im Süden Wäldchen und Felder. Im Verhältnis zum ursprünglichen spätbarocken Aussehen bewirkten die neueren ärmlichen Fassaden, in Verbindung mit den geringen Ausmaßen des Gebäudes, daß dieses Schloß in der neueren Literatur auch als „Kurie" bezeichnet wird. Es handelt sich um einen mit Steinen versetzten Ziegelbau. Keller und Erdgeschoß weisen Deckengewölbe auf; im Erdgeschoß schneiden kleinere Tonnengewölbe in die Haupttonnen ein (Stichkappentonnengewölbe). Das Dach ist an der Giebelseite des Westflügels zur Hälfte abgewalmt. Der Eingang befindet sich an der Nordseite des Ostflügels, man betritt das Schloß durch eine Vorhalle aus Holz. Von der jenseitigen Front kann man in den Garten und dann zur Hauptallee gelangen (Abb. 95, 96). Das Innere des Schlosses hat keine wesentlichen Veränderungen erfahren. Charakteristisch ist der dreiteilige Stiegenaufgang aus Holz, welcher nach barocker Manier in beiden Etagen zu einem Mittelgang führt, der die Verbindung zu den Räumlichkeiten herstellt. An die einstige Innenausstattung erinnern die historistischen Kachelöfen, die aus dem Schloß Štakorovec stammen, die Stukkaturreliefs an den Decken des Obergeschosses, die barocken Türen und einige schöne alte Schränke.[117)]

Etwa 800 Meter nördlich, an der Straße Zagreb–Vrbovec, wo einst ein Mauthaus stand, befindet sich eine zweigeschossige Kurie (Abb. 103), die gleichfalls im 18. Jh. erbaut wurde. Sie war ein Gasthaus mit Übernachtungsmöglichkeiten und diente auch dem Pferdewechsel. 1924 wurde daraus eine Volksschule. Das Gebäude maß 18 x 10 Meter und wies den charakteristischen Mittelgang auf. Auf der Katasterkarte von 1862 (Anfang des 20. Jhs. ergänzt) ist östlich davon ein ziemlich großer Garten (3.500 m²) zu erkennen, den es heute nicht mehr gibt.[118)]

99 SCHLOSS BLAHIMIR, OSTFRONT, 1993
100 BLAHIMIR, KATASTERKARTE, 1862
101 BLAHIMIR, WESTFRONT (EINGANGSFRONT), 1981

99

100

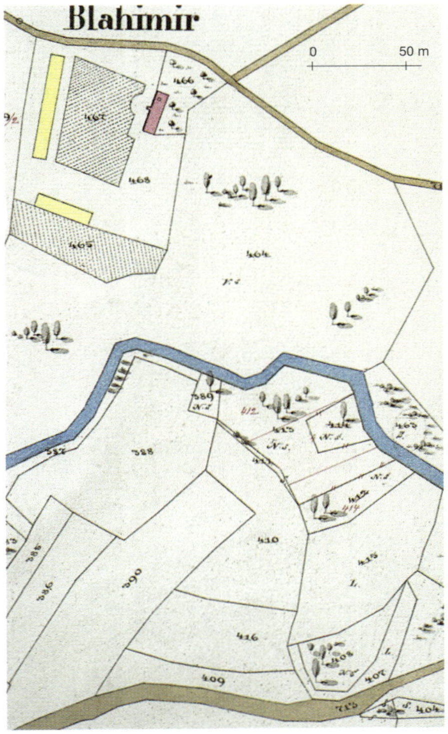

101

102

103

104

Gut acht Kilometer nördlich des „Neuen Schlosses" befindet sich die Kurie Dvorišće, die einst Mittelpunkt einer kleinen Wirtschaftseinheit innerhalb der Grundherrschaft Božjakovina war, und zwar seit 1573. Im 19. Jh. hatte dieser Besitz seine eigenen Eigentümer, und zwar Marcel I. Kiepach von Haselburg (1848) und die Familie Blaha (1879). Zwischen den beiden Weltkriegen war in der Kurie eine bäuerliche Hauswirtschaftsschule untergebracht (bis 1942). Nach 1945 diente sie zunächst als Geflügelfarm, dann als Volksschule. Seit dem Ende der siebziger Jahre erfuhr sie keine angemessene Nutzung und verfiel. Errichtet wurde das Gebäude an der Wende zum 19. Jh., man könnte sagen, nach klassizistischem Vorbild. Es ist zweigeschossig, mit rechteckigem Grundriß und einem Mittelgang. Ein Gesimskranz teilt die Fassaden zwischen Erdgeschoß und Obergeschoß, das ein Vollwalmdach trägt. Die westliche Eingangsfront weist einen seichten Mittelrisalit auf.[119)]

Unter den vielen Meierhöfen von Božjakovina ist die Kurie von Ostrna (Oszterna) erwähnenswert, die vier Kilometer südlich von Božjakovina liegt. Dieser Besitz wurde schon im 16. Jh. erwähnt, als er einer adeligen Familie Papratović gehörte, doch existierte er wahrscheinlich schon weit früher. Um das Jahr 1598 gehörte ein Teil davon Johann von Horvat und Margarethe von Schytaroczy (Šćitaroci) verehelichte von Fumatić. Im Jahre 1667 übergab Peter IV. Zrinyi die Kurie samt 14 Untertanen dem bei ihm im Dienst stehenden Franz Frankulin. Nach der Beschlagnahme des Zrinyi-Vermögens verkaufte die Hofkammer 1682 Ostrna an Franz von Špoljarić. Im 18. Jh. wurde Ostrna dem Besitz der Familie von Bužan angeschlossen. Anfang des 20. Jhs. gehörten zum Meierhof Ostrna 257 Joch (ca. 148 ha).[120)]

Die Allee, die von der alten, nunmehr zerstörten Brücke von Norden zum „Neuen Schloß" führt, trennt das Schloß- und Wirtschaftsgefüge vom Park. (Siehe Karte Abb. 96, auch die Ausmaße des großen Parks [10 ha] können anhand dieser Katasterkarte ersehen werden.) Um 1831 wurde der Park in der Literatur erwähnt, und zwar als „sehr schön und wegen der hydraulischen Gartenbewässerung interessant". Ein gewisser Josef Scholz war damals Gärtner in Božjakovi-

102 KURIE DVORIŠĆE, ANSICHTSKARTE, VOR 1918
103 KURIE NEBEN DER EINSTIGEN MAUT, 1993
104 KURIE DVORIŠĆE, 1993
105 PARK DES „NEUEN SCHLOSSES", 1993
106 PARK DES „NEUEN SCHLOSSES", 1993
107 ZUFAHRT ZUM „NEUEN SCHLOSS", 1997

na.[121] In der neueren Literatur[122] heißt es (allerdings ohne einen Beweis anzuführen), daß derselbe Gärtner auch die Anlage des kaiserlichen Schloßparks von Laxenburg besorgte.[123] Wahrscheinlich bestanden schon im 18. Jh. Gartenanlagen, doch der Landschaftspark kann frühestens Anfang des 19. Jhs. entstanden sein. Eine Erneuerung dürfte um die Mitte dieses Jahrhunderts stattgefunden haben, zumal damals der Obergärtner Franz Seraphin Körbler, der als junger Gärtner aus Laxenburg nach Zagreb gekommen war, mit der Parkanlage von Božjakovina beschäftigt war.

105

Der Park, so wie ihn die Katasterkarte von 1862 darstellt, weist den Charakter eines Landschaftsparks auf, an dem sich bis heute nichts geändert hat. Allerdings ist er nun vernachlässigt und in bedeutendem Maß durch die Landstraße zerstört, die durch ihn führt, weiters durch moderne Gebäude.[124] – Der Park ist als Denkmal der Gartenarchitektur geschützt.[125] Außer alten Bäumen des ursprünglichen Waldbestandes mit Eichen, Buchen, Ahorn und Linden sowie Erlen, Pappeln und Eschen entlang der Zelina findet man hier zahlreiche importierte (exotische) Bäume, von denen manche bis zu 150 Jahre alt sind. Unter diesen sind hervorzuheben: eine Sequoia *(Sequoiadendron giganteum)*, zwei rote Zedern *(Juniperus virginiana)*, Roteiben (gemeiner Taxbaum; *Taxus baccata*), einige Steineichen *(Quercus robur)*, Feldeschen *(Fraxinus excelsior)*, Hemlocktannen *(Tsuga diversifolia)*, Schwarze Walnußbäume *(Juglans nigra)* und Flügelfruchtbäume *(Pterocarya fraxinifolia)*.[126] Wegen der Fülle seiner Baumarten hatte der Park in den letzten zehn Jahren vor dem Zweiten Weltkrieg die Funktion eines Arboretums im Rahmen der Gartenbaumschule von Božjakovina. Mehrere, später bekannte Gartenarchitekten haben hier ihre Ausbildung erhalten.

106

107

Brestovac

Kurie Trenck / Strisich

Gespanschaft Požega
Gemeinde Brestovac
Kat.-Gmde. Brestovac

Sechs Kilometer westlich von Požega stoßen wir auf der Straße nach Nova Gradiška auf das Dorf Brestovac. Bereits im 14. Jh. bestanden hier ein Besitztum, ein Marktflecken und eine Pfarre mit der Kirche des hl. Martin (bis heute erhalten). Die Burg, Oštri genannt, befand sich etwas abseits der Siedlung auf einem Hügel. Damals gehörte der erwähnte Besitz den Herren von Lipa und Pribin, im 16. Jh. der Familie von Dessewffy sowie Stephan Tahy. 1535 gehörte die Kurie Brestovac dem Stephan Velički (Velykey de Radowancz).[127] Der Neubeginn von Brestovac und der Grundherrschaft setzte nach dem Abzug der Türken am Ende des 17. Jhs. ein. Damals wurde als Sitz für die neue Grundherrschaft auch eine Kurie gebaut.

Die Grundherrschaft, die auf 41.223 Gulden geschätzt wurde, verlieh Kaiser (König) Leopold I. im Jahre 1702 dem kaiserlichen Hofkammerrat und Kämmerer Antonius Graf Amata de Serena. Für eine Vergrößerung um einige Siedlungen gab es eine weitere Donation (16. Mai 1707).[128] Graf Serena verkaufte 1732 Brestovac dem kaiserlichen Oberst Johann Heinrich Freiherr von der Trenck, der den Abschnitt Brod der Militärgrenze befehligte. Er wurde von seinem Sohn Franz von der Trenck, dem berühmten Pandurenoberst, beerbt.[711] (Näheres siehe im Kapitel über Schloß Trenkovo/Mitrovica, S. 304. Dort ist auch erwähnt, daß nach dem Vermögensverfall im Jahre 1747 die Trenckschen Herrschaften Pakrac, Pleternica, Velika und Nuštar von der Hofkammer verwaltet wurden.)

Brestovac wurde 1754 oder 1756 mit Genehmigung der Königin Maria Theresia dem Kaiserlichen Rat und Vizegespan des Komitates Ofen, Gabriel Horány, verkauft. Dieser verkaufte 1759 die Hälfte des Besitzes dem späteren Gerichtspräsidenten von Požega, Johann von Strisich (Strižić). Nach dem Tod des Gabriel Horány verkaufte 1763 dessen Sohn auch die andere Hälfte an Strisich. 1825 war Emmerich Nagy und anschließend Anton Graf Festetics[129] Eigentümer von Brestovac, in der 2. Hälfte des 19. Jhs. die Familie Reiner und Anfang des 20. Jhs. auch Karl Joseph Düwell.

Um das Jahr 1910 fand eine Teilung statt. Alt-Brestovac und Reinerovac blieben im Besitz des Dr. Mijo Reiner, die andere Hälfte teilten sich Albert Beck aus Vinkovci, Dr. Adorijan Schäffer aus Subotica, Jakob Bruck aus Monostórszeg und die Handelsfirma M. L. Löwy aus Subotica.[130]

108 Kopie der Katasterkarte
109 Ostfront, 1993
110 Nordostecke des Schlosses, 1993
111 Nordfront (Eingangsfront), 1993

108

Im Jahre 1736 umfaßte die Grundherrschaft Brestovac 24 Dörfer und Siedlungen (Weiler) mit 330 Haushalten. Dazu gehörten: 215 Pferde, 315 Arbeitsochsen, 466 Kühe und Jungrinder, 495 Schafe und Ziegen, 430 Schweine und 59 Bienenstöcke. 1.189 Joch waren Ackerland, an Wiesen gab es 491 „Mähgründe", und die Weingärten wiesen 199 Rigolen auf. (Über die Flächenmaße siehe die Einleitung, S. 33.) Es gab 11.458 Zwetschkenbäume und 20 Wassermühlen. Zwischen 1745 und 1848 wuchs die Zahl der Ansässigkeiten von 121 auf 199. Im Jahre 1902 umfaßte das Besitztum Brestovac 2.587 Hektar (4.500 Joch). Davon waren 230 ha Felder, 46 ha Wiesen, 4,6 ha Weingärten und 2.306 ha Wald. Gewonnen wurden Weizen, Roggen, Hafer, Mais und Klee sowie Bau- und Brennholz. Neben den Meierhöfen Brestovac und Skenderovac richtete die Familie Reiner noch in Marindvor (an der Straße Požega–Stražeman) eine Meierei ein.[131)]

109

In der Mitte der Ortschaft Brestovac, unweit der Stelle, wo sich die Straßen nach Pakrac und Nova Gradiška gabeln, steht die Kurie. Sie hat ein hohes Erdgeschoß und mißt 28 x 12 Meter. Wann dieses Gebäude errichtet wurde bzw. ob an dieser Stelle einst die Kurie der Barone Trenck stand (und später vielleicht umgebaut und vergrößert wurde), ist nicht bekannt. Diese Frage ist nicht geklärt und bedarf noch eingehender Forschungen. Mit Sicherheit wurde der „Turm" an der Nordostecke später dazugebaut, da er die gleichen historistischen Merkmale des späten 19. Jhs. aufweist wie die (nördliche) Straßenfront.

Das Innere der Kurie wurde in den letzten fünf Jahrzehnten durch die verschiedenen Nutzungen völlig verändert. So war auch eine Schule hier untergebracht. Es ist nicht bekannt, ob einst ein Park bestand. Wahrscheinlich gab es kleinere Ziergärten. Aussagekräftig ist die Tatsache, daß um 1887/88 ein ausgebildeter Gärtner (Josip Kohoušek)[634)] beschäftigt war.[132)]

110

111

Cabuna

Schloss Jankovich

Gespanschaft	Virovitica-Podravina
Gemeinde	Suhopolje
Kat.-Gmde.	Cabuna

Das Dorf Cabuna liegt in der Nähe von Virovitica, in südöstlicher Richtung. Es hat sich erst im Lauf des 19. Jhs. stärker zu entwickeln begonnen. Außerhalb der Ortschaft, wo die Drauebene und die nördlichen Ausläufer des Papukgebirges zusammentreffen, lag das Schloß der Familie Jankovich de Pribérd et Vuchin (Janković von Bribir und Voćin).

Nach dem Abzug der Türken gegen Ende des 17. Jhs. wurde die Ortschaft Cabuna in die Grundherrschaft Voćin einbezogen. Nachdem diese im Jahre 1817 in die Herrschaften Voćin und Suhopolje geteilt worden war (siehe S. 330), blieb Cabuna mit der Herrschaft Voćin verbunden. In der 2. Hälfte des 19. Jhs. wurde auch dieser Besitz geteilt, und zwar so, daß zum nördlichen Teil der Herrschaftssitz in Cabuna gehörte. An der Wende zum 20. Jh. hatte sich dieser Besitz auf 9.566 Hektar (16.620 Joch) sehr fruchtbaren Bodens ausgedehnt. Die wichtigsten Produkte waren Weizen, Hafer, Mais und Vieh. Die Aufzucht von Fasanen erbrachte 1.000 Stück allein für die Hauptjagd. Das dortige Gestüt des Grafen Aladar Jankovich hatte einen guten Ruf. Verwalter war im Jahre 1902 Eugen Grünwald, doch wurde die Puste (Meierhof) Aladar von Franz Brigić verwaltet. Für die Forstverwaltung war Emil Ferenczy verantwortlich.[133)]

Vom Ende des 19. Jhs. bis 1919 war Aladar I. Graf Jankovich[134)] Eigentümer des Gutes Cabuna. Er war kaiserlicher und königlicher Kämmerer und Geheimer Rat. Das Gut hatte er von seinem Vater Ladislaus[135)] geerbt, der 1885 in den Grafenstand erhoben worden war. (Näheres über die Familie Jankovich von Bribir und Voćin siehe im Kapitel zu Voćin.)

113

112

112 Garten vor der Westfront, 1896
113 Wappen der Grafen Jankovich-Vuchin
114 Detail der Südfront, 1993
115 Südfront, 1993
116 Westfront, 1993
117 Westfront, 1993
118 Kopie der Katasterkarte, 1928
119 Reste des Wirtschaftsgebäudes, 1993

114

115

116

117

118

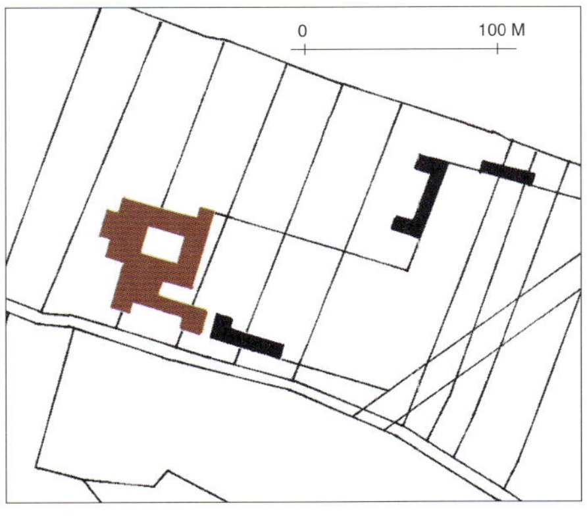

119

120

121

122

120 DETAIL DES GROSSEN SALONS, VOR 1945
121 SÜDÖSTLICHER TEIL DES SCHLOSSHOFES, VOR 1945
122 GROSSER SALON, VOR 1945

Alte Photographien und selbst die Ruinen weisen auf ein ziemlich großes und elegantes historistisches bzw. spätklassizistisches Schloß hin. Es wurde etwa 1880 von Aladar I. Graf Jankovich erbaut. Den Bauresten, der Katasterkarte und den Photographien kann man die Gliederung des Schlosses eindeutig entnehmen. Unter dem gesamten Schloßgefüge sticht der zweigeschossige, nach Westen gerichtete Gebäudeteil hervor (Grundriß 32 x 15 Meter), dem sich zwei erdgeschossige Flügel anschließen: der eine nach Nordosten in der Form eines „L", der andere nach Südosten in der Form eines „U". Vor der erwähnten westsei-

123

124

125

123 EINGANGSHALLE, VOR 1945
124 EINGANGSHALLE, VOR 1945
125 SPEISEZIMMER, VOR 1945

tigen repräsentativen Hauptfront befand sich der Garten bzw. Park, von dem wir nur aufgrund weniger Photographien einen Eindruck gewinnen können. Es handelte sich um einen Landschaftspark mit einem historistischen Ziergarten unmittelbar vor dem Schloß. Er entstand in der 2. Hälfte des 19. Jhs. In den sechziger Jahren wurde der Park völlig abgeholzt und zerstört. Nach dem Krieg wurde das Schloß teilweise renoviert und eine Volksschule darin eingerichtet. Doch sämtliche Rettungsversuche waren vergeblich.[136] Um das Jahr 1970 wurde das Schloß auf- und dem Verfall preisgegeben.[137]

Cernik

Schloss Markovich / Kulmer

Gespanschaft Brod-Posavina
Gemeinde Cernik
Kat.-Gmde. Cernik

Cernik ist eines der wenigen Schlösser, die seit dem Mittelalter bestehen, und zwar seit etwa 1372, als nämlich das Kastell erstmals in einer Urkunde genannt wurde. Cernik wurde bereits 1363 erwähnt, doch meint man, daß die dortige, der hl. Maria geweihte Pfarrkirche schon im 12. Jh. bestand.[138] Es liegt in einer fruchtbaren Niederung am Šumetlica-Bach. Im 14. Jh. wurde Cernik insoweit bedeutend, als es zum Zentrum einer Grundherrschaft wurde. In der Türkenzeit war es Sitz des Sandschak (türk.: sancak) Cernik. Nach dem Abzug der Türken erstanden wieder die Grundherrschaft und der Markt. Als man jedoch im 18. Jh. drei Kilometer südwärts die Militärgrenzfestung Nova Gradiška errichtete, wurde Cernik allmählich zu einer einfachen dörflichen Siedlung.

Nicht nur das Kastell und die Grundherrschaft haben Cernik geprägt, sondern auch der Franziskanerorden, der Anfang des 16. Jhs. ein Kloster und ein Hospiz errichtete und bis 1588 eine Schule mit Lateinunterricht betrieb. Diese Schule wurde nach dem Abzug der Türken (1688) wieder eingerichtet. Einer der Schüler war der spätere Schriftsteller, Aufklärer und Grenzoffizier Mathias Anton Relković (1732–1798).[139] 1768 wurde Kaiser Joseph II. auf seiner Durchreise von Alt-Gradiška nach Požega in Cernik bewirtet.[140]

In den Quellen aus dem späteren Mittelalter wird Cernik häufig erwähnt. Gegen Ende des 14. Jhs. kam es hier zu kriegerischen Auseinandersetzungen zwischen Anhängern der Königin Maria von Anjou und des Banus Johann Horvat.[141] Im Verlauf des 16. Jhs. kreuzten bei Cernik die christlichen Krieger und die der Osmanen häufig ihre Waffen. Unter den ansässigen Adelsfamilien dieser Zeit sind besonders die Dessewffy zu erwähnen, die das Prädikat „de Csérnek et Tarkeö" führten. Der Familie Dessewffy gehörte um 1514 Požega, 1525 besaß sie Brestovac. Sie übte die Schutzherrschaft über die Abtei Rudina aus. Noch heute erinnert der Name des Dorfes Deževci, das in der Nähe von Cernik liegt, an diese Familie.[142] Ihr verdankte Cernik seit 1520 auch das Recht, wöchentliche Markttage abzuhalten, außerdem alljährlich am Festtag des hl. Franziskus. Mit der Eroberung Cerniks durch die Türken im Jahr 1536 hörte dies allerdings auf. Von 1593 bis 1688 war Cernik, wie erwähnt, Sitz des gleichnamigen Sandschaks und des dortigen Gerichtsbezirkes (kadiluk) im Rahmen des Gouvernements (eyalet) Bosnien,[143] zu dem damals Slawonien gehörte. Seither hatten Grundherrschaft und Schloß Cernik so viele Herren wie kaum ein anderes Besitztum in Kroatien

126 Grundriss des Erdgeschosses, 18. Jh.
127 Westfront, 1990
128 Grundriss des Obergeschosses, 18. Jh.
129 Grundriss des Obergeschosses, nach 1920

126

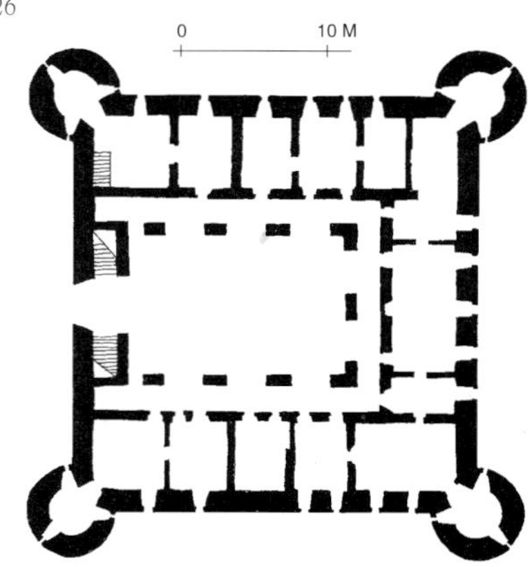

127

128

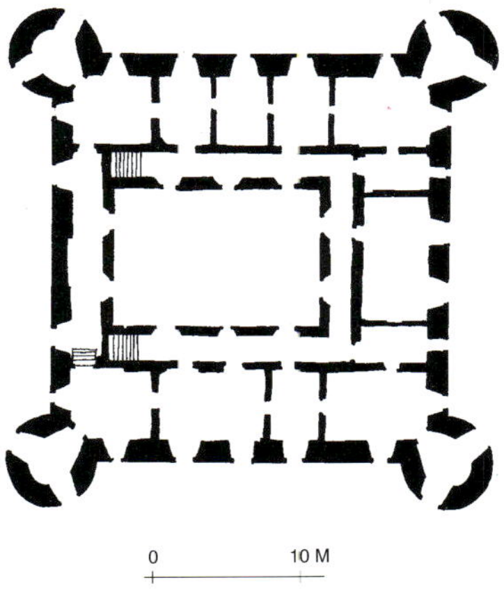

129

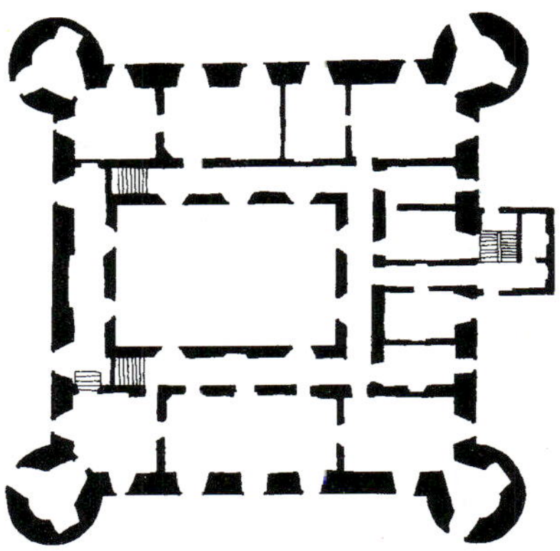

während der letzten drei Jahrhunderte. Nach Beendigung der osmanischen Herrschaft gelangte Cernik vorübergehend in die Verwaltung des Militärdistriktes Brod an der Save, 1702 übernahm die Hofkammer die Verwaltung. Erster Grundherr von Cernik wurde der aus Mähren stammende hochverdiente kaiserliche Grenzeroberst Maximilian Freiherr von Petrasch (Petraš).[144] Im Hinblick auf seine Verdienste bei der Türkenabwehr erhielt er am 10. September 1707 von Kaiser (König) Leopold I. Cernik mit den Dörfern Šagovina, Giletinci und Šumetlica. Mit Donation vom 26. November 1727 Kaiser Karls VI. (König Karls III. von Ungarn) erhielt Baron Petrasch (damals General und Kommandant der Festung Osijek) auch den östlichen Teil des Besitztums Cernik, den seine Rechtsnachfolger zunächst als Pfand übernahmen und später von der Hofkammer käuflich erwarben.[145] Markus von Markovich (Marković)[146] erwarb 1753 Cernik von der Familie Petrasch. Nächster Besitzer war sein Sohn Stephan. Ihm und seiner Familie verlieh Königin Maria Theresia das Prädikat „de Csérnek“.[147] Die Grundherrschaft verblieb fast hundert Jahre im Besitz dieser Familie. Erst 1848 oder 1849 verkaufte sie den Besitz und übersiedelte nach Ungarn.[148] Seither gab es viele Eigentümer. Der erste Käufer war Fürst Franz Colloredo-Mannsfeld, den seine Schwester Wilhelmine verehelichte Prinzessin Auersperg beerbte.[149] 1855 kaufte der Schweizer Staatsbürger Vincent Müller aus Altdorf den Besitz. Er verkaufte ihn aber 1861 wieder an eine Schweizer Gesellschaft, die „Société Helvetia“. Bereits im Jahre 1864 gab es einen neuen Eigentümer, und zwar die Familie

Carion aus Paris, die schon das Barockschloß in Gornja Bistra in Zagorien (Zagorje) besaß.

Durch eine Versteigerung erwarb Kasimir von Tárnóczy de Alsó-leláz et Jesernicze im Jahre 1879 Cernik. Seine Kinder verkauften es bald darauf an die Schweizer Staatsbürger Emil Strickler und Eduard von Tscharner. Um 1900 verkaufte Tscharner seinen Anteil an Albert Bois de Chésné. 1914 wurde der Gesamtbesitz der Budapester Bank „Magyar telepitö bank" verkauft. Die Bank parzellierte und verkaufte den kleineren Teil des Besitzes, den größeren Teil kaufte im Jahre 1916 Joseph Graf Bombelles. Im September 1917 kauften Alexander Graf Kulmer (Abb. 143) und sein Verwandter Dionisius Baron Hellenbach aus Maria Bistrica in Zagorien Liegenschaft und Schloß. Ab dem Folgejahr bis zur „Nationalisierung" (1946) war ersterer Alleineigentümer.[150)]

Die ursprüngliche Grundherrschaft umfaßte im Jahre 1736 19 Dörfer und Ansiedlungen mit 488 Haushalten (Häusern). Zu ihr zählten 335 Pferde, 584 Ochsen, 671 Kühe und Jungrinder, 1.127 Schafe und Ziegen sowie 1.125 Schweine, außerdem 44 Wassermühlen. Es gab 2.243 Joch Ackerland, 746 Weingarten-Rigolen, 789 „Mähgründe" und 336 Joch mit etwa 50.000 Zwetschkenbäumen. An der Wende zum 20. Jh. umfaßte das Besitztum Cernik 7.227 Hektar, wovon 6.152 ha Wald waren. Der Rest verteilte sich auf ca. 788 ha Ackerland, 140 ha Weiden, 57 ha Wiesen, 46 ha Obstgärten, 14,6 ha Gemüsegärten, 13,8 ha Weingärten und 15,3 ha Brachland. Neben der Wald- und Feldwirtschaft entwickelte sich gegen Ende des 19. Jhs. auch eine industrielle Produktion: Bauholz, Steinbruch, Ziegelei, Kalkbrennerei, Sliwowitzerzeugung und chemische Betriebe.[151)]

Wo sich heute in Cernik das Schloß erhebt, stand schon im Mittelalter ein Kastell mit quadratischem Grundriß, dem heutigen ähnlich. Seine Existenz ist in Dokumenten bereits für das 14. und 15. Jh. belegt. Die Erbauung wird der Familie Dessewffy zugeschrieben. Die ursprüngliche schwache Festung aus Holz mit dem Namen Drinovac wich Anfang des 16. Jhs. einem Ziegelbau, der den Namen Lehovac erhielt. Die Türken nützten das Kastell als Waffenkammer und als Getreidespeicher. Außerdem diente es dem örtlichen Befehlshaber als Quartier. Am 14. Mai 1688 stand General Aeneas Graf Caprara mit den kaiserlichen Truppen vor der Festung. Die Türken zogen aufgrund einer Kapitulation ab. General Caprara erteilte später den Befehl, die Festung zu zerstören, weil er eine starke Gegenoffensive befürchtete. – Über die einzige graphische Darstellung dieses Befestigungswerkes verfügt das Militärarchiv in Karlsruhe (Abb. 131).[152)]

Das zerstörte mittelalterliche Kastell ließ Maximilian Baron Petrasch in der 1. Hälfte des 18. Jhs. teilweise wiederherstellen. Nachdem Stephan von Markovich im Jahre 1756 das Erbe angetreten hatte, setzte er den Wiederaufbau fort, und zwar so, daß unter Bewahrung der wiederhergestellten Teile ein „barockes Schloß" entstand. Der Charakter der frühen Renaissance blieb also bewahrt. Dies drückte sich im quadratischen Grundriß mit Innenhof und den vier runden Ecktürmen aus. Als Kennzeichen der „modernen" Umgestaltung stechen das Barocktor und das Wappen der Familie Markovich aus dem Jahre 1756 ins Auge. Es zeigt in einem Stuckrelief am südwestlichen Turm des Obergeschosses die Initialen „IM" (Ignaz Markovich).

130

130 SÜDFRONT (EINGANGSFRONT), ANSICHTSKARTE, ANFANG 20. JH.
131 DAS KASTELL CERNIK, ENDE 17. JH.
132 WAPPEN DER GRAFEN KULMER

131

Um das Jahr 1900 haben die beiden Eigentümer Emil Strickler und Albert Bois de Chésné bedeutendere Umbauten veranlaßt. An der Nordfront wurde ein Stiegenhaus dazugebaut und deshalb ein großes Zimmer in ein kleineres verwandelt. Zu größeren Renovierungen kam es im Jahre 1919, nachdem Alexander Graf Kulmer Cernik übernommen hatte bzw. das Schloß im Herbst 1918 geplündert worden war. Damals war auch die Inneneinrichtung teils beschädigt, teils völlig zerstört worden. Anläßlich dieser Renovierung wurden auch die um 1900 durchgeführten Umbauten rückgängig gemacht, wodurch das Schloß sein ursprüngliches Aussehen erhielt. Außerdem wurden Wasser und Strom eingeleitet und Badezimmer eingerichtet.[153] In diesem Zustand wurde das Schloß bis zum Zweiten Weltkrieg genutzt. Erst nach Beendigung dieses Krieges wurde es verwüstet und einer angemessenen Nutzung entzogen.[154]

Mit der Architektur des Schlosses hat man sich nicht eingehend befaßt. Deshalb sind in der Literatur nur ungenügende Daten zu finden.[155] Die vier Außenseiten sind ungefähr 32 Meter lang, der rechteckige Innenhof mißt 15 x 9,5 Meter. Die Ecktürme haben einen Durchmesser von 7 Metern. Die Räume sind in beiden Geschossen hufeisenförmig um den Flur gereiht, der entlang des Innenhofes verläuft. Im Erdgeschoß ist dieser Flur ein offener Arkadengang. Zum Obergeschoß führen zwei repräsentative Stiegenhäuser, jedes in Form eines „L“. In der Mitte der (südlichen) Eingangsfront befindet sich ein großes Portal, die einzige Barockzierde an der ansonsten nüchternen frühbarocken Fassade. Die Zahl der Fensterachsen ist uneinheitlich. An der Südfront sind es vier, an den Seitenfronten jeweils fünf und an der Nordfront sechs Fensterachsen.

132

In den Grundrissen entspricht das Schloß heute im wesentlichen dem Zustand, den es zur Zeit des Grafen Alexander Kulmer bzw. zwischen den beiden Weltkriegen hatte. Im Erdgeschoß wie im Obergeschoß gibt es jeweils zwölf rechteckige Räume, in den Türmen je vier runde. Im Erdgeschoß waren die Küche, Wirtschafts- und Nebenräume sowie Zimmer für das Personal untergebracht. Im Obergeschoß befanden sich Schlaf- und Badezimmer, das Speisezimmer und einige Salons (beispielsweise der Große Blaue Salon, der Rosa Salon und der Kleine Türkische Salon), das Schreibzimmer und oberhalb des Portals die „Galerie“, in der das reichhaltige Familienarchiv der Grafen Kulmer untergebracht war. Es stammte aus dem Schloß Šestine. Die Einrichtung ging zum geringeren Teil auf die Zeit der Familie Markovich zurück. Manches stammte aus dem Schloß Novigrad an der Dobra, das der Mutter des Grafen Alexander Kulmer gehörte, Beate Türk von Karlovacgrad. Ein großer Teil der Einrichtung wurde gekauft, wie beispielsweise 1918 das Speisezimmer des Grafen Oršić aus Oroslavje (Zagorien). Aus dem Barockschloß der Grafen Sermage in Oroslavje kamen ein Ofen aus dem 18. Jh. und ein Holzparavent aus der gleichen Zeit. Im Schloß befanden sich auch zahlreiche Familienporträts, ein schwarzes Klavier Marke „Steinway“, persische Teppiche, Porzellangeschirre vorzüglicher Marken wie Alt-Wien, Karlsbad, Meissen, Sevres und dergleichen mehr.[156] Ein großer Teil der Einrichtung wurde im Jahre 1946 im Zuge der „Nationalisierung“ des ganzen Besitzes versteigert.

133 ROSA SALON, VOR 1945
134 SALON IM TURM, 1. HÄLFTE 20. JH.
135 SPEISEZIMMER, VOR 1945

133

134

135

136 BLAUER SALON, VOR 1945
137 FLUR IM OBERGESCHOSS, VOR 1945
138 BLAUER SALON, VOR 1945

136

137

138

139

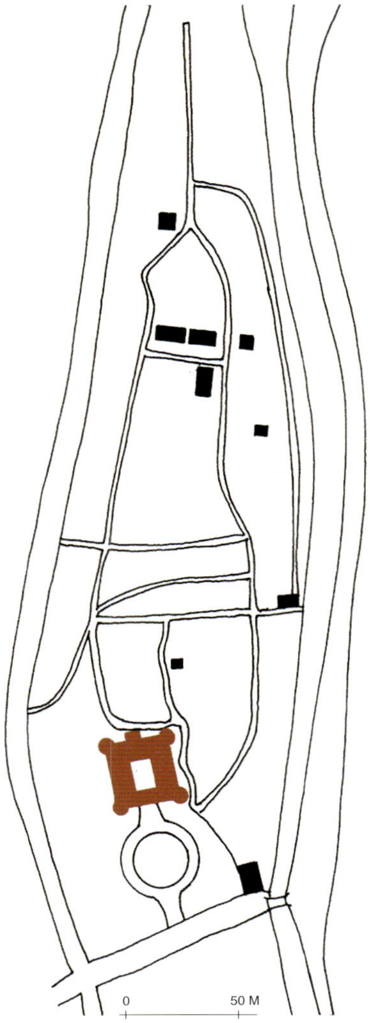

140

141

Der Park des Schlosses Cernik entstand Anfang des 19. Jhs. auf einer Fläche von etwa 9 Joch (5,175 Hektar), nachdem die Söhne des Stephan von Markovich sechs Häuser nördlich des Schlosses gekauft hatten, um auf diesem Grund einen Park anzulegen.[157] Über das Aussehen des Parks im Verlauf des 19. Jhs. wissen wir leider so gut wie nichts. Im Zuge der Schloßrenovierung im Jahre 1919 entstand am Südrand des Parks eine Mauer mit einem Tor in der Achse des Schloßportals.[158] Das Parktor wies das Wappen der Familie Kulmer auf, wurde aber 1991 durch Artilleriebeschuß zerstört. Wie der Park in der ersten Hälfte des 20. Jhs. aussah, ist älteren Einwohnern noch in Erinnerung, vor allem aber Ferdinand Graf Kulmer, der seine Kindheit in Cernik verbrachte: „... Spaziergänge zu den Glashäusern, Jagden auf Schmetterlinge, Sammeln von Käfern, Beobachtung vorbeiziehender Vogelschwärme und das abendliche monotone Quaken der Frösche aus den nahen Teichen" sind dem heutigen Maler unauslöschliche Erinnerungen an die längst verflossene schöne Jugendzeit.[159] Aufgrund der Erinnerungen und der Skizzen des Ferdinand Kulmer sowie sonstiger ziemlich dürftiger Quellen[160] war es möglich, eine Skizze des Schloßparks zu entwerfen,[161] die dem Zustand vor 1946 entspricht.[162]

142

139 DER PARK VOR DER OSTFRONT DES SCHLOSSES, 1939
140 DAS SCHLOSSGELÄNDE MIT DEM PARK, KOPIE DER KATASTERKARTE
141 FERDINAND KULMER, 1934
142 FRANZ KULMER
143 ALEXANDER KULMER IM ROSA SALON

143

Der Ziergarten vor der (südlichen) Eingangsfront war mit einem großen Blumenrondeau in historistischer Manier angelegt. Im Park befanden sich einige Gebäude: zwei Glashäuser (eines für Blumen, das andere für Palmen, Bananenstauden und Zitronenbäume), das Gärtnerhaus, das Bienenhaus und ein Gartenpavillon sowie das Eislager. Es gab auch zwei Teiche. Im abgrenzenden nördlichen Parkteil ließ Alexander Kulmer ein Badebassin bauen. In der Nähe befand sich nördlich der „Trenckscher Brunnen" und südwestlich des Schlosses ein Springbrunnen („Türkischer Brunnen"). Vor der Nordfront des Schlosses war ein Tennisplatz angelegt. Der Šumetlicabach begrenzte den Park im Osten, während der Westrand (zur Rochus-Straße) mit Hecken bestückt war. Die Parkbäume von Cernik waren hauptsächlich einheimische Gattungen, vorwiegend Buchen und Linden, die im 19. Jh. gepflanzt worden waren. Anfang des 20. Jhs. pflanzte man Fichten und fremdländische (exotische) Bäume und Sträucher (Roßkastanien, Lärchen, Johannisbrotbäume, Weißkiefern, amerikanische Walnußbäume etc.).[163]

Alexander Graf Kulmer[164] übersiedelte im Jahre 1946 mit seinem Sohn Ferdinand nach Zagreb, wo er am Katharinenplatz ein großes Palais besaß (heute Galerie für zeitgenössische Kunst). Ferdinand (Abb. 141)[165] wurde ein bekannter Maler und Professor an der Akademie für bildende Kunst in Zagreb. Die Familie Kulmer von Rosenpichl und Hohenstein scheint bereits im Jahre 1302 auf. Im Jahre 1654 wurde sie in den Freiherrnstand mit dem Prädikat „von Regensburg" erhoben. Das kroatische Indigenat wurde ihr im Jahre 1722, das ungarisch-kroatische 1785 zuerkannt. Friedrich (Miroslav) von Kulmer (1814–1877), General der kroatischen Landwehr und k. k. Kämmerer, wurde 1862 in den österreichischen Grafenstand erhoben. Das Stammland der Familie ist Kärnten. Nach Kroatien kamen ihre Angehörigen ab dem 16. Jh. (als Offiziere an der Militärgrenze). Johann Joseph Freiherr von Kulmer (1710–1749) heiratete Regine Gräfin Patachich de Zajezda; als erster der Familie schlug er seinen Wohnsitz in Kroatien auf. Durch Eheschließungen entstanden weitere Verbindungen mit angesehenen kroatischen Familien: Sermage de Medvedgrad, Orsich von Slavetich, Erdödy, Draskovich, Vranyczany-Dobrinović etc. Der Familie Kulmer gehörten im nordwestlichen Kroatien einige größere Besitzungen und Schlösser. Johann Emil (1736–1807) war Herr von Samobor, Medvedgrad und Šestine, und zwar durch seine Ehe mit Judith Gräfin Sermage. Johann Nepomuk (1782–1835) gehörte Savski Marof. Emil Graf Kulmer (1862–1941)[166], Sohn des erwähnten Honvéd-Generals Friedrich Graf Kulmer, erbaute das Schloß Bračak im Kroatischen Zagorje. Ludwig (1855–1933)[167], der mit Franziska Baronin Hellenbach aus Maria Bistrica vermählt war, kaufte 1890 in Zagorien den Besitz Popovec. In politischer Hinsicht spielte Baron Franz Kulmer (1806–1853; Abb. 142)[168] eine bedeutende Rolle, und zwar als Anhänger der Illyrischen Bewegung und „Minister ohne Amtsbereich für kroatische Angelegenheiten" am Wiener Hof (1848–1852) sowie als Wegbereiter für die Ernennung von Joseph Jellachich zum Banus, nachdem er seit 1845 der Gespanschaft Syrmien vorgestanden war. (Die Familie Kulmer ist auch im Kapitel über das Schloß Šestine erwähnt, weiters in dem im Vorwort zitierten Buch „Die Schlösser und Gärten des Kroatischen Zagorje".)[169]

Čepin

Schloss Adamovich, Pomoćin, Belin dvor, Bare

Gespanschaft	Osijek-Baranja
Gemeinde	Čepin
Kat.-Gmde.	Čepin

Das Dorf Čepin liegt zehn Kilometer südwestlich von Osijek, an der Straße nach Djakovo. Bis zum Beginn des 18. Jhs. führte es den ungarischen Namen Csapa, erst dann kam der Name Čepin bzw. Csepin in Gebrauch. Kulturgeschichtlich von Interesse sind die barocke Dreifaltigkeits-Pfarrkirche (erbaut 1769–1771) und das Schloß, eigentlich nur eine Kurie, das einst unbefestigtes Zentrum eines großen Grundbesitzes der Familie Adamovich de Csepin (Adamovich Čepinski) war.

Der ungarisch-kroatische König Béla IV. belehnte im Jahre 1258 die Familie Korogh (Kružić) mit dem großen Besitz, der zur Gespanschaft Vukovar gehörte. Nach dem Aussterben der Korogh (1472) gab es bis zum Jahre 1526, als die Türken kamen, mehrere Besitzer. Čepin büßte nunmehr seine Funktion als Markt und gewerblicher Mittelpunkt ein; die eingesessene kroatische und ungarische Bevölkerung überstand allerdings die türkische Besatzungszeit.[170)]

Nach dem Abzug der Türken wurde Čepin eine Domäne des kaiserlichen Militärs, doch 1751 gelangte es unter die Verwaltung der Hofkammer. Mit Schenkung der Königin Maria Theresia vom 17. Januar 1765 wurde der Besitz an Johann Kapistran I. Adamovich vergeben, und zwar in Anerkennung seiner Verdienste und seiner Treue. Die männlichen Nachkommen waren bevorzugt, während die weiblichen eine Gebühr von 26.000 Gulden zu leisten hatten.[171)] Nach einhundert Jahren erfolgreicher Wirtschaftsführung (der Besitz umfaßte 20.000 Joch fruchtbaren Landes) stellten sich wirtschaftliche Schwierigkeiten und Schulden ein, so daß ein Teil des Besitzes parzelliert und verkauft wurde. Davon waren im April 1883 10.466 Joch betroffen. Die andere Hälfte verblieb Béla von Adamovich.[172)] Diesen Teil, samt dem Schloß, kaufte gegen Ende des 19. Jhs. Karl Mihalovich de Oravicza für seinen ältesten Sohn Karl-Demetrius.[173)] In der ersten Hälfte des 20. Jhs. verfügten mehrere Familien über Teile des einstigen Großgrundbesitzes; vor allem die Familien Cséh (Čeh), Knobloch[174)], Pfeiffer, Reiner, Reisner, Schmidt und Speiser.[175)]

144

In der Mitte der Ortschaft Čepin steht im bescheidenen Park das kleine zweigeschossige klassizistische Schloß (Kurie), das einen Grundriß in Form eines „L" hat. Die Hauptfront ist nach Süden zum kleinen Park gerichtet, aber der Haupteingang befindet sich an der Nordseite. In den Jahren nach dem Zweiten Weltkrieg diente das Gebäude als Schule, später als Heim für alte und gebrechliche Menschen. Als in den siebziger Jahren die Schule an die Nordseite übersie-

144 Wappen der Familie Adamovich
145 Schloss Čepin, Öl auf Leinen
146 Südfront (Eingangsfront), 1997

145

146

147

148

delte, wurde aus Bedarfsgründen eines Altersheimes ein ebenerdiges Gebäude angebaut.

Das Schloß ließ die Familie von Adamovich vermutlich Anfang des 19. Jhs. erbauen. Auf einem alten Ölbild (Abb. 145; Maler und Entstehungszeit unbekannt) sieht man das Schloß wahrscheinlich in seinem ursprünglichen Aussehen sowie den Park in der ersten Hälfte des 19. Jhs. Die Hauptfront (Südfront) wies einen seichten Mittelrisalit in der Weite von drei der insgesamt neun Fensterachsen auf. Im Erdgeschoß war der Risalit zu einer kleinen Vorhalle geöffnet. Vermutlich gegen Ende des 19. Jhs. wurden an dieser Fassade Änderungen vorgenommen, aber die klassizistische Komposition mit der Vorhalle blieb erhalten (vgl. die Abbildungen 145 und 146). Der Risalit erhielt ein Giebeldach mit einem Tympanon, und sechs Erdgeschoßfenster wurden oben halbkreisförmig vergrößert. Im Verlauf des 20. Jhs. gab es im Hinblick auf die wechselnde Gebäudenutzung weitere Änderungen.[176]

Vom einstigen kleinen, aber hübschen Landschaftspark mit seinen historistischen Elementen ist so gut wie nichts übriggeblieben. Nur alte Platanen und Kastanienbäume westlich des Schlosses erinnern an den verschwundenen Park, während vor der Hauptfront neu gepflanzte Bäume über die einstige Begrünung des Geländes keinen Aufschluß geben. Wie man der Katasterkarte entnehmen kann, war das Schloß im Süden, Westen und Norden vom Park umgeben.[177]

Als das Gut Čepin an der Wende zum 20. Jh. noch im Besitz des Karl von Mihalovich war, umfaßte es 2.427 Hektar. Es handelte sich vorwiegend um ebenen, fruchtbaren und tonhaltigen Boden. Der Besitz wurde in drei Teilen bewirtschaftet: Dugabara-Uglare mit drei Meierhöfen, Dragutinac (Karlhof) mit zwei Meierhöfen und Kolodjvar (Kologyvár) ebenfalls mit zwei Meierhöfen.[178] Zum Besitz gehörte die erste Zuckerfabrik Kroatiens mit Dampfbetrieb. Sie existierte

149a

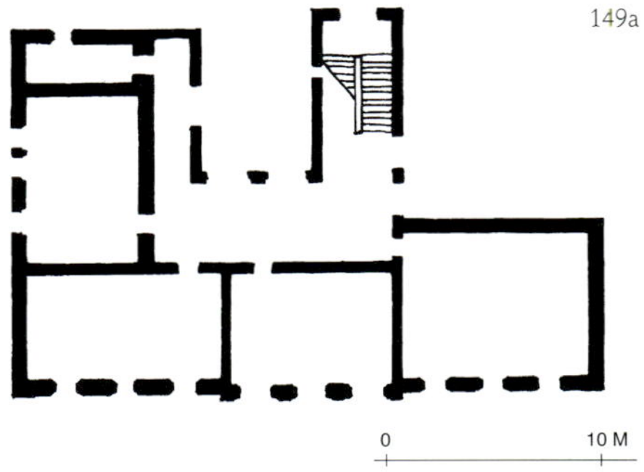

149b

149c

149d BÉLA ADAMOVICH

von 1836 bis 1849, ihre Eigentümer waren Johann Kapistran II. Adamovich und die Wiener Firma „Mayer & Söhne". Es war eine der größten Nahrungsmittelfabriken in Slawonien; sie beschäftigte ungefähr hundert Arbeiter.[179] Von den zahlreichen kleinen Gütern, die zum Großgrundbesitz Čepin gehörten, seien einige Kurien, Villen und Parks erwähnt:

Pomoćin war Anfang des 20. Jhs. Eigentum des Gustav Blau, dessen Pächter Albert Müller war. Das Gut umfaßte 402 Hektar. Einer Aufschrift auf der Villa zufolge wurde sie 1906 gebaut. Der mit historistischen Elementen (Fontäne, Ziergarten mit Buchshecken)[180] ausgestattete Landschaftspark war 3,69 Hektar groß. Trotz seines verwahrlosten Zustandes ist er heute geschützt.[181] Seine Roßkastanien *(Aesculus hippocastanum)* sind sehenswert.[182]

Belin Dvor (oder Ovčara) maß 1.057 Hektar und befand sich Anfang des 20. Jhs. im Besitz der Bertha von Schapringer de Csepregh. Die zweigeschossige Kurie (Villa) mit einem 1,95 Hektar großen Landschaftspark wurde in der ersten Dekade des 20. Jhs. gebaut.[183]

Bare, mit einer ebenerdigen Kurie in einem 1,98 Hektar großen Park, befand sich westlich von Čepin.[184] Das 605 Hektar große Gut Branjevina gehörte Anfang des 20. Jhs. den Erben der Familie Gartlgruber, während das 675 Hektar große Gut Amalijino Polje seit 1899 Radivoj Paunović besaß. Mali Rastovac mit 276 Hektar gehörte Anfang des 20. Jhs. Alexander Popović. Um diese Zeit war Jakob Sorger Eigentümer des 1.162 Hektar großen Besitzes Vladislavci.[185]

Čepin war der Wohnsitz der Familie Adamovich. Das Prädikat „de Csepin" wurde ihr (Johann Kapistran I.) am 6. Oktober 1770 von Königin Maria Theresia verliehen. Wahrscheinlich stammte die Familie aus Ciprovac in Bulgarien. Jedenfalls war sie später in Bosnien ansässig und siedelte von dort zunächst nach Varaždin und dann in die Gespanschaft Virovitica. Im ungarischen Komitat Bács-Bodrog (Bačka) war die Familie im Jahre 1625 als adelig registriert, in Pécs (Fünfkirchen) im Jahre 1690. Nachdem die Familie um etwa 1700 nach Slawonien gekommen war, wurde Paul Adamovich am 6. November 1714 von König Karl III. (Kaiser Karl VI.) der ungarisch-kroatische Adel verliehen.[186] Die Verleihung erstreckte sich auf die Gemahlin Judith geb. von Knezović und auf die Kinder, insbesondere den Sohn Martin.[187] Martins Sohn Johann Kapistran I.[188] war Königlicher Rat und Vizegespan von Virovitica. Er stand aufgrund seiner Verdienste in hohem Ansehen und erweiterte den Familienbesitz. Durch die Ehe mit Judith von Szaich (Saić) erwarb er die Güter Sv. Helena, Majkovec, Kanizsa (Lug), Imbriovec und Djelekovec in Nordwestkroatien. 1785 erwarb er in Slawonien Tenje, Aljmaš und Erdut. Da der dritte Sohn, Rochus (1764–1809), kinderlos starb, entstanden nach der Vermögensteilung zwei Familienzweige, der von Čepin und der von Tenje (siehe auch das Kapitel über Schloß Tenje). Der älteste Sohn, Paul (1760–1801), begründete den Zweig von Čepin, der zweite, Anton Kaspar (1762–1829)[189], den von Tenje. Der Linie Čepin, deren vorläufig letzter Vertreter Ludwig von Adamovich ist,[190] entstammten der „fortschrittliche" Johann Kapistran II.[191] und Béla[192], der als kroatischer Komponist bekannt wurde. Das Baronat erwarb Johann Albrecht aus der Linie von Tenje im Jahre 1913.[693]

147 EIN REST DES PARKS, 1993
148 KATASTERKARTE, 1863 (1903)
149a GRUNDRISS DES ERDGESCHOSSES
149b INTERNE GELDNOTE DES GUTES ČEPIN
149c KURIE AM PLATZ DES TRENCKSCHEN HAUSES IN ČEPIN, IM 20. JH. ABGERISSEN

Darda

Schloss Esterházy

Gespanschaft	Osijek-Baranja
Gemeinde	Darda
Kat.-Gmde.	Darda

Das Dorf Darda (Dárda) befindet sich ungefähr 15 Straßenkilometer nördlich von Osijek, dem römischen Mursa. Zur Römerzeit verlief dort eine über einen Damm nach Mursa führende Straße. Als 1566 die Türken die für sie strategisch wichtige Suleiman-Brücke in Osijek bauten, war diese Straße auf einer Länge von acht Kilometern zwischen Darda und Osijek auf Holzpfosten errichtet. Davon ist heute nichts mehr zu finden. Die erwähnte Brücke brannte Banus Nikolaus Zrinyi VII. in seinem Todesjahr (1664) nieder, was ein bedeutender militärischer Erfolg war.[796]

Das Schloß Darda ist neben Bilje und Kneževo eines der drei Schlösser in der Baranja (Baranya). Mit seiner Geschichte hat man sich kaum beschäftigt. Die ersten Inhaber der Herrschaft Darda waren die verdienten Generale Johann und Friedrich Grafen Veterani, die sie zum Teil von Kaiser Karl VI. verliehen erhielten, zum anderen Teil käuflich erwarben. 1749 verlieh Königin Maria Theresia Darda der Familie Esterházy, die diesen Besitz erst nach hundert Jahren aufgab. Diese ungarische Magnatenfamilie spielte in der Geschichte Kroatiens im 18. Jh. eine bedeutende Rolle. Ihr ursprünglicher Name lautete (bis 1584) Zerházy. Später führte sie den Beinamen „de Galántha“ (nach dem im Komitat Preßburg gelegenen Schloß). Der Familie gehörten ein Agramer Bischof (Emmerich III.) und die Bane Joseph und Franz Esterházy an. Mit Paul Esterházy (1635–1713), seit 1679 Palatin des ungarischen Reiches, teilte sich ab 1687/1712 die Familie in den überaus begüterten reichsfürstlichen Zweig (Forchtenstein im österr. Burgenland) und in mehrere gräfliche Zweige. Der oben erwähnte Emmerich III. (1665–1745)[193] wurde 1709 zum Agramer Bischof ernannt. Nachdem er 1702 zum Oberhaupt des Paulinerordens gewählt worden war, wurde der Ordenssitz vom ungarischen Felsö-Elefánt nach dem zagorijanischen Lepoglava verlegt. Am 25. Juni 1741 nahm Emmerich III. an der Krönung Maria Theresias in Preßburg teil. Joseph Esterházy wurde 1733 Banus von Kroatien, dessen Bruder Franz hatte diese Würde von 1783 bis 1785 inne. Die Familie Esterházy verkaufte die Herrschaft Darda im Jahre 1842 den Fürsten Schaumburg-Lippe. An der Wende zum 20. Jh. wechselten die Besitzer. Schließlich wurde Darda von der Ungarischen Agrarbank erworben und in Pacht gegeben.[194]

150

Das Schloß Darda befindet sich am Dorfrand inmitten eines Parks. Sein Grundriß entspricht dem barocken Muster, während die Fassaden die klassizistische Architektur berücksichtigen. Der Grundriß entspricht einem „U“ (dreiflüge-

151

152

153

154

150 UMGEBUNGSKARTE VON OSIJEK (DARDA, BILJE), 1790
151 EINGANG IN DEN PARK, 1918
152 EINGANG IN DAS SCHLOSSGEBÄUDE, VOR 1918
153 EINGANGSFRONT (OSTFRONT), 1963
154 DIE HOFFRONTEN, 1963

155

155 DER SCHLOSSTEICH, 1918
156 GRUNDRISS DES OBERGESCHOSSES
157 GRUNDRISS DES ERDGESCHOSSES

liger Schloßtyp). Die Außenfronten messen 52,25 bzw. 32,60 Meter, die Hoffronten 26,10 bzw. 20,20 Meter. Die Fassaden sind einfach gestaltet und weisen wenige Zierelemente auf, wie etwa einen Gesimskranz zwischen den beiden Geschossen, Fenstergesimse sowie die Rustika-Fassade des Erdgeschosses. In der Mitte der nach Nordosten weisenden Hauptfront (Abb. 151 bis 153) findet sich ein Risalit mit dem Portikus (offene Vorhalle), darüber eine Glasveranda, die von einem Giebel mit Satteldach abgeschlossen wird. Alle Flügel des Schlosses haben nur ein Obergeschoß. Jede der drei Hoffronten ist mit einer Sonnenuhr ausgestattet. In der Verlängerung der Seitenflügel gab es erdgeschossige Wirtschaftsgebäude, die etwas schmäler waren, wodurch der Hof größer war. Durch mehrere Umbauten im Verlauf des 20. Jhs. verlor das Schloßinnere großteils sein ursprüngliches Aussehen. Von architektonischem Interesse ist die Durchfahrt für Wagen, die mit zwei tragenden Säulenreihen und einem Kreuzrippengewölbe ausgestattet wurde. An den alten Türen fanden sich noch bis zuletzt die ursprünglichen Schlösser. Erhalten blieben weiters die Steinplatten des Fußbodens im Flur des Obergeschosses, das mehrfarbige Mosaik des Steinfußbodens im Portikus sowie das klassizistische Metallgeländer des Stiegenhauses im Obergeschoß. Im Lauf der Zeit wurde das Schloß auch zur Unterbringung von Amts- und allgemeinen Wohnräumen genutzt. Zur Zeit der Abfassung dieses Buches

156

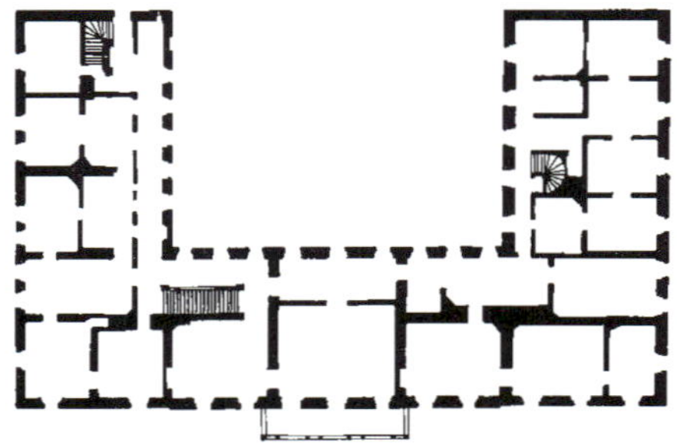

157

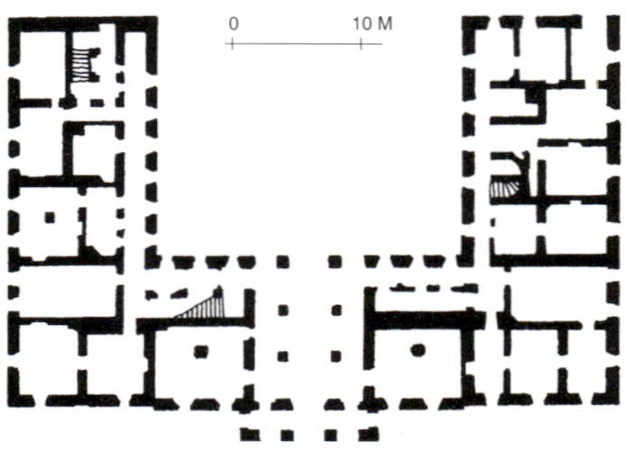

158

158 WIRTSCHAFTSGEBÄUDE NÄCHST DEM SCHLOSS, 1910
159 SCHLOSSEINFAHRT, 1963

159

konnte es nicht besichtigt werden, weil es sich in dem serbisch okkupierten Teil Slawoniens (bis Ende 1995) befand.[195] Zum sogenannten Schloßgefüge gehörten auch Wirtschafts-, Neben- und Wohngebäude für das Personal (Abb. 155 und 158). Das Schloßgelände konnte von der Straße her durch ein dreiteiliges Parkportal betreten werden (Abb. 151), das in der Achse der Hauptfront verlief. Der Schloßpark wurde im 19. Jh. geschaffen.[196]

Zur Grundherrschaft Darda gehörten im Jahre 1714 folgende Dörfer: Matty, Hrastina (Harszti), Gordisa, Kásád, Ajtó, Širine (Benge), Barnjsko Petrovo Selo (Petárda), Karanac (Karancs), Beremend, Darda (Dárda), Jagodnjak (Kácsfalu), Bolman (Bolmány) und Majs. Darda war ein mit Privilegien ausgestatteter Markt. Die Zahl seiner Siedlungen wechselte im Lauf der Zeit. Im Jahre 1767 gehörten 23 Ansiedlungen mit 590 Ansässigkeiten zur Grundherrschaft. Im Jahre 1851 verfügte dieses Besitztum über 33.523 Katastraljoch (= 51.338 ung. Joch) bebautes Land. Davon entfielen auf verbaute Flächen und Gartenland 1.125 Kat.-Joch (3,4 %), auf Ackerland 20.458 Kj. (6,1 %), auf Wiesen 11.423 Kj. (34,1 %) und auf Weingärten 516 Kj. (1,5 %). In der zweiten Hälfte des 19. Jhs. bestand der Gutsbesitz in wirtschaftlicher Hinsicht aus drei großen Teilen: Darda, Magyarboly und Rácboly. Es wurden 17 Angestellte, ein Mechaniker und die arbeitsfähigen Angehörigen von 181 Familien beschäftigt.[197]

DARUVAR

SCHLOSS JANKOVICH

GESPANSCHAFT BJELOVAR-BILOGORA
STADT DARUVAR
KAT.-GMDE. DARUVAR

Daruvar ist nicht nur als Thermalbad bekannt, sondern auch aufgrund der kulturgeschichtlichen Denkmäler. Es gibt Ausgrabungen aus der Römerzeit, ja sogar urgeschichtliche Funde. Hier lag die römische Therme Aquae Balissae. Es gibt auch Reste zahlreicher mittelalterlicher Festungsanlagen, während das schöne Schloß der Familie Jankovich (Janković) de Daruvar ein beredtes Zeugnis der Barockkultur abgibt. Zur Stadt und zum Kurort entwickelte sich Daruvar im 19. Jh.

Die ungarische Ortsbezeichnung Daruvar entstand erst im 18. Jh. in Verbindung mit dem Bau des Schlosses der erwähnten Familie. Bis dahin trug dieser Ort verschiedene Namen, deren ältester, wie erwähnt, Aquae Balissae war. Hier führte auch die Römerstraße von Siscia (Sisak) nach Mursa (Osijek) vorbei. Im Mittelalter hieß die befestigte Ortschaft samt ihrer Umgebung Dobra kuća (Gutes Haus). Zunächst befand sich dieser Feudalbesitz in königlicher Hand. Später, noch bevor die Türken kamen, geboten hier die Familien Hrvatinić, Nelipić und Székely. Im 15. Jh. bestanden auf dem Boden des heutigen Daruvar drei aneinandergereihte Siedlungen, für die ziemlich übereinstimmende kroatische und ungarische Bezeichnungen in Gebrauch waren: Toplica (Thopolcha, Hewyz), Četvrtkovac (Csötörtökhely) und Podborje (Fenalya, Podborya).

Toplica wurde im Jahre 1508 als Markt erwähnt. Dieser befand sich wahrscheinlich bei der Thermalquelle im Zentrum der heutigen Stadt Daruvar. Oberhalb von Toplica, auf einem Hügel, lag das Kastell der Nelipić, genannt Bor. Die Ungarn nannten es Kö oder Kövár, was etwa Felsburg bedeutet.

Četvrtkovac wurde 1496 gleichfalls als Markt bezeichnet (nach dem Markt am Donnerstag). Hier war ein Franziskanerkloster mit einer König Ladislaus dem Heiligen geweihten Kirche. Toplica und Četvrtkovac bildeten seit 1527 eine Einheit, das heutige Donji Daruvar.

Podborje bestand 1404 als Ansiedlung mit einer Benediktinerabtei der hl. Helene auf dem Boden des heutigen Gornji Daruvar. Vom 15. bis zum 18. Jh., als der Name Daruvar aufkam, bevor also Anton Graf Jankovich das Schloß errichtete, verstand man unter Podborje auch alle drei Ansiedlungen zusammen (Bor = Kiefer/Föhre). Daruvar (Darúvar) leitet sich vom ungarischen Wort „darú" (= Kranich) ab, dem Wappentier der Familie Jankovich. In der maria-theresianischen Urkunde über die Erhebung des Anton von Jankovich in den Grafenstand (1772) kommt übrigens die Wendung *„castrum Podborje aliter Daruvar"* vor.[198]

160 SÜDFRONT (HAUPTFRONT), 1993
161 EINGANG IN DAS SCHLOSS, 1993
162 SÜD- UND OSTFRONT, 1993

160

161

162

163

164

165

166

Vor dem Eindringen der Türken war dieses Gebiet von Katholiken dicht besiedelt. In der weiteren Umgebung befanden sich zahlreiche befestigte Siedlungen (Stupčanica, Dobra kuća, Sirač, Želnjak, Badljevina, Čaklovac, Pakrac), Klöster (St. Margarethen in Bijela; Paulinerorden mit der Kirche der hl. Anna zwischen Donja Vrijeska und Veliki Bastaji), Kirchen (mehr als 30 Pfarren im Jahre 1501) und Dörfer.[199] Die Türken besetzten um 1543 den Raum von Podborje. Doch schon vorher war die eingesessene kroatische Bevölkerung westwärts geflüchtet. Während der 144 jährigen Türkenzeit siedelten sich in den verlassenen Dörfern, vorwiegend aus Bosnien kommend, „Vlachen“ und andere Orthodoxe an. Die Befreiung von den Türken erfolgte im Herbst 1687.[200]

Unmittelbar danach wurde dieses Gebiet unter die Verwaltung der Hofkammer gestellt und 1702 eine Kammer-Domäne begründet. Um 39.879 Gulden erhielt am 21. August 1751 Michael Baron Sándor de Szlavnicza (Slavnica) einen Teil der Domäne, der andere Teil, mit dem Dorf Podborje, gelangte an die Herrschaft Sirač.[201] Diesen (nördlichen) Teil erwarb mit dem Kauf der Herrschaft Sirač im Jahre 1763 Anton von Janković (Jankovich de Daruvar) und errichtete

167

in der Siedlung von Podborje das Schloß „Daruvar", das über hundert Jahre im Besitz der Familie bleiben sollte. Mangels leiblicher Erben erbte im Jahre 1789 Antons Bruder Johann den Besitz. Nach Johanns Tod (1798) übte dessen Witwe Aloisia geb. Gräfin Festetich von Tolna die Verwaltung aus, bis 1813 Johanns Sohn aus erster Ehe, Isidor, das Erbe antrat. 1849 überließ dieser die Verwaltung seinem Sohn Julius, der 1878 den ganzen Besitz mit dem Schloß an Frau Magdalena Lechner verkaufte. Bereits im folgenden Jahr wurden die magyarisierten Juden Alois und Anton von Tüköry (vormals Spiegel) Eigentümer. 1905 verkauften sie Gut und Schloß an die Kroatische Landwirtschaftsbank in Zagreb, die das Land parzellierte und an Bauern verkaufte. 1920 kaufte die Gemeinde Daruvar das Schloß. Seither ist darin ein Gymnasium untergebracht.[202]

Der einstige Grundbesitz Podborje umfaßte im Jahre 1736 noch 17 Dörfer mit 287 Häusern bzw. Haushalten. 1745 gab es 78 Ansässigkeiten. Um die Mitte des 19. Jhs. verfügte die Familie Jankovich innerhalb der Herrschaften Daruvar, Sirač, Stražeman und Pakrac über 1.390 Ansässigkeiten. An der Wende zum 20. Jh. gehörten zum Gutsbesitz Daruvar 21.620 Hektar.[203]

163 SCHLOSS UND PARK, 1861, LITHOGRAPHIE VON HÜHN
164 SCHLOSS UND PARK, 1896
165 SÜDFRONT, 1883
166 SÜDFRONT, ANFANG 20. JH.
167 GROSSER SALON, 1896

Das großartige Barockschloß ließ Anton Graf Jankovich zwischen 1771 und 1777 nach den Plänen eines bisher unbekannten Wiener Architekten bauen. Wirtschaftsgebäude und Park folgten einige Jahre später. Es handelt sich zweifellos um eines der schönsten und wertvollsten Barockschlösser Kroatiens, das bereits im 18. Jh. vollen Beifall fand. Zu diesem Urteil gelangte im Jahr der Fertigstellung (1777) Friedrich Wilhelm von Taube in seinem in Leipzig erschienenen Buch „Historische und geographische Beschreibung des Königreiches Slawonien". In der Beschreibung des Schlosses Daruvar meinte er, es brauche sich nicht einmal vor Wiener Bauwerken zu verstecken. Julius Graf Jankovich unterzog das Schloß in den Jahren 1868/70 einer Renovierung, wobei das ursprüngliche barocke Aussehen kaum verändert wurde. An der südwärtigen Hauptfront entstand lediglich ein Altan über dem Eingang (Einfahrt). Größere Veränderungen wurden im Schloßinneren durchgeführt, wofür der Wiener Architekt König verantwortlich zeichnete. Neue Möbel wurden bei der Wiener Firma Manstein für 28.887 Gulden angeschafft. Die Gesamtausgaben betrugen über 50.000 Gulden.[204)]

Das Schloß liegt auf der Kuppe eines Hügels und gewährt einen Ausblick auf die Stadt und auf den Park. Der Grundriß des zweigeschossigen, mit einem Mansardendach ausgestatteten Schlosses hat die Form eines „U" und mißt 57,59 bzw. 38 Meter. Die drei Flügel umschließen einen nach Norden offenen Hof, offen auch in Richtung der Glashäuser und der Baumschule im Park. In Verlängerung der beiden Seitenflügel wurden nachträglich Wirtschaftsgebäude errichtet und mit einer Mauer verbunden, so daß der Hof geschlossen wurde. Die ausgesprochen barocken Fassaden sind symmetrisch gestaltet und weisen an den Ecken seichte Risalite auf. Die südliche Hauptfront ist mit siebzehn, die Fassaden der Seitenfronten sind mit jeweils acht Fenstern ausgestattet. Ihre Felder sind durch Pilaster abgegrenzt. Auf den Mittelrisalit der Hauptfront entfallen fünf Fensterachsen, die im Obergeschoß dem Großen Salon das Licht spenden. Den Abschluß dieses Risalits bildet ein rechtwinkeliger („romanischer") Giebel, während die Eckrisalite von Segmentgiebeln bekrönt sind. Die Terrasse des nachträglich errichteten Altans kann man vom Großen Salon aus betreten. Die vom Spätbarock beeinflußte Raumaufteilung ist gewohnt einfach: Die Zimmer und Salons verlaufen entlang der Außenmauern, während die Nebenräume vom

168 GRUNDRISS DES ERDGESCHOSSES
169 GRUNDRISS DES OBERGESCHOSSES
170 HOFFRONT, 1993
171 HOFFRONT, 1993
172 SCHLOSSEINGANG, 1993
173 HOFFRONT, 1993

168

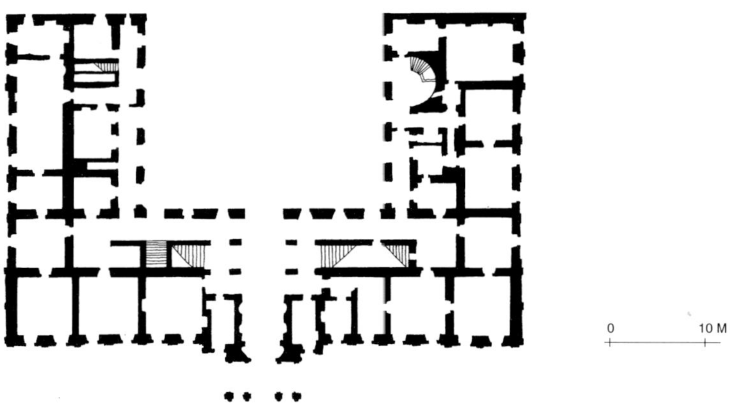

169

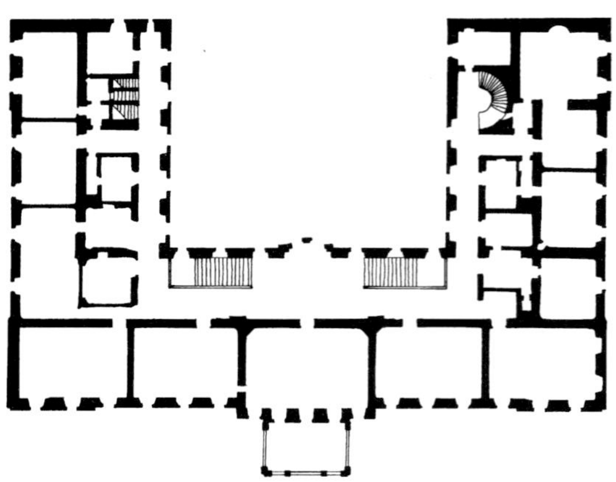

170

171

172

173

Flur zu erreichen sind, der entlang der Hoffronten verläuft; Eingangshalle, Hauptstiege und Großer Salon befinden sich in der Achse des Mittelflügels. Keller und Erdgeschoß haben gewölbte Decken, die Räume im Obergeschoß hingegen glatte Plafonds.[205)]

Der Schloßpark entstand höchstwahrscheinlich nach Fertigstellung des Schlosses noch im 18. Jh., aber aus dieser Zeit wissen wir über ihn nichts. Die aus der Katasterkarte von 1861 ersichtliche Anordnung, die diagonalen Alleen zwischen dem Schloß und der einstigen Schloßkapelle (heute Pfarrkirche)[206)] und die Alleen am Rand des Parks, außerdem der zweihundert Jahre alte Ginkgobaum *(Ginkgo biloba)*, entstammten zweifellos dem 18. Jh. Das Goldene Zeitalter des Schloßparks war mit der Familie Jankovich eng verknüpft. Als sie am Ende des 19. Jhs. Daruvar aufgab, gab es auch im Park Veränderungen. Durch die neuen Eigentümer, die Brüder Tüköry, wurde der Park von 14 auf 8 Hektar verkleinert, wie der Katasterkarte von 1898 entnommen werden kann. Der Teil des Parks vor der Hauptfront des Schlosses blieb erhalten, aber die Flächen am Rand (der große Küchengarten und die Glashäuser eingeschlossen) wurden ein Opfer der Parzellierung. In den ersten Jahrzehnten des 20. Jhs. war der Park vernachlässigt und großteils zerstört, worüber Zeitzeugen in Fachartikeln aus den zwanziger und dreißiger Jahren berichten. Heute ist der Park klein und ärmlich geworden, doch die Grundzüge der Gartenarchitektur sind noch immer erkennbar.[207)] Seine größte Sehenswürdigkeit sind die beiden Ginkgobäume (ein männlicher und ein weiblicher). Der männliche ist der größte und älteste in Kroatien, mit einer Stammdicke von sieben Metern. Er steht unter öffentlichem Schutz.[208)]

Die Familie Jankovich (Janković) de Daruvar hat sich mit Schloßbau und Gutsverwaltung keineswegs begnügt. Die Errichtung der Therme (Daruvarske

174

174 DETAIL DES PARKS, 1993
175 KATASTERKARTE, 1861
176 GINKGOBAUM VOR DEM SCHLOSSEINGANG, 1993
177 JULIUS GRAF JANKOVICH, ÖL AUF LEINEN

175

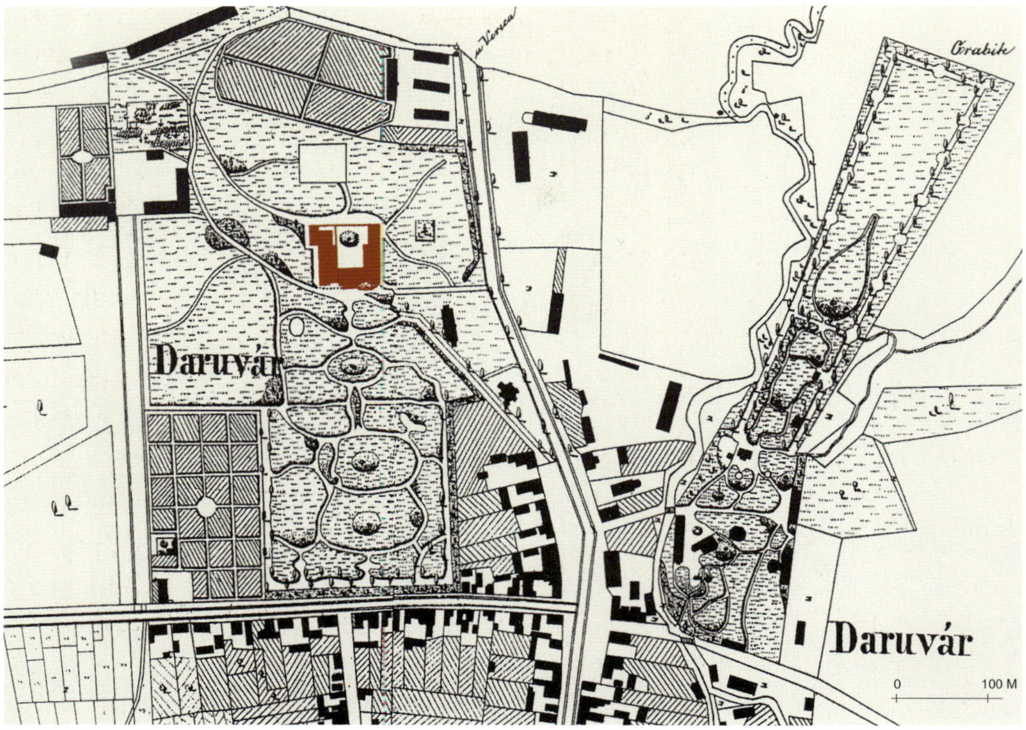

176

Toplice) war überwiegend ihr Verdienst. Das frühere Dorf wurde allmählich städtisch und erhielt im Jahre 1837 vom König das Statut einer Marktgemeinde verliehen. Außer den Herrschaften Daruvar, Sirač, Pakrac und Stražeman innerhalb der Gespanschaft Požega verfügten die Jankovich auch über Besitzungen in den Gespanschaften Križevci und Virovitica, weiters in Ungarn, hier vor allem in Csepregh.

Michael Jankovich war das erste Familienmitglied, das geadelt wurde (1588).[209] Als Stammvater des slawonischen Familienzweiges gilt Bonaventura,[210] der 1695 aus Bosnien kam und sich in Pécs (Fünfkirchen) niederließ. Im Jahre 1722 erhielt er vom König (Kaiser Karl VI.) die Bestätigung des Adels für sich und seine Nachkommen, außerdem die Bestätigung des Familienwappens mit dem Kranich. In großem Ansehen bei Maria Theresia und Joseph II. stand Bonaventuras Enkel Anton (1729–1789).[211] Er erwarb Besitzungen in Ungarn (Csepregh) und in Slawonien (Sirač, Podborje, Pakrac), was ihm drei Stimmen im Landtag einbrachte. Neben anderen Ämtern bekleidete Anton von 1775 bis 1785 das Amt des Obergespans in Požega. Seit 1781 war er Geheimer Rat und Vorsitzender der Septemviraltafel in Ofen (Budapest), somit des für Ungarn und Kroatien zuständigen Höchstgerichtes. 1765 verlieh ihm Königin Maria Theresia das Prädikat „de Daruvar", und 1772 erhob sie ihn in den Grafenstand, der allerdings mit ihm endete, da er kinderlos blieb. Testamentarische Erbin der ungarischen Besitzungen wurde die Witwe Katharina geb. Kiss, während die slawonischen sein Bruder Johann (1731–1798) erhielt, der bereits die Herrschaft Stražeman besaß. Johann und sein Sohn Isidor[212] (1789–1857), der das slawonische und einen Teil des ungarischen Vermögens erbte, sind politisch kaum in Erscheinung getreten, sondern widmeten sich überwiegend ihren Gütern.

177

Julius Jankovich de Daruvar[213] (1820–1904; Abb. 177), Sohn des Isidor, war das letzte männliche Familienmitglied. Er nahm am politischen Leben Kroatiens und Slawoniens lebhaften Anteil. 1857 wurde er durch Übertragung von seinem Großonkel in den österreichischen Grafenstand erhoben. (Dies erklärt sich daraus, daß zwischen 1849 und dem „Ausgleich" Kroatien ein von Ungarn faktisch abgelöstes selbständiges Kronland der Monarchie war.) Banus Jelačić ernannte ihn 1849 zum Vorsteher der Gespanschaft Požega, 1861 wurde er hier Obergespan und Vizepräsident des Landtages (Sabor). Schließlich gehörte er der kroatischen Verhandlungsdelegation an, die den ungarisch-kroatischen „Ausgleich" (nagodba) vom Jahre 1868 abschloß. Der Einladung zur Teilnahme an der Krönung Franz Josephs zum König Ungarns leistete er mit der Begründung nicht Folge, daß dies den Beschlüssen des Sabor zuwiderlaufen würde. 1873 begann er sich aus der Politik zurückzuziehen und bewarb sich nicht für das Amt des Banus.

Mit Julius endete die Anwesenheit der Familie Jankovich in Slawonien. Er verkaufte nämlich die slawonischen Güter (1861 Pakrac, 1876 Stražeman und 1879 Daruvar und Sirač) und lebte fortan mit seiner Familie in Kalksburg bei Wien sowie auf einem kleineren Besitz in Achenkirch am Achensee in Tirol. Julius starb im Alter von 84 Jahren als letztes männliches Glied der gräflichen Familie Jankovich de Daruvar.

Dioš (Dios)

Marijin dvor – Schloss Tüköry

Gespanschaft Bjelovar-Bilogora
Gemeinde Končanica
Kat.-Gmde. Končanica

Das Schloß Dioš (ung. Dios) ist eines der jüngsten von Slawonien. Es liegt auf dem gleichnamigen Hügel beim Dorf Končanica, ungefähr sieben Kilometer nördlich von Daruvar. Gebaut wurde es Anfang des 20. Jhs.[214] von den damaligen Eigentümern des Gutsbesitzes Daruvar, Alois von Tüköry (siehe Seite 117) und seiner Gemahlin, einer geborenen Prinzessin Schleswig-Holstein. Sie bauten es für die Tochter Maria und nannten es Marien-Hof (Marijin Dvor). Die Leute sprachen allerdings regelmäßig vom Schloß „Dios", ein ungarisches Wort, das „Nuß" bedeutet.

Nachdem die Familie Tüköry dieses Schloß aufgegeben hatte, wechselten die Eigentümer mehrmals, bis es während des Ersten Weltkrieges die Erste Kroatische Sparkassa kaufte. Bereits 1917 erwarb es Ludwig Graf Kulmer (1855–1933) aus Popovec in Zagorien, verkaufte es aber 1923 an eine Schweizer Bank. (Über die Familie Kulmer siehe bei den Schlössern Cernik und Šestine.) Schließlich gelangte es in den Besitz des Landes Kroatien (Banovina Hrvatska), das Kolonisten aus Donja Stubica und Samobor ansiedelte. Damals entstand das neben dem Schloß gelegene Dorf Šuplja Lipa. Im Jahre 1941 überließ der kroatische Staat das Schloß dem Salesianerorden, der hier eine Volksschule und ein Priesterseminar einrichtete. Nach dem Zweiten Weltkrieg griff die „Nationalisierung" Platz. Bis 1950 war eine Haushaltungs- und Veterinärschule untergebracht, mit Kursen für Buchhaltung, Viehzucht und Ackerbau. Anschließend, bis 1957, war hier eine Geflügelfarm, danach wieder eine Volksschule mit Schülerheim – ein Teil des Schlosses stand leer.[215] Später stand das Schloß völlig leer und verfiel allmählich. Heute ist wieder der Salesianerorden im Schloß, der es Ende des 20. Jhs. renoviert hat.

Neben dem Schloß wurde ein historistischer Park angelegt (heute wiederum Wald). Schloß und Park befanden sich am Rand einer Hochfläche, die sich über dem Tal weit ausdehnte. Die Architekten hielten den Platz für ein Naturparadies. In einiger Entfernung vom Schloß gab es Pferdestallungen, eine Wagenremise, ein Glashaus, die Forstverwaltung und ein Haus für die Dienerschaft, schließlich auch eine Gärtnerei. Schloß und Nebengebäude waren mit Fließwasser und Kanalisation ausgestattet. Zur Herstellung von Gas für die Beleuchtung diente ein eigenes Gebäude.

Die Pläne des Schlosses stammten von den Architekten Gyula Sándy und Ernö Foerk, wobei der historistische (neuromantische) Charakter durch Terras-

178

178 Aussicht vom Rundturm, 1993
179 Ostfront, 1993
180 Nordfront, 1993
181 Detail der Ostfront, 1993
182 Detail der Ostfront, 1993

179

180

181

182

183

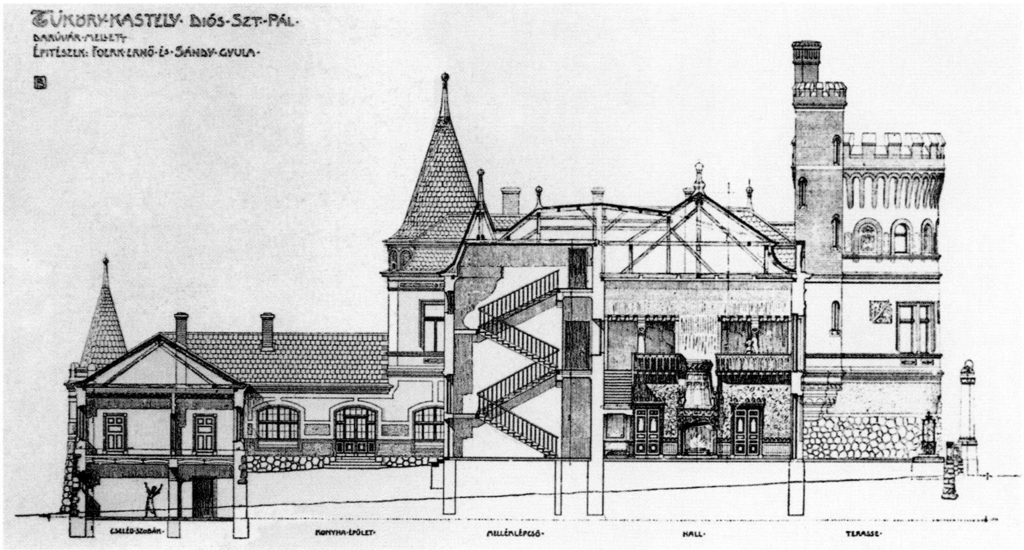

184

183 SKIZZE ÜBER DIE ANORDNUNG DES GROSSEN SALONS VON E. FOERK, 1906, IM MASSSTAB 1:50
184 QUERSCHNITT, ANGEFERTIGT VON E. FOERK UND G. SÁNDY, 1906, IM MASSSTAB 1:200
185 GRUNDRISS DES ERDGESCHOSSES, 1906, MASSSTAB 1:200

sen, Rundtürme, Türmchen, Mansardendächer und mannigfache Verzierungen vorherrschend war. Ing. Sándy (1868–1953) war zuerst Professor an der Gewerbeschule, dann an der Technischen Akademie in Budapest. Über das Aussehen des Schlosses Dioš zur Zeit seiner Entstehung erfahren wir aus einer im Jahre 1906 in ungarischer Sprache verfaßten Publikation mit einer Beschreibung durch die beiden Architekten.[215)]

Einen sehr großen Teil nahm ein großzügig dimensionierter Saal (9,5 m lang und 9 m hoch) mit einer Kuppeldecke aus Eisenbeton ein. Von der Halle führte eine Eichenholzstiege in das Obergeschoß. In eigenen Nischen des Saales befanden sich von den Eigentümern gesammelte Kunstgegenstände, beispielsweise: Türrahmen aus byzantinischem Marmor, reichverzierte Wasserbassins, ein 2 Meter langer Marmorkamin sowie Wandreliefs. Rings um den Saal befan-

185

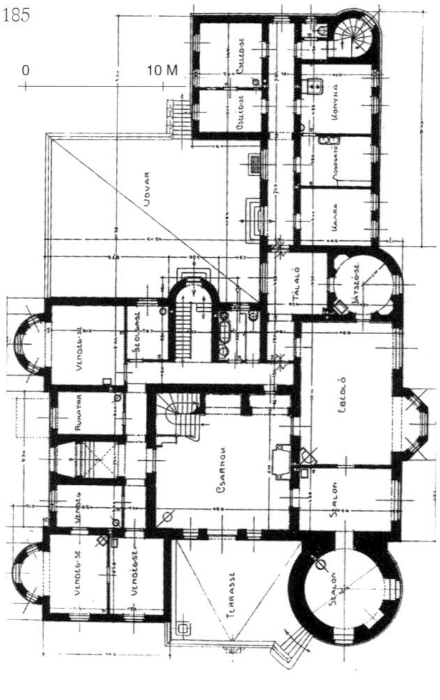

186 GROSSER SAAL, ANFANG 20. JH.
187 ZEICHNUNG DER NORDFRONT, ANGEFERTIGT VON E. FOERK UND G. SÁNDY, 1906
188 GRUNDRISS DES OBERGESCHOSSES, 1906, MASSSTAB 1:200

186

187

188

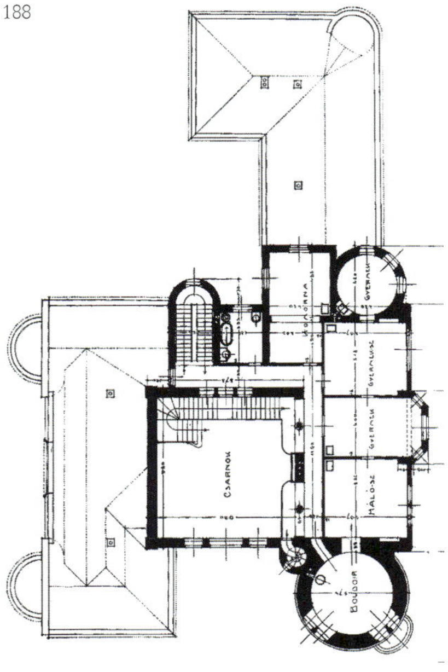

den sich Salons, ein großes Speisezimmer, ein Spiel- und ein Rauchsalon. Vom Saal aus konnte man auf eine große Terrasse gelangen, an deren Brüstung auf Pfeilern venezianische Löwen aufgestellt waren. Im Obergeschoß waren Schlafzimmer, Ankleidezimmer, ein Kinderzimmer etc. untergebracht. Im zweiten Obergeschoß des Rundturmes befand sich ein rundes Zimmer, das Dach dieses Turmes war als Aussichtsterrasse gebaut. Im nördlich gelegenen erdgeschossigen Schloßflügel waren die Küche, eine Waschküche, ein Bügelzimmer sowie Zimmer für das Personal. Unter diesem Wirtschaftsflügel befand sich der Keller. Den Rohbau führte der Baumeister Ferenc Stelek jun. mit heimischen Maurermeistern und Arbeitern aus. Die Ausgaben für die Errichtung des Schlosses betrugen ungefähr 700.000 österreichisch-ungarische Kronen, eine Summe, die niedrig bemessen erscheint.[216)]

DONJA TOPLIČICA

KURIE POZVEK / DOMIN

GESPANSCHAFT	ZAGREB
STADT	SV. IVAN ZELINA
KAT.-GMDE.	HRASTJE

Einige Kilometer südöstlich von Sv. Ivan Zelina stoßen wir auf das Dorf Donja Topličica. Die Kurie der Familie von Domin steht nördlich des Dorfes einsam auf einem Plateau. Diese Lage ermöglicht einen Ausblick auf die Umgebung, die Ortschaft sowie die Wiesen, Äcker und Waldstücke ringsum. Unauffällig im Schatten eines zweihundert Jahre alten Lindenbaumes und neben den Überresten des einstigen schönen Gutes gelegen, erinnert dieses Schlößchen an viele ähnliche Kurien des Kleinadels dieser Gegend.

Vom einstigen barocken Aussehen dieser im 18. Jh. erbauten Kurie ist nur wenig erhalten geblieben: teilweise baufälliges Gemäuer und der Keller unterhalb des nördlichen Gebäudeteils mit dem mit böhmischen Kappen versehenen Deckengewölbe. Die ursprünglich zweigeschossige Kurie war um drei Fensterachsen kürzer als heute. Nach dem starken Erdbeben von 1880 wurde sie renoviert und ausgebaut, wobei ihr einstiges Aussehen wesentlich verändert wurde. Dadurch, daß sie um sieben Meter verlängert wurde, verlor sie ihre barocken Proportionen, nämlich ihren Grundriß von 20 x 12 Metern und den vorspringenden Eingang an der nach Südwesten gerichteten Hauptfront. Der Erdgeschoßbau erhielt nun ein gleichmäßiges Walmdach. Die Fassaden wurden glatt (so wie sie auch heute sind) und erhielten nur spärliche Verzierungen: halbkreisförmige Bögen aus Ziegeln oberhalb der Fenster und ein gestuftes Dachgesims. Die Hauptfront hat neun Fensterachsen, die Seitenfronten haben je zwei. Der Mitteleingang an der Hauptfront wurde zugemauert. In der alten Kurie gab es einen hofseitigen Eingang (Zufahrt), heute befindet er sich an der Nordostfront. Von der kleinen Eingangshalle in der Mitte des Gebäudes aus führt der Länge nach ein Mittelflur, von dem man zu allen Räumen gelangt. Die Zimmer sind an der Hauptfront gelegen, während man von der Küche und den Nebenräumen in den Obstgarten sieht. Vom erwähnten Flur führen Stiegen sowohl in den Keller als auch auf den Dachboden.

Der über einem Keller und auf einem Fundament aus Stein gebaute hölzerne Getreidespeicher (1. Hälfte des 19. Jhs.) sowie das Brunnenhaus sind die einzigen Reste der kleinen Wirtschaftsgebäude, die den rechteckigen Hof umgrenzten (vgl. die Katasterkarte von 1861, Abb. 195). Vor der Nordostfront breiteten sich der bis heute erhaltene Obstgarten sowie ein ziemlich großer Gemüsegarten aus, der heute eine Wiese ist, die die Grenze markiert. Ostwärts des Gemüse- bzw. Küchengartens grenzte der Weingarten an.

189

190

191

192

193

189 HILDEGARD VON POZVEK, ÖL AUF LEINEN
190 IMBRO DOMIN, ÖL AUF LEINEN
191 SÜDWESTFRONT, 1993
192 NORDOSTFRONT, 1993
193 BRUNNENHAUS IM HOF, 1993
194 NORDWESTFRONT, 1993
195 KATASTERKARTE, 1861 (1902)

195

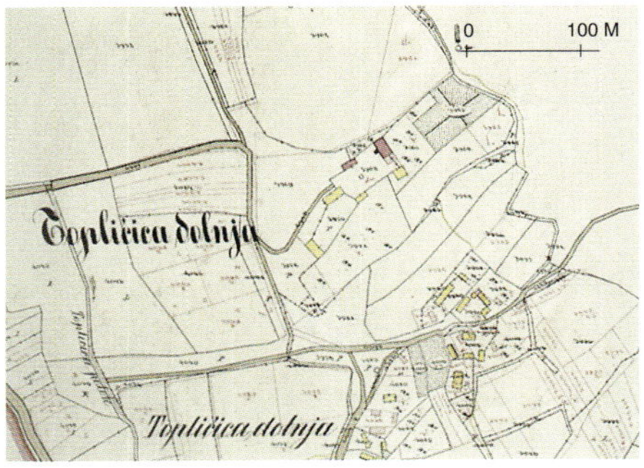

Ein weiterer Obstgarten reichte über die Wirtschaftsgebäude hinaus zum Südhang. Hinter dem Gemüsegarten begann der große Wald, ansonsten gab es ringsum Wiesen und Ackerland. All das war nicht viel, aber einst doch ein mit Ambition betriebener Gutsbesitz. An der Wende zum 20. Jh. führte Maria Antonia Hildegard von Domin[218] mit Unterstützung eines Gärtners die Verwaltung. Der Besitz umfaßte 8 Hektar, und zwar 1,75 ha Ackerland, 2,28 ha Wiesen, 1,2 ha Obst- und Gemüsegärten, 0,29 ha Weingärten und 2,53 ha Wald.[217]

Auf dem Gelände des einstigen Hofes, vor der Hauptfront, wurde in jüngster Zeit ein Park angelegt. Der alte Baumbestand beschränkt sich auf eine alte Linde neben dem Brunnenhaus und einhundertjährige Fichten, die einst zum malerischen Bild des Schloßgeländes beitrugen.

Die Kurie und das Gut Donja Topličica waren volle zwei Jahrhunderte im Besitz der Familie von Domin. Die Domin stammten aus der Gegend von Jastrebarsko und waren bis zum Jahre 1758 im Stand der Untertänigkeit auf dem Besitz Zdenčina der Grafen Erdödy. Thomas Domin, der Kürschner war, wurde aus der Untertänigkeit entlassen und siedelte nach Zagreb. Zwei seiner Söhne, Josef Franz und Imbro, wurden angesehene Wissenschafter. Josef Franz (1754–1819) wurde Physikprofessor an den Akademien in Györ (Raab), Zagreb und Pécs (Fünfkirchen) sowie an der Budapester Universität. Imbro (geb. 1776; Abb. 190) war langjähriger Professor an der rechts- und staatswissenschaftlichen Fakultät der Akademie der Wissenschaften in Zagreb. Er wurde im Jahre 1837 mit dem Prädikat „de Petruschevecz" geadelt. Imbro ehelichte Hildegard von Pozvek (Abb. 189), die Tochter des Gutsbesitzers Paul von Pozvek, wodurch die Familie Domin in den Besitz von Donja Topličica gelangte. Der Sohn Ignaz (gest. 1852) war Arzt und Physikus der Gespanschaft Zagreb. Dessen Sohn Alfons lebte vorwiegend in Wien und erlangte durch seine Publikationen über internationales Recht und österreichische Rechtsgeschichte Ansehen.[218]

194

Donja Zelina

Kurie Domjanić, Kurie Barać

Gespanschaft Zagreb
Stadt Sv. Ivan Zelina
Kat.-Gmde. Hrnjanec

Nur wenige Kilometer südlich von Sv. Ivan Zelina liegt an der Straße Zagreb–Varaždin das Dorf Donja Zelina. Die Kurien der Familien Domjanić und Barać, die barocke St. Nikolaus-Pfarrkirche am Platz der mittelalterlichen Siedlung sowie die St. Anna-Kapelle (an Stelle einer Holzkapelle 1858 gebaut) sprechen für eine bedeutende kulturelle Vergangenheit von Donja Zelina, das sich nächst dem befestigten Adelssitz Zelina befand. Beide Kurien stehen auf Hügeln, die nur einige hundert Meter voneinander entfernt sind. Während Domjanić gut erhalten und von der Eigentümerfamilie Jendriš bewohnt ist (die den Besitz in der weiblichen Linie von der Familie von Domjanić erbte), erweckt Barać einen ziemlich heruntergekommenen Eindruck.

Die Kurie Domjanić gehört zu einem Besitz, der im großen und ganzen seinen landschaftlichen und architektonischen Wert behalten hat. Außer der Kurie sind noch einige Wirtschaftsgebäude, der Park und die Zufahrtsallee mit neugepflanzten Bäumen vorhanden, und zwar in reizvoller Umgebung und ziemlicher Entfernung von der Hauptstraße und von neueren Gebäuden.

Die gegenwärtige Kurie wurde zwischen 1905 und 1907 an Stelle einer aus Holz gebauten errichtet, die mehrere Jahrhunderte im Besitz der adeligen Familie Domjanić war. Seit ihrem Bau wurde sie nicht wesentlich verändert. Ihr rechteckiger Grundriß beträgt 16 x 10 Meter. Sie verfügt über Keller (Souterrain), Hochparterre und Mansarde. An der südöstlichen Ecke befindet sich ein diagonal gestellter quadratischer Turm mit einem eigenartigen Zeltdach mit „Sattel". Die Fassaden entsprechen einem Mischstil ihrer Zeit (Ende 19./Anfang 20. Jh.): historisierende (spätromantische) Architektur und Formen des Sezessionsstils. Die Ursprünglichkeit des Inneren, einschließlich der Einrichtung aus dem 19. Jh., blieb erhalten.[219)]

Im Hof der Kurie stehen noch alte Fichten, Tannen, Linden und Edelkastanien. Der die Kurie umgebende Park wurde erst nach dem Zweiten Weltkrieg angelegt. Nördlich des ca. 1,4 ha großen Hofgeländes um Wirtschaftsgebäude und Kurie, das kaum einen Baum aufweist, erstrecken sich der Obst- und Weingarten und der Wald (siehe Katasterkarte, Abb. 197).

In kulturgeschichtlicher Hinsicht ist dieses Bauwerk schätzenswert. Dies bezeugen alte Dokumente, Photographien, Bilder und die Inneneinrichtung.

Als erster der Familie wurde Stephan Domjanić mit seinen Brüdern geadelt, und zwar am 29. März 1596.[221)] In der zweiten Hälfte des 18. Jhs. besaß die

196 Ostfront, Ansichtskarte, 1911
197 Katasterkarte, 1861
198 Ansicht von Süden, 1993
199 Eckturm, 1993
200 Ostfront, 1993
201 Park, 1993

196

197

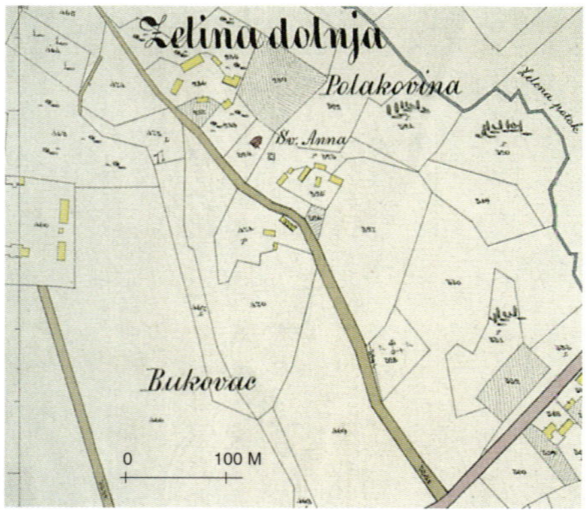

198

199

200

201

202

203

204

205

206

Familie Domjanić außerdem die Herrschaft Golubovec in Donja Stubica (Zagorien), damals mit einer aus Holz gebauten Kurie. In dieser Herrschaft baute um 1790 Regine Gräfin Draskovich geb. Domjanić (Abb. 207) ein Schloß, das ihre Brüder Joseph und Franz Domjanić zu Silvester 1804 dem Agramer Bischof Maximilian Vrhovac verkauften.[222] Infolge der Ehe der Maria von Domjanić mit Jurje Jendriš (1892–1964) gelangte die Kurie in Donja Zelina in den Besitz der Familie Jendriš, die auch heute darin wohnt.[223]

Die spätbarocke Kurie Barać mußte nach dem Erdbeben von 1880 renoviert werden. Sie gehörte ursprünglich der Familie Domjanić, fiel aber durch eine Eheschließung der Familie Barać zu.

Zwischen den beiden Weltkriegen wurde sie umgebaut. War sie bisher einstöckig mit einer Mansarde, so erhielt sie nun ein zweites Obergeschoß, ein Krüppelwalmdach und andere Fenster. Die Holzveranda über dem Eingang wurde Anfang des 20. Jhs. errichtet. Nach dem Zweiten Weltkrieg fiel die gesamte Liegenschaft einer landwirtschaftlichen Genossenschaft zu. Die unangemessene Benützung führte zu Schäden. Diese Vernachlässigung erstreckt sich auf die gesamte Liegenschaft.[224]

207

Als Mitglied der Familie Domjanić ist der kroatische Schriftsteller und Dichter Dr. Dragutin (Karl) von Domjanić (1875–1933)[220] zu erwähnen. Er war ein häufiger Besucher und lebte auch einige Zeit in Donja Zelina. In seinen Liedern rühmt er die Landschaft Zelina, das heimatliche Anwesen mit dem Park, und zwar in der Sprache dieser Region. Viele seiner Gedichte kann man im sogenannten kajkavischen Dialekt lesen; sie werden bei verschiedenen Gelegenheiten in dieser Mundart gesungen, denn viele wurden vertont. Einige, wie beispielsweise „Kaj ili Fala“, zählen zum kroatischen Kulturerbe.

208

202 GROSSER SALON IM ECKTURM, 1997
203 KAMIN IM GROSSEN SALON, 1997
204 GROSSER SALON, 1997
205 GROSSER SALON, 1997
206 WAPPEN DER FAMILIE VON DOMJANIĆ
207 REGINE DRASKOVICH GEB. DOMJANIĆ, ÖL AUF LEINEN
208 KURIE BARAĆ, 1993

Donji Miholjac

Schloss Hilleprand / Mailáth

Gespanschaft	Osijek-Baranja
Stadt	Donji Miholjac
Kat.-Gmde.	Donji Miholjac

Der Name Donji Miholjac leitet sich von der im 15. Jh. erbauten St. Michaelskirche ab. Den Ort gab es aber schon um die Mitte des 11. Jhs., als hier die erste Kirche gebaut wurde. Diese kleine, hübsche Stadt, früher ein Markt, liegt nordwestlich von Osijek, fünf Kilometer von der Drau und der ungarischen Grenze entfernt. Neben dem Schloß mit seinem Park sind die Fischteiche und auch Ölvorkommen erwähnenswert.

Die dortige Grundherrschaft hatten im 15. Jh. die Magnaten Morović und bis zum Anfang des 16. Jhs. Johann Hlapčić Kishorvat und Laurentius Bánffy inne. Die Türken besetzten Donji Miholjac 1543, verwandelten es in eine kleine Festung und zogen erst 1687 ab.[225)]

Nach der Befreiung von den Türken wurde Donji Miholjac bis 1721 durch die Hofkammer verwaltet. Dann wurde es mit dem Besitz Valpovo des Reichshofrates Peter Hilleprand von Prandau (1676–1737) verbunden. Dieser hatte Valpovo von Kaiser Karl VI. am 31. Dezember 1721 verliehen bekommen. Donji Miholjac war eine der 40 Ansiedlungen dieses Besitzes. Die Zugehörigkeit zur Herrschaft Valpovo sollte 110 Jahre andauern (siehe auch das Kapitel zu Schloß Valpovo). Eine Herrschaft Donji Miholjac gab es erst ab 1831, als der Großbesitz Valpovo nach dem Tod des Joseph Ignaz Baron Hilleprand von Prandau (1749–1816) unter seinen beiden Söhnen aufgeteilt wurde. Den südlichen Teil mit dem Sitz in Valpovo erhielt Gustav (1807–1885), den nördlichen (zwischen den Flüssen Drau und Vučica) mit dem Sitz in Donji Miholjac Karl (1792–1865). Beide ungefähr gleich großen Teile wurden nach dem Tod Karls wiedervereinigt, die bisherige Verwaltung in Donji Miholjac jedoch selbständig fortgesetzt. Als Gustav ohne männlichen Erben starb, kam es nach 1885 wieder zu einer Vermögensteilung, wobei die ältere Tochter, Marianne, Valpovo erhielt und die jüngere Tochter, Stephanie, Donji Miholjac. Beide Besitzungen bekamen die Grenzen, die schon vor 54 Jahren zwischen den Gütern des Vaters und des Onkels bestanden hatten.

Zu dieser Zeit war Stephanie[226)] bereits 33 Jahre lang mit dem Grafen Georg Mailáth verheiratet. Es gab gemeinsame Kinder, so daß der Besitz der Familie Mailáth de Székhely zufiel.[227)]

Solange Donji Miholjac zur Grundherrschaft Valpovo gehörte, war es Sitz von einem der fünf Valpovo-„Distrikte“. Dieser umfaßte die Dörfer Donji Miholjac, Bočkinci, Čadjavica, Golinci, Kapelna, Moslavina (Podravska), Podgajci,

209

209 Nordfront des neuen Schlosses, Ansichtskarte, vor 1918
210 Westfront des neuen Schlosses, 1997
211 Ostfront des neuen Schlosses, 1997
212 Südfront des alten Schlosses, 1997

210

211

212

Poreč, Rakitovica, Sveti Djuradj und Viljevo.[228] Baron Karl Hilleprand interessierte sich nicht sehr für die Wirtschaft und war oft abwesend. Als er ab 1848 ständig in Wien lebte, erledigte für ihn sein Bruder Gustav diese Angelegenheiten. Er schaffte fünf Wirtschaftseinheiten (Ökonomien): 1. Donji Miholjac mit den Meierhöfen Miholjac und Žestilovac; 2. Šljivoševci mit den Meiereien Brezovica und Kladje; 3. Adelinstan mit den Meiereien Adelinstan, Badjevo und Gustavstan; 4. Gložje mit einer gleichnamigen Meierei; 5. Martinci mit den Meiereien Martinci, Orešnjak und Dravica.[229]

Zur Herrschaft Donji Miholjac gehörte einst ein riesiges Waldgebiet (24.639 Joch), das in vier Reviere zerfiel: Miholjac, Viljevo, Moslavina und Kučanci.[230] Im Jahre 1848 gab es 835 Ansässigkeiten.[231] In den Obstgärten zog man Äpfel und Birnen, hauptsächlich aber Zwetschken für Schnaps. In den Jahren nach 1880 gab es 990 Stück Großvieh (Rinder), 1.200 Schweine, 490 Arbeitsochsen und 60 Arbeitspferde.[232] Als Anfang des 20. Jhs. das Gut von Stephanie Mailáth verwaltet wurde, umfaßte es 26.335 Hektar (45.180 Joch), gegliedert in 17 Meierhöfe und 5 Waldreviere. In Donji Miholjac gab es eine Ziegelei und in Gložje eine Dampfsägemühle.[233]

Nebeneinander, nur durch einen überdachten Weg verbunden, stehen in Donji Miholjac zwei Schlösser, die Wohnsitze waren und die Gutsverwaltung beherbergten. Das ältere ist ein langgestrecktes, ebenerdiges spätbarockes Gebäude, während das neuere Schloß über ein Obergeschoß und malerische historistische (neuromantische) Fassadenfronten verfügt. Ersteres entstand 1818[234], zweiteres nach Plänen des Budapester Architekten Stephan Möller[235] zwischen 1905 und 1914.

213

Das alte Schloß wurde zwei Jahre nach dem Tod des Joseph Ignaz Baron Hilleprand gebaut, in einer Zeit, in der – nämlich von 1816 bis 1831 – die Witwe Maria Anna geb. Gräfin Pejácsevich[717] die Verwaltung für den noch minderjährigen Sohn Gustav führte. Das Schloß wurde für den damals 26jährigen älteren Sohn Karl gebaut. Er bewohnte es vor und auch nach der Teilung der Grundherrschaft Valpovo (1831). Gemäß einer Beschreibung aus dem Jahre 1885[236] war es mit Ziegeln gedeckt und hatte zwei Salons, 14 Zimmer, zwei Küchen, zwei Eßzimmer, hauswirtschaftliche Nebenräume und einen Keller. Das Schloß war 82 m lang und 9 m breit. Sein dekorativer Rundturm an der südöstlichen Ecke maß 4 m im Durchmesser. Er stand etwas abseits und war mit dem Schloß durch eine Terrasse verbunden. Die Straßenfront wies 19 gleichgestaltete Fenster und bescheidene spätbarocke Verzierungen auf, während die Hoffront aus einer verglasten Bogengalerie bestand. Wir wissen nicht, ob das Schloß bereits ursprünglich den Grundriß eines „L" aufwies, wie die Katasterkarten von 1862 und 1890 zeigen. Heute gibt es nur den parallel zur Straße verlaufenden Flügel, der andere (in Nord-Süd-Richtung verlaufend) wurde wahrscheinlich im Zuge der Errichtung des neuen Schlosses durch Graf Mailáth Anfang des 20. Jhs. abgerissen. Um diese Zeit wurden auch drei kleine Gebäude abgerissen, die noch in der zweiten Hälfte des 19. Jhs. im Hofgelände des Schlosses standen.

214

215

Das neue Schloß wurde nördlich des parallel zur Straße verlaufenden Flügels des alten Schlosses gleichsam hinzugebaut, wovon es sich aber durch sein

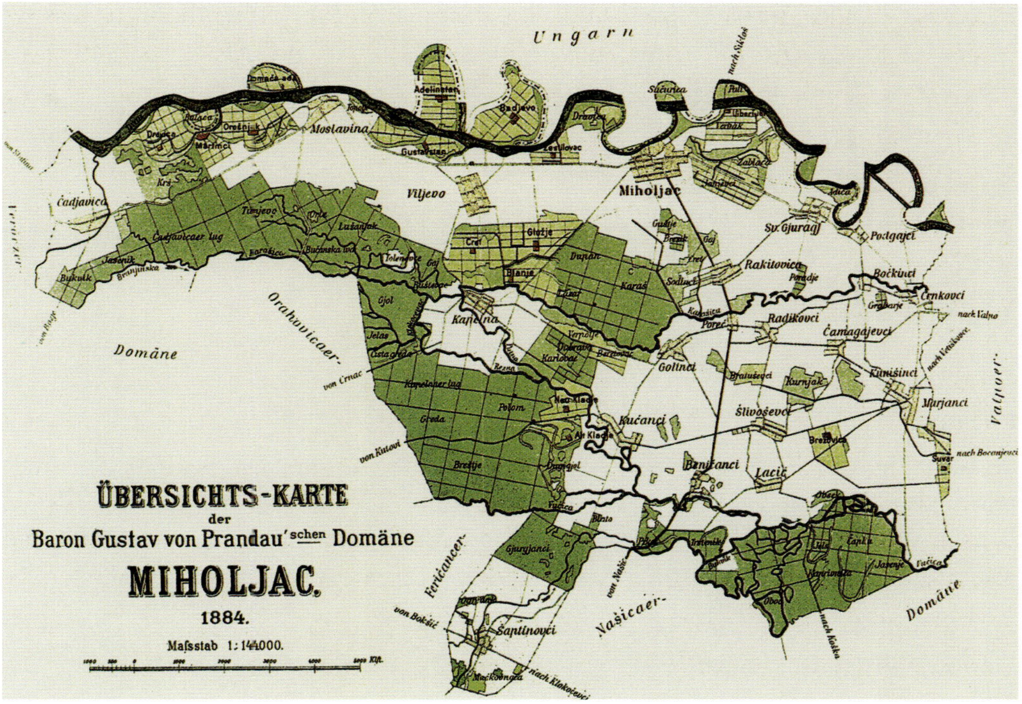

216

217

218

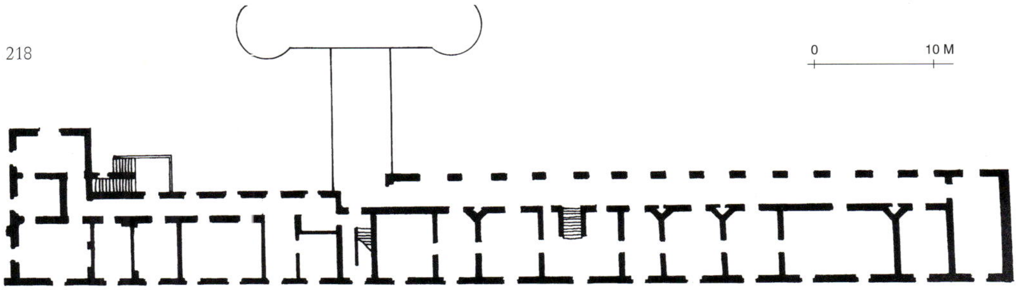

213 DAS ALTE UND DAS NEUE SCHLOSS, 1993
214 DIE VERBINDUNG DER BEIDEN SCHLÖSSER, 1993
215 NORDFLÜGEL DES ALTEN SCHLOSSES, 1993
216 PLAN DES BESITZTUMS, 1884
217 NORDFRONT DES ALTEN SCHLOSSES, 1993
218 ERDGESCHOSS-GRUNDRISS DES ALTEN SCHLOSSES

219

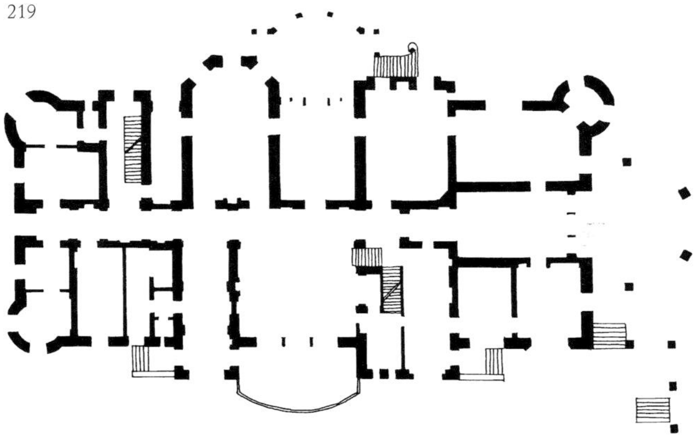

220

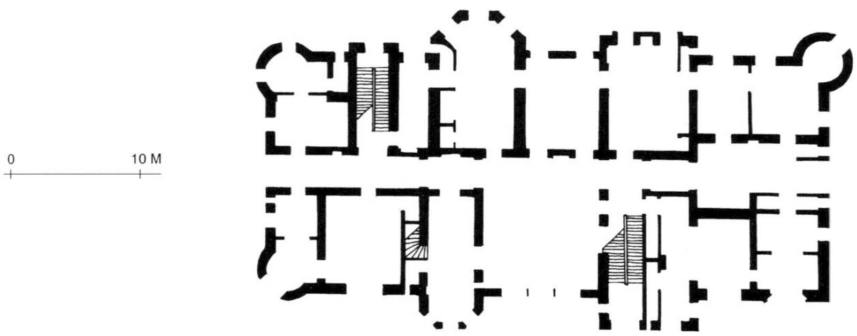

ansehnlicheres Äußeres abhebt. Anfang des 20. Jhs. erbaut, ist es eines der jüngsten slawonischen Schlösser. Sein Grundriß beträgt 44 x 20 Meter. Das ganze Schloß und vor allem seine Fassaden sind typisch spätromantisch. Die beiden betonten Risalite der (westlichen) Hauptfront (Abb. 210, 223) sind unterschiedlich gestaltete Türme mit sehr hohem (spitzem) Dach bzw. Giebel. Das hohe Hauptdach ist mit vielen Fenstern und verzierten Rauchfängen bestückt. Die Terrassen weisen klassizistische Balustraden bzw. schmiedeeiserne Einfassungen auf. Viele Einzelheiten entsprechen den verschiedenen Zweigen der historistischen Architektur, erinnern sogar an den englischen Tudor-Stil. Nicht nur die vielen Vogelnester auf den Rauchfängen lassen an ein Märchenschloß in einem Bilderbuch oder Zeichentrickfilm denken. Mit diesem Aussehen und seinem guten Erhaltungszustand ist es in Kroatien einzigartig, mag es auch in den letzten Jahrzehnten anderen Nutzungszwecken gedient haben. In beiden Schlössern waren Jahre hindurch Ämter der Gemeinde untergebracht. Das Innere der Schlösser ist im wesentlichen gut erhalten, nur die alte Einrichtung fehlt. Einst enthielt das neue Schloß die Jagdtrophäen des Grafen Mailáth aus Slawonien, Afrika und Asien. Auch das Innere ist historistisch reich ausgestattet: dekorative Tischlerarbeiten (Türen-, Wand- und Deckentäfelung, Stiegengeländer etc.) aus dem qualitätvollen Holz der slawonischen Eichen; Türpfosten aus Stein, Parkette, Stein- und Keramikfliesen, Stukkatur, Einbauschränke etc. Das in vier Ebenen errichtete Schloß (Keller, Erdgeschoß, Ober- und Dachgeschoß) hat fünfzig größere Räume, die beiderseits eines Mittelflures angeordnet sind. Der Flur erweitert sich in der Mitte zu einer Halle mit Stiegenaufgang und Galerie sowie Ausgang zur Gartenterrasse.

Nebenbei bemerkt, kursierte einst, vermutlich in Anspielung auf die Kosten des neuen Schlosses, eine wahrscheinlich erfundene Anekdote. Demnach habe Graf Mailáth, der mit Kaiser Franz Joseph in Briefwechsel stand, dem Kaiser brieflich den Gedanken eröffnet, den Fußboden seines Arbeitszimmers mit Dukaten zu pflastern; allerdings könne er sich nicht entscheiden, wie er sie legen solle, mit dem Doppeladler oder mit dem Bild Seiner Majestät nach oben, denn man würde darauftreten. Kaiser Franz Joseph soll geantwortet haben, am besten wäre es, die Dukaten senkrecht aneinanderzufügen.

Die beiden Schlösser sind von einem großen Landschaftspark umgeben, der in der ersten Hälfte des 19. Jhs. in einem Umfang von 18 Joch angelegt, aber

221

222

223

224

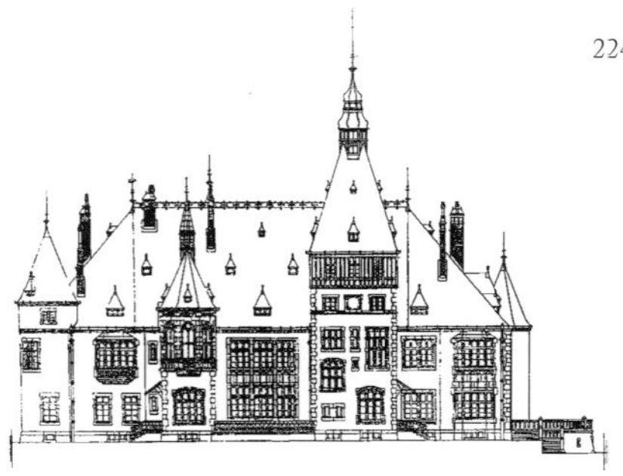

225

226

219 ERDGESCHOSS-GRUNDRISS DES NEUEN SCHLOSSES
220 OBERGESCHOSS-GRUNDRISS DES NEUEN SCHLOSSES
221 SÜDFRONT DES NEUEN SCHLOSSES (PLAN: S. MÖLLER)
222 NORDFRONT DES NEUEN SCHLOSSES (PLAN: S. MÖLLER)
223 WESTFRONT DES NEUEN SCHLOSSES (PLAN: S. MÖLLER)
224 OSTFRONT DES NEUEN SCHLOSSES (PLAN: S. MÖLLER)
225 DÄCHER DES NEUEN SCHLOSSES, 1997
226 BLICK VOM PARK ZUR OSTFRONT DES NEUEN SCHLOSSES
227 BLICK AUF DEN EINGANG DER SCHLOSS-KAPELLE, 1997
228 DACH DES NEUEN SCHLOSSES, 1997
229 HALLE, 1997

227

228

229

um die Wende zum 20. Jh. teilweise umgestaltet und auch auf 35 Joch vergrößert wurde. Seit 1961 genießt der Park als Denkmal der Gartenarchitektur öffentlichen Schutz.

Das älteste Dokument über die Geschichte des Parks ist die Katasterkarte aus dem Jahre 1862 (Abb. 231), worauf zu erkennen ist, daß es sich um einen Landschaftspark handelte. Im Osten und Nordosten ging er in Nutzgärten über. In der Mitte des Parks, der nach beiden Richtungen hin etwa 300 Meter maß, befanden sich drei Gebäude, die noch vor 1885 abgerissen wurden. (Das ergibt sich aus der Katasterkarte von 1890 in Verbindung mit einer Beilage in der Parkbeschreibung des Adolf Danhelowski.)[237] Der Park entstand nach 1818, nachdem das alte erdgeschossige Schloß erbaut worden war. Sein Umfang betrug wahrscheinlich schon damals etwa 18 Joch. Im Jahre 1872 wurde ein 57 Meter langes Glashaus (Orangerie) errichtet. Es hatte eine Stahlkonstruktion und war an der Nordseite mit Blech, an der Südseite mit Glas gedeckt. Es hatte drei Abteilungen: in der Mitte waren tropische Pflanzen, in den beiden anderen Abteilungen jene Pflanzen, die im Sommer in Töpfen in den Park gebracht wurden. Im mittleren Teil befand sich auch ein Springbrunnen.[238] Auch die zwei weiteren, in der Parkmitte gelegenen Gebäude (ein Pavillon und eine Kegelbahn), die in der Katasterkarte von 1862 eingezeichnet sind, wurden im Jahre 1885 beschrieben. Der Pavillon hatte einen achteckigen Grundriß und eine kleine Veranda in Richtung des Schlosses. Davor standen Steinskulpturen römischer Göttinnen: Flora als Göttin der Blumen und Pomona als Göttin der Gärten und Früchte. Der Pavillon hatte ein Dach aus Blech, darauf war ein Fahnenmast. War der Schloßherr anwesend, wurde eine Flagge gehißt. Im Park waren auch noch andere Skulpturen aufgestellt. Einige davon dienten zur Zierde von vier mit Fontänen bestückten Brunnen, die den Park mit Wasser versorgten und den Trinkwasserbedarf des Schlosses deckten.[239]

230

Von den angeführten Bauten im Park haben sich bis heute nur erhalten: der achteckige Pavillon, drei Ziergärten zwischen diesem und der Schloßterrasse, das Glashaus (stark beschädigt) und ein Teil der Parkmauer mit dem Tor. Was mit dem Park in den ersten zwanzig Jahren nach Bau des neuen Schlosses passiert ist, wissen wir nicht genau. Obgleich die erwähnten Ziergärten im Jahre 1885 beschrieben wurden, dürfte der heutige historistische Ziergarten mit seinen drei kreisförmigen Buchshecken aus der ersten Zeit des neuen Schlosses stammen. Der runde Blumengarten vor der (westlichen) Hauptfront des neuen Schlosses entstand im ersten und zweiten Jahrzehnt des 20. Jhs. Im Park gibt es sowohl einheimische als auch fremde Baumarten. In den letzten Jahrzehnten sind auch einige Bäume infolge von Vernachlässigung wild gewachsen, und manche wurden ohne Bedachtnahme auf den historischen Rahmen des Parks gepflanzt. Durch Alter und Größe beeindrucken der Flügelfruchtbaum *(Pterocarya fraxinifolia)* sowie die Sumpfzypresse *(Taxodium distichum)*. Im Park finden sich 110 Baum- und Straucharten: 20 Nadelhölzer und 90 Laubbäume bzw. bélaubte Sträucher.[240]

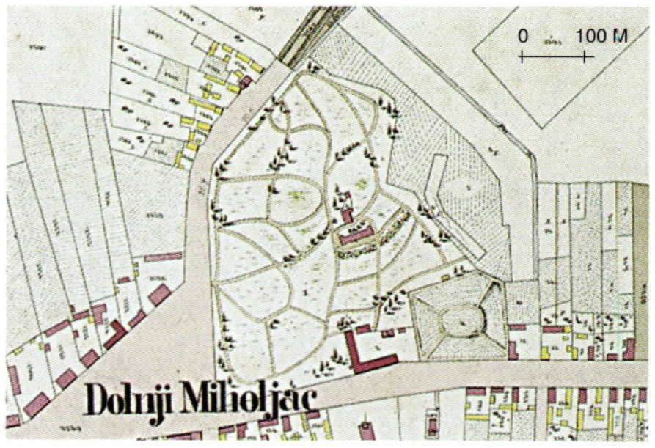

231

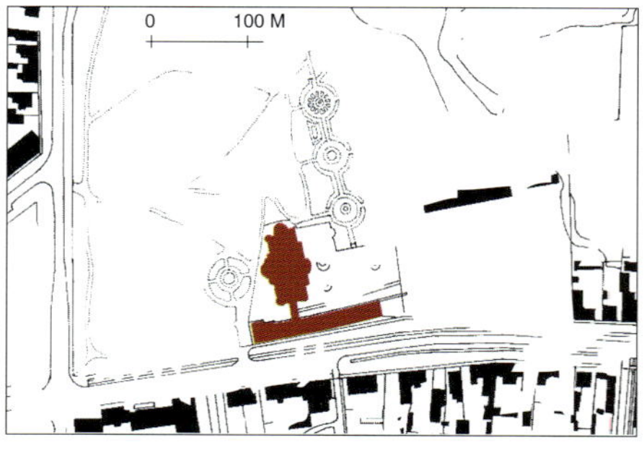

232

Bis zum Jahre 1885, bzw. solange Donji Miholjac im Besitz der Familie Hilleprand von Prandau war, lebten seine Herren grundsätzlich im Schloß von

233

234

Valpovo. In Donji Miholjac hielten sie sich bloß zeitweise auf. Der Grund dafür war, daß mit Donji Miholjac weit weniger Familienmitglieder verbunden waren als mit Valpovo. Lediglich Baron Karl Hilleprand von Prandau lebte, wenngleich nicht regelmäßig, in Donji Miholjac.

Obwohl Graf Mailáth das neue Schloß baute, wissen wir über seine Familie sehr wenig. Sie stammt aus Siebenbürgen, wurde 1885 in den ungarischen Grafenstand erhoben und besaß die Schlösser Gordany und Zavar in Ungarn, letzteres im Komitat Preßburg. Der letzte Besitzer von Donji Miholjac aus dieser Familie war Ladislaus Graf Mailáth (1862–1927), Sohn der Stephanie geb. Hilleprand und des Grafen Georg Mailáth. Ladislaus blieb kinderlos. Er stand dem Erzherzog-Thronfolger Franz Ferdinand nahe, der öfters zur Jagd hierher kam, zuletzt drei Monate vor dem Attentat von Sarajevo. Die Familie Mailáth lebt heute in Ungarn.[241] Ladislaus Mailáth verkaufte im Januar 1923 den ganzen Besitz an die Aktiengesellschaft „Podravina". Seither lebten die Brüder Philipp und Adolf Schlesinger, Direktoren der „Podravina", im Schloß. Schließlich wurde im Jahre 1938 Dr. Philipp Schlesinger Eigentümer. Wegen seiner jüdischen Abkunft wurde er im Jahre 1941 mit seiner Familie aus Donji Miholjac vertrieben.[242]

Karl Baron Hilleprand von Prandau war in der ersten Hälfte des 19. Jhs. nicht nur in Wien, sondern in der gesamten österreichisch-ungarischen Monarchie als Komponist sehr bekannt. Als Kind erhielt er von Mirko von Turanji aus Osijek Musikunterricht. Nach dem Besuch des Gymnasiums in Osijek studierte er in Preßburg Rechtswissenschaften und danach Musik und Kompositionslehre. Die Aufführungen seiner konzertanten Kompositionen waren in Wien von großem Erfolg begleitet, obgleich das dortige Publikum damals von der leichteren Muse eines Joseph Lanner berauscht war. Im Jahre 1848 komponierte er unter dem Eindruck der politischen Ereignisse und der Taten des berühmten Banus einen Jellachich-Marsch mit dem Titel „Hrvatska koračnica" (Kroatischer Marsch).[243]

235

230 OSTFRONT DES NEUEN SCHLOSSES, ANSICHTSKARTE, VOR 1918
231 KATASTERKARTE, 1862
232 KOPIE DER GEODÄTISCHEN KARTE
233 BLICK VON DER SCHLOSSTERRASSE IN DEN PARK, 1993
234 ZIERGARTEN MIT GARTENHÄUSCHEN, 1993
235 STIEGE IM PARK, 1993
236 GLASHAUS (ORANGERIE) IM PARK, 1993

236

Dugo Selo

Kurie Draskovich

Gespanschaft	Zagreb
Stadt	Dugo Selo
Kat.-Gmde.	Dugo Selo

Wenn man vom Zagreber Stadtzentrum mit dem Auto in Richtung Vrbovec und Bjelovar fährt, kommt man nach 20 Kilometern in die Stadt Dugo Selo. Sie liegt am Fuß des Hügels Martin Breg, auf dem sich die Ruinen der mittelalterlichen Martinskirche befinden. Im 14. und 15. Jh. gehörte das umliegende Land dem Templer- und dem Johanniterorden. Später wurde es dem nicht begüterten bzw. niederen Adel als Afterlehen gegen die Verpflichtung zu Kriegsdiensten vergeben.[244)] So war im 16. Jh. Gornje Selo (Ober-Dorf, Felsö Zela) im Besitz der Familie Isačić, während Donje Selo (Unter-Dorf, Álso Zela) Matthias von Schytaroczy (Šćitaroci) und seine Nachkommen besaßen. Beide Siedlungen wurden im 18. Jh. zur Ortschaft Dugo Selo vereinigt.[245)] Die besitzenden Adeligen waren in diesem Jh. die Familie Bužan sowie Georg von Petković, Joseph von Raffay und Johann von Zdenčaj.

Dugo Selo und Božjakovina waren von 1685 bis Ende des 19. Jhs. im Besitz der Grafen Draskovich (Drašković), bildeten zusammen eine Grundherrschaft und hatten somit in diesem Zeitraum eine gemeinsame Geschichte. (Siehe das Kapitel über Božjakovina.) Zur Teilung dieses Grundbesitzes kam es im Jahre 1882, als Theodor II. Draskovich zwei Drittel des Besitzes, samt dem Sitz in Božjakovina, verkaufte und das übrige Drittel (mit sehr fruchtbarem Boden) für sich behielt und in Dugo Selo das Gutszentrum einrichtete. Dieser Teil gehörte zu den Katastralgemeinden Dugo Selo und Prozorje und setzte sich aus Ackerland, Wiesen, Weingärten und Wald zusammen. Auch vier Häuser (Kurien) in Dugo Selo gehörten dazu.[246)] Anfang des 20. Jhs., als noch Graf Theodor II. das Gut verwaltete, umfaßte der Besitz 1.270 Hektar (2.210 Joch).[247)] Zwischen 1908 und 1914 wurden einige Grundstücke an Bauern verkauft, doch der größte Teil blieb bis 1945 im Besitz der Grafen Draskovich.[248)]

Vom einstigen kleinen Schloß – es ist eher eine Kurie – inmitten der Ortschaft Dugo Selo ist nur ein Teil übriggeblieben. Es handelt sich um einen zweistöckigen (dreigeschossigen) Zubau, um den die alte, aus Holz gebaute zweigeschossige Kurie in der 2. Hälfte des 19. Jhs. an ihrer Ostseite vergrößert wurde. An der Westseite erfolgte bereits in der 1. Hälfte des 19. Jhs. eine Vergrößerung, und zwar durch einen einstöckigen Zubau an die einstöckige alte Kurie. Der ganze einstöckige Teil des Gebäudes wurde nach 1955 abgerissen und in den sechziger Jahren an seiner Stelle ein kleines Hotel gebaut. Im zweistöckigen Teil befinden sich Wohnungen. Nordwestlich der Kurie entstanden neue Häuser.

237

237 Eines der Häuser der Grafen Draskovich in Dugo Selo
238 Grundriss des Obergeschosses
239 Grundriss des Erdgeschosses
240 Die Hauptfront (Südfront), Ansichtskarte, 1918
241 Der erhalten gebliebene dreigeschossige Flügel, 1993
242 Der erhalten gebliebene dreigeschossige Flügel, 1993

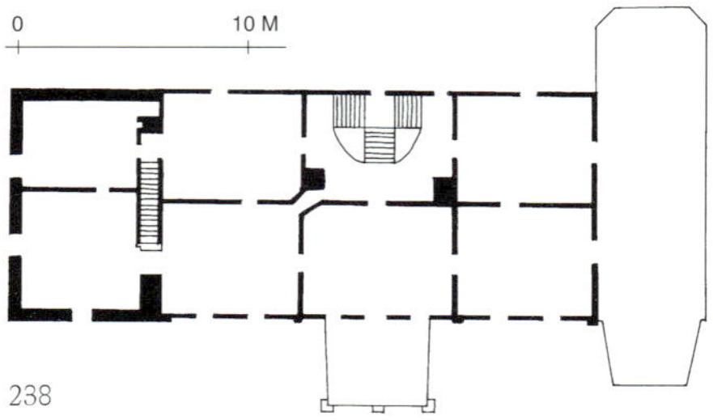

238

239

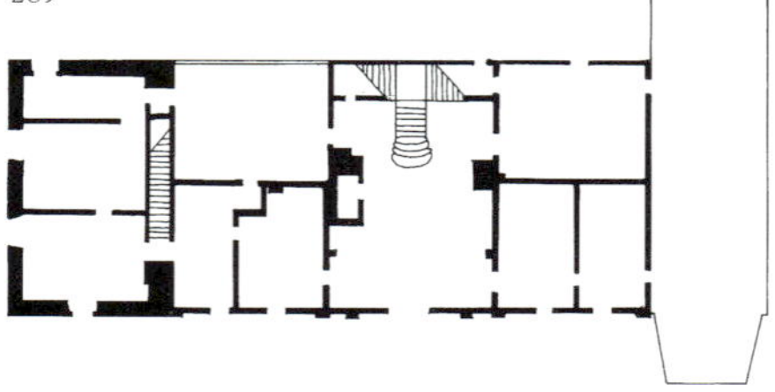

240

241

242

Der abgerissene Teil der Kurie hatte einen rechteckigen Grundriß von ca. 27 x 10 Metern, wobei die längere Front von Osten nach Westen verlief. Der westliche Teil der Kurie war gemauert (offensichtlich nachträglich, siehe die Mauerdicke im Grundriß, Abb. 238 und 239), ebenso auch der westliche zweigeschossige Teil. Die südliche Hauptfront hatte sieben Fensterachsen im Obergeschoß (drei im Bereich des Altans und je zwei links und rechts davon). Zwischen den beiden Geschossen verlief ein Gurtgesims (Abb. 240). Das Gebäude hatte ein Satteldach. Außer der Hauptstiege im alten Trakt gab es noch zwei Nebenstiegen. Im Erdgeschoß waren zwölf Räume, die große Eingangshalle mit der Hauptstiege eingeschlossen. Im Obergeschoß gab es sieben große Zimmer, weiters die Stiegenhalle sowie Neben- und Toilettenräume an der Nordfront. Der alte Teil der Kurie war in beiden Ebenen mit dem zweistöckigen (östlichen) Zubau verbunden (Abb. 240–242).[249)]

Stjepan Radić, der angesehene Führer der Bauernpartei, hat sich als junger Mann einige Zeit in der Kurie Dugo Selo aufgehalten, weil er einem der jungen Grafen (Johann oder Alexander) Unterricht erteilte. Der Schriftsteller Miroslav Krleža schreibt darüber in seinem Tagebuch: „Wir sind in Dugo Selo an den Trümmern des Drašković-Schlosses vorbeigekommen, wo Stipa (Stjepan Radić) ein Jahr als Hauslehrer von zwei Grafensöhnen verbrachte. Eines Tages brachte ich unserem Stipa einen Leiterwagen voll mit kroatischen Büchern zur unaussprechlichen Verwunderung der Gräfin, denn sie war überrascht, daß man in Kroatien kroatische Bücher druckt, noch dazu so viele, um einen Wagen anzufüllen, was Stipa in seinen Erinnerungen mit wahrlich ergreifend unschuldigem patriotischen Stolz hervorhebt.“[250)]

Vor der Südfront der Kurie befand sich ein kleiner Park (etwa 70 x 60 Meter), der wahrscheinlich in der ersten Hälfte des 19. Jhs. entstand. Auf der Katasterkarte von 1862 kann man in der Mitte eine elliptische Blumenanlage und vier strahlenförmige Fußwege erkennen. Heute ist dort inmitten von Dugo Selo der Stadtpark. Einst befand sich hier der malerische historistische Schloßpark und im Hintergrund der Kurie ein Landschaftspark, bestehend aus natürlichem Eichen- und Buchenwald, den ein Bach durchfloß. Dieser Park zog sich in einer Länge von 500 Metern nördlich der Kurie hin. Auch heute finden sich im Park solche alte Bäume.[251)]

Die letzten Inhaber der Herrschaft Dugo Selo (bis 1945) waren die Grafen Draskovich. Wir haben darüber auch schon im Kapitel über das Schloß Božjakovina gesprochen, wollen aber erwähnen, daß Graf Theodor I. (Abb. 243)[252)] und sein Bruder Johann Nepomuk[106)] die letzten Herren in Božjakovina aus dem Haus Draskovich waren. Theodor II. (Abb. 245)[253)], Sohn Theodors I., verkaufte 1882 den größeren Teil des Besitzes Božjakovina und behielt den kleineren Teil mit Dugo Selo als Familienbesitz. Theodor II. (1850–1906) wurde vom älteren Sohn Johann Janko II. (1876–1971; Abb. 246)[254)] beerbt. Dieser lebte in Dugo Selo bis zum Ende des Zweiten Weltkrieges und übersiedelte dann in die Schweiz, wo er auch starb. Seine beiden Töchter, Maria und Olga (Abb. 247), leben in der Schweiz. Sie sind die letzten Angehörigen des gräflichen Familienzweiges von Dugo Selo.

243

244

245

246

243 THEODOR I. DRASKOVICH
244 WAPPEN DER GRAFEN DRASKOVICH
245 THEODOR II. (LINKS) UND JOHANN JANKO II. DRASKOVICH
246 JOHANN JANKO II. DRASKOVICH
247 OLGA UND MARIA DRASKOVICH, TÖCHTER DES JOHANN JANKO II.

247

Die Familie Draskovich zählt zum alten Adel Kroatiens und stammt aus der Lika. Hiefür ist Juraj (Georg) I. nachweisbar, der um 1450 lebte. Wie aus dem Prädikat hervorgeht (Draskovich de Trakostjan/Trakošćan), besteht eine besondere Verbindung zur Burg Trakošćan in Zagorien. Die Familie besaß aber noch viele andere Schlösser, hauptsächlich in Nordkroatien, in der Steiermark, in Niederösterreich, in Ungarn und in der Schweiz. Im Gebiet von Varaždin besaßen die Draskovich neben Trakošćan auch Klenovnik sowie Vinica und Opeka mit Zelendvor. Im Gebiet von Križevci waren es die Grundbesitze Veliki Bukovec, Bisag und Hraščina, im Umfeld von Zagreb Brezovica, Božjakovina und Dugo Selo und im Bezirk Karlstadt das Schloß Rečica. Die Familie erhielt 1569 das Baronat und wurde 1631 in den Grafenstand erhoben. Viele ihrer Angehörigen spielten in der Geschichte Kroatiens, Österreichs und Ungarns eine bedeutende Rolle. Die Würde eines Banus hatten Georg II., Johann II., Johann III. und Johann V. inne. In der Generalität war die Familie vertreten durch Kaspar I., Johann II., Johann III., Johann IV. und Johann V., Joseph Kasimir (1714–1765) und andere. Johann III. bekleidete als einziger Kroate das höchste Amt im Königreich Ungarn, die Würde eines Palatins (Reichsverweser bzw. Vizekönig). Georg II. (1515–1587) und Georg IV. waren Erzbischöfe bzw. Bischöfe verschiedener Diözesen, darunter Agram und Kálocsa. Georg II. wurde 1586 zum Kardinal ernannt. (Näheres über dieses Geschlecht findet sich im Buch „Schlösser und Gärten des Kroatischen Zagorje".)[255]

Um die Mitte des 19. Jhs. blühte das Geschlecht in vier Zweigen auf. Deren Träger waren Theodor I., Karl I., Georg V. und Franz III.; Theodor I. (1818–1852) fiel die Herrschaft Božjakovina-Dugo Selo zu, Karl I. (1807–1855) Bisag und Veliki Bukovec. Der Zweig des Georg V. (geb. 1803) erlosch mit ihm. Er war Herr von Trakošćan, Klenovnik und Čalinec. Ein gleiches Schicksal betraf den Zweig des 1857 verstorbenen Franz III. Durch die Ehe seiner Tochter Ferdinandine mit dem Grafen Markus von Bombelles (1852) gelangten Opeka und Zelendvor an die Familie Bombelles, die beide Güter bis zum Ende des Zweiten Weltkrieges besaß. Georg V. renovierte Trakošćan. Da sein Sohn Philipp in jungen Jahren starb, hinterließ er seinem Neffen Johann IX. (Sohn von Karl I.) sein Vermögen. Dessen Sohn, Johann X. Peter (1916–1993), lebte bis 1945 auf Trakošćan. Er blieb kinderlos. Johann IX. (1844–1910), der Trakošćan erbte, hatte drei Brüder: Paul II. (1846–1889) in Veliki Bukovec, Joseph VI. (1849–1912) in Bisag und Georg VI. (1851–1897), der das Vermögen in Ungarn erbte. Joseph VII. (Sohn Josephs VI.) verkaufte Anfang des 20. Jhs. Bisag einer ungarischen Bank, woraufhin der Besitz abverkauft wurde. Paul II. hinterließ Veliki Bukovec Paul III. (1884–1959), der im Lauf des Zweiten Weltkrieges nach Österreich übersiedelte, wo seine Nachkommen auch heute leben.[256] Der Sohn Pauls III., Dr. Karl Graf Draskovich, sowie dessen Sohn Nikolaus sind die letzten männlichen Mitglieder der Familie Draskovich de Trakostjan.[257] Dr. Karl Draskovich war der erste kroatische Adelige, dem es gelang, Familienbesitz zurückzuerhalten, und zwar das Schloß Veliki Bukovec, 45 Jahre nach dem Zweiten Weltkrieg. Dieser auf Karl Draskovich zurückgehende Familienzweig ist heute der einzige mit männlichen Nachkommen.

Djurdjevac (St. Georgen)

Kastell und Festung

Gespanschaft	Koprivnica-Križevci
Stadt	Djurdjevac
Kat.-Gmde.	Djurdjevac

Die wohlerhaltene kulturelle und historische Tradition dieser Stadt ist mit ihrer Festung engstens verknüpft. Im Mittelalter war sie ein Adelssitz vom Typ einer Wasserburg. Daß sie sich bis heute erhalten hat, ist auf die Türkengefahr zurückzuführen. Aufgrund dieser Situation und der geographischen Lage wurde sie ab dem 16. Jh. entsprechend instand gehalten. Sie entging auch der Umwandlung in ein modernes „Schloß", weil sie, selbst nach Ende der Türkengefahr und nach Verlust der Stellung als Grenzfestung, ein militärischer Stützpunkt blieb. Diese militärische Bedeutung, die sich auf die Stadt übertrug, zeigt sich darin, daß hier für mehrere hundert Jahre das „St. Georgener Grenzerregiment" stationiert war (bis zur Auflösung der Militärgrenze im Jahre 1871).

St. Georg/St. Georgen war von alters her der Name für die Ansiedlung, die Festung (Kastell) und die Pfarrkirche. Die Siedlung wurde erstmals in einer Urkunde des Königs Béla IV. aus dem Jahre 1267 erwähnt, die Kirche in einem Pfarrverzeichnis des Agramer Bistums vom Jahre 1334. Der Stadtname Djurdjevac leitet sich unmittelbar vom kroatischen Wort Juraj bzw. Jurjevec ab und bezieht sich auf den hl. Georg als Schutzpatron. Die ungarischen Bezeichnungen waren Szenth-Györgh, Szenth Györghwára und Séntvárin.[258]

248

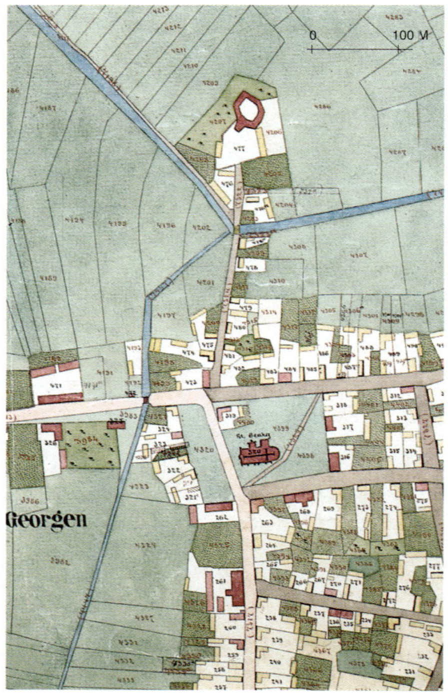

Djurdjevac befindet sich in der Drauebene (Podravina), 25 km von Koprivnica und Bjelovar entfernt. Die von der alten Festung (Stari grad; Kastell) etwas abgelegene Siedlung war immer ärmlich. Im 16. und 17. Jh. wurde sie häufig von den Türken heimgesucht. Zur Festung führte eine Brücke, die den 326 Schritt breiten morastigen Burggraben überspannte (Abb. 249, 251) und über die sich die Einwohner in die Burg retten konnten. Als der Graben in der ersten Hälfte des 19. Jhs. ausgetrocknet wurde, entstand an dieser Stelle eine Straße. Unter dem Einfluß der militärischen Garnison dehnte sich die Siedlung im 18. und 19. Jh. erheblich aus.[259] Die Festung ist dennoch nach wie vor von einem breiten Gürtel von Wiesen und fruchtbaren Feldern umgeben.

Über die Entstehungszeit der alten Festung (Stari grad) gehen die Meinungen der Historiker auseinander. Einige setzen dafür die erste Hälfte, andere die zweite Hälfte des 14. Jhs. an. Eine weitere Theorie geht davon aus, daß mit dem Bau erst nach 1478 begonnen wurde und die Fertigstellung im Jahre 1488 erfolgte. Den Anhaltspunkt dafür liefert eine Steintafel mit dem Wappen und dem Namen des 1498 verstorbenen Bischofs von Pécs (Fünfkirchen), Sigismund Ernušt de Csáktornya (Čakovec), der Besitzer von Djurdjevac war.[260] Im Hin-

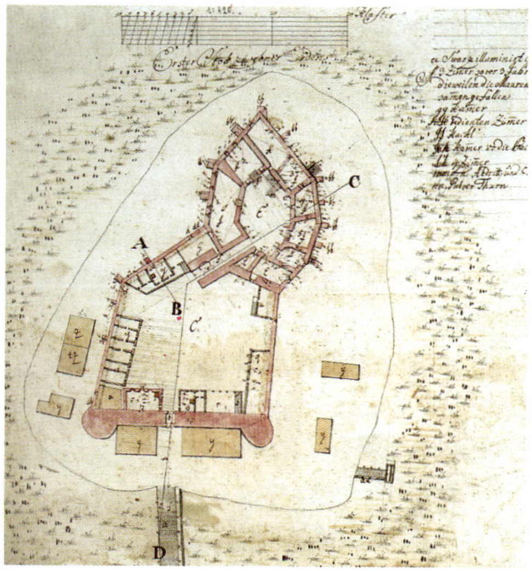

249

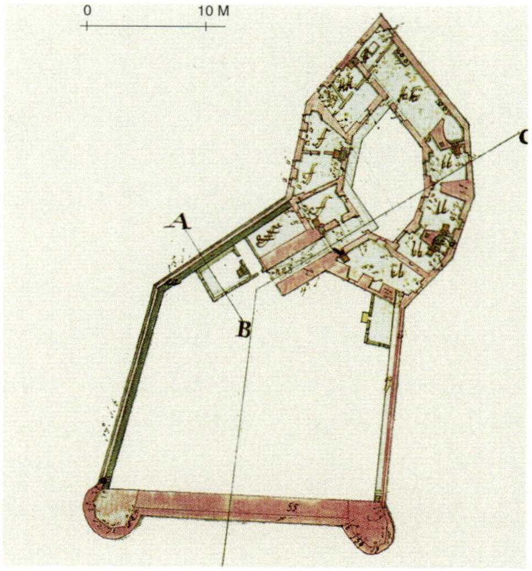

250

251

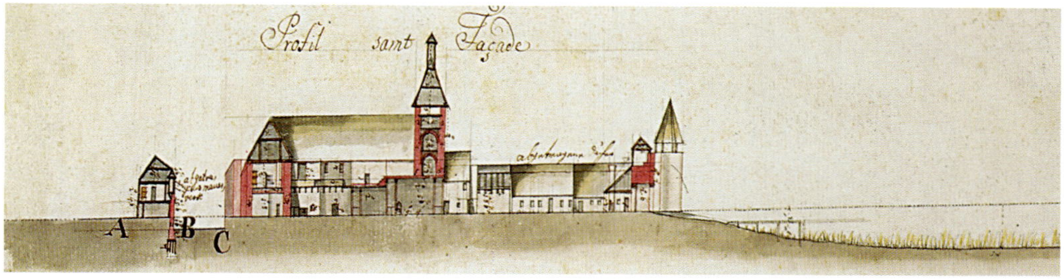

248 KATASTERKARTE, 1868
249 GRUNDRISS DES UNTERGESCHOSSES DER FESTUNG, ENDE 18. JH.
250 GRUNDRISS DES OBERGESCHOSSES, ENDE 18. JH.
251 QUERSCHNITT DER FESTUNG, ENDE 18. JH.
252 SÜDFRONT, 1993
253 STEINTAFEL VON 1488 MIT WAPPEN UND NAMEN DES BISCHOFS ERNUŠT, 1993

252

253

blick auf die unterschiedlichen geschichtlichen Daten besteht die Möglichkeit, daß das alte Kastell an einem anderen Platz stand als „Stari grad". Neuere archäologische Untersuchungen sollen die Unsicherheiten beseitigen, aber sie wurden noch nicht zu Ende geführt.[261)] Sicher ist nur, daß „Stari grad" als Sitz einer feudalen Grundherrschaft entstand, nicht aber als „Burg" vor Entstehung der Siedlung. Die erwähnte Steintafel (Abb. 253)[262)] mit der Jahreszahl 1488 weist sicherlich darauf hin, daß „Stari grad" damals jenes Aussehen erhielt, das sich in der Folge nicht wesentlich änderte.

Die (innere) Festung ist im Grundriß polygonal. Sie verfügt über ein Obergeschoß, einen Innenhof und einen dreigeschossigen Torturm. Die endgültige Gestaltung erfuhr sie um die Mitte des 16. Jhs. In die Räume des Obergeschosses gelangte man über die Galerien (Wehrgänge). Im Norden der Festungsanlage befand sich der älteste Teil des Kastells. Er entsprach noch dem System der mittelalterlichen Burg, mit Bergfried, Palas etc. Daran wurden zunächst der West- und Ostflügel und später weitere Flügel und Bauwerke hinzugebaut, so daß das Kastell die Form eines unregelmäßigen Achtecks erhielt.[263)] Eine Beschreibung stammt aus dem Jahre 1549.[264)] Sie ist im Bericht des um diese Zeit auch in Graz und Warasdin (Varaždin) tätigen italienischen Festungsbaumeisters Domenico dell'Allio enthalten. Seinen Anregungen entsprechend, wurden in Anbetracht der Türkengefahr die unbrauchbaren Teile abgerissen und in kurzer Zeit durch zeitgemäße Anlagen ersetzt und erweitert, so daß man ab nun von einer „Festung" sprechen konnte.

Einen analogen Bericht samt Skizze und einem Vorschlag für bauliche Verbesserungen lieferte im Jahre 1657 der Oberbaumeister Martin Stier. Er war offenbar aus Graz oder Wien nach Kroatien geschickt worden, um Vorschläge für Verbesserungen von veralteten Festungen einzubringen. Unter seinen Skizzen über eine Reihe von Festungen befindet sich auch eine von „Stari grad" (Djurdjevac).[265]

Das Kastell von Djurdjevac hat viele Inhaber zu verzeichnen. Auch die Funktion des Kastells wechselte, wodurch die Architektur beeinflußt wurde. In der ersten Phase, die bis zum Jahre 1546 währte, war das Kastell Sitz einer Grundherrschaft. Anschließend, und zwar bis zum Frieden von Karlowitz (1699), der die Befreiung fast ganz Slawoniens von den Türken besiegelte, erhielt die Festung im Rahmen des Warasdiner Grenz-Generalates eine entsprechende Position. Dann aber, durch die Verschiebung der Grenze nach Osten und zur Save, ging die Grenzfunktion verloren, doch Djurdjevac blieb, wie erwähnt, ein vom Militär dominierter Platz. Erst nach der Auflösung der Militärgrenze (1871) wurde die Festung ziviler Nutzung überlassen.

254 „FENSTER" IM OBERGESCHOSS ZUM INNENHOF, 1993

Verfolgen wir nun die Ereignisse bis zum Jahre 1546: Vom 14. bis zur Mitte des 16. Jhs. war die Grundherrschaft Djurdjevac der weitläufigste Besitz innerhalb der Gespanschaft Križevci. In der ersten Hälfte des 14. Jhs. belehnte Karl I. Robert von Anjou (1301–1342) den Banus Mihaljević mit Djurdjevac. Nach dessen Tod ging sie auf seine Erben, schließlich auf den Enkel Stjepan Prodavić über. Diesem entzog aber König Sigismund von Luxemburg 1397 den Besitz und übergab ihn im Jahre 1401 dem ungarischen Palatin Dietrich Bebek, schließlich 1426 wiederum einem Nachkommen des Banus Mihaljević, Nikolaus Prodavić. Über Auftrag des Königs entzog der Banus Hermann II. Graf von Cilli im Jahre 1435 dem Nikolaus Prodavić wieder den Besitz und belehnte damit die Brüder Matthias und Petrus Thallóczy (Talovac). Nach dem Tod des Banus Matthias Thallóczy im Jahre 1445 besetzte Hermann von Cilli mit seinem aus Böhmen stammenden Feldhauptmann Jan Witowetz (Vitovec, Vitnedy) die Burg. Doch der berühmte ungarische Held Johann Hunyadi besetzte schon im folgenden Jahr Djurdjevac und übergab die Herrschaft dem slawonischen Banus Johann Székely. Die Grafen von Cilli haben wiederholt Djurdjevac eingenommen. Der letzte Graf dieses Geschlechtes, Ulrich II. († 1456), übertrug sein Vermögen seiner Frau Katharina (Branković), die die Grundherrschaft Djurdjevac im Jahre 1461 dem Jan (Johann) Witowetz verkaufte. Im Jahre 1465 fiel die Herrschaft als königliches Gut Matthias Corvinus zu, dem Sohn des Johann Hunyadi. Laut einer in Ofen im Jahre 1477 ausgestellten Urkunde vergab König Matthias Corvinus die Herrschaft dem schon erwähnten Bischof von Pécs, Ernušt de Csáktornya.[266] Mit Kaspar Ernušt starb diese Familie im Jahre 1541 aus, woraufhin der Banus Peter Keglevich (Vater von Kaspars Witwe Anna) vom ganzen Ernust-Vermögen Besitz ergriff. Peter Keglevich hielt sich bis 1546 im Besitz dieser Güter. Doch dann wurde er über Auftrag König Ferdinands I. vom Banus Nikolaus (Miklós) Zrinyi in Csáktornya gefangengenommen. Ebenfalls über königliche Anordnung wurden die Kastelle Djurdjevac, Koprivnica und Virje vom Befehlshaber (Kapetan) der in Aufbau befindlichen „kaiserlichen Militär-

255 WESTFRONT, 1993

256 BLICK VON SÜDWESTEN ZUM TORTURM, 1993

257

258

259

260

261

257 DETAIL DES INNENHOFES MIT WEHRGANG (GALERIE), 1993
258 DETAIL DES INNENHOFES (SÜDWESTEN), 1993
259 TORTURM, 1993
260 WESTFRONT MIT TORTURM, 1993
261 „FENSTER" ZUM INNENHOF, 1993
262 TOR IM NORDTURM, 1993

262

grenze", Baron Lukas Székely, übernommen. Mit diesem Akt endet die Geschichte von Djurdjevac als Sitz einer Grundherrschaft.[267)]

Seit der Eroberung von Virovitica durch die Osmanen im Jahre 1552 spielte Djurdjevac eine wichtige Rolle bei der Verteidigung Kroatiens und des Habsburgerreiches. Nun wurde es ein wichtiger Punkt in der Verteidigungslinie. Das Umland wurde zwar nahezu entvölkert und verödete, aber das Kastell hielt allen Angriffen stand und wurde von den Türken niemals erobert. Die heftigsten Kämpfe bei Djurdjevac ereigneten sich zwischen den Jahren 1552 und 1586.[268)] Damals entstand auch eine Legende, die den Namen Djurdjevac rasch bekannt machte. Sie bezog sich auf die Belagerung des Kastells im Jahre 1552 durch Ulama-beg, der bereits die Tage zählte, bis den Verteidigern jegliche Nahrung ausgehen würde. Doch diese bedienten sich einer List. Sie schossen aus ihren Kanonenrohren Hühner gegen die angreifenden Türken, um sie davon zu überzeugen, daß das Kastell wohlversorgt sei. Die List hatte Erfolg, die Türken zogen ab. Daher stammt der Name „Picoki" für die Einwohner von Djurdjevac, weil sie in ihrer landläufigen Sprache zu einem Huhn „picok" sagen.

Die Sorge um die Festung oblag seit 1546 dem König, faktisch der kaiserlichen Militärverwaltung. Der kroatische Landtag (Sabor) bzw. der Adel war lediglich zur Stellung von Arbeitskräften für Reparaturen etc. verpflichtet. Der kroatische Landtag ordnete mehrmals Arbeiten beim Kastell von Djurdjevac an. Von der Mitte des 16. bis zur Mitte des 17. Jhs. erfolgten bedeutendere Bauarbeiten. Vermutlich in der Bauphase „dell'Allio" verschwanden die großen dreigliedrigen spätgotischen Spitzbogenfenster, um durch Schlitze (Abb. 261) ersetzt zu werden. Das Besondere war aber, im Vergleich zum Kastell, die Errichtung eines großen „äußeren Verteidigungshofes" in Form eines unregelmäßigen Vierecks. Dazu kamen zwei Ecktürme an der Südwestfront (Abb. 249 und 250). Sie waren gegen die Siedlung hin gerichtet, deckten aber in erster Linie den Zugang. Der neue Hof diente zur Verteidigung, aber infolge der erreichten Größe konnte er auch als Zufluchtsort verwendet werden. Die Festung wurde bis zum 19. Jh. in gutem Zustand gehalten, die „Vorfestung" allerdings im 19. Jh. abgerissen. Nun endete die Festungsphase von „Stari grad".[269)]

Nachdem das Militär gegen Ende des 19. Jhs. die ehemalige Festung verlassen hatte, wechselten sowohl Verwendungszweck als auch Bewohner des Gebäudes. Von 1892 bis 1909 betrieb der Orden der Barmherzigen Schwestern eine Mädchenschule. Danach diente die Festung wiederum als Kaserne. Zwischen den beiden Weltkriegen war sie Versammlungs- und Veranstaltungsort und beherbergte gewerbliche Werkstätten, 1928 wurde sie zu einer Volksschule. Nach dem Zweiten Weltkrieg war bis 1967 die Genossenschaft der Tischler und Korbwarenerzeuger untergebracht, dann Ämter, die Volkshochschule und verschiedene Genossenschaften. Im Jahre 1984 schließlich kam es zu einer Generalsanierung und Revitalisierung, die im wesentlichen auch gelang.[270)] Zur Zeit befinden sich im Erdgeschoß ein Restaurant, ein Weinkeller und ein Festsaal, im Obergeschoß eine Bildergalerie, das Museum von Djurdjevac und eine Rundfunkstation. In der Mansarde wurde 1997 eine kunstgewerbliche Galerie eröffnet, die vom Maler Ivan Lacković-Croata gestiftet wurde.

Erdut

Schloss Adamovich / Cséh

Gespanschaft	Osijek-Baranja
Gemeinde	Erdut
Kat.-Gmde.	Erdut

Im Mittelalter war Erdut ein befestigter Adelssitz, später Mittelpunkt einer Grundherrschaft. Heute ist es ein Dorf im äußersten Osten Kroatiens, in erhöhter Lage am rechten Donauufer, wo dieser Fluß zwischen Aljmaš und Dalj in mäanderförmigen Schlingen verläuft. Erdut wurde erstmals gegen Ende des 14. Jhs. erwähnt, und zwar bereits als Besitztum, und seit der Mitte des 15. Jhs. als befestigte Siedlung *(oppidum)*. Gegründet wurde sie wahrscheinlich von Leuten, die aus Ungarn kamen. Dafür sprechen zumindest die ungarischen Ortsbezeichnungen Erdöut, Erdewd und Erdöd, was soviel wie „waldiger Weg“ bedeutet.

Als Inhaber des Besitztums wurden im 15. Jh. ein Titularpropst und die Familie Bánffy aus Donja Lendava erwähnt. Nach der türkischen Okkupation (1526–1687) war Erdut zunächst unter Militärverwaltung, dann unter Verwaltung der Hofkammer. Damals verfügte es nur über 18 Haushalte und war der Stadt Osijek angeschlossen. Am 23. Februar 1730 gelangte Erdut durch Schenkung Kaiser Karls VI. (samt den Dörfern Sarvaš, Tenje, Dopšin, Hrastin, Koprivna und Laslovo) an den Hofkammerrat Baron Johann Baptist Maximilian von Zuana, wodurch die Grundherrschaft begründet wurde. 1746 verkaufte dessen Witwe dem Palatin Johann Graf Pálffy de Erdöd den Besitz, der ihn 1785 an Johann Kapistran I. von Adamovich weiterverkaufte. Damals umfaßte die Grundherrschaft die Einzelbesitze Erdut, Aljmaš, Tenje und Sarvaš sowie in der Bacska (Bačka) die Besitze St. Laurentius und Novo selo. Einem Vorkaufsvertrag von 1778 zufolge hatte Johann Kapistran I. 340.000 Gulden zu zahlen. Sarvaš wurde bald an Johann von Kovač verkauft, die beiden in der Bacska gelegenen Besitze erwarb Nikolaus von Cséh. Durch die Eheschließung der Franziska von Adamovich[271] mit Erwin Cséh[272] de Szent Katolna (Abb. 263 und 265) in der zweiten Hälfte des 19. Jhs. entstand Miteigentum dieser beiden Familien an Erdut, so daß an der Wende zum 20. Jh. Erwin von Cséh und die Familie von Adamovich als Eigentümer aufschienen. Den Besitz erbte dann Irene von Cséh, die bis 1973 in Erdut lebte.[273]

Die Grundherrschaft Erdut zählte zu den größeren Slawoniens. Zur Zeit des Barons Zuana verfügte sie über 60 Ansässigkeiten mit 263 Untertanen.[274] 1736 gab es 328 Haushalte, 1.072 Joch Ackerland, 518 Pferde, 361 Arbeitsochsen, 450 Kühe und Jungrinder, 653 Schafe und Ziegen, 614 Schweine und 102 Bienenstöcke.[275] Zur Zeit des Johann Kapistran II. von Adamovich (1802–1876) wurde

263

264

263 ERWIN CSÉH IN JUNGEN JAHREN
264 SÜDWESTLICHE FRONT (HOFFRONT), 1997
265 ERWIN CSÉH

265

Erdut mit dem Besitz Čepin (Csepin) vereinigt, woraus sich im Jahre 1848 138 Ansässigkeiten ergaben.[276] Erwin Cséh und Johann Adamovich waren im Jahre 1902 die Eigentümer. Sie verfügten über 1.011 Hektar (ca. 1.757 Joch), und zwar 337 ha Felder, 11 ha Gärten, 51 ha Wiesen, 46 ha Weingärten, 115 ha Weideland und 450 ha Wald. Unter den landwirtschaftlichen Produkten nahm der Wein eine besondere Stellung ein.[277]

Das am Ostrand der Siedlung von Erdut, gegenüber der katholischen Allerheiligenkirche, neben einigen Wirtschaftsgebäuden gelegene Schloß ist nicht zu übersehen. Wann es genau erbaut wurde, ist unbekannt. Dies trifft auch auf die Wirtschaftsgebäude, einschließlich eines großen Weinkellers, zu. Das ziemlich bescheiden gestaltete Schloßgebäude hatte ursprünglich die Form eines langgestreckten Rechtecks mit den Maßen von 49 x 12 Metern, wie man den Katasterkarten aus 1862 und 1889 entnehmen kann. Es verfügte nur über ein Erdgeschoß. Offensichtlich wurde es gegen Ende des 18. oder in der 1. Hälfte des 19. Jhs. erbaut. Im Verlauf einer gründlichen Renovierung, die vermutlich gegen Ende des 19. Jhs. stattfand, errichtete man auch einen Zubau. Folglich änderte sich die Grundrißform, aber gleichzeitig erhielten die Fassaden historistischen Charakter. An der Südwestecke des alten rechteckigen Schlosses wurde ein achteckiger Turm errichtet, und beim Eingang an der Südwestfront entstand ein laubenartiger Vorbau. Die Zubauten bestanden in einem bescheiden vorspringenden Flügel an der Südostecke und in der Errichtung eines Obergeschosses an der Nordostfront.[278]

Gleichzeitig mit der Umgestaltung des Schlosses wurde am Platz eines vor der Südfront gelegenen Gartens ein kleiner historistischer Park im Umfang von 0,7 Hektar geschaffen. Anfang des 20. Jhs. war er mit Blumen, Sträuchern und

266

267

268

269

270

271

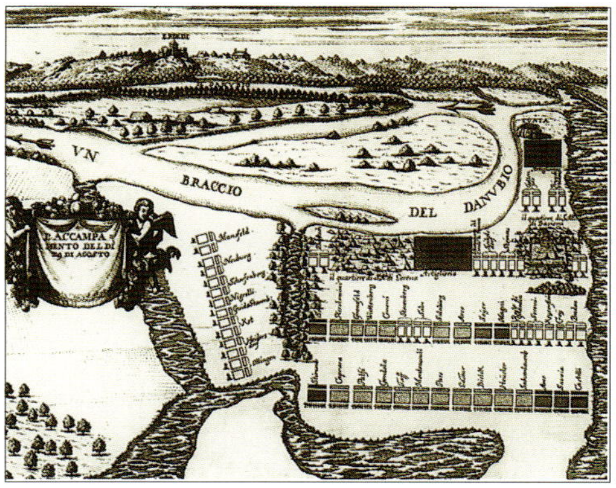

272

266 EINGANG ZUM SCHLOSS, 1970
267 NORDWESTFRONT, ANSICHTSKARTE, VOR 1918
268 KOPIE DER KATASTERKARTE, 1863 (1889)
269 WAPPEN DER FAMILIEN ADAMOVICH UND CSÉH ÜBER DEM EINGANG IN DEN FESTUNGSTURM, 1976
270 RUINEN DER MITTELALTERLICHEN FESTUNG
271 ERDUT IM JAHRE 1608
272 AUFSTELLUNG DER KAISERLICHEN TRUPPEN VOR ERDUT, 2. HÄLFTE 17. JH.

verschiedenen Bäumen dicht bepflanzt. Aus dieser Zeit haben sich einige Teile des Parks erhalten. Nördlich des Schlosses, dort, wo man über die Donau blicken kann, verlaufen in rechtem Winkel angelegte Weingärten.[279)]

Von Bedeutung sind in Erdut die Reste der alten Burg. Zu erwähnen ist, daß am 12. November 1995 in Erdut zwischen Kroatien und der Bundesrepublik Jugoslawien ein Vertrag geschlossen wurde, der im Rahmen der Beendigung des „Vaterländischen Krieges“ die faktische serbische Okkupation des östlichen Teiles von Slawonien aufhob und eine zweijährige Übergangsverwaltung durch die „Vereinten Nationen“ vorsah. Von der alten Burg, die bereits aus Ziegeln gebaut wurde, sind noch zwei Türme zu sehen. Der wohlerhaltene und unverändert gebliebene Rundturm ist dreigeschossig und zeigt eine nach außen gewölbte glatte Mauerkrone. Der quadratische Turm war wahrscheinlich der Hauptturm. 1891 wurde er zwecks Aufnahme einer Gruft für die Familien Adamovich und Cséh umgestaltet. So wurde er um ein Geschoß verringert und an der Südwestecke der neuen zinnenbewehrten Mauerkrone ein Türmchen errichtet. Der Südfront fügte man ein Portal, an dem man auch die beiden Familienwappen unterbrachte,[280)] mit einer „nachempfundenen“ Zinnenverzierung hinzu.

Feričanci

Kurie Mihalovich

Gespanschaft	Osijek-Baranja
Gemeinde	Feričanci
Kat.-Gmde.	Feričanci

Das Dorf Feričanci liegt am Fuß der nördlichen Hänge des Papuk und des Krndija an der durch das Drautal führenden Hauptstraße, zehn Kilometer westlich von Našice. Hier befand sich seit dem 18. Jh. bis zum Beginn des 20. Jhs. eines der beiden Verwaltungszentren des herrschaftlichen Besitzes Orahovica-Feričanci. An die einstige große Musterwirtschaft erinnern zwei kleine Schlösser: eines in Feričanci, das andere im nahe gelegenen Orahovica.

Die Grundherrschaft Orahovica-Feričanci ist dadurch entstanden, daß die Barone Pejácsevich im Jahre 1730 die voneinander völlig getrennten Grundbesitze Orahovica und Feričanci käuflich erwarben, und zwar vom Grafen Caspar de Cordua et Alagon bzw. vom Baron Franz Anselm Fleischmann, der kaiserlicher Geschäftsträger am Hof des Sultans gewesen war. Nun entstand ein vereinigter Grundbesitz, der allerdings zwei Verwaltungssitze hatte. Von 1742 bis zum Jahre 1918 gehörte der Gesamtbesitz der Familie Mihalovich (Mihalović de Oravicza et Görcson), die im Text über Orahovica näher beschrieben wird. Mit einem Umfang von 400 km^2 war dieser Grundbesitz einer der größten Slawoniens. Rund hundert Jahre zuvor, nämlich 1736, wurde anläßlich einer amtlichen Aufnahme der Dörfer und Haushalte das vergleichsweise Übermaß dieser Grundherrschaft festgestellt. Zu ihr gehörten 431 Haushalte und an beweglichem Vermögen 485 Pferde, 483 Arbeitsochsen, 1.001 Kühe, 568 Schafe bzw. Ziegen, 1.912 Schweine und 231 Bienenkörbe; weiters 59 Wassermühlen, 1.582 Joch Ackerland, 95 Joch Zwetschkengärten, 301 Rigolen Weingärten und 1.005 „Mähgründe“. Auch ringsum gab es große Grundherrschaften: im Westen Virovitica, im Norden Valpovo, im Osten Našice und im Süden Kutjevo. Zur Grundherrschaft Orahovica-Feričanci gehörten im Jahre 1720 exakt 83 Ansässigkeiten, zwei Jahre später 102, und 1726 und 1745 waren es 94 Ansässigkeiten mit 550 Untertanen (Kmeten). Innerhalb des Besitzes Orahovica entfielen im Jahre 1848 auf Emmerich (Mirko) und Karl Mihalovich 102 Ansässigkeiten, auf Ignaz Mihalovich 39, auf Ladislaus und Stephan Delimanić 27 und auf Theresia Mihalovich 14 Ansässigkeiten. Auf Feričanci (Peter und Karl Mihalovich) gab es damals 139 Ansässigkeiten. Zum Gesamtbesitz zählten im Jahre 1745, außer dem Markt Orahovica, folgende Dörfer: Zdenci, Bare, Kutovi, Predrijevo, Crnac (Črnac), Suha Mlaka, Bokšić, Mikleuš (Miklos), Čačinci, Gazi, Feričanci, Jošava, Brezovljani, Šumci, Kačevica, Gornja und Donja Pistana (Bistanja), Kraina (Krajna), Klokočak (Klokočevik), Bazje und Miljevci. Außerdem gab es nicht besiedelte Ansässigkeiten, und zwar: Dreg, Boršinci, Nagadinovac, Penić, Gradinac,

273 Hofseitige Nordfront, 1993
274 Südfront (Strassenfront), 1997
275 Eingang in die Kurie, 1993

273

274

275

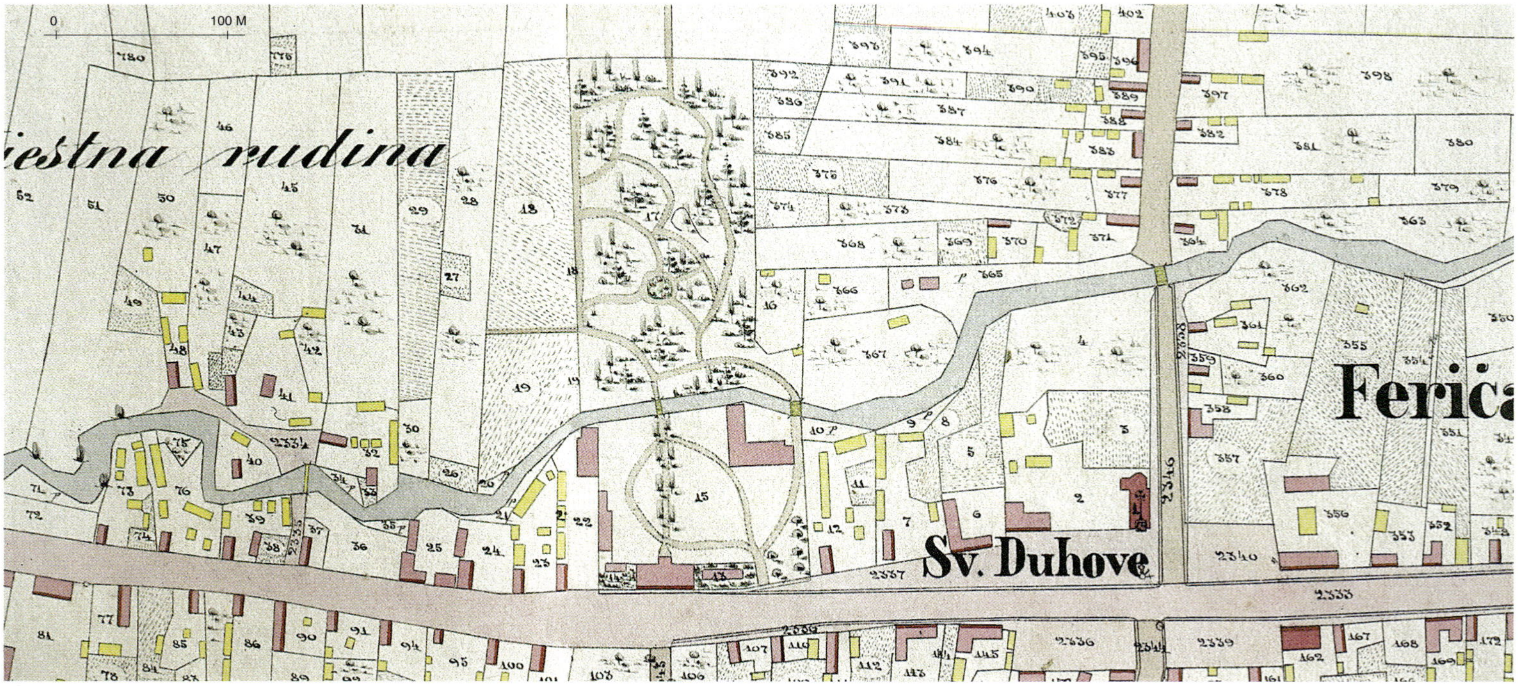

276

277

278

Ražanac, Stružanci, Klenje, Dolinci, Proklivan (Prokljuvan), Pojatnjak, Solkovo selo, Jasvanac, Rajno polje und Obradovci.[281)]

Die Kurie steht in dem langgestreckten Dorf Feričanci, und zwar an der Hauptstraße Podravska Slatina–Našice, etwa 250 Meter westlich der Pfarrkirche Zum Heiligen Geist. Als dieses Buch verfaßt wurde, war sie verlassen und vernachlässigt. Äußerlich erinnerte sie eher an eine Dorfschule als an das, was sie dereinst repräsentierte. Das ist nicht verwunderlich, war doch für Jahrzehnte nach dem Zweiten Weltkrieg darin tatsächlich eine Schule untergebracht, so daß das Gebäude entsprechend verändert wurde. Nachdem die Schule in den siebziger Jahren diese Unterkunft aufgab, wurde die Kurie abermals baulich verändert, und zwar als Wohngebäude für bedürftige Familien.

Es ist nicht bekannt, wann genau die Kurie erbaut wurde. Falls dies bereits im 18. Jh. geschah, so muß sie im Laufe des 19. Jhs. einer gründlichen Renovierung unterzogen worden sein. Die Katasterkarte aus dem Jahre 1862 (Abb. 276) stimmt mit dem Erscheinungsbild von heute überein: Rechteckiger Grundriß mit den Maßen 32 x 14 Meter mit einem zum Park gerichteten Altan. Die südseitige Hauptfront der Kurie ist gegen die Hauptstraße gerichtet, weist aber keinen Vorgarten auf. Der Eingang erfolgt vom Hof an der Nordseite. Die Fassaden des zweigeschossigen, mit einem (Voll-)Walmdach ausgestatteten Gebäudes sind einfach gestaltet. An der Südseite befinden sich neun, an der Nordseite sieben und an den beiden Seitenfronten je drei Fensterachsen. Die Südfront weist einen über drei Fensterachsen reichenden flachen (seichten) Risalit auf.[282)]

Als Karl von Mihalovich[500)] in den achtziger Jahren des 19. Jhs. in Zagreb das Haus Demetriusstraße 5 kaufte, brachte er die Inneneinrichtung aus der Kurie Feričanci, wo er sich oft aufgehalten hatte, nach Zagreb. Unter den Möbeln gab es gewichtige maria-theresianische Schränke, riesige Betten (darunter auch einige Himmelbetten), Barockkommoden, Sekretäre und Tische. Darunter befanden sich auch Möbel aus dem 19. Jh., die, wahrscheinlich als Mitgift, Karls Gattin Franziska geb. Schaffgotsch aus Schlesien nach Feričanci gebracht hatte. Nach Zagreb wurden auch viele Familienporträts gebracht. Unter den Bildern befand sich eines, das Franziska von Mihalovich geb. Gräfin Schaffgotsch als junge Frau in Lebensgröße darstellte. Im Hintergrund des Bildes war die Kurie, in barocker Manier gemalt, zu sehen.[283)]

Anhand der Katasterkarte ist zu erkennen, daß der Schloßkomplex (Kurie, Wirtschaftsgebäude, Hof und Park) in barock-klassizistischem Stil geschaffen wurde. Die einachsige Komposition aus Schloß und Wirtschaftshof ging in den Landschaftspark über, der um die Mitte des 19. Jhs. nördlich des Schlosses und des Hofgeländes angelegt wurde. Von der seinerzeit durch den Hof führenden Lindenallee sind nur fünf Linden erhalten (Abb. 278). Der neunzig Meter nördlich der Kurie verlaufende Bach Iskrica trennt den Wirtschaftshof (1,3 ha) vom Park (2,2 ha). Einige alte Fichten und etwas Buchsbaum sind alles, was an den ehemaligen Garten und Obstgarten am Südrand des Hofes erinnert. Vom spätromantischen Landschaftspark, der auf der Katasterkarte von 1862 aufscheint, fehlt jede Spur. Jetzt befindet sich dort eine Wiese.

276 KATASTERKARTE, 1862
277 BRÜSTUNG DES ALTANS, 1993
278 REST DER HOFALLEE, 1993

Gornja Rijeka

Schloss Erdödy-Rubido

Gespanschaft	Koprivnica-Križevci
Gemeinde	Sv. Petar Orehovec
Kat.-Gmde.	Gornja Rijeka

Das nordwestlich von Križevci am Fuß des Kalnik befindliche Dorf Gornja Rijeka lag von alters her an der Grenze zwischen den Gespanschaften Varaždin und Križevci und gehörte einmal zu dieser, dann zu jener, überwiegend aber zu Križevci. Gornja Rijeka, ebenso Donja Rijeka, erhielt im 19. Jh. seinen Namen von dem Flüßchen Reka. Der alte Name für das Dorf und die dortige Grundherrschaft lautete Mali Kalnik (Kys Kemlek; Klein-Kalnik), jedenfalls bereits um das Jahr 1240.[284)] In der Nähe befand sich eine zweite mittelalterliche Festungsanlage, und zwar Veliki Kalnik (Groß-Kalnik). Neben dem Schloß von Gornja Rijeka ist die Pfarrkirche erwähnenswert.

Zwischen dem 13. und dem Ende des 16. Jhs. war ein häufiger Wechsel der Mali Kalnik bzw. Gornja Rijeka betreffenden Herrschaftsfamilien zu verzeichnen.[285)] In dieser Reihe war die Familie Orehoczy[286)] die letzte (1599 bis 1730), die auch das Schloß in Gornja Rijeka erbaute. Durch eine Eheschließung gelangte der Besitz zunächst (bis 1763) an die gräfliche Familie Keglevich,[287)] danach an die Grafen Chamaré (bis 1818)[288)] und schließlich an die Grafen Erdödy.[289)]

279

Im Jahre 1858 fiel das Besitztum der Gräfin Sidonie Erdödy verehelichte von Rubido zu (Abb. 292). Nach dem Tod ihres Gatten Anton Rubido von Zagorje[290)] zog sich Sidonie aus dem öffentlichen Leben bzw. von ihrer Laufbahn als Opernsängerin zurück und verbrachte ihre weiteren Jahre (sie starb 1884) in Gornja Rijeka. Ihr Sohn Radoslav von Rubido erbte den Besitz, verkaufte Gornja Rijeka aber im Jahre 1898 an Sigismund von Micewski, der mit dessen Tochter Marietta (Eta) verheiratet war.[291)] [292)] Nachdem im Jahre 1905 oder 1906 Marietta den Besitz mit dem Schloß verkauft hatte, trat eine ganze Reihe von Eigentümern und Miteigentümern auf.[293)] Zwischen 1907 und 1912 wurde das Land parzelliert und an Bauern verkauft. Das Schloß selbst befand sich damals im Besitz der Brüder Sándor (Alexander) und Johann Grünwald-Gorjan. Am Vorabend des Zweiten Weltkrieges verkauften sie es dem in Gornja Rijeka ansässigen Kaufmann Anton Turk. 1942 wurde im Schloßgelände ein Konzentrationslager für Juden eingerichtet, später ein Lager für Kinder aus dem bosnischen Kozaragebiet. In den ersten Jahrzehnten nach dem Zweiten Weltkrieg, bis 1984, war im Schloß eine Volksschule untergebracht. Dann stand es leer und verfiel nach und nach. Niemand dachte mehr daran, daß hier, im Nordturm, erstmals die spätere Hymne „Lijepa naša domovina“ (Unsere teure Heimat) erklungen war, gesungen von Sidonie Erdödy-Rubido, am Klavier vom Komponisten Josip Runjanin

279 Wappen der Familie Erdödy-Rubido, 1997 (zunächst an der Schloss-, gegenwärtig an der Kirchenfassade)
280 Ostfront (Eingangsfront), 1997
281 Schlosshof, 1993
282 Blick zur Ostfront, 1993

280

281

282

283

284

begleitet.[294] Im Jahre 1995 begann man mit der Renovierung und Umgestaltung des Schloßgebäudes in ein Hotel und Restaurant.

Nordöstlich von Gornja Rijeka, auf einer felsigen Anhöhe des Kalnik, sind die Spuren der mittelalterlichen Festungsanlage Mali Kalnik *(castrum Minor Kemlek)* zu entdecken, die im 18. Jh. geschleift wurde. Schon im Jahre 1334 wurde dieser mit zwei Türmen bewehrte Adelssitz erwähnt. Oberhalb des Ostturmes stand eine Kapelle der hl. Barbara.[295] Um das Jahr 1650 wurde in Gornja Rijeka die „curia Reka“[296] gebaut, aus der das nunmehrige Schloß entstand.

In Dokumenten aus dem Jahre 1573 heißt es, daß zur Grundherrschaft Mali Kalnik die Festung Kys Kemlek sowie die Siedlungen Deklešinec und Ober- und Unterrijeka gehörten. 1731 verfügte sie über 150 Joch Allodialland, 150 Rigolen Weingärten, 75 „Mähgründe“ und zwei Wälder. Anfang des 20. Jhs. umfaßte der Gutsbesitz das Schloß und den Wirtschaftshof (2 Joch), zwei Parks, ein Haus neben dem Schloß, die Häuser Nr. 9, 10 und 11, eine Mühle in Brdovina, einen Wald und einen Fischteich in Vranča, Wald, Weingärten und Heuwiesen in Nepomucen, Äcker, Heuwiesen und Weiden in Pofuki sowie den Wald Brezje in Kis-Márton.[297]

Den Bau des Schlosses in Gornja Rijeka begann Ladislaus Orehoczy d. Jüngere[298] zwischen 1650 und 1663 praktisch mit der Errichtung der oben erwähnten Kurie. Ab damals gab es vier größere und einige geringere bauliche Veränderungen. Die erste und wesentlichste bestand in einer Vergrößerung der zweigeschossigen rechteckigen Kurie zu einem dreiflügeligen „festen Schloß“ (castellum/Kastell), und zwar so, daß die alte Kurie den südlichen Flügel bildete. Der quadratische Innenhof wurde an der (offenen) Westseite durch eine Mauer geschlossen. Gleichzeitig entstanden vier runde Ecktürme. Laut einem Verzeich-

283 OSTFRONT, CA. 1970
284 NORDTURM, ANFANG 20. JH.
285 EINGANG IN DAS SCHLOSS, 1997
286 INNENRAUM DES SÜDTURMS, 1993
287 GRUNDRISS DES OBERGESCHOSSES
288 GRUNDRISS DES ERDGESCHOSSES

285

286

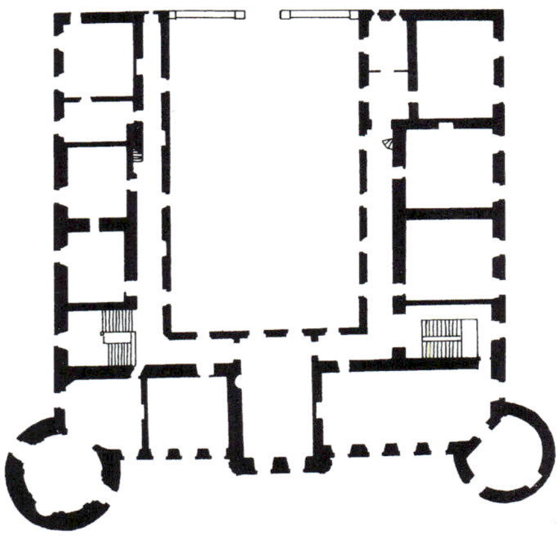

287

288

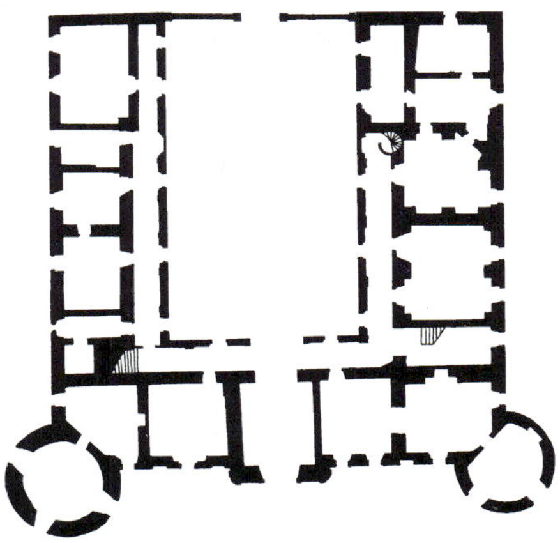

nis aus dem Jahre 1731 gab es im Obergeschoß acht und im Erdgeschoß drei Zimmer, außerdem zwei Vorratsräume und zwei Küchen. Um das Schloß reihten sich verschiedene Nebengebäude. Gegen Osten und Süden verlief der Obstgarten.[299)]

Kurz nachdem der Besitz der Gräfin Sidonie Erdödy-Rubido zugefallen war, bekam das Schloß ein neues Dach, die Schloßkapelle wurde renoviert, die Fassaden wurden in hellem Blau gestrichen, gegen das sich die in Rot gehaltenen Zierelemente kräftig abhoben. Gegen Ende des 19. Jhs. wurde der rechtwinkelige Giebel des Mittelrisalits (Ostfront) in historistischer Manier an den Schrägen stufenförmig abgetreppt. Auch weitere geringfügige Eingriffe wurden vorgenommen, wie etwa Fensterdurchbrüche oberhalb der westseitigen Giebelfelder sowie eine neue Farbe für die Fassaden, nämlich Ocker.

Der endgültige Grundriß des Schlosses weist die Form eines „U" auf. Die Flure verlaufen entlang der Hoffront, die Fenster der Zimmer befinden sich an den Außenfassaden Am Übergang vom Süd- zum Ostflügel befand sich ein Stiegenhaus mit einer Doppeltreppe, im Nordflügel stellte eine Schneckenstiege die Verbindung zwischen Erd- und Obergeschoß her. Das Stiegenhaus am Übergang vom Ost- zum Nordflügel ist neueren Datums. Alle Räume des Erdgeschosses sind mit Tonnengewölben mit Stichkappen ausgestattet, die Flure aber mit Kreuzgewölben. Im Obergeschoß sind zwei kleine Räume am Ende des Flures des Nordflügels mit Deckengewölben versehen, der Große Saal mit einer gewölbten Spiegeldecke.[300)]

Der Große Salon und die beiden Türme sind die markantesten Elemente des Schloßinneren. Ersterer befindet sich im Ostflügel oberhalb des Haupteinganges. Er ist rechteckig und hat jeweils zwei Fenster an der Vorderfront sowie hofseits. Alle übrigen im Obergeschoß gelegenen Räume münden in einer Reihe in den Korridor, der in Form eines „U“ entlang der Hoffront verläuft. Die historische Bedeutung des Nordturms wurde bereits erwähnt. Da das gesamte Schloß große Schäden erlitt, ist von seiner ursprünglichen Inneneinrichtung nichts erhalten geblieben.[301] Ein Teil der Möbel befindet sich in Rijeka in einem Haus, in das sich der letzte Eigentümer des Schlosses, Anton Turk, zurückzog.

Im Nordturm (eigentlich Nordostturm) befand sich bis zum Jahre 1946 die Kapelle des hl. Johann Nepomuk. Sie wurde einst von Gräfin Amalie Harbuval-Chamaré eingerichtet. Mit Genehmigung des Agramer Bischofs Alexander Alagović (1760–1837) wurde die Kapelle im Jahre 1830 „gültig“ (das bedeutet etwa allgemein zugänglich). Sie stand unter dem Patronat des jeweiligen Schloßbesitzers, war reich ausgestattet und erhielt im Jahre 1866 eine Orgel sowie eine Sakristei und 1928 eine Glocke aus der Pfarrkirche. 1842 befand sich in der Kapelle ein Altar mit Tabernakel und Kreuz. In der Pfarrkirche von Gornja Rijeka befinden sich seit 1946 das Rokoko-Altartabernakel mit zwei Engeln und die Statue des hl. Johann Nepomuk.[302]

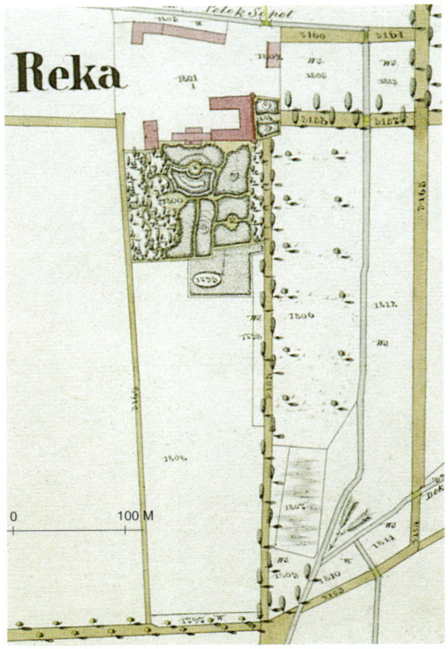

289

290

291

292

Die barocke Ausstrahlung des Schlosses, die durch seine Einbettung in die Landschaft unterstrichen wird, ist nicht zu übersehen. Einen Überblick verleiht die Katasterkarte aus dem Jahre 1860 (Abb. 289). Charakteristisch sind in dieser Beziehung die langen Alleen, die in geometrischer Ordnung dem Schloß zugerichtet sind. Folgende drei sind hervorzuheben: Die erste verläuft senkrecht zur Mitte der Ostfront (Hauptzugang; Abb. 291), zwei weitere verlaufen parallel zu dieser Front. Die eine davon verbindet die öffentliche Straße mit dem Schloßeingang, die andere führt zur Dorfmitte und zur Pfarrkirche. Vor der Ostfront befand sich ein Blumengarten (ca. 800 m^2), südlich des Schlosses ein kleiner Park von etwa einem Hektar und noch ein weiterer Garten. Das schon erwähnte Verzeichnis aus dem Jahre 1731 macht keine Angaben über einen Park. Statt dessen wird von einem Gemüsegarten mit einem Pavillon und von einem Obstgarten östlich davon gesprochen.[303)] Aus dem Gemüsegarten wurde im 19. Jh. ein romantisch-historistischer Ziergarten, den man Park nannte. Im Süden grenzte er an den Obstgarten, im Norden reichte er an die Südfront des Schlosses sowie an ein Gebäude mit kreuzförmigem Grundriß (vielleicht Wintergarten-Orangerie), das sich genau in der Mittelachse des Parks befand.

Das Umfeld des Schlosses (Park, Garten, Obstgarten, Allee) war vernachlässigt und teilweise zerstört, bis man sich im Jahre 1956 seiner annahm. Die Ausführung entsprach aber leider nicht der Tradition der Gartenkultur. Nordwärts der senkrecht zum Schloß führenden Allee entstand aus dem Park eine Wiese. Von den alten Bäumen blieben bloß einige Fichten. Aber man pflanzte neue Bäume und Sträucher.[304)] Im Park vor der Hauptfront (Ostfront) des Schlosses wurde 1970 ein kleiner Teich angelegt und ein vom Bildhauer E. Bohutinski geschaffenes Denkmal zur Erinnerung an die Lagerkinder des Zweiten Weltkrieges aufgestellt.[305)]

289 KATASTERKARTE, 1860
290 ALLEE NÖRDLICH DES SCHLOSSES, 1993
291 ZUGANG ZUM SCHLOSS, 1993
292 SIDONIE GRÄFIN ERDÖDY-RUBIDO AUF DEM BILD „KROATIENS WIEDERGEBURT“ VON VLAHO BUKOVAC (DETAIL)
293 GRABTAFEL DER FAMILIE RUBIDO IN DER PFARRKIRCHE VON GORNJA RIJEKA, 1997

Von den vielen Eigentümern und Bewohnern des Schlosses von Gornja Rijeka ist Sidonie von Rubido geb. Gräfin Erdödy am meisten verehrt worden. Sie war eine leidenschaftliche Mitstreiterin der sogenannten Wiedergeburtsbewegung Kroatiens. Als erste kroatische Opernsängerin übernahm sie die Rolle der Ljubica in der ersten kroatischen Oper „Ljubav i zloba“ (Kabale und Liebe) von Vatroslav Lisinski (Ignaz Fuchs). Im Frühjahr 1835 wurde von ihr erstmals das patriotische Lied „Još Hrvatska nij propala“ (Noch ist Kroatien nicht verloren) von Ferdo Livadić in einem Konzert in Zagreb vorgetragen. Die Melodie schuf Stanko Vraz eigens für sie. Auf dem Bühnenvorhang des Zagreber Theaters (Abb. 292) ist Sidonie Erdödy-Rubido mit anderen berühmten Kroaten, darunter Ivan von Kukuljević-Sakcinski, zu sehen.[306)]

293

Das Gebiet von Kalnik-Križevci – besonders der Teil am Südfuß des Kalnik mit den Herrschaften Mali Kalnik (Gornja Rijeka) und Veliki Kalnik[307)] – wies viele kleine Gutsbesitze von Landedelleuten auf, und zwar um Zelina und Jastrebarsko. Das waren die „Kalniker Edelleute“, vergleichbar mit dem „Bauernadel“ von Turopolje. Diese Besitze wechselten infolge Aussterbens und Eheschließungen häufig ihre Herren. Zu erwähnen sind: Bogačevo[308)], Brežani (D. Fodrovec)[309)], Čanjevo[310)], Dubovec[311)], Gregurovec[312)], Gušćerovec[313)], Raven[314)], Sudovec[315)] und Špiranec (Miketinec)[316)]. (Siehe dazu: Sv. Helena Koruška.)

Gornji Tkalec

Schloss des Bistums Križevci

Gespanschaft	Zagreb
Stadt	Vrbovec
Kat.-Gmde.	Tkalec

Gornji Tkalec (Ober-Tkalec) war gut 700 Jahre lang ein kirchlicher Besitz, und zwar bis zum Jahre 1945, als sein Verfall begann. An das einstige Schloß und die Gutsherrschaft erinnern nur die Schloßkapelle und Trümmerreste des Schlosses inmitten des Dorfes. Man findet den Ort auf einer Hügelkuppe an der Straße zwischen Vrbovec und Križevci. Urkundlich hatte Gornji Tkalec verschiedene Namen: Laga, Kalisa, Kališće und Kalec. Der Name dieser Örtlichkeit wurde erstmals in einer Urkunde aus dem Jahre 1217 genannt, weiters im Jahre 1223, als König Andreas II. (1205–1235) das dortige Landstück den „Rittern vom Heiligen Grab zu Jerusalem“, die im benachbarten Glogovnica begütert waren, übergab. Diese Kanoniker waren die ersten Besitzer, und zwar bis zum Ende des 15. Jhs.[95) 317)]

Im Zuge des Niedergangs der mittelalterlichen Ritterorden der Templer und Johanniter erhielt das Agramer Bistum etwa um 1495 Tkalec und Glogovnica. Mit der Verwaltung war ein Kanoniker aus Agram betraut, der den Titel „Propst von Glogovnica“ führte.[318)] Im Einvernehmen mit dem Bistum Agram übergab König Matthias (1612–1619 röm.-deutscher Kaiser) die Herrschaft Tkalec im Jahre 1611 den Jesuiten von Agram, damit sie die Kosten des im Jahre 1607 von ihnen in Agram gegründeten Gymnasiums bestreiten konnten. Nachdem Papst Clemens XIV., ein Franziskaner, im Jahre 1773 den Jesuitenorden aufgehoben hatte, wurde Tkalec von Königin Maria Theresia im Jahre 1779 dem eben errichteten griechisch-katholischen Bistum Križevci (siehe Seite 190) geschenkt. Die Bischöfe residierten zuerst in Tkalec, übersiedelten aber 1801 in das ehemalige Franziskanerkloster in Križevci. Mit 500 Joch Wald, Ackerland, Wiesen, Weingärten, Obstgärten und Mühlen bildete Tkalec die Haupteinnahmequelle dieses Bistums. Die Verstaatlichung nach dem Zweiten Weltkrieg war der Anfang vom Ende eines sieben Jahrhunderte währenden Besitztums.[319)]

Als 1946 das Bistum Križevci das Schloß in Gornji Tkalec räumen mußte, befand es sich samt den Wirtschaftsgebäuden in gutem Zustand. Unter den späteren Benützern (bis 1958 „Kolonisten“, anschließend bis in die achtziger Jahre eine landwirtschaftliche Genossenschaft) wurde das Schloß stark in Mitleidenschaft gezogen. Durch die sommerlichen Unwetter im Jahre 1981 trug es ernsthafte Schäden davon. Von da an ging der Verfall rasch voran. Die Gemeinde Vrbovec sah als Besitzer keine Notwendigkeit zur Renovierung bzw. Erhaltung. Sie ersuchte vielmehr um Abbruchgenehmigung, weil der Verkehr auf dem nahe

294

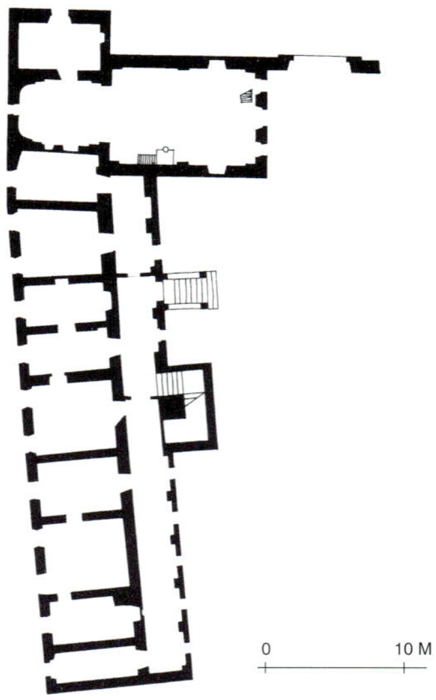

295

296

297

294 GRUNDRISS DES ERDGESCHOSSES
295 KATASTERKARTE, 1858 (1897)
296 SÜDWESTFRONT, 1965
297 NORDOSTFRONT, 1965
298 SCHLOSSKAPELLE, 1993

298

der Nordostfront vorbeiführenden Fahrweg gefährdet schien. Im Jahre 1986 war es dann soweit. Das Schloß wurde abgerissen. Einzelne Trümmer erinnern wenigstens an jene Leute, denen es anscheinend ein Bedürfnis war, die Spuren mehrhundertjähriger Kultur zu verwischen.[320)]

Neben diesen Trümmern blieb einzig die der Seligen Jungfrau Maria geweihte Schloßkapelle bestehen. Sie wurde nach 1720 von den Jesuiten aus Ziegeln gebaut, an Stelle einer Holzkapelle, die es zumindest seit dem Jahre 1425 gegeben hatte. Die Kapelle hat einen Dachreiter aus Holz mit zwei Glocken. Eine davon weist die Jahreszahl 1761 auf. Der schönste der drei Altäre, aus dem Jahre 1628, wurde 1982 samt dem wertvollen Barockinventar geplündert. Gegenwärtig kommt der Kapelle die Funktion einer Dorfkirche zu.[321)]

Das Schloß war an seiner Nordostfront zweigeschossig, an der gegenüberliegenden Hofseite dreigeschossig. Der Grundriß war ein langgezogenes Rechteck von ca. 36 x 10 Metern. Gebaut war das Schloß im Stil des frühen Barock. Der hofseitige Eingang führte durch eine (später zugemauerte) Arkaden-Vorhalle. Die jeweils neun unterschiedlich großen Räume waren in einer Flucht angeordnet. Die südöstliche Schmalseite war an die Kapelle angebaut. Zum Schloß gehörten mehrere Wirtschaftsgebäude, von denen keines mehr vorhanden ist. Jenseits des Fahrweges befand sich ein großer Garten und westlich davon, in Richtung der Wirtschaftsgebäude, ein großer Obstgarten. Einen Park gab es wahrscheinlich nicht.[322)] (Über die Entstehungszeit des Schlosses wissen wir nichts Näheres. Wahrscheinlich wird es gleichzeitig mit der Kapelle erbaut worden sein.)

GRADEC

SCHLOSS DES AGRAMER (ERZ-)BISTUMS

GESPANSCHAFT	ZAGREB
GEMEINDE	GRADEC
KAT.-GMDE.	GRADEC

Das Dorf Gradec liegt sechs Kilometer nordöstlich von Vrbovec, nahe der Straße Zagreb–Bjelovar. Hier gab es einen Besitz des Agramer Bistums bzw. Erzbistums mit einem Kastell und einer Kirche, seit Anfang des 19. Jhs. auch mit einem Schloß. Schon 1292 wurde ein Feudalbesitz erwähnt und 1325 sowie 1334 eine Pfarre mit der Kirche des hl. Petrus. Die Siedlung hieß damals Gorica (Goricha). Nachdem gegen Ende des 15. Jhs. in deren Mitte ein Kastell errichtet worden war, entstand für diesen Marktfleck der Name Gradec (Gerecz, Gradecz).[323)]

Von der Grundherrschaft Gradec wissen wir, daß im 15. und 16. Jh. verschiedene adelige Familien einander im Besitz ablösten. Als die Türken um 1552 das nahe bei Vrbovec gelegene Dubrava zerstört hatten, wo der Agramer Bischof seinen Besitz hatte, wählte er das leer gewordene Gradec zum neuen Sitz. Der Aufschwung, den die Herrschaft Gradec nach dem Ende der türkischen Bedrohung nahm, zeigt sich am besten daran, daß sie im Jahre 1554 aus bloß fünf Häusern (Familien) bestand, im Jahre 1769 aber über 21 Dörfer verfügte.[324)] Gegen Ende des 19. Jhs. umfaßte dieser Besitz 1.035 Hektar (1.800 Joch), und zwar 107 ha Ackerland, 152 ha Wiesen, 90 ha Weideland, 676 ha Wald, 5 ha Weingärten und 2 ha Gärten. Drei Hektar waren nicht bebautes Land. Die hauptsächlichen Produkte dieses in neun Meierhöfe unterteilten Besitzes waren Bau- und Brennholz, darüber hinaus Weizen, Roggen, Gerste, Hafer, Zichorie und Wein.

299

Infolge der Aufhebung der Untertänigkeit im Jahre 1848 gingen die Erträge erheblich zurück, und mit der „Agrarreform" in den Jahren nach dem Ersten Weltkrieg wurde der Besitzumfang erheblich verringert. So begann man 1923 mit dem Grundstückverkauf an Bauern, und 1926 gelangte das erzbischöfliche Schloß in Gradec zur Versteigerung. Erworben wurde es von Frau Elisabeth Horvat, der Gattin des Historikers Dr. Rudolf Horvat, die beide aus Gradec stammten. Mit dem Verkaufserlös von Gradec und anderen Liegenschaften baute man das Knabenseminar auf der Šalata in Zagreb sowie einen Wohnkomplex in der Stadt, den die Leute „Vatikan" tauften (auf dem Platz des damaligen bischöflichen Gartens in der Vlaška ulica). Die letzten Schloßbesitzer (vor 1945) waren die Brüder Hrnčić, Enkel von Elisabeth und Rudolf Horvat.[325)]

Als – praktisch im Tausch gegen Dubrava – Gradec im Jahre 1552 zum Sitz der Grundherrschaft des Agramer Bistums wurde, baute man eine befestigte

300

301

299 PFARRKIRCHE ZUR GEISSELUNG JESU (VORMALS PETER UND PAUL SOWIE HEILIGENKREUZKIRCHE), 1993
300 PARKSEITIGER EINGANG, 1993
301 WESTFRONT (PARKSEITE), 1993
302 SÜDFRONT, 1993

302

Anlage für eine Besatzung, die allerdings nur aus dem Kastellan, vier bischöflichen Wächtern und acht Soldaten bestand. Da dies für eine ernsthafte Abwehr ungenügend war, schalteten sich der kroatische Landtag und auch der König bzw. die innerösterreichische Kriegsverwaltung (Hofkriegsrat in Graz) ein. Im Jahre 1555 stellte man zum Schutz des Kastells 50 Reiter und 39 Fußsoldaten bereit, im Jahre 1577 verfügte König (Kaiser) Rudolf II. eine Besatzung von 130 Fußsoldaten aus dem kroatischen Landesaufgebot (Krieger „zweiter Klasse"). In den Jahren 1557 und 1588 bewilligte der Landtag mehrmals Ausgaben für bauliche Verbesserungen von Gradec, aber auch anderer fester Plätze wie Križevci, Sv. Žabno, Topolovec und Cirkvena.[326] In den Jahren 1552, 1565 und 1591 kam es bei Gradec zu Kampfhandlungen mit den Türken. Nachdem diese im Juli 1552 Čazma und Dubrava eingenommen hatten, wandten sie sich im Oktober Gradec und Vrbovec zu. Sie verschleppten viele Einwohner, doch das Kastell konnten sie nicht erobern. Im Sommer 1565 griffen sie mit zahlreichem Geschütz und 1.500 Mann Gradec an, dem die Reiterei aus den benachbarten Festungen Cirkvena und Ivanić Grad zu Hilfe kam. Als das türkische Heer im Oktober 1591 Božjakovina eroberte und das Kastell niederbrannte, ließ Hassan Pascha schon am folgenden Tag Rakovec, Vrbovec und Sveta Helena Koruška verwüsten. Am 7. Oktober erschien er vor Gradec, erlitt aber eine Niederlage.[327] Gradec blieb auch weiterhin von den Türken verschont.

Im April 1679 visitierte der Agramer Kanonikus Stephan Nedelko die Pfarre Gradec. Er beschrieb auch das Kastell: Es war von Wall und Wassergraben umgeben. Die in Form eines Vierecks gebaute Mauer wies Ecktürme auf, die auch als Quartier dienten. Innerhalb der Mauer befanden sich das „Schloß", die Pfarrkirche der hl. Peter und Paul sowie Wirtschaftsgebäude. Das „Schloß" war

303

303 BLICK VOM KIRCHTURM AUF DAS SCHLOSS, VOR 1945

304 KATASTERKARTE, 1858

304

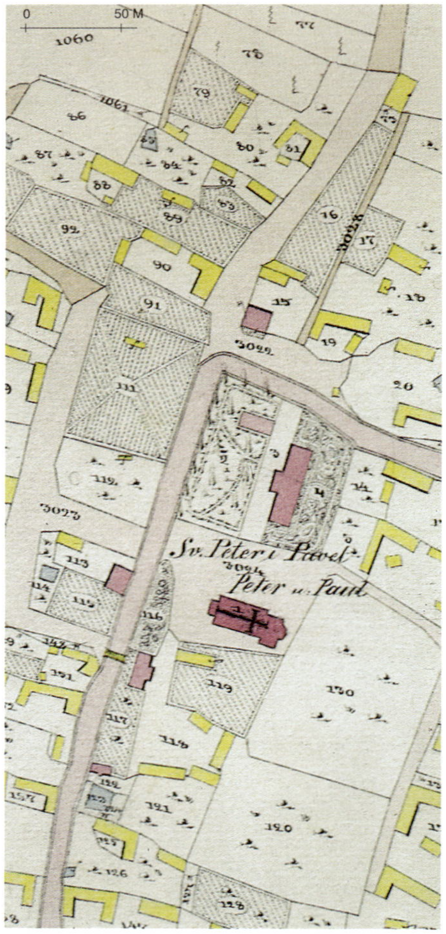

aus Holz gebaut. Als es im Zuge des Bauernaufstandes von 1755 abbrannte, wurde über dem Steinkeller, wiederum aus Holz, ein „neues Schloß“ errichtet.

Hier hielten sich die Agramer Bischöfe Franz Thauzy und Maximilian Vrhovac von Ehrenberg und Rakitovec häufig auf. Die gemauerte Pfarrkirche befand sich im nördlichen Teil des befestigten Geländes. Die neue Pfarrkirche errichtete man unterhalb der südlichen Kastellmauer. Ihr Bau dauerte von 1768 bis 1824. Sie erhielt einen neuen Namen, weil es in der näheren Umgebung drei Pfarrkirchen gab, die dem heiligen Petrus geweiht waren (in Preseka, Orehovec und Čvrstec). So erhielt sie den Namen Heiligenkreuzkirche. Die Skulptur des auferstandenen Jesus auf dem Hauptaltar der Kirche wurde von der Kurie (Adelsbesitz) Burkanovec bei Moravče beigestellt. Der heutige Hauptaltar aus dem Jahre 1891 ist ein Werk des Architekten Hermann Bollé.[328]

Bischof Maximilian Vrhovac ließ an Stelle des alten, aus Holz gebauten Schlosses in den Jahren 1821 und 1822 ein neues bischöfliches Schloß errichten.[329] Dieses Gebäude besteht noch heute. Es ist zweigeschossig, sein Grundriß mißt 40 x 12 Meter. Die Fassaden zeigen einen bescheiden spätbarock-klassizistischen Charakter. Die nach Osten, zur bewaldeten Ebene, gerichtete Hauptfront weist außer 13 Fensterachsen im Erdgeschoß und Obergeschoß keine Besonderheiten auf. Die Westfront hingegen, mit dem Blick auf einen kleinen Park, ist in ihrer Mitte mit einem Risalit ausgestattet, der auch als kleiner/kurzer Flügel angesprochen werden kann. Er wird von einem Giebeldach (Satteldach) abgeschlossen. Vom Erdgeschoß, das mit Deckengewölben versehen ist, führt ein Stiegenhaus in den langen Flur des Obergeschosses. Vom Inventar ist nichts

305 BLICK ZUR WESTFRONT, 1993
306 EINGANG IN DEN PARK, 1993

übriggeblieben. Die spätklassizistischen Öfen wurden im Zuge der „Neuordnung“ im Jahre 1946 abgetragen.[330]

In Gradec haben die Agramer Bischöfe bzw. Erzbischöfe häufig die Sommermonate verbracht. Von Zeit zu Zeit fand das Schloß aber auch für andere Zwecke Verwendung. So tagte im Jahre 1762, noch im alten Gebäude, die Gespanschafts-Versammlung von Križevci. Der erste Agramer Erzbischof, Georg Haulik von Várally (über die Erhebung des Bistums zum Erzbistums siehe Seite 262), überließ im Jahre 1857 das Schloß und einen Teil des Besitzes dem Orden der Barmherzigen Schwestern aus Agram. Dieser richtete im Schloß zuerst ein Erziehungsheim für bedürftige Mädchen ein, im Jahre 1862 auch eine Volksschule für Mädchen. 1871 zog der Orden wieder aus. Nach dem Zweiten Weltkrieg stand das Gebäude zunächst der Polizei, dann obdachlosen Personen zur Verfügung. Seit 1964 dient es wieder als Volksschule.[331]

Bischof Alexander von Alagović (der Nachfolger von Maximilian Vrhovac) machte sich um die Anlegung eines Parks verdient. Hierzu ließ er im Jahre 1828 die Erdwälle und Gräben des alten Kastells einebnen. Für einen Gärtner wurde ein 17 x 7 Meter großes Haus am Platz der alten Pfarrkirche St. Peter und Paul gebaut. Es stand im nordwestlichen Teil der neuen kleinen Parkanlage, wurde aber etwa 1964 abgerissen. Der Park im Umfang von ca. 5.000 m² war durch das Schloß in zwei Hälften geteilt: Den westlichen Teil konnte man als Landschaftspark bezeichnen, an dessen westlichem und nördlichem Rand eine Allee entlang führte. Der östliche Teil wurde als Ziergarten gestaltet (Abb. 304). Michael von Kunich befand den kleinen Park als sehr reizvoll und wert, von einem Landschaftsmaler festgehalten zu werden: ein „Garten Eden“.[332] Eine Platane vor dem Schloß ist noch heute zu sehen. Sie ist so alt wie der Park selbst. Vom Baumbestand aus dem 19. Jh. gibt es Thujen, Eiben, Trauer- bzw. Hängeeschen und Sophoren. Alles übrige ging in der zweiten Hälfte des 20. Jhs. zugrunde.[333]

305

306

Nun wollen wir noch die Bischöfe (seit 1853 Erzbischöfe) erwähnen, die Gradec und sein Schloß schätzten und sich um Kastell, Schloß, Park, Kirche und Ansiedlung verdient gemacht haben. Den Bau der Heiligenkreuzkirche bzw. Auferstehungskirche Jesu veranlaßte Bischof Franz Thauzy (neue Pfarrkirche). Sein Amtsnachfolger Maximilian von Vrhovac (1752–1827), der auch Schöpfer des bischöflichen Maksimir-Gartens von Agram war, ließ, wie schon erwähnt, das neue Schloß bauen und weihte am 28. Oktober 1824 die neue Pfarrkirche von Gradec. Sein Nachfolger als Bischof, Alexander Alagović (1760–1837), legte den Park neben dem bischöflichen Schloß an. Er hat aber auch andere bischöfliche Parks geschaffen.[334] Zu seiner Amtseinsetzung als Bischof von Agram bewegte sich am 25. Juli 1830 der feierliche Zug von Gradec nach Agram. Sein Nachfolger, Georg (Juraj) Haulik (1788–1869), der erste Erzbischof und Kardinal Kroatiens, schätzte gleichfalls Gradec als Sommerresidenz. Hier legte er große Gastlichkeit an den Tag und lud die Offiziere des Grenzregiments aus Bjelovar sowie die Gutsbesitzer der Umgebung regelmäßig ein. Erzbischof Dr. Anton Bauer (1856–1937) brach mit der Tradition der bischöflichen Sommerresidenz von Gradec. Mit Billigung des Papstes wurde der gesamte bischöfliche Besitz im Jahre 1926 verkauft. Auf das Schloß kamen nun schwierige Zeiten zu.[335]

Gušćerovec

Schloss Patachich / Ozsegovich

Gespanschaft	Koprivnica-Križevci
Gemeinde	Sv. Petar Orehovec
Kat.-Gmde.	Gušćerovec

Gušćerovec ist heute ein einfaches Dorf an der Straße Križevci–Gornja Rijeka. Nur Eingeweihte werden hier den Platz suchen, wo einst das im Stil der Renaissance und des Frühbarock erbaute Schloß stand, welches Sitz der gleichnamigen Grundherrschaft und im 19. Jh. auch der Herrschaft Veliki Kalnik war. Doch außer der Kapelle des hl. Antonius an einer Nebenstraße sowie einem umgebauten alten Wirtschaftsgebäude und den Resten einer Mühle wird man nichts finden. Dennoch stand hier ein Kastell aus dem 15. Jh., das später zu einem Schloß umgebaut und um 1914 abgerissen wurde.

Die Familie Kustyer de Szent Ernö (Gušćer) gab dem Besitz, dem Schloß und dem Dorf den Namen. So hieß der Platz einst Kwsthyerolcz (1390), Kwsterowcz villa (1484) und Kwsthyerowcz castrum (1557). Diese Familie war hier seit 1370 ansässig, nachdem der Ort bereits um 1343 St. Irene hieß, nach der dortigen Pfarrkirche. 1591 von Türken zerstört, aber 1598 wiederaufgebaut, wurde die Kirche nach ihrem neuen Schutzpatron St. Antonius benannt. Heute befindet sie sich, 1822 mit Hilfe der Gräfin Patačić (Patachich) erbaut, etwas nördlicher und in Nähe des damaligen Schlosses. Die Familie Kustyer wurde von König Ludwig I. (1342–1382) belehnt und blieb bis 1467 im Besitz. Anschließend gab es bis zum Ende des 16. Jhs. viele Besitzer: zwei Brüder aus Korotna (1467), die Familie Horvat aus Litva, Johann Gyulay (1490), Ludwig Pekry (1502), eine Witwe Bočkaj (Bocskay; 1517), Johann Pekry und Johann Gezthy (1554), Franz Gezthy und Franz Orehoczy (1578), Franz Orehoczy (1598).[336] Um diese Zeit gehörten die Dörfer Bočkovec, Zerdinci, Šalamunovec, Orehovec, Crnčevec, Beketinec und Dolenjanec zur Grundherrschaft (insgesamt allerdings nur 43 Häuser [Ansässigkeiten]). Durch die Eheschließung der Maria Johanna Orehoczy gelangte Gušćerovec Anfang des 18. Jhs. an die Familie Keglevich und durch die Ehe ihrer Enkelin Katharina Gräfin Keglevich im Jahre 1763 in den Besitz der Familie Patachich (bis 1834). Im Jahre 1848 waren Gräfin Anna Sermage und deren Tochter Franziska von Jelačić (Jellachich) Eigentümerinnen. Erstere verfügte über 86, letztere über 13 Ansässigkeiten. Der letzte Eigentümer von Schloß und Grundbesitz Gušćerovec war der kaiserliche und königliche Kämmerer Ludwig Baron Ozsegovich (Ožegović). Er war ein bekannter Maler. Eines seiner Bilder befindet sich in der erwähnten Antoniuskirche, zwei in der Pfarrkirche von Orehovec. 1910 parzellierte er und verkaufte die Liegenschaften an Bauern. Auch das Schloß wurde verkauft.[337]

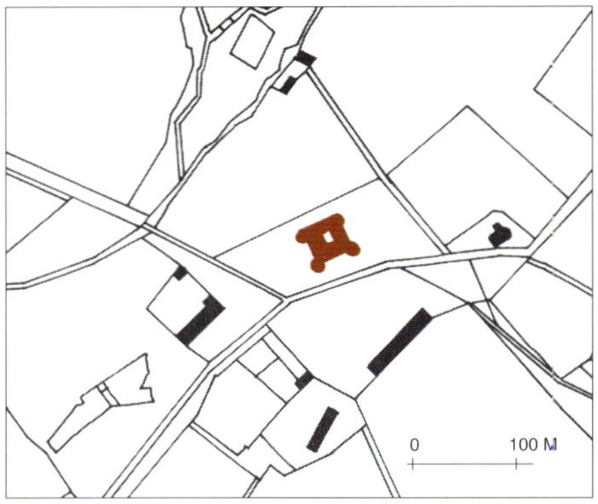

307

308

309

307 KOPIE DER KATASTERKARTE, 1859
308 LANDSCHAFT NAHE DEM SCHLOSS, 1993
309 ST. ANTONIUS-KIRCHE
310 REKONSTRUKTION DES SCHLOSSES
311 SCHLOSS, ANFANG 20. JH.
312 SCHLOSS, ZEICHNUNG VON Z. DIDEK

Das mittelalterliche Kastell in Gušćerovec erbaute die Familie Kustyer im 15. Jh. Gegen Ende des 16. oder Anfang des 17. Jhs. entstand daraus ein vierflügeliges „festes Schloß", das von einem Wassergraben umgeben war (Wasserburg). Es war einstöckig und maß außen 30 x 33 Meter, der Innenhof etwa 10 x 7 Meter. Es war Beispiel für ein im Geist der Renaissance und des Barock einfach gestaltetes Bauwerk. Vier runde Ecktürme vervollständigten den Verteidigungscharakter. Die Stützpfeiler an den Außenfronten (Abb. 310 und 311) wurden vermutlich aus statischen Überlegungen im 19. Jh. hinzugefügt. Unter den zahlreichen Räumen gab es je dreißig für Wohn- und für Wirtschaftszwecke. Im Schloß gab es auch eine kleine, der hl. Katharina geweihte Kapelle, die vermutlich Katharina Gräfin Patachich geb. Gräfin Keglevich erbauen ließ. Sie ist im Antoniuskirchlein in Gušćerovec (Abb. 309) beigesetzt.

Ansonsten weiß man über das Schloß wenig. Die Katasterkarte von 1859, wenige Photographien und Zeichnungen sowie das von Ludwig Ozsegovich im Jahre 1888 geschaffene Altarbild in der Antoniuskirche (Öl auf Leinen) sind fast die einzigen graphischen Quellen über das Schloß.[338] Der Schloßpark wurde in der letzten Hälfte des 19. Jhs. angelegt. Der Katasterkarte zufolge umfaßte er im Jahre 1893 ca. 2,15 Hektar. Es handelte sich um einen Landschaftspark ohne hervorstechende Merkmale, wie man der Zeichnung von Z. Didek entnehmen kann (Abb. 312).

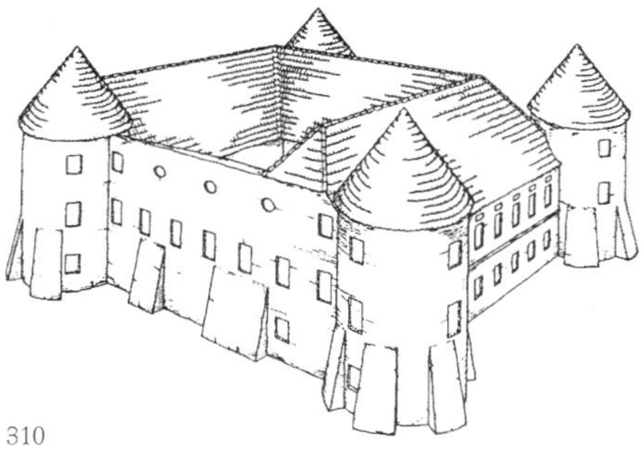

310

Die Besitze (Güter) Beketinec[339] und Bočkovec[340] gehörten einst zur Gutsherrschaft Gušćerovec. Außerdem wurde das Schloß in Gušćerovec im 19. Jh. auch Sitz der alten Herrschaft Kalnik. Von einer im Besitz des Königs befindlichen befestigten Anlage (castrum) wurde erstmals 1243 gesprochen. Um die Mitte des 15. Jhs. wurde der Pfarrsprengel Veliki Kalnik bei Gründung der großen Gespanschaft Križevci aufgelöst. Von da an verlor das „castrum" seine Bedeutung. Brezovica (heute Dorf Kalnik) entwickelte sich zum Markt, weil es zugänglicher war, denn nach Veliki Kalnik konnte man nicht per Fuhrwerk gelangen. Andererseits gestattete die dominierende Lage von Veliki Kalnik die Kontrolle der Bergstraße.

311

312

Von den vielen Herren dieses Adelssitzes seien erwähnt: im 13. Jh. der Banus Roland Ratold; im 15. Jh. König Sigismund, der Agramer Bischof Johann Alben, Johann Vitovec, König Matthias Corvinus, der „vojvoda" Vladislav Kosači und der Banus Johannes (Ivaniš) Corvinus; im 16. Jh. der Vizebanus Balthasar Alapy und seine Nachkommen; im 17. Jh. die Familien Orehoczy, Erdödy, Draskovich, Séchy, Zakmardi und Patachich; im 19. Jh. die Familien Sermage, Fodroczy und Ozsegovich. Letzter Besitzer war Ludwig Baron Ozsegovich (Ožegović), der zwischen 1895 und 1918 nicht nur Veliki Kalnik, sondern auch seine anderen Güter verkaufte (Borje, Bočkovec, Sv. Petar Orehovec, Kamešnica, Kalnik und Gušćerovec). Das Gut Kalnik allein hatte damals eine Fläche von 962 Hektar (ca. 1.671 Joch). Davon entfielen 8,66 ha auf Ackerland, 1,63 ha auf Gärten, 3,12 ha auf Wiesen, 1,80 ha auf Weiden und 941 ha auf Wald. Die Forstverwaltung befand sich in Kalnik, während die übrige Gutsverwaltung in Gušćerovec ihren Sitz hatte.[341] (Neben Bau- und Brennholz wurde auch Kalk gewonnen.)

Ilok

Schloss Odescalchi, Kurie Brnjaković

Gespanschaft	Vukovar-Syrmien
Stadt	Ilok
Kat.-Gmde.	Ilok

Ilok (ungar.: Ujlak) ist eine Stadt mit berühmter Vergangenheit, die ein reiches kulturelles Erbe verwaltet. Sie liegt inmitten einer malerischen Landschaft. Gegenwärtig ist Ilok die östlichste Ansiedlung der Republik Kroatien, nachdem es durch Jahrhunderte politischer, kultureller und wirtschaftlicher Mittelpunkt des westlichen Syrmien (Srijem) war. Die erhöhte Lage, fünfzig Meter oberhalb des rechten Donauufers, ermöglicht den Blick über die nördlich gelegenen, sanften, mit Weingärten bestückten Abhänge der Fruška gora, auf die hier breit dahinfließende Donau und über die jenseitige Ebene der Batschka (Bačka, Vojvodina). Die Konturen Iloks sind geprägt von Hainen, Gärten und Obstgärten, die die Uferhöhen bedecken, und den starken mittelalterlichen Mauern, die das aufragende große Schloß und das Franziskanerkloster mit seinen Kirchtürmen umfassen.

313

Innerhalb der römischen Provinz Pannonien hieß der Ort Cuccium, durch den die wichtigste Straße von Mursa (heute Osijek) nach Taurunum (heute Zemun/Semlin) verlief. In dieser Region befand sich auch die kulturelle und zivilisatorische Scheidelinie zwischen „West" und „Ost". Der Anbau des gehaltvollen Weines, der in dieser Gegend reift, geht auf die Römer zurück, als Kaiser Marcus Aurelius Probus (276–282), der in Sirmium (dem späteren Mitrowitz bzw. Srijemska Mitrovica) geboren wurde, den Weinbau in Syrmien mit Erfolg anregte.[342]

314

Das spätere Mittelalter bildete für Ilok das Goldene Zeitalter. In den ältesten Urkunden, sie stammen aus dem 13. Jh., führt es verschiedene Namen: Vlcan, Voilack, Vylok, Villak, Wylak, Wylok und Wyhok. Um diese Zeit gab es auch eine Grundherrschaft namens Ujlak (Ilok) in der Gegend von Djakovo. Von welchem Ilok die Rede war, als man es in den Jahren 1283 und 1438 als Markt *(oppidum)* und im Jahre 1454 als Stadt *(civitas)* bezeichnete, weiß man nicht genau. Manche Historiker beziehen sich auf die ungarische Wortzusammensetzung „uj-lak", was etwa „Neuer Hof" bedeutet. In unserem Ilok wirkte jedenfalls seit 1343 der Franziskanerorden, der allerdings den Ort während der Türkenzeit verließ. In diesem Kloster starb im Jahre 1456 der aus dem Neapoletanischen stammende Franziskaner Johannes Capistranus an den Folgen der Entbehrungen, die er vor und während der Schlacht um Belgrad, in der Janos Hunyadi siegte, erlitten hatte. Er wurde in der Franziskanerkirche beigesetzt.[343] Im Mittelalter wies Ilok, damals die größte Stadt Slawoniens, bis zu 500 Häuser und

315

316

317

4.000 Einwohner auf. Einmal war es auch Sitz eines Bistums sowie einer Gespanschaft. In der 2. Hälfte des 15. Jhs. und zu Anfang des 16. Jhs. war Ilok eine wohlgeordnete städtische Siedlung mit sechs (wenn nicht gar zehn) Kirchen, von denen heute allerdings nur eine erhalten ist. Es gab auch ein Krankenhaus, eine Münzprägestätte und die Festung oberhalb der an der Donau gelegenen Unterstadt. Ludwig II. (1516–1526), der letzte nichthabsburgische ungarische König, verlieh Ilok 1525 das Statut einer Stadt und bekräftigte die alten Privilegien.[344)]

In der langen Zeit des Mittelalters wechselten die Herren von Ilok häufig. Von den frühesten läßt sich Mohor nachweisen, der um die Mitte des 13. Jhs. von seinem Enkel Ipolit beerbt wurde. Um 1267 bemächtigte sich Dominik aus der Familie Csák (Čak Vukovski) der Stadt. König Ladislaus IV., der Kumane, bestätigte im Jahre 1283 dessen Besitz, der bis 1354 in der Familie blieb. (Möglicherweise handelte es sich dabei um das Ilok bei Djakovo.) Im Jahre 1354 belehnte König Ludwig I. (1342–1382) jedenfalls die Brüder Nikolaus und Paulus, Söhne des Andreas Gorjanski, mit Ilok.[345)] Eine verläßliche Archiveintragung aus dem Jahre 1364 über „die Herren von Ilok an der Donau" besagt, daß König Ludwig I. in diesem Jahr den Palatinus Nikolaus Konth mit Ilok belehnte. Dessen Nachfolger und Erben nahmen „Ilok" als Geschlechtsnamen an. Diese Familie stellte in der Folge mehrere Bane und Heerführer (Vojvoden). Die bekanntesten Herren Iloks aus dieser Familie waren Nikolaus von Ilok (ca. 1410–1477) und sein Sohn Laurentius. Unter ihnen erlebte Ilok im 15. und Anfang des 16. Jhs. einen Aufstieg.[346)] Nikolaus von Ilok[347)] regierte als Banus Kroatien, Slawonien und Syrmien, ließ Münzen unter seinem Namen prägen und veranlaßte viele neue Bauten sowie die Erneuerung der bis heute erhaltenen Stadtmauer. Mit sei-

313 ANSICHTSKARTE VON ILOK, 1940
314 ILOK 1850, GRAPHIK
315 ILOK 1840, GRAPHIK
316 ANSICHTSKARTE VON ILOK, 2. HÄLFTE DES 20. JHS.
317 MITTELALTERLICHER STADTKERN (BLICK VON OSTEN), 2. HÄLFTE DES 20. JHS.

nem Sohn Laurentius[348] starb die Familie im Jahre 1525 aus. Schon im folgenden Jahr besetzten die Türken die Stadt.

Nach 162 Besatzungsjahren wurden die Osmanen am 12. Juli 1688 von den Truppen des kaiserlichen Generals Carl Graf Caraffa di Stigliano aus Ilok vertrieben. Bis dahin hatte Ilok die Funktion einer Hauptstadt des Sandschak (türk. sancak) Syrmien. Als der mit besonderen Vollmachten des Kaisers ausgestattete M. Prandstätter im Jahre 1608 auf dem Weg von Wien nach Konstantinopel in Ilok Station machte, schilderte er die Stadt als „herrlichen Obstgarten" und verglich sie mit Esztergom (Gran), der Stadt, in der die Könige aus dem Haus Arpád sowie König Ludwig I. aus dem Haus Anjou einst residierten. Die mittelalterlichen Mauern von Ilok zerstörten die Türken nicht. Von der türkischen Bautätigkeit blieben leider nur ein „türkisches Bad" – hamam (ein adaptierter Stadtturm) – und eine „Turbe" (Mausoleum) erhalten, die sich im Schloßhof befindet.[349]

Neun Jahre nach der Befreiung Iloks von den Türken und nach vorübergehender Verwaltung durch die kaiserliche Hofkammer gelangten mittels Schenkung des Kaisers bzw. Königs Leopold I. vom 30. Juli 1697 Ilok und ein erheblicher Teil Syrmiens (die kaiserlichen Festungen, vor allem Peterwardein, waren ausgenommen) in den Besitz des römischen Fürsten Livius I. Odescalchi. Am 21. August desselben Jahres wurde Livius I. (Abb. 330) der Titel eines „Herzogs von Syrmien" *(Ducatus Sirmiensis)* verliehen. Diesen Titel bestätigte der Kaiser im Jahre 1698 und erstreckte die Lehensvergabe im Jahre 1699 auch auf die weibliche Nachkommenschaft.

Diese Wohltaten erklären sich als Dank (und auch Entschädigung) gegenüber der Familie des Papstes Innozenz XI. (1676–1689; ein Odescalchi) für dessen weitreichende Unterstützungen im Kampf gegen die Türken (besonders anläßlich der Belagerung Wiens im Jahre 1683) und schließlich auch für eine Geldhilfe von 325.000 Dukaten. Livius I., ein Neffe des Papstes, starb im Jahre 1713 kinderlos. Sein Erbe wurde Balthasar I. Erba Odescalchi, auf den dieser Besitz in einem eingeschränkteren Umfang überging, nämlich soweit er der Summe von 325.000 Dukaten entsprach. Der Landsitz umfaßte nun immerhin 729 Ansässigkeiten mit 36 Dörfern bzw. Siedlungen (16 im westlichen und 20 im östlichen Teil Syrmiens). Die Fürsten Odescalchi residierten hier bis zum Jahre 1944. Dann wurden Schloß und Grundbesitz verstaatlicht.[350]

Der große Landbesitz hatte zwei wirtschaftliche Mittelpunkte, und zwar Ilok (Obersyrmien) und das östlichere Irig (Untersyrmien). Die Zahl der Ansässigkeiten und Siedlungen wechselte. Im Jahre 1720 gab es 121 Ansässigkeiten, 1722 waren es 712 und im Jahre 1726 schließlich 729. 1745 verminderten sie sich auf 535 mit 1.984 Untertanen. Der Landbesitz in Obersyrmien umfaßte 17 Siedlungen im Jahre 1714, aber 28 nach 1745.[351] Diese Daten beziehen sich auf ein Gebiet von 14.955 ha mit mehr als 5.000 Einwohnern in der 1. Hälfte des 18. Jhs. bzw. auf 17 Siedlungen mit 973 Haushalten im Jahre 1736. Zur Grundherrschaft gehörten damals 809 Pferde mit einem bedeutenden Gestüt, 927 Arbeitsochsen, 1.103 Kühe und Jungrinder, 1.066 Schweine, 937 Bienenstöcke sowie 3.704 Zwetschkenbäume und sechs Wassermühlen. In Bearbeitung standen 1.284

318

319

318 SÜD- UND WESTFRONT, 1997
319 ZUM SCHLOSS GEHÖRENDES WIRTSCHAFTSGEBÄUDE, 1997
320 DER HOF VOR DER NORDFRONT, ANSICHTSKARTE, VOR 1918
321 WAPPEN DER FÜRSTEN ODESCALCHI ÜBER DEM EINGANG AN DER OSTFRONT, 1956
322 NORDFRONT (INNENHOF), ANSICHTSKARTE, VOR 1945

320

321

322

Rigolen Weingärten, 1.464 Joch Ackerland und 988 „Mähgründe“. Die ertragreichsten Wirtschaftszweige waren der Weinbau und die Herstellung von Sliwowitz.[352]

Die befestigte Oberstadt (Gornji grad oder Stari grad) und die gleichfalls mittelalterliche Unterstadt (Donji grad) als Zentrum des Handels und des Gewerbes machen Ilok gleichsam zu einem Denkmal. Baulich ist es langsam und harmonisch gewachsen, doch andererseits wurde auch viel zerstört und viel zuwenig erhalten. Die mittelalterlichen Stadtmauern und ihre Türme bestimmen auch heute deutlich das Bild der Oberstadt, die durch Jahrhunderte als befestigte Zone sowohl das Zentrum der Grundherrschaft wie die bürgerliche Siedlung *(civitas)* beherbergte. Die erhalten gebliebenen Bauten gehören verschiedenen Perioden an: Romanik, Gotik, orientalisch-türkische Stilelemente, Barock, Klassizismus und Neugotik sowie Architektur des 20. Jhs. Die alten Befestigungsmauern[353], das Schloß und das Franziskanerkloster mit seiner Kirche gelten als die beeindruckendsten Bauwerke im historischen Stadtkern. Nach der Lage und Größe ist die Verbindung von Kloster und restaurierter gotischer Kirche mit dem neugotischen Glockenturm hervorzuheben.

Das befestigte Ilok wurde im Lauf des 18. Jhs. in barockem Sinn erneuert. Es entstanden viele neue Häuser, oft auf den alten Grundmauern. Der Plan der Grundherrschaft aus dem Jahre 1784[354] weist folgende Gebäude und unbebaute Flächen innerhalb der Befestigungen auf: Schloß, zugehörige Wohnungen und Stallungen (östlich des Schlosses), Getreidespeicher (südwestlich des Schlosses), Schloßgarten (Park), einstiges Gespanschaftshaus, Wohnung des Gutsverwalters, Baureste zweier katholischer Kirchen, einstige Wohnung des Vizegespans, Kloster und Kirche der Franziskaner, Kurie des Barons Brnjaković, Wohngebäude des

Herrschaftspersonals, Wohnung des Arztes der Grundherrschaft, Wohnung des Richters (Familie von Krajčević), alte orthodoxe Kirche, orthodoxer Friedhof, Haus der Familie Brnjaković.[355]

An der Nordwestecke des ummauerten Areals stand im Mittelalter ein Kastell. Erbaut wurde es wahrscheinlich von Nikolaus von Ilok. Das Aussehen des Kastells ist nicht bekannt, wir wissen aber, daß sein Umfang 258 Schritte betrug. Es wurde im Verlauf der Verteidigung gegen die zur Befreiung von den Türken anrückenden kaiserlichen Truppen (1688) arg in Mitleidenschaft gezogen. Ein Teil der Grundmauern des heutigen Schlosses weist die Stärke von ungefähr zwei Metern auf, sie dürften vom früheren Kastell stammen.[356]

Das Odescalchi-Schloß entstand im Verlauf des 18. und 19. Jhs. am Platz des alten Kastells. Auf militärische Bedürfnisse brauchten die Fürsten nicht mehr Bedacht zu nehmen. Wahrscheinlich wurde mit dem Bau um 1721 begonnen. Mehrmals erfolgten bauliche Veränderungen. Bis zum Jahre 1973 konnte man über dem Eingang unterhalb des Balkons die Inschrift „Renoviert 1784" sehen. Leider ließen die im 19. Jh. durchgeführten Umbauten von den einstigen barocken Stilelementen wenig übrig. Um das Jahr 1839 (Fürst Livius III.) erfolgten wahrscheinlich die Zubauten nach dem Muster der italienischen Spätrenaissance. Die letzte nennenswerte Bautätigkeit entfaltete Fürst Balthasar III. um das Jahr 1889, er brachte historistische Elemente ein. Damals oder bereits 1839 entstand die Verzierung mit dem Odescalchi-Wappen auf einer Steintafel (Abb. 321) oberhalb des Haupteinganges an der Ostfront. Zuletzt wurde das Schloß im Jahre 1968 einer Adaptierung unterzogen, um das Museum und eine Kunstgalerie unterzubringen.[357]

323

324

323 KOPIE DER KATASTERKARTE, 1864
324 JAGDSAAL, CA. 1930
325 GRUNDRISS DES ERDGESCHOSSES

325

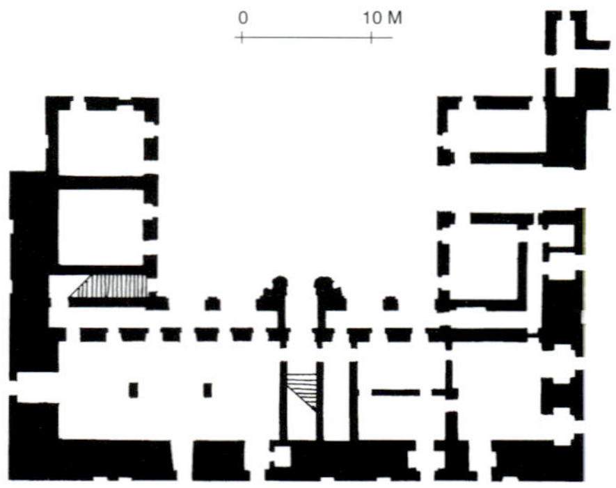

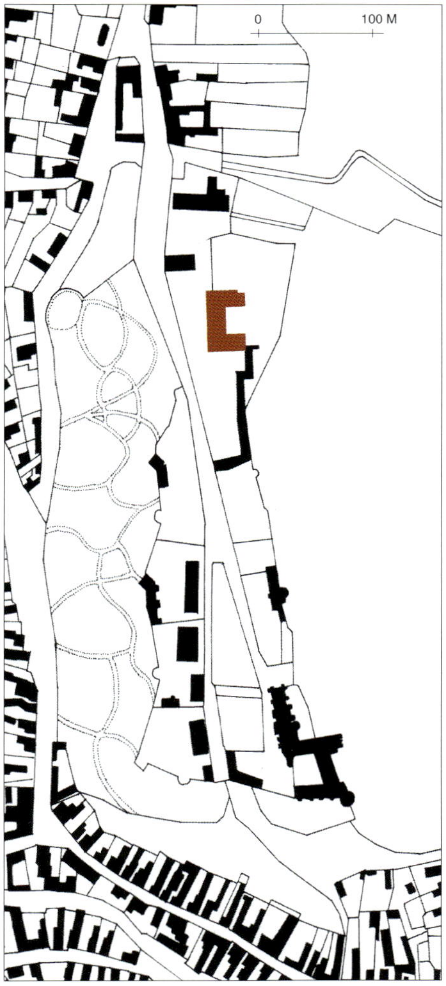

326

Das Schloß ist dreigeschossig mit Grundriß eines „U" (drei Flügel). Die zur Donau weisende Nordfront (Hoffront) ist im Erdgeschoß und in den beiden Obergeschossen in barocker Manier mit Arkaden ausgestattet. Den von der Wurzel her barocken Charakter verrät der dreiflügelige Grundriß. Die gegen Ende des 19. Jhs. vorgenommene Renovierung geschah unter dem Einfluß des Historismus („Renaissance"-Elemente; in Rustika ausgeführte Fassadenabschlüsse an den äußeren Ecken etc.).[358] Der Zugang in das Schloß erfolgt von Norden. Der Grundriß aller drei Geschosse des Hauptflügels (Südflügel) ist gleich gestaltet: ein langer schmaler Gang mit zur Nord- bzw. Hoffront gelegenen offenen Arkaden, das Stiegenhaus ungefähr in der Mitte, jeweils fünf Zimmer in einer Flucht mit Fenstern nach Süden und Türen zum Flur (Abb. 328). Die Räume des Erdgeschosses und des ersten Obergeschosses haben Gewölbedecken, die des zweiten Obergeschosses glatte Plafonds. In drei Räumen des Erdgeschosses befand sich die Geschäftsführung der Gutsverwaltung, im ersten Obergeschoß das Familien- und Schloßarchiv sowie ein auf das Schloß bezogenes Museum mit wertvollen Objekten aus der urgeschichtlichen, römischen und osmanischen Zeit. Im zweiten Obergeschoß befanden sich die Wohnräume. Sie waren mit Stilmöbeln, Kunstgegenständen, wertvollen Waffen, Jagdtrophäen, chinesischem Porzellan etc. ausgestattet. Hier befand sich auch die Bibliothek mit den Porträts der Fürsten Odescalchi, angefangen von Livius I. bis ins 20. Jh.[359] Unmittelbar vor dem Zweiten Weltkrieg brachte die Familie Odescalchi die Bibliothek sowie einen Teil der Kunstgegenstände und der musealen Kostbarkeiten nach Rom. Der Rest des Inventars ist bei Kriegsende oder kurz danach großteils vernichtet oder gestohlen worden. Schon im Lauf dieses Krieges dienten einzelne Räume militärischen Kommanden.[360] Im Jahre 1948 stand das Schloß weitgehend leer, wurde aber

326 KOPIE DER KATASTERKARTE, 1903
327 BIBLIOTHEK, CA. 1930
328 GRUNDRISS DES ERSTEN OBERGESCHOSSES

327

328

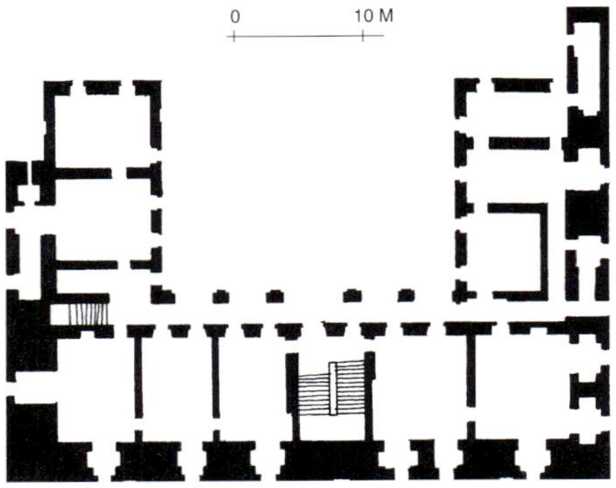

dennoch zu verschiedenen Zwecken genutzt. Seine Devastierung ging in den folgenden Jahren unvermindert weiter.[361)]

Neben dem Schloß von Ilok gab es im 18. Jh. einen Garten, seit dem Ende des 19. Jhs. auch einen Park. Es ist erwähnenswert, daß hier die Türken schon Gartenkultur pflegten. So gab es jedenfalls um 1717 ausgedehntere Gärten. In dem Plan aus dem Jahre 1784 über die Schloßanlage war der Garten als *hortus dominalis* unmittelbar vor der Südfront eingezeichnet, wo er sich auch gegenwärtig befindet.[361)] Dieser Garten sowie die Gemüse- und Obstgärten sind auch in der Katasterkarte von 1864 eingezeichnet (Abb. 323). Auf dem Gelände des Schloßgartens und der Obstgärten legte man um das Ende des 19. Jhs. den Park an. Der südwärts der Mauer gelegene Teil des Parks wurde um 1896 angelegt, sein östlicher Teil erst nach dem Jahre 1897.[362)] Der südliche Teil wurde mit verschiedenartigen, teils gekauften, teils selbstgezogenen Bäumen bepflanzt.[363)] Der Park war ausschließlich für die fürstliche Familie bestimmt und entsprechend eingefriedet. Die Mauer stürzte im Jahre 1956 ein – seit damals ist der Park öffentlich als Stadtpark zugänglich. Im Umfang von fünf Hektar wurde er samt einem Teil der Altstadt und ihrer Abhänge im Jahre 1973 als Denkmal der Parkarchitektur unter Schutz gestellt.[364)]

Die Odescalchi waren eine alte, begüterte und einflußreiche oberitalienische Familie, heute sind sie in Rom ansässig. Sie entstammen der bei Como ansässigen berühmten Familie Erba. Als ältestes Glied gilt Giorgio Odescalchi (um 1290), aber am berühmtesten war Benedetto Odescalchi (1611–1689), der am 21. September 1676 in Rom zum Papst gewählt wurde und den Namen Innozenz XI. annahm (Abb. 329). Dessen Neffe Livius I. (1652–1703 oder 1713) wurde, wie wir bereits erfahren haben, der erste Inhaber von Ilok und „Herzog von Syrmien“. Er hatte sich bei der Verteidigung Wiens im Jahre 1683 ausgezeichnet. (Im übrigen war Innozenz XI., bevor er die geistliche Laufbahn einschlug, Offizier.)[365)]

329

330

331

332

329 BENEDETTO ODESCALCHI (INNOZENZ XI.)
330 LIVIUS I. ODESCALCHI
331 ANSICHTSKARTE VON ILOK, 1918
332 WAPPEN DER FÜRSTEN ODESCALCHI
333 KURIE BRNJAKOVIĆ, GRUNDRISS DES OBERGESCHOSSES
334 KURIE BRNJAKOVIĆ, GRUNDRISS DES ERDGESCHOSSES
335 KURIE BRNJAKOVIĆ UND KIRCHE DES FRANZISKANERKLOSTERS

In der Oberstadt befand sich auch eine von Baron Brnjaković im 18. Jh. erbaute spätbarocke Kurie. Sie wurde 1967 abgerissen, weil durch Erderschütterungen große Risse in den Mauern und Decken entstanden waren. Auf dem Platz wurde noch vor dem „Vaterländischen Krieg“ (1991) ein äußerlich gleiches Gebäude errichtet. Die Kurie war zweigeschossig, ihr Grundriß ein langgezogenes Rechteck, wobei eine Seite an die Stadtmauer nächst der Franziskanerkirche angebaut war. Die Fassaden waren einfach gestaltet, die Fenster hatten hübsche geschwungene schmiedeeiserne Gitter, und an der Hauptfront lief ein Gurtgesims (Abb. 333, 334). Nach dem Aussterben der Familie Brnjaković im Jahre 1803 kam die Kurie in den Besitz der Grundherrschaft Odescalchi. Bis 1914 war das Gericht darin untergebracht, später eine Schule und ein Schülerheim, von 1952 bis 1966 das Museum der Stadt Ilok, das nach dem Abreißen der spätbarocken Kurie in das Schloß übersiedelte.[366]

Die Familie Brnjaković stammte aus Bosnien, was sich aus dem Beinamen „Grubišić od Olova“ ergibt. Im Verlauf der Türkenkriege verlor sie ihre Besitzungen und flüchtete in das Habsburgerreich, wo sie im 17. Jh. zu großem Ansehen gelangte; König bzw. Kaiser Leopold I. verlieh dem Andreas Brnjaković am 12. Juni 1659 das ungarische Baronat. Im Jahre 1661 versprach Leopold ihm die künftige Wiederherstellung des Besitzstandes seiner Familie, die aber wegen der türkischen Okkupation Bosniens nicht stattfinden konnte. Als Slawonien von den Türken befreit worden war, zog die Familie Brnjaković nach Ilok und erhielt vom König einen Besitz im nahe gelegenen Neštin und die Erlaubnis, eine Kurie in Ilok zu bauen. Die Mitglieder der Familie sind in der Kapelle der Segensreichen Jungfrau Maria beigesetzt, die Johann Brnjaković im Jahre 1732 an die Franziskanerkirche anbauen ließ. Michael Brnjaković galt als großer Wohltäter der Franziskaner von Ilok. Die im Jahre 1792 verstorbene Barbara Anna Brnjaković war mit Johann Jankovich de Daruvar vermählt[637] und gebar ihm den Sohn Isidor Jankovich.[212] [367]

333

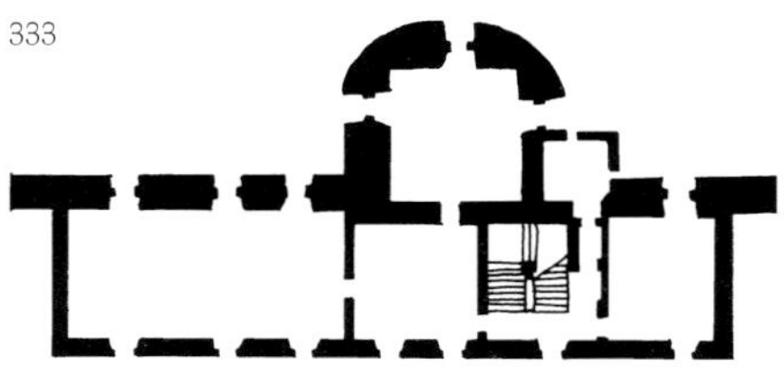

334

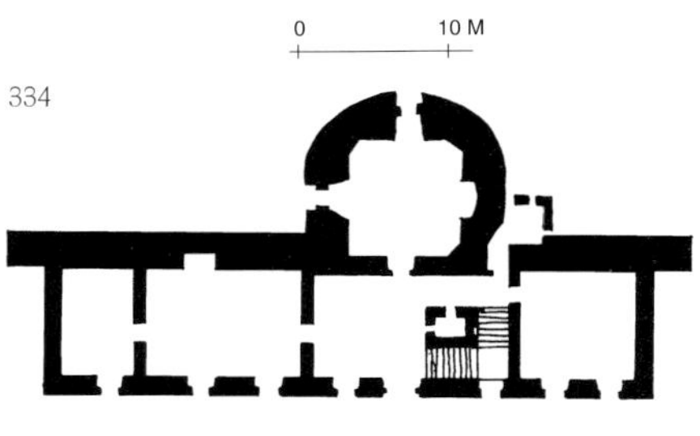

335

Jelengrad

Schloss Normann-Ehrenfels

Gespanschaft	Osijek-Baranja
Gemeinde	Petrijevci
Kat.-Gmde.	Petrijevci

Unter allen Schlössern Kroatiens war wahrscheinlich Jelengrad jenes mit der kürzesten „Lebenszeit". Gustav Graf Normann-Ehrenfels erbaute es 1894 in den Auwäldern der Drau als Jagdschloß. Es existierte nur drei Jahrzehnte – einige Bäume und die Erdaufschüttung des Gartenpavillons sind alles, was von Schloß und Park übriggeblieben ist. Einziger „lebender" Zeuge ist eine Gastwirtschaft gleichen Namens an der Straße Petrijevci–Valpovo, die an der Stelle des Försterhäuschens errichtet wurde.

Obschon Schloß Jelengrad einige Kilometer nordwestlich von Petrijevci mitten in den Drauwäldern lag, gehörte es doch zur Ortschaft Petrijevci. Es befand sich exakt auf halbem Weg zwischen Osijek und Valpovo, wohin jeweils 14 Kilometer zurückzulegen waren, und außerdem am Ufer der Karašica, die bei Petrijevci in die Drau mündet. Petrijevci war einst die römische Siedlung Mursella, welche im Mittelalter Karaševo hieß. Bekannt wurde der Ort, weil hier der Ritterorden der Johanniter einen Besitz hatte und sich auch eine Kirche des hl. Nikolaus befand. Sie wurde 1333 erwähnt, zugleich mit „Petrijevac" *(oppidi Petrievci)*. In der Türkenzeit konnte man hier über eine Brücke die Karašica überqueren. Petrijevci galt in den dreißiger Jahren des 18. Jhs. als große Siedlung mit 161 Haushalten. Sie war die größte der Grundherrschaft Valpovo.[368)] Historisch gesehen, sind Jelengrad und Petrijevci mit der Grundherrschaft Valpovo untrennbar verbunden, daher auch mit den Familien Hilleprand von Prandau und Normann-Ehrenfels, ihren Herren bzw. Besitzern (siehe auch Schloß Bizovac).

Gustav Graf Normann-Ehrenfels erbaute Jelengrad 1894, nachdem er nach dem Tod seiner Mutter (Marianne Gräfin Normann geb. Baronin Hilleprand von Prandau) das östliche Drittel des Gutes Valpovo geerbt hatte und der größere Teil seinem Bruder Rudolf I. verblieb. Jelengrad wurde als Jagdschloß und Sommersitz errichtet und erfüllte diesen Zweck völlig. Sitz des Gutsbetriebes war allerdings Bizovac. So verlebten Gustav Normann-Ehrenfels und seine Gattin Hermine geb. Albrecht, eine bekannte Burgschauspielerin, jeweils viele Monate in Jelengrad. Nach dem Ersten Weltkrieg verblieb das Ehepaar in Österreich, im 15 km südlich von Graz gelegenen Schloß Premstätten.

Schon auf den ersten Blick war die historistische Anlage des Schlosses mit seinen beiden Türmen zu erkennen. War der eine als neugotisch einzuordnen, so folgte der westseitige Turm im Hinblick auf seine Bekrönung der Neurenaissance bzw. dem „Tudor- oder Windsorstil" des 19. Jhs.

336

Über den architektonischen und künstlerischen Wert dieses Schlosses läßt sich freilich diskutieren. Es verfügte über vier Geschosse: Souterrain, Hochparterre, Obergeschoß und ein teilweise ausgebautes Dachgeschoß (Mansarde). Älteren undatierten Photographien kann man entnehmen, daß der westseitige Turm erst nachträglich entstand; zuvor war hier eine Parterre-Veranda. Trotz des lieblichen Gesamtbildes lassen sich ein Provinzialismus in der Gestaltung wie auch der Mangel an Feinfühligkeit und Elegance nicht übersehen.

Im Schloß Jelengrad gab es sechzig Räumlichkeiten, von denen vierzig Zimmer waren. Sie waren notwendig, um die vielen Jagdgäste unterzubringen. Als die österreichisch-ungarische Monarchie im Herbst 1918 unterging, wurde hier eine „Republik Petrijevci" ausgerufen. Sie überdauerte zwar keine zwei Wochen, genügte aber den Bauern der umliegenden Dörfer, ausgiebig zu plündern. Der größte Teil des Inventars wurde entweder vernichtet oder weggebracht.[369] Nun wurde das Schloß nicht mehr bewohnt. Im Jahre 1919 kaufte Rudolf Graf Normann seinem Bruder Gustav das Gut Bizovac und damit auch Schloß Jelengrad ab, so daß die ehemalige Herrschaft Valpovo wieder eine Einheit bildete. Doch Rudolf verkaufte das Schloß sehr bald einem Grafen aus Deutschland. Dieser konnte oder wollte es weder reparieren noch nutzen. Als er keinen Käufer fand, entschloß er sich im Jahre 1927, das Schloß abzureißen und alles brauchbare Material per Schiff über die Drau und Donau nach Deutschland zu verbringen. Was daraus geworden ist, wissen wir nicht.[370] 1934 war Schloß Jelengrad restlos verschwunden.[371]

336 BLICK VON WESTEN, ZEICHNUNG
337 DIE FRONT IN RICHTUNG DRAU, ÖL AUF LEINEN
338 BLICK VON WESTEN, ANSICHTSKARTE, 1933

337

338

Kapela Dvor

Kurie Jankovich / Károlyi

Gespanschaft	Virovitica-Podravina
Gemeinde	Lukač
Kat.-Gmde.	Turanovac

Kapela Dvor heißt die zweigeschossige, ziemlich große Kurie im gleichnamigen Dorf, acht Kilometer nördlich von Virovitica an der nach Barcs in Ungarn führenden Straße. Nach nur hundertjährigem Bestehen ist sie fast vergessen, seit Jahrzehnten verlassen und nahezu eine Ruine. Einst war sie mit ihrem großen Park ein Kennzeichen der Drauebene (Podravina). Heute steht sie im Kern des Dorfes, das sich nach dem Zweiten Weltkrieg um sie entwickelte. Das hohe Dach mit den markanten Rauchfängen und den Storchennestern unterscheidet die Kurie von allen übrigen Häusern.

In der Literatur wird sie nur selten erwähnt. Es heißt, daß sie um etwa 1880 von Gejza von Jankovich-Beszan aus Slatina erbaut wurde. So nannte man sie zunächst „Gejza-Hof". Während des Zweiten Weltkrieges gab man ihr den Namen Kapela Dvor, und zwar wegen ihres Turmes, der an eine kleine Kapelle erinnern läßt. Der Gebäudegrundriß ist quadratisch. An der Nordfront (Eingang) befindet sich ein Mittelrisalit mit einem Altan, im Erdgeschoß der Ostfront ein Erker. Das Stiegenhaus ist im Süden, der Turm an der südwestlichen Ecke. Im Erdgeschoß mißt das Gebäude 386 und im Obergeschoß 363 m^2. Es ist zur Gänze unterkellert. In baulicher Hinsicht ist die große Eingangshalle interessant, die über zwei Stockwerke reicht und das Stiegenhaus und oben eine Galerie aufnimmt. Im Inneren sind einzelne Zierarbeiten aus Holz erhalten geblieben: Türen, Stiegenhausgeländer und Galerie. Die Wandmalerei in einem Raum läßt darauf hindeuten, daß Wände und Decken im gesamten Haus bemalt waren.

Kurie, Wirtschaftsgebäude und Park hatten einen Umfang von 4,5 Hektar. Vom Landschaftspark sind nur wenige alte Bäume übriggeblieben, beispielsweise ein Tulpenbaum, Lindenbäume, Fichten und Lärchen.

Josef von Jankovich-Beszan (Sohn des Gejza) verkaufte im Jahre 1920 die Kurie mit dem Grundbesitz Lukač an Arpad I. Graf Károlyi (1875–1929). Dieser ließ am Gebäude kleinere Veränderungen und Zubauten durchführen. (Zu seiner Zeit erregten die Spargelernte und die Zucht von Reitpferden sowie die Hirsche im Revier Aufmerksamkeit.) Erben waren die Söhne Arpad II. und Ferenc sowie die Tochter Elisabeth, verehel. Riedl. 1938/39 zog die Familie nach Zagreb und überließ den Besitz der Kroatischen Sparkasse in Zagreb. Deren Nachfolger waren die Sparkasse der Save-Banschaft und 1941 das Institut für Kolonisierung. Bereits im folgenden Jahr kauften fünf Familien die Kurie und den Park. Sie waren in Zagorien und in der Podravina zu Hause. Vier davon verkauften im

339 Detail des Eingangsaltans, 1993
340 Blick von Norden, 1993
341 Nördliches Haustor
342 Blick von Westen
343 Kopie der Katasterkarte, 1932

339

340

341

342

343

Jahre 1964 ihre Anteile der Jagdgenossenschaft von Lukač bzw. dem Jagdverband Virovitica. Schwierigkeiten mit dem Besitzer des Fünftelanteils führten dazu, daß die Renovierung der Kurie unterblieb. Nur das Dach und der Turm konnten saniert werden.

Arpad I. Graf Károlyi entstammte der sogenannten Preßburger Linie. Er war ein tüchtiger Forstwirt und als solcher im Staatsdienst bis 1907 in Bosnien tätig. Anschließend war er einige Zeit Direktor einer Fabrik für Holzverarbeitung im bosnischen Teslić. Sein Sohn Arpad II. († 1957) war ein angesehener Wissenschafter (Biologe), nach dem einige Pflanzenarten benannt wurden. Die übrigen Nachkommen Arpads I. leben in Zagreb und Österreich.[372)]

Kaptol

Schloss des Kapitels von Požega sowie des Bistums und des Domkapitels von Djakovo

Gespanschaft	Požega
Gemeinde	Kaptol
Kat.-Gmde.	Kaptol

Heute ist Kaptol ein Dorf an der Straße Kutjevo–Velika, zehn Kilometer nördlich von Požega. Es liegt an den südlichen Hängen des Papukgebirges, von wo man das „Goldene Tal" von Požega übersieht. Hier ragen die Reste eines Kastells auf, neben Djurdjevac (St. Georgen) die am besten erhaltene mittelalterliche Festungsanlage Slawoniens. Die Schäden, die während des Zweiten Weltkrieges dem Kastell bzw. dem Schloß zugefügt wurden, sind nicht behoben worden. Der Name des Dorfes rührt von den an diesem Platz einst abgehaltenen Versammlungen des Kapitels des hl. Petrus zu Požega. Im Gegensatz zur alten königlichen Stadt bzw. Festung Poszegavár handelte es sich um eine kirchliche Niederlassung.

Das Kapitel von Požega (ung. Poszega) wurde zwischen 1221 und 1230 gegründet, und zwar im Verband des Bistums Pécs (Fünfkirchen). Bei einem Kapitel dieser Art *(capitula collegiata)* handelt es sich um einen Zusammenschluß von Priestern zu einer Gemeinschaft, deren Mitglieder („Kanoniker") nach besonderen Regeln leben, ohne einen Mönchsorden zu bilden. Auf dieser Ebene gab es in Kroatien noch das Kapitel von Čazma. Hiervon unterscheiden sich die jeweiligen Kapitel am Sitz eines Bistums *(capitula cathedralia)*, deren Mitglieder („Domherren") dem Bischof beratend zur Seite stehen (beispielsweise das Domkapitel von Agram). Im Fall einer Sedisvakanz übernehmen die Domherren die Funktionen des Bischofs, und es liegt auch an ihnen, einen Nachfolger vorzuschlagen. Die Gründung eines *capitulum collegiatum* bedurfte der Genehmigung durch den König. – Das Kapitel von Požega flüchtete mitsamt dem Archiv vor den Türken nach Oberungarn (Slowakei) und nach Pécs. Nun setzte der Verfall von Kaptol ein. Das Archiv landete schließlich in Budapest. Es wurde im Jahre 1960 dem Staatsarchiv in Zagreb übergeben.[373)]

Die Türken besetzten Kaptol am 15. Januar 1537. Bis zu ihrem Abzug (1687) unterhielten sie innerhalb der Festungsanlage eine militärische Besatzung. Die geistliche Betreuung der kroatischen Einwohner besorgten Franziskaner aus dem nahen Velika.[374)]

Nach der Türkenbefreiung wurde in Kaptol eine Grundherrschaft errichtet. Als Schenkung des Königs (Kaiser Leopolds I.) erhielt sie 1701 der Bischof des sogenannten bosnisch-syrmischen Bistums von Djakovo, Petrus Crnković, nach ihm dessen Erbe Georg Baron Patachich. Von 1707 bis 1773 gehörte Kaptol dem Bistum Djakovo, anschließend dem Domkapitel von Djakovo. 1877 kaufte

344 Südfront mit dem Festungseingang, 1993

345 Ansicht von Südosten, 1993

344

345

346

347

348

349

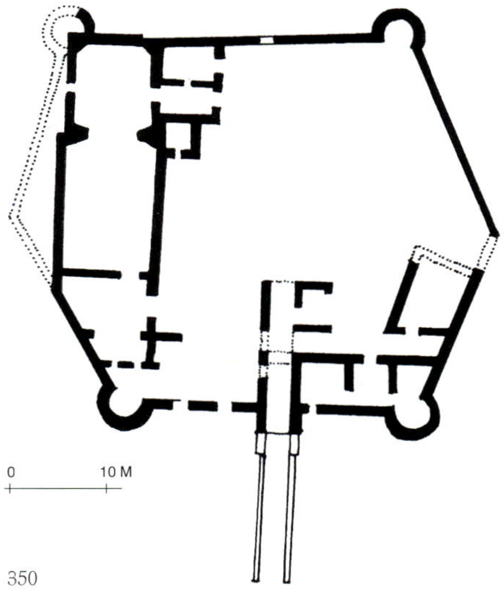

350

346 TURM DER GEORGSKIRCHE IM KASTELL, 1993
347 BLICK ZUR NORDMAUER, 1993
348 KIRCHE DES HL. GEORG, 1993
349 DETAIL, 1993
350 SKIZZE DES KASTELLS
351 KATASTERKARTE, 1862

351

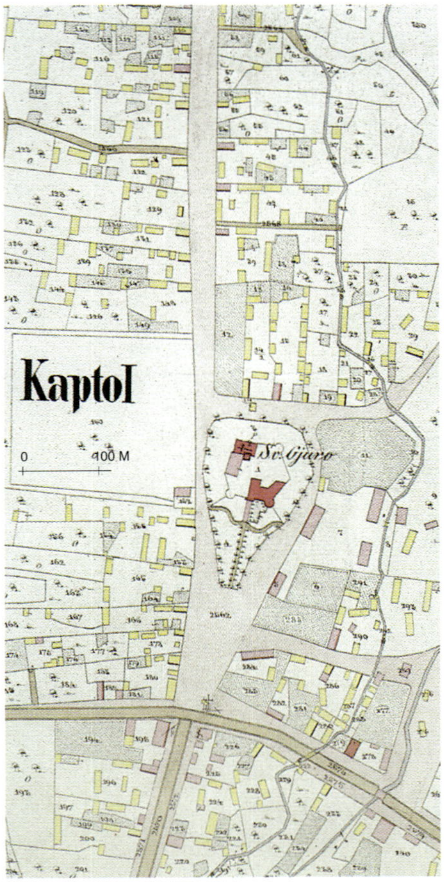

Anton Graf Attems den Besitz. An der Wende zum 20. Jh. war Anton Freiherr von Riese Eigentümer. Weitere Eigentümer waren Aurelia Baronin Podmanicky und die Brüder Turković, um 1910 Dr. Georg Horvat, Rechtsanwalt in Samobor, und Karl Kauschek, Großgrundbesitzer in Herbersdorf. Letzter Eigentümer (bis 1945) war die Vermögensgemeinde Brod.[375)]

Im Jahre 1702 umfaßte der Kaptol-Besitz 1.200 Joch. Zwar gab es insgesamt 54 Haushalte und 50 Ansässigkeiten, aber nur 15 davon wurden benutzt. Nach 1745 gab es 204 Untertanen (Kmeten), 1.439 Joch Ackerland und 862 „Mähgründe". Zwischen 1745 und 1766 gab es 84 Ansässigkeiten. Um die Wende zum 20. Jh. umfaßte der Besitz 3.302 Hektar (5.742 Joch), und zwar 594 ha Acker, 37 ha Wiesen, 11 ha Weingärten, 202 ha Weideland, 5 ha Gemüsegärten und 2.453 ha Wald.[376)]

Im Mittelalter setzte sich das befestigte Gelände aus zwei Teilen zusammen. Die äußere Umfassung schützte die Siedlung von Kaptol, wo in erster Linie die meisten Kanoniker wohnten, aber auch andere Häuser (Kurien) standen. Die innere Festung war den Pröpsten vorbehalten; es handelt sich um jenen Teil, der heute als Ruine besteht. Hier fungierte aber auch die Ratsversammlung der Kanoniker und stand auch die Kollegiumskirche des hl. Petrus.

Die innere Festung entstand ungefähr im Jahre 1500. Es handelte sich um ein von einem Graben umfaßtes Kastell (Typ einer Wasserburg), das die Stile der Spätgotik und der Renaissance vereinigte. Die Anlagen in Dubrava bei Vrbovec, in Čazma, Cernik und Gvozdansko waren ähnlich. Kaptol war sechseckig, mit einem Torturm und einer vorgelagerten Zugbrücke (später zugeschüttet) an der Südseite. Drei halbkreisförmige Ecktürme mit Schießscharten sind noch erhalten, ebenso Reste eines ähnlichen weiteren Turmes unterhalb des Altarraumes der im 18. Jh. mit einem Glockenturm an Stelle der gotischen Kapitelkirche des hl. Paulus errichteten Georgskirche. Als die Kirche ihrer Funktion beraubt war, verwendete Graf Attems das Gebäude als Getreidespeicher. Durch Brand wurde es nach dem Ersten Weltkrieg zerstört. Das Kastell wurde um die Mitte des 18. Jhs. so renoviert, daß es zum Teil den Charakter eines Schlosses annahm. Der Südteil diente primär Wohnzwecken, wozu entsprechende Zu- und Umbauten erfolgten. Der Westteil des Südflügels wurde um die Mitte des 19. Jhs. baufällig. Der bewohnte Ostteil fiel im Mai 1943 einem Dachstuhlbrand zum Opfer. Das verlassene Gebäude verfiel.[377)] Nach dem Zweiten Weltkrieg wurden vergebliche Versuche zu einem Wiederaufbau unternommen.[378)] Trotz Schutzmaßnahmen war der Verfall unaufhaltsam.

Auf der Katasterkarte (Abb. 351) kann man den Kern der Festungsanlage und den Festungsgraben gut erkennen. Ähnliche Anlagen finden wir auch in Valpovo und in Virovitica. Bei diesen sind die Erdbefestigungen allerdings später in den Schloßparks aufgegangen. Kaptol genoß schon vor dem Eindringen der Türken, aber auch während ihrer Anwesenheit den Status eines freien Marktes mit dem Recht, am Festtag des hl. Petrus einen Markt abzuhalten. Auf Bitte des Domkapitels von Djakovo bestätigte der König (Kaiser Franz II.) am 27. Juni 1800 die Marktprivilegien und erhob Kaptol zur Marktgemeinde. Um die Wende zum 20. Jh. ließen sich viele tschechische Familien aus Böhmen hier nieder.[379)]

Kneževo

Wirtschaftszentrum der Herrschaft Béllye (Bilje)

Gespanschaft	Osijek-Baranja
Gemeinde	Popovac
Kat.-Gmde.	Branjin Vrh

Kneževo (ung. Föherceglak) ist ein Dorf in der nördlichen Baranja, nahe der ungarischen Grenze an der Straße Osijek–Beli Manastir–Mohács. Im Jahre 1827 übersiedelte die Verwaltung der Herrschaft Béllye (Bilje) nach Kneževo. (Siehe den Text zu Schloß Bilje.) Bereits um 1818 begann man Verwaltungs- und Wirtschaftsgebäude sowie Unterkünfte zu errichten. Gegen Ende des 19. Jhs. war eine große Gutswirtschaft mit einer Ansiedlung geschaffen. Das dortige Schloß war für keine repräsentativen Zwecke, sondern lediglich als Mittelpunkt für die Bewirtschaftung bestimmt.

Erzherzog Karl ließ 1828 das Schloß errichten. Es war zweigeschossig und im klassizistischen Stil bescheiden gehalten. Seine Längsfassaden verliefen in Nord-Süd-Richtung. Es war sehr lang und schmal (81,30 x 13,10 Meter). Die Hauptfront lag gegen Westen, somit in Richtung der Siedlung. Vor der Ostfront lag der Park. Die drei Fensterachsen umfassenden Mittelteile der Längsfronten (nur an der Westfront, mit dem Tor, als seichter Risalit vorspringend) wiesen bzw. weisen ein weiteres Geschoß auf. An Fassadenzierat gibt es nur das Rustika des Erdgeschosses, Pilaster am Mittelrisalit sowie das durchlaufende Gesims zwischen Erd- und Obergeschoß (Gurtgesims). In den zwanziger Jahren des 20. Jhs. wurde ein neuer Flügel gebaut (Neues Schloß).

Hier war immer, bis zum Jahre 1937, die Verwaltung der Herrschaft Béllye untergebracht. Nach 1945 diente das Schloß als Lager für Getreide und landwirtschaftliche Maschinen sowie für Büros des Landwirtschafts- und Industriekombinats Belje. 1969 wurde das Schloß renoviert. Der Plan, das Schloß als Baranja-Museum zu verwenden, wurde nicht verwirklicht.[380)]

Ungefähr gleichzeitig mit der Errichtung des Schlosses in Kneževo entstand auch das Projekt, einen großen Schloßpark anzulegen. Jedenfalls begann man im Jahre 1814 Bäume zu pflanzen und Obstplantagen zu kultivieren. 1818 pflanzte man Baumalleen aus selbstgezogenen Setzlingen. Die Hauptallee verlieh dem Park in Verbindung mit den Vertikalalleen ein klassizistisches Aussehen. Die „Felder", die zwischen den Alleen in rechtwinkeliger Form entstanden und sich auch zwischen den Fußwegen ausbreiteten, boten Ausblicke eines Landschaftsparks. Dieser wurde 1976 in einem Umfang von sieben Hektar geschützt.[381)] Auf einem anderen Teil des Parks wurde eine Schule mit einem großen Sportplatz errichtet. In den siebziger Jahren wurde im Park eine Reihe einheimischer und fremder Baumarten gepflanzt.[382)]

352 Westfront (Eingangsfront), 1997
353 Grundriss des Erdgeschosses
354 Grundriss des Obergeschosses
355 Blick von Nordosten, 1997
356 Ostfront (Parkfront), 1997

352

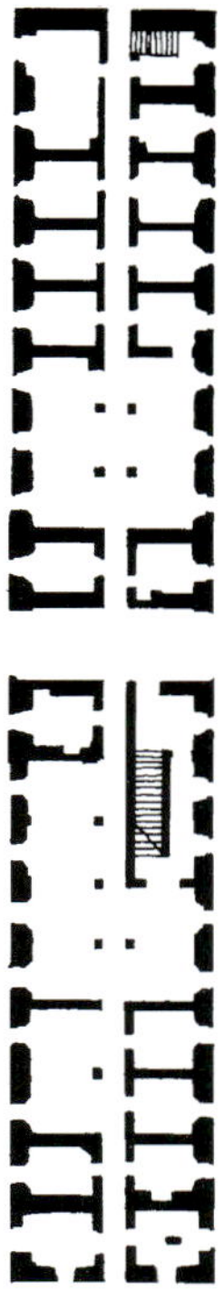

353

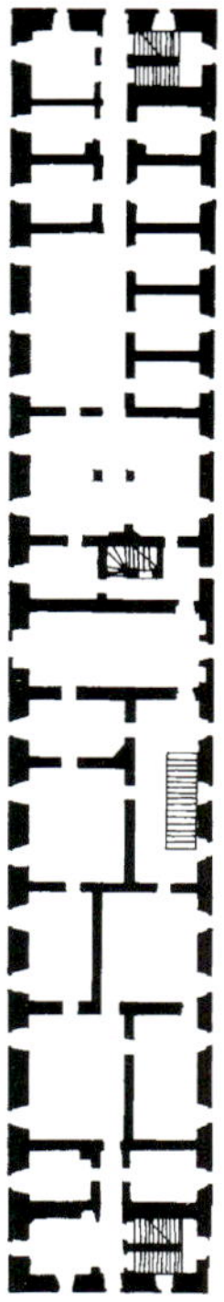

354

355

356

Križevci

Schloss Kiepach

Gespanschaft	Koprivnica-Križevci
Stadt	Križevci
Kat.-Gmde.	Križevci

Križevci (Kreuz, Kreutz) ist eine jener Städte, die Kroatiens Geschichte schon seit dem Mittelalter mitbestimmt haben. Demgemäß ist die Stadt reich an kulturgeschichtlichen und architektonischen Denkmälern. Sie bestand gewiß bereits vor dem 13. Jh., zumal sie im Jahre 1252 den Status einer freien königlichen Stadt erhielt, war Jahrhunderte hindurch Sitz einer Gespanschaft und bald nach Errichtung der Militärgrenze Standort des „Kreuzer Grenzerregiments". An sonstigen Besonderheiten wollen wir hervorheben: Der Agramer Landtag hielt zwischen 1299 und 1549 nicht weniger als 37 Sitzungen in Križevci ab, darunter auch den „blutigen Landtag" von 1397; die ansässigen Gewerbetreibenden erfreuten sich besonderer Privilegien (Statut von Križevci); zugunsten der „unierten Serben" wurde 1777 das griechisch-katholische Bistum als einziges dieser Glaubensgemeinschaft zwischen Donau und Adria errichtet; 1860 gründete man hier eine Schule für Land- und Forstwirtschaft. Von den vielen beeindruckenden Bauwerken sind, neben der Festung, besonders zu erwähnen: das barocke Paulinerkloster und die Kirche der hl. Anna, das barocke Franziskanerkloster mit seiner Kirche, die Kapelle der Muttergottes Koruška sowie die Kapellen der hl. Rochus, Ladislaus und Florian. Nicht zu übersehen ist auch die mittelalterliche Heiligenkreuzkirche (sv. Križ), das älteste Bauwerk in der Stadt, von dem sich, wie manche meinen, ihr Name ableitet.

357

Wenngleich vergessen und aus dem Stadtbild entschwunden, wäre es unverzeihlich, das einstige beachtenswerte Schloß der Familie Kiepach nicht zu erwähnen. Nachdem die Eigentümer im Jahre 1945 vertrieben worden waren, stand es bis 1965 leer und wurde dann abgerissen. An seinem Platz (wo die heutige König-Tomislav-Straße beginnt) wurden mehrstöckige Wohnhäuser errichtet. Anhand von Photographien, vor allem aus dem Besitz der letzten Eigentümerfamilie Kiepach, können wir aber einiges rekonstruieren.

Das Schloß befand sich innerhalb der Stadt; seine Hauptfront war, wie die der übrigen Häuser, unmittelbar an der Hauptstraße (siehe Katasterkarte, Abb. 363). Der Grundriß des zweigeschossigen Gebäudes hatte die Form eines „L", woraus sich drei größere Fronten ergaben: die straßenseitige Westfront (45 m lang), die südseitige Parkfront (35 m lang) und die längere Hoffront mit dem Eingang. Die Straßenfront einschließlich des fünf Fensterachsen umfassenden seichten Mittelrisalits war einfach gestaltet, wenn man von den Verzierungen

357 KACHELOFEN IM SPEISEZIMMER, 1. HÄLFTE 20. JH.
358 STRASSENFRONT (WESTFRONT), VOR 1945
359 GROSSER SALON, VOR 1945, AN DER WAND DAS PORTRÄT DER GRÄFIN OLGA ZETTWITZ GEB. KIEPACH
360 GROSSER SALON, VOR 1945

358

359

360

361

362

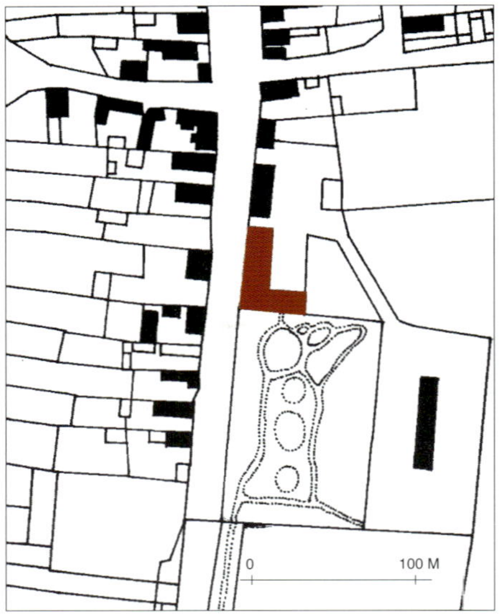

363

364

361 HOFFRONT, ANSICHTSKARTE, 1930
362 GARTEN IM HOF, VOR 1945
363 KOPIE DER KATASTERKARTE, 1858
364 GARTEN IM HOF, VOR 1945
365 MARTHA UND JOSEPH VON KIEPACH, HOCHZEITSBILD, 1890
366 MARTHA VON KIEPACH MIT DEN KINDERN MARCEL, MARIZA, PAULA UND ELISABETH, ANFANG 20. JH.
367 MARIZA UND PAULA KIEPACH

365

ober- und unterhalb der Fenster des Obergeschosses und vom durchlaufenden Gesims zwischen den beiden Geschossen (Gurtgesims) absieht. Auch die übrigen Fassaden stimmten von ihrer Gestaltung her überein.

In Verlängerung der Straßenfront befand sich der Pferdestall und jenseits des Parks, in südöstlicher Richtung, ein langes Wirtschaftsgebäude (siehe Katasterkarte, Abb. 363). Das Schloßgebäude war ursprünglich ein Kloster des Paulinerordens, aber der Zeitpunkt seiner Errichtung ist unbekannt. Sein letztes Aussehen dürfte das Gebäude in den ersten Jahrzehnten des 19. Jhs. erhalten haben, als es von der Familie Kiepach erworben wurde. Es gibt Hinweise darauf, daß der Architekt Bartholomäus Felbinger für den Bau des Pferdestalls und die Umgestaltung des Schloßgebäudes verantwortlich zeichnete.[383]

Vor der Südfront des Schlosses gab es einen Park (80 x 115 Meter, siehe Katasterkarte). Wie Photographien aus den dreißiger Jahren des 20. Jhs. zeigen, hatte er landschaftsromantischen Charakter mit späthistoristischen gärtnerischen Details, zumindest unmittelbar beim Schloß. Diese Merkmale finden wir vor allem beim Pferdestall und im Hof vor der Ostfront des Schlosses. Auf den Photographien können wir Palmen, Agaven, Blumenbeete und Bananenstauden sowie Holzgefäße zur winterlichen Unterbringung in einem Glashaus erkennen (siehe Abb. 361, 362 und 364).

366

Die Landwirtschaft dieses Schloßbesitzes verfügte über gute Böden und wurde erfolgreich betrieben. Gemäß den Aufzeichnungen der Mutter der letzten Eigentümerinnen, Martha von Kiepach geb. Baronin Locatelli, gab es über 3.000 Joch Ackerland, 1.600 Joch guten Eichen- und Buchenwald sowie über sechs Meierhöfe mit bis zu 120 Kühen, vielen Kälbern, 600 Schweinen, 1.000 Schafen und einer entsprechend großen Zahl an Pferden und Arbeitsochsen. Die Jahreserträge waren beträchtlich.

367

Bald nach der Säkularisierung des Paulinerordens gegen Ende des 18. Jhs. erwarb Peter Graf Sermage von Medvedgrad und Susedgrad den Besitz. Als seine Tochter Judith sich mit Johann Emil Baron von Kulmer (1736–1807) vermählte, erhielt sie „Križevci" als Mitgift. Mit der Eheschließung der Baronesse Josephine Kulmer mit Ignaz von Kiepach[384] im Jahre 1804 kam der Besitz an die Familie Kiepach, der das Südtiroler Schloß Haselburg oberhalb von Bozen gehörte. Der Adel dieser Familie geht auf Christoph Kiepach bzw. auf das Jahr 1552 zurück. Den ungarisch-kroatischen Adel verlieh König/Kaiser Franz Joseph I. im Jahre 1875 den Söhnen des Iganz von Kiepach, Marcel I.[385] und Albin[386], mit dem Prädikat „von Haselburg". Die Familie teilte sich nun in zwei Zweige: in den von Marcel I. in Križevci und in den des Albin in Samobor. Der Zweig von Križevci erlosch in der männlichen Linie mit Marcels Sohn Joseph (1862–1940), der mit der Baronesse Martha Locatelli von Eilenburg und Schönfeld (1874–1962, Abb. 365)[387] verheiratet war. Deren Sohn Marcel (1894–1915) ist im Ersten Weltkrieg, ohne männliche Erben hinterlassen zu haben, gefallen. Marcel erregte trotz seiner Jugend als Erfinder auf dem Gebiet der Elektrotechnik große Aufmerksamkeit in der Fachwelt; heute ist er fast unbekannt.[388] Die letzten Angehörigen des Zweiges Križevci der Familie Kiepach von Haselburg waren Marcels Schwestern Mariza (1897–1985), Paula (1899–1993) und Elisabeth (1902–1991).[389]

Kutina

Kurie Erdödy

Gespanschaft Sisak-Moslavina
Stadt Kutina
Kat.-Gmde. Kutina

Heute ist Kutina in erster Linie wegen der lieblichen Kirche von Maria Schnee, der chemischen Industrie und der Kurie (Sommerschloß) bekannt, welche die Grafen Erdödy erbauten. Zwischen 1493 und 1507 erhielt Thomas Bakač (Bakócs) die Herrschaft Kutina. Er war Inhaber der benachbarten Herrschaft Moslavina, die Jahrhunderte hindurch mit dem Schicksal von Kutina verbunden war. Moslavina, das heutige Popovača, war nämlich der zweite Sitz der Familie Erdödy. (Es wird auf das Kapitel über das Schloß Moslavina/Popovača verwiesen, welches die Kurie sowie den gesamten Besitz Kutina ebenso beschreibt wie die Familie Erdödy.)

Kutina wird unter dem Namen „Cotynnam" erstmals in einer Urkunde des Königs Béla IV. vom 10. November 1256 erwähnt. Als Ansiedlung führte es in Quellen vom Ende des 13. sowie aus dem 14. und 15. Jh. die Bezeichnungen Kotenna, Kothennya, Kotenya, Katynna, Kotena und Kutena.[390] Manche Autoren führen diese Namen auf das Wort „kut" (Ecke) oder „kot" (Stall) zurück, aber „kutina" bedeutet auch Quitte.[391] Im späteren Mittelalter bezog sich die Bezeichnung Kutina auf das Tal des gleichnamigen Flüßchens, von dessen Ursprung bis zur Mündung in den Trebež, der schließlich in die Lonja mündet.[392]

Von den vielen Inhabern der Grundherrschaft Kutina im Mittelalter wollen wir bloß die Familien Ruhović (Roh de Decse), Večerinović und Vukoslavić anführen. Thomas Bakócs, den wir bereits erwähnten, erhielt noch vor dem Jahre 1507 Kutina, später als die Grundherrschaft Moslavina. Seit 1511 führte er den Namen Erdödy. Seine Besitzungen erbten seine Brüder und die weiteren Nachkommen. Dabei blieb es, bis das Heer der Osmanen in diese Region einfiel. Nach deren Vertreibung im Jahre 1687 übernahm die Hofkammer die Verwaltung dieses Gutsbesitzes; sie hatte ihr regionales Amt in Požega. Im Verlauf dieser Verwaltung versuchten die Grafen Erdödy mit allem Nachdruck zu beweisen, daß Kutina bis zum Türkeneinfall ihnen gehörte, so daß ihnen der Besitz zurückzugeben sei. Diese Bemühungen zeitigten erst am 20. März 1738 Erfolg. Die an diesem Tag getroffene Entscheidung Kaiser Karls VI. verpflichtete die Grafen Erdödy gleichzeitig, sich der Gerichtsbarkeit und den in Unterslawonien geltenden steuerlichen Vorschriften zu unterwerfen. 1780 erhob die mit den Erdödy verwandte gräfliche Familie Szécsen de Temerin Ansprüche auf einen Teil der Herrschaft Kutina.[393] Nach 1848 gab es in Kutina eine Reihe von

368

369

368 BLICK VON NORDEN, 1993
369 BLICK VON SÜDEN, 1993
370 EINGANG IN DIE KURIE, 1993

370

Eigentümern. Unter diesen befanden sich Johann Tolstoj und Anfang des 20. Jhs. Slavko Bettlheim, Ignaz (Vatroslav) Steiner sowie die Brüder Ausch.[394)]

Der Streit um die Rechte an der Herrschaft Kutina, in dem die Familie Erdödy durch den kroatischen Landtag gegen die Hofkammer und die königliche Kommission unterstützt wurde, setzte sich später auf anderer Ebene fort. Die Banalkonferenz (das Regierungsorgan Banal- bzw. Zivilkroatiens) machte im Jahre 1743 Maria Theresia den Vorschlag, Kutina der Gespanschaft Križevci zu unterstellen. In Wien war man aber dagegen. Erst im Verlauf der Auflösung der Militärgrenze wurde Kutina 1886 der Gespanschaft Bjelovar-Križevci angeschlossen. Dabei blieb es bis zum Jahre 1924.

Sogar noch Jahrzehnte nach dem Abzug der Türken blieb der Raum um den Ort äußerst dünn besiedelt.[395)] Als Hofkammergut wies Kutina im Jahre 1736 248 Haushalte auf, ein Drittel in der Ansiedlung Kutina selbst. Die übrigen sechs Dörfer der Grundherrschaft Kutina waren Repušnica, Ilova, Husain, Batina, Zbjegovača und Šartovac. Damals verfügte die Herrschaft allein an Ackerland über 766 Joch.[396)] Anfang des Jahres 1848 hatte die Herrschaft 194 Ansässigkeiten, die sich auf die einzelnen Eigentümer bzw. deren Familienmitglieder wie folgt verteilten: Georg Graf Erdödy, Johann Nepomuk Graf Erdödy sowie Johann Graf Erdödy besaßen 181 Ansässigkeiten, Nikolaus Graf Szécsen 13.[397)] Anfang des 20. Jhs. wurde der Besitz in zwei Hälften geteilt. Den größeren Teil mit

371

372

373

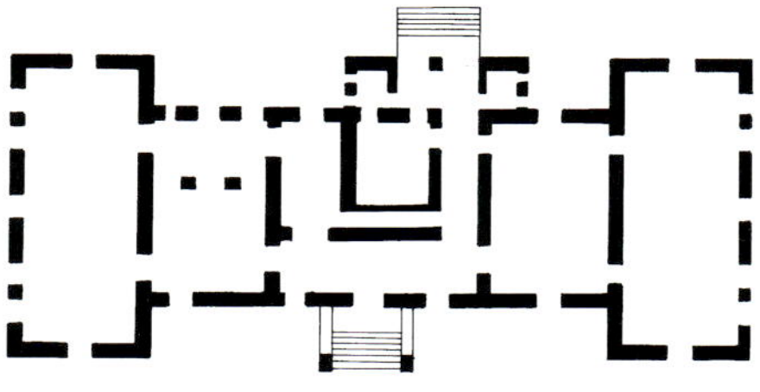

374

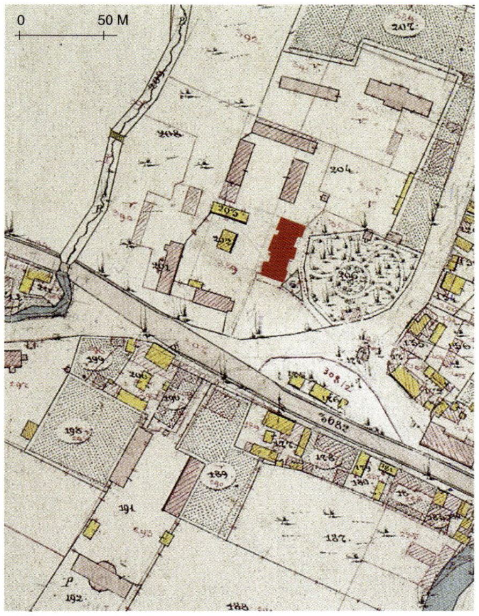

375

2.903 Hektar hatte Ignaz Steiner aus Ödenburg (Sopron) inne,[398] den kleineren (690 Hektar) besaßen Slavko Bettlheim und die Brüder Ausch gemeinsam.[399]

Von dem Kastell, das 1494 erwähnt wurde und das die Familie Roh de Decse erbaute, ist so gut wie nichts erhalten. Es befand sich auf einem Hügel nordöstlich des heutigen Kutina. Wegen des türkischen Vordringens errichtete man um das Jahr 1500 eine kleine Festung in der Ebene südlich von Kutina. Sie entsprach dem Typ einer Wasserburg und hieß Plovdin.[400] Schon im Mittelalter war Kutina ein Marktfleck, der sich aber erst nach der Türkenzeit richtig entwickelte. Schließlich verlieh König Ferdinand IV. (Kaiser Ferdinand I. von Österreich) Kutina am 3. März 1837 das Statut einer Marktgemeinde.[401]

Um die Mitte des 18. Jhs. bauten die Grafen Erdödy in Kutina ein kleines Sommerschloß, eine „Kurie“. Der ursprüngliche Grundriß maß 26 x 11 Meter. Die Hauptfront (Eingangsfront) zeigte bzw. zeigt nach Osten, somit zu einem kleinen Park und schließlich zur Straße, die zur barocken Pfarrkirche führt. Das ursprünglich barocke Gebäude wurde 1895 im Sinne des Historismus umgestaltet, wie vor allem an den Giebeln ersichtlich ist. Die kleine Vorhalle beim Eingang blieb im wesentlichen erhalten. Heute ist das Gebäude 37,57 m lang und bis zu 16 m breit, weil zwei kleine Flügel angebaut wurden, die den Eindruck von Seitenrisaliten erwecken. Im Keller und in einigen Erdgeschoßräumen blieben die barocken Decken erhalten. Die Fassaden wurden reichlich mit historistischen Details ausgestattet, wie man sie häufig an Gebäuden aus jener Zeit sieht. Im Inneren des Gebäudes wurden Änderungen vorgenommen, besonders als es um 1960 zum Moslavina-Museum wurde.[402]

Vor der Ostfront (Eingangsfront) der Kurie war ein 3.900 m² großer Park in historistisch-romantischer Manier angelegt. Die im Jahre 1902 ergänzte Katasterkarte von 1861 (Abb. 375) gibt darüber einigen Aufschluß. Die Grundanlage des Parks bestand aus einem mit Blumen bepflanzten Rondeau.[403] Nachdem die Kurie im Stil des Historismus bereits umgestaltet worden war, erteilte der Bezirkshauptmann Dr. Josip Hohač im Jahre 1901 den Auftrag, den nördlichen, westlichen und südlichen Parkteil (von der Kurie aus gesehen) zu bepflanzen.[404] Der ältere wie auch der jüngere Teil des Parks waren fünfzig Jahre später vernichtet. Doch in den sechziger Jahren des 20. Jhs. wurden um die Kurie Bäume gepflanzt, wodurch das heutige Wäldchen entstand. Vom früheren Baumbestand (Anfang des 20. Jhs.) sind nur einige Schwarzkiefern (Korsische Kiefern) erhalten geblieben.

Abgesehen von der Familie Erdödy (über die, wie schon erwähnt, im Text über das Schloß Moslavina/Popovača ausführlich gesprochen wird), war auch die gleichfalls aus Ungarn stammende Familie Szécsen de Temerin mit Kutina eng verbunden. Sie erwarb 1780 einen Teil der Grundherrschaft. Den Adel erhielten im Jahre 1763 der Hauptmann im Karlstädter Grenzerregiment Matthias Szécsen und dessen Neffe Alexander aus der Gespanschaft Agram. Dies wurde ein Jahr später durch den kroatischen Landtag kundgemacht. Alexander I.[405] wurde 1793 in den Grafenstand erhoben. Das Prädikat „de Temerin“ wurde der Familie am 5. Juli 1811 verliehen. Alexanders Söhne Karl I. und Nikolaus wurden Miteigentümer der Herrschaft Kutina.[406]

371 OST- BZW. PARKFRONT, 1993
372 EINGANG, OSTFRONT, 1993
373 WESTFRONT, 1993
374 GRUNDRISS DES ERDGESCHOSSES
375 KATASTERKARTE, 1861 (1902)

Kutjevo

Schloss des Jesuitenordens / Schloss Turković

Gespanschaft Požega
Gemeinde Kutjevo
Kat.-Gmde. Kutjevo

Kutjevo war einst eine Musterwirtschaft, aber bekannter ist dieser Ort wegen des besonderen Weines, den schon die Römer schätzten – ein Produkt des lieblichen und fruchtbaren „Goldenen Tales“ von Požega *(Vallis aurea)*. Kutjevo liegt in dessen nordöstlichem Winkel, halben Weges zwischen Požega und Našice. Über mehr als sieben Jahrhunderte war Kutjevo praktisch mit seiner Gutsherrschaft ident. Dem Aufstieg, der mit der Gründung des Zisterzienserklosters im 13. Jh. begann und sich unter den Jesuiten sowie unter den Baronen Turković fortsetzte, folgten Phasen des Niederganges zur Zeit der Türkenherrschaft, im 19. Jh. und in der 2. Hälfte des 20. Jhs.

Heute ist Kutjevo ein ziemlich kleiner Ort. Der Jesuitenorden setzte sich im 18. Jh. für eine Stadterhebung ein, doch Kutjevo blieb weiterhin ein Marktfleck. In mittelalterlichen Dokumenten schien er meist unter dem Namen „Gotho“ auf, seltener unter „Kothoa“. Später gab es für Siedlung und Kloster unterschiedliche Bezeichnungen: Gotto, Coto, Kotho, Kothoa, Cuttieva, Cuttijeva, Kutoa, Kuteva, Kutjeva, Kutiva, Kutjevo.[407)]

376

Mit dem 1232 gegründeten Zisterzienserkloster[408)] begann die Geschichte von Kutjevo und seiner Grundherrschaft. Es wird berichtet, daß der zwölfte Abt des Zisterzienserklosters von Zirc (Zircium) im Bakonywald (in der Nähe des Balaton/Plattensees) die Abtei unter dem Namen „Abbatia Beatissime Virginis Marie Vallis honesta de Gotho“ in dem „allseits geschätzten Tal von Požega“ gegründet hat. Dies ist einer Urkunde aus dem Jahre 1232 zu entnehmen. Im 15. Jh. wird die Klosterkirche als Patronatskirche der Witwe des Ladislaus Gorjanski (1460) und des Laurentius von Ilok (1493) erwähnt. 1529 verließen die Zisterzienser wegen der Türkengefahr Kutjevo. Damals rückten die Osmanen gegen Wien vor, besetzten 1536 Kutjevo und zerstörten Kirche und Kloster. Zu dieser Zeit übten Franziskaner aus Velika, Požega, Cernik und Našice die Seelsorge aus. Für Kutjevo endete das Mittelalter, wenn man so will, im Jahre 1686, als es die Türken räumten.[409)]

377

Die devastierten Liegenschaften in und um Kutjevo vergab Kaiser Leopold I. im Jahre 1689 dem Kanonikus Johann Babić aus Agram, der sie Abtei und Grundherrschaft Kutjevo nannte.[410)] Auf Wunsch des Kanonikus trafen 1698 Jesuiten in Požega ein. Sie beabsichtigten, eine Volksschule und ein Gymnasium einzurichten. Kaiser Leopold setzte den Jesuitenorden mit Schenkungsurkunden vom 7. Februar und 13. Oktober 1700 in den Besitz ein. Gleichzeitig ordnete er

378

an, daß der Orden aus den Erträgnissen die Kosten des Gymnasiums zu bestreiten habe. Dieser Zustand währte bis zur Aufhebung des Jesuitenordens im Jahre 1773.[411)]

Im Rahmen der Kirchenpolitik Kaiser Josephs II., der vor allem die Klöster und deren Vermögen beschränkte, wurde Kutjevo der Verwaltung durch die Kroatisch-slawonische Schulstiftung (Hrvatsko-slavonska naukovna zaklada) unterstellt, die bis 1880 von der Ungarischen Hofkammer, anschließend von der Landesregierung in Agram beaufsichtigt wurde. Sie gab den Besitz meist in Pacht.[412)] Von 1798 bis 1812 war Kutjevo von Jakob Graf Svetich de Nemes-Ságod[707)] gepachtet. Er hatte einige nahe gelegene Grundherrschaften inne, nämlich Pleternica, Trenkovo, Velika und Pakrac. Anschließend, und zwar bis 1836, waren die Grafen Nikolaus und Karl Szécsen Pächter. Im Jahre 1882 entschloß sich die Landesregierung, Kutjevo öffentlich zu versteigern. Die gemeinsamen Meistbieter waren Wenzel Turković und Franz Türk aus Karlstadt. Damals umfaßte der Besitz 25.283 Katastraljoch, von denen 20.796 Wald waren. Das Gutsinventar war dürftig: drei Paar Gespannpferde, zwei Pflüge und einige Bauernwagen, allerdings ein gut ausgestatteter Weinkeller. Bis zum Jahre 1925 bewirtschafteten die Söhne Emil (Milan, Abb. 377) und Peter Karl Turković den Besitz, 1925 bis zum 13. September 1945 Emils Sohn Zdenko Baron Turković. Während sie das Gut besaßen, sorgten die Turković für einen unerhörten Aufschwung des Wirtschaftsbetriebes,[413)] dessen Blütezeit im Ersten Weltkrieg endete. Nach dem Zweiten Weltkrieg wurde der gesamte Besitz in eine landwirtschaftliche Genossenschaft umgewandelt und „sozialisiert".

376 BLICK VON SÜDEN AUF SCHLOSS UND PARK, ANSICHTSKARTE ZWISCHEN 1888 UND 1919
377 EMIL (MILAN) TURKOVIĆ IM SCHLOSSPARK
378 SÜDFRONT (HAUPTFRONT), 1993

379

380

381

382

Umfang und Wirtschaftskraft des Gutsbesitzes wechselten im Verlauf der Jahre. Zur Zeit der Jesuiten gehörten 35 Dörfer dazu;[414] 1736 waren das 636 Haushalte. Bearbeitet wurden 517 Weingartenrigolen und 1.840 Joch Ackerboden. Es gab über 19.000 Zwetschkenbäume, 39 Wassermühlen, weiters 642 Pferde, 725 Ochsen, 1.463 Kühe und Jungrinder, 1.040 Schafe und Ziegen sowie 1.029 Schweine. In den vierziger Jahren des 18. Jhs. waren 225 Ansässigkeiten mit 675 Untertanen verzeichnet. Ihnen kam die Bearbeitung von 2.656 Ackerjoch und 3.000 „Mähgründen“ an Wiesen zu. 1716 waren 405 Bienenkörbe vorhanden. Als die Jesuiten 1773 Kutjevo verließen, gab es neben der Residenz eine Plantage mit 1.726 Maulbeerbäumen, in 11 Dörfern Zwetschkengärten mit 9.573 Bäumen, 213 Joch besten Ackerbodens, 250 „Mähgründe“, zwei Weinberge (in Kutjevo und in Venje), einen Meierhof in Kula mit hundert Schweizer Milchkühen und verschiedenen Zuchttieren.[415]

Als sich Kutjevo im Eigentum der Familie Turković befand, zählte es zu den fortschrittlichsten Gütern Kroatiens. Anfang des 20. Jhs. verfügte man über 25.507 Joch bzw. 14.667 Hektar. Davon waren ungefähr 18.931 Joch Wald, 3.907 Joch Ackerland, 446 Joch Wiesen, 180 Joch Weingärten, 1.875 Joch mit Setzlingen bepflanzt, 11 Joch Weideland, 56 Joch Gärten und Park sowie 118 Joch sonstiger Grund. Zu Kutjevo gehörten vier Meierhöfe: Ivanindvor-Gradac[416], Ferovac, Briest und Valjevac.[417] Die Wälder wurden gut genutzt.[418] Den lukrativsten Wirtschaftszweig bildeten Weinbau und Kellereibetrieb. Die Weine von Kutjevo, „Graševina“ (Riesling) und ein Rosé, sowie der bodenständige Schnaps „de Gotho“ wurden auf Ausstellungen wiederholt prämiert.[419]

Zu Beginn des 20. Jhs. gab es 500 Hektar Obstplantagen mit ungefähr 247.300 Bäumen (vorwiegend Zwetschken, Äpfel und Birnen). Dem Ackerbau und der Viehzucht wurde große Aufmerksamkeit gewidmet, aber auch Jagd und Fischzucht wurden nicht vernachlässigt.[420] Der gesamte Wirtschaftsbetrieb hatte in Kutjevo seinen Sitz, aber in Zagreb gab es eine Art Zentralverwaltung.

Die ehemals schloßähnliche Anlage des Jesuitenordens setzte sich aus der Klosterkirche, dem ursprünglichen Wohngebäude (später Schloß) und den Wirtschaftsgebäuden und Gärten zusammen. Es handelte sich um das Areal des früheren Klosters der Zisterzienser, über dessen Ruinen und Reste in den Jahren 1660 und 1700 berichtet wurde. Auf dem Boden des heutigen Kroatien gab es drei weitere Abteien des Zisterzienserordens, und zwar Topusko, St. Jakob auf der Insel (Sv. Jakob na Otoku) bei Podsused nächst Zagreb und St. Maria am Dolac in Zagreb selbst. 1704 begannen die Jesuiten die Trümmer der Zisterzienserkirche zu beseitigen. Erst im Jahre 1721 nahmen sie den Bau ihrer Barockkirche in Angriff, nämlich anstelle der alten Kirche. Gleichzeitig begannen sie mit der Errichtung des Schlosses und der Wirtschaftsgebäude. 1735 war der gesamte Komplex fertiggestellt. Er wurde zum wirtschaftlichen Mittelpunkt und zum sommerlichen Refugium des Jesuitenkollegiums von Požega. Architektur und Raumordnung waren vom Geist des Barock getragen, wobei die mittelalterlichen Baureste mit einbezogen wurden.[421]

Das Schloß als Gesamtes wurde (mit dem nach Norden abschließenden Kirchenflügel) als ungleichmäßiges Quadrat angelegt (Abb. 385, 386). Das

379 SÜDLICHER PARKEINGANG, 1993
380 BLICK VOM PARK ZUR SÜDFRONT DES SCHLOSSES, 1993
381 TEIL DER SÜDFRONT, 1993
382 DETAIL DER HOFFRONT, 1993

383

eigentliche Gebäude war dreiflügelig, seine Hauptfront nach Süden gerichtet. Am Nordosteck des Ostflügels befand sich ein kleiner Rundturm. Diese Anlage war in hohem Maße von den mittelalterlichen Bauresten bestimmt. Die Kirche wurde im Jahre 1786 Pfarrkirche. Der innere Teil des Areals bildete die engere klösterliche Zone. Sie war großteils von einer Mauer umgeben, innerhalb deren sich kleine Nebengebäude, Gemüsegärten, ein Schildkrötenteich, eine Kegelbahn sowie ein Arrest im Türmchen befanden.[422)] Anfang des 18. Jhs. stieß man auf einen Graben der einstigen bescheidenen Festungsanlage vom Ende des 15. oder Anfang des 16. Jhs.

Die Südfront befindet sich in der Achse der Hauptstraße, die von Süden, aus dem Požega-Tal kommend, durch die Ansiedlung führt. Sie ist symmetrisch gestaltet und weist in der Mitte einen risalitartigen Erker auf, der ebenso mehreckig in einen Turm ausläuft. Der Turm hat an den drei Vorderflächen Giebelfelder, ebenso die risalitartigen, nach Süden gerichteten Giebelfronten der Reste der beiden Seitenflügel. Diese Anordnung der Südfront findet sich übrigens auch beim Mutterkloster der Zisterzienser in Citeaux (1098). Allerdings liegt in Kutjevo die Besonderheit im barocken apfelförmigen „Zwiebeldach" des Turmes sowie des einstigen Glockenturmes der Kirche. (Auch die nordseitige Lage der Kirche entspricht dem Baumuster der Zisterzienser.)

383 DER PARK SÜDLICH DES SCHLOSSES, 1993
384 KATASTERKARTE, 1862
385 GRUNDRISS DES OBERGESCHOSSES
386 GRUNDRISS DES ERDGESCHOSSES

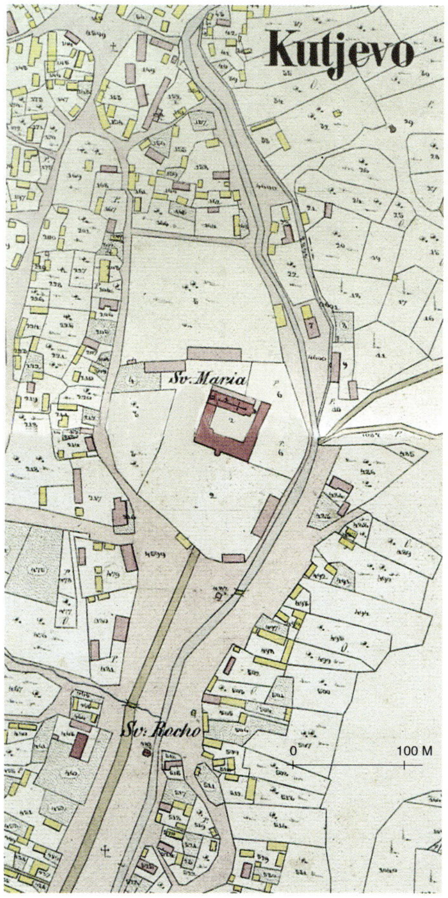

384

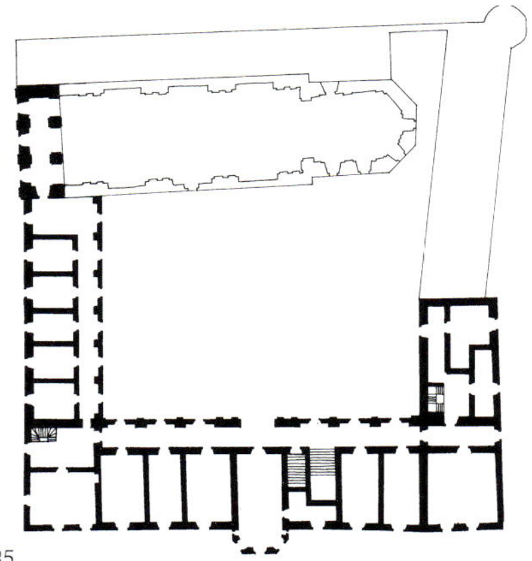

385

0 10 M

386

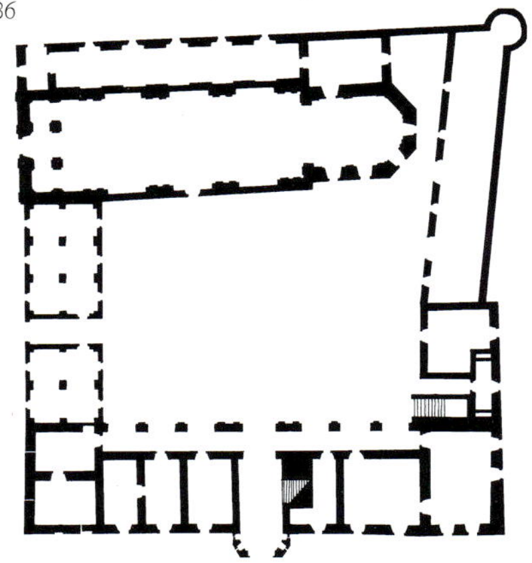

Das dreiflügelige Schloß wies drei Ebenen auf: Erdgeschoß, Obergeschoß und Dach- bzw. Mansardengeschoß. Die beiden ersteren Geschosse waren unkompliziert gestaltet (Abb. 385, 386): Neben hofseitigen Arkadengängen (im Obergeschoß später zugemauert) verliefen Reihen von Räumlichkeiten mit Fenstern an den Außenfronten. In den Südflügel gelangte man durch eine in den Innenhof mündende Einfahrt. Hier, im Obergeschoß, lag das Refektorium, das sein Licht auch aus den Erkerfenstern empfing.[423]

Im Verlauf des 19. Jhs. wurde die Südfront der „Residenz“ verändert. Es verschwand der Pilasterschmuck, das Zwiebeldach über dem Erker wurde durch ein stumpfwinkeliges Pyramidendach (Zeltdach) ersetzt. Zwischen 1886 und 1888 bauten die Turković, dem Geschmack der Zeit entsprechend, um. Dabei wurde das barocke Zwiebeldach des Kirchturms durch das heute sichtbare spitze Pyramidendach ersetzt. Das Innere des Schlosses wurde dem Wohnbedarf angepaßt: neue Bibliothek, Archiv, archäologische Sammlung und eine Sammlung für Volkskunst (Handarbeiten). An den Arbeiten war Anfang des 20. Jhs. ein Architekt Viktor Kovačić beteiligt.[424] Ende Oktober 1918 wurde das Schloß geplündert und in Brand gesteckt. Beide Seitenflügel wurden zerstört; das Dach des Südflügels brannte ab. Zerstört wurden auch die Tonnen- und Kreuzgewölbe der Decken, das Innere wurde völlig vernichtet. Einzig die Kirche verblieb ohne größeren Schaden. Bis zum Jahre 1922 waren die Barone Turković in der Lage, die Wohnräume herzurichten und anschließend, bis 1925, einen Wiederaufbau durchzuführen. Dieser beschränkte sich aber auf den Haupt- bzw. Südflügel. Bei dieser Gelegenheit erhielt der Erker wieder ein Pyramiden- bzw. Zeltdach.

Nach dem Zweiten Weltkrieg waren in dem nach wie vor nur aus dem Südflügel bestehenden Schloß Büroräume und Depots untergebracht. Versuche, ein Hotel zu errichten, wurden 1965 angestrengt, mißlangen aber wegen Geldmangels. Erneute Versuche hatten im Jahre 1988 insofern Erfolg, als das Dach über dem Erker in seiner alten barocken Form wiedererstand. Wegen der noch immer aufrechten Hotelpläne steht das Gebäude derzeit leer. Das Landwirtschaftliche Kombinat betreibt hier Weinbau und etikettiert die Flaschen seines „Graševina“ mit der Schloßansicht.[425]

Auf dem Platz vor der Südfront legte die Familie Turković Ende des 19. Jhs. einen etwa zwei Hektar großen Park an. Dieses Gelände befand sich innerhalb einer Steinmauer, die vielleicht zum Teil schon die Grenze der alten Zisterzienserabtei gezogen hatte. An den Rändern wurden Bäume gepflanzt.[426) 427] Wenden wir uns zum Abschluß der Familie Turković zu: Johann Nepomuk Turković lebte um die Wende zum 18. Jh. in Senj, der alten Adriafestung Zengg. Dann betrieb man in dem nahe gelegenen Kraljevica Seehandel. Man verfügte eine Zeitlang über drei seetüchtige Segelschiffe, die auf die Namen „Drei Brüder“, „Drei Söhne“ und „Josip Juraj Stroßmayer“ getauft waren. Wenzel Turković war nämlich mit dem Bischof von Djakovo, Joseph Stroßmayer, befreundet. Später übersiedelte die Familie nach Karlstadt, wo sie Wälder besaß und Holzhandel betrieb. Als sie 1882 Kutjevo kaufte, widmete sie sich ganz dem Aufbau dieses vernachlässigten Grundbesitzes. Wegen ihrer Verdienste um die Förderung der Wirtschaft wurde ihr im Jahre 1912 das Baronat verliehen.

Kuzmica - Blacko

Kurie Hranillovich / Kussevich

Gespanschaft	Požega
Stadt	Pleternica
Kat.-Gmde.	Kuzmica

Das Dorf Kuzmica liegt sechs Kilometer südöstlich von Požega, an der Straße nach Pleternica. Im Mittelalter hieß es Orljavica, weil dort das Flüßchen Orljava verlief. Der Wechsel des Ortsnamens erfolgte im 18. Jh., weil an dieser Stelle eine den heiligen Kosmas und Damian geweihte Barockkirche gebaut wurde. In amtlichen Gebrauch kam dieser Ortsname aber erst im Jahre 1910 oder 1912. In der Nähe dieser Barockkirche befand sich eine Kurie. Sie war Sitz einer Grundherrschaft, die den Namen Blacko trug. Blacko hieß auch ein Dorf in Richtung Pleternica, das es schon um das Jahr 1250 unter diesem Namen gab. Im 14. und 15. Jh. residierte hier eine adelige Familie, die das Prädikat „von Blacko" führte. Dieses Dorf überstand die Türkenzeit gut. Es gibt hier auch archäologische Spuren mittelalterlicher Bautätigkeit.[428)]

Nach der Befreiung Slawoniens von den Türken wurde die Grundherrschaft Blacko wieder ins Leben gerufen. Mit Schenkung des Königs (Kaiser Leopold I.) vom 1. September 1703 wurde sie den aus Ragusa (Dubrovnik) stammenden Brüdern Anton Damian und Matthäus Ivegli Ohmučević-Grgurić überlassen. Der Besitz war nur auf die männliche Nachkommenschaft vererbbar, Frauen sollten 10.000 Gulden Ablöse zahlen. 1764 starb diese Familie im Mannesstamm aus, woraufhin Blacko der Krone (Hofkammer) zufiel. Am 3. Mai 1767 kaufte der Notar der Gespanschaft Požega, Ludwig von Hranillovich (Hranilović), den Besitz Blacko, der bis zur Mitte des 19. Jhs. in den Händen dieser aus dem Žumberak (nördlich Karlstadt) stammenden Familie blieb. Etwa um das Jahr 1848 verkaufte Franz von Hranillovich die Kurie und das Land an Svetozar Kussevich (Kušević), der später das Prädikat „de Blacko" erhielt. Auch nach dessen Tod im Jahre 1911 blieb die Familie in diesem Besitz. Als Folge der Agrarreform nach 1918 wurde das Gut um die Hälfte seines Umfanges verringert, 1945 wurde es verstaatlicht.[429)]

Um die Mitte des 18. Jhs. gehörten zur Grundherrschaft Blacko fünf Dörfer[430)] mit 24 Ansässigkeiten, die 68 Kmeten (Untertanen) ernährten. Sie umfaßte laut einem Verzeichnis im Jahre 1745 128 Joch an Ackerflächen sowie 196 „Mähgründe". Die Zahl der Ansässigkeiten erhöhte sich bis zum Jahre 1848 auf 32. Der gesamte Umfang belief sich 1902 auf 990,45 Hektar (1.722 Joch). Davon entfielen 358,50 ha auf Felder, 28,15 ha auf Wiesen, 23 ha auf Weingärten und 580,50 ha auf Wald. Die landwirtschaftlichen Produkte waren Anfang des 20. Jhs. hauptsächlich Weizen, Roggen, Hafer, Raps, Mais, Gerste und Klee.[431)]

387

388

387 SÜDFRONT, 1993
388 NORDFRONT, 1993
389 KOPIE DER KATASTERKARTE, 1901

389

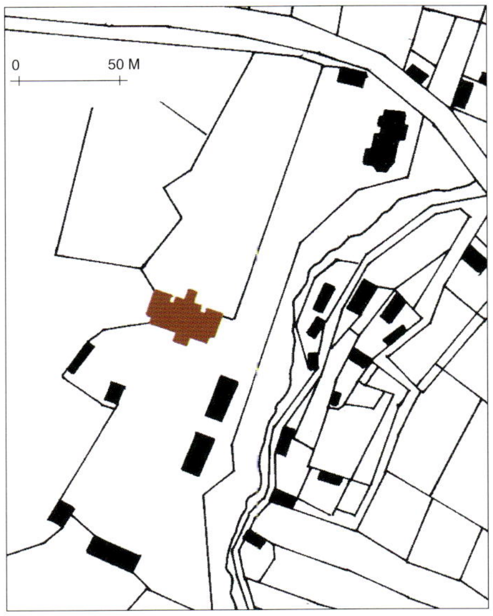

Die Kurie und die vereinzelten Reste ihres einstigen Parks spiegeln noch immer, trotz Verlassenheit und unangemessener Nutzung, das malerische Bild eines dörflichen Mittelpunktes wider.[432] In der Literatur blieb sie fast unerwähnt.[433] Wir wissen auch nicht, wann sie erbaut worden ist. Ihr heutiges Aussehen hat sie sicherlich erst in der Zeit der Familie Kussevich erhalten. In etwas erhöhter Lage ist die Nordfront der erwähnten Kirche und Straße zugewendet, die Südfront aber (mit dem Eingang) dem Wirtschaftshof, an dessen Rand die Wirtschaftsgebäude stehen. Das Erdgeschoß liegt hoch; die Maße sind 35 x 15 Meter. An der Südseite findet sich ein risalitartiger tiefer Vorsprung, dessen Giebel von einem Satteldach abgeschlossen wird. Drei weitere derartige Risalite gibt es auch an der Nordfront. Der mittlere davon ist mit einer angebauten Holzveranda versehen.

Zwischen Kurie und Hauptstraße befand sich bis in die siebziger Jahre des 20. Jhs. ein kleiner Park, der einem Sportplatz zum Opfer fiel. Rund um die Kurie befinden sich einige Bäume. Auf der alten Katasterkarte ist der Park zu erkennen. Auf alten Photographien gibt es Koniferen, die zumindest noch in den fünfziger Jahren vorhanden waren. Im Park befand sich auch das Grab des Svetozar von Kussevich, das in Zusammenhang mit der Sportplatzerrichtung in den Friedhof von Kuzmica umgebettet wurde.[434]

Svetozar Kussevich wurde laut Österreichischem Adelslexikon (Döfering) am 8. Januar 1863 der österreichische Adelsstand mit dem Prädikat „von Blacko" verliehen. Er war seit 1861 Obergespan der Gespanschaft Syrmien. Anläßlich des Preßburger Reichstages von 1847, als Abgeordneter der Gespanschaft Požega, verteidigte er in einer Rede den Gebrauch der kroatischen Sprache sowie die staatsrechtliche Sonderstellung Kroatiens gegenüber Ungarn. Daraufhin wurde er Ehrenbürger der Stadt Požega.[435]

Lovrečina

Schloss Orehoczy / Patachich / Farkas

Gespanschaft	Zagreb
Stadt	Vrbovec
Kat.-Gmde.	Gostović

Das Schloß Lovrečina liegt in einer Ebene beiderseits des Flüßchens Velika, vier Kilometer nordöstlich von Vrbovec. Der Name Lovrečina leitet sich von der Pfarrkirche des hl. Laurentius ab, die sich zwei Kilometer südlich in Laurenziusstadt (Lovreváros) befand. Man kannte die Kirche schon um das Jahr 1317. Im späteren Mittelalter entstand dort ein Marktfleck *(oppidum Zenthleryz)*. Als grundherrschaftlicher Mittelpunkt existierte Lovrečina seit dem 13. Jh. und mit einer befestigten Anlage seit der Mitte des 16. Jhs.; daher auch die Bezeichnung Lovrečina-Grad. Bis zum 15. Jh. schien diese Gutsherrschaft unter dem Namen Gostović oder Gostovec (Gostoyg) auf, aber dann setzte sich die Bezeichnung Lovrečina, auch Gostović-Lovrečina, durch. Einen Teil des Besitzes nannte man in der zweiten Hälfte des 15. sowie im 16. Jh. Belovarec oder Belovarci (Belowarcz), doch verlor sich dieser Name im 17. Jh. In einem Verzeichnis aus dem Jahre 1880 taucht der Name Lovrečina Mala auf.[436)]

Dokumente aus dem 13. Jh. (1223, 1244, 1245) zeigen die Grenzen der Grundherrschaft Gostović mit den Nachbargütern auf: Tkalec (später auch Preseka) im Norden, Gradec im Osten, Vrbovec im Süden und Rakovec im Westen. In der ältesten dieser Urkunden (1223) wurde Tkalec als Herrschaft Lug erwähnt; König Andreas II. schenkte sie dem Templerorden. Vom 13. bis zum 19. Jh. gehörten zur Herrschaft Gostović-Lovrečina folgende Siedlungen: Hruskovica, Lukovo, Topolovec, Varoš (Lovre), Gostović, Djivan und Kućari. Durch diesen Bereich führte die Koloman-Straße (Kálmán-Straße), die Koprivnica und Križevci mit Zagreb und schließlich mit der Adria verband. Sie entstand zur Zeit des zweiten in Kroatien herrschenden Arpadenkönigs (Koloman, 1095–1114), hieß um 1238 „Magna via regia Colomani“ und bald darauf „Magna via versus Goztouich“.[437)]

Selbstverständlich hatte die Herrschaft Gostović-Lovrečina mit ihrem Kastell seit dem 13. Jh. viele Herren und Eigentümer. Unter den bekannten war Abraham Bartol der älteste, Sohn des Gespans von Križevci gleichen Namens. Er wurde von König Béla IV. (1235–1270) im Jahre 1268 belehnt, und zwar unter der Bedingung, daß er gemeinsam mit seinem Bruder für die Bewachung der Burg Križevci und für die Instandhaltung des Gespanschaftssitzes sorge. Im Verlauf des 14. sowie in der ersten Hälfte des 15. Jhs. gab es für Gostović folgende Lehnsinhaber: Stephan Ipoč (1315–1317); Adelige aus Rakovec, die zumindest im Jahre 1319 den nördlichen Teil der Herrschaft innehatten; Nikolaus von Lud-

390 Südfront, 1993
391 Südfront, 1993
392 Ostfront, 1993

390

391

392

breg, der 1338 über den Gesamtbesitz verfügte; schließlich Bischof Stephan, der erste bischöfliche Vizebanus in der Geschichte Kroatiens, und dessen Bruder Johannes. Ihnen beiden wurde der Gesamtbesitz im Jahre 1366 von König Ludwig I. verliehen.

Seit dem 15. Jh. war die Herrschaft Gostović-Lovrečina in drei Teile geteilt. Den östlichen Teil (heute Gostović) hatte ab 1464 die Familie Baranić (Beke de Belowarcz) inne, den westlichen (Város/Varoš) von 1424 bis 1520 die Familie Bočkaj (Bocskai). Die Familie Gezthy besaß Lovrečina von 1543 bis 1582. König/Kaiser Ferdinand I. verlieh 1550 Gostović und Lovrečina dem Vizebanus Ambrosius Gregorijanec, der davon allerdings nicht Gebrauch machte. Franz Gezthy verpfändete 1581 das Kastell Lovrečina, Klein-Kalnik (Mali Kalnik) und Guščerovec seinem Verwandten Franz Orehoczy (Orehoci), der 1599 den Besitz kaufte, da Gezthy die Schuld nicht zurückzahlen konnte. Die Familie Orehoczy hatte bis 1726 den gesamten Besitz inne. Damals fiel er im Wege von Heiratsverträgen den Grafen Draskovich zu (Johann V., dessen Gattin Katharina geb. Brandis und deren Tochter Anna Maria, verheiratet in erster Ehe mit Peter Keglevich, in zweiter Ehe mit Peter Troylus Sermage).[438] Einen Teil der Herrschaft hatten die Grafen Patachich um 1754 inne, einen anderen die Familie Kis de Ittebe et Elemér. Diese erwarb im Kaufweg schließlich die gesamte Grundherrschaft. Sie besaß auch die Güter Gornja Rijeka und Ljubeščica. Der Vizegespan von

Križevci, Ladislaus Kis, nahm im Jahre 1768 vom Agramer Domkapitel ein Darlehen von 13.000 Gulden auf, lieh sich aber auch anderweitig Geldsummen aus, die er gleichfalls nicht zurückzahlen konnte. So kam es, daß im Jahre 1777 fünfzehn Gläubiger auf gerichtliche Versteigerung oder auf Zwangsverpachtung bis zur Schuldenbegleichung klagten.

Hauptgläubiger war Ladislaus von Fodroczy (Fodroci).[439] Er verwaltete Lovrečina von 1791 bis 1800. Die Grafen Patachich (Patačić) waren von 1800 bis 1834 Herren von Lovrečina. Sie besaßen die in der Nähe gelegenen Güter Vrbovec, Veliki Kalnik und Gušćerovec. 1834 starb das letzte Mitglied dieser alten kroatischen Familie. (Über die Familie Patachich siehe den Text über das Schloß in Vrbovec.) Nachdem bereits alle Schulden gegenüber den Gläubigern beglichen waren, mußte Ladislaus Kis der Hofkammer eine Ablösesumme zahlen, weil diese nach dem Tod der Gräfin Eleonore Patachich in den Genuß des Patachich-Vermögens gekommen war. Nun wurde der Vizegespan von Križevci, Imre (Mirko/Emmerich) Farkas (Farkaš), Eigentümer der Herrschaft Lovrečina. Diese Familie besaß das Gut bis zum Jahre 1870. Dann verkaufte Ludwig Farkas, Sohn des Imre, den gesamten Besitz der Wiener Firma „Leppmann", die auch Vrbovec käuflich erwarb. In der Ära der Familie Farkas[440] umfaßte im Jahre 1848 die Herrschaft Lovrečina zwölf kleinere Urbarialdörfer, 34 Ansässigkeiten und 70 von etwa 750 Untertanen (Kmeten) bewohnte Häuser. Zur Zeit des Eigentumsüberganges (1870) umfaßte Lovrečina 1.652 Joch. Als sich später kein Käufer einstellte, übernahm die Wiener Anglo-Bank (ebenso wie die Güter Vrbovec-Rakovec) Lovrečina. Die folgenden Erwerber waren ein Ungar namens Ladanyi und Rechtsanwalt Dr. Malić. Von 1879 bis 1894 war der französische General Tomasini Eigentümer von Lovrečina. Er ließ sich nämlich nach dem Zweiten Kaiserreich gemeinsam mit seinem Freund Marquis Piennes[807] (dieser kaufte Vrbovec) in Kroatien nieder. 1894 kaufte Friedrich Wannieck[441] Schloß und Gut Lovrečina. Er bemühte sich, eine intensive Landwirtschaft zu entwickeln. Wannieck wurde Schuldner der Kroatisch-slawonischen Hypothekenbank und war gezwungen, ihr im Jahre 1905 die gesamten Eigentumsrechte einzuräumen. Die Bank parzellierte das Land und verkaufte es an Bauern. Der neue Herr von Vrbovec, Marquis de Piennes, kaufte im Jahre 1909 das Schloß Lovrečina mit zwanzig Joch Grund und schenkte es den Barmherzigen Schwestern in Zagreb, die auch noch heute das Schloß besitzen. Genützt wurde es seither für verschiedene Zwecke: Kinderheim (1910/11), Volksschule (1911–1948), Heim für Kriegswaisen (1915), Kinderheim (1920/21), Haushaltsschule (1925–1940), Altersheim (1950–1956). Seit 1956 dient es als Unterkunft für pensionierte Krankenschwestern und Lehrerinnen der Barmherzigen Schwestern.[442]

Als Kastell wird Lovrečina erstmals im Jahre 1540 beschrieben, gleichzeitig mit den benachbarten Kastellen Vrbovec, Gradec, Cirkvena, Rovišće und Božjakovina. Sie bildeten einen Verteidigungsgürtel gegen die Türken. Das Kastell wurde bereits in der Schenkung Kaiser Ferdinands I. vom Jahre 1550 erwähnt, mit der er Ambrosius Gregorijanec in den Besitz von Gostović-Lovrečina setzte. Die Osmanen haben weder Lovrečina noch die in der Nähe befindlichen festen Plätze Križevci, Cirkvena und Gradec erobert. Dazu dürfte

393 DETAILZEICHNUNG VON LUDWIG FARKAS, 1829

394 WIRTSCHAFTSGEBÄUDE, 1993

395 BLICK VOM SCHLOSS NACH NORDEN, 1993

396 KATASTERKARTE, 1858

393

394

395

396

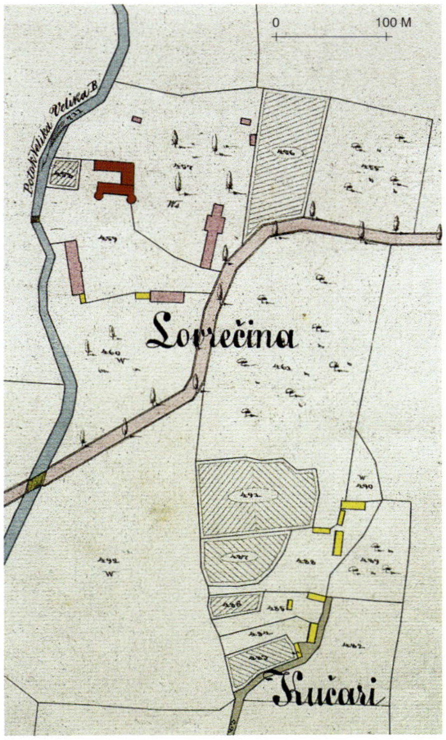

beigetragen haben, daß sich diese Anlagen durch Feuerzeichen (Kreidfeuer) gegenseitig verständigten. Das Kastell Lovrečina wurde allerdings während des Bauernaufstandes von 1755 beschädigt, in dessen Verlauf dreißig Schlösser bzw. Kurien im Gebiet von Križevci in Flammen aufgingen. Es erlitt geringere Schäden, so daß der damalige Inhaber, Ladislaus Kis, sich sogar zu einer baulichen Erweiterung entschloß. Wies das Kastell damals einen Grundriß in Form eines „L“ auf (Süd- und Ostflügel), so fügte er nun sowohl im Norden wie im Westen je einen Flügel hinzu, so daß ein „Vierkant-Schloß“ mit Innenhof im Renaissancestil entstand. In den Erdgeschossen gab es Küchen und Vorratsräume für Gemüse, Getreidelager und Weinkeller, im Obergeschoß befanden sich zwei Säle, dreizehn Zimmer, drei Turmzimmer und die Schloßkapelle im nordwestlichen Teil. Sie war der Seligen Jungfrau Maria geweiht und ist nicht erhalten geblieben. Südwestlich des Schlosses wurde auch ein Pferdestall errichtet; er wurde 1898 renoviert und ist noch heute vorhanden. Auch die Wirtschaftsgebäude südlich des Schlosses bzw. zwischen Schloß und Straße wurden wiederaufgebaut.[443]

Im Verlauf des 19. Jhs. erfolgten bauliche Veränderungen, so daß aus dem Kastell ein „richtiges Schloß“ wurde. Um etwa 1830 wurde der Westflügel abgerissen.[444] Die Katasterkarte von 1858 (Abb. 396) zeigt nur noch den südlichen, östlichen und nördlichen Flügel sowie die beiden Türme an der Südfront. Zwischen 1858 und 1888 wurde auch der Nordflügel abgerissen, wohingegen südlich des Schlosses einige größere Wirtschaftsgebäude errichtet wurden. Das ereignete sich wahrscheinlich noch, als die Familie Farkas Lovrečina besaß. In historisierendem Stil wurde das Schloß durch den neuen Besitzer, Friedrich Wannieck, umgestaltet. Bis dahin hatte es die Grundrißform eines „L“ wiedererlangt, bestehend aus dem Ost- und Südflügel, welche zweigeschossig waren und steile Dächer besaßen. Die beiden Türme an der südlichen Hauptfront trugen Kegeldächer (Abb. 393). Friedrich Wannieck ließ einen kurzen Westflügel zubauen, so daß der Grundriß die Form eines „U“ erhielt, den er auch heute aufweist. Die beiden Ecktürme wurden erhöht und erhielten ebene Dachabschlüsse, an der Südfront entstanden ein kleiner Altan und ein seichter Mittelrisalit. Sämtliche Fassaden erhielten reichhaltige Verzierungen im Stil der Neurenaissance. Die letzten Veränderungen erhielt das Schloß zwischen 1923 und 1925 zufolge seiner Bestimmung als Haushaltsschule. Sie waren umfangreich und betrafen besonders das Innere des Gebäudes. Aber auch die südliche Hauptfront wurde stark einbezogen, denn sie erhielt für Wohnzwecke ein zweites Obergeschoß (Mansardengeschoß) und ein neues Satteldach. So sieht das Schloß auch heute noch aus. Vor der Nordfront wurde in der zweiten Hälfte des 20. Jhs. ein zweigeschossiges Gebäude errichtet, was eine Beeinträchtigung des Gesamtbildes darstellt.[445] In Lovrečina gab es niemals einen Park. Zwischen dem Schloß und der westlich vorbeifließenden Velika befand sich im 19. Jh. ein kleiner Garten. Östlich vom Gebäude waren ein großer Gemüse- und Obstgarten sowie eine größere, von Bäumen durchsetzte Wiese. Das Fehlen eines Parks ist möglicherweise auf die häufigen Wechsel der Eigentümer seit dem Jahre 1726 zurückzuführen; vielleicht auch darauf, daß diese jeweils nur kurze Zeit Eigentümer waren oder sich primär mit wirtschaftlichen Verbesserungen befaßten.[446]

Našice

Grosses und Kleines Schloss Pejácsevich

Gespanschaft	Osijek-Baranja
Stadt	Našice
Kat.-Gmde.	Našice

Našice, das sich in günstiger Lage inmitten einer lieblichen Landschaft befindet, kann sich auf eine interessante mittelalterliche Baugeschichte berufen, an der der Templer-, Johanniter- und Franziskanerorden beteiligt waren. Das barockisierte Franziskanerkloster mit der Antoniuskirche wurde im Jahre 1991 durch einen Luftangriff der „jugoslawischen Volksarmee" schwer beschädigt, ebenso die außerhalb gelegene spätromanische Martinskirche, die einem Direktbeschuß unterlag. Den Großgrundbesitz mit Park und zwei Schlössern hatte die Familie Pejácsevich (Pejačević) 211 Jahre hindurch inne.

Die Grundherrschaft Našice gab es urkundlich bereits im Jahre 1229. In baulicher Hinsicht waren im Mittelalter drei Einheiten zu unterscheiden: die Festung *(castrum)*, die Marktgemeinde *(oppidum)* und die Grundherrschaft. Die erwähnte Festung Bedemgrad lag oberhalb von Gradac, einige Kilometer von Našice entfernt. Sie wurde im 14. Jh. von einer Familie Aba erbaut, die mit dem Königshaus der Arpaden verwandt war,[447] und wurde ab 1396 als „Castrum Nekchevár" (Nekche, Nekchee) bezeichnet. Im Verlauf des 15. Jhs. gelangte sie von den Aba in den Besitz der Familie Gorjanski, später, etwa ab 1506, in den der Familie Ilok. Der letzte Feudalherr vor Eindringen der Türken war Ladislaus More. Neun Jahre später als der Marktfleck fiel auch die Festung in türkische Hände.

Der Markt, das eigentliche Našice, wurde im Jahre 1403 als „Oppidum Nechce" und 1408 als „Civitas Nechce" erwähnt. Die Siedlung ist aber weit älter, da zwischen 1275 und 1285 das Kloster und die Kirche der Franziskaner gebaut wurden, um annähernd die gleiche Zeit auch eine Pfarrkirche der Heiligsten Dreifaltigkeit. (Diese wurde 1826 abgerissen.) Um das Jahr 1520 zählte die Ortschaft 100 Häuser. 1536 wurde Našice (neun Jahre später Bedemgrad) durch den Großwesir Ibrahim erobert. Es wurde ihm, gemeinsam mit Podgorač, vom Sultan zum Geschenk gemacht.

Die Herrschaft Našice gehörte im ersten Drittel des 13. Jhs. dem Banus Gyula Siklós, der einen Teil davon dem Templerorden schenkte. Wegen Teilnahme an einem Aufstand gegen König Béla IV. wurde das Lehen eingezogen und vom kroatischen Reichsverweser Koloman (Kálmán), dem Sohn des Königs, 1240 dem Mundschenk Demetrius Aba verliehen. Die Templer behielten ihren Teil bis zur Aufhebung des Ordens (1312). Ihr Vermögen erhielten die Johanniter (heute Malteserorden). Bis zum Eintreffen der Türken blieben sie in Našice.[448]

397 Katasterkarte, 1862
398 Grosses Schloss, Südfront, Ansichtskarte, 1927
399 Blick von Südosten, vor 1945
400 Kleines Schloss, Abgang in den Park, vor 1945
401 Kleines Schloss, Nordfront, Ansichtskarte, vor 1918

397

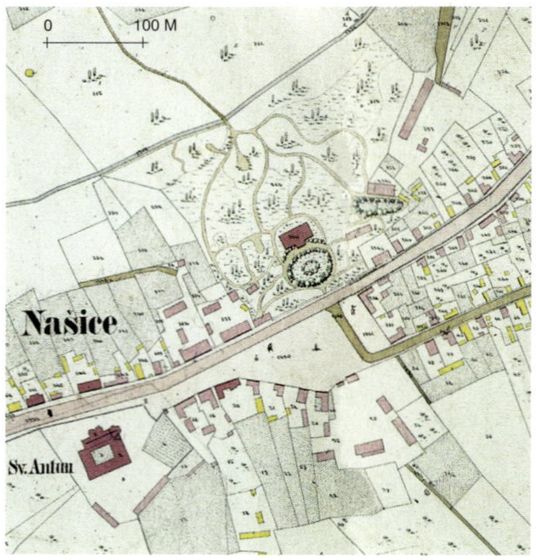

398

399

400

401

Nachdem die Osmanen 1687 vertrieben worden waren, wurden 1691 Našice und das umliegende Gebiet unter Militärverwaltung gestellt, nämlich: Ceremošnjak, Zoljan, Seona, Klokočevci, Vukojevci und Podgorač. Laut einer amtlichen Aufzeichnung gab es in Našice nur 18 Häuser. Bis 1702, als der Kommandant der Militärgrenze des Distriktes Brod, Oberst Johann Ferdinand Baron Kyba von Kinsfeld (er begleitete 1697 Prinz Eugen auf dem Kriegszug nach Sarajevo), die Grundherrschaft Našice beaufsichtigte, mußte die Bevölkerung an die Hofkammerverwaltung in Osijek Abgaben leisten. Im Jahre 1703 wurde mit Genehmigung des Königs der Baronin Katharina de Cordua, Witwe des Grafen Caraffa, gegen die Summe von 40.000 Gulden das Fruchtgenußrecht eingeräumt. Nachdem ihr mit 30. September 1708 der erwähnte Geldbetrag zurückgezahlt worden war, setzte wiederum die unmittelbare Verwaltung durch die Hofkammer ein. Damals wurde die Grundherrschaft Našice um einige Dörfer vergrößert: Sušine, Ober- und Unter-Motičina, Šaptinovci und Gradac. Mit Schenkung König Karls III. (Kaiser Karls VI.) vom 29. Oktober 1723 erhielt Franz Anton Fürst Lamberg, Kämmerer des Kaisers, die Herrschaft Našice. Er verkaufte sie aber am 30. Mai 1726 um 20.000 Gulden an General Joseph Anton Graf O'Dwyer, der der erste Kommandant der im Jahre 1717 eroberten Festung Belgrad und zuletzt kaiserlicher Befehlshaber in Slawonien und Syrmien war. Nach seinem Tod verkaufte die Witwe am 3. August 1734 Našice an die Brüder Ignaz und Joseph II. Barone Pejácsevich (Pejačević) für 18.000 Gulden. Der Besitz blieb volle 200 Jahre in den Händen dieser Familie.[449]

Als die Barone Pejácsevich ihn erwarben, umfaßte er 500 km^2, war aber sehr dünn besiedelt. Im Jahre 1726 verfügte man über 48 Ansässigkeiten, die sich in den folgenden zwei Jahren auf 77 vermehrten. 1726 und 1745 waren es 68 Ansässigkeiten. Der Verwalter Anton Rockinger legte im Herbst 1736 ein Verzeichnis über die Haushalte und Dörfer an. Er registrierte nur 253 Häuser bzw. Haushalte, weiters insgesamt 297 Pferde, 168 Arbeitsochsen, 244 Kühe und Kälber, 449 Schafe/Ziegen, 958 Schweine und 54 Bienenstöcke. Registriert wurden auch 31 Wassermühlen und 4.744 Zwetschkenbäume. Es gab zwar viel Land, aber es war zum Großteil verwahrlost und bedurfte der Rodung. Dies war der Grund, weshalb viele Einwohner Hof und Herd verließen, und nirgendwo war dies so stark zu bemerken wie in Našice. So entschloß sich Markus III. Pejácsevich (1694–1762) zur Zahlung von Prämien an Werber, die aus Kroatien Bauern anlocken sollten. Durch intensive Bestrebungen gelang Našice im 19. Jh. der Aufstieg zu einem der reichsten Grundbesitze Slawoniens. Um das Jahr 1848 verfügte man über 203 Ansässigkeiten, also unverhältnismäßig mehr als einhundert Jahre zuvor. Um die Wende zum 20. Jh. umfaßte der Besitz 20.010 Hektar (34.800 Joch). Ein Teil der Gründe war in Pacht gegeben (Marijino Polje/Marienfeld pachtete beispielsweise Eduard Stengl.) Nach dem Ersten Weltkrieg schuf Theodor Graf Pejácsevich für einen größeren Teil des Besitzes die „Aktiengesellschaft Krndija", in der sein eigener Anteil 50 Prozent überschritt. Auf diese Weise gelang es ihm, die Auswirkungen der „Agrarreform" und eine Besitzteilung zu unterlaufen. Erstere mündete im Jahre 1931 in ein Gesetz, das den Landbesitz auf maximal 500 Hektar einschränkte.[450]

402

402 GROSSES SCHLOSS, 1806–1810
403 GROSSES SCHLOSS, WESTFRONT, 1993
404 GROSSES SCHLOSS, BLICK VON WESTEN, 1993
405 NORD- BZW. PARKFRONT, 1993
406a GROSSES SCHLOSS, PARKFRONT, 1993
406b GROSSES SCHLOSS, DETAIL DER WESTFRONT, 1993

403

404

405

406a

406b

Im riesigen Park von Našice gab es fast nebeneinander zwei Pejácsevich-Schlösser, das Große und das Kleine, wie sie von den Grafen genannt wurden. Die Leute aus Našice reden heute von einem alten und einem neuen Schloß, die Literatur spricht bisweilen von einem Winter- und einem Sommerschloß oder auch von einem Schloß und einem Jagdschloß, ohne dies näher zu begründen. Das Kleine Schloß erbaute Markus VI. (1882–1923), der älteste Sohn des Dr. Theodor Pejácsevich.[451)]

Das sogenannte Große Schloß wurde innerhalb von zwei Jahren erbaut: 1811 und 1812. Vinzenz Graf Pejácsevich (1780–1820) sorgte im Januar 1811 für die Erdaushebung, Abt Stephan Darasevich segnete am 11. März 1811 den Grundstein, und im Jahre 1812 war das Schloß praktisch fertig.[452)] Bis zur Fertigstellung lebte die Familie Pejácsevich in Virovitica und auf ihren anderen Besitzungen. Seit seiner Entstehung wurde das Aussehen des Schlosses wiederholt verändert, besonders um das Jahr 1850, als es durch den Grafen Ladislaus (1824–1901) verschönert wurde. Nach dem großen Erdbeben von 1870 mußte es wiederhergestellt werden. Es hatte den Grundriß eines Rechtecks mit neun Fensterachsen an der südlichen Eingangsfront. Der über drei Fensterachsen reichende Mittelteil war mit größeren Fenstern und mit einem Altan ausgestattet, den vier kräftige Pfeiler trugen. Im Jahre 1865 veränderte Graf Ferdinand Karl Rainer (1800–1878) durch Anbauten das Aussehen: Das ziemlich bescheidene Barockschloß verwandelte sich in ein repräsentatives spätbarockes Schloß mit reichem klassizistischem Aufputz. Der Grundriß (Umfang) wurde vergrößert, so daß die nördliche und die südliche Front jeweils dreizehn Fensterachsen erhielten. Den beiden Seitenfronten wurden Risalite in Gestalt je eines Turmes mit Kuppeldach

(„Welsche Haube") angefügt, das Dach wurde zu einem Mansardendach, und an der südlichen Eingangsfront wurde auf den Altan ein ebensoweit vorspringender Risalit mit einer verzierten Dachkonstruktion aufgemauert (Voluten, Balustraden, Uhr, Segmentgiebel).

Der rechteckige Grundriß ergibt sich aus dem einfachen Muster eines Mittelflures, an dem beiderseits die Zimmer liegen (Abb. 407, 408). Auf einer Seite des Flures befindet sich in dessen Mittelteil ein elliptisches Stiegenhaus mit einer spätbarocken Einfassung aus Stein, ihm gegenüber in beiden Geschossen ein großer Salon. Die Südfront des Schlosses mit dem Haupteingang ist der Ortschaft und dem Stadtpark zugewandt, wo sich einst die Pfarrkirche zur heiligen Dreifaltigkeit befand. Wegen des abfallenden Geländes verfügt das Schloß parkseitig über ein weiteres Geschoß. Die Wohnräume waren mit Stukkaturdecken, Wandtäfelungen, Mosaik-Parkettböden und verzierten zweiflügeligen Türen besonders reich ausgestattet. Davon ist einiges noch heute vorhanden. Die Küche befand sich in einem eigenen Gebäude im Park (nächst der Orangerie), die Speisen wurden mittels einer elektrisch betriebenen Bahn durch einen unterirdischen Tunnel ins Schloß gebracht. Im Zweiten Weltkrieg, und zwar von 1943 bis zum 17. April 1945, diente das Schloß der Deutschen Wehrmacht als Quartier; im Souterrain war ein Feldspital untergebracht. Da in Našice gekämpft wurde, wurden auch die Schloßfassaden und das Dach beschädigt. Seit dem Jahre 1945

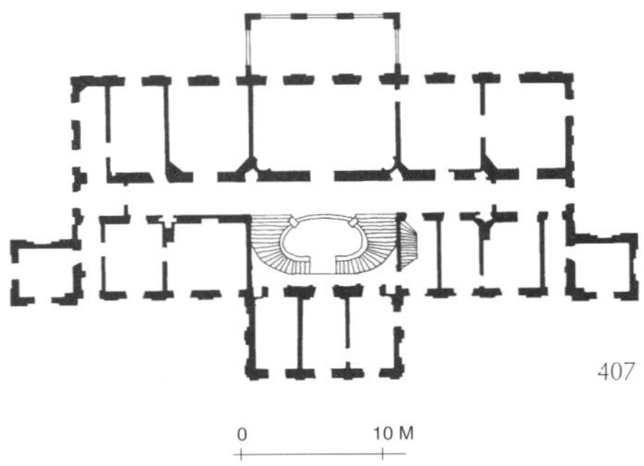

407

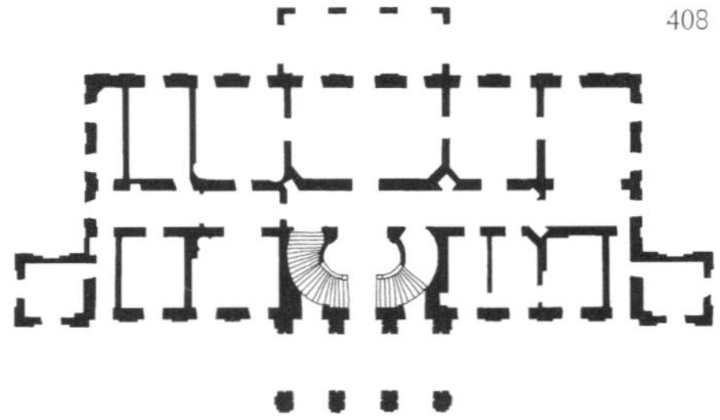

408

407 GROSSES SCHLOSS, GRUNDRISS OBERGESCHOSS
408 GROSSES SCHLOSS, GRUNDRISS ERDGESCHOSS
409 SALON IM GROSSEN SCHLOSS, VOR 1945
410 SALON, VOR 1945
411 SALON, VOR 1945
412 GELBER SALON IM ERDGESCHOSS
413 ZIMMER, VOR 1945
414 RAUCHSALON, VOR 1945

409

410

411

412

413

414

415

416

417

hatte das Bauwerk verschiedene Benützer: Militär, Schule, Kindergarten, Verwaltungs- und Vereinslokale. Gegenwärtig befinden sich im Schloß ein Heimatmuseum und eine Galerie.

Das Kleine Schloß ist ein gefälliges ebenerdiges Gebäude in spätklassizistischem Stil, hundert Meter westwärts vom Großen Schloß entfernt. Der Baubeginn war 1904 oder 1905, bezogen wurde es am 27. Mai 1907.[451)] Der Grundriß hat die Form eines langgezogenen Vierecks mit seichten Mittel- und stärker hervortretenden Eckrisaliten (Abb. 415, 418). Die südliche Eingangsfront wie auch die nördliche Haupt- bzw. Gartenfront (Abb. 415) verfügen über je 15 Fensterachsen und strahlen Exaktheit sowie den Reichtum baulicher Verzierungen und Formen aus. Die große Freitreppe und ihre Balustraden und Blumenvasen im Hintergrund des geometrisch mit einigen Terrassen angelegten Gartens verliehen dem Schloß außergewöhnlichen Liebreiz. Übrigens wurde zum Schutz gegen Feuchtigkeit und Grundwasser von einer Betonwanne im Fundament Gebrauch gemacht. Diese Technik war damals nicht nur in Kroatien, sondern auch in der gesamten österreichisch-ungarischen Monarchie eine Neuheit.[453)] Der gegenwärtige Zustand des Schlosses ist sehr schlecht, obwohl es erst achtzig Jahre alt ist: Man hat es in verantwortungsloser Weise genutzt, die Instandhaltung ist Jahrzehnte hindurch unterblieben, innen ist es zerstört, die Freitreppe ist ruiniert, der Garten zur Gänze verschwunden, und an seiner Stelle errichtete man Gebäude, die niemals genutzt wurden.

Nur selten gibt es an einem Ort drei Schlösser. In Našice war dies für einige Jahre der Fall, als Baron Adamovich von Csepin im Jahre 1939 mit einem

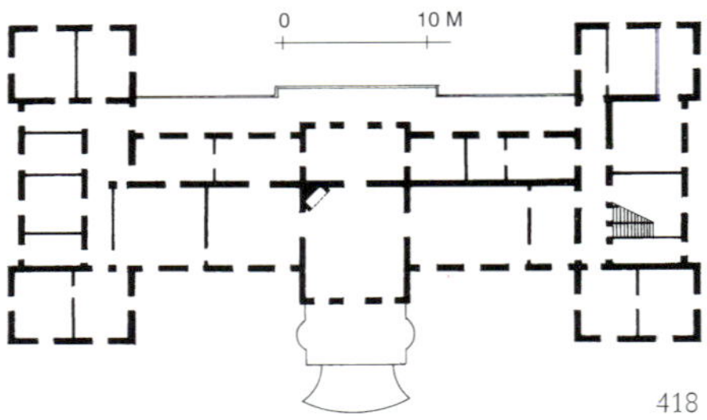

418

415 KLEINES SCHLOSS MIT GARTEN/PARK, VOR 1945
416 NORDFRONT DES KLEINEN SCHLOSSES, 1993
417 PARKFRONT DES KLEINEN SCHLOSSES, 1993
418 KLEINES SCHLOSS, GRUNDRISS DES ERDGESCHOSSES
419 SCHLOSS ADAMOVICH IN NAŠICE, 1939
420 KLEINES SCHLOSS, BLICK VON WESTEN, VOR 1945
421 SALON IM KLEINEN SCHLOSS, VOR 1945
422 INNERES DES KLEINEN SCHLOSSES, CA. 1930
423 INNERES DES KLEINEN SCHLOSSES, CA. 1930
424 SALON DES KLEINEN SCHLOSSES, CA. 1930
425 SALON DES KLEINEN SCHLOSSES, CA. 1930

419

420

421

422

423

424

425

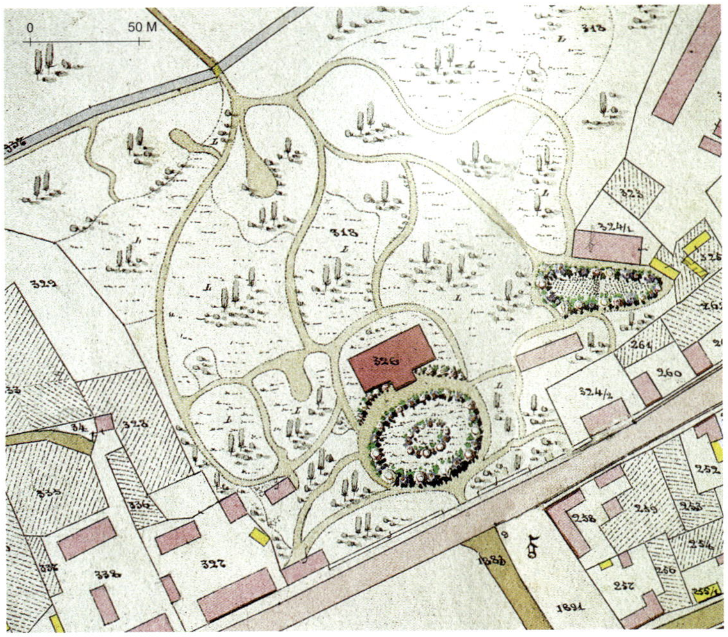

426

427

Schloßbau begann (Abb. 419). Obwohl die Ausführung weit fortgeschritten war, wurde sie wegen des Krieges nicht abgeschlossen. Nach 1945 wurde der Rohbau abgerissen, die Baumaterialien wurden verschleppt. Nur das Fundament südlich der Eisenbahngeleise ist übriggeblieben.

Neben dem Großen Schloß gab es einen Park, dessen Geschichte allerdings nahezu unbekannt ist.[454)] Auf der Katasterkarte von 1862 (Abb. 397 und 426) ist der Park eingezeichnet, woraus sich ergibt, daß er damals im Norden bis zum Kanal reichte, der ihn vom Wald trennte. Wahrscheinlich entstand der Park um das Jahr 1850, als Ladislaus Graf Pejácsevich das Schloß verschönerte. Die politische Laufbahn des künftigen Banus von Kroatien entwickelte sich in den fünfziger Jahren des 19. Jhs. rasch, so daß der würdige Hintergrund von Schloß und Park seinem Ansehen entgegenkam. Damals dürfte auch die Orangerie entstanden sein, die auf der alten Katasterkarte eingezeichnet ist. Dieser in der Mitte des 19. Jhs. geschaffene Park hatte den Charakter eines Landschaftsparks mit historistisch angelegten Blumenbeeten vor der Hauptfront und vor der Orangerie. In der zweiten Hälfte des 19. Jhs. wurde der Park nach Norden erweitert. Dort wurde auch ein Teich mit einem Inselchen geschaffen, wodurch er einen romantischen Anstrich erfuhr. Auch die baulichen Veränderungen des Schlosses im Jahre 1865 werden die Umgestaltungen des Parks angeregt haben. Er wurde vom Ende des 19. Jhs. bis in die dreißiger Jahre des 20. Jhs., das heißt zur Zeit des Grafen Dr. Theodor Pejácsevich, in vorbildlichem Zustand gehalten.

Vor der bereits beschriebenen repräsentativen Nordfront (Hauptfront) des Kleinen Schlosses entstand zur Zeit des Schloßbaus ein ziemlich kleiner, spätklassizistischer Garten, der mit der architektonischen Komposition des Schlosses harmonierte. Dieses gelungene Nebeneinander von Schloß und Park bzw. Garten ist ansonsten kaum zu finden. Im Gegensatz zum romantischen Landschaftspark des Großen Schlosses zeigte der geometrisch geordnete Garten des

428

429

430

431

Kleinen Schlosses Schlichtheit und Reinheit der Idee, ein klassizistisches Vorbild der Gartenkunst: einen Hauptweg in der Fluchtlinie des Schlosses mit mehreren Stiegen, die kleine Terrassen bilden, wobei dieser Weg den Garten symmetrisch in zwei Hälften teilte, die durch gestutzte Buchs- und Taxusreihen geschmückt waren.

Über die Gartenarchitektur hinaus verdient der Schloßpark wegen seiner Mannigfaltigkeit und seiner vielen alten Bäume Beachtung. Hervorzuheben sind: Mammutbaum *(Sequoiadendron giganteum)* und Ginkgo *(Ginkgo biloba)*, der Geweihbaum *(Gymnocladus dioicus)*, der Trompeten- bzw. Zigarrenbaum *(Catalpa bignonioides)*, der Kaiserbaum *(Paulownia tomentosa)*, der Zuckerschotenbaum bzw. Schotendorn *(Gleditsia triacanthos)*, weiters Kiefern, Fichten, Taxus, Roßkastanien, Linden, Eichen, Platanen, Weißpappeln, Ahorn, Buchen etc.[455)]

Der Park von Našice hatte eine Fläche von etwa 34,5 Hektar. Anhand alter Photographien wird ersichtlich, daß der Artenreichtum seiner Pflanzenwelt verlorengegangen ist. Aus dem einstigen Park ist nahezu gewöhnlicher Wald geworden. Nur vereinzelte Ausblicke und Wiesen erinnern an sein früheres Aussehen. Die Blumengärten vor der Südfront des Großen Schlosses und vor der Orangerie finden wir nur noch auf den Photographien. Diese Gärten sind, ebenso wie die historistische Orangerie, im Zweiten Weltkrieg verschwunden. Die Orangerie brannte im November 1944 aus.[456)] Ähnlich erging es dem Garten beim Kleinen Schloß; von ihm sind heute kaum mehr Spuren zu entdecken. Der achteckige Holzpavillon, den man Dora-Pavillon nannte, verschwand gleichfalls während des Krieges. Allerdings wurde er im Jahre 1983 wiedererrichtet, als man den Parkteil rings um den Teich restaurierte. (Es entstand eine neue Brücke zum Inselchen, auf dem eine Pergola und Bänke etc. aufgestellt wurden.) Ein Vorhaben im Jahre 1958 zur Wiederherstellung des Parks wurde glücklicherweise nur

426 KATASTERKARTE, 1862
427 ORANGERIE, ANSICHTSKARTE, VOR 1918
428 KOPIE DER VERMESSUNGSKARTE, 1978
429 DER DORA-PAVILLON, 1. HÄLFTE 20. JH.
430 BLICK VOM SCHLOSS IN DEN PARK, 1997
431 DER PARKTEICH, 1993

zum Teil verwirklicht.[457] Denn leider hat sich gezeigt, daß durch derartige Aktivitäten meist die historisch wertvolle Identität ausgelöscht wird. Sogar der in den Jahren 1949 und 1963 angeordnete Schutz dieses Parks[458] vermochte dessen qualitative Abwertung nicht zu verhindern. Er ist immerhin das wertvollste Beispiel für die Parkarchitektur Slawoniens und ganz Kroatiens.

Die Barone (seit 1772 Grafen) Pejácsevich (Pejačević) schätzten unter allen ihren Schlössern und Landgütern Našice am meisten, obgleich sie das Prädikat „Virovitica" führten. Sie haben die Herrschaft Virovitica im Jahre 1840 verkauft, Ruma wurde unter Zwangsverwaltung gestellt und in den siebziger Jahren des 19. Jhs. parzelliert, Podgorač wurde im Jahre 1902 verkauft, Retfala fiel nach dem Tod des Ladislaus jun. Pejácsevich (geb. 1828) der Familie Clary-Aldringen zu (siehe Seite 270). Doch Našice blieb der Familie Pejácsevich bis zum Zweiten Weltkrieg, in dessen Verlauf Peter Graf Pejácsevich den „Unabhängigen Staat Kroatien" (NDH) als Gesandter in Spanien vertrat[463] und schließlich gezwungen war, seine Heimat zu verlassen. Seit den Ereignissen, die der Zweite Weltkrieg mit sich brachte, leben die Mitglieder dieser Familie über die ganze Welt verstreut. (Die drei Zweige der Familie Pejácsevich werden im Text über das Schloß Virovitica eingehend behandelt.)

Begründer des Familienzweiges Virovitica-Našice war Karl III.,[459] ein Sohn Josephs II., des ersten Grafen Pejácsevich. Karl III. und sein Bruder Anton III.[783] erbten zu gleichen Teilen Našice und Virovitica. 1802 beerbte Karl III. seinen Bruder. Von den Söhnen des Karl erbaute Vinzenz (Abb. 433)[460] das Schloß, sein jüngerer Bruder Ferdinand Karl Rainer[461] sorgte für die späteren Veränderungen (S. 213).

Der erste Banus aus der Familie Pejácsevich war Ladislaus d. Ältere (1824–1901), und zwar von 1880 bis 1883 (Abb. 435). In dieser Position war er der Nachfolger von Ivan Mažuranić und Vorgänger von Karl Khuen-Héderváry. Von 1844 bis 1848 war er Mitglied der Banaltafel (Regierung für Banalkroatien = Zivilkroatien). Er gehörte auch der Delegation an, die 1868 in Budapest den ungarisch-kroatischen „Ausgleich" aushandelte. Am 24. August 1883 dankte er angeblich deshalb ab, weil die Abschaffung der zweisprachigen (kroatisch-ungarischen) amtlichen Bezeichnungen nicht durchzusetzen war. Zum Gedenken an den mit 17 Jahren verstorbenen Sohn Mario Markus Alexander ließ er auf dem Hügel oberhalb von Našice ein neugotisches Kapellchen mit einer Familiengruft errichten. Der Entwurf stammte von Hermann Bollé.[462]

Dr. Theodor Graf Pejácsevich (1855–1928), der älteste Sohn Ladislaus' Pejácsevich d. Ä., löste Khuen-Héderváry im Jahre 1903 als Banus ab. Ähnlich wie der Vater, dankte Theodor 1907 wegen der Auseinandersetzungen ab, die um ungarischsprachige Aufschriften auf den Gebäuden der staatlichen Eisenbahn entstanden waren. Zuvor, und zwar ab 1886, war er 15 Jahre hindurch Obergespan von Virovitica. 1907 wurde er zum „Minister für Kroatien" der Budapester Zentralregierung ernannt (ein Minister ohne Portefeuille, im „Ausgleich" zur Vertretung der Interessen Kroatiens deklariert, tatsächlich häufig zur Kontrolle der kroatischen Landesinstanzen mißbraucht). Theodor war auch Wirklicher Geheimer Rat des Königs, Ritter des Königlich ungarischen St. Stephans-Ordens

432

433

432 KARL III. PEJÁCSEVICH
433 VINZENZ PEJÁCSEVICH
434 ILMA MARIA PEJÁCSEVICH, GATTIN DES VINZENZ
435 LADISLAUS PEJÁCSEVICH D. Ä.
436 DR. THEODOR PEJÁCSEVICH
437 ELISABETH (LILA) PEJÁCSEVICH, GATTIN DES THEODOR
438 DORA PEJAČEVIĆ, 1907
439 DORA PEJAČEVIĆ, 1910

434

(1898) und des Malteserordens (1884). Dr. Theodor Graf Pejácsevich (Abb. 436) war einer der reichsten Gutsbesitzer in Kroatien und Ungarn: Majoratsherr von Našice und Erbherr des Gutes Zomba im Komitat Tolna. Zu seiner Zeit umfaßte Našice 56.000 Joch. Aus Mitteln seiner Pension bestritt er eine Stiftung (1907) zugunsten junger Musiker, Maler, Bildhauer und Ärzte.[463)]

Liebe zur Musik hegten besonders Ladislaus' Gattin Gabriele sowie Lila (Abb. 437), die Gattin Theodors, die Protektorinnen der Zagreber Musikakademie waren. In dieser Atmosphäre wuchs Theodora auf (genannt Dora; Abb. 438, 439), die älteste Tochter Theodors. Dora Pejačević (1885–1923) war Komponistin, aber, wie so oft, als solche im Ausland geschätzter als in der Heimat. Dies war zu einer Zeit, als man sich in Kroatien musikalisch zwischen der verspäteten Romantik eines Ivan Zajc und dem sogenannten Volksstil bewegte. Doras musikalische Lieblinge waren Richard Wagner und Gustav Mahler, doch ihr Schaffen war von Robert Schumann, Johannes Brahms, Edvard Grieg und Peter Iljitsch Tschaikowsky beeinflußt. Der Musikwissenschaft zufolge schuf sie die Grundlagen zu einer neueren kroatischen Kammer- und Konzertmusik. Unter ihren zwischen 1897 und 1922 entstandenen 58 Werken sind ein Klavierkonzert aus dem Jahre 1913 („Erstes Klavierkonzert" in Kroatien) und eine Symphonie in Fis-Moll aus dem Jahre 1918 die bekanntesten.[464)]

435

436

437

438

439

Nespeš

Kurie Schwarz (Švarcovina)

Gespanschaft	Zagreb
Stadt	Sv. Ivan Zelina
Kat.-Gmde.	Psarjevo

Das Dorf Nespeš liegt vier Kilometer in südwestlicher Richtung von Sv. Ivan Zelina entfernt, in einer von Weingärten bedeckten Hügellandschaft. Die dortige Kurie nannten die Leute zuletzt Švarcovina, weil ihr Besitzer eine Familie von Schwarz war. Nach dem Zweiten Weltkrieg diente das Gebäude mehrere Jahre als Volksschule.

Die Kurie befindet sich unweit des Dorfes oberhalb des Flüßchens Nespeš, gegenüber den Ruinen einer mittelalterlichen Burg, über die wir nichts Näheres wissen. Die im Grundriß rechteckige Anlage mißt 20 x 11 Meter und weist vier Ebenen auf: einen Keller unter einem Teil des Gebäudes („zweiter Keller", mit Eingang vom „ersten Keller"), einen Souterrain-Keller („erster Keller", mit Eingang von Norden auf Erdniveau), Hochparterre und Obergeschoß. Über eine Außentreppe an der Westfront gelangt man in das Innere (Hochparterre) der Kurie. Der Eingang besteht aus einem betont einfachen klassizistischen Portal mit einer Eichentür aus dem 19. Jh. Im Verhältnis zum ursprünglichen Zustand mit seinen klassizistischen und auch historistischen Merkmalen sind die Fassaden ärmlich geworden. Spuren der Fensterumrahmungen und Fensterbänke sowie des Dachgesimses und des Gesimses zwischen den beiden Stockwerken sind erkennbar. Die nach Westen gelegene Hauptfront ist symmetrisch mit sieben Fensterachsen in beiden Stockwerken gestaltet. Die Seitenfronten haben in jedem Stockwerk zwei Fenster. Im Hinblick auf die Funktion als Schule wurden bauliche Veränderungen vorgenommen. Das Dach ist ein gewöhnliches Walmdach.

Vom Inneren der Kurie ist sehr wenig erhalten geblieben. Am wertvollsten ist die klassizistische Deckenmalerei mit geometrischen Motiven (Ende 19. Jh.) in drei Räumen des Obergeschosses (Abb. 442, 443). In das Obergeschoß führt eine Innentreppe mit einer klassizistischen Holzbrüstung. Keller und Erdgeschoß haben Deckengewölbe. Im sogenannten ersten Keller befand sich neben dem Eingang eine (noch erhaltene) Arrestzelle und am anderen Ende ein Brunnen. Der eigentliche Keller war seit je ein Weinkeller.

Die Wirtschaftsgebäude existieren nicht mehr. Eines befand sich knapp neben der Nordfront der Kurie, das andere fünfzig Meter westlich davon. Park gab es keinen, dafür aber einen Obstgarten und einen Hof mit einigen Bäumen, Strauchwerk und Blumen. Auch in neuerer Zeit wurden Bäume und Sträucher gepflanzt.[465]

440 Kopie der Katasterkarte, 1896
441 Ansicht von Südwesten, 1993
442 Deckenmalerei in der Halle des Obergeschosses, 1993
443 Detail der Deckenmalerei, 1993

440

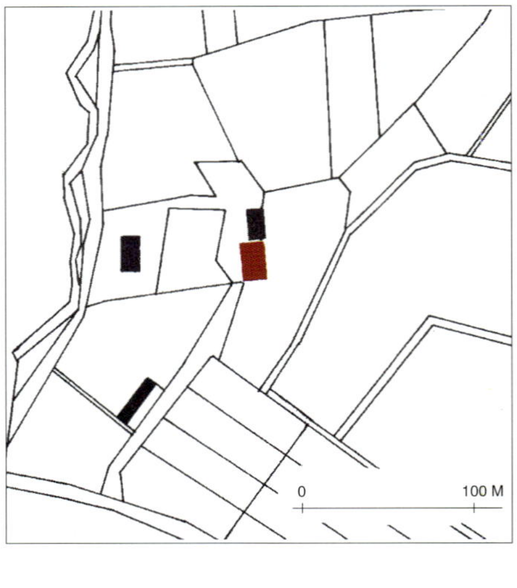

441

442

443

Nuštar

Schloss Khuen-Belasi

Gespanschaft	Vukovar-Syrmien
Gemeinde	Nuštar
Kat.-Gmde.	Nuštar

Nuštar ist ein Dorf in der fruchtbaren Ebene des östlichsten Teiles Kroatiens. Dieser Raum war schon in urgeschichtlicher Zeit besiedelt, wie Funde aus dem Neolithikum beweisen. Das Dorf liegt an der Straße Vinkovci–Vukovar, 5 km von Vinkovci und 15 km von Vukovar entfernt. Im „Vaterländischen Krieg“ (1991) erlitt das inmitten der Siedlung gelegene Schloß bedeutende Schäden.

Der Name Nuštar steht mit dem Heiligengeistkloster der Benediktiner in Verbindung. So hieß die Ansiedlung im Mittelalter Monuštar, woraus ab 1600 mit der Zeit Nuštar wurde (Kloster = lat. *monasterium*; ung. monostor).[466)]

Das spätere Mittelalter war in der Geschichte Nuštars eine wichtige Periode. Es entstanden das Kloster, die Kirche, die Siedlung und das Kastell. Die Benediktinerabtei mit der Heiligengeistkirche wurde gegen Ende des 12. Jhs. errichtet. In den Dynastiekämpfen, die zu Ende des 14. und Anfang des 15. Jhs. tobten, wurde das Kloster zerstört, aber um 1422 von der Familie Gorjanski wiederaufgebaut. Sie ließ daneben auch eine große, dem Heiligen Geist geweihte Kirche aus Stein mit zwei Glockentürmen errichten. Diese wurde Anfang des 18. Jhs. abgerissen und das Baumaterial für den Schloßbau verwendet, aber auch für den einer Kapelle und später einer der hl. Anna geweihten Kirche. Auf dem Grund um die Nikolauskirche entwickelte sich eine dörfliche Siedlung, die um die Mitte des 15. Jhs. zum Marktfleck wurde. Um diese Zeit errichteten die Gorjanski auch ein Kastell, und zwar in der Nähe der Benediktinerabtei am höher gelegenen Ufer der Vuka. Das gewohnte Leben erlosch in der Türkenzeit. Zwar wurde Nuštar nach wie vor als Siedlung bezeichnet, aber tatsächlich verschwand sie ebenso wie die Abtei. Als Herren von Nuštar ab der Mitte des 14. bis zur Mitte des 16. Jhs., als die Türken einfielen, sind uns die Familien Brzet (Berzeta), Gorjanski und Dabaš (Daubas) überliefert.[467)]

444

445

Nach der Türkenbefreiung und vorübergehender Verwaltung durch die Hofkammer erhielt mit Schenkung Kaiser Leopolds I. vom 15. Juni 1703 die Baronin Makar geb. Schaffmann (Witwe des Obersten Baron Johann Makar [Mackar]) die Grundherrschaft Nuštar. Am 21. Dezember 1717[468)] erwarb der Oberst des kaiserlichen Geniekorps Maximilian Eugen Graf Gosseau d'Heneff den Besitz. Er verstarb 1741 und ist in der Schloßkapelle zu Nuštar beigesetzt. Von Kaiser Karl VI. wurde ihm 1718 die Besitzerweiterung über Vinkovci bewilligt. Manche meinen, daß dieser aus dem Elsaß stammende Offizier die Pläne für

446

447

444 WAPPEN DER GRAFEN KHUEN-BELASI
445 WAPPEN DER GRAFEN KHUEN-BELASI
446 SCHLOSS NUŠTAR, 1790–1810, ÖL AUF LEINEN
447 SCHLOSS NUŠTAR, 1790–1810, ÖL AUF LEINEN

die Festung Osijek entwarf. Zu seiner Zeit wurden die Reste der Heiligengeistkirche abgerissen und mit deren Steinen die erwähnten Bauten ausgeführt.

Im Jahre 1741 (oder 1746)[469] kaufte Freiherr von der Trenck[711] die Herrschaft Nuštar. (Siehe dazu die Schlösser Trenkovo und Pakrac.) 1751 verkaufte die Hofkammer die eingezogenen Herrschaften Nuštar und Pakrac dem Baron Michael Šandor Slavnički (Sándor de Szlavnicza). In den sechziger Jahren des 18. Jhs. waren die Brüder Joseph (Abb. 448) und Anton Sándor Besitzer.[470] Durch die Eheschließung von Michaels Enkelin Josepha mit Anton I. Khuen-Belasi (gest. 1788) gelangte ein Drittel der Herrschaft Nuštar in den Besitz der Familie Khuen-Belasi. Der Sohn Anton II., der sich ständig in Nuštar aufhielt, kaufte im Jahre 1811 den restlichen Teil der Herrschaft.[471] Seither lebten die Khuen-Belasi bis 1944 im Schloß Nuštar.[472] Nach dem Zweiten Weltkrieg wurde der Besitz verstaatlicht; das Schloß diente verschiedenen Zwecken.[473]

448

Nuštar zählt zu den mittelgroßen Adelsgütern Slawoniens. Zur Herrschaft gehörten zwischen 1726 und 1745 61 Ansässigkeiten mit 261 Untertanen. Außer Nuštar selbst waren noch acht Dörfer mit 230 Haushalten[474] im Jahre 1736 in die Herrschaft eingebunden. Damals umfaßte sie 3.134 Joch Ackerboden, 203 Rigolen Weingärten, 1.200 „Mähgründe“ und 3.896 Zwetschkenbäume. Verzeichnet wurden weiters 445 Pferde, 320 Ochsen, 810 Kühe und Jungrinder, 489 Schafe und Ziegen, 1.476 Schweine sowie 381 Bienenstöcke. 1848 gab es 176 Ansässigkeiten, 1860 arbeiteten eine Dampfmühle und zwei dampfbetriebene Sägemühlen im Dorf Šodolovci. An der Wende zum 20. Jh. umfaßte der Gesamtbesitz 5.819 ha (10.121 Joch), die sich wie folgt aufteilten: 2.338 ha Äcker, 121 ha Wiesen, 21 ha Gärten (Gemüsegärten), 276 ha Weideland, 2.635 ha Wald, 2,88 ha Straßen, 3,45 ha Weingärten, 172 ha Schilfmoor und 248 ha ertraglose Flächen. Anfang des 20. Jhs. gab es sieben Wirtschaften (Meierhöfe): Banovci, Čeretinci, Henrikovci, Križevci, Lanka, Nuštar und Šodolovci. Landwirtschaftliche Produkte waren vor allem Weizen, Roggen, Hafer, Gerste, Mais, Raps und Erbsen. Nuštar standen die Eisenbahnstation Vinkovci und die Schiffsstation Vukovar zur Verfügung.[475]

449

Der Schloßkomplex von Nuštar ist durch eine gemeinsame Straße in das Dorf eingebunden. Einst befand er sich am Rand der Siedlung, doch heute ist er von allen Seiten vorwiegend von Familienwohnhäusern umgeben, die nach dem Zweiten Weltkrieg gebaut wurden. Bis dahin waren Schloßkomplex und Dorf zwei nicht nur verschiedenartige, sondern auch räumlich getrennte Einheiten, die einander allerdings ergänzten. Das Schloßgefüge stellte von Beginn her (Anfang des 18. Jhs.) ein ausgesprochen barockes Element dar, was leider im Verlauf der Dorfgestaltung nach dem Zweiten Weltkrieg nicht begriffen oder nicht berücksichtigt wurde. Um die von Nordost nach Südwest führende barocke Achse befanden sich seinerzeit Gebäude und unbebaute Flächen des Wirtschaftsbetriebes. Nördlich dieser Linie bzw. des Schlosses führte eine Allee (heute als Straße erhalten) zum Wildgatter, das vom Bett der Vuka halbkreisförmig umschlossen ist. Südwärts dieser Linie bzw. des Schlosses breiteten sich der Park und die Hopfenfelder aus, die sich in der weiten Ebene Syrmiens verloren. Das Schloß bildete mit dem Park und den vielen Wirtschaftsgebäuden aus dem

450

18. und 19. Jh. eine harmonische Einheit, die bis in die Mitte des 20. Jhs. erhalten blieb. Dann setzte der Verfall ein.

Unter den Wirtschaftsgebäuden im nördlichen Teil des Parks stach der Getreidespeicher hervor, ein zweigeschossiger Barockbau mit steilem Dach aus der 2. Hälfte des 18. Jhs. Er maß 45 x 15 Meter, ist aber heute eine Ruine. An der südwestlichen Ecke des Parks befand sich ein Weinkeller (65 x 17 m), heute gleichfalls Ruine. Zwischen dem Schloß und dem sogenannten Kleinen Schloß an der nordöstlichen Parkecke befand sich der Pferdestall. Er maß 60 x 12 Meter, der heute nicht mehr vorhandene Giebel zeigte zur Straße.[476)] Das kleine runde Gebäude, „Trencks Pulverturm" genannt, befand sich am nordöstlichen Parkrand nächst dem Pferdestall. Von ihm ist heute nichts mehr zu sehen, aber es bestand noch im Jahre 1971. Ein interessantes Beispiel für die Wirtschaftsarchitektur der 2. Hälfte des 19. Jhs. ist die westlich des Schlosses im Park gelegene Dampfmühle. Dort, wo sich östlich vom Park eine Baumschule, ein Glashaus und Obstgärten befanden, sind jetzt Einfamilienhäuser und ein Kindergarten.

Die zahlreichen Zu- und Umbauten, die das Schloß in seinen zweieinhalb Jahrhunderten erlebte, sind nicht dokumentiert. Mit seiner Kapelle erinnert es an den Stil des klassischen Barock mit einem „Ehrenhof" (court d'honneur). Es setzt sich heute aus drei Bauelementen zusammen: dem Westflügel, der Kapelle

448 JOSEPH SÁNDOR DE SZLAVNICZA, ÖL AUF LEINEN VON J. FRANZ MÜCKE
449 KOPIE DER KATASTERKARTE, 1863
450 DER PARK VOR 1944

(Ostflügel) und dem mittleren bzw. südlichen Flügel. Alles zusammen entstand im 18. und 19. Jh.

Das Schloß Nuštar wurde in den zwanziger Jahren des 18. Jhs. von Graf Gosseau d'Heneff erbaut.[477] Er errichtete die Kapelle und ein langgestrecktes Gebäude, das den heutigen Westflügel des Schlosses darstellt (Abb. 451). Beide Gebäude betrat man von der Seitenfront, und zwar vom gemeinsamen Innenhof. Das Schloß wurde schon 1729 bezogen. Aus einer Beschreibung, die im Zusammenhang mit der Beschlagnahme des Trenckschen Vermögens erfolgte, wissen wir, daß es im Obergeschoß zehn, im Erdgeschoß sieben Zimmer und eine Küche aufwies, daß es teilweise gemauert, zum anderen Teil als (Holz-) Fachwerk konstruiert und nur zum Teil unterkellert war. Außerdem gab es eine wahrscheinlich offene Vorhalle, eine Durchfahrt für Wagen und einen Altan (Terrasse).

Von diesem Schloßgebäude ist nur sehr wenig übriggeblieben. Die Kapelle der Kreuzerhöhung wurde im 19. Jh. stark verändert, allerdings blieb ihr barocker Charakter erhalten. Sie hatte die Funktion einer Pfarrkirche, bis im Jahre 1860 eine eigene errichtet wurde. Die Kapelle blieb als Schloßkapelle bestehen. Ihr Inventar wurde ebenso wie die Gruft der Familie Khuen-Belasi in den Jahren nach dem Zweiten Weltkrieg zerstört.[478]

Als die Herrschaft in der 2. Hälfte des 18. Jhs. den Baronen Sándor gehörte, wurde das Schloß radikal umgebaut, wie aus den Kreuzgewölben und den trogförmigen Gewölbedecken des Erdgeschosses hervorgeht. Dieser heutige Westflügel weist einen Grundriß von 45 x 10 Metern auf. Der größte Teil davon stammt aus der Zeit der Familie Sándor.

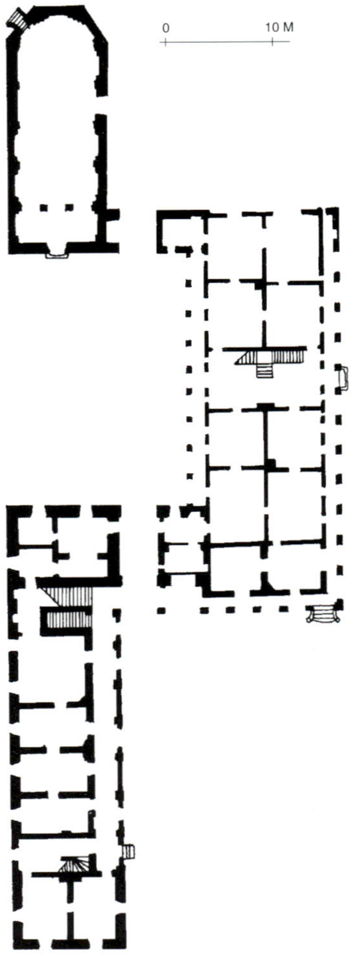

451

452

453

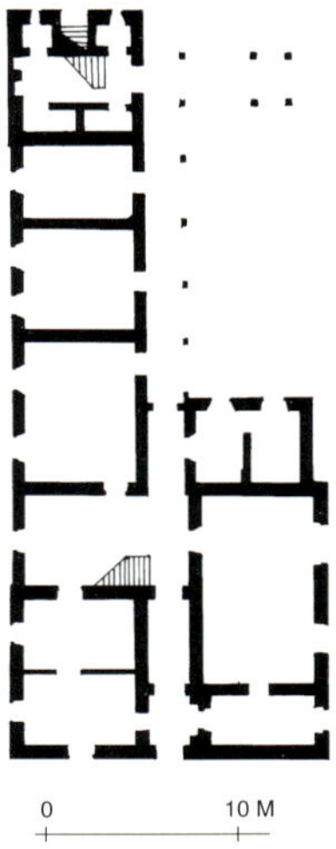

454

Sein endgültiges Aussehen erhielt Schloß Nuštar im letzten Viertel des 19. Jhs., als der historistische Südflügel, mehr oder weniger als Verbindung zur Kirche, entstand. Er bildete ein Gegenüber zum Einfahrtstor und zur Barockachse, die den Jagdpark (Wildgatter) mit dem barocken Garten verband.

Diese Umgestaltungen fanden etwa zwischen 1878 und 1881 statt. Das lassen wenigstens die dickeren Mauern vermuten. Wegen seiner Lage und Größe (40 x 15 m) wurde der Südflügel zum Zentrum des Schloßkomplexes. Seine Besonderheit lag in der ungewöhnlichen Verbindung mitteleuropäischer Baukunst mit der traditionellen Bauweise Kroatiens. Bewußt wird uns dies durch die Verwendung von Holz (Fachwerkkonstruktion; Holzbalken und Holzbrüstungen; Wandpfeiler aus Holz in den Hallen). Einige nennen diesen Stil „national-romantisch“. Diese Bauweise hatte wahrscheinlich Anton IV.[490] Graf Khuen-Belasi (1852–1890), der auf dem Polytechnikum in Aachen Architektur studierte, sowie Stephan (István) Möller (1860–1934), der als junger Architekt auf dem Grundbesitz Nuštar arbeitete, als Urheber. Möller, der in Karlsruhe und Wien Architektur studiert hatte und weiterhin mit der Familie Khuen-Belasi in Verbindung blieb, war in Ungarn als Konservator bekannt. An der Technischen Universität Budapest lehrte er mittelalterliche Architektur und war außerdem Mitglied der Ungarischen Akademie der Wissenschaften.[479]

451 GRUNDRISS DER ERDGESCHOSSE
452 ANSICHT AUS DEM PARK, VOR 1944
453 ANSICHT AUS DEM PARK, VOR 1944
454 GRUNDRISS DES ERDGESCHOSSES DES KLEINEN SCHLOSSES
455 SALON, VOR 1944
456 SALON, VOR 1944

Das nach 1881 entstandene Kleine Schloß schließt die bauliche Entwicklung des Schloßkomplexes von Nuštar zeitlich ab.[480] Errichtet wurde es in Verlängerung der Schloßkapelle in Form eines „L“, wobei die Hauptfront zur Straße zeigte. Es entstand durch Zu- und Umbau eines Wirtschaftsgebäudes unter Verwendung des Kellers und der Grundmauern. Das Obergeschoß ist eine Fach-

455

456

457

458

459

werkkonstruktion (die man damals in Österreich auch „Schweizer Stil" nannte). Hofseitig bzw. zum Park hin befand sich eine Halle. Den Entwurf lieferte Architekt Möller, wahrscheinlich gemeinsam mit Anton IV. Graf Khuen.

Bis zum Ende des Zweiten Weltkriegs war der Schloßpark noch hervorragend erhalten. Dann setzte sein Untergang ein, und seit den letzten beiden Jahrzehnten des 20. Jhs. ist er verlassen und verwüstet.[481] Zwar wurde er 1971 als Denkmal der Parkarchitektur unter Schutz gestellt, aber das reichte nicht, ihn tatsächlich zu schützen und wiederherzustellen.[482] Nach den bisherigen Forschungen lassen sich drei Entwicklungsstufen erkennen: Barock, Landschaftsgarten und Historismus. Die barocke Linie verlief parallel mit dem Bau des Schlosses im 18. Jh. Der herrschaftliche Garten, dessen Entstehung mit „großen Ausgaben" verbunden war, wird 1736 erwähnt. Aus der schon genannten Vermögenserfassung von 1746 wissen wir, daß der Garten 73 x 68 Klafter (etwa 140 x 120 m) maß, daß es in seiner Mitte ein Lusthaus mit einem Brunnen gab und daß dieser Garten umzäunt und durch zwei gegenüberliegende Tore zu betreten war. Erwähnt werden auch zwei Baumreihen, eine außen (58 x 46 Klafter), die andere

457 DETAIL DES PARKS, VOR 1944
458 ANTON I. KHUEN-BELASI
459 HEINRICH (HINKO) KHUEN-BELASI, ÖL AUF LEINEN VON J. FRANZ MÜCKE
460 KARL KHUEN-BELASI

460

461

462

461 HINKO I. KHUEN-BELASI
462 JOHANNA KHUEN-BELASI GEB. ELTZ, GATTIN VON HINKO I., 1907
463 HINKO II. KHUEN-BELASI

463

innen (54 x 42 Klafter), sowie 76 Zwerg- bzw. Buschbäume und 14 Quittenbäume. Um Schloß, Kapelle und Garten verlief im 18. Jh. eine hohe Mauer.[483)] Spuren des Barockgartens sind auf der Katasterkarte von 1863 zu erkennen, und zwar nicht nur aufgrund der für den gesamten Komplex geltenden, bereits erwähnten „Einachsigkeit", sondern auch wegen der rechteckigen Anordnung der Alleen des ursprünglichen Gartens. Symmetrisch im Hinblick auf die Hauptachse der Komposition sind die beiden Fußwege in der Achse der Giebelfront des Getreidespeichers und des Pferdestalles, welche die querlaufenden Fußwege schneiden bzw. verbinden (Abb. 449).

Der Barockgarten (ca. drei Hektar) wurde im 19. Jh. nach Westen (Richtung Dampfmühle) vergrößert und im Sinn eines Landschaftsparks umgestaltet. Damit wurde nach 1811 begonnen, als Anton II. Khuen-Belasi den gesamten Besitz Nuštar erwarb. In der Besitzurkunde für das Jahr 1810 war kein Park erwähnt, nur ein Garten und ein Zwetschkengarten *(hortus et pruneta)*.[484)] Wie der Landschaftspark entstand, konnte bisher nicht genau festgestellt werden.[485)] Die historistische Phase des Parks setzte gegen Ende des 19. Jhs. ein, als viele Blumen und Blütensträucher gesetzt wurden. Ein wenig davon ist noch auf alten Photographien zu erkennen. Was es sonst noch gab, stammt wahrscheinlich ebenfalls aus dieser Zeit: ein Tennisplatz, Skulpturen, Blumenvasen aus Marmor, Löwenstatuen am Schloßeingang etc. Im Park befanden sich auch ein Fischweiher sowie eine gedeckte Reitbahn.[486)]

Der Name der gräflichen Familie Khuen-Belasi-Héderváry war mit Nuštar vom Ende des 18. bis zur 1. Hälfte des 20. Jhs. verbunden.[487)] Sie stammt aus Tirol. Der österreichisch-erbländische Adel wurde im Jahre 1573 Rudolf Khuen, dem Sohn Jakobs (1476–1562), und Magdalena Fuchs von Fuchsberg verliehen. Rudolfs jüngerer Bruder Hans (1516–1578) und dessen Gattin Kunigunde von Kainach waren Ausgangspunkt einer Linie, die 1640 in den Reichsgrafenstand erhoben wurde. Ab 1804 verzweigte sich die Familie derart, daß 1864 vier Linien bestanden, und zwar in Balas (Ungarn), in Lichtenberg, in Altenburg und in Gandegg. Dem ungarischen Zweig gehörte Nuštar. Von ihm kam zunächst Anton I. Graf Khuen (Abb. 458)[488)] 1787 nach Kroatien. Er wurde zum General in Karlstadt ernannt, fiel aber im folgenden Jahr im Gefecht bei Dubica. Sein Sohn Anton II.[489)] entschied sich ebenfalls für den Militärdienst, quittierte ihn aber 1810, heiratete und widmete sich dem Gut Nuštar. Diesen Besitz erbte zunächst der Sohn Anton III.[490)], dann dessen Sohn Hinko I. (Heinrich-Jakob I., Abb. 461)[491)], dessen Bruder der bekannte Banus Karl Khuen-Héderváry war. Nach dem Tod Hinkos I. (1928) fiel das Schloß Heinrich (Hinko) II. (Abb. 463) und dessen Schwester Ludwine zu.

Im Kleinen Schloß lebte der frühere Banus Karl Khuen-Héderváry mit seiner Frau Margarethe geb. Gräfin Teleki de Szék. Da weder diese noch Ludwine Kinder hatten, war Heinrich II. der letzte Besitzer Nuštars vor der „Verstaatlichung".[492)] Sein Sohn Matthias (geb. 1933) und der Enkel Stephan (geb. 1968) leben jetzt in Deutschland. (Der Banus erhielt das Prädikat „Héderváry" 1880 im Zug einer Namensvereinigung aufgrund der letztwilligen Verfügung des Grafen Viczay-Héderváry de Vicza.)

Omilje

Kurie Čačković / Štajduhar / Krizmanić

Gespanschaft	Zagreb
Stadt	Sv. Ivan Zelina
Kat.-Gmde.	Blaškovec

Die Kurie Omilje gehörte zu einem kleinen Adelsgut oberhalb des Dorfes Donja Drenova, westlich von Sv. Ivan Zelina. Jetzt ist sie leer und verlassen. Auf dem Portal sowie auf einer Steintafel unter einem klassizistischen zweigliedrigen Fenster ist die Jahreszahl 1822 eingemeißelt.

Die zweigeschossige Kurie mißt im Grundriß 20 x 12 Meter. An der Nord- und Ostfront springt das Mauerwerk weit (tief) vor. Die Dachkonstruktion wurde erneuert, die Fassaden wurden einfach gestaltet. Von den ursprünglichen und charakteristischen Bauteilen sind nur das Steinportal an der Südfront und das erwähnte Fenster an der Ostfront erhalten geblieben.

Der steinerne Portalrahmen trägt seichte Reliefverzierungen (Weinrebenranken), der Bogen Blütenzweige. Vom Gebäudeinneren blieb überhaupt nichts erhalten. Erdgeschoß und Keller weisen Deckengewölbe auf. In das Obergeschoß führen Holztreppen, in den Keller gelangt man von außen.

Nach dem Zweiten Weltkrieg, bis 1977, war hier eine Volksschule untergebracht. Wegen zu geringer Schülerzahl wurde sie geschlossen. Seither verfällt das Gebäude.

Früher war die Kurie von Gärten und Obstgärten umgeben, heute finden sich nur noch Strauchwerk und Gehölz. Von den einstigen kleinen Wirtschaftsgebäuden finden sich nur von einem einzigen Spuren. An der Zufahrt befindet sich eine Kapelle der hl. Maria von Lourdes. Zwei alte Linden und ein großer Akazienbaum daneben sowie eine Linde und eine Pappel neben der Kurie sind die einzigen Bäume des ehemaligen Adelsgutes.

Auf dem Schlußstein des Portals sind außer der Jahreszahl die Initialen des einstigen Eigentümers eingemeißelt: Stjepan Čačković Vrhovinski (Chacskovich de Verhovina). Nach seinem Tod, 1831, erbte der Bruder Josip den Besitz. Zu seiner Zeit war die Kurie ein Treffpunkt für die Anhänger der Illyrischen Bewegung, darunter auch Ljudevit von Gaj und Abt Krizmanić. 1844 wurde die Familie Štajduhar (Stauduar) Besitzer, und zwar im Tauschweg gegen das nahe gelegene Gut Krče bei Adamovac. 1848 waren Alois Štajduhar und Johanna Čačković geb. Gräfin Schmidegg Eigentümer. Ihnen folgte die Familie Krizmanić. Dieser gehörte die Malerin und Graphikerin Anka Krizmanić an, die am 10. März 1896 in Omilje geboren wurde (gest. 1987). Die Malerei lernte sie bei Tomislav Krizman (1882–1955), Graphik an den Kunstgewerbeschulen in Dresden und Paris.[494]

464 Kopie der Katasterkarte, 1861
465 Südfront, 1993
466 Ostfront, 1993
467 Portal an der Südfront, 1993
468 Detail der Ostfront, 1993

464

465

466

467

468

ORAHOVICA

KURIE MIHALOVICH

GESPANSCHAFT	VIROVITICA-PODRAVINA
STADT	ORAHOVICA
KAT.-GMDE.	ORAHOVICA

Orahovica war einst ein Marktfleck und wegen seiner mittelalterlichen Burg[495] sowie als Sitz einer Grundherrschaft von gewisser Bedeutung. Heute ist es ein Städtchen an der Straße Podravska Slatina–Našice. Das kleine erdgeschossige Schloß (Kurie) und die Heiligenkreuzkirche (1756) bestimmen das Stadtbild. Es wird malerisch von den nördlichen Hängen des Papuk und des Krndija im Süden sowie von der Drauebene (Podravina) im Norden abgerundet.

Erstmals kommt der Name Orahovica (Raholcz, Rahowcza) in Urkunden aus dem Jahre 1228 vor. Es war Besitz einer Familie Orahović. Von 1543 bis 1687 war er in türkischer Hand.[496] Dann wurde er von der Hofkammer übernommen. Anläßlich einer Bestandsaufnahme (1698) wurden in diesem Gebiet 25 bewohnte und 21 entvölkerte Siedlungen registriert. Mit Schenkung vom 12. Dezember 1722 bzw. 28. Mai 1723 des Königs (Kaiser Karls VI.) erhielten General Graf Caspar de Cordua et Alagon bzw. Baron Anselm Franz Fleischmann (1716 kais. Resident in Konstantinopel) die geteilte Grundherrschaft.[497] Beide Teile kauften am 1. November 1730 die Barone Pejácsevich, und zwar Anton I. (1691–1730), Nikolaus II. (gest. 1732) und Markus III. (1694–1762), wie 1731 vom Kaiser/König bestätigt wurde. Es gab nun die einheitliche Herrschaft „Orahovica-Feričanci“, die allerdings über zwei Verwaltungssitze verfügte. Sie wurde 1742 von Demetrius von Mihalovich (Mihalović) erworben, dessen Familie sie bis 1918 innehatte. Der nächste Besitzer von Schloß und Gut Orahovica war die Familie Gutmann.[498] (Näheres über Orahovica-Feričanci siehe bei Schloß Feričanci.)

Um die Mitte des 19. Jhs. gab es in Orahovica zwei kleine ebenerdige Schlösser oder Kurien. Beide sind auf der Katasterkarte von 1862 eingezeichnet (Abb. 470). Das eine, das Jovanović-Schloß, existiert nicht mehr. Es war ein langes schmales Gebäude (56 x 11 Meter) mit einer Veranda an der südöstlichen Gartenseite (Abb. 470, Nr. 2). Erhalten ist davon nur ein langes Wirtschaftsgebäude (wahrscheinlich Stall), das später zu einem Wohngebäude ausgestaltet wurde.

In nordöstlicher Richtung und in einer Entfernung von 140 Metern befindet sich die andere Kurie (Abb. 470, Nr. 1). Sie wurde vor kurzem renoviert und zu einer Bibliothek ausgestaltet. Zuvor diente sie als Gemeindeamt und Entbindungsheim. Im Grundriß hat sie 55 x 15 Meter Seitenlänge. Die südöstliche

469 SCHLOSS JOVANOVIĆ, 1930
470 KOPIE DER KATASTERKARTE, 1862
471 SÜDOSTFRONT, 1993
472 SCHLOSSEINGANG, 1993

469

470

471

472

473

474

475

476

473 ANSICHT VON SÜDWESTEN, 1993
474 DIE STRASSENSEITIGE NORDWESTFRONT, 1993
475 PARK, 1993
476 HUGO MIHALOVICH
477 ANTON MIHALOVIĆ, LETZTER BANUS VON KROATIEN, GEMÄLDE VON M. VANKA, 1924

477

Hauptfront mit einem überdachten Eingang zeigt zum Park. Die an sich einfachen Fassaden weisen klassizistische Verzierungen auf.

Die Kurie wurde in der 2. Hälfte des 18. oder Anfang des 19. Jhs. von der Familie Mihalovich erbaut. Die Nordwestfront ist dem straßenseitigen Zugang zugewandt, zu dem eine Kastanienallee führt. Zur Straße hin wird das Grundstück von einer hohen Ziegelmauer begrenzt, dazwischen befindet sich ein Vorgarten. Im kleinen, östlich der Kurie gelegenen Park (6.500 m^2), zwischen der Hauptfront und dem Mühlbach, stehen einige Bäume (Eichen, Eschen, Föhren, Fichten etc.), die etwa 150 Jahre alt sind. Laut Katasterkarte von 1862 reichte der Park nur bis zum Mühlbach, östlich davon befand sich ein Garten.

Die Familie Mihalovich (Mihalović) besaß Orahovica-Feričanci 176 Jahre lang. Ihre männlichen Mitglieder waren vorwiegend kaiserliche Offiziere. Karl VI. verlieh 1716 in Wien den Adel an Demetrius Mihalovich, dessen Gattin Anna geb. Kristoforić und den Sohn Gabriel. Seit 1805 (Gnadenakt Wien vom 26. April) durfte die Familie die Beinamen „de Oravicza und de Görcsön“ führen. Sie war wahrscheinlich bis 1763 orthodoxen Glaubensbekenntnisses und schrieb sich Mihajlović (Mihajlovich). Dann setzte ihr gesellschaftlicher und wirtschaftlicher Aufschwung ein, von günstigen Heiraten begleitet.[499)] Innerhalb der Familie sind Carlo (1830–1918) und dessen Söhne Anton sowie Hugo von Bedeutung.

Carlo von Mihalovich[500)] war Politiker und als Anhänger der Unionspartei Verfechter einer engen Bindung an Ungarn. Als Abgeordneter gehörte er dem Parlament in Budapest an. Er leitete die Regulierung des Flusses Vuka ein, wofür er mit dem Leopoldsorden ausgezeichnet wurde. Als ihm das Baronat angeboten wurde, lehnte er es ab. 1873 sollte er Banus werden, doch unterlag er Ivan Mažuranić von der Gegenpartei.

Hugo von Mihalovich (Abb. 476) war Geistlicher. Er erwarb das Doktorat der Theologie und wurde zum Professor an der Theologischen Fakultät ernannt. 1907 war er Anwärter für die Nachfolge Bischof Stroßmayers (Diözese Djakovo) und ein Jahr später für das Bistum Zagreb. Musik war seine große Leidenschaft. Stundenlang spielte er am Klavier Werke von Beethoven und Brahms oder auf der Orgel in der Zagreber Markuskirche mit Vorliebe Werke von Bach und Händel.[501)]

Anton von Mihalović (1868–1949; Abb. 477)[502)] besuchte die Theresianische Ritterakademie in Wien und studierte hier und in Graz Rechtswissenschaften. 1906 wurde er Obergespan von Virovitica. Am 29. Oktober 1917 wurde er zum Banus ernannt. Dieses Amt hatte er bis 1919 inne. Somit war er der letzte Banus Kroatiens der österreichisch-ungarischen Monarchie.

Im Königreich Jugoslawien versuchte er sein Glück als Anhänger der „Radikalen“, der Belgrader Regierungspartei. Er spielte aber keine bedeutende Rolle, obgleich er 1936 Mitglied des Belgrader Senates wurde. Er kaufte das unweit Zagreb gelegene Schloß und Gut Kerestinec, doch vertrieben ihn die Bauern. Nach Verbüßung einer siebenmonatigen Gefängnisstrafe zu Beginn des Zweiten Weltkriegs brachte er sich in Zagreb in Sicherheit, wo er bis zu seinem Tode lebte.

Pakrac

Schloss Trenck

Gespanschaft Požega
Stadt Pakrac
Kat.-Gmde. Pakrac

Pakrac ist ein geschichtsträchtiger Ort. Noch ehe der Johanniterorden die Vermögensnachfolge des Templerordens antrat (1312), war Pakrac Mittelpunkt dieses beträchtlichen Landbesitzes („Priorat von Vrana“).[95,96,503] Den größten Aufschwung in wirtschaftlicher und baulicher Hinsicht erlebte Pakrac im 18. und 19. Jh., vor allem, nachdem es 1797 zum Markt erhoben wurde und Sitz einer Grundherrschaft geworden war. Davon zeugten die Bürgerhäuser und Gebäude der Grundherrschaft, aber auch die verschiedenartigen Bauwerke der katholischen, orthodoxen und jüdischen Glaubensgemeinschaften. Vieles davon wurde in der Zeit von den Türkenkriegen bis zum Zweiten Weltkrieg und im „Vaterländischen Krieg“ zerstört. Von der mittelalterlichen befestigten Stadt ist nichts erhalten geblieben. Sie entstand wahrscheinlich im 12. Jh. in Form eines unregelmäßigen Fünfecks, von sieben Türmen bewehrt. Mit dem Abbruch der Burg begann man, als sie nach dem Jahre 1750 militärisch nutzlos wurde. Bis 1923 blieb sie noch teilweise erhalten, aber nach dem Zweiten Weltkrieg verschwand sie für immer.[504]

478

Pakrac liegt im engen Tal der Pakra, am Fuß der nordwestlichen Abhänge des Psunj, im Schnittpunkt traditioneller Verkehrsrouten, etwa aus Barcs, Virovitica und Podborje (Daruvar) nach Süden (Bosnien) sowie von Zagreb nach Požega. Heute ist Pakrac mit Lipik nahezu verbunden, einem beliebten Badeort der „Kaiser-Franz-Joseph-Zeit“, den dieser Monarch persönlich besuchte. Lipik ist wegen seiner Thermalquellen und seines Mineralwassers („Lipički studenac“) geschätzt. Im „Vaterländischen Krieg“ wurde es nahezu vernichtet.

479

Unter den Namen Pekrec, Pekerc, Pekercz, Pekrech, Pucherts, Pukricza, Pucruch etc. wird Pakrac seit dem Beginn des 13. Jhs. urkundlich genannt. König Emmerich oder König Andreas II. schenkte Anfang des 12. Jhs. Pakrac dem Templerorden.

Später haben der Banus Matko Talovac (ca. 1439) und dessen 1445 umgekommener Bruder Ivan die Stadt gegen die Truppen des Jan Vitovec, des Bartol Berislavić Grabarski und des Johann Tahy verteidigt. 1537 kam Pakrac in den Besitz des Banus Miklós Zrinski (Nikolaus Zrinyi).[505,793] Von 1543–1691 war Pakrac unter türkischer Herrschaft (bis 1592 Sitz eines Sandschaks).[506]

Im Oktober 1691 wurde die Stadt von den Türken befreit und kam unter militärische Verwaltung. 1698 beantragten mehrere Personen die Pachtung: Maria Franziska Gräfin Erdödy geb. Gräfin Wagensperg, der in Osijek residieren-

478 PAKRAC, 1828
479 DIE BURG, ANSICHTSKARTE
480 OSTFRONT (EINGANGSFRONT), 1997
481 OSTFRONT, 1997
482 DETAIL DES EINFAHRTSTORS, 1997

480

481

482

de General Josaphat Kreutz und der Hofkammerrat Balthasar II. Graf Patachich. Aber auch Graf Caraffa (vgl. S. 330) hatte keinen Erfolg. Mit Schenkungsurkunden vom 11. Oktober 1728 und 4. Februar 1729 übergab Kaiser Karl VI. die Herrschaft Pakrac dem Geheimen Rat der Hofkanzlei Johann Theodor Graf Imbsen (Imbschen) wegen dessen langjähriger verdienstvoller Tätigkeit. Diese Herrschaft, wie auch die Herrschaft Pleternica, verkaufte dessen Witwe für 96.000 Gulden wahrscheinlich 1745 dem Freiherrn Franz von der Trenck. (In der Literatur finden sich auch andere Daten zwischen 1740 und 1745 sowie Hinweise, daß Trencks Vater der Käufer war. Siehe S. 306 f.) Nach Trencks Verurteilung und Einziehung seines Vermögens verkaufte die Hofkammer am 27. August 1751 die Herrschaften Pakrac und Podborje (Daruvar) dem Baron Michael Sándor de Szlavnicza (Šandor Slavnički).[470)] Pakrac kaufte im Jahre 1760 Anton Jankovich von Daruvar.[211)] Julius Graf Jankovich[213)] verkaufte am 19. Dezember 1861 den Gutsbesitz (ca. 49.000 Joch), ohne die Altstadt, den Kaufleuten Ludwig de Neureux und Anton Henry aus Marseilles sowie Eugenie Ciotto aus Triest für 925.000 Gulden. Im Jahre 1902 gehörte der Besitz einem Leon von Somszee aus Brüssel, 1909 der „Slawonischen Wald- und Holzindustrie" (Slavonska šumska industrija drva).[507)]

In der ersten Hälfte des 18. Jhs. war Pakrac eine der wirtschaftlich hochstehendsten Grundherrschaften Slawoniens (Viehzucht, Zwetschken- und

483

483 EINFAHRT UND EINGANG ZUM SCHLOSS, 1997
484 KOPIE DER KATASTERKARTE, 1868
485 GRUNDRISS DES ERDGESCHOSSES

Weinkulturen). 1736 umfaßte sie 37 Ansiedlungen mit 814 Haushalten.[508] 1745 gab es 173 Ansässigkeiten mit 810 Untertanen.[509] Als Isidor v. Jankovich im Frühjahr 1813 den Besitz übernahm, registrierte er 11.500 Scheffel verschiedenen Getreides, über 4.000 Eimer Wein (der älteste aus dem Jahre 1788), sieben Eimer Pelinkovac (ein Wermut), 253 Eimer Sliwowitz und 87 Eimer Tresterschnaps; außerdem 287 Fuhren Heu und Stroh, 43 Ochsen für die Feldarbeit, 40 Jungochsen, 6 Pferde, 9 Stiere, 104 Kühe, 17 Kälber, über 400 Schafe, über 700 Schweine und 406 Spanferkel.[510]

Leon von Somszee war im Jahre 1902 auch Eigentümer der Güter von Buč und Kamensko, die gleichfalls von Pakrac aus verwaltet wurden. Das Besitztum hatte einen Umfang von 20.652 ha (35.927 Joch). Geerntet wurden hauptsächlich Weizen, Roggen, Gerste, Hafer, Klee und Mais.[511]

Die Eigentümer der Herrschaft Pakrac lebten nicht ständig hier; sie hatten ihre Verwalter. Laut Literaturangaben wurde das Schloß von Franz von der Trenck zwischen 1742 und 1745 erbaut. Im Hinblick auf nicht übereinstimmende Angaben ist dies aber nicht gesichert.[533]

Nach Einziehung seines Vermögens wurde das Schloß zu einer Kaserne, die auch Trencks Namen trug (wahrscheinlich keine offizielle Bezeichnung, vgl. S. 247). Ab den sechziger Jahren des 18. Jhs. wurde das Schloß als öffentliches Krankenhaus genützt. 1898 wurde es eine Lehrerbildungsanstalt mit Internat. Heute ist es ein Gymnasium. Das Schloß ist zweigeschossig und rechteckig mit den Seitenmaßen 37 x 34 Meter, vierflügelig, die Maße des Innenhofes betragen 16 bzw. 13 Meter. Dieses spätbarocke Muster findet sich häufig bei Schlössern Nordwestkroatiens aus dem 17. Jh. Nach Aussehen und Größe ist es mit dem Schloß Pleternica nahezu ident (vgl. Abb. 484, 487, 499). Im Hinblick auf die gleichen Eigentümer ist dies nicht verwunderlich. Trotz baulicher Veränderun-

484

485

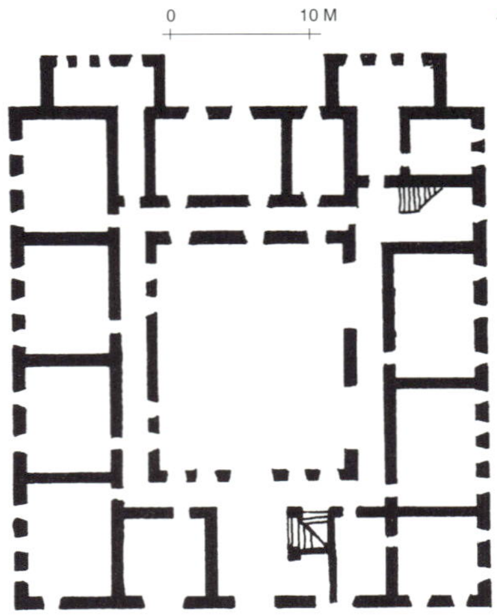

486 ANSICHT VON SÜDEN, 1997
487 KOPIE DER KATASTERKARTE, 1916
488 GRUNDRISS DES OBERGESCHOSSES

486

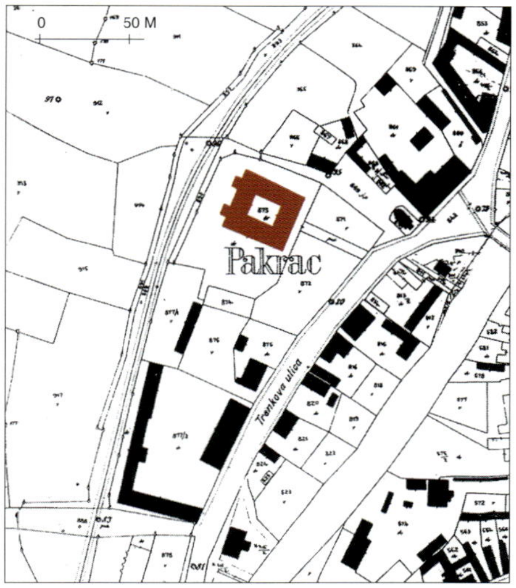

487

488

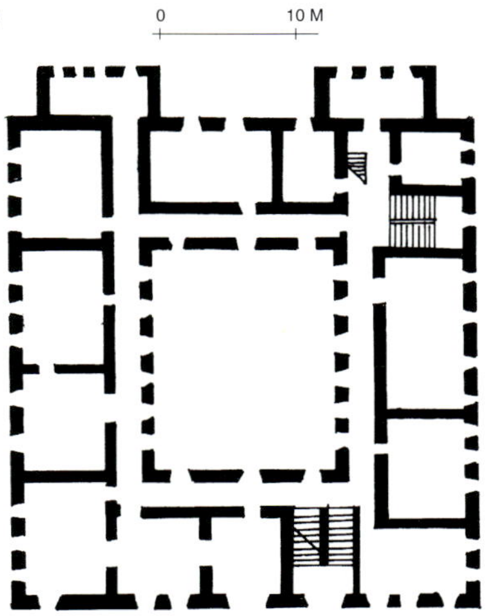

gen, die wegen der jeweiligen Zweckbestimmungen erfolgten, blieb das Gebäude im wesentlichen unverändert. In Verlängerung des Haupteingangs vor der südöstlichen Hauptfront wurde Anfang des 20. Jhs. eine Roßkastanienallee angelegt.[512] Da das Trenck-Schloß frühzeitig die Funktion eines Zentrums einer Grundherrschaft verlor, mußte später ein neues Gebäude errichtet werden, das dieser Rolle gerecht wurde. Mit einem derartigen Bauvorhaben begann bereits Baron Imbsen (Imbschen), und gegen Ende des 18. Jhs. (in der Ära Jankovich de Daruvar) waren inmitten von Pakrac vier Gebäude entstanden, die man gewöhnlich als „Gutsbesitz Jankovich" bezeichnete. Dieser Komplex setzte sich aus zwei zweigeschossigen barocken Wohnhäusern und zwei ebenerdigen Wirtschaftsgebäuden um einen ziemlich großen Hof zusammen. Nach einem Brand (1812) wurden sie wiederhergestellt. Die Anlage war gleichsam Ersatz für ein Schloß. Auf alten Ansichtskarten läßt sich erkennen, daß der Hofplatz später zu einem Park umgestaltet wurde. Nach dem Zweiten Weltkrieg wurden die Wohngebäude als Schülerheim genutzt, im „Vaterländischen Krieg" (1991) aber erheblich beschädigt.

Außerhalb der damaligen Ansiedlung, südwestlich der Altstadt von Pakrac und am Platz der heutigen Volksschule, legte die Familie Jankovich de Daruvar nach dem Jahre 1760 einen Park mit einem Glashaus samt Orangerie, einem Gartenhaus und einem Teich an. Davon findet sich allerdings leider nichts mehr.[513]

Über die Familie Jankovich de Daruvar, die ein volles Jh. Pakrac besaß, können wir Näheres im Text über das Schloß Daruvar erfahren. Sie hat eine Gruft in der Pfarrkirche zur Himmelfahrt der Seligen Jungfrau Maria. Über Franz Freiherr von der Trenck wird genauer im Kapitel über das Schloß Trenkovo berichtet. Von Pakrac aus marschierte er mit seinen Panduren nach Wien – zur Musterung vor der Königin – und dann weiter auf die Schlachtfelder.

Paukovec

Schloss des Jesuitenordens / Schloss Niczky

Gespanschaft	Zagreb
Stadt	Sv. Ivan Zelina
Kat.-Gmde.	Paukovec

Das Dorf Paukovec, einst auch Paukov-Berg genannt, befindet sich einige Kilometer südlich von Zelina im Vorgebirgsland. Das Schloß wurde noch in der 1. Hälfte des 20. Jhs. als idyllischer Landsitz beschrieben. Seine Zerstörung begann 1922, und heute ist von ihm und dem hübschen Park nahezu nichts übriggeblieben. Auf einem Teil des Kellers wurde ein Wohnhaus errichtet, die Wirtschaftsgebäude wurden demoliert. Auch wenn man über Schloß und Park heute wenig weiß, so spricht für deren Schönheit der Umstand, daß die französische Kaiserin Eugénie (Witwe Kaiser Napoleons III.) den Kauf des Gutsbesitzes beabsichtigte.

150 Meter oberhalb des Schlosses befand sich eine mittelalterliche Burg, von der nichts mehr zu sehen ist. Die ältesten Daten über die Grundherrschaft reichen in das 16. Jh. und beziehen sich auf einen Adeligen namens Bradacs de Ladomercz. Ladomer war nämlich ein angrenzender Besitz, der heute zum Dorf Laktec gehört und dessen Wirtschaftsgebäude noch zu Beginn des 20. Jhs. erhalten waren. König/Kaiser Ferdinand I. entzog Johann und Gregor Bradacs (Bradač) den Besitz, weil sie Anhänger des siebenbürgischen Fürsten Johann Szapolyai (Zapolja) waren. Am 18. März 1541 belehnte er die Brüder Miklós IV. Zrinyi (Nikola Šubić Zrinski, als Verteidiger der Festung Szigetvár 1566 gefallen)[793)] und Johann I. Zrinyi/Zrinski[514)] mit Ladomer, Paukovec, Laktec, Belovar, Bistritz und dem Dorf Banja. Die Tochter des Gregor Bradacs erhielt den Besitz zurück und vererbte ihn ihrem Adoptivsohn Nikolaus (Miklós) Istvánffy (1538–1615). Bei diesem handelte es sich um den ungarischen Palatin (Vizekönig), der auch Vinica bei Varaždin besaß, wo er in der Pfarrkirche beigesetzt ist. Am 29. September 1608 beschenkte Istvánffy die im Jahr zuvor nach Zagreb gekommenen Jesuiten mit dem Besitz Paukovec. Diese Schenkung bestätigte Kaiser/König Matthias am 18. Oktober des folgenden Jahres in Preßburg.

Die Jesuiten besaßen Paukovec bis zur Aufhebung des Ordens im Jahre 1773. Dann wurde Paukovec von Christoph Graf Niczky[515)] erworben, der die Nachbargüter Moravče und Ladomer besaß. Durch die Eheschließung seiner Urenkelin Maria (Mimi) Erdödy mit Karl Baron Badenfeld ging Paukovec den Grafen Niczky verloren. Nach den Badenfeld wechselten die Eigentümer häufig: Baron Gudenus, Graf Széchényi (ca. 1848), Rudolf und Max Leitgebel, Johann von Bolić (Ende 19., Anfang 20. Jh.), Emil Reisner, Markus Graf Bombelles und Stefan Mihun, der den Besitz 1916 oder 1917 erwarb. Er parzellierte die Liegen-

489 Besitz Paukovec im 17. Jh.
490 Grundriss des Obergeschosses
491 Grundriss des Erdgeschosses
492 Südwestfront, Anfang 20. Jh.

489

490

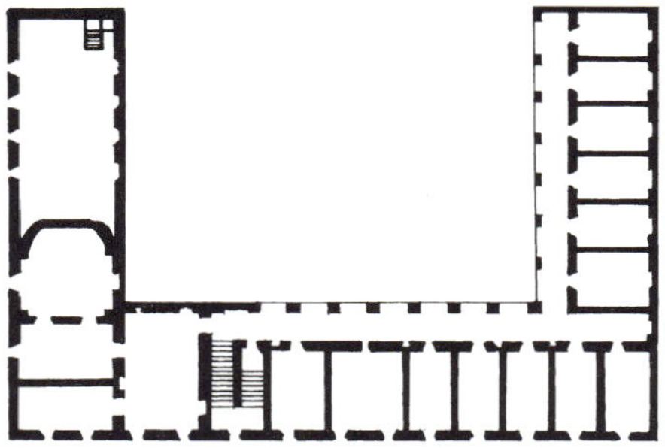

491

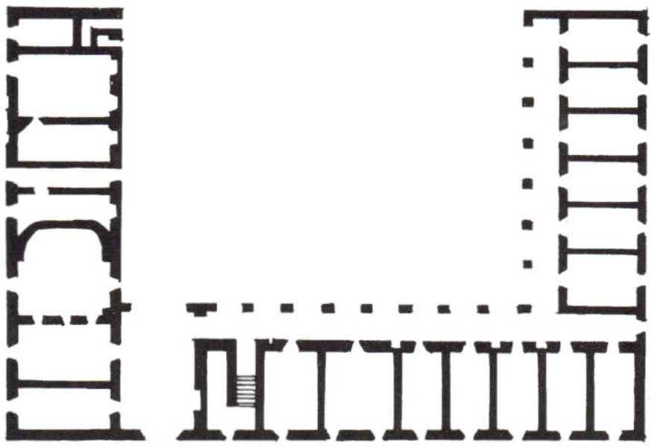

492

schaft und verkaufte sie stückweise den Bauern. Das Schloß ließ er demolieren.[516)]

Die im 16. Jh. in Paukovec bestandene Kurie rissen die Jesuiten nieder und errichteten am gleichen Platz ein Gebäude, das den Professoren ihres Gymnasiums und ihres Kollegiums als Sommeraufenthalt diente (1760). Der Bau wurde nach dem Vorbild der früheren Kurie gestaltet. Es handelte sich um ein dreiflügeliges („U"-förmiges) barockes Gebäude, das neben den Wohntrakten auch den Wirtschaftsbetrieb aufnahm. Die Kapelle und zwölf Zimmer befanden sich im Erdgeschoß des Nordwestflügels, in den Obergeschossen der beiden anderen Flügel waren die dem Kollegium selbst dienenden Räume untergebracht. Dem Innenhof zu waren der südöstliche Seitenflügel und der südwestliche Hauptflügel mit offenen Arkaden ausgestattet.

Graf Niczky ließ wahrscheinlich gegen Ende des 18. Jhs. das Gebäude schloßartig umgestalten. Dabei sind die einfachen Seitenfronten (Außenlänge ca. 40 m) und die hofseitigen Fassaden im wesentlichen unverändert geblieben; die südwestliche Hauptfront (ca. 46 m) wurde aber nach klassizistischem Muster umgestaltet. Sie erhielt einen risalitartigen rechtwinkeligen („romanischen") Giebel, Mansardenfenster mit Sattel- bzw. Giebeldächern (Gauben), zwei von Säulen gestützte Balkone, zwei Eingangstore sowie klassizistische Fassadenverzierungen (Abb. 492, 493). Dieses Aussehen behielt das Schloß bis zu seinem Ende.[517)]

Das Schloß war vom Park sowie von Gärten, Obstgärten, Wäldern und Wäldchen, kleinen Weingärten und Alleestraßen umgeben (Abb. 494). Den Park haben wahrscheinlich die Jesuiten angelegt, doch verlieh ihm Graf Niczky Ende des 18. Jhs. das Aussehen eines „Lustgartens". Es wurde ein Teich angelegt, und einige Skulpturen wurden aufgestellt. Darüber gibt es eine Beschreibung von Joachim Vujića (1772–1847), der Paukovec zwischen 1796 und 1798 besuchte.[518)] Soweit er sich daran noch im Jahre 1833 erinnern konnte, handelte es sich um einen schönen englischen Park/Garten. Neben anderen zerstörten Objekten gab es Trümmer zweier Statuen bärtiger „Räuber" (oder Krieger), die mit Streitkolben, Pfeilen und Säbeln bewaffnet waren. Es gab auch je einen Gartentempel für Bacchus und Diana. Anfang des 19. Jhs. errichtete Maria Anna Niczky, verehelichte Erdödy, einen Beethoven-Tempel. Entlang der Linden- und Kastanienalleen gab es Bänke und Götterstatuen (Jupiter, Neptun, Apollo, Merkur, Pluto, Minerva, Proserpina). In den Wäldchen oberhalb des Schlosses waren Schaukeln, aber auch Wachthäuser und Waldhütten. Im Wildgatter lebten Hirsche, Hirschkühe, Rehe und Wildschweine.[519)]

Den Park ließ Baron Badenfeld (ab 1831) verkommen. Michael Kunich schreibt darüber: „Der ausgedehnte Park befindet sich in einem lieblichen Umfeld. Aber die Natur war ihm nur gnädig, solange ihn die Kunst unter bedeutenden Opfern vervollkommnete. Das war, als er einer der schönsten Parks Kroatiens war, doch heute (1831) ist er ziemlich vernachlässigt. Trotzdem können wir noch immer viel Hübsches und Herrliches entdecken, eine Szene, die der Besucher genießen kann."[520)]

493

494

495

Gegen Ende des 19. Jhs. war der Park de facto zerstört. Der Teich war ausgetrocknet, und von den Skulpturen blieben nur die Sockel übrig. Aber selbst ein solcher Park regte den Dichter Dragutin Domjanić zu Versen an.[521]

Die Zerstörung der langen Eschenallee, die von der Hauptstraße zum Schloß führte, war Grund dafür, daß Kaiserin Eugénie Paukovec nicht erwarb. Als der französische Emigrant Marquis Eugéne de Piennes[807] bereits dabei war, im Namen der Kaiserin den Kauf mit Rudolf und Max Leitgebel abzuschließen, fand er die Alleebäume gefällt, worauf er vom Kauf Abstand nahm.[522]

Die Jesuiten betrieben eine vorbildliche Landwirtschaft, die bedeutende Einkünfte erbrachte. Sie wurden 1774 (ein Jahr nach Aufhebung des Ordens) auf 1.626 Gulden geschätzt. Zur Gutsherrschaft gehörten damals 76 Joch Ackerland und 20 Joch unbebautes Land, weiters Weingärten, mähbare Wiesen, Wälder, eine Mühle am Bach Zelina, ca. 2 Joch Obst- und ca. 1 Joch Gemüsegärten sowie die nötigen Wirtschaftsgebäude. Um die Mitte des 19. Jhs. gehörten zur Herrschaft 196 Ansässigkeiten. Anfang des 20. Jhs. hatte der Besitz einen Umfang von 1.166 ha (2.028 Joch) mit 518 ha Ackerland, 3,45 ha Weingärten, 445 ha Wald, 184 ha Wiesen, 103 ha Weiden, 4,60 ha Gärten und 7,67 ha nicht nutzbaren Flächen. Das Kapital des Gutsbetriebes betrug im Jahre 1892 etwa 540.000 Kronen. Erträge lieferten, vom Getreide abgesehen, hauptsächlich Bau- und Brennholz, Obst und Wein. Ludwig van Beethoven pries den Wein von Paukovec in seinem Tagebuch aus dem Jahr 1814. Gräfin Niczky verehelichte Erdödy[523] schenkte ihm davon 34 Flaschen.

493 HAUPTFRONT DES SCHLOSSES, ZEICHNUNG VON K. JURIŠIĆ
494 KATASTERKARTE, 1861
495 MARIA ANNA ERDÖDY GEB. NICZKY
496 FAMILIE PETER UND MARIA ANNA ERDÖDY

Ihr Goldenes Zeitalter erlebten Schloß und Park in Paukovec in den sechzig Jahren, nachdem die Familie der Grafen Niczky de Niczk 1774 diesen Besitz erworben hatte. Deshalb soll über diese Familie hier kurz berichtet werden: Ihre Angehörigen lebten seit dem 17. Jh. in Kroatien, und in der 2. Hälfte des 18. Jhs beteiligten sie sich hier lebhaft am öffentlichen Leben. Sie zählt zum Uradel, denn im 13. Jh. konnte ein Ebert Niczky nachgewiesen werden. Königin Maria Theresia erhob am 5. November 1765 Christoph Niczky de Niczk in den Grafenstand. Er war damals in Kroatien seßhaft, besaß eine Kurie bei Vinica (in der Nähe von Warasdin) und in Warasdin selbst ein Palais (Zrinyi-Straße 2). Neun Jahre später kaufte er Paukovec. Diese Herrschaft erbte sein Sohn Georg und nach ihm dessen Tochter Maria Anna (Abb. 495) verehelichte Erdödy.[524]

496

In Wien hörte man von Schloß Paukovec deshalb, weil Maria Anna Anfang des 19. Jhs. siebzehn Jahre hindurch eine tiefe Freundschaft mit Ludwig van Beethoven verband. Wahrscheinlich wohnte er nach 1803 einige Jahre bei Maria Anna Gräfin Erdödy geb. Niczky in Wien. Im Jahre 1817 beabsichtigte Beethoven, den Sommer in Paukovec zu verbringen. Dies geht aus einem an Maria Anna gerichteten Brief hervor; zu dieser Reise ist es aber nie gekommen. Beethoven war schon seit 1815 das Komponieren zu mühsam geworden. Seiner begabten Freundin widmete er einige Kompositionen, und zwar: Trios für Klavier, Violine und Violoncello (Opus 70, Nr. 1 in D-Dur und Nr. 2 in Es-Dur) und Sonaten für Klavier und Violoncello (Opus 102, Nr. 1 in C-Dur und Nr. 2 in D-Dur).[525] Der Einfluß der Gräfin Erdödy macht sich in der 1807/08 komponierten 6. Symphonie bemerkbar, in die kroatische Volksweisen eingeflossen sind.[526]

PLETERNICA

SCHLOSS TRENCK / SVETICH

GESPANSCHAFT	POŽEGA
STADT	PLETERNICA
KAT.-GMDE.	PLETERNICA

Das zehn Kilometer westlich Požega gelegene Städtchen Pleternica ist Straßen- und Eisenbahnknotenpunkt. Es liegt im engen Tal der Orljava, zwischen den Bergen von Požega und dem Dilj, und bildet somit den Zugang in den Goldenen Talkessel von Požega, wo der bekannte Wein Klikun gezogen wird. Einst gab es in Pleternica ein als Trenck-Kaserne bezeichnetes Schloß, von dem aber nichts mehr erhalten ist.

Im Mittelalter hieß Pleternica Sveti Nikola (St. Nikolaus), und zwar nach einer Pfarrkirche, die urkundlich bereits um 1335 existierte. Der Name Pleternica (auch Pleternik) war aber bereits gegen Ende des 14. und Anfang des 15. Jhs. in Gebrauch.[527)] Viele Dörfer, Marktflecken und Pfarren sprechen dafür, daß in dieser Region reges Leben herrschte, welches auch in der Türkenzeit nicht völlig zum Erliegen kam. Im Mittelalter war Pleternica befestigter Mittelpunkt einer eher kleinen Grundherrschaft, etwa dort, wo sich heute der Friedhof auf einer sanften Anhöhe westlich der Nikolauskirche befindet. Baureste davon wurden im Jahre 1927 für die Umfriedung des Friedhofes verwendet.[528)] Grundherren waren die Pleternik, welche erstmals im Jahre 1375 als die adeligen Herren von St. Nikolaus genannt wurden. Einen Teil der Herrschaft besaß zwischen 1432 und 1443 die Familie Gorjanski. Anfang des 16. Jhs. war die Familie Berislavić Grabarski Grundherr. Die türkische Herrschaft dauerte hier von 1536 bis 1688. Pleternica war Sitz eines osmanischen Verwaltungs- und Gerichtsbezirkes (Nahija).[529)]

Nach der Türkenbefreiung fiel Pleternica unter die Verwaltung der Hofkammer. Kaiser Karl VI. übergab den Besitz, gemeinsam mit Pakrac, an Baron Johann Theodor Imbsen und dessen Nachkommen beiderlei Geschlechts gegen eine Vergütung von 50.000 Gulden zur völlig freien Verfügung. Die darüber ausgestellten Urkunden vom 11. Oktober 1728 und 4. Februar 1729 bezogen sich nicht nur auf Pleternica und Pakrac, sondern auch auf die kleineren Besitzungen Jakšić, Vrhovci (Crkvene) und Vetovo sowie auf ein Dorf im Tal von Požega. Die Witwe des Barons Imbsen verkaufte Pleternica und Pakrac im Jahre 1745 (vgl. S. 239) um 96.000 Gulden an Baron Franz von der Trenck.[711)] Nach dessen Verurteilung im Jahre 1747 wurde sein gesamtes Vermögen eingezogen. (Siehe den Text zu Schloß Trenkovo, S. 307). Nachdem Pleternica einige Jahre von der Hofkammer verwaltet worden war, erhielt es am 27. August 1751 Baron Johann Peterffy de Somoskeö um den Betrag von 62.520 Gulden. Nach seinem Tod kaufte im

497

498

497 WESTFRONT, 1925
498 WESTFRONT
499 KATASTERKARTE, 1862

499

Jahre 1798 Jakob Graf Svetich de Nemes-Ságod (Svetić)[707] den Besitz und bestellte Emmerich Szöllösi zum Verwalter. Auch nach seinem Tod (1834) blieben die Erben zumindest noch bis 1848 im Besitz. Dann folgten Besitzerwechsel bis zum Jahre 1891, als die Vermögensgemeinde Brod das Gut übernahm. Sie behielt es bis zur Verstaatlichung nach 1945.[530]

Die Wirtschaftskraft des Besitzes Pleternica nahm bis zum Beginn des 19. Jhs. ständig zu, besonders zuletzt, als Graf Jakob Svetich die Feldwirtschaft förderte. Außer dem Markt Pleternica umfaßte der Besitz um die Mitte des 18. Jhs. 38 Dörfer[531] mit 248 Ansässigkeiten und 737 Untertanen. An Fläche gab es u. a. 2.931 Joch Ackerland und 2.674 „Mähgründe“ (1745). An der Wende zum 20. Jh. wurden auf einer Gesamtfläche von 16.190 Joch (9.309 Hektar) produziert: Weizen, Mais, Gerste, Hafer, Roggen, Klee, Rüben, Obst, Wein, Bau- und Brennholz. Auch Vieh wurde gezüchtet. Zu erwähnen sind die vorzüglichen Weine, darunter der Klikun.[532]

Bis zum Jahre 1945 stand das Schloß inmitten der Ortschaft Pleternica. Es hieß noch immer „Trenck-Kaserne“. Dann wurde das Gebäude abgerissen, das Material großteils weggebracht, zum anderen Teil für den Bau eines Genossenschaftsheims an der gleichen Stelle verwendet. In den fünfziger Jahren waren noch Reste des aus Ziegeln gebauten Fundaments des alten Schlosses zu sehen, aber bald verschwanden auch diese. Beim Schloß handelte es sich um ein großes zweigeschossiges Gebäude von 37 x 34 Metern. Es hatte einen Innenhof mit den Maßen 16 x 13 Meter, zählte also zum Typ der vierflügeligen Schlösser. Es war ungefähr so groß wie das Schloß in Pakrac, wie sich dies anhand der alten Katasterkarten feststellen läßt. Auch äußerlich waren beide Schlösser einander außerordentlich ähnlich. Die Fassaden waren einfach gehalten, die Fenster des Erd- und Obergeschosses symmetrisch angeordnet. Leider weiß man bis heute nicht, wer dieses Gebäude wann errichten ließ. Aber offensichtlich wurde es ungefähr zur gleichen Zeit erbaut wie das Schloß in Pakrac. Dies ist nicht verwunderlich, zumal man weiß, daß beide Grundherrschaften, Pakrac und Pleternica, denselben Besitzer hatten. Manche Autoren meinen, das Schloß Pleternica sei vom Freiherrn Franz von der Trenck erbaut worden, andere hingegen glauben, daß es älter sei und aus der Zeit des Barons Imbsen stammt. Wie auch immer: Gewiß erbaute man Pleternica in der 1. Hälfte des 18. Jhs., sehr wahrscheinlich zwischen 1728 und 1745.[533] Daß Franz von der Trenck das Schloß baulich zu einer Kaserne umgestaltet hat, ist denkbar. Sicherlich aber hat er hier seine Panduren ausgemustert und ausgebildet, bevor sie für Königin Maria Theresia in die Kriege zogen.[534]

Das Schloß war von seinen Wirtschaftsgebäuden durch eine Straße getrennt, die in Nord-Süd-Richtung parallel zum Flüßchen Orljava verlief (Abb. 499). Einige Wirtschaftsgebäude sind sogar noch erhalten. Zwischen dem Schloß und ihnen befand sich eine große unbebaute Fläche, auf der man im Jahre 1927 einen Park anlegte. Auf der Katasterkarte von 1908 war noch kein Park zu erkennen, lediglich ein kleiner Vorgarten vor der langen Gebäudefront des Wirtschaftsteils (Abb. 499). Auf einen Park hatte man offensichtlich deshalb verzichtet, da das Schloßgebäude de facto als Kaserne diente.[535]

Podgorač

Kurie Pejácsevich / Normann / Berks

Gespanschaft	Osijek-Baranja
Gemeinde	Podgorač
Kat.-Gmde.	Podgorač

Das Dorf Podgorač liegt 11 km von Našice, 23 km von Djakovo und 39 km von Osijek entfernt. Im Mittelalter war es ein Marktfleck und Zentrum eines Feudalbesitzes. Seit dem 18. Jh. kennen wir es als einen Besitz der Grafen Pejačević (Pejácsevich) mit einem kleinen Schloß, einer Kurie. Die Spuren der mittelalterlichen Burg und der Grundherrschaft sind längst nicht mehr zu sehen, auch die Kurie gibt es nicht mehr. Sie ist im Sturm des Zweiten Weltkrieges untergegangen.

Die Kurie erhob sich mit ihrer verhältnismäßig langen Front längs der breiten Dorfstraße. Sie hatte nur ein Erdgeschoß und erweckte nicht den Eindruck von Reichtum ihrer Besitzer. Das war auch nicht ihre Aufgabe, besaßen doch die Grafen Pejácsevich die Schlösser Virovitica, Našice, Ruma und Rétfala, die zu ihrem Ansehen und Vermögen paßten. Die Kurie in Podgorač war für ein friedliches Leben in der Idylle eines slawonischen Dorfes bestimmt. Sie hatte einen Grundriß von 30 x 14 Metern, und ihre einfachen Fassaden im klassizistischen Stil erinnerten eher an Häuser wohlhabender Stadtbürger. Die Hauptfront mit ihren drei, in rechtwinkeligen Giebeln endenden Risaliten zeigte zum Platz und zur Straße, die in Richtung Osten nach Čepin und Osijek führt. Die jenseitige (hofseitige) Längsfront war wegen des Ausbaus der Mansarde teilweise zweigeschossig. An dieser Seite befand sich im Erdgeschoß eine kleine rechtwinkelige Gartenterrasse mit einem Eingang in die Kurie.

Gräfin Alvine Pejácsevich geb. Baronin Prandau lebte meist in Budapest. Nach Podgorač kam sie nur selten, weil ihr der Komfort in der alten barocken Jagdkurie (Abb. 502) nicht genügte. Folglich war sie mit den Entwürfen für den Umbau zu einer neuen Kurie mitbefaßt. Über Auftrag von Paul Graf Pejácsevich fertigte der Budapester Architekt Alois Hauszmann im Jahre 1877 die notwendigen Skizzen an und führte in Podgorač die Besprechungen mit dem Grafen. Die zwei Jahre währende Ausführung lag in den Händen eines Budapester Baumeisters, Maurer kamen aus Osijek und die übrigen Arbeiter aus der Gegend von Podgorač. Die alte Jagdkurie wurde in das neue Gebäude praktisch eingebaut. Ziegel kamen aus Osijek, der Sand wurde der Drau entnommen. In Begleitung des Architekten Hauszmann kaufte die Gräfin für Podgorač Möbel bei der Wiener Firma „Portoise & Fix“, die Podgorač allerdings nicht erreichten. Gräfin Alvine verstarb 1882 an den Folgen einer Erkältung. Das Schloß wurde mit den Möbeln ihrer Budapester Wohnung eingerichtet.[536)]

500 Katasterkarte, 1862
501 Ostfront (Strassenfront), Ansichtskarte, 1929
502 Die alte barocke Kurie
503 Strassenfront, 1937, vor der Kurie Dr. Šime Papa

500

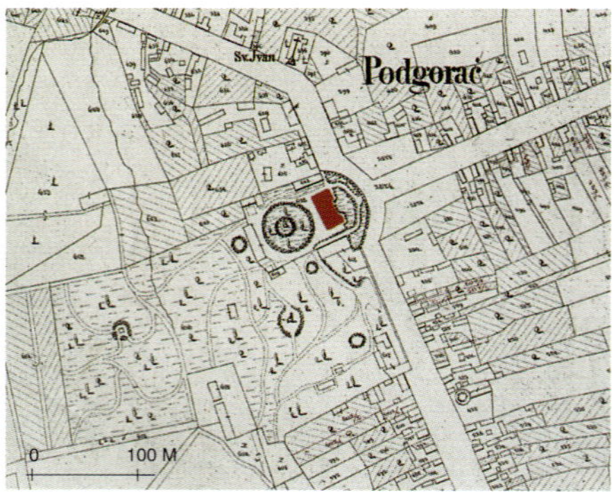

501

502

503

Den ersten großen Schaden erlitt die neue Kurie gegen Ende des Ersten Weltkrieges, als eine Bande von Deserteuren („Grüne Kader"), von Bauern unterstützt, in das Schloß einbrach und es plünderte. Als Podgorač im August 1942 Kampfgebiet wurde, begann der Verfall der Kurie. Die Familie Berks brachte sich in Valpovo in Sicherheit, während der Förster Krešimir Mifka die Kurie beaufsichtigte. Eines Nachts im Juni 1944 zündeten Partisanen das Gebäude an. Die im Keller gelagerte Munition explodierte, wodurch einquartierte Offiziere des deutschen und kroatischen Heeres sowie der Ustascha getötet wurden. Nach dem Zweiten Weltkrieg wurde das Gebäude abgerissen und am gleichen Platz mit dem Bau eines Genossenschaftsheims begonnen. In den siebziger Jahren wurde es vollendet und darin eine Ambulanz und eine Apotheke untergebracht.

Seinerzeit entstanden rings um die Kurie und den Wirtschaftshof, aber auch im Dorf selbst zahlreiche Neben- und Wirtschaftsgebäude. Ihr Bauherr war Paul Graf Pejácsevich, der in der 2. Hälfte des 19. und zu Anfang des 20. Jhs. fünfzig Jahre auf dem Gutsbesitz verbrachte und ihn verwaltete. Es handelte sich um zwei Verwaltungsgebäude, das eine im Hof, das andere am Platz davor, weiters um eine Forstverwaltung, eine Waschküche, einen Darrofen, Häuser für das Personal, Gebäude für die Dienerschaft im Bereich des Dorfes sowie um ein kleines Kraftwerk, eine Mühle und viele andere Gebäude.[537)]

Neben der Kurie befand sich ein großer Park, der sieben Hektar umfaßte. Abgesehen von einigen alten Bäumen, befinden sich heute auf diesem Areal nur Äcker und ein Fußballplatz. Das Gros des Parks wurde in der Zwischenzeit abgeholzt und als Nutzholz verkauft. Über Aussehen und Anlage gibt die Katasterkarte aus dem Jahre 1862 einigermaßen Aufschluß, auch wenn der Park seine endgültige Form gegen Ende des 19. Jhs. erhalten hat, das heißt – siehe die Katasterkarte – nach Errichtung der „neuen" Kurie. Drei Einheiten des Parks sind klar erkennbar: Der halbkreisförmige Vorgarten vor der Straßenfront der Kurie (Haupt- und Ostfront), ein Garten zwischen der gegenüberliegenden Westfront und den Wirtschaftsgebäuden, schließlich jener Parkteil, der sich südlich und westlich der Kurie erstreckt. Der halbkreisförmige Vorgarten war im Umfang von 2.000 m² von einem hübschen Eisenzaun umgrenzt, der auf einem aus Ziegeln gemauerten Sockel stand. Dieser Vorgarten war gegen den Hauptplatz gerichtet, der einst Pejačević-Platz hieß. Da er aber für die Spaziergänger einen Mittelpunkt bedeutete, nannte man ihn einfach „plac" (Platz). Der Platz war auch ein „Korso" für die Jugend, ferner wurden auf ihm Märkte abgehalten, und umherziehende Künstler gaben hier ihre Darbietungen. In den Jahren nach dem Zweiten Weltkrieg fiel der Vorgarten (samt seiner Umzäunung, den alten Linden und Trauerweiden) einer Straßenverbreiterung zum Opfer.[538] Der hofseitige Garten (vor der Westfront der Kurie) im Umfang von 7.000 m² ließ Raum für eine Wagenzufahrt zur Kurie und zu den Nebengebäuden, diente aber auch als Ziergarten, da man von hier in das Schloß gelangen konnte. In der Mitte des Hofes befand sich ein großer Brunnen, von Büschen, Blumen und Bäumen umgeben. Der westliche, größere, von einem Bach durchflossene und feuchte Teil des Parks war als Landschaftspark gestaltet. Sein Bestand – Laubbäume, Fichten und Föhren, die man auf Photographien aus der Zeit vor dem Zweiten Weltkrieg sehen kann – wurde gegen Ende des 19. Jhs. auf erhöhten Stellen um die Kurie und südlich davon gepflanzt. Auf diese Weise erhielt der Park einen romantischen Anstrich.[539]

Podgorač liegt auf dem sanften hügeligen Terrain der nordöstlichen Ausläufer des Krndija-Gebirges. Seine Geschichte reicht weit zurück. Als Ort wird es zum erstenmal 1229 erwähnt und am Ende des 14. Jhs. als Marktfleck und Mittelpunkt einer Grundherrschaft mit einer Befestigung. Diese Burg scheint in alten Dokumenten unter den Namen Pogar, Pogarach, Poygaracz und Pagarach auf. Sie lag wahrscheinlich westlich der Pejačević-Kurie, etwa dort, wo sich einst die Wirtschaftskeller befanden. 1467 gehörte Podgorač dem Geschlecht der Gorjanski, die auch das nahe gelegene Našice besaßen. Die Festung Podgorač eroberten die Türken im Jahre 1536 und richteten sie als Sitz eines der vier Bezirke (Kadiluk) des Sandschak (türk.: sancak) Požega ein. Für Podgorač endete das Mittelalter gleichsam im Jahre 1687 mit dem kampflosen Abzug der Türken.[540]

Der Werdegang der Grundherrschaft bzw. des Gutsbesitzes von Podgorač ist von den Ursprüngen in der 1. Hälfte des 18. Jhs. bis zum Anfang des 20. Jhs. mit der gräflichen Familie Pejácsevich verbunden. Nach ihr wurden die Grafen Normann-Ehrenfels (von 1902 bis 1928), die Besitzer des großen Gutes Valpovo, Eigentümer. Ihnen folgte, bis 1945, die Familie von Berks.

504

504 PAUL PEJÁCSEVICH, ÖL AUF LEINEN, GEMÄLDE VON KARL RAHL
505 ALVINE PEJÁCSEVICH, ÖL AUF LEINEN
506 JULIANE, LOTHAR III. UND RUDOLF BERKS AUF DER TERRASSE DER KURIE
507 LOTHAR III. UND RUDOLF BERKS VOR DER HOFSEITE DER KURIE
508 LOTHAR II. BERKS MIT TOCHTER JULIANE

505

506

507

508

Der erste Graf der Familie Pejácsevich (Pejačević) war Joseph II. (1710–1787). Er erbte Podgorač von seinem Vater Markus II. (1656–1727) bzw. von seinem jüngeren Bruder Ignaz Franz (geb. 1717). Joseph II. besaß außerdem Virovitica, Našice, Ruma, Rétfala und Kerestinec bei Zagreb. (Nähere Angaben über diese Familie sind im Text über Schloß Virovitica zu finden.) Sein ältester Sohn Sigismund I. (1743–1806) erbte Podgorač, Ruma und Rétfala. (Siehe auch den Text über das Schloß in Rétfala.) Von Sigismund erbte dessen ältester Sohn Johann Nepomuk (1765–1821) Podgorač. Er hinterließ diesen Besitz seinen beiden Söhnen Ladislaus (1807–1822) und Paul (1813–1907). Paul Graf Pejácsevich (Abb. 504) blieb allen Menschen in Podgorač und Umgebung in bester Erinnerung, zumal er den Besitz sechs Jahrzehnte hindurch verwaltete und daher Gelegenheit fand, die Wirtschaft zu fördern sowie Ansehen und Aussehen von Podgorač zu gestalten. 1860 errichtete er ein Schulgebäude, gründete eine Stiftung von 4.000 Kronen und gewährte Schülern jährliche Beihilfen. In Podgorač sorgte er auch für die Errichtung eines Gemeinde- und Postamtes sowie eines Pfarrhauses und ließ einen Leseraum einrichten (1907). Im Jahre 1863 spendete Paul Graf Pejácsevich 20.000 Kronen für die Errichtung des Gymnasiums in Osijek. Vor allem den Bedürftigen blieb er als Wohltäter lange im Gedächtnis. Noch heute erinnert ein Brunnen im Stadtgarten von Podgorač an diesen edelmütigen Mäzen. Paul Pejácsevich überlebte vier Brüder und vier Schwestern sowie die Söhne seines Bruders Peter. Er war der letzte Sproß der Linie Ruma-Retfala dieses Geschlechts. Beigesetzt wurde er im kleinen Mausoleum auf dem Friedhof von Podgorač, das er noch selbst erbauen hatte lassen.[541)]

Paul Pejácsevich verkaufte 1902 Podgorač seinem Neffen Rudolf I. Graf Normann-Ehrenfels (auf Valpovo) unter der Bedingung, daß er den Besitz bis ans Lebensende behalte. Er umfaßte damals 5.980 Hektar (10.400 Joch). An der Übergabe des Besitzes war die Gemahlin (Witwe) Alvine geb. Prandau (Abb. 505) insoweit beteiligt, als die Grafen Normann im Zuge der weiblichen Linie Erben des Prandau-Besitzes Valpovo wurden (siehe Schloß Valpovo). Durch die Agrarreform nach dem Ersten Weltkrieg wurde der Besitz viel kleiner. Rudolf I. Graf Normann teilte seine Güter auf den Sohn Rudolf II. und die drei Töchter auf: Maria Anna[543)], Maria Vera (1901–1983) verehelichte Gräfin Csáky, und Maria Theresia (1895–1978) verehelichte Gräfin Coronini. Maria Anna, mit Lothar von Berks vermählt, erhielt Podgorač, wo sich die Familie 1931 niederließ.[542)]

Die Familie Berks stammt aus England, wo sie im 15. Jh. als Grafen erwähnt wurde. Im 16. Jh. ließ sich ein jüngerer Familienzweig zunächst in den Niederlanden und dann in Österreich nieder. Johann Peter von Berks wurde 1792 der österreichische Ritterstand verliehen. Lothar Martin von Berks (geb. 1809) diente als Oberstleutnant unter dem Banus Jellachich. Sein Sohn Lothar I. war Bezirkshauptmann in Bosnien. Der Enkel, Lothar II. (er besaß das Gut Ostrožac bei Bihać) erhielt Podgorač durch seine Gattin Maria Anna geb. Gräfin Normann-Ehrenfels. Lothar II. (Abb. 508) und Maria Anna lebten mit ihren drei Kindern (siehe Abb. 506) in Podgorač, bis sie 1942 vorläufig nach Valpovo übersiedelten. Die Ereignisse des Zweiten Weltkriegs haben die Familie Berks schwer getroffen, aber sie blieb in Podgorač, wenngleich ohne Besitz und ohne Kurie.[543)]

Popovača /Moslavina

Schloss Erdödy

Gespanschaft	Sisak-Moslavina
Gemeinde	Popovača
Kat.-Gmde.	Popovača

Mit dem Namen „Moslavina“ bezeichnete man nicht nur die einstige Grundherrschaft, sondern seit der Mitte des 19. Jhs. eine Region. Sie wird im Osten von der Ilova, im Süden und Westen von der Lonja und im Norden von der Česma begrenzt. Im Inneren dieses Gebietes erhebt sich ein Bergland, die Moslavina-Berge. In diesem Kapitel verwenden wir den Ausdruck „Moslavina“ in seinem traditionellen Sinn, nämlich als Bezeichnung für die ehemalige Grundherrschaft und ihren Sitz, der sich im heutigen Popovača befindet, eingebettet zwischen den Bergen der Moslavina und dem Feld der Lonja.[544]

Über die Herkunft des Namens Moslavina (ungar. Monoszló) bestehen unterschiedliche Auffassungen. Die einen meinen, er komme von „Mojslav“, Angehörigen der kroatischen Sippe Beloš, die hier die ursprünglichen Landbesitzer waren und dem Stamme Čazma angehörten. Andere wieder gehen von dem erwähnten Bergland aus, das die Römer *Mons Claudius* nannten, wobei diese Bezeichnung Jahrhunderte hindurch in Gebrauch gewesen sei. Kaiser Claudius II. (268–270 n. Chr.) wird auch ins Treffen geführt, weil er hier angeblich Wein anbauen ließ. Andere gehen vom lateinischen Wort *„claudere“* (schließen) aus und gelangen zur Bedeutung von „abgeschlossener Berg“. Im Mittelalter war das Bergland nämlich von einem Kranz von Festungen umgeben, die archäologisch belegt sind: Bršljanovac, Garić, Gračenica, Jelengrad, Klis (bei Oštri zid), Košutagrad, Kutinec-grad, Mala Gradina, Moslavina, Paklenička gradina, Plovdin, Podgradje, Stupna, Velika Gradina und andere.[545]

Die Grundherrschaft bzw. der Großgrundbesitz Moslavina gehörte mehrere Jahrhunderte den Grafen Erdödy, mit vollem Namen Erdödy de Monyorókerék et Monoszló. (Monyorókerék ist eine Burg und Herrschaft im früheren Westungarn, heute Eberau im österreichischen Burgenland.) Aus dem Beinamen Monoszló ergibt sich der Wille zur Seßhaftigkeit in Kroatien. Die Grafen Erdödy besaßen Moslavina von 1493 bis 1887, mit einer Unterbrechung von 1545 bis 1591 infolge des Türkeneinfalls. Vor wie nach dieser Zeitspanne wechselten die Besitzer. Als ältester wird der Gespan Makarius angeführt, der von König Béla III. (1172–1196) belehnt wurde. Als die Familie Makarius hier bis zum Ende des 13. Jhs. ihren Sitz hatte,[546] wurde die Burg Moslavina errichtet. Um diese Zeit sprach man auch von „Mojslav“. 1316 wurde der Banus Johann Babonić aus dem Geschlecht der Grafen („Fürsten“) von Blagaj mit Moslavina belehnt. Diese Familie spielte im mittelalterlichen Kroatien, neben den Grafen von Bribir, eine

509

510

509 KATASTERKARTE, 1861
510 DER BESITZ MOSLAVINA, ÖL AUF LEINEN, VON ALEXANDER ERDÖDY, 1837
511 WAPPEN DER GRAFEN ERDÖDY

sehr bedeutende politische Rolle. Im 13. und 14. Jh. blieben die Babonić Herren von Moslavina. Dann, bis zum Ende des 15. Jhs., folgte ihnen das Geschlecht der Csupor (Čupor)[547], das im Jahre 1492 mit Stephan ausstarb. Um diese Zeit (1493) gab König Wladislaw II. Jagello, der Matthias Corvinus auf dem Thron gefolgt war, alle Güter der Familie Csupor dem Thomas I. Bakocs (Bakač) und seinen Brüdern zum Lehen. Diese Schenkung umfaßte 75 Ansässigkeiten und die befestigten Siedlungen Jelengrad, Moslavina-grad und Podgradje (Varallya). Dieses Gebiet gehörte damals zu den Gespanschaften Križevci und Zagreb. Heute bezeichnen wir es als Moslavina und Save-Ebene von Sisak (Sisačka Posavina). Die Erben des Thomas Bakocs nahmen nach 1511 den Namen Erdödy an. Thomas Bakocs war Bischof von Agram und Erzbischof von Gran (Esztergom); er spielte im politischen Leben eine bedeutende Rolle. Ein halbes Jahrhundert später, im Jahre 1545, mußte die Familie Erdödy vor den herannahenden Türken aus Moslavina flüchten. Moslavina war nach 1565 kurzzeitig Sitz eines Sandschakbegs, der zuvor in Pakrac, Cernik und Časma war. Thomas II. Erdödy konnte als Banus am 15. August 1591 nach dreitägiger Belagerung die Burg Moslavina zurückgewinnen. Nach der Vertreibung der Türken Ende des 17. Jhs. schöpften die Erdödy aus ihren Besitzungen noch lange keinen Nutzen, da das Land verödet und menschenleer war. Außerdem gab es bei der Landübernahme rechtliche Schwierigkeiten, da die kaiserliche Hofkammer zögerte, den „vortürkischen" Besitz der Familie Erdödy anzuerkennen. Die erste Hälfte des 18. Jhs. verging mit dem mühevollen Aufbau der Grundherrschaft, in der zweiten wurden das neue große Schloß als deren Sitz gebaut und schließlich eine Poststraße (Božjakovina–Križ–Popovača–Kutina …) sowie die erste Tuchmanufaktur am Flüßchen Jelenska (1780) errichtet.

511

Den größten Aufschwung erlebte die Herrschaft Moslavina in der 2. Hälfte des 18. und in der 1. Hälfte des 19. Jhs. In den siebziger Jahren verkaufte Johann Nepomuk III.[548] Erdödy (1794–1879) das Schloß und den gesamten Besitz. Aber zahlreiche Kunstgegenstände und alte Möbel schaffte er nach Bajnski Dvori bei Varaždin.[549] Dann kam es zu Teilungen und Verkäufen der einzelnen Liegenschaften durch die häufig wechselnden Eigentümer. Laut grundbücherlichen Aufzeichnungen waren dies bis zum Ersten Weltkrieg einige hundert – nicht nur Personen aus der damaligen Monarchie, sondern auch Fremde aus dem übrigen Europa sowie Genossenschaften und Banken. Einige Eigentümer seien angeführt: Ludwig Graf Erdödy (1852), Louis Graf Erdödy (1865), Alexander Graf Erdödy (1876), Max Lustig und Melanie Brix (1880), J. Špišić (1883), Société française des matériaux agricultural (1884), Ferdinand Kállay (1884), Joseph Baron Rothental (1884), Horner (1885), Louis Graf Vasquez de Molin, Wilhelm Egersdorfer, Graf Jankovich aus Cabuna (1887), Artur Graf Berchtold (1889) etc. Das Schloß mit 12.514 Joch Land kaufte im Jahre 1910 die Budapester „Domänen und Terrain Bank Aktien Gesellschaft".[550] Diese betrieb den totalen Abverkauf. Den größeren Teil des Waldes (3.170 ha) erwarb die Pariser Firma „Carrel Fouche et comp." und von ihr eine Aktiengesellschaft mit französischem Kapital und Sitz in Popovača. Als Eigentümer des Schlosses und der Ländereien in Popovača schienen in den letzten Jahren des Ersten Weltkrieges folgende Personen auf: Der belgische Gesandte in Wien, Leon Conte Doret, Markgraf Bombelles aus Opeka (Vinica) bei Varaždin, Miroslav Graf Kulmer (1917), Rechtsanwalt Dr. Djuro Janeković aus Zagreb (1918) und andere. Seit Beginn des Krieges waren im Schloß Verwundete, Kriegsinvalide und Flüchtlinge aus Bosnien und Syrmien untergebracht. Nach 1918 diente es als Schule für Blinde (1919–1924), als Invalidenheim (1924–1933) und anschließend, bis heute, als Krankenhaus für Geistesschwache, das Dr. Ivan Barbot gründete.[551]

Schon vor der langjährigen Okkupation Slawoniens bis zum Flüßchen Ilova, nämlich in der 1. Hälfte des 16. Jhs., haben osmanische Truppen in mehreren Streifzügen auch die Moslavina und andere Teile der damaligen Gespanschaft Križevci heimgesucht. Dies war besonders seit dem Jahre 1538 der Fall. 1543 befanden sich auf der Grundherrschaft Moslavina 440 Haushalte, die von etwa 4.000 bis 6.000 Untertanen (Kmeten) bevölkert wurden.[552] Mit zunehmendem Druck der osmanischen Krieger verließ die Bevölkerung in großer Zahl Hof und Herd und flüchtete in nördlichere Landesteile. Viele von ihnen wurden auf der Grundherrschaft der Familie Erdödy in Monyorókerék im damaligen Westungarn angesiedelt, aber auch nördlich von Preßburg (Bratislava) sowie in den sichereren Teilen des nordwestlichen Kroatien. Schon bis zum Jahre 1545 war die Grundherrschaft Moslavina verödet und menschenleer geworden.[553] Nach der Vertreibung der Türken waren die Erdödy im Verlauf des 17. und 18. Jhs. sehr bemüht, die Grundherrschaft wiederzubesiedeln. Dafür kamen in erster Linie Leute aus den Erdödyschen Besitzungen in der Save-Ebene von Sisak in Frage, aber auch aus den Gebieten westlich der Lonja, aus dem Kalnik-Vorgebirge, aus dem Raum um Varaždin und auch aus Turopolje.[554] Aber die neue Grundherrschaft sah nun anders aus als vor der türkischen Okkupation. Denn vor dieser

512

512 LUDWIG ERDÖDY (1694–1766)
513 LUDWIG D. J. ERDÖDY (1749–1794)
514 GRUNDRISS VON SCHLOSS I, 1742
515 GRUNDRISS DES KELLERS VON SCHLOSS I, 1742
516 SKIZZE ZUM GRUNDRISS VON SCHLOSS I, 1742

513

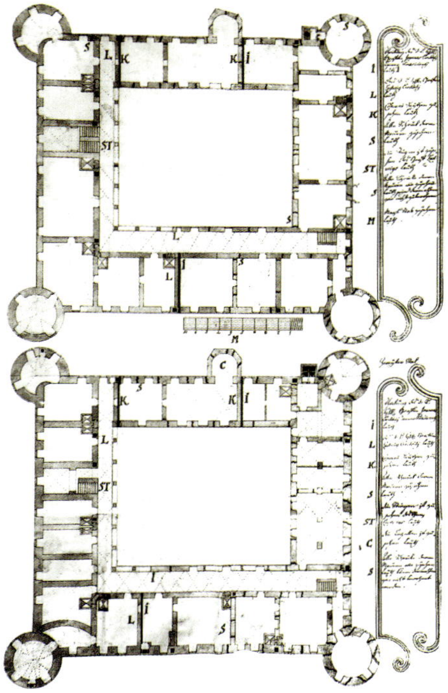

514

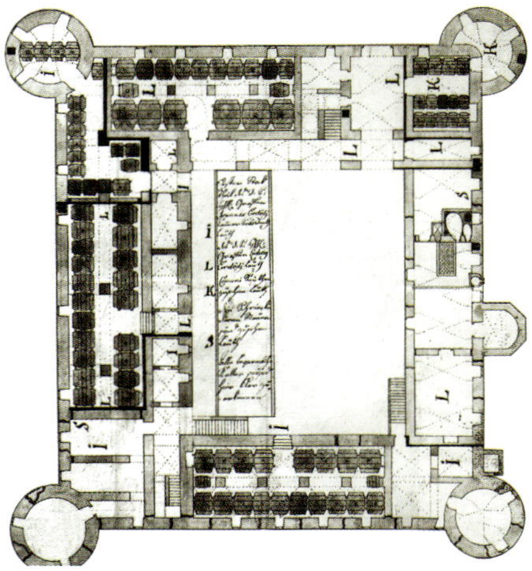

515

516

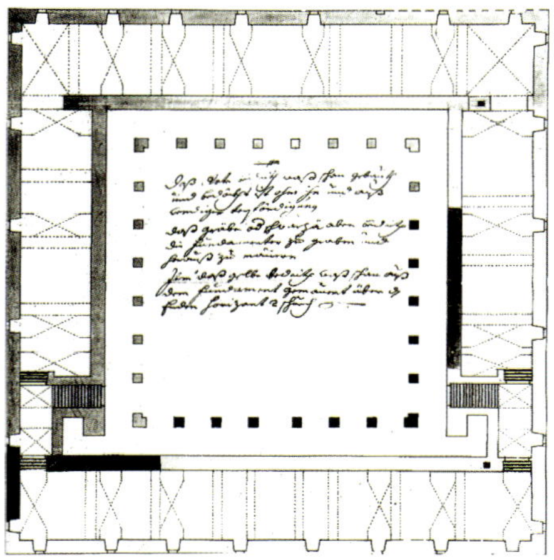

Zeit gab es neben der Burg noch die Pfarrkirche des hl. Thomas, ein Krankenhaus und die Siedlung der bäuerlichen Untertanen. Nun aber gab es nur die zerstörte Burg.[555] 1848 zählte man auf der Grundherrschaft Moslavina 135 Ansässigkeiten.[556]

Am Anfang des 20. Jhs., zur Zeit des Arthur Graf Berchtold, umfaßte der Besitz Moslavina noch 7.185 ha (12.514 Joch), und zwar 830 ha Ackerland, 503 ha Wiesen, 880 ha Weiden, 11 ha Gärten, 40 ha Weingärten, 4.815 ha Wald und 112 ha nicht nutzbare Flächen. 1902 gehörten drei Meierhöfe dazu (Ludina, Ravnik, Moslavina), weiters eine Ziegelei, eine Dampf- sowie zwei Wassermühlen. Geerntet wurden Weizen, Roggen, Raps, Mais, Hafer, Klee, Zichorien sowie guter Rot- und Weißwein. Verwalter war damals Ivan Mučnjak.[557]

Sitz der Grundherrschaft Moslavina war im Mittelalter die Burg. Sie wurde nach dem „Tatarensturm“ zwischen den Jahren 1242 und 1294 erbaut. Als sich das reguläre Heer der Türken näherte, zogen die Erdödy-Truppen kampflos ab; so blieb die Burg unversehrt. Als Banus Thomas II. Erdödy im Jahre 1591 die Türken aus Moslavina vertrieben hatte, zerstörte er die väterliche Burg, damit sie nicht das Ziel neuerlicher türkischer Angriffe werde. Da die Osmanen im Begriff waren, das nahe Jelengrad wieder instandzusetzen, wurde es nach dem Friedensschluß vom Jahre 1606 notwendig, die Moslavina-Burg als Grenzfestung wiederaufzubauen. Dies waren die Pläne des Banus und des Landtages (Sabor). Am 3. September 1608 beschloß letzterer, daß die Untertanen der Erdödyschen Herrschaften Želin und Novigrad an den Arbeiten zur Errichtung der Festung Moslavina teilzunehmen hätten. Sie wurden zwar begonnen, aber niemals abgeschlossen. So blieb die Festungsanlage bis zum Jahre 1746 in halbfertigem Zustand. Dann wurde sie abgerissen und das Material für die Errichtung eines Barockschlosses verwendet, welches Sitz der Grundherrschaft Moslavina der Grafen Erdödy werden sollte. Noch aus dem Mittelalter stammende Reste sind heute nur unter der Erde auf einem Hügel, fünfzig Meter von der Nordwestfront des ältesten Schlosses (Schloß I), erkennbar.[558]

In Popovača, auf dem Areal der früheren Herrschaft Moslavina, wurden drei Schlösser errichtet, die noch heute bestehen: 1. das große und älteste Schloß („Schloß I“), errichtet zwischen 1746 und 1754; 2. das mittlere Schloß („Schloß II“), erbaut 1812–1818 (1820); 3. das kleine oder Jagdschloß („Schloß III“), das vor 1839 erbaut, 1938–1941 erweitert und baulich umgestaltet wurde.[559]

Aus architektonischer und historischer Sicht ist Schloß I am interessantesten. Gebaut wurde es für Georg[560] und die Brüder Ladislaus[561] und Ludwig[562]. Baubeginn war 1746. Die Ausführung unterlag Matthias Marković, der die Güter des Georg Erdödy in Slawonien und in der Save-Ebene von Sisak verwaltete. Außerdem wurde ein Meierhof mit mehreren Gebäuden errichtet. Als Arbeitskräfte dienten die Untertanen des ältesten Bruders Georg; jene von Ladislaus und Ludwig wurden nicht herangezogen. Solch einseitige Belastungen führten unter den Untertanen des ersteren zu Unzufriedenheit.[563] – Im einem Buch findet sich ein Teil der graphischen Dokumentation aus dem Jahre 1742, wenngleich die Bauausführung nicht diesen Überlegungen folgte (Abb. 514–519).[564]

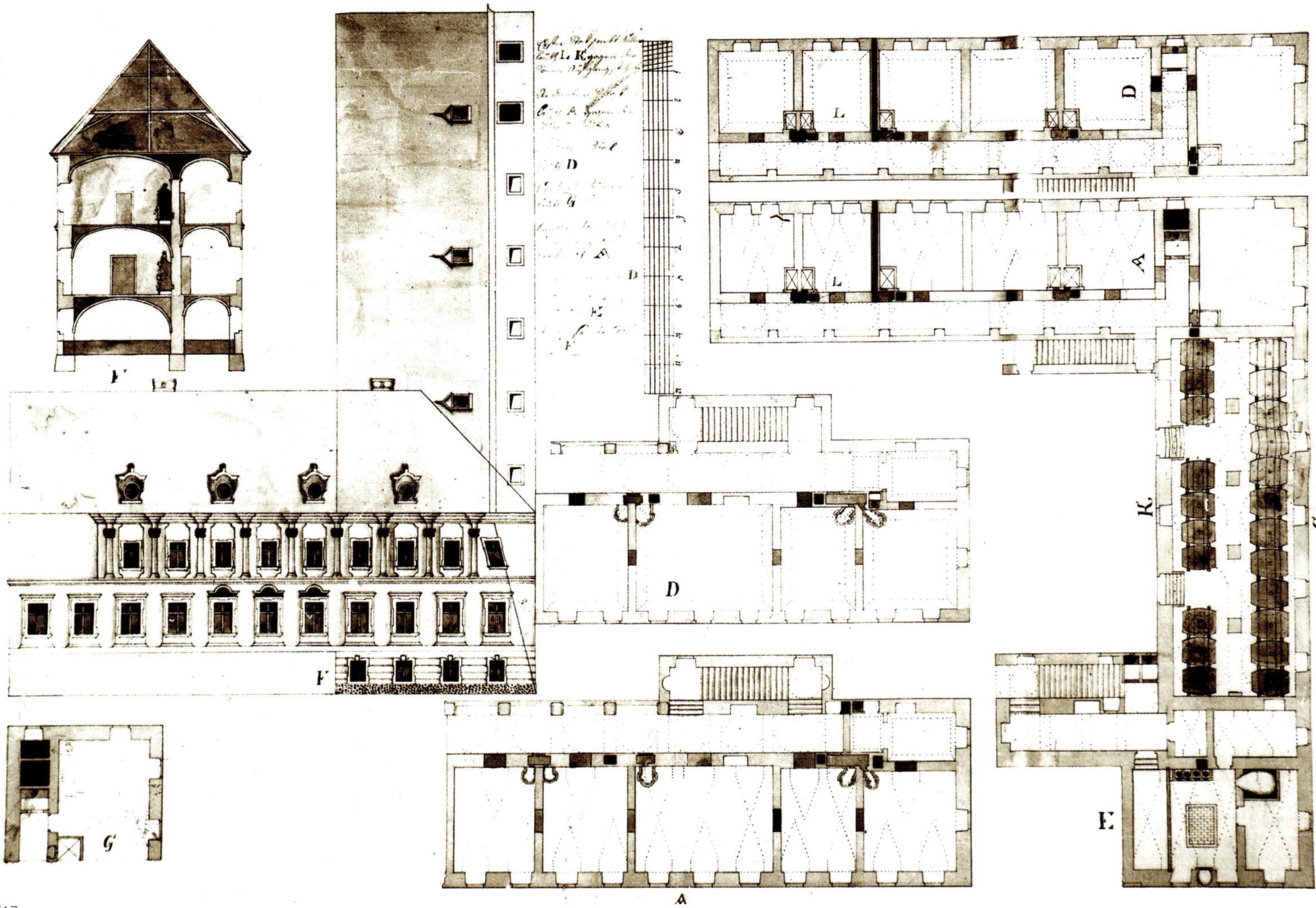

517

518

519

520

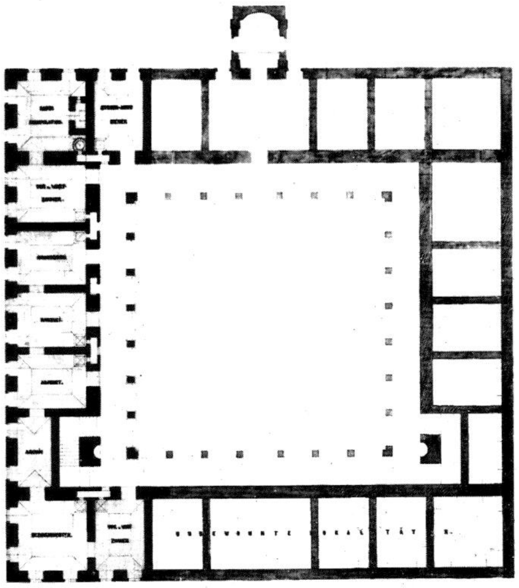
521

517 SKIZZE VON SCHLOSS I, 1742
518 SKIZZE VON SCHLOSS I, 1742
519 SKIZZE FÜR DEN ALTAR DER SCHLOSSKAPELLE, MITTE 18. JH.
520 QUERSCHNITT VON SCHLOSS I, 1851, VON G. REITZ
521 GRUNDRISS DES OBERGESCHOSSES, 1851, VON G. REITZ

Die Skizze aus dem Jahre 1851 von G. Reitz (Abb. 520, 521) zeigt, wie die Wirklichkeit aussah.[565)]

Schloß I hat einen quadratischen Grundriß mit Seitenlängen von 46 Metern und einem Innenhof mit den Maßen 23 x 23 Meter.[566)] Dieser Grundriß entspricht dem Muster der Spätrenaissance bzw. des frühen Barock, nämlich als Vierkant-Schloß. Die Fassaden zeigen drei Geschosse (Erdgeschoß sowie 1. und 2. Obergeschoß), die Hoffassaden aber nur ein Obergeschoß, weil hier eine Erdanschüttung erfolgte. Die Eingangsfront (mit Portal und Stiegen) weist 15, die übrigen Außenfronten weisen 14 Fensterachsen auf. Die Außenfassaden des Erdgeschosses sind als horizontale Rustikaflächen gestaltet, im Obergeschoß aber mit je einem Pilaster zwischen allen Fenstern. Die Hoffassaden sind jeweils mit sieben Fensterachsen ausgestattet. Wie noch zu sehen ist, waren ursprünglich in den vier Flügeln offene Arkadengänge vorhanden; später wurden die Arkaden zugemauert und Fenster eingefügt. Aus beiden Obergeschossen konnte man in eine Schloßkapelle gelangen, die an der Nordwestfassade etwas vorsprang.[567)] Sie maß 18 Quadratmeter.[568)] Wegen der Nutzung als Krankenhaus wurden zwar einige Umbauten vorgenommen, doch der Grundriß aus dem Jahre 1851 (Abb. 521) wurde dadurch kaum gestört. Wenn wir diesen mit dem Plan aus dem Jahre 1742 (Abb. 514–516) vergleichen, können wir eine ziemliche Diskrepanz feststellen. Das Projekt von 1742 war von der Tradition der Renaissance und des Spätbarock sehr belastet und außerdem vom Gedanken einer parallelen Nutzung und Teilung des Schlosses durch die bzw. zwischen den drei Brüdern getragen. In bezug auf die endgültige Ausführung hatte dieses Projekt mit den Ecktürmen und dem Gang im Innenhof in Form eines „L" weniger Räumlichkeiten, weniger Fenster, eine andere Anordnung der Stiegenhäuser sowie insgesamt einen asymmetrischen Grundriß.

Vor der (südöstlichen) Eingangsfront von Schloß I wurde gleichzeitig in einer Entfernung von 24 Metern ein längliches, ebenerdiges Gebäude errichtet, das wahrscheinlich als Pferdestall und Remise diente. Dieses 68,65 Meter lange und mit drei Risaliten ausgestattete Gebäude erhielt im Jahre 1942 ein Obergeschoß aufgesetzt und wurde überhaupt im Hinblick auf seine Funktion als Krankenhaus umgestaltet. In neuerer Zeit wurde es durch hofseitige Zubauten im Erdgeschoß nachteilig verändert.[569)] An der Hauptfront sind die Daten von Erbauung und Umbau mit 1754 und 1942 ersichtlich.

Zweihundert Meter nordwestlich von Schloß I befindet sich Schloß II. Es wurde im 2. Jahrzehnt des 19. Jhs. als Sitz der Gutsverwaltung errichtet, ein einfaches, spätbarock-klassizistisches Gebäude mit der Grundrißform eines seichten „U". Die Hauptfront (Südfront) mißt 33,13 Meter, die Seitenfronten sind 15,62 m lang. Sein Grundriß ist sehr einfach: Durch die Mitte führt ein Gang, aus dem man in fünf Räume gelangt, die zur Stirnfront gerichtet sind. An der anderen Seite des Ganges liegen der Stiegenaufgang und einige kleine Wirtschaftsräume in den Seitenflügeln des Schlosses. In diesem Gebäude befindet sich heute die Krankenhausverwaltung.

In einer Entfernung von 125 Metern westlich von Schloß II befindet sich das dritte, sogenannte kleine Schloß (Schloß III). Es wurde vor 1839 erbaut, aber

522 AUSSENTOR VON SCHLOSS I, 1993

523 HOFSEITIGER EINGANG VON SCHLOSS I, 1993

524 HOFFASSADE VON SCHLOSS I, 1993

525 ALTAR DER SCHLOSSKAPELLE, BLICK VOM CHOR , 1993

526 BLICK AUF SCHLOSS II VON DER ZUFAHRT, 1993

527 EINGANG IN SCHLOSS II, 1993

528 NORDFRONT VON SCHLOSS II, 1993

529 SÜDFRONT VON SCHLOSS II, 1993

hundert Jahre später erweitert. Da sich in ihm Kriegs- und Jagdtrophäen befanden, wird es oft als Jagdschloß bezeichnet.

Drei Schlösser, ein Meierhof, zahlreiche Nebengebäude sowie Gärten, Obst- und Weingärten fügen sich zu einer großen architektonischen und landwirtschaftlichen Einheit zusammen. Alles in allem, auch das Fehlen eines Parks, spricht dafür, daß die Herrschaft Moslavina vorwiegend von wirtschaftlicher Bedeutung war und weniger zum Wohnen und für Repräsentation gedacht. Die vielen Gebäude, dazwischen Gärten, Baumgruppen und Wiesen, vermitteln eine malerische Idylle, die auf dem Bild des Alexander Graf Erdödy[570] (Abb. 510) sichtbar wird. Auch wenn durch die Aufhebung der Untertänigkeit Schwierigkeiten entstanden, war Moslavina 1867 noch immer eine gut geführte Wirtschaft, die von Professoren und Schülern der land- und forstwirtschaftlichen Schule in Križevci regelmäßig besucht wurde.[571] Aber bereits damals verkauften die Grafen Erdödy Land, ein Joch für fünf bis zehn Gulden.[572] Als sie Moslavina verließen, wurde der Besitz vernachlässigt. Trotz Parks, der gut erhaltenen Schloßgebäude und der hübschen Umgebung scheint der einstige Gutsbesitz heute seiner Individualität beraubt. Schuld daran sind die neuen Gebäude des Krankenhauses, aber auch die Vernachlässigung der ehemaligen Elemente des Gutsbesitzes. Der Park wurde ohne besondere Einfälle und ohne Bedachtnahme auf Ausblicke angelegt.

Die Familie Erdödy de Monyorókerék et Monoszló (Eberau und Moslavina) ist mit Kroatien nicht nur durch Grundbesitz verbunden; sie nimmt auch einen historischen Stellenwert ein. Ihre Mitglieder bekleideten vom 16. bis zum 19. Jh. hohe politische, militärische und kirchliche Ämter. Sie stellten sieben Bane: Peter II. (1557–1567), Thomas II. (1584–1595), Sigismund (1627–1639), Nikolaus I. (gest. 1663), Nikolaus II. (Vizebanus 1670–1680, Banus 1680–1693), Johann III. (1724–1789) und Johann Nepomuk II. (1790–1806). Zwischen 1607 und 1845 stellten die Erdödy siebzehn Obergespane der Gespanschaft Varaždin.[573] Diese erbliche Stellung kam der Familie kraft einer Schenkung des Königs (Kaisers Rudolf II.) für militärische Verdienste zu, die namentlich Peter II. und Thomas II. erwarben. In der Zeit der sehr heftigen Kämpfe mit den Türken im 16. Jh. waren die Erdödy in weiten Teilen Europas als wahre Helden geachtet. Der Sieg der Kaiserlichen vor der Festung Sisak im Jahre 1593 (der allerdings die Einnahme dieser Festung durch die Türken nur verzögerte) wird zu einem guten Teil der Führung der kroatischen Truppen durch Banus Thomas II. Erdödy zugeschrieben. Tatsächlich befanden sich die Osmanen damals und auf diesem Kriegsschauplatz auf dem Höhepunkt ihrer militärischen Macht. Ihre von da an defensive Rolle zeichnete sich im Jahre 1606 mit dem schon erwähnten Friedensvertrag zwischen Kaiser und Pforte ab.

Ihrer Herkunft nach sind die Erdödy „Magyaren". Im Mittelalter lebten sie im Komitat Szatmár (heute Szabolcs-Szatmár in Ostungarn) auf dem Besitz Erdöd, der der Familie Dràghffy de Beltek gehörte. Die Söhne des Franz Bakocs (Bakoč, auch Bakač, seltener Bakovac), der Wagenbauer (Wagner) auf dem Besitz Erdöd war, erhielten im Jahre 1459 den Adel.[574] Beide Söhne, Nikolaus I. und Thomas I., waren die Begründer der Familie „Erdödy". Peter I.,[575] Sohn des Niko-

530

530 ALEXANDER V. ERDÖDY (1802–1881) ZU PFERD, 1867, ANLÄSSLICH DER KRÖNUNG FRANZ JOSEPHS IN BUDAPEST, ÖL AUF LEINEN, VON N. KIS

531 ALEXANDER IV. ERDÖDY (1766–1823), VATER DES JOHANN NEPOMUK III., ÖL AUF LEINEN

532 ALEXANDER V. ERDÖDY, 1835, AQUARELL VON JOSEF KRIEHUBER

533 LEOPOLDINE ERDÖDY, GATTIN ALEXANDERS V., ÖL AUF LEINEN

534 AMALIE ERDÖDY, GATTIN ALEXANDERS IV., ÖL AUF LEINEN

531

532

533

534

laus, war der Stammvater der kroatischen Linie. Er erbte von Thomas I.[576], Bischof und Kardinal, mehrere Besitzungen. Dem Kardinal und seinem Bruder bestätigte Matthias Corvinus 1489 den Adel. 1511 wurde Peter I. zum Baron erhoben und trug fortan „Erdödy“ als Familiennamen. Dessen Sohn, Banus Peter II.[577], wurde am 11. Oktober 1565 von König (Kaiser) Maximilian II. in den Grafenstand erhoben. Rudolf II. bestätigte am 26. Februar 1580 den Brüdern Thomas II.[578] und Peter III.[579] diesen Titel. Von letzterem stammte der kroatische Familienzweig (aufgrund der Herrschaft Jastrebarsko), der 1703 erlosch. Dessen Familienvermögen ging mit Christoph, einem Sohn Thomas' II., auf den ungarischen Zweig über, der bis 1945 noch einiges davon besaß.

Im 18. Jh. teilte sich die gräfliche Linie mehrmals. Zunächst gab es die ältere Linie von Ladislaus[561] und die jüngere von Ludwig[562]. Die Familie des ersteren teilte sich in zwei Zweige: den rein ungarischen mit den Herrschaften Galgócz, Pöstyén, Vép, Szöllös u. a., sowie den kroatischen Zweig, den Anton Erdödy[580] (1797–1864) begründete. Aber auch die Linie des Ludwig erwarb zur Zeit von Karl Erdödy[581] (1816–1864) in Kroatien Grundbesitz, und zwar Novi Marof, Jastrebarsko und Vidovec.[582] Die Linie des Ladislaus hat sich bis heute fortgesetzt.[583] Ihre Mitglieder leben in Deutschland, Österreich und den USA.

Über die meisten Besitzungen in Kroatien verfügte die Familie Erdödy im 16. Jh., vor allem über Cesargrad (Novi Dvori Klanječki), Desinić, Dijanovec, Draganić, Dubrovčak, Gračenica, Jastrebasko, Kutina, Lipovec, Lukavec, Medvedgrad, Metlika, Moslavina, Oborovo, Okić, Plovdin, Rakovec, Samobor, Stubica, Stupnik, Trgovišće, Tuhelj, Burg Varaždin, Vrbovec, Zelina. Auf den Erdödy-Gütern waren um die Mitte des 18. Jhs. etwa 4.000 bäuerliche Familien ansässig. Von Kaiser Karl VI. (von Maria Theresia 1742 bestätigt) erhielt Ladislaus Graf Erdödy die Güter Bela, Ivanec, Cerje und Jurketinec in Zagorien. Die Besitzungen in Kroatien und Ungarn erhielten je eine gemeinsame Verwaltung. Die kroatische nannte sich *Prefectura bonorum Croaticorum.*[584]

Im Verlauf der Zeit wurden manche Besitzungen verkauft, getauscht oder als Mitgiften vergeben. Auch manche der verbliebenen wurden durch Landverkäufe kleiner. Anfang des 19. Jhs. verfügten die Erdödy in Kroatien über folgende Besitzungen: Bajnski Dvori, Béla und Cerje (bis 1817), Cesargrad, Glogovac, Ivanec (bis 1817), Jastrebarsko, Jurketinec (bis 1817), Kuzminec, Luka, Moslavina, Negovec, Novi Dvori zaprešićki, Novi Marof, Oborovo, Štakorovec, Burg Varaždin, Želin u. a. Nach dem Untergang der Monarchie verblieben: Jastrebarsko bis 1922, Novi Marof bis 1923 und die Burg Varaždin bis 1924.[585] Im Burgenland (heute Österreich) gehörten ihnen auch Schloß und Gut Rotenturm (Vörösvár). Die Hauptlinie besaß bis 1945 große Güter in Ungarn (Vép, Somlovár u. a.) und in der Slowakei (Galgócz bei Pistiyán-Báthory). Im Burgenland besitzen sie noch heute das „Stamm“-Schloß (Burg) Eberau (Monyorókerék) sowie die Schlösser Kohfidisch und Luising[586] und die dazugehörenden Liegenschaften.

Nach der „Wende“ in Ungarn haben die Grafen Erdödy wiederum ausgedehnten Grundbesitz in den Komitaten Vas (Eisenburg) und Veszprém erwerben können.

Prečec

Kurie des Erzbistums Agram

Gespanschaft	Zagreb
Gemeinde	Brckovljani
Kat.-Gmde.	Prečec

Prečec ist ein Dorf am rechten Ufer der Lonja, nordwestlich von Ivanić Grad an der Straße Božjakovina-Kloštar Ivanić. Unweit der Bahnstation am Dorfrand befindet sich die zweigeschossige barocke Kurie, die der Bischof von Agram, Joseph von Galliuf (Galjuf), 1785 errichten ließ.[587] In den letzten fünfzig Jahren hat sich um sie niemand ernsthaft gekümmert, so daß sie eine Ruine zu werden droht. Allerdings wird sie noch von einigen Familien bewohnt.

Als um das Jahr 1600 diese Gegend zwischen dem Militärgrenzgebiet und dem Bistum aufgeteilt wurde, fiel Prečec dem Bistum zu. Im nahen Ivanić Grad unterhielt das Bistum eine Festungsanlage, die gleichzeitig Sitz einer Grundherrschaft war. Die Kurie übernahm nun als „bischöflicher Hof" diese Funktion, während Ivanić Grad und Kloštar Ivanić die Privilegien eines Marktes erhielten. Um die Mitte des 19. Jhs. verfügte das Bistum über weitere Besitzungen, beispielsweise Vugrovec, Gradec, Pokupsko, Konjšćina und Biškupec. (Das Bistum Agram wurde 1853 von König bzw. Kaiser Franz Joseph I. im Einvernehmen mit dem Vatikan zum Erzbistum erhoben, gleichzeitig seine Abhängigkeit vom ungar. Erzbistum Kalocsa gelöst und die kroatisch-slawonische Kirchenprovinz errichtet.)

Um das Jahr 1850 bestand Prečec aus fünfzehn Häusern, doch bis zum Ende des Jahrhunderts hatte sich ihre Zahl bedeutend vermehrt. Damals hatte der Besitz einen Umfang von 1.300 Joch, wobei der Wald überwog. Ein Jahr vor seinem Tod, also 1785, ließ Bischof Galliuf die Kurie erbauen. Die Jahreszahl ist im Zwickel des Steinportals an der westseitigen Hauptfront eingemeißelt. Bei der Kurie handelt es sich um ein zweigeschossiges Gebäude mit rechteckigem Grundriß, das von einem Halbwalmdach bedeckt ist. An den Längsfronten ist es mit sieben, an den kurzen Seitenfronten mit drei Fensterachsen ausgestattet. Die Fassaden sind einfach gestaltet, weisen aber ein Kranzgesims zwischen Erd- und Obergeschoß auf. Das Stiegenhaus ist gemauert, die Stiegen sind aus Holz. Die barocken Fenster- und Türumrahmungen (an den Fassaden) sind noch erhalten. Die tonnenförmigen Gewölbedecken sind mit Stukkatur versehen. Die mittlere Tragemauer teilt das Innere des Gebäudes in zwei Reihen von Zimmern. M. Sabljar erwähnt, daß der „bischöfliche Hof" mit neun Schießscharten ausgestattet war, anscheinend zur Abwehr von „Schurken", die tatsächlich im Jahre 1821 die Kurie anzünden wollten. Von den Wirtschaftsgebäuden ist nur eines erhalten geblieben, die Stallungen sind verfallen.[588]

535 Detail des Tores, 1997
536 Kopie der Katasterkarte, 1883
537 Ansicht von Süden, 1993
538 Tor der Kurie, 1993
539 Ansicht von Norden, 1993

535

536

537

538

539

Rasinja

Schloss Inkéy

Gespanschaft	Koprivnica-Križevci
Gemeinde	Rasinja
Kat.-Gmde.	Rasinja

Rasinja liegt zehn Kilometer westlich von Koprivnica an der Drautalstraße, auf halbem Weg zwischen Ludbreg und Koprivnica. Außer dem Schloß der Barone Inkéy und der Pfarrkirche zum hl. Kreuz kann man noch geringe Reste der „Alten Burg" von Rasinja sowie Spuren der Tempelritterburg Opoj auf dem nahen Hügel Budim finden.

Rasinja wurde erstmals um das Jahr 1170 erwähnt, als Bischof Prodan das dortige Land dem Tempelritterorden übergab. Die Burg Opoj (Opoj-grad) wird 1236, die katholische Pfarrkirche 1334 erwähnt.[589] Die Burg Opoj *(Castrum Apaywar)* zerstörten die Türken im Jahre 1532[590], im 18. Jh. war sie eine Ruine, und Anfang des 20. Jhs. gab es von ihr nur Spuren. Emmerich (Imre) III. Baron Inkéy verkaufte die alte Burg Rasinja (Abb. 540) im Jahre 1930 an Georg Takač. Dieser riß sie nieder und erbaute am gleichen Platz ein Wohnhaus. Die Burg hatte einen unregelmäßigen Grundriß, zwei oder drei kleinere Türme und einen höheren quadratischen Burgfried. Nördlich davon befanden sich Wirtschaftsgebäude, und zwar dort, wo heute das Schloß steht.[591]

Die erwähnte, nahe gelegene, im Jahre 1790 barockisierte Pfarrkirche ist an sich ein gotisches Bauwerk, das mehrere Male umgebaut wurde. Neben der Kirche befindet sich ein zum Gut gehörender Friedhof, in dem die Mitglieder der herrschaftlichen Familie Inkéy beerdigt sind.[592]

Von den zahlreichen Gutsherren hatte die Familie Inkéy den Besitz am längsten inne. Anfang des 16. Jhs. besaßen die Bočkaj (Bocskay) Opoj und Rasinja, im Jahre 1527 gehörte Rasinja Ludwig Pékry. Nach ihm wurde es vom Banus Thomas II. Erdödy (1558–1624) verwaltet. Ihn beerbte die Tochter Elisabeth, die mit Baron Joseph Justinian Moscon verheiratet war. Dann folgten deren Tochter Anna Elisabeth, Gattin des Herbert Grafen Auersperg, deren Tochter Maria Susanne, verehel. Gräfin Attems, schließlich deren Tochter Christine, die mit Joseph Karl Graf Gaisruck vermählt war.

Von den Gaisruck kaufte Balthasar Inkéy (1726–1792) den Besitz im Jahre 1746. Einer anderen Darstellung zufolge verpfändete Johann Jakob Gaisruck 1778 den Besitz auf 30 Jahre gegen 107.000 Gulden. Demgemäß heißt es auch, daß Balthasars Sohn Emmerich I. den Besitz von Rasinja im Jahre 1808 effektiv übernahm, nachdem die Familie Gaisruck die Restschuld von 20.000 Gulden bezahlt hatte. Die Inkéy besaßen Rasinja bis 1945.[593]

540 Mittelalterliche Burg Rasinja
541 Ostfront des Schlosses, vor 1918
542 Südflügel des Schlosses, 1944
543 Ostfront des Südflügels, 1993
544 Nordflügel, 1993
545 Blick vom Park aus, 1993
546 Detail des Parks, 1993

540

541
542

543

544

545

546

Seine Blüte erlebte der Gutsbesitz in der 2. Hälfte des 19. Jhs., als ihn Ferdinand Inkéy verwaltete. Damals war Rasinja der größte Besitz in der Gespanschaft Križevci bzw. Varaždin mit den Meierhöfen Kuzminec, Prkos, Gorica, Ferdinandshof, Grbaševci, Ludmilienhof, Giselahof sowie Imbriovec und Djelekovec (später im Besitz der Adamovich). Im Jahre 1848 gab es 164 Ansässigkeiten. 1860 wurde eine Ziegelei eingerichtet, in Kuzminec eine Schnapserzeugung. An der Wende zum 19. Jh. umfaßte Rasinja 4.268 Hektar und 13 Meierhöfe, von denen sieben verpachtet waren. 2.248 ha waren Ackerland, 9 ha Gärten, 510 ha Wiesen, 16,5 ha Weingärten, 158 ha Weideland, 1.175 ha Wald, 149 ha waren unergiebige Flächen und 1,73 ha Moorland. Angebaut wurden Raps, Weizen, Roggen, Gerste, Hafer, Bohnen, Erbsen, Klee, Mais und Rüben. Die Meierhöfe Gorica und Ludmilienhof befaßten sich mit Pferdezucht. Emmerich III. Inkéy begann Anfang des 20. Jhs., Meierhöfe und Land an die Bauern zu verkaufen. Nach dem Ersten Weltkrieg wurde der Besitz infolge der „Agrarreform“ erheblich kleiner.[594]

Das neue Schloß in Rasinja erbaute Ferdinand Baron Inkéy auf dem Platz einer alten Kurie und der bereits erwähnten Wirtschaftsgebäude der „Alten Burg“, die bisher Sitz der Grundherrschaft von Rasinja war. Unter den eingeschossigen Wirtschaftsgebäuden (wahrscheinlich Anfang des 19. Jhs. erbaut; vergleiche die Katasterkarte, Abb. 547) befand sich eines, das dem Personal als Unterkunft diente. Die alte erdgeschossige Kurie hatte einen Grundriß von 12 x 54 Metern; ihre Längsachse verlief von Nord nach Süd. Nun wurde an der nördlichen und südlichen Schmalseite je ein zweigeschossiges Gebäude hinzugefügt, und zwar so, daß sich – für das neue Schloß – ein Grundriß in Form des Buchstabens „H“ ergab. Den Aufzeichnungen der Pfarre Rasinja zufolge wurde diese Bautätigkeit in den Jahren 1883 bis 1885 durchgeführt, zu der Zeit also, als Ferdinand Baron Inkéy das Gut verwaltete. Das erforderliche Baumaterial wurde teilweise von der Ruine Opoj-grad herangeführt. Nun wurde die „Alte Burg“ nicht mehr genützt, so daß ihr Verfall einsetzte. Das neue Schloß Rasinja ist vom späten Historismus gekennzeichnet. An den Fassaden und Giebeln sehen wir mannigfaltige Verzierungen im Stil von Klassizismus, Neurenaissance, Neubarock und Neuromantik. Nachdem der Mittelteil des Schlosses (ehemalige Kurie) in der Zwischenkriegszeit nach und nach verfiel, blieben die beiden „Flügel“ übrig. Sie standen isoliert in einer Entfernung von vierzig Metern voneinander. Heute mag man meinen, daß sie baulich niemals zueinander gehörten. Nachdem der verfallende Mittelteil abgerissen worden war, errichtete man allerdings an der Nordfront des südseitigen „Flügels“ einen einstöckigen Zubau mit einer Terrasse. Im Inneren blieben die Vorhalle und das Stiegenhaus im wesentlichen unverändert. Hingegen wurde das Innere des nördlichen „Flügels“ (er war kleiner, und sein rechteckiger Grundriß war langgezogen) durch bauliche Maßnahmen verändert.

Während der unangemessenen Nutzung und Umgestaltung des Schlosses im Lauf der letzten fünfzig Jahre sind die übrigen Gebäude ziemlich zerstört worden. Von 1959 bis 1994 war im Südteil eine Volksschule untergebracht, im kleineren Gebäude ein Lokalamt und eine Sanitätsstation.[595] Anschließend stand das Schloß leer.

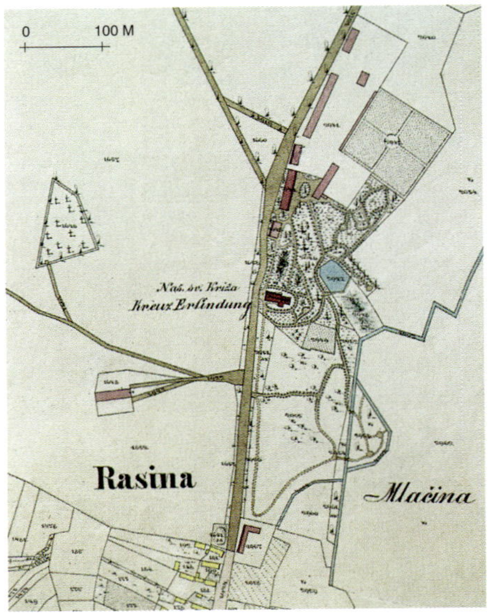

547

547 KATASTERKARTE, 1859
548 WAPPEN DER BARONE INKÉY
549 FERDINAND INKÉY
550 LUDMILLA INKÉY GEB. GRÄFIN DEYM, FERDINANDS GATTIN
551 GABRIELE (ELLA), TOCHTER VON FERDINAND UND LUDMILLA
552 FERDINANDINE (MIT DEM SOHN), ÄLTESTE TOCHTER VON FERDINAND UND LUDMILLA
553 LUDMILLA (LILLY), JÜNGSTE TOCHTER VON FERDINAND UND LUDMILLA

548

549

550

Der Sitz bzw. Mittelpunkt der einstigen Gutsherrschaft beanspruchte zehn Hektar. Dazu zählten das Schloß, der Park, die Wirtschaftsgebäude mit dem Garten und die Pfarrkirche mit dem herrschaftlichen Friedhof. Davon umfaßte der Park – Schloß und Wirtschaftsgebäude nicht berücksichtigt – noch im Jahre 1859 etwa 6,5 ha. Er entstand unter dem Einfluß der landschaftlich-romantischen Vorstellungen in der ersten Hälfte des 19. Jhs.[596] Unter den Gärtnern gab es einen Thomas Koydl, der sich im Jahre 1891 um die Stelle eines Stadtgärtners in Zagreb bewarb.[597] [598] Heute ist der Park bedeutend kleiner. Erhalten geblieben sind von ihm noch mehrere alte Bäume südlich des Schlosses, weiters der Teich, die Eisgrube und Buchshecken.[599]

Rasinja war fast zweihundert Jahre lang im Besitz der Familie Inkéy de Pallin. Sie wurde schon zu Anfang des 16. Jhs. erwähnt und ist ungarischen Ursprungs. Das Prädikat „de Pallin" erhielt sie 1724, in den österreichischen Freiherrnstand wurde sie 1856 erhoben (Eduard Inkéy), das ungarisch-kroatische Baronat erhielt sie 1875 (Ferdinand Inkéy), ein anderer Zweig 1895 das ungarische Baronat.

Peter Inkéy[600] (gest. 1670) wurde als erster dieser Familie in Kroatien ansässig. 1630 kaufte er den Waldbesitz Dubrava im Zwischenmurgebiet (Medjimurje), Land um Kotoriba und die Burg Legrad. Sein Sohn Franz III.[600] (geb. 1640) erwarb den Besitz Ivanec bei Koprivnica und dessen Sohn Johann[601] (1680–1747) Imbricvec. Johann erhielt das Prädikat „de Pallin" verliehen. Da der älteste Sohn im Krieg fiel, wurde Sohn Balthasar[602] (1726–1792) Erbe. Das in Kroatien gelegene Vermögen erbte dessen Sohn Emmerich I.[603] (1757–1813) und dann der Enkel Emmerich II.[603] (1787–1848). Daß Rasinja seinen Aufstieg unter der Verwaltung von Ferdinand Inkéy[604] (1829–1890; Abb. 549) erlebte, wurde bereits erwähnt. Dessen Sohn Emmerich III.[605] hatte für Rasinja nicht so viel übrig und lebte hier nur zeitweilig. 1944 verzogen die Inkéy wegen der Kriegsereignisse in Kroatien auf ihren ungarischen Besitz Miszla bei Székszárda. Nachkommen dieser Familie leben in Österreich und Australien.[606]

551

552

553

RETFALA

SCHLOSS PEJÁCSEVICH / CLARY-ALDRINGEN

GESPANSCHAFT	OSIJEK-BARANJA
STADT	OSIJEK
KAT.-GMDE.	RETFALA

Retfala war einst ein Dorf westlich von Osijek, heute ist es mit der Stadt verschmolzen. Das Dorf war Zentrum einer Grundherrschaft mit einem schönen und stilvollen Schloß der Grafen Pejácsevich (Pejačević). Retfala wurde schon Ende des 13. Jhs. urkundlich erwähnt, aber die eigentliche Entwicklung setzte erst im 18. Jh. mit der Errichtung der Grundherrschaft und dem Bau des Schlosses ein. Die Gründer der ursprünglichen Ansiedlung waren Ungarn, die den Platz Rétfala (Ritfalu, Ritfalva) nannten, was soviel wie Dorf im Moorgebiet (rit) bedeutet. Nach dem Abzug der Türken wanderten Deutsche ein, wodurch ein Deutsch- und ein Ungarisch-Retfala entstand. Im deutschen Teil befand sich das Schloß. Nach dem Jahr 1918 setzte eine ethnische Vermischung ein, und die trennenden Bezeichnungen verschwanden.[607)]

Der mit großem Erfolg in Ungarn kämpfende Guido Graf Starhemberg (1657–1737; 1708 Feldmarschall, Vizekönig von Spanien, zuletzt Gouverneur von Slawonien) gelangte 1693, nach der Vertreibung der Türken, in den Besitz von Retfala. 1702 übernahm die Wiener Hofkammer bzw. deren Inspektion in Osijek den ziemlich kleinen Besitz. Nach Verzeichnisssen der Jahre 1722, 1726 und 1745 gab es nur 40 Ansässigkeiten, deren Zahl sich im 19. Jh. (1848) sogar auf 36 verminderte. Auf dem Kammergut Retfala waren im Jahre 1736 registriert: 84 Haushalte, 33 Pferde, 94 Ochsen, 67 Kühe und Jungrinder, 94 Schweine, 40 Bienenstöcke, 24 Weingartenrigolen, 226 Joch Acker, 256 „Mähgründe", 282 Zwetschkenbäume und drei Wassermühlen. Übrigens ist nicht uninteressant, daß die Wiener Hofkammer Retfala in zwei Etappen verwaltete: Zunächst unmittelbar nach dem Rückzug der Türken bis zur Übernahme durch Guido Graf Starhemberg und dann wieder vom Jahre 1702 bis 1750, als Baron Markus Pejácsevich mit dieser Grundherrschaft bedacht wurde.[608)] Königin Maria Theresia genehmigte am 23. Januar 1750 die Schenkung der Grundherrschaft Retfala zugunsten von Markus III. Baron Pejácsevich. Faktisch war dies, mit Virovitica, ein Tausch gegen die Herrschaft Mitrovica (Ruma), weil diese dem Militärgrenzgebiet zugeschlagen wurde.

Nach dem Tod von Markus III.[780)] im Jahre 1762 erbte sein Vetter Joseph II.[782)], der die meisten Pejácsevich-Güter erwarb. 1762 wurde ihm der Grafenstand verliehen. Sein ältester Sohn Sigismund I. (1741–1806)[609)] erbte Retfala, Podgorač und Ruma. Sigismund (Abb. 554) erbaute das Schloß und begründete die gräfliche Linie Ruma-Retfala.

554

554 SIGISMUND I. PEJÁCSEVICH
555 WIRTSCHAFTSGEBÄUDE NORDWESTLICH DES SCHLOSSES, 1993
556 SÜDFRONT, 1993
557 EINFASSUNG DER TERRASSE AN DER SÜDFRONT, 1993
558 ANSICHT VON DER STRASSE AUS, 1993
559 NORDFRONT (EINGANGSFRONT), 1993
560 SÜDFRONT (GARTENFRONT), 1993

555

556

557

558

559

560

Von Sigismund I. erbte dessen ältester Sohn Johann Nepomuk (Abb. 561)[610] Retfala, von diesem wiederum der älteste Sohn Peter (1804–1875) und dann dessen Sohn Ladislaus jun. (geb. 1828; Abb. 562), das letzte männliche Glied dieser Linie.[611] Ladislaus hinterließ Retfala seiner ältesten Tochter Franziska Romana, die Manfred Graf Clary-Aldringen heiratete. Da Franziska noch vor ihrem Vater starb, trat Graf Clary erst nach dessen Tod die Erbschaft an. Der letzte Eigentümer Retfalas aus dieser Familie war Manfreds Sohn Edmund Graf Clary-Aldringen (Abb. 563), und zwar seit 1916. 1924 verkaufte er den Besitz der Kroatischen Eskompte Bank und ließ sich in Salzburg nieder, wo die Familie auch heute lebt.[612] Die Bank parzellierte das Land und verkaufte es als Baugrund. Damit war dem Schloß der Untergang bereitet, sogar sein Inventar wurde ausgeräumt. Bis 1937 wurde es als Handels- und Warenlager vermietet, bis es die Marienschwestern der „Wundertätigen Medaille" kauften und das St. Josephs-Heim für Alte und Gebrechliche einrichteten. Das Schloß gehört auch heute noch ihnen, sie nützen aber nur den westlichen, kleineren Teil. Im übrigen Teil ist das Allgemeine Krankenhaus Osijek untergebracht, das hier eine Abteilung für Physikalische Medizin und Rehabilitation unterhält.[613]

561

562

Neben Sigismund I. ist dessen Enkel Peter Graf Pejácsevich hervorzuheben.[614] Zweimal bekleidete er das Amt eines Obergespans von Virovitica, und zwar 1850–1861 und 1867–1870. Er war aber auch sogenannter Minister für Kroatien. (Als solcher sollte er die Interessen Kroatiens innerhalb der Budapester Regierung vertreten.) Seinen Bemühungen ist die Umwandlung des Untergymnasiums in Osijek in ein vollklassiges Gymnasium zu verdanken (1854). Er warf auch die Frage der Gründung einer Handelsschule in Osijek auf, und als 1862 das Realgymnasium errichtet wurde, sorgte er für dessen finanzielle Förderung.[615]

Eine Inschrift an der Südseite des Schlosses besagt, daß es von Sigismund I. Graf Pejácsevich im Jahre 1801 erbaut bzw. fertiggestellt wurde.[616] [617] Das grundsätzlich erdgeschossige, barock-klassizistische repräsentative Schloß hat den Grundriß in Form eines „U". Fast alle Schlösser mit diesem hufeisenförmigen Grundriß (dreiflügelige Schlösser) sind mit ihren Flügeln in Richtung des Parks gestellt, so daß die konkaven Fronten gegen den Hof zeigen und der mittlere Flügel die Funktion einer repräsentativen Hauptfront erhält. Dieser gegenüber befindet sich in der Regel die Straße oder eine Zufahrtsallee. Bei Retfala ist das anders: Der Mittelflügel ist nach Süden gerichtet, die Seitenflügel sowie der Haupteingang nach Norden zur Straße, von der man zum Schloß gelangt. Nördlich des Schlosses begann der Hof. Dieser war im Osten und Westen von Wirtschaftsgebäuden umsäumt, von denen nur eines erhalten ist. Es befindet sich am Westende, ist sehr hübsch und mit drei offenen Arkadenhallen an der Hofseite ausgestattet (Abb. 555). Obgleich der ausgedehnte Hof heute heruntergekommen ist, vermittelt er noch immer den Eindruck eines Ehrenhofes (court d'honneur), aufgrund der harmonischen Eingangsfront, der abgestimmten straßenseitigen Einzäunung, des Portals und der Skulpturen aus Stein (Abb. 568–570). Dem Haupteingang gegenüber, auf der anderen Straßenseite, befindet sich eine Statue des heiligen Nepomuk.[618]

563

561 JOHANN NEPOMUK PEJÁCSEVICH
562 LADISLAUS JUN. PEJÁCSEVICH
563 MARGARETHE UND EDMUND CLARY, 1911
564 NORDFRONT (EINGANGSFRONT), VOR 1918
565 SÜDFRONT (GARTENFRONT), VOR 1918
566 GARTEN/PARK, CA. 1914
567 EINGANG AN DER NORDFRONT, 1993

567

564

565

566

In den zweihundert Jahren seines Bestehens hat das Schloß sein ursprüngliches Aussehen ziemlich bewahrt, wenn man vom Dach des Mittelrisalites und der Westseite absieht, die im Jahre 1942 einem Brand zum Opfer fielen und nicht mehr in der ursprünglichen Art hergestellt wurden.[619]

Das Innere des Schlosses ist infolge der Wechsel von Eigentümern und Benützern sowie von mehreren Umbauten wesentlich verändert worden, besonders in den letzten siebzig Jahren. Aus den spärlichen Nachforschungen[620] ist ersichtlich, daß die ersten Veränderungen um die Mitte des 19. Jhs. durchgeführt wurden. Ursprünglich wies das Schloß hauptsächlich barocke Bauelemente auf (beispielsweise hufeisenförmiger Grundriß, herausragender Mittelrisalit, galerieartige Gänge in den Flügeln, Mansardendach und gewölbte Decken) sowie klassizistische Charakteristika (Stiegenhaus außerhalb der Mittelachse, ebene Plafonds, Mittelflur im Zentralflügel, Einzelheiten der Fassade, besonders am Mittelrisalit etc.).

Die vermutlich um die Mitte des 19. Jhs. erfolgten Veränderungen betrafen die Öffnung von zwei weiteren Eingängen im Erdgeschoß des Mittelflügels sowie illusionistische Fresken an den Wänden und Decken der Haupträume, die aber mittelmäßig ausfielen. Der nächste größere Eingriff wurde gegen Ende des 19. Jhs. durchgeführt, als die Fresken an den Wänden übermalt wurden und auch der umgestaltete Große Salon Deckenverzierungen erhielt, und zwar in Form stilisierter Pflanzenmotive und klassizistischer Blumenkränze. In einer vierten Phase, als das Schloß 1937 zum Altersheim wurde, mauerte man die Türen zu, verlegte neue Fußböden etc. und traf schließlich Veränderungen, die den Anforderungen eines Krankenhauses entsprachen.[621]

568

569

570

571

568 STRASSENSEITIGE EINFRIEDUNG, 1993
569 SKULPTUR AUF DER EINFRIEDUNG
570 SKULPTUR AUF DER EINFRIEDUNG
571 BLICK AUF DIE NORDFRONT, 1993
572 KAPELLE/MAUSOLEUM DER FAMILIE PEJÁCSEVICH, 1993
573 DETAIL DER SÜDFRONT, 1993
574 DETAIL DER STRASSENSEITIGEN EINFRIEDUNG, 1996
575 DACHFENSTER, 1996
576 KATASTERKARTE, 1863
577 GRUNDRISS DES ERDGESCHOSSES
578 KATASTERKARTE, 1883

572

573

574

575

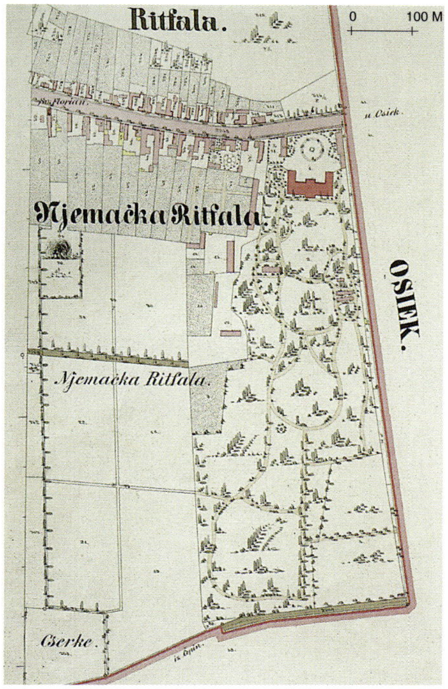

576

577

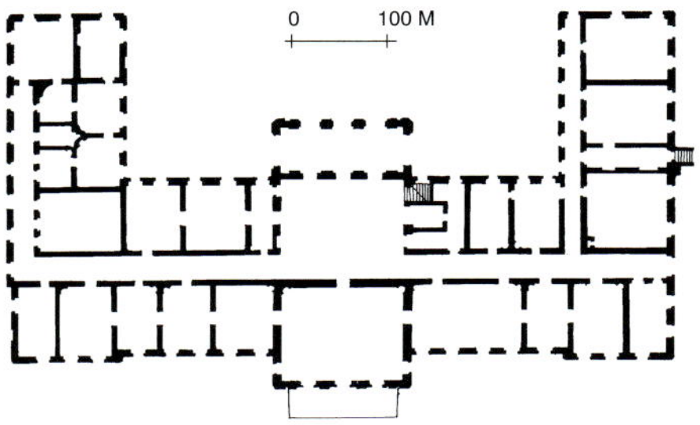

578

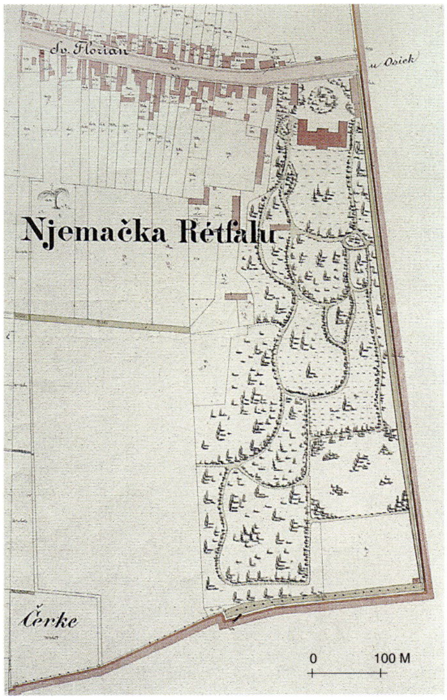

Das grundsätzlich erdgeschossige Schloß, das nur im Mittelteil ein reguläres Obergeschoß aufweist, ist an den südlichen und nördlichen Längsfronten 70,42 Meter lang. Seine Tiefe, gemessen an den östlichen und westlichen Seitenfronten, beträgt 35,78 Meter. An der nördlichen Hauptfront (Längsfront) ragt eine Eingangshalle mit einem stumpfen Giebel („antiker Tempelgiebel") vor, die durch sechs Pilaster mit ionischen Voluten geschmückt ist. Im Giebelfeld findet sich das Wappen der Grafen Pejácsevich. Die südliche (Garten-)Front ist ähnlich gegliedert, aber statt der Eingangshalle gibt es eine Gartenterrasse. Die beiden Längsfronten sind mit jeweils 19, die Seitenfronten mit je 10 Fensterachsen versehen. Von der Eingangshalle gelangt man in eine große Empfangshalle und von dort in den Großen Salon sowie in einen Mittelflur, von dem aus man die beidseitig befindlichen Zimmer sowie das Treppenhaus erreicht. Der Große Salon mißt 12,90 x 9,93 Meter. Von außen gesehen, erscheint der Grundriß symmetrisch, im Inneren gibt es jedoch größere Abweichungen von dieser Regel.[622)]

Westlich des einstigen Parks (heute ein Teil des Friedhofes von Retfala) erhebt sich die 1891 erbaute Grabkapelle der Familie Pejácsevich (Abb. 572).[623)] Ihre Merkmale sind: polygonaler Grundriß, klassizistische Fassaden, neubarockes Mansardendach, Innenkuppel unter einem hohen Dach und weitere Einzelheiten einer Grabkapelle im Typ eines Pavillons.

Zum Schloß von Retfala gehörte bis zum 20. Jh. ein großer Park. Auf den Katasterkarten von 1863 und 1883 (Abb. 576 und 578) ist er eingezeichnet, aber wir wissen nicht genau, wann er angelegt worden ist. Aus den Fluchtlinien läßt sich schließen, daß mit dem Park zur Zeit der Schloßerbauung begonnen wurde. In den sechziger Jahren des 19. Jhs. hatte er den Charakter eines englischen Landschaftsparks mit einheimischen Laubbäumen. Ein Blick auf die Katasterkarte von 1883 weist auf Veränderungen hin. Sie bestanden in einem teilweise anderen Konzept (Grundriß) und in der Pflanzung neuer Baumarten. Die Markierungen für Nadelhölzer auf der Katasterkarte sprechen für eine romantisierende Parkgestaltung mit zahlreichen und verschiedenartigen fremden (exotischen) Bäumen.

Der Park von Retfala gehörte mit seinen 17,5 Hektar Umfang zu den größeren Schloßparks Slawoniens.[624)] Leider begann seine Vernachlässigung bereits gegen Ende des 19. Jhs., nachdem Manfred Graf Clary-Aldringen den Besitz geerbt hatte.[625)] Als im Jahre 1924 die Bank Eigentümer geworden war, wurden die Parkbäume umgeschnitten und der Grund parzelliert, um Wohngebäude zu errichten. Der weitläufige Park, der mit dem Schloß und dem Friedhof von Retfala ein regelrechtes Ensemble von Architektur und Parkkultur vermittelte, wurde nun auf den sehr kleinen Umfang von einem halben Hektar zusammengestutzt. Vom besseren Bestand blieben lediglich eine Eiche (neben dem ehemaligen Verwalterhaus) und ein Kaiserbaum *(Paulownia tomentosa)* bestehen, welche die älteren Einwohner von Osijek an den einst schönen Park erinnern, in den sie schon immer ihre sonntäglichen Spaziergänge führten. Diese Spaziergänge stellten eine Verbindung der Bürger mit der gräflichen Familie her, die in der warmen Jahreszeit die Sonntagnachmittage gerne mit ihren Gästen auf der Terrasse verbrachte.

Stražeman - Biškupci

Schloss Jankovich / Buratti-Vranyczany

Gespanschaft Požega
Gemeinde Velika
Kat.-Gmde. Stražeman

Die Dörfer Stražeman und Biškupci sind heute verschmolzen. Sie liegen 15 Kilometer nordwestlich von Požega an den südlichen Hängen des Papukgebirges. Einst war Stražeman der Name einer Ansiedlung, eines Kastells *(castrum)*, einer Grundherrschaft und eines Schlosses. Doch bis heute blieb nur das Dorf erhalten. Das Kastell zerstörten die Türken, das Schloß steckten Deserteure („Grüne Kader") im Herbst 1918 in Brand. Mit dem Schloß ging auch der Gutsbesitz unter. Von all dem haben wir heute nur aufgrund weniger Notizen und Photographien eine Vorstellung.

Der Name der Siedlung leitet sich vermutlich vom Wort „straža" oder „stražarnica" ab, was soviel wie Wache/Wachhaus bedeutet und sich auf das oberhalb gelegene Kastell bezogen haben dürfte. Die Herrschaft und eine gleichnamige Adelsfamilie werden schon in Urkunden aus dem 14. Jh. erwähnt. Demnach hieß die Siedlung abwechselnd Strasa villa, Strasonila, Strazemle, Sztrasemlye, Strazembla und Strasemplye. Die Ungarn und die Türken bezeichneten Stražeman als Markt (varos).[626] Das Kastell wird in einer zuverlässigen Quelle erstmals 1503 genannt, aber 1702 war es eine Ruine, deren Steine für den Bau des Schlosses verwendet wurden.[627]

Im Jahre 1702 entwickelte sich mit Sitz in Stražeman eine Grundherrschaft, in die die Dörfer Biškupci, Kantarovci, Poljanska, Toranj, Bankovci und Sovinjak einbezogen wurden. 1707 übergab sie König (Kaiser) Leopold I. zur Nutzung auf Lebenszeit Franz von Crnković (Crnkovečki, Czernkoczy), der damals dem Sabor (Landtag) angehörte. Nach seinem Tod (1717) gelangte die Herrschaft in die Verwaltung der Wiener Hofkammer. Den größeren Teil erhielt aber Maria Anna Federle zur Nutznießung, nach ihrer Eheschließung am 18. Oktober 1719 ihr Gatte Franz Joseph von Pürck. Den kleineren Teil des Besitzes übergab König Karl III. (Kaiser Karl VI.) am 10. Dezember 1719 zur Nutznießung der Witwe des Franz von Crnković, Elisabeth geb. Gereczy. Beide Teile der Grundherrschaft erwarb dann Elias Groman um 28.000 Gulden von der Hofkammer.

579

Im Jahre 1777 kaufte Johann Jankovich de Daruvar die Grundherrschaft. Nach seinem Tod (1798) verwaltete die Witwe Aloisia geb. Gräfin Festetics den Besitz bis 1802, als der Sohn Isidor das Erbe antrat.[212] Bei dieser Gelegenheit mußte er eine Gebühr an die königliche Kassa abführen, die noch seine Stiefmutter schuldig war. Zu leisten waren 1.000 Dukaten, 1.000 Maß Weizen, weiters

580

579 AMBROSIUS VRANYCZANY-DOBRINOVIĆ, VATER VON KLOTHILDE, ÖL AUF LEINEN
580 SÜDFRONT, 1914
581 SÜDFRONT, 1928
582 KLOTHILDE BURATTI GEB. VRANYCZANY-DOBRINOVIĆ, ÖL AUF LEINEN

581

1.000 Maß Roggen und 3.000 Maß Hafer. Der letzte Eigentümer von Stražeman aus der Familie Jankovich de Daruvar war Isidors Sohn Julius.[213] 1848/49 übernahm er den Besitz, verkaufte ihn aber 1876. Der Käufer war Holger Niels Juel von Grevenkop-Castenskjoldu, ein Offizier aus Wien, der 80.000 Gulden und 500 Dukaten zahlte. Vertragsgegenstand waren das Schloß und der ganze Grundbesitz mit allem beweglichen und unbeweglichen Inventar.

Um die Wende zum 20. Jh. gehörten Schloß und Grundbesitz Stražeman der Gräfin Klothilde Buratti geb. Baronin Vranyczany-Dobrinović (Abb. 582)[628]. Dieses Vermögen hinterließ sie testamentarisch Karl von Gvozdanović (Gvozdanovich).

582

Anfang des 20. Jhs. gab es allerdings mehrere Miteigentümer: Karl Lobe, Dr. Mijo Reiner und Joseph von Hatvany-Deutsch. Einen Teil des Besitzes kaufte im Jahre 1911 die Vermögensgemeinde Slawonisch-Brod, später eine ungarische Familie, die noch nach dem Ersten Weltkrieg in Stražeman blieb, allerdings ohne Schloßbesitz. Dann wurde das Land parzelliert und verkauft. Einen Teil, und zwar jenen, auf dem sich das Schloß befunden hatte, kaufte im Jahre 1921 eine Familie Sakoman aus Zagreb. Sie ließ sich hier nieder und ist auch heute Eigentümer dieses Grundstückes.[629]

Den größten Aufstieg erlebte der Grundbesitz unter der Familie Jankovich de Daruvar. Vor ihrer Zeit, beispielsweise im Jahre 1745, beherbergte die Grundherrschaft 35 Ansässigkeiten und 113 Untertanen. Ihre Grundfläche umfaßte 382 Joch Ackerland und an Wiesen 242 „Mähgründe".

Als Klothilde Gräfin Buratti Eigentümerin war bzw. um die Wende vom 19. zum 20. Jh., umfaßte der Besitz 2.213 ha (3.850 Joch). Hauptprodukte waren Weizen, Mais, Hafer, Heu, Wein, Sliwowitz sowie Bau- und Brennholz. Karl von

583

Gvozdanović verwaltete den Besitz in Stražeman selbst. Der Meierhof Krivaj dan war verpachtet.[630]

Über das Schloß Stražeman wissen wir aus der Literatur nur, daß es mit Bauresten des mittelalterlichen Kastells errichtet wurde und in beiden Geschossen über 25 Zimmer verfügte, die komplett eingerichtet waren. Die Fassaden waren stilvoll gestaltet.[631] Das Schloß wurde in der 1. Hälfte oder um die Mitte des 18. Jhs. gebaut. Der Grundriß war rechteckig und maß 37 x 17 Meter. Mittelrisalite gab es an beiden Längsfronten. Noch vor 1862 wurde ein ebenerdiges Gebäude mit „L"-förmigem Grundriß angeschlossen, in dem auch die Schloßkapelle untergebracht wurde. Im 19. Jh. wurde über dem südseitigen Eingang ein Vordach angebracht und wahrscheinlich auch ein Altan an der Nordfront errichtet.

Die vorhandenen Photographien zeigen immer nur die Südfront bzw. Parkfront. So bleibt uns die der Allee, dem Wirtschaftsgebäude und dem Garten mit seinen Glashäusern zugewandte Nordfront verborgen. An der südseitigen Fassade können wir barocke, klassizistische und historistische Stilelemente erkennen. Hier ließ es sich wohl angenehm leben, sonst hätte die Familie Jankovich in Stražeman nicht häufiger gewohnt als in dem großen und repräsentativen Schloß Daruvar. Johann von Jankovich hielt sich besonders gern in Stražeman auf. Hier wurden seine Kinder geboren. Auch sein Sohn Isidor lebte vorwiegend hier, bevor er 1848 nach Ungarn übersiedelte und die Verwaltung der in Slawonien gelegenen Liegenschaften seinem Sohn Julius überließ.[632]

An den einstigen Schloßkomplex erinnern nur wenige Einzelheiten, wie beispielsweise die Reste des Schloßfundaments, Reste der Eisgrube und der Kanäle zur Bewässerung des Gartens sowie bescheidene Überbleibsel des Parks. Das heutige Wohngebäude hat man am Platz der früheren Glashäuser errichtet.

583 RESTE DES PARKS, 1993
584 RESTE DES PARKS, 1993

584

585

585 PARK, 1993
586 KATASTERKARTE, 1862

An den einstigen großen und sicherlich schönen Park erinnern nur malerische Wiesen und einige alte Bäume: Eichen, Linden, Eschen, Platanen, Kaiserbäume *(Paulownia tomentosa)* und eine Art Geweihbaum *(Gymnocladus dioicus;* kroat. gimnoklad). Die noch wahrnehmbare gefällige Formgebung weist auf eine landschaftliche Parkgestaltung aus der 1. Hälfte des 19. Jhs. hin. Ihre Hauptelemente waren weite Wiesen, größere und kleinere Gruppen von einheimischen und importierten (exotischen) Bäumen[633)] sowie Blumengärten vor den beiden Längsfronten des Schlosses. Der Park mit seinen 26 Hektar wirkte aufgrund seiner Verschmelzung mit der umgebenden Landschaft noch größer.[634)] Die Literatur bezeichnet ihn als sehr schön, aber es fehlen eingehende Erläuterungen über die Zeit des Entstehens und über die weitere Entwicklung.[635)]

586

Von allen Eigentümern von Schloß und Grundbesitz Stražeman war die Familie Jankovich de Daruvar (Janković Daruvarski) am engsten mit diesem Besitz verbunden. Deshalb hat man ihr auch oft neben ihrem Prädikat den Beinamen „Stražeman“ gegeben. Viele ihrer Mitglieder wurden hier geboren, und manche sind unter der Grabkapelle des hl. Isidor in der St. Michael-Pfarrkirche von Stražeman beigesetzt. Diese Kapelle mit der Gruft und der Grabtafel ließ die Witwe von Johann von Jankovich, Aloisia geb. Gräfin Festetics, im Jahre 1811 erbauen. Bis dahin wurden die Familienangehörigen in der St. Georgs-Kapelle auf dem Friedhof von Stražeman beerdigt.[636)] Die größte Bedeutung für Stražeman hatten Johann (1731–1798) und dessen Sohn Isidor[212)]. Johann von Jankovich[637)] kaufte die Gutsherrschaft und verbrachte hier seine späteren Lebensjahre. Er verwaltete auch die Besitzungen Sirač, Daruvar und Pakrac, die er von dem kinderlos verstorbenen Bruder Anton[211)] geerbt hatte. Am öffentlichen und politischen Leben nahm er kaum Anteil, vielmehr widmete er sich seinem Vermögen und den zahlreichen Kindern, von denen ihn nur Isidor und die Töchter Katharina und Juliane überlebten. (Zu dieser Familie siehe bei Schloß Daruvar.)

SUHOPOLJE / TEREZOVAC

SCHLOSS JANKOVICH

GESPANSCHAFT	VIROVITICA-PODRAVINA
GEMEINDE	SUHOPOLJE
KAT.-GMDE.	TEREZOVAC

Das Gebiet der heutigen Gemeinde Suhopolje war bis zur Mitte des 18. Jhs. sumpfig und unbewohnt. Nach Trockenlegung kam die Bezeichnung Suhopolje (Szuho-Polye: trockenes Feld) in Gebrauch, doch in der zweiten Hälfte des 18. Jhs. erhielt die dort entstandene Siedlung den Namen Terezovac. Dieser Name leitete sich entweder von der Königin Maria Theresia oder aber von Theresia Jankovich ab, der Gattin des Johann Nepomuk Jankovich von Bribir (Jankovich de Pribérd/Bribir et Vuchin/Voćin). Dieser ließ zwischen 1802 und 1816 die prachtvolle klassizistische Kirche der hl. Theresia von Avila im Dorf Terezovac errichten, das im 20. Jh. wieder den Namen Suhopolje erhielt. Das Dorf liegt in der Drauebene östlich von Virovitica, an der durch das Drautal führenden Hauptstraße nach Osijek. Die eigentliche Entwicklung dieser Siedlung begann erst nach Ankunft der erwähnten Familie Jankovich (Janković).

Bis zum Beginn des 19. Jhs. gehörten die Gründe von Suhopolje bzw. Terezovac zum großen Besitz Voćin (dem auf Seite 330 ff. ein eigenes Kapitel gewidmet ist). Vom Jahr 1703 bis 1765 waren die Grafen Caraffa Inhaber der Grundherrschaft Voćin, die anschließend die Hofkammer verwaltete. Noch gegen Ende des 18. Jhs. kaufte Johann Nepomuk von Jankovich die Herrschaft Voćin. Nach seinem Tod (1817) wurde der Besitz geteilt: den größeren, südlich gelegenen Teil mit dem Mittelpunkt Voćin erbte der ältere Sohn Joseph, der jüngere Sohn, Stephan, erhielt den nördlichen Teil mit Terezovac. Die nächsten Besitzer von Terezovac waren Stephans Sohn Joseph und dann – seit 1880 – dessen Sohn Elemir.[638] Nach dem Tod von Elemir (1917) folgte dessen Sohn Andreas (Endre) im Besitz. Dieser übersiedelte aber im Jahre 1918 auf seine in Ungarn gelegenen Güter Gicz und Öreglak. Terezovac/Suhopolje verkaufte er im Jahre 1931 dem in Voćin ansässigen Familienzweig. (Siehe dazu das Kapitel über Schloß Voćin.)

An der Wende zum 20. Jh., also unter Elemir Jankovich (Abb. 587), wies der Grundbesitz Suhopolje eine Fläche von 11.153 ha (19.398 Joch) auf. Die Erzeugnisse waren hauptsächlich Weizen, Mais, Wein sowie Bau- und Brennholz. Es gab auch ein großes Gestüt. Gutsdirektor war damals ein gewisser Vladislav Besz und Oberförster ein Anton Müller. Weingärten im Umfang von 30 Joch gab es in Rezovačke Krčevine, einen weiteren Besitz in Čemernica[639], außerdem Meierhöfe und einen Wildpark nördlich von Čemernica, dessen Name sich bis heute erhalten hat. Darin hielt man Hirsche, Rehwild, Fasane und Hasen. Als der Park im Jahre 1907 eingezäunt wurde, umfaßte er 80 Joch.[640]

587 ELEMIR JANKOVICH
588 JANKA UND ANDREAS JANKOVICH
589 NEUGOTISCHE SCHLOSSEINFAHRT, 1993
590 SÜDÖSTLICHE FASSADE, 1993

587

588

589

590

Als dieses Buch verfaßt wurde, war das Schloß menschenleer und eine halbe Ruine, der Park vernachlässigt und beschädigt. Besonders nach dem Zweiten Weltkrieg wurde das Schloß in verantwortungsloser Weise genützt. Nach der Übersiedlung von Andreas Jankovich (Abb. 588) im Jahre 1918 lebte der Verwalter Verfy mit seiner Familie im Schloß. Einige Zeit waren auch russische Flüchtlinge einquartiert. 1931 kaufte die Kroatisch-Slawonische Bank den Grundbesitz, um ihn zu parzellieren. Im Jahre 1942 erwarb zuerst die Kroatische Verkehrs-Aktiengesellschaft das Schloß, aber noch im gleichen Jahr die Kroatische Schul- und Kulturstiftung „Dr. Ante Starčević". Nach dem Krieg wohnten darin Kriegswaisenkinder. Dann, bis 1973, diente das Schloß Wohnzwecken und einer Volksschule, anschließend, bis 1991, einer landwirtschaftlichen Firma („Poljoprivreda") aus Suhopolje.[641]

Das gegenwärtige Schloßgebäude entstand in Etappen zwischen der zweiten Hälfte des 18. Jhs. und dem Beginn des 20. Jhs. In dieser Zeit wurde es aus- und umgebaut, seine Fassaden wurden verändert, und sein ursprünglicher, rein wirtschaftlicher Charakter wandelte sich zum bewohnten Mittelpunkt eines Grundbesitzes. Die ersten Gebäude wurden 1750 errichtet, das aus Wohn-, Wirtschafts- und Verwaltungsgebäuden bestehende Gefüge entstand im Jahre 1775, als Suhopolje zum Mittelpunkt der Grundherrschaft Voćin wurde, die ein Oberdirektor der Hofkammer verwaltete. Damals entstanden drei Gebäude bzw. Flügel, die später wesentlich umgestaltet wurden (siehe Katasterkarte, Abb. 597). Im mittleren barocken Gebäude war die Verwaltung untergebracht: rechteckig, einstöckig, großes Mansardendach.[642] Der heutige Westflügel stand ursprünglich frei. Er umfaßte nur ein Erdgeschoß, in dem sich die Küche, Zimmer für die Panduren (Diener) sowie andere Nebenräume befanden. Im heutigen Ostflügel, ebenfalls ein länglicher gemauerter Erdgeschoßbau, befanden sich Getreidekammern (Schüttböden) und Kammern für die Gärtner, Lagerräume sowie Personalwohnungen.

Johann Nepomuk von Jankovich baute gegen Ende des 18. Jhs. den großen Pferdestall nordöstlich des Schlosses. Etwa gegen Ende der sechziger Jahre des 19. Jhs. (unter Joseph von Jankovich, Enkel des Johann Nepomuk) wurde das Verwaltergebäude zu einem spätklassizistischen Schloß umgestaltet. Die Vergrößerung erfolgte durch einen ostwärtigen Zubau, an der Nordfassade wurden ein Risalit und ein Altan angebaut, an der Südfront eine Veranda. Das Mansardendach wurde beseitigt und die gewölbten Decken des Obergeschosses zu ebenen Plafonds umgestaltet. Es entstand ein neuer Stiegenaufgang aus Stein, und die Fassade erhielt spätklassizistische Verzierungen, beispielsweise gemeißelte Ornamente an der Balustrade oder in Form des Familienwappens im Giebelfeld (Tympanon). Etwa gegen Ende des 19. Jhs. ließ Elemir die mit Türmchen versehene neugotische Einfahrt (Abb. 589) erbauen. Hierdurch wurde eine bauliche Verbindung mit dem Westflügel hergestellt. Bei dieser Gelegenheit erhielten die Seitenfronten der beiden Flügel gezahnte Giebelprofile. Die letzte größere bauliche Veränderung am Mittelteil erfolgte 1942: Im Erdgeschoß wurde in dem im Risalit befindlichen großen Saal nordseitig eine Bühne errichtet und südseitig ein Zugang geöffnet.[643]

591

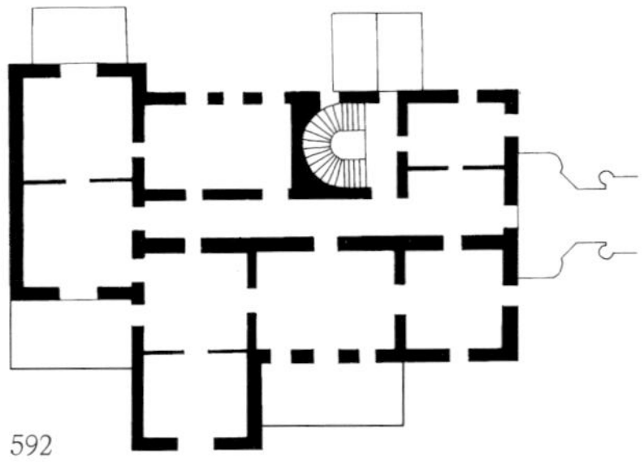

592

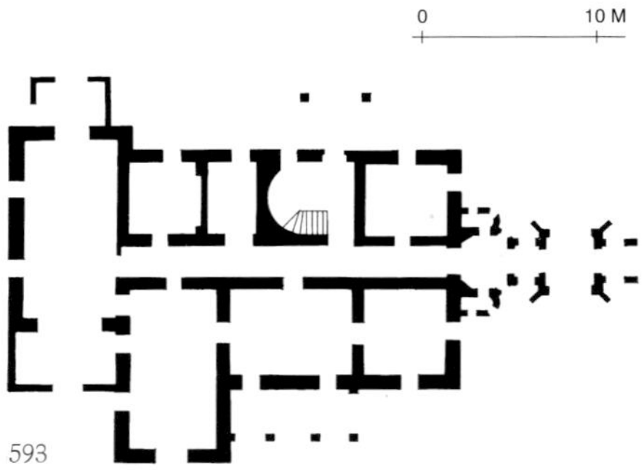

593

594

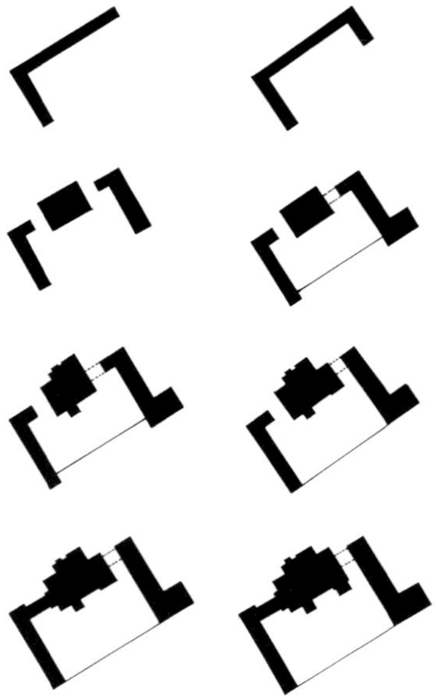

595

596

591 KAPELLE/MAUSOLEUM, CA. 1930
592 GRUNDRISS DES OBERGESCHOSSES
593 GRUNDRISS DES ERDGESCHOSSES
594 BAULICHE VERÄNDERUNGEN
595 BUCHENALLEE IM PARK, 1993
596 ANSICHT VON NORDEN, 1993
597 KATASTERKARTE, 1862

597

Den Anfang des Schloßparks bildeten Baumreihen aus dem Ende des 18. Jhs., die die Begrenzung des späteren Parks schufen: eine Weißpappelreihe am Nordwestrand, eine Lindenreihe am Nordostrand entlang der Hauptstraße und eine Eichenallee am Südrand. Letztere führte entlang des Weges zum Besitz Lepirovac, östlich von Terezovac (siehe die Katasterkarte, Abb. 597). Michael von Kunich beschrieb im Jahre 1834 die Baumreihen: eine Pappelreihe (wahrscheinlich in der napoleonischen Zeit gepflanzt) und eine Reihe junger Edelkastanien und Platanen.[644] Park, Garten und Obstgarten sind, so wie sie auf der Katasterkarte von 1862 verzeichnet sind, wahrscheinlich in den zwanziger Jahren des 19. Jhs. entstanden, also unter Stephan von Jankovich. Eine Bestätigung findet sich in einem Artikel von Kunich in der „Allgemeinen Deutschen Garten-Zeitung“, Jahrgang 1834, in dem der Park ausführlich beschrieben ist. Außerdem erzählten sich die älteren Einwohner von Suhopolje eine Geschichte, wonach die Braut des Stephan Jankovich nicht heiraten wollte, ehe der Park angelegt sei und das gesamte Schloß den Charakter eines Wohnsitzes habe.[645] Der Park und die Gärten umgaben das Schloß in einem Umfang von zehn Hektar. Wie man der Katasterkarte entnehmen kann, bewirkte die Art der Gestaltung eine zweckmäßige Schloßeinheit. Vor der nordwestlichen Hauptfront befand sich, gleichsam als Entree, ein Blumenpark.

Sein ursprüngliches Aussehen bewahrte der Park bis in die dreißiger Jahre des 20. Jhs. Südwärts des Schlosses war er landschaftlich gestaltet, außerdem befanden sich hier ein Obstgarten und ein Gemüse- bzw. Küchengarten mit einem Glashaus. Diese Anordnung ist nach den dreißiger Jahren stark verändert und durch die neuen Funktionen in den sechziger Jahren zerstört worden.[646] Der Park ist heute ein dichtes Gehölz.[647] Nur wenige Details – etwa alte Bäume, die Buchenallee und die Kapelle[648] – erinnern an das einstige romantische Aussehen des südseitigen Landschaftsparks.

Sveta (St.) Helena

Schloss Adamovich / Hellenbach / Mixich

Gespanschaft	Zagreb
Stadt	Sv. Ivan Zelina
Kat.-Gmde.	Helena

Das Dorf Sveta Helena (St. Helena) befindet sich dreißig Kilometer nordöstlich von Zagreb, unweit des Flusses Lonja, an der Straße, die Sv. Ivan Zelina mit Gračec verbindet. Auf einer kleinen Anhöhe zwischen zwei Dorfteilen findet man die Reste des einstigen Schlosses und Parks. Vom ganzen Schloßkomplex ist die Kapelle (130 Meter vom Schloß entfernt) noch am besten erhalten geblieben. Sie stand im Park, von dem allerdings außer einer unbebauten Fläche so gut wie nichts mehr erhalten ist. Im nördlichen Teil des einst schönen Schlosses sind Wohnungen untergebracht, die Südhälfte ist baufällig. Sie diente nach dem Zweiten Weltkrieg, bis zum Jahre 1975, einer Volksschule. Wegen zu geringer Schülerzahl wurde die Schule geschlossen, woraufhin das Gebäude, ohne jede Pflege, verfiel.

Der Besitz St. Helena wurde seit dem 16. Jh. in verschiedenen Dokumenten erwähnt, und zwar in Verbindung mit der Grundherrschaft Božjakovina. Beispielsweise verpfändete der Prior Matthias Barath im Jahre 1521 St. Helena einem Adeligen namens Matthias Mrsić. Im 17. Jh. wurde St. Helena die Kurie in Šenkovec (Zenkowez) angeschlossen, die von den Erben des Georg von Medušoci erbaut worden war. Eine Kurie in St. Helena selbst wird 1672 und 1689 erwähnt. Damals umfaßte der Besitz 29 Joch Ackerland und 34 Rigolen Weingärten. Nikolaus Zrinyi verpfändete im Jahre 1623 die Besitzungen St. Helena, Majkovec und Šenkovec einem Adeligen namens Koczy, dem die Familie Češković folgte.[649)]

Um die Mitte des 18. Jhs. gehörte St. Helena dem Vizegespan von Križevci, Johann von Saić von Pernic (Szaich de Pernicza). Durch die Ehe seiner Tochter Judith[188)] mit Johann Kapistran I. von Adamovich (1726–1808) gelangte St. Helena in den Besitz der Barone Adamovich de Csepin. (Näheres über diese Familie im Text zu Schloß Čepin.) Laut Testament (1801) erbte der jüngste Sohn Rochus Cornelius Adamovich (1764–1804) St. Helena. Da er kinderlos war, erbte dessen Bruder Anton Caspar.[189)] Dieser übergab den Besitz seiner Tochter Maria anläßlich ihrer Eheschließung (1825) mit Wilhelm Baron Hellenbach von Paczolay.[650)] Rechtsnachfolger bezüglich St. Helena wurde im Jahre 1849 der Sohn Lazar Baron Hellenbach.[651)] Nach seiner Eheschließung mit Klothilde von Jelačić von Bužim (1851) widmete er sich der Bewirtschaftung von St. Helena, aber auch dem Grundbesitz seiner Gattin in Maria Bistrica, den sie als Mitgift erhalten hatte. Die beiden lebten mit ihren fünf Töchtern und dem Sohn Dioni-

598 Haupt- bzw. Ostfront nach einem Projekt aus dem Jahre 1862

599 Westfront nach dem Erdbeben von 1880, Photo von Johann Standl

600 Ostfront nach dem Erdbeben von 1880, Photo von Johann Standl

598

599

600

sius in St. Helena. 1866 verkauften sie den Besitz und übersiedelten nach Maria Bistrica.

Den Besitz St. Helena kaufte Koloman von Mixich (Mikšić) de Lukawecz, der mit einer Baronin Emma Rast verheiratet war. Erbe wurde dann der Sohn Nikolaus (verh. mit Luise Gräfin Attems)[652], der den Besitz bis Anfang des 20. Jhs. bewirtschaftete. Damals umfaßte er 762 ha (1.326 Joch). Auf die Feldwirtschaft entfielen 150 ha, auf Wiesen 135 ha, Wald 324 ha, Weingärten 11,5 ha und 40 ha auf Weiden etc. Angebaut wurden Weizen, Roggen, Mais, Gerste, Hafer und Kleesamen. Außerdem wurde Bau- und Brennholz geliefert. Verwalter waren damals Joseph Jakšić und Stephan Taschler. Der Förster hieß Johann Punek und der Obergärtner Peter Podoljnak.[653]

Das Schloß in Sveta Helena wurde gegen Ende des 19. Jhs. erbaut, und zwar am Platz der früheren, von Johann Kapistran I. oder Anton Adamovich geschaffenen Kurie. Man mußte sie abreißen, weil sie durch das Erdbeben von 1880 so großen Schaden genommen hatte (Abb. 599 und 600), daß man sie nicht wiederherstellen konnte. Nur ihr verhältnismäßig unbeschädigter Südwestturm wurde umgestaltet und in den Südflügel des neuen Schlosses aufgenommen. Die übrigen quadratischen Ecktürme sind verschwunden. Der rechteckige Grundriß der Kurie wurde gleichfalls aufgegeben, statt dessen der neue in Form eines „H“ gestaltet. Auf ein Obergeschoß verzichtete man. Die dem Park zugewandte Hauptfront (Ostfront) erhielt drei Risalite mit Giebeln (Abb. 612), während die Westfront (Eingangsfront) vom nördlichen Querflügel und dem erwähnten Turm dominiert war (Abb. 611). Alle Fassaden erhielten historistische Ornamente, beispielsweise an den Dachgesimsen, sowie Rustika an den Ecken. Die Familie Mixich de Lukawecz fügte weitere Verzierungen hinzu, nämlich das Familienwappen an den Giebelfeldern der Risalite der Hauptfront. (Der Giebel des mittleren Risalites wurde im Zweiten Weltkrieg zerstört.) Zwei Zimmer waren mit geschnitzten und bemalten Holzdecken ausgestattet, die noch bis zuletzt gut erhalten waren.[654]

Die frühere Adamovich-Kurie hatte ihre architektonischen Reize. Ihr Grundriß hatte die Form eines Rechtecks (33 x 12 Meter). Die quadratischen Ecktürme sowie die späteren neugotischen Zierate an den Fassaden entsprachen dem Stil der eleganten Schlösser Nordkroatiens. Wir wissen nicht, wann die Kurie gebaut wurde. Möglicherweise ist sie aus einer im 17. Jh. gebauten älteren Kurie oder nur an deren Platz entstanden. Man kann aber annehmen, daß sie in der ersten Hälfte des 19. Jhs. (etwa zur Zeit des 1829 verstorbenen Anton Adamovich) erbaut wurde. Ihren Grundriß kennen wir durch das nicht ausgeführte Projekt einer Erweiterung und Umgestaltung aus der Zeit 1862/63 (Abb. 606). Die dicken Innenmauern und der Grundriß belegen die Ähnlichkeit mit barocken Kurien von einfachem rechteckigem Grundriß. Der erwähnte Bauplan[655] (Abb. 601–607) wurde im Maßstab 1:50 entworfen und von einem Architekten Gerok aus Wien (Theresianumgasse 7) signiert. Der projektierte Zubau (auf Abb. 606 in roter Farbe) wurde nicht ausgeführt, aber wahrscheinlich fand eine Renovierung im Sinn dieser Planung statt, weil das Aussehen der Kurie auf den Photos aus dem Jahre 1880 der Skizze aus der Zeit 1862/63 sehr nahe-

601

601 ÜBERSCHRIFT DES ENTWURFS ZUM UMBAU DES SCHLOSSES, 1862/63
602 GRUNDRISS VON FUNDAMENT UND KELLER DES ZUBAUS
603 GRUNDRISS DES ERDGESCHOSSES, ZUBAU
604 GRUNDRISS DES OBERGESCHOSSES, ZUBAU, 1862
605 ZUBAU DES SCHLOSSES, QUERSCHNITT, 1863
606 GRUNDRISS DES ALTEN SCHLOSSGEBÄUDES UND DES ZUBAUS 1862/63
607 HAUPT- BZW. OSTFRONT NACH DEM ENTWURF VON 1863

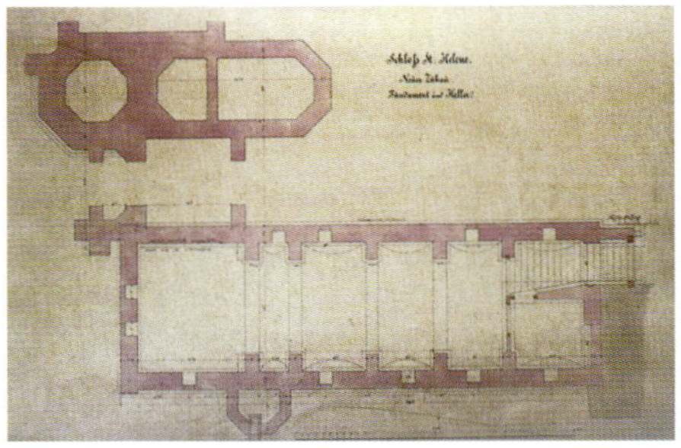

602

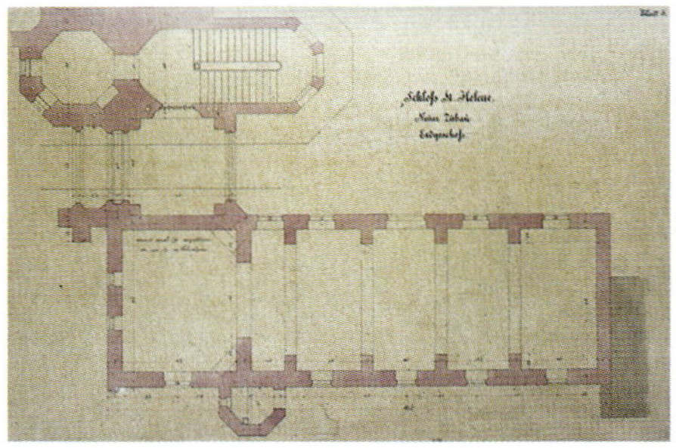

603

604

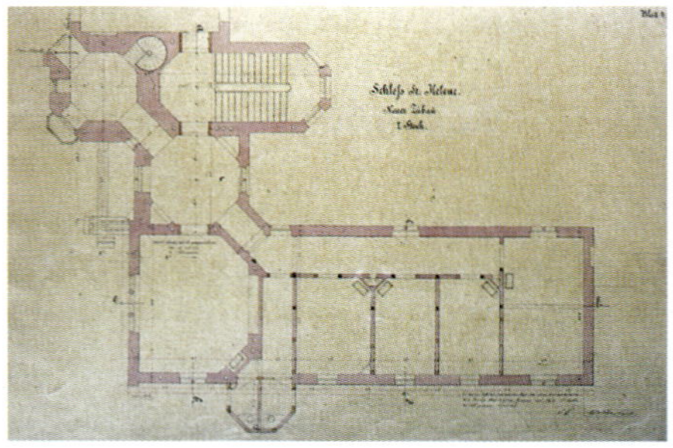

605

607

606

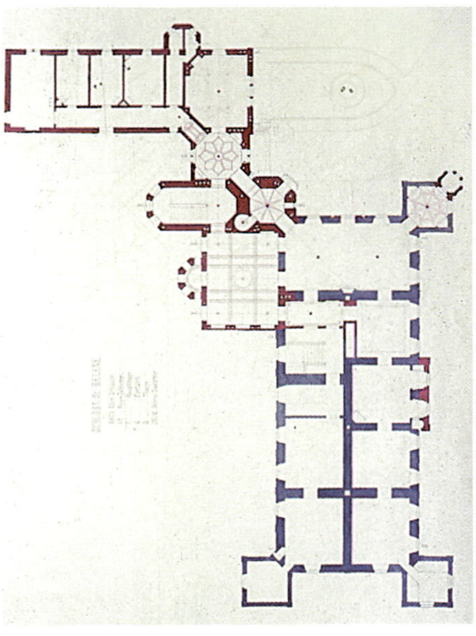

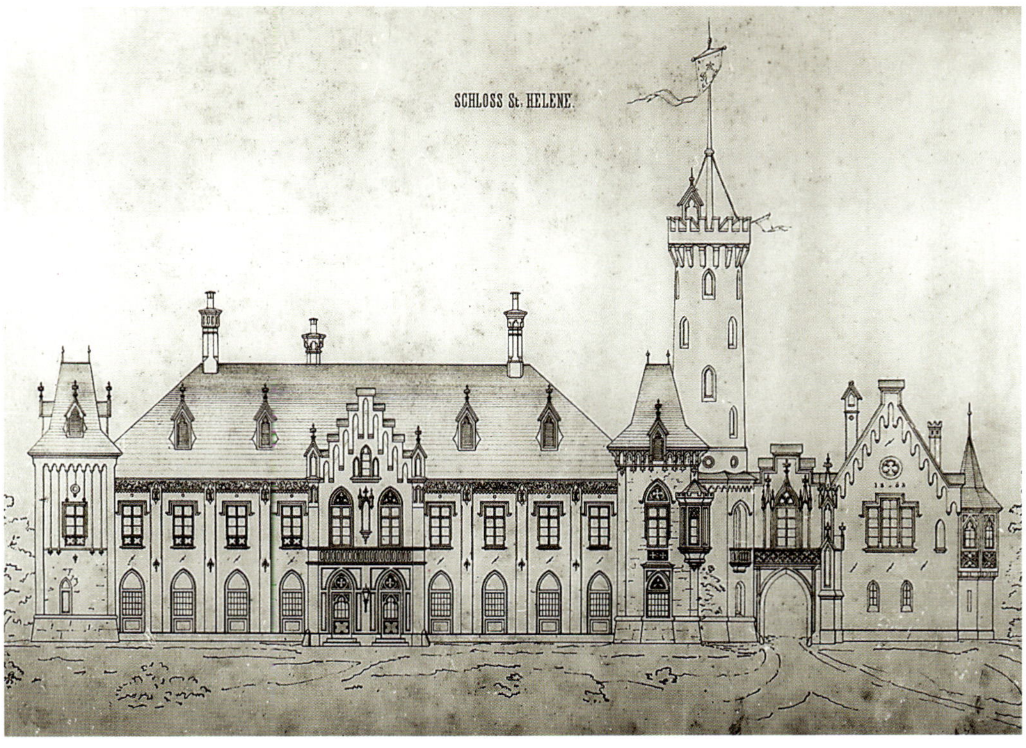

608

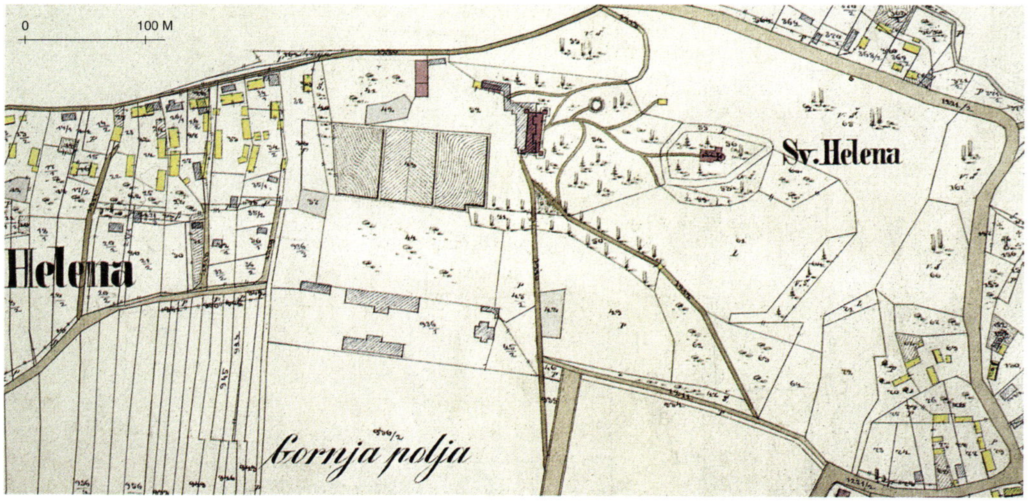

609

610

608 ANSICHT VON SÜDWESTEN, 1993
609 KATASTERKARTE, 1861
610 KAPELLE DER HL. HELENE IM PARK, 1993
611 WESTFRONT, 1970
612 OSTFRONT, 1. HÄLFTE 20. JH.
613 LAZAR HELLENBACH
614 HELENE PAPADOPOLI GEB. HELLENBACH
615 ZDENKA VRANYCZANY-DOBRINOVIĆ GEB. HELLENBACH

611

612

613

614

615

kommt. Es ist wenig wahrscheinlich, daß diese Fassadengestaltung bereits vor dem Jahre 1862 vorhanden war.

Der Schloßpark von Sankt Helena hatte einst einen Umfang von 1,5 Hektar. Er dehnte sich vor der östlichen Hauptfront des Schlosses aus. Wie man anhand der Katasterkarte aus dem Jahre 1861 (Abb. 609) sehen kann, bestand er bereits zu dieser Zeit. Johann Kapistran I. Adamovich bemerkte in seinem Testament, daß sein Sohn Anton (gest. 1829) die Bäume gepflanzt habe, weshalb man annehmen kann, daß der Park im ersten Drittel des 19. Jhs. angelegt wurde. Der ziemlich kleine Park wurde nach fachmännischen Regeln geplant, wobei die Obstgärten, Wiesen und das Gehölz an seinen Rändern ihm ein größeres Aussehen verliehen.

Die eingangs erwähnte Kapelle der hl. Helene befand sich im Park, etwa 130 Meter gegenüber der Hauptfront des Schlosses (Abb. 610). Zuvor stand dort eine mittelalterliche gotische Kapelle, von der immerhin noch Spuren sichtbar sind. Man hat sie später barockisiert und im Jahre 1866 im Stil der Neugotik umgestaltet. Daran erinnert eine Tafel in der Kapelle, die Koloman von Mixich anbringen ließ. Die Kapelle ist einschiffig und weist ein polygonales Sanktuarium auf. Sie hat ein Türmchen in Form eines Dachreiters. Die gotische Türumrahmung ist aus Stein, das Inventar sowohl aus dem 17. wie aus dem 19. Jh. Neugotisch ist das Kreuzgewölbe.[656]

Für die Familie Hellenbach war St. Helena der erste Wohnsitz in Kroatien. Der über Veranlassung von Baron Lazar Hellenbach angefertigte großzügige Entwurf aus der Zeit 1862/63 spricht für die Wichtigkeit, die man diesem Besitz zunächst beimaß. Bei den Hellenbach von Paczolay handelt es sich um eine alte, aus der Slowakei (damals „Oberungarn") stammende Familie, wo sie Anfang des 16. Jhs. den Namen Čeh (Czech) führte. Einem Jeremias Czech aus Kremnitz wurde am 5. November 1643 der Adel und am 31. März 1651 der Beiname Hellenbach mit der Erlaubnis verliehen, den Namen Czech wegzulassen. König (Kaiser) Leopold I. verlieh Johann Gottfried von Hellenbach und dessen Frau (Maria Katharina geb. Kares) am 26. Januar 1686 das ungarische Baronat und am 24. September 1702 den erbländischen (österreichischen) Freiherrnstand. Johann Gottfried war Leibarzt des Königs. Lazar Hellenbach[651] war praktisch der erste „Kroate" dieser Familie.[657]

Sveta Helena Koruška

Die Kurien der Landedelleute

Gespanschaft	Koprivnica-Križevci
Stadt	Križevci
Kat.-Gmde.	Sv. Helena Koruška

Das nördlich von Križevci (Kreutz) gelegene Dorf Sveta Helena hieß von alters her Sveta Helena Koruška. Die gotische Kapelle der hl. Helene (im 19. Jh. erneuert) und der Bach Koruška gaben der Ansiedlung den Namen. Geschichtlich ist dieser Platz wegen der „Freien Adelsgemeinschaft“ von Interesse. Untergegangen und vergessen ist manches: die Adelsgemeinschaft (bzw. Adelsgemeinde), ihre Kurien und Gründe. Nur wenige Dokumente, rare Photographien und wenig Literatur stehen dem Forscher zur Verfügung.[658)]

Bis in die siebziger Jahre des 20. Jhs. stand an der Westseite des großen trichterförmigen Dorfplatzes eine hübsche spätbarocke Kurie. Erbaut wurde sie wahrscheinlich im 18. Jh., umgebaut im Jahre 1802. Sie hatte einen Grundriß von 15 x 13 Metern. Die Straßenfront (Hauptfront) war im Erdgeschoß in Rustika gehalten, im Obergeschoß wies sie Pilaster und Fensterverzierungen auf. Eigentümer waren zuerst eine Familie Magdalenić, später Jelačić, zuletzt Berta von Gvozdanovich, die im Jahre 1875 die Kurie samt dem Grundbesitz für 8.000 Gulden verkaufte. Dann wurde das Gebäude als Schule verwendet. 1970 war es bereits baufällig und geplündert. Von dem mittelalterlichen Kastell von Sveta Helena weiß man nur, daß es im 16. Jh. existierte.[659)] Auch von anderen Kurien gibt es keine Spuren mehr, obwohl sie mit Sicherheit bestanden, schon im Hinblick auf die verhältnismäßig große Zahl an Angehörigen dieser Adelsgemeinde mit ihren kleinen Grundbesitztümern. 1752 wurde die Kurie eines Mihovil von Seny und 1763 die eines Emmerich von Filipović erwähnt.[660)]

616

In alten Dokumenten heißt es, daß die Adelsgemeinde seit dem Jahre 1218 bestand. Häufig wird sie zwischen dem 14. und dem 17. Jh. erwähnt. In der neueren Geschichte spielt das Jahr 1830 eine Rolle, als nämlich König/Kaiser Franz I. Sveta Helena Koruška das Statut eines Marktes verlieh. Bittsteller waren damals die Edelleute Stephan und Johann Stručić sowie Mirko Seny. Diese Markterhebung war mit dem Recht verbunden, an folgenden Festtagen Markttage abzuhalten: am Tag der hl. Helene (22. Mai), des hl. Veit (15. Juni) und des hl. Laurentius (10. August).[661)] Die mehrhundertjährige Tradition der bäuerlichen Edelleute von Sveta Helena Koruška ist heute ausgelöscht, ebenso wie die der bekannteren Gemeinschaft von Turopolje, die wegen ihrer Ungarnfreundlichkeit im Jahre 1848 eine Rolle spielte. (Derartige Privilegien verliehen die ungarischen Könige im Mittelalter in größerem Umfang [z. B. Szekler]; Fürst Bocskay noch 1605 an 9.254 Haiduken, denen er die „Haidukenstädte“ zuwies.)

616 Eingangsfront, 1970
617 Katasterkarte, 1859
618 Eingangsfront, 1954

617

Noch im 19. Jh. gab es in Sveta Helena Familien, die infolge eines Namensprädikates als adelig galten. Einige davon lebten in einem genossenschaftlichen Verhältnis. Es handelte sich um einen Bauernadel, die sogenannten „šljivari“ („Zwetschkenjunker“). Der Überlieferung zufolge geht dieser Adelsstatus auf König Béla IV. zurück, der die Verleihungen am 15. Juni 1244 für Dienste vornahm, die man dem im Zuge des Tatarensturmes geflüchteten König geleistet hatte. Historisch ist dies nicht gesichert, aber das Ereignis wird immerhin in einer Urkunde vom 16. August 1754 erwähnt, welche der damalige Gespanschafts-Notar von Križevci, Stephan Joseph von Švagel, unterzeichnete.[662] 1630 erhielten die Familien Satvar, Salaić und Gudić den Adel verliehen.[663] Die Familien Filipović und Seny wurden im 17. Jh. als adelig erwähnt.[664] Im 18. und 19. Jh. gab es in Sveta Helena Koruška sehr viele Familien des einfachen Adels: Stručić (Sztruchich), Ljubić (Lyubich), Šipušić (Sipusich), Švagel (Svageil, Schwagel), Šiger (Siger), Kemenović (Kemenovich), Kamenjak, Kostibol (Kosztibol), Srbljinović (Szerbinovich), Brezovec (Brezovecz), Peršin, Kramarić (Kramarich), Sokač (Szokach) und andere. Die größte Familie bildeten im 19. Jh. die Stručić. Sie bestand aus zwei bäuerlichen Hausgenossenschaften mit 32 Häusern.[665]

613

Šestine

Schloss Kulmer

Gespanschaft	Zagreb
Stadt	Zagreb
Kat.-Gmde.	Šestine

Das nördlich von Zagreb, am Fuß von Medvedgrad gelegene einstige Dorf Šestine ist heute Teil der Hauptstadt Kroatiens. Es ist eher wegen der malerischen Trachten, der bunten Regenschirme und der Kirche des hl. Emmerich bekannt als aufgrund des alten Herrschaftssitzes, den man nach seinen letzten Besitzern oft Kulmer-Schloß (Kulmerovi Dvori) nannte. Wenn wir von Šestine die Straße nach Medvedgrad und zum Sljemen nehmen, gelangen wir an einen Punkt, an dem ein Schloß stand, das im Sturm des Zweiten Weltkrieges unterging. Nur ein schöner Ausblick und die Reste von Kellern und Wirtschaftsgebäuden erinnern daran. Im großen und ganzen sind wir auf alte Skizzen und Photographien angewiesen.

Als das mittelalterliche Medvedgrad durch ein Erdbeben großen Schaden erlitten hatte, erbaute der damalige Eigentümer, Baron Stjepko Gregorijanec, gegen Ende des 16. Jhs. in Šestine eine Kurie, und zwar als Sitz der Grundherrschaft Medvedgrad. Im Jahre 1672 sprach man von einer gemauerten zweigeschossigen Kurie mit einem Keller für vierzig Fässer.

Zur Zeit der Grafen Sermage erfolgte ein Zubau, aber das spätbarock-klassizistische Aussehen erhielt das nunmehrige Schloß erst im 19. Jh. Auf einer zeitgenössischen Graphik (Abb. 621) sieht man das Schloß noch vor dieser Umgestaltung. Das äußere Stiegenhaus an der Nordfront sowie der Zubau an der Westfront wurden offensichtlich in der letzten Änderungsphase hinzugebaut. Die Größe und die langgestreckte Form hoben das Schloß aus der landschaftlichen Umgebung hervor. Das Innere war übersichtlich und durch lange, schmale Flure gegliedert. Am Westende befand sich die Schloßkapelle mit einem Bild der Schwarzen Muttergottes, das aus Medvedgrad stammte. Das Obergeschoß diente Wohnzwecken, während im Keller und im Erdgeschoß Magazine und Nebenräume untergebracht waren. Die Decken des Obergeschosses waren eben, während Keller und Erdgeschoß Tonnengewölbe aufwiesen. Die südliche Hauptfront war mit 15 Fensterachsen ausgestattet, von denen drei auf den seichten Mittelrisalit entfielen, wobei die Fenster durch Türen ersetzt waren, da sich hier ein Balkon befand. In Dachhöhe war dem Risalit eine dreieckige Bekrönung mit dem Zrinyi-Wappen (aus Medvedgrad übertragen) aufgesetzt. Die Nordfront mit dem Eingang war asymmetrisch und einfach gestaltet. Dort befand sich auch das hinzugebaute Stiegenhaus mit drei Treppenreihen. Das alte Stiegenhaus lag im Westteil.[666]

619

620

621

619 KOPIE DER KATASTERKARTE, 1903 (1913)
620 VERZIERUNG AN DER FASSADE DES PFERDE-STALLS, 1954
621 DIE LANDSCHAFT UM DAS SCHLOSS KULMER, GRAPHIK
622 SÜDFRONT (HAUPTFRONT), 1946
623 GRUNDRISS DES OBERGESCHOSSES
624 GRUNDRISS DES ERDGESCHOSSES
625 NORDFRONT, 1946

622

625

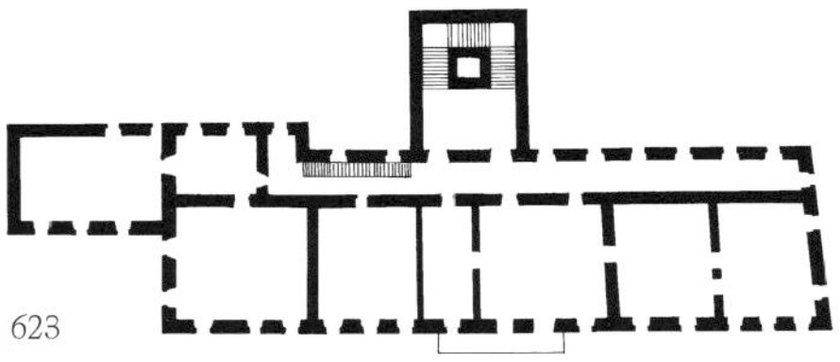

623

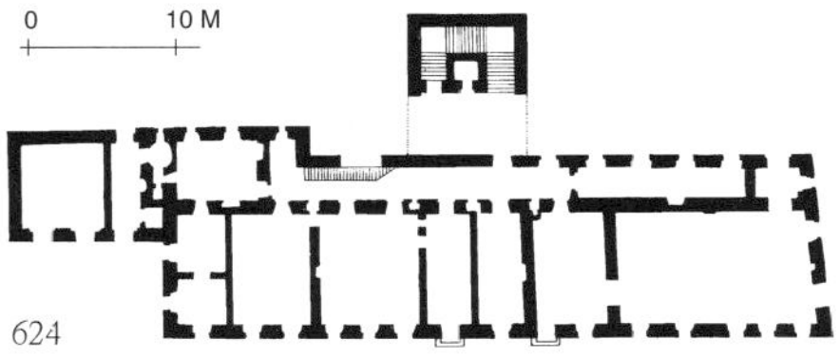

624

626

626 EIN FEST IM SCHLOSS KULMER, CA. 1940;
ANWESENDE FAMILIENMITGLIEDER: JOHANN, ALEXANDER, FRIEDRICH „ŠESTINSKI", ELVIRA (GEB. TÜRK, FRIEDRICHS GATTIN), FRIEDRICH (MIROSLAV) D. J.

627 DETAIL DES SALONS, VOR 1944

Aufgrund von Bauskizzen, die in den ersten Jahren nach dem Zweiten Weltkrieg angefertigt wurden, kann man einige bauliche Veränderungen erkennen, die niemals genauer untersucht wurden.

Das Schloß war bis 1944 bewohnt, dann wurde Munition darin gelagert. Als Anfang 1945 der Dachstuhl brannte, wagte niemand zu löschen. Eine gewaltige Explosion riß das Schloß auseinander. Übrig blieben nur die Außenmauern, die in den Jahren nach dem Krieg abgerissen und als Baumaterial weggeschleppt wurden.[667)]

Šestine, dessen geographische Lage wir bereits besprochen haben, lag genau zwischen der Waldzone und den landwirtschaftlich genutzten Flächen. Seltsamerweise war das Schloß niemals von einem Park umgeben. Auf alten Photographien sehen wir noch eine Pappelallee längs der Zufahrt und vereinzelte Bäume um das Schloß (auf der Katasterkarte von 1903 als Obstgarten bezeichnet). Das Fehlen eines Parks wurde durch einen großen, in Terrassen angelegten Weingarten vor der südlichen Hauptfront und generell durch die Einbettung in eine malerische Landschaft ausgeglichen (vgl. Abb. 621). Anfang des 20. Jhs. umfaßte der Grundbesitz 983 ha (1.710 Joch), bezogen auf Šestine, Medvedgrad und Trnje.[668)]

627

628 SPEISEZIMMER, VOR 1944
629 DETAIL DES SALONS, VOR 1944

628

629

Bald nachdem Baron Gregorijanec die Kurie in Šestine erbaut hatte, gelangte die Grundherrschaft in den Besitz der Familie Zrinyi. Doch mit der Aufdeckung der „Magnatenverschwörung“ (1679) verloren die Zrinyi ihr gesamtes Vermögen. Šestine erhielt dann Franz Graf Čikulin (Chiculini, Chikuliny) von Susedgrad und Medvedgrad (Szomszédvár und Medvedgrád) als Schuldanerkenntnis aus einem Prozeß. Im Weg einer Eheschließung gelangte der Besitz an die Barone Moscon und durch die Ehe von Juliane Moscon mit dem Grafen Peter II. Sermage zunächst an diese Familie. Graf Sermage war damals kaiserlicher Kommandant an der Militärgrenze und Mitglied der Banalregierung. 1720 erhielt er das ungarische Baronat, 1749 wurde er in den Grafenstand erhoben. Durch Übertragung erhielt er die Prädikate der ausgestorbenen Familie Čikulin. Als Folge der Eheschließung der Judith Sermage (Tochter des Peter Troylus Graf Sermage und der Anna Maria Gräfin Draskovich) mit Johann Emil Baron Kulmer gelangte Šestine schließlich in den Besitz der Familie Kulmer von Rosenpichl und Hohenstein, die durch die sogenannte Verstaatlichung nach dem Zweiten Weltkrieg ihr Eigentum einbüßte.[669)]

Ihr letzter Vertreter in Šestine war Friedrich (Miroslav) Graf Kulmer, genannt „Šestinski“ [670)] (Näheres über diese Familie findet sich im Kapitel über das Schloß Cernik.)

Špišić Bukovica

Kurie Spissics / Pejácsevich

Gespanschaft	Virovitica-Podravina
Gemeinde	Špišić Bukovica
Kat.-Gmde.	Špišić Bukovica

Das Dorf Špišić Bukovica liegt ein paar Kilometer westlich von Virovitica an der Hauptstraße. 1301 wurde hier ein Benediktinerkloster errichtet, 1535 wurde in einer Schenkungsurkunde des Königs (Kaisers) Ferdinand ein mittelalterliches Kastell erwähnt. Infolge der Zerstörung aller Bauten durch die Türken blieb dieses Gebiet bis zum Ende des 17. Jhs. unbesiedelt. Ursprünglich hieß dieser Platz Bakowcza, Bakocza, Bakwar oder Bakwa. Der heutige Name entstand erst um die Mitte des 19. Jhs.[671)]

Nach dem Abzug der Türken war das Gebiet von Bukovica militärisch besetzt und verwaltet. Erst im Jahre 1749 verlieh Königin Maria Theresia diesen einstigen Besitz des Paulinerordens dem damaligen Vizegespan von Virovitica, Anton[672)] von Špišić Japranski. Die Špišić (Spissics)[673)] waren eine aus dem heutigen Westbosnien stammende kroatische Adelsfamilie. Antons Sohn Ladislaus erbte den Besitz und baute die Kurie. Sie wurde mitsamt der Grundherrschaft im Jahre 1812 von Stephan Graf Pejácsevich (Pejačević)[674)] käuflich erworben. Er ließ sich hier mit seiner Frau Maria geb. de Kiss nieder. Nach dem Tod der Maria Gräfin Pejácsevich überließ der Nachlaßverwalter Josef Tötzmayer die Kurie einer Schule samt Schülerheim. Dieser Zustand währte bis zum Jahre 1861, als Fürst Adolf Georg Schaumburg-Lippe den gesamten Besitz kaufte.

Mit der türkischen Okkupation Slawoniens und der Zerstörung vieler Häuser in Bukovica im Jahre 1532 ging auch die spätmittelalterliche Grundherrschaft unter. Ihr allmählicher Wiederbeginn setzte im Jahre 1714 mit der Wiederbesiedlung des verödeten Landes um Donja Bukovica ein. Hauptsächlich waren es Ansiedler aus Kroatien, die mit Rodungen und landwirtschaftlicher Kultivierung begannen. Das Dorf bestand im Jahre 1724 aus 11 Ansässigkeiten mit 200 Joch Acker und 160 Rigolen Weingärten. Bereits 1745 gab es 32 Ansässigkeiten mit 266 Joch Ackerland, 129 „Mähgründen" und 264 Weingartenrigolen. Damals wurde das Gebiet vom Militär nach Art des Militärgrenzgebietes verwaltet. Folglich waren die Bauern „frei" und genossen in Anerkennung ihrer zu leistenden militärischen Dienste Steuerfreiheit. Daraus ergaben sich nach dem Jahre 1749 Schwierigkeiten. Der neue Grundherr verlangte Abgaben und Dienstbarkeiten, so daß 1755 ein Aufstand ausbrach, der vom regulären Militär niedergeschlagen werden mußte. Danach nahm die Zahl der Einwohner und der Ansässigkeiten zu. 1799 gab es 743 Einwohner, 1810 etwa 873 und 110 Häuser, und im Jahre 1848 gab es 45 Ansässigkeiten.[675)]

630

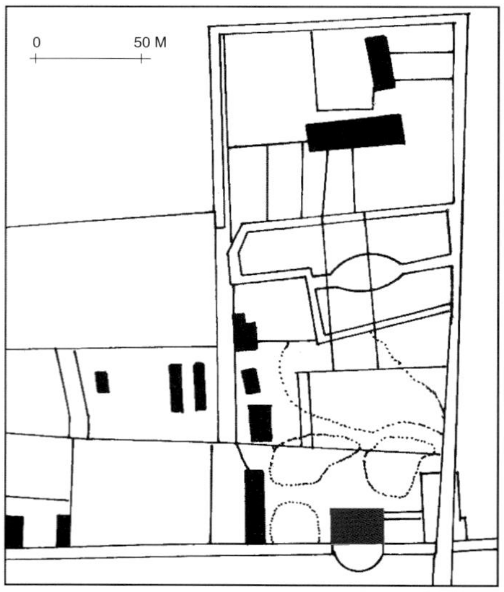

631

632

630 KOPIE DER KATASTERKARTE, 1862
631 SÜDFRONT (STRASSENFRONT), 1997
632 NORDFRONT (HOFFRONT), 1997
633 HOFFRONT, 1957
634 STRASSENFRONT, 1957

633

634

Die Kurie wurde von Ladislaus von Spissics wahrscheinlich nach 1785 erbaut. Aus den heute noch erhaltenen klassizistischen Elementen läßt sich ableiten, daß zwischen 1812 und 1826 eine entsprechende Erneuerung stattgefunden hat, nämlich zu Lebzeiten des Grafen Stephan Pejácsevich. Das zweigeschossige, im Grundriß rechteckige Gebäude erhielt an der nördlichen Eingangs- und Hoffront einen auf Arkaden mit einer offenen Vorhalle gesetzten Altan (nach 1957 verschwunden) und an der südlichen (straßenseitigen) Front einen seichten Risalit, der in einen Giebel auslief. Häufige, nicht sachgerechte Umbauten in den folgenden Jahrzehnten, besonders in Zusammenhang mit dem Schulbetrieb, verminderten den architektonischen Wert der Kurie.[676)]

Die Kurie liegt an einer Wildkastanienallee, durch die man zur Pfarrkirche Johannes' des Täufers gelangt. Vom kleinen neuromantischen Park vor der Nordfront ist nur ein unbebauter Fleck übriggeblieben.

ŠTAKOROVEC

KURIE ERDÖDY

GESPANSCHAFT ZAGREB
GEMEINDE BRCKOVLJANI
KAT.-GMDE. HREBINEC

Das Dorf Štakorovec liegt nördlich von Božjakovina, an der Straße, die von Brckovljani und Božjakovina nach Sv. Ivan Zelina führt. Schon 1598 wurden Dorf und Adelssitz Štakorovec genannt. Damals gehörte es, wie auch kleinere Besitze in dieser Gegend, der Familie Zrinyi. Diese gab die Kurie mit umliegenden Ansässigkeiten kroatischen Adeligen, die vor den Türken geflohen waren, zur Nutznießung, woraus Lehnsverhältnisse (Afterlehen) entstanden.[677)]

Zunächst befand sich in Štakorovec ein Haushalt, im Jahre 1672 waren es bereits drei und 1680 fünf. 1680 verfügte der Besitz über etwa 19 Joch, 1744 aber über 174 Joch Ackerland.[678)] Nach einigen Besitzerwechseln wurden die Grafen Erdödy Ende des 18. Jhs. Eigentümer.[679)]

Anton Graf Erdödy (1797–1864; Abb. 635)[580)], der in Štakorovec geboren wurde und auch hier starb, war der erste der „Štakorovecer Linie" dieses Hauses. Sein Nachfolger war der Sohn Johann Nepomuk (1847–1878; Abb. 637)[580)]. Nach seinem Tod wurde der Besitz von der Witwe Irma (Maria) geb. Baronin Zornberg von Gallwitz (Abb. 638) verwaltet. Der älteste Sohn, Thomas[680)], Obergespan in Varaždin, verkaufte 1914 den Grundbesitz Stančić-Štakorovec, der zunächst dem landwirtschaftlichen Besitz Božjakovina einverleibt, aber dann wieder getrennt und dem Gestüt in Stančić überlassen wurde.[681)]

Über die sowohl für Kroatien wie für Ungarn wichtige Familie Erdödy haben wir bereits im Kapitel über die Schlösser in Popovača gesprochen. Mit Štakorovec waren die Grafen Erdödy von der 2. Hälfte des 18. Jhs. bis zum Anfang des 20. Jhs. eng verbunden. Bezüglich Štakorovec ist jener Familienzweig interessant, der mit Ladislaus (1693–1750)[682)] begann. Er teilte sich wieder in einen ungarischen und in einen kroatischen. Letzterer begann mit dem oben erwähnten Anton Graf Erdödy und endete mit Kálmán (Koloman; 1873–1949) in der männlichen und mit dessen Tochter Judika (geb. 1924) in der weiblichen Linie.[680)]

Um die Wende zum 20. Jh. umfaßte der Besitz Štakorovec, den damals Thomas Graf Erdödy verwaltete, etwa 195 Hektar (340 Joch), wovon 57 ha auf Ackerland, 69 ha auf Wiesen, 17 ha auf Gärten und Weingärten und gegen 52 ha auf Wald entfielen. Er teilte sich auf Hügelland und ebene Flächen auf. Die Produkte waren Raps, Weizen, Hafer, Kleesamen, Kartoffeln, Mais, Sliwowitz, Heu, Zichorie und Most.[683)]

635

636

635 ANTON ERDÖDY
636 LUDOVIKA LO PRESTI DELLA FONTANA D'ANGIOLI, GATTIN DES ANTON ERDÖDY
637 JOHANN NEPOMUK ERDÖDY
638 IRMA ZORNBERG, GATTIN DES JOHANN NEPOMUK ERDÖDY
639 NORD- UND WESTSEITE DER KURIE VOR DER RENOVIERUNG, 1993
640 ANSICHT VON SÜDEN, 1993

639

637

638

640

641

642

641 NORDWESTECKE VOR DER RENOVIERUNG, 1993
642 KURIENEINGANG VOR DER RENOVIERUNG, 1993
643 GRUNDRISS DES OBERGESCHOSSES VOR DER RENOVIERUNG
644 GRUNDRISS DES ERDGESCHOSSES VOR DER RENOVIERUNG
645 KOPIE DER KATASTERKARTE, 1862
646 NORDWESTECKE NACH DER RENOVIERUNG, 1997
647 GRUNDRISS DES ERDGESCHOSSES NACH DER RENOVIERUNG, 1997
648 ANSICHT VON SÜDEN, 1997
649 WEST- UND SÜDFRONT NACH DER RENOVIERUNG, 1997
650 SÜD- UND OSTFRONT NACH DER RENOVIERUNG, 1997

Die Kurie befindet sich auf einem sanften Hügel außerhalb der Siedlung. Ihre nordöstliche Hauptfront ist dem Tal der Lonja und dem Kalnik zugewandt. Sie wurde im 17. Jh. zweigeschossig, mit einem hohen Satteldach und mit rechteckigem Grundriß (19 x 13 Meter) errichtet. Die Doppeltreppe führt von einer Halle im Erdgeschoß zu einem Flur im Obergeschoß, von dem man zu den Zimmern gelangt. Die Decken in beiden Geschossen sind barock gewölbt. Nach 1862 wurde an die Nordfront ein eingeschossiger Trakt mit einem flacheren Satteldach angebaut. Der runde Eckturm mit seinem Kegeldach und dem Vorbau verlieh der Verbindung zwischen Zubau und Westfront etwas Malerisches. An diese neue Nord- wie auch an die Südfront hat man Anfang des 20. Jhs. Terrassen angebaut.

Das Glockentürmchen, die verblichene Sonnenuhr an der Südfront, die Reste der gemalten Wappen an den Basen der Treppen sowie der lichtgrüne historistische Kachelofen (heute im Schloß Božjakovina) sprechen insgesamt für eine einst malerische und gefällige Kurie.[684] Als dieses Buch entstand, wurde sie, wenig erfreulich, für Wohnzwecke umgebaut.[685]

Westlich der Kurie befanden sich vier Wirtschaftsgebäude (Abb. 645) und dazwischen ein Garten (wahrscheinlich ein Blumengarten) mit radial verlaufenden Wegen. Westlich dieser Wirtschaftsgebäude sowie östlich der Kurie dehnten sich Obstgärten aus. Weiter westlich und südwestlich sowie im Norden begann der Wald. In den siebziger Jahren des 20. Jhs. gab es noch eine Allee von hundert Jahre alten Pappeln, die von der Hauptstraße zur Kurie führte.[686] Eine Lindenallee, die von ihr nach Süden in Richtung des Dorfes führt, ist noch teilweise vorhanden. Von den Wirtschaftsgebäuden, vom Blumengarten und von den Obstgärten ist nichts übriggeblieben. Von alldem gibt es nur mehr einzelne Überbleibsel inmitten einer lieblichen Landschaft.

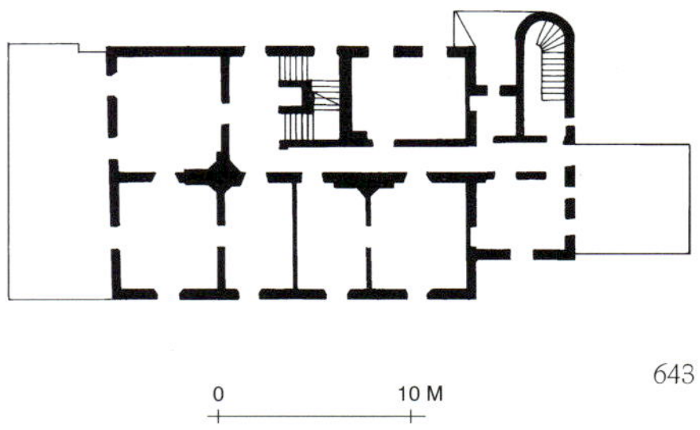

643

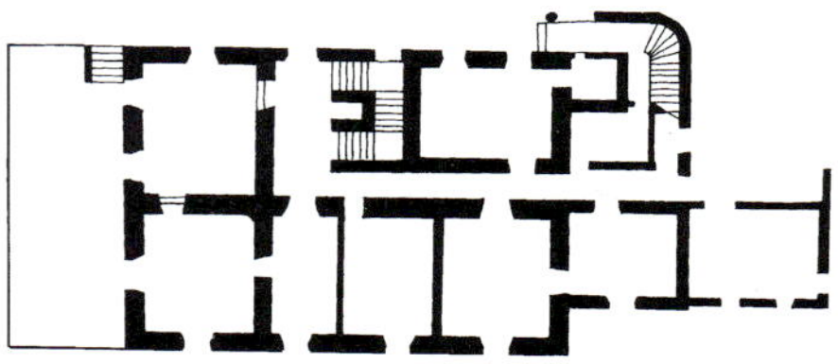

644

645

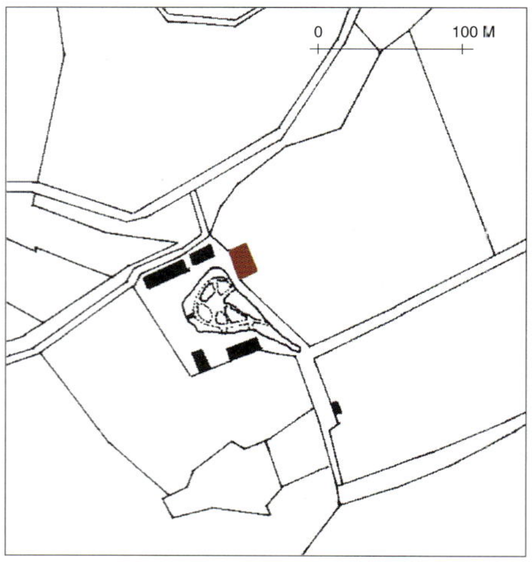

646

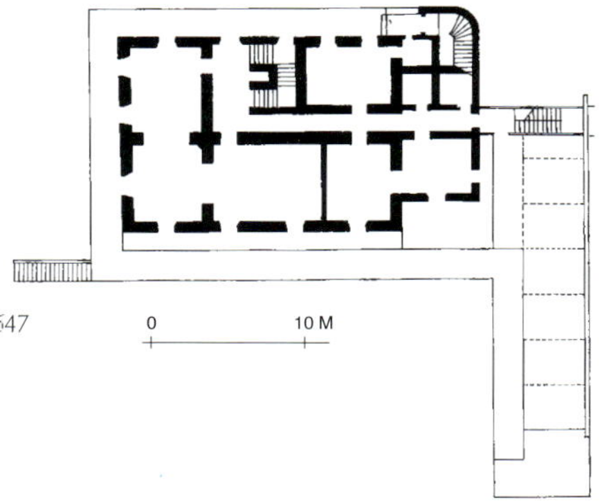

647

648

649

650

Tenje

Schloss Adamovich / Bartholovich, Kurie Orlovnjak

Gespanschaft	Osijek-Baranja
Stadt	Osijek
Kat.-Gmde.	Tenje

Tenje ist eine Ansiedlung in der fruchtbaren Drauebene, zehn Kilometer südöstlich von Osijek. Dort befindet sich das barock-klassizistische Schloß der Familie Adamovich de Csepin (Čepinski) bzw. der Familie Bartholovich (Bartolović Tenjski). Die Grundherrschaft kaufte Johann Kapistran I.[188] von Adamovich im Jahre 1785. Der Besitzerwechsel auf die Familie Bartholovich erfolgte gegen Ende des 19. Jhs. Seit 1928 dient das Schloß als Schule. Die Geschichte dieses Besitztums ist ziemlich unerschlossen. Im Jahre 1848 gehörten zu ihm 97 Ansässigkeiten.[687]

Johann Kapistran I. erbaute das zweigeschossige Schloß gegen Ende des 18. oder Anfang des 19. Jhs. Ursprünglich hatte es einen Grundriß in Form eines „L“, wobei die Längen der beiden Flügel etwa 48 Meter maßen (siehe die Katasterkarte von 1863 und das Bild aus dem Jahre 1867; Abb. 654 bzw. 653). Der größte Teil des südöstlichen Flügels existiert nicht mehr, so daß der Grundriß – abgesehen von einem Rest des erwähnten Flügels – rechteckig geworden ist. Die nach Norden (zum Park hin) gewandte Hauptfront weist zwei seichte Risalite auf, die in stumpfe Giebel auslaufen.

Infolge eines Umbaus und wegen Änderungen der Fassade (wahrscheinlich im Jahre 1928) sieht das Schloß heute anders aus. Seinerzeit gab es an der Hauptfront 13 Fenster (einschließlich der je drei in den Risaliten), heute sind es 17. Von Interesse sind die barocken Zimmerdecken im Mittelteil sowie das spätbarock-klassizistische Holzgeländer im Treppenhaus des Obergeschosses. Eine Renovierung erfolgte in den siebziger Jahren des 20. Jhs.[688]

Ursprünglich befand sich das Schloß innerhalb eines Landschaftsparks, der vor der Hauptfront im Stil des Historismus blütenreich bepflanzt war. Dieser Park wurde gegen Ende des 19. Jhs. angelegt. 1867 (Abb. 653) gab es ihn noch nicht. (Vergleiche dazu die Abb. 655, die das Schloß im zweiten Jahrzehnt des 20. Jhs. zeigt.)

Das Erdgeschoß war mit Kletterpflanzen bewachsen. In den spärlichen Artikeln, die über Schloß und Park von Tenje erschienen sind, heißt es, daß es einen Teich[689] und Skulpturen der „Göttinnen“ Donau und Drau gab, die ein Adamovich beschaffte.[690] Im Jahre 1973, als der Park in einem Umfang von 2,9 Hektar unter Schutz gestellt wurde, befanden sich in ihm zahlreiche heimische Bäume.[691]

651 Nordfront (Hauptfront), 1976
652 Südfront (Hoffront), 1976
653 Nordfront, Öl auf Leinen, 1867
654 Katasterkarte, 1863
655 Nordfront, Anfang 20. Jh.

651

652

653

654

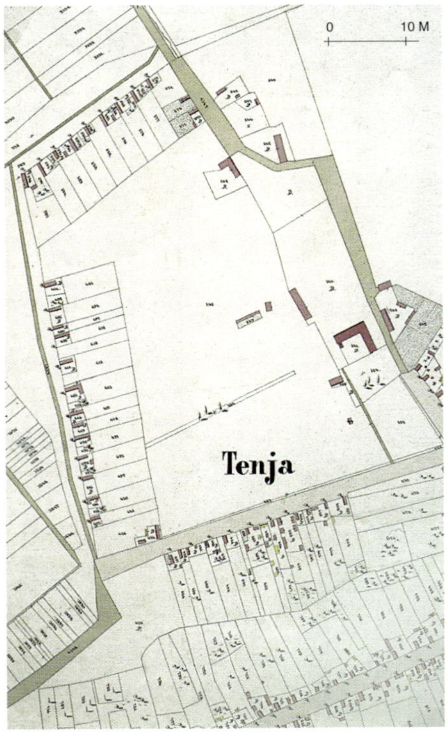

655

656

657

658

659

660

661

656 SALON, CA. 1915
657 SALON, CA. 1915
658 SPEISEZIMMER, CA. 1915
659 SPEISEZIMMER, CA. 1915
660 SPEISEZIMMER, CA. 1915
661 SALON, CA. 1915
662 ANTON ADAMOVICH (1808–1848)
663 KARL I. ADAMOVICH
664 WAPPEN DER BARONE ADAMOVICH
665 THERESE UND JOHANN ALBRECHT ADAMOVICH

662

663

664

665

Vom herrschaftlichen Besitz Tenje sind zwei adelige Familien kaum wegzudenken: die Adamovich und die Bartholovich. Seit die erstere im Jahre 1770 in Csepin (Csapa, Čepin) ihren Sitz aufgeschlagen hatte, führten ihre Mitglieder das Prädikat „de Csepin". Mit den beiden Söhnen des Johann Kapistran I. von Adamovich[188] teilte sich die Familie in zwei Zweige: in den von Csepin mit Paul (1760–1801) und jenen von Tenje, welchen Anton Kaspar (1762–1829) begründete. (Näheres über die Familiengeschichte ist im Kapitel über Schloß Čepin zu finden.)

Die Familie von Tenje hat sich weiter verzweigt und bis heute erhalten. Erwähnenswert ist Karl I. (Abb. 663)[692], ein Enkel des Anton, da er einer der Adjutanten des Banus Jellachich war. Sein jüngerer Sohn Johann[693] gehörte dem kroatischen Landtag (Sabor) an, war Kämmerer und Ritter des Malteserordens. Am 20. Oktober 1913 wurde ihm das ungarisch-kroatische Baronat verliehen. Hierdurch war die Familie durch zwei unterschiedliche Adelsprädikate gekennzeichnet, deren einen Zweig Karl II. von Adamovich[694], der Bruder des Johann, fortsetzte. Johanns Sohn, Johann Kapistran III.[695], sowie dessen Sohn Nikola[696] waren Botschafter des Souveränen Malteserordens in Kroatien.

Von der zweiten, für Tenje wichtigen Familie ist Karl Bartholovich (Bartolović) zu erwähnen. Er war Vizebürgermeister von Osijek und wurde im Mai 1898 mit dem Prädikat Tenjski in den Adelsstand erhoben,[697] wie auch im selben Jahr in der Gespanschaftsversammlung verkündet wurde.

In der Nähe von Tenje befand sich gegen Ende des 19. Jhs. der kleine Adelssitz Orlovnjak. Er gehörte der Familie Adamovich, aber seit Anfang des 20. Jhs. einem Karl von Pfeiffer.

Dieser Besitz umfaßte 5.922 Hektar,[698] eine Kurie und einen Landschaftspark in der Größe von nahezu vier Hektar.[699]

TRENKOVO / MITROVICA

SCHLOSS TRENCK

GESPANSCHAFT POŽEGA
GEMEINDE VELIKA
KAT.-GMDE. MITROVICA

Der Name erinnert an den legendären Pandurenobersten Franz Freiherr von der Trenck (1711–1749), auf den Slawonien nach wie vor stolz ist. Das heutige Dorf Trenkovo hieß ursprünglich Mitrovica. Den neuen Namen erhielt es im Jahre 1912 auf Wunsch der Ortsbewohner, da es damals in Kroatien noch ein zweites Mitrovica gab, nämlich Srijemska Mitrovica (Syrmisch Mitrowitz), das heute zur serbischen Vojvodina gehört. In diesem ruhigen Dorf, zehn Kilometer nördlich von Požega und an den südlichen Ausläufern des Papukgebirges, befindet sich der einstige Sitz einer Grundherrschaft, den die Leute „Trenck-Schloß" nennen.

Die Geschichte dieses Schlosses wurde niemals eingehend erforscht. In der spärlichen Literatur darüber finden sich widersprüchliche und zuweilen unglaubwürdige Angaben, so daß man über die Entstehung nicht genau Bescheid weiß.[700] Das heutige zweigeschossige Gebäude im spätbarock-klassizistischen Stil entstand erst nach dem Tod unseres Obersten Trenck. Zu seiner Zeit stand hier eine barocke Kurie. Im Fußbodenmosaik der Eingangshalle wie auch an der eisernen Brüstung des klassizistischen Altans finden wir die Jahreszahl 1819. Man weiß aber nicht, ob damals das heutige Schloß gebaut oder nur umgebaut wurde, zumal allenfalls bereits in der 2. Hälfte des 18. Jhs. eine Erweiterung der alten Kurie stattgefunden hatte. Im letzteren Fall wäre die Erweiterung durch Baron Johann Peterffy nach 1754 veranlaßt worden, wohingegen Jakob Graf Svetics (Svetić) dem Schloß 1819 das endgültige Aussehen verlieh.

Der Grundriß ist rechteckig, 33,75 x 12,55 Meter. Der Altan an der westlichen Vorderfront mißt 7,5 x 3,4 Meter, der vorspringende Risalit mit stumpfem Giebeldach an der Ostfront 8,55 x 2,67 Meter. Das Mansardendach entspricht dem Stil des Barock. Die Vorderfront ist in einfach-klassizistischem Stil gehalten. Vom Ende des Zweiten Weltkrieges bis 1989 diente das Schloß als Volksschule. Seither wurde es verschiedentlich genutzt, zuletzt vom Militär.

Der Park, wenngleich vernachlässigt, zeugt vom botanischen und kompositorischen Ideenreichtum ehemaliger Parkarchitektur.[701] Zahlreiche Bäume, heimische wie exotische,[702] sowie noch immer unverbaute malerische Wiesen sprechen für einen ehemals schönen und sorgfältig gestalteten Park. Die Katasterkarte aus dem Jahre 1862 bestätigt, daß es sich um eine landschaftlich-geometrisch geplante Einheit handelte: Schloß mit Park (2,88 Hektar), Gemüsegarten (2,78 Hektar), Obstgarten (2,35 Hektar) und Wirtschaftsgebäude. Aus der Lage des

666 WESTFRONT (EINGANGSFRONT)
667 OSTFRONT, 1993
668 ANSICHT VON SÜDEN, 1993
669 OSTFRONT, 1993

666

667

668

669

Schlosses, der Pferdeställe, der Achsen vom nördlichen Schloßzugang und der Hauptwege durch den großen Garten ergibt sich, daß im 18. Jh. ein Landschaftspark im Stil des Barock angelegt und später umgestaltet worden ist. Im Einklang mit dem erhalten gebliebenen Bestand spricht die Karte aus dem Jahre 1862 dafür, daß ein Landschaftspark wahrscheinlich in der ersten Hälfte des 19. Jhs. geschaffen wurde.

Auf der zitierten Karte ist auch ein kleiner historistischer Blumengarten vor der Hauptfront (Westfront) des Schlosses eingezeichnet. Sehenswert ist die „Trenckſche Eiche", unter der angeblich der Baron seine grundherrlichen Gerichtsurteile fällte. Sie befindet sich nächst dem Parkeingang, ist aber nicht die „Originaleiche", die noch zu Anfang des 20. Jhs. in einem Umfang von drei Metern und dreißig Meter hoch zu sehen war.[703) 704)]

Die Kurie wurde im 18. Jh. Sitz einer großen Grundherrschaft namens Velika (Velika/Požega). Urkunden zufolge existierte sie bereits im Jahre 1332 unter dem Adelsgeschlecht Sudan, genannt Velički. Mittelpunkt der Grundherrschaft war ein Kastell *(Castrum Welyke)*, das in der Türkenzeit völlig verfiel. Es lag auf einer Anhöhe oberhalb eines gleichnamigen Marktfleckens, in dem sich ein Franziskanerkloster (im 20. Jh. abgerissen) und die Pfarrkirche des hl. Augustinus (im 18. Jh. umgebaut) befanden.[705)]

Als diese Herrschaft nach Abzug der Türken wiedereingerichtet wurde, war sie gut bevölkert (456 Häuser bzw. Haushalte) – damals in Slawonien ungewöhnlich. 1702 verlieh Kaiser Leopold I. den Besitz Velika,[706)] der auf 40.000 Gulden geschätzt wurde, dem Geheimen Rat Leo Graf Uhlefeld (Ulfeldt). Nach des-

670

671

sen Tod verlieh Kaiser Karl VI. (König Karl III.) 1719 Velika dem Hofkammerpräsidenten Franz Anton Graf Wallsegg. Nikolaus Graf Stella, der Vormund des minderjährigen Sohnes Franz Joseph Graf Wallsegg, verkaufte am 18. Mai 1744 Velika an den Obersten Franz Freiherr von der Trenck um 29.300 Gulden. Ohne dessen Testament zu beachten (es sollte der Cousin Friedrich Freiherr von der Trenck erben), zog die Hofkammer 1749 das gesamte Vermögen Trencks ein. Gegen eine Entschädigung von 45.000 Gulden übergab Königin Maria Theresia 1754 Velika dem Baron Johann Peterffy de Somoskeö und dessen Gattin Karoline geb. Baronin Nefzern. 1798 folgte Graf Svetics de Nemes-Ságod im Besitz,[707] dessen Nachkommen bis 1848 ebenfalls Besitzer blieben. Eigentümer der Meierhöfe Mitrovica (Trenkovo) und Skomnić[708] war im Jahre 1902 Gabriele von Rakodczay (gest. 1935), die Trenkovo der Gabriele von Eisner aus Zagreb überließ.[709]

Laut einem Verzeichnis gab es im Jahre 1736 auf der Grundherrschaft Velika 40 Dörfer bzw. Ansiedlungen mit 652 Haushalten. Dazu gehörten 468 Pferde, 820 Ochsen, 1.002 Kühe und Jungtiere, 1.264 Schafe und Ziegen, 1.627 Schweine, 113 Bienenstöcke und 76 Wassermühlen. Damals zählten zur Herrschaft: 2.459 Joch Ackerland, 712 Weingartenrigolen, 982 „Mähgründe" und 375 Joch Zwetschkengärten. Im Jahre 1745 verzeichnete Velika 203 Ansässigkeiten mit 742 Untertanen sowie 1.950 Joch Ackerland und 1.599 „Mähgründe".[710]

Den Ruf der Tapferkeit und des Ruhmes der kroatischen Krieger haben Oberst Trenck (Abb. 674) und seine Panduren durch ganz Europa getragen. Wir wollen daher der Person dieses Haudegen einige Zeilen widmen. Er besaß in Slawonien mehrere große Grundbesitze: Brestovac, Pakrac, Pleternica und Velika in der Gespanschaft Požega sowie Nuštar in Syrmien. Sein Vater war kaiserlicher Oberstleutnant und preußischer Freiherr. Zuletzt diente er an der Militärgrenze. Die 38 Lebensjahre des Sohnes, der seines Grundbesitzes wegen als kroatischer

670 NORDFRONT, 1993
671 KATASTERKARTE, 1862
672 DETAIL DES PARKS, 1993
673 DER PARK NÖRDLICH DES SCHLOSSES, 1993
674 FRANZ TRENCK, MINIATUR

672

673

Edelmann anzusehen ist, verliefen stürmisch. Vierzehnmal wurde er in den Kriegen verwundet, die Königin Maria Theresia führen mußte. Angeblich bestand er 102 Duelle. Ebenso heißt es, daß er mit seinen Panduren 10.000 Feinde (Franzosen, Preußen und Bayern) gefangengenommen oder niedergemacht hat. Wegen Halsstarrigkeit, Jähzorn und Gewalttätigkeit, die er auch in einem kriegsgerichtlichen Verfahren an den Tag legte, wurde Trenck zu lebenslänglicher Haft auf dem Spielberg bei Brünn (Brno in Mähren) verurteilt. Hier starb er 1749. In der österreichischen Geschichte werden die Verdienste Trencks und seiner Panduren in den beiden Schlesischen Kriegen gegen Preußen (1740/42 bzw. 1744/45) sowie im Österreichischen Erbfolgekrieg (1740–1748), der sich vornehmlich gegen die Armeen Bayerns und Frankreichs in Bayern abspielte, hervorgehoben.

674

Aus kriegsgerichtlicher Haft aus Rußland zurückgekehrt, rüstete Trenck mit Bewilligung der Königin in Slawonien ein Pandurenkorps von zunächst 1.000 (später 5.000) Mann aus, das im Kampf meist die Vorhut bildete. Seine Panduren waren ursprünglich Freiwillige, und zwar begnadigte slawonische Räuber, später auch zum Kriegsdienst gezwungene slawonische Untertanen. Sie haben sich daher nicht allein durch Tapferkeit, sondern auch durch Disziplinlosigkeit, Gewalttätigkeit und Raublust ausgezeichnet.

Originell war die Art ihrer Uniformierung, die das „Türkische“ nachahmte: Sie trugen rote Mützen, rote Umhänge mit einer Kapuze, blaue Hosen und um den Hals ein rotes Tuch. Dieses Halstuch wurde dann überhaupt bei den kroatischen Soldaten beliebt. Angeblich leiten sich Begriff und Wort „Krawatte“ von den Kroaten („Krowatten“, „Krobatisch“ etc.) ab. Übrigens dürfte der Pandurenoberst durch Einführung einer „Türkischen Banda“ (zwölf Spielleute mit Trommeln, Tschinellen und Flöten) zur Entwicklung der Militärmusik wesentlich beigetragen haben.[711)]

Valpovo

Schloss Hilleprand-Prandau / Normann-Ehrenfels

Gespanschaft	Osijek-Baranja
Stadt	Valpovo
Kat.-Gmde.	Valpovo

Bei Valpovo handelt es sich um den in Kroatien seltenen Fall einer bis in die Gegenwart erhaltenen mittelalterlichen Befestigungsanlage. Dies ist drei Umständen zu verdanken: Zunächst wurde sie von den Türken bei deren Abzug nicht zerstört, ein wirtschaftlicher Betrieb wurde halbwegs weitergeführt und das neue Schloß mehr oder weniger auf die alte Anlage gesetzt. So entstand eine interessante Komposition aus mittelalterlichen und barocken Elementen, die dem Bauwerk eine besondere Note verleiht. Das Schloß Valpovo mit seiner Festungsanlage und dem großen Park ist eines der bedeutendsten Denkmäler der profanen Baukunst in Nordkroatien. Es liegt in der fruchtbaren Ebene nächst der Drau, auf dem Boden der römischen Stadt Iovalia.

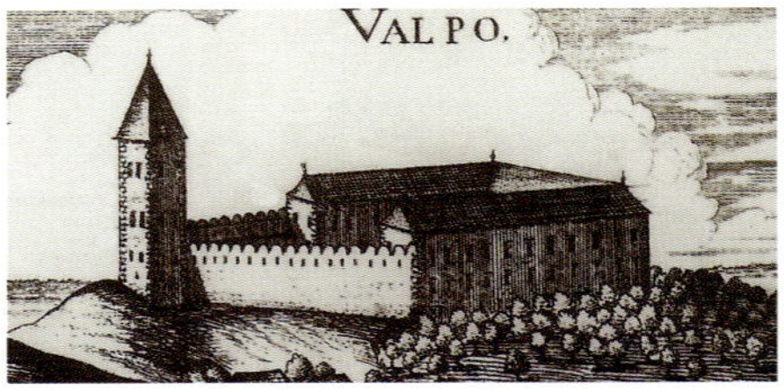

675

676

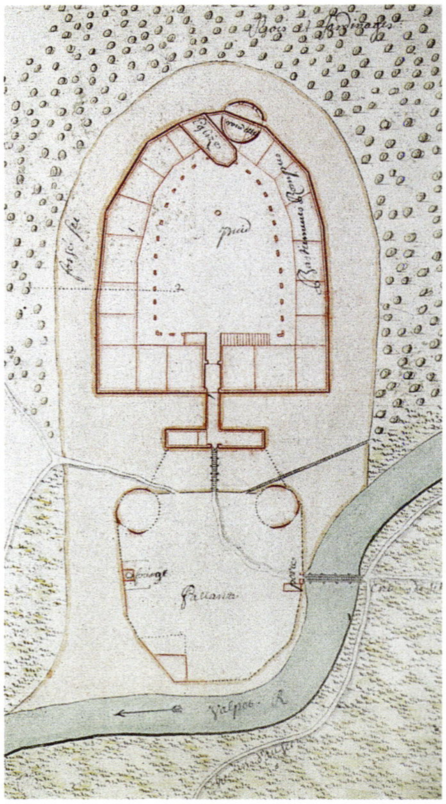

Valpovo war wegen seiner ausgedehnten Eichenwälder, seiner Jagdreviere und der Viehzucht, aber auch wegen des vorzüglichen Sliwowitz bekannt. Es läßt nicht zuletzt an den hier geborenen Historiker und Franziskanerpater Matthias Peter Katančić und an die beiden Familien erinnern, die das Schloß mit dem dazugehörenden Grundbesitz 224 Jahre hindurch besaßen: die Barone Hilleprand von Prandau und die Grafen Normann-Ehrenfels.

Die Grundherrschaft Valpovo existierte bereits im 14. Jh. unter Sandin Solyagh und dessen Sohn Johann. Nach dem Aussterben dieser Familie übergab König Sigismund im Jahre 1597 den Besitz dem Banus der Mačva, Johann Morović. Er erbaute ein „festes Schloß" samt der Kapelle des hl. Ladislaus. Dieses Geschlecht besaß außerdem einen großen Teil der slawonischen Drauebene (Podravina) sowie Land in der Baranja (Baranya). Nach dessen Aussterben belehnte König Matthias Corvinus im Jahre 1481 Peter und Matthias Gereb de Wyngarth mit Valpovo. Zum Schloß gehörten damals der Markt Valpovo[712)] und 174 Dörfer.

Dann wechselten die Herren mehrmals, bis 1512 der Palatin Emmerich Perényi die Herrschaft erhielt. Seine Nachfolger waren die letzten Inhaber, bevor die Türken kamen. Die Festung eroberte am 23. Juni 1543 der Sandschakbeg von Požega, Murad-beg Tardić.[713)] Nach 144 Jahre währender Okkupation zwang der kaiserliche General Johann Heinrich Dünewald die türkische Festungsbesatzung zur Übergabe.[714)]

Als mittelalterliche Festung wird Valpovo *(Castrum Walpo)* erstmals 1438 erwähnt. Graphische Darstellungen gibt es vom Ende des 17. Jhs. (Abb. 675 und 676). Eine Beschreibung der Festung verfaßte im Jahre 1698 ein Beamter der kai-

677

675 DIE FESTUNG VALPOVO 1690, GRAPHIK
676 PLAN DER FESTUNG, 17. JH.
677 SÜDFRONT (HAUPTFRONT) DES SCHLOSSES, 1997
678 PLAN DES GRUNDBESITZES VALPOVO, 1884

678

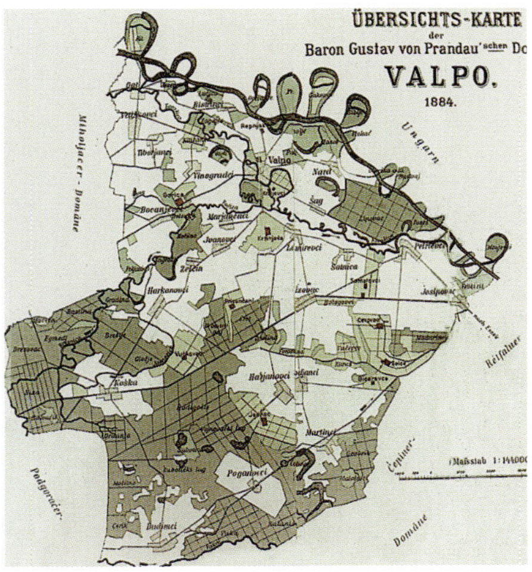

serlichen Hofkammer anläßlich einer Bestandsaufnahme. Ihres Alters und der Kriege wegen war sie damals ziemlich mitgenommen. Ihr Grundriß hatte die Form eines gestreckten unregelmäßigen Dreiecks, dessen nördlicher Winkel, mit einem hohen Rundturm, zur Drau gerichtet war. Das Dach war mit Schindeln gedeckt. Im Keller befand sich ein Gefängnis, an das sich westlich die Ladislaus-Kapelle anlehnte, die von den Türken in eine Moschee umgestaltet worden war. Der Turm ist heute noch erhalten. In ihm befinden sich übereinander zwei niedrige Räume mit gewölbten Decken. An der Decke des unteren Raumes befindet sich ein Wappen, wahrscheinlich das der Morović. Auf den Stiegen der Wendeltreppe sowie an den Fensteröffnungen und Türrahmen des Turmes finden sich spätgotische Steinmetzzeichen. Die Festung war von einem breiten, mit Wasser aus der Karašica gefüllten Graben kreisförmig umgeben. Zum Festungseingang führte eine 30 bis 40 Schritt lange Holzbrücke.[715)]

Nach der Befreiung von den Türken fiel Valpovo unter die Verwaltung der Wiener Hofkammer. Kaiser Karl VI. verlieh den Besitz am 31. Dezember 1721 dem Reichshofrat Baron Peter Anton Hilleprand von Prandau (1676–1767) als Belohnung für 20 Jahre Tätigkeit in der Hofkammer und als Dank für vorgestreckte 100.000 Gulden. Da der Genannte noch keinen Sohn hatte, wurden seine Töchter im März 1726 männlichen Nachkommen gleichgestellt. Bis zum Jahre 1945 hatte das Besitztum nur fünf männliche Herren, und zwar Peter Anton,

Joseph Ignaz und Gustav Hilleprand-Prandau sowie Rudolf I. und Rudolf II. Normann-Ehrenfels.

Nach dem Tod des Peter Anton Hilleprand[716] übernahm dessen Sohn aus zweiter Ehe, Joseph Ignaz (1749–1816)[717], die Grundherrschaft (Abb. 680). Als dieser starb, führte seine Witwe Maria geb. Gräfin Pejácsevich von 1816 bis 1831 die Verwaltung, da der Sohn Gustav (1807–1885) noch minderjährig war. Im Jahre 1831 wurde die Herrschaft zwischen den Söhnen Gustav und Karl (1792–1865) geteilt; den Teil mit Valpovo als Sitz erhielt Gustav,[718] der andere mit Sitz in Donji Miholjac fiel Karl zu.[243] Nach dem Tod des letzteren führte Gustav die beiden Verwaltungen getrennt, aber von Valpovo aus. Nach seinem Ableben erbten die beiden Töchter: Marianne (1828–1891; Abb. 683)[719] erhielt Valpovo, Stephanie[226] Donji Miholjac. Durch Eheschließungen gelangten beide Besitztümer an andere Familien, und zwar Valpovo an die Grafen Normann-Ehrenfels und Donji Miholjac an die Grafen Mailáth von Szekhely. Marianne wurde im Jahre 1892 von den Kindern Rudolf I., Gustav und Anna (vermählt mit Graf Csáky) beerbt. Rudolf I. erhielt das Schloß Valpovo und zwei Drittel des Besitzes (er hatte auch die Schwester Anna auszuzahlen), Gustav ein Drittel mit dem Sitz in Bizovac. Durch Kauf verband Rudolf I. (1858–1942)[720] wieder die beiden Besitze, teilte sie aber mittels Schenkungsverträgen im Jahre 1928 auf die vier Kinder auf, nämlich auf Rudolf II., Maria Anna verehelichte von Berks, Maria Vera verehelichte Gräfin Csáky und Maria Theresia, später verehelichte Gräfin Coronini. Rudolf II. (geb. 1891; Abb. 681)[721] erhielt die Hälfte, die Schwestern je ein Sechstel. Mit Abschluß der sogenannten Agrarreform (1934) war der Besitz von Valpovo 95 Prozent seiner landwirtschaftlichen Flächen beraubt, so daß fast nur Wald übrigblieb. Die Familie Normann-Ehrenfels lebte bis 1945 im Schloß. Dann übersiedelten die Familienmitglieder nach Österreich, wo sie auch heute leben.[722]

Die Geschichte des Gutsbesitzes sowie des Ortes Valpovo ist, wie erwähnt, mit zwei Familien engstens verbunden: den Hilleprand von Prandau sowie den Normann-Ehrenfels. Der aus Tirol stammenden Familie Hilleprand wurde 1579 der Adels- und 1674 der Ritterstand verliehen. Bei letzterer Gelegenheit genehmigte Kaiser Leopold die Wappenerweiterung und das Prädikat „Prandau“. Angeblich sollte damit auf einen größeren Waldbrand im Tiroler Besitz hingewiesen werden, der auch im Wappen symbolisiert wurde. Der Reichsfreiherrnstand wurde am 3. Januar 1704 verliehen, das ungarische Indigenat für Peter Anton folgte 1723 der Schenkung von Valpovo.

Die Familie Normann entstammt einem Adelsgeschlecht aus dem 13. Jh., das zunächst auf der Insel Rügen, dann in Württemberg beheimatet war, wo es im Jahre 1809 in den Grafenstand erhoben wurde. Mit Beschluß des Sabor (Landtages) vom Jahre 1896 wurde der Familie Normann-Ehrenfels der ungarisch-kroatische Adel zuerkannt. Seither war sie im Adelsverzeichnis der Gespanschaft Virovitica eingetragen.[723]

Der Großgrundbesitz Valpovo, der zwischen 1721 und 1945 bestand, weist hinsichtlich der Wirtschaftsverwaltung vier unterschiedliche Phasen auf. In der ersten (1721–1790) lebte die Herrschaft nicht in Valpovo; es gab erst Ver-

679

679 PETER ANTON HILLEPRAND
680 JOSEPH IGNAZ HILLEPRAND, ÖL AUF LEINEN, VON ANTON ZITTEREN
681 RUDOLF II. NORMANN-EHRENFELS, CA. 1930
682 WAPPEN DER GRAFEN NORMANN-EHRENFELS
683 MARIANNE NORMANN-EHRENFELS GEB. HILLEPRAND

680

681

682

683

walter, später wurde der Besitz verpachtet. In der zweiten Phase (1790–1848) lebte die Herrschaft in Valpovo; der Besitz wurde zu einem der erfolgreichsten und größten in Slawonien. 1848–1885 änderte sich die Wirtschaftsführung wegen der veränderten Rechtslage. In der vierten und letzten Phase zerstörten allgemeine Krisen, die Weltkriege und „Agrarreformen" den Besitz schlechthin. In den ersten drei Phasen konnte die Familie Hilleprand die wirtschaftliche Stellung ausbauen; die Familie Normann-Ehrenfels trat erst in der Phase des ökonomischen Niedergangs in den Besitz ein.

Peter Anton Baron Hilleprand konnte als in Wien tätiger Beamter den riesigen Besitz mit seinen 44 Ansiedlungen nicht betreuen. Während der ersten vierzig Jahre gab es somit Verwalter,[724)] die die Wirtschaft trotz des Mangels an Ansässigkeiten, Straßen und Handwerkern betreiben mußten.[725)] Baron Hilleprand begann deshalb 1745 mit der Ansiedlung von Handwerkern aus dem schwäbischen Kempten an der Iller. Diese gründeten Werkstätten, Kaufläden und Gaststätten. Wegen seines hohen Alters und der Minderjährigkeit seines Sohnes überlegte der Baron den Verkauf des Besitzes, aber 1763 gab er ihn dem Johann Kapistran I. von Adamovich in Pacht (bis 1790).[726)] 1786 wurde die Grundherrschaft in fünf Wirtschaftsdistrikte geteilt: Valpovo, Šljivoševci, Petrijevci, Martinec und Miholjac.[727)]

Joseph Ignaz Hilleprand übersiedelte 1790 von Wien nach Valpovo und kündigte die Verpachtung. Die folgenden zwanzig Jahre waren von munterer baulicher und wirtschaftlicher Tätigkeit gekennzeichnet: Strauchwerk wurde gelichtet, Obstgärten und Ackerland wurden verbessert, Maulbeerbäume gepflanzt, Fischteiche angelegt, und Vieh wurde gezüchtet. Gebaut wurden Kirchen, Schulen, Forsthäuser, Wirtschaftsgebäude sowie Häuser für das Gutspersonal.[728)] Als die Grundherrschaft 1831 in zwei Teile geteilt wurde (Valpovo und Miholjac), gab es 1.837 Ansässigkeiten mit 3.372 Untertanen (Kmeten) auf einem Gebiet von mehr als 150.000 Joch, wovon 57.454 Joch auf Wald entfielen.[729)]

Um die Mitte des 19. Jhs. wurden neue Wirtschaftsgebäude errichtet und moderne Maschinen angeschafft. In den sechziger Jahren begann man Meierhöfe nach neuen wirtschaftlichen Gesichtspunkten einzurichten: fünf Distrikte mit zehn Meierhöfen.[730)]

Als Rudolf I. Normann-Ehrenfels im Jahre 1892 den Besitz übernahm, änderte er die Organisation.[731)] Zu Beginn des 20. Jhs. verfügte er über 16.190 Hektar (28.157 Joch) landwirtschaftlicher Flächen und über 9.822 Hektar Wald.[732)] In den ersten zwanzig Jahren ging die Landwirtschaft zurück, aber die Holzgewinnung stieg. Auf die verheerenden Folgen der Agrarreform nach dem Ersten Weltkrieg haben wir schon hingewiesen. Schließlich verblieben (1934) 865 Joch für die Landwirtschaft und 18.835 Joch Wald. Nach der schenkungsgemäßen Aufteilung vom Jahre 1928 verblieben Rudolf II. (beziehungsweise dem eigentlichen Besitztum) die Hälfte des Waldes und die übrigen Gründe. In diesem Umfang blieb der Besitz bis zum Zweiten Weltkrieg und zu seinem Untergang.[733)]

684

685

686

684 ANSICHT VON SÜDOSTEN (VON DER STRASSE), 1997
685 DIE BRÜCKE VOR DEM SCHLOSSEINGANG, 1997, IM HINTERGRUND DIE PFARRKIRCHE IM STADTZENTRUM
686 DER INNENHOF DES SCHLOSSES, VOM MITTELALTERLICHEN RUNDTURM AUS GESEHEN, 1997
687 DER NORDTEIL DER FESTUNG – KAPELLE UND RUNDTURM, 1997
688 SCHLOSSKAPELLE ZUR HL. DREIFALTIGKEIT, 1993
689 GRUNDRISS DES OBERGESCHOSSES
690 DAS WAPPEN AN DER DECKE DES UNTEREN TURMRAUMES, VERMUTLICH DER FAMILIE MOROVIĆ, 1997
691 GRUNDRISS DES ERDGESCHOSSES

687

688

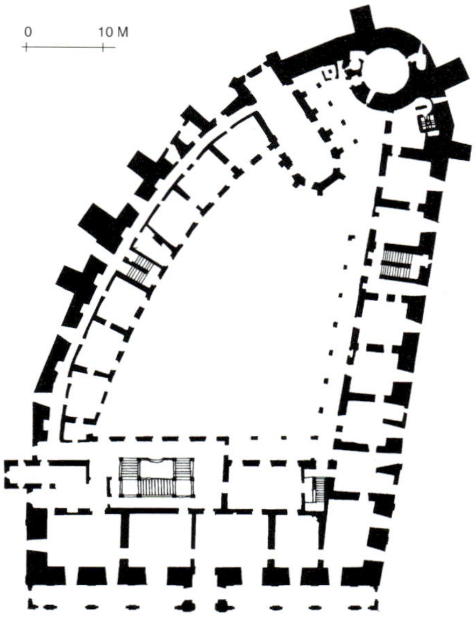

689

690

691
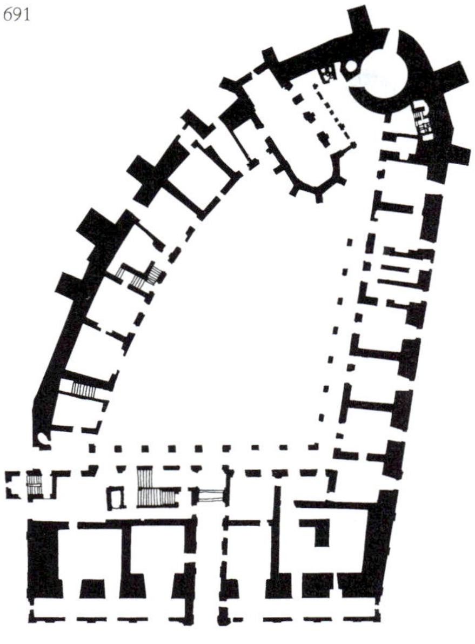

Das Schloß ist auf den Resten des südlichen mittelalterlichen Burgtraktes entstanden, vermutlich nur durch umfangreiche Ausbesserungsarbeiten, und zwar in den dreißiger Jahren des 18. Jhs. Die übrigen Trakte bzw. Flügel der Festung wurden zu keinem neuen Leben erweckt, zumal der Südflügel die einzige Möglichkeit für eine bauliche Erweiterung gemäß den Maßstäben der Barockarchitektur bot. Diese Teile der Festung wurden im Verlauf des 18. Jhs. ausgebessert und ihren neuen Funktionen angepaßt.[734]

Das erste Schloß war dem heutigen ähnlich; man kann es auf einem Porträt des Peter Anton Hilleprand aus dem Jahre 1750 erkennen. Es brannte in der Silvesternacht 1802 ab. Unmittelbar darauf begann man mit dem Wiederaufbau.[735] Gleichzeitig wurden auch Wirtschaftsgebäude südwestlich des Schlosses errichtet. Diese Arbeiten waren etwa beim Tod des Joseph Ignaz (1816) abgeschlossen. Den im Schloßarchiv aufbewahrten Rechnungen aus der Zeit 1803 bis 1815 können wir darüber einiges entnehmen. Beispielsweise waren ein Maurermeister Anton Hartmann aus Osijek und ein Zimmermeister namens Matthias Wagner (seit 1810 ein Paul Wagner) beschäftigt. Ein Ziegelmeister Miško Ivoš verpflichtete sich gegen Jahresende 1803 zur Lieferung von 300.000 gut gebrannten Mauerziegeln, deren Herstellung innerhalb der Grundherrschaft erfolgte. Den benötigten Kalk lieferten oft die Herrschaften Darda und Orahovica.[736]

In den Jahren 1866 bis 1869 wurde das Schloß renoviert, aber ohne wesentliche Veränderungen.[737] Wie einer Skizze aus den Jahren 1914 bzw. 1917 zu entnehmen ist, befaßte sich Rudolf I. mit Renovierungsplänen, doch der Erste Weltkrieg verhinderte sein Vorhaben.[738]

Der Grundriß des Schlosses (samt dem Festungsteil) hat die Form eines unregelmäßigen spitzen Dreiecks, dessen Basis die Südfront des neuen (barockklassizistischen) Schlosses bildet. Der ostseitige und der schwach gebogene westseitige Schenkel stoßen beim Rundturm zusammen. Diese Anordnung ergab einen Innenhof, eine Gesamtfläche von insgesamt 4.031 m² und 62 Räume (1885).[739]

Die einzelnen Räume sind aneinandergereiht. Zu ihnen sowie zum großen Stiegenhaus des Südtraktes gelangt man durch lange schmale Gänge (im Westflügel) bzw. über eine schmale Balkon-Galerie im Ostflügel. Vom Stiegenhaus kommt man in den Salon des Schlosses, der an der Südfront gelegen ist.[740] Von den vielen Räumlichkeiten seien hervorgehoben: der Rundturm, die Waffenkammer, die Bibliothek, das Archiv, das Theater und die Schloßkapelle. Der Turm genießt wegen seines kulturellen Wertes besonderen Schutz. Die Waffenkammer war nicht nur Rüstkammer des Schlosses, in ihr waren auch wertvolle Einzelstücke aufbewahrt. Seit Anfang des 19. Jhs. wurden ihre Bestände verstreut und an Wiener Museen verschenkt. Auch ein Säbel des Pandurenobersten Trenck soll sich hier befunden haben, bis ihn Baron Gustav Hilleprand dem Banus Jellachich schenkte, als dieser durch Valpovo reiste. Das Archiv und die Bibliothek wurden bei dem erwähnten Brand vernichtet. Darunter befand sich auch ein Buch aus der Bibliothek des Königs Matthias Corvinus, welches der nach Valpovo versetzte Pascha von Budapest mitbrachte. Archiv und Bibliothek

692

wurden nach dem Brand wiederhergestellt. In den siebziger Jahren des 19. Jhs. umfaßten sie rund 6.000 Bände.

Nach dem Brand wurde ein kleines Theater im Schloß eingerichtet, das erste in Slawonien. Es unterstreicht die Neigung der Familie Hilleprand zur Kunst. Übrigens enthält ihr Wappen zwei Musikinstrumente.[741)]

Die Schloßkapelle zur hl. Dreifaltigkeit wurde wahrscheinlich in den zwanziger Jahren des 18. Jhs. erbaut, da die mittelalterliche Kapelle zerstört worden war.[742)] In der Werkstatt des bekannten Wiener Spätbarockmalers Johann Michael Rottmayr (1652–1730), der zahlreiche Altarbilder und Fresken in österreichischen Kirchen und in kaiserlichen Residenzen malte, entstand auch das Bild „Thron der Weisheit" (Dreifaltigkeit mit Christus und Engeln), das für die Schloßkapelle Valpovo um 1730 angefertigt wurde (heute in der Galerie von Osijek).[743)] Auch die Wände und Decken sind bemalt. Die Orgel mit zwei Manualen, 54 Tasten und 24 Registern wurde in der Werkstatt des Joseph Angsler in Pécs (Fünfkirchen) hergestellt.[744)]

Das Ensemble aus Schloß und Festung ist malerisch und architektonisch interessant. Mehrere Baustile sind zu erkennen. Diese Mischung ist besonders an

692 SCHLOSSEINGANG VON OSTEN, BLICK ZUR HAUPT- BZW. PARKFRONT, CA. 1985
693 GROSSER SALON, VOR 1945
694 JAGDSALON, VOR 1945
695 DETAIL DER DECKENBEMALUNG AUS DEM 19. JH., 1956
696 GEMALTE ROSETTE IN DER DECKENMITTE EINES SALONS, 1956

693
694

595
596

den Fassaden ersichtlich: Der robuste mittelalterliche Rundturm und die langen starken Flächen der mittelalterlichen Mauer gegenüber den anspruchslosen Barockfassaden des Schloßhofes, den schmucken Barockprofilen der Nordseite der Kapelle bis zu der dem Park zugewandten barock-klassizistischen Eingangsfront. Diese südseitige Hauptfront wird durch Pilaster in sieben Fassadenfelder geteilt. An dieser Front tritt der Mittelrisalit hervor, aus dem gleichsam ein zunächst quadratischer Turm herauswächst, der sich – vor dem Erreichen der abschließenden Kuppel – in Form zweier unterschiedlich dimensionierter Zylinder („Tamboure") fortsetzt. Die mit Gesimsen versehenen Fenster sind in drei Arten ausgeführt.

Das Schloß von Valpovo ist eines der wenigen, deren Inventar im großen und ganzen erhalten blieb, allerdings nicht im Gebäude selbst, sondern in Museen und Archiven in Zagreb und Osijek. Anhand der Möbel, Bilder sowie der Büchersammlung und des Archivs läßt sich ein Eindruck vom Leben in diesem Schloß gewinnen. Seiner Renovierung wurden bereits zwei Jahrzehnte gewidmet.[745] Nach dem Zweiten Weltkrieg fanden mehrere Einrichtungen im Schloß Unterkunft das Gemeindeamt Valpovo, die Volksschule, die Volkshoch-

697

698

699

700

701

702

697 BLICK AUS DEM SCHLOSSTÜRMCHEN AUF DEN PARK VOR SEINER ERNEUERUNG, 1988
698 DER GLEICHE BLICK NACH DER PARK-ERNEUERUNG, 1990
699 BLICK VON NORDEN AUF FESTUNG UND SCHLOSS, 1997
700 DETAIL DES NÖRDLICHEN PARKTEILS, 1993
701 SÜDLICHER TEIL DES PARKS, 1997
702 KATASTERKARTE, 1863
703 KATASTERKARTE, 1863

703

schule, ein Erziehungsheim für Minderjährige, ein Kinderheim sowie auch ein Museum. (Übrigens hatte Valpovo auch sein Schloßgespenst.[746])

Der 25 ha große Garten mit dem Parkwald neben dem Schloß ist eines der wertvollsten Beispiele für die Parkarchitektur Kroatiens. Zwei Formen sind hervorzuheben: Zunächst der dem barocken Grundgedanken entsprungene Landschaftspark des 18. Jhs. mit einer sternförmigen Wegkreuzung in einem Jagdpark, von dem wir nur mehr Reste finden, und andererseits der in seiner ursprünglichen Form erhalten gebliebene Landschaftspark mit großen Wiesen und Ausblicken im Stil des klassischen englischen Landschaftsparks. Beide Formen sind in Kroatien nur noch sehr selten zu sehen, wobei das Vorhandensein der ersteren mehr zu erahnen als zu beweisen ist. Auch der reine bzw. klassische englische Garten ist äußerst selten erhalten, da der Landschaftspark im 19. Jh. sehr oft im Sinn der Romantik und des Historismus umgestaltet wurde. Deshalb müssen wir den Park von Valpovo besonders schätzen. Sein Aussehen wurde nicht sonderlich verändert.[747]

Die genaue Zeit seines Entstehens läßt sich nicht nachweisen, aber man kann dafür die Jahre zwischen 1803 und 1816 annehmen, als man nach dem Brand das Schloß erneuerte. Der Park umfaßte 1857 etwa 4,7 ha. Damals war das Schloß noch von Befestigungsanlagen umgeben, die 1867 großteils zugeschüttet wurden,[748] aber südwärts, zum Jadik-Bach, entfaltete sich ein Landschaftspark.

Die Katasterkarte von 1863 (Abb. 702 und 703) gibt sehr genau Aufschluß über Aussehen und Anlage. Vier verschieden gestaltete Teile sind zu erkennen: Reste des ehemaligen Festungsgrabens, der Park zwischen Schloß und Jadik-Bach, der Park zwischen diesem Bach und dem Wald sowie schließlich der Wald, der sich bis zum Jagdpark erstreckt. In seiner Gesamtheit weist der Park alle Merkmale eines Landschaftsparks auf, besonders zwischen dem Jadik-Bach und dem Wald. Dort gibt es gefällige Ausblicke auf grasbewachsene, von Dickichten umrahmte Lichtungen sowie Wäldchen, Baumgruppen und einzeln stehende Bäume. Diverse neuere, nicht besonders glücklich gepflanzte Bäume stören die Reinheit der Parkkomposition. Der Teil zwischen Schloß und Jadik-Bach weist gleichfalls die Merkmale eines Landschaftsparks auf, aber hier gibt es Elemente der Romantik und weniger auf das 20. Jh. zurückzuführende Eingriffe.[749]

Unterlagen über die Arten der Pflanzen gab es erst im Jahre 1957. Was an Bäumen und Sträuchern zur Zeit der Anlegung des Parks und im 19. Jh. gesetzt wurde, ist nicht bekannt. 1957 war fast alles so wie vor dem Zweiten Weltkrieg. Damals gab es 62 Baum- und Straucharten,[750] aber seither, und zwar bis 1988, haben sie sich auf 144 vermehrt. Dies war die Folge einer Umgestaltung aufgrund eines speziellen Projekts, in dessen Verlauf neue, vorwiegend exotische Pflanzen eingebracht wurden. Daraus ergab sich eine beträchtliche Veränderung des ursprünglichen Erscheinungsbildes.[751] 1988 nahm man eine Erneuerung in Angriff, gab die Arbeiten aber nach zwei Jahren wieder auf. Erfolgreich war das Fällen wild gewachsener Bäume, so daß wieder Rundsichten gewonnen werden konnten (siehe Abb. 697 und 698). Man beabsichtigte, den Park in seiner ursprünglichen Form zu erhalten bzw. wiederherzustellen.[752]

Veliki Raven

Kurie Zdenčaj

Gespanschaft Koprivnica-Križevci
Stadt Križevci
Kat.-Gmde. Raven

Veliki Raven (Groß-Raven) ist ein Dorf an der Straße Križevci–Vrbovec. Es liegt auf einem Hügel oberhalb des Mravinec-Baches, der Groß-Raven von Klein-Raven trennt. Während Klein-Raven (Mali Raven) durch die aus dem 15./16. Jh. stammende spätgotische Kirche des hl. Ladislaus (in barock-klassizistischem Stil erneuert) bekannter ist, erinnert die Kurie in Groß-Raven an den einstigen Herrensitz der Familie Zdenčaj. Obwohl vernachlässigt, handelt es sich hier doch um den letzten Adelssitz im Gebiet von Križevci.

Urkundlich wurde diese Herrschaft erstmals im Jahre 1238 erwähnt, als der Landtag (Sabor) dem Gespan von Križevci, Jakša, den Besitz bestätigte. Im Jahre 1381 wurde sie als Grundherrschaft des Nikolaus von Raven genannt, seit diesem Zeitpunkt ist der Name Raven untrennbar mit dem Ort verbunden.[753)] Der große Bauernaufstand vom Jahr 1755 nahm in Raven seinen Ausgang. In dessen Verlauf wurden zahlreiche Schlösser, Kurien und Meierhöfe im Raum zwischen der Glogovnica und der Lonja bzw. um Križevci, Vrbovec und Bisag niedergebrannt.[754)] Deshalb findet man in diesem Gebiet auch heute nur wenige Adelssitze. In Raven selbst wurden drei Kurien eingeäschert: die des Ignaz Kašnjar, des Vuk Jelačić und des Joseph Raffay.[755)]

In Raven gab es seit alters her einige Adelsfamilien, die nur über kleinen Grundbesitz verfügten. Im 16. Jh. waren das die Konjski, Prašoci (Prasoczy), Ostffy und Wyzkelety, im 18. Jh. die Familien Jelačić, Raffay, Kašner (Kaschner) und Zdenčaj. Um die Mitte des 19. Jhs. gab es die Besitze des Anton Marković, Karl Pástory und Nikola Zdenčaj. Gegen Ende des 19. Jhs. begann der Verkauf herrschaftlicher Liegenschaften an die Bauern. Dragutin Marković in Klein-Raven besaß noch 1952 einen kleinen Teil des ehemaligen Familienbesitzes.[756)]

Im 16. Jh. befand sich im Tal zwischen Groß- und Klein-Raven ein Kastell in der Art einer Wasserburg. Es gehörte zu einem Festungssystem, das die damals wichtige Straße nach Ungarn schützen sollte.[757)]

Die zweigeschossige Kurie in Veliki Raven wurde von der Familie Zdenčaj in der zweiten Hälfte des 18. Jhs. gebaut. Es handelte sich um eine der in dieser Region üblichen spätbarocken Kurien: rechteckiger Grundriß mit einem Flur und fünf Räumen, im Erdgeschoß Tonnengewölbe mit einfachen sowie „böhmischen" Kappen (d. h., daß der größte Grundrißkreis des Gewölbes nicht durch die Ecken des zu überwölbenden Raumes führt, sondern außerhalb desselben liegt).

704 Grundriss des Obergeschosses
705 Grundriss des Erdgeschosses
706 Ansicht von Süden, 1993
707 Katasterkarte, 1858

704

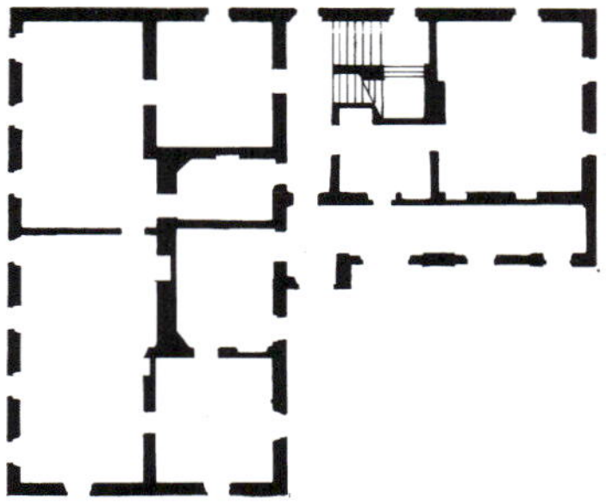

705

706

Von den barocken Längsfronten blieb nur die Anordnung von jeweils sieben Fensteröffnungen erhalten, weiters zwei Fensteröffnungen an den Seitenfronten (Nord und Süd). An der Südseite befindet sich ein überwölbter Keller. Als Nikolaus von Zdenčaj Anfang des 19. Jhs. den Besitz übernahm, baute er einen Nordflügel an, wodurch die Kurie die Form eines „L“ erhielt. Heute ist sie ein einfaches, für verschiedene Zwecke umgebautes Gebäude, zumal sie seit dem Ersten Weltkrieg ihre eigentliche Bestimmung verloren hat. Das Haus wurde u. a. als Schule genützt.[758)]

Die Kurie und die zugehörige Herrschaft erlebten im 19. Jh. ihre Blütezeit. Nikola von Zdenčaj richtete eine Musterwirtschaft ein. Er war als Jurist und Politiker angesehen und bekleidete viele öffentliche Ämter: 1794 war er Anwalt der Gespanschaft Križevci, 1827 wurde er ihr Vizegespan und 1838 Obergespan von Zagreb.[759)]

707

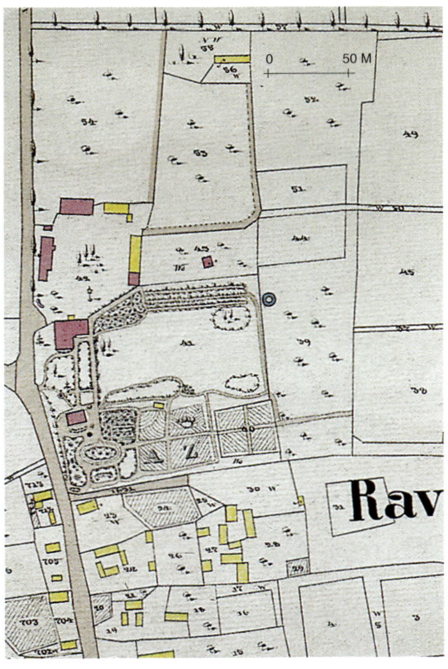

Die Bemühungen um die Wirtschaft setzte sein Sohn Alexander fort. Der Katasterkarte aus dem Jahre 1858 (Abb. 707) ist einiges darüber zu entnehmen: Rund um die Kurie befanden sich auf einer Fläche von etwa 7,5 Hektar mehrere Wirtschaftsgebäude, Obstgärten, andere Gärten und ein Park. Das Parkgelände im Ausmaß von zwei Hektar verlief in südlicher und östlicher Richtung. Man erkennt darin unterschiedlich gestaltete Teile, nämlich einen Lustgarten mit historistischen Details (Teiche, Eishöhlen) und einem Gartenhaus, eine Wiese mit Baum- und Sträuchergruppen und einen Obstgarten im Hintergrund als Elemente eines Landschaftsparks, weiters zwei Gemüsegärten in Form eines unregelmäßigen Quadrates, Spazierwege sowie einen Nutzgarten mit Weinreben und Obststräuchern. Weder vom Park noch von den Gärten gibt es heute Spuren. Nur zwei alte Bäume erinnern daran – eine Platane und ein Kaiserbaum *(Paulownia imperialis)*.[760)]

VIROVITICA

SCHLOSS PEJÁCSEVICH / SCHAUMBURG-LIPPE

GESPANSCHAFT	VIROVITICA-PODRAVINA
STADT	VIROVITICA
KAT.-GMDE.	VIROVITICA

Virovitica entwickelte sich an der *Via Magna,* der wichtigen Römerstraße, die Poetovio (Pettau; Ptuj) mit Mursa (Osijek) verband. Es liegt in den südlichen Ausläufern der pannonischen Tiefebene, die von Mongolen und Türken verheert wurde, so daß die Einwohner wiederholt gezwungen waren, die Stadt wiederaufzubauen. Virovitica liegt überdies in der Mitte zwischen den beiden wichtigen kroatischen Städten Varaždin und Osijek, zugleich zwischen den nördlichen Abhängen der Bilogora und der Drau, dem Grenzfluß zwischen Kroatien und Ungarn. Hier befindet sich das repräsentativste und größte Schloß Nordkroatiens. Die Podravina, das Drautal, beginnt bei Ludbreg und endet in Virovitica, weil sich die Einwohner östlich davon nicht als „Podraviner", sondern als „Slawonier" betrachten.

Die Schutzheiligen Florian, Emigdius und Rochus sollten Virovitica vor Feuer, Erdbeben und der Pest bewahren, die immer wieder die Stadt bedrohten. Es handelt sich um eine der frühesten Siedlungen im nördlichen Kroatien. Von Herzog Koloman (Kálmán), dem Bruder des ungarisch-kroatischen Königs Béla IV., erhielt sie das Privileg eines Marktes und damit eine städtische Freiheit, die damals nicht einmal „Gradec" (Zagreb) genoß. Diese im Mittelalter herausgehobene Stellung wird oftmals evident. Im 13. Jh. hielten sich die Könige oft in der Burg Virovitica auf, die Sitz eines „königlichen Grundes" und auch der Gespanschaft war. Um die gleiche Zeit befand sich in Virovitica eine Münzstätte, zwischen 1270 und 1272 (während der Regierungszeit Stephans V.) wurde hier für Kroatien und Slawonien Geld geprägt. Um 1281 gab es eine Marienkirche der Franziskaner, 1290 bauten die Dominikaner die Erlöserkirche, und 1334 wird die Pfarrkirche der hl. Kosmas und Damian erwähnt. Dies alles spricht für die besondere Bedeutung der Siedlung.

708

709

Seit dem 13. Jh. wurde die Burg als königlicher Palast erwähnt, der in der Zeit des Königs Sigismund (wahrscheinlich Anfang des 15. Jhs.) zu einem königlichen Schloß (Hof für den König und die Königin) ausgebaut wurde. Die damit verbundene Festung *(castrum)* wird 1474 in einem Lehnsbrief des Königs Matthias Corvinus erwähnt. Über Aussehen und Größe wissen wir nicht viel. Es ist anzunehmen, daß ihre Außenabmessungen etwa 90 x 100 Meter betrugen. Die Mauern waren sehr stark, mit vier Türmen versehen[761)] und von einem breiten Wassergraben umgeben. Nachdem die Türken am 2. August 1552 die Festung eingenommen hatten, wurde Virovitica zu einer islamischen Stadt, die an der

710

711

708 SCHLOSS UND PARK, ANSICHT VON NORDEN, CA. 1980
709 BLICK VON SÜDOSTEN, ANSICHTSKARTE, 1909
710 NORDFRONT, EINFAHRT, 1993
711 SÜDWESTLICHE ECKE DES SCHLOSSES, 1993

Nordgrenze des Osmanischen Reiches von militärischer Bedeutung war. Nach der Schilderung von Ewliya Celebi handelte es sich im Jahre 1663 um eine enge, viereckig angelegte Stadt mit starken Mauern.[762] Zahlreiche Kupferstiche zeigen Virovitica erst nach dem Abzug der Türken (Abb. 712 und 713). Nach 132 Jahren türkischer Herrschaft wurde die Stadt am 25. Juli 1684 durch die kaiserlichen Truppen des Generals Jakob Leslie befreit. Mit den Renovierungsarbeiten an der Festung wurde unverzüglich begonnen, besonders nachdem Leslie die Suleiman-Brücke in Osijek in Brand gesteckt hatte. Die kaiserliche Kriegsverwaltung befaßte sich noch mit dem Plan für eine starke Festung, nicht ahnend, daß die Türken bereits 1687 zur Räumung des größten Teils von Slawonien gezwungen sein würden. So verfiel die alte Festung mit der Zeit. Jedenfalls stellte der deutsche „Reisegeograph“ Taube im Jahre 1777 fest, daß die Festung in verödetem Zustand war. Bald darauf begann man, sie niederzureißen.[763]

Der mittelalterliche Kern der Stadt, also die „Burg“, wurde Anfang des 19. Jhs. in ein Schloß umgewandelt. Trotz der dominierenden, städtebaulich und architektonisch verfehlten, viel zu hohen Neubauten aus den sechziger Jahren des 20. Jhs. ist das Schloß weiterhin Wahrzeichen von Virovitica. Die Lage auf einer sanften Erhebung im Mittelpunkt der Stadt verleiht ihm die besondere Note. Als Sitz einer Grundherrschaft – zuerst in der Festung und dann im Schloß – sowie als Siedlung ihrer für die Aufrechterhaltung von Begünstigungen sehr streitbaren Einwohner entwickelte sich die Stadt in zwei Richtungen – in eine des Adels und in eine der Bürger. Deshalb gab es besonders seit dem 18. Jh. heftige Zwistigkeiten, die meist zugunsten der landbesitzenden Herren ausgingen.

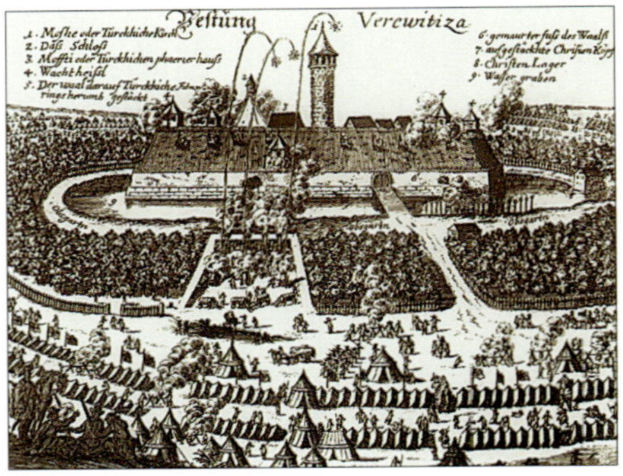

712

Im Verlauf seiner Geschichte hatte Virovitica viele Herren. Zunächst gehörte es den ungarischen Königen und Königinnen. König Sigismund gab 1429 Palast und Grundherrschaft gegen 10.000 Gulden zwei einheimischen Adeligen zum Pfand: Mirko und Johann, Söhne des „Vojvoden" Nikolaus von Marczalyi. Als diese Familie ausgestorben war, übergab König Matthias Corvinus den Besitz zunächst Bertold Eldenbach, dann Nikolaus Csupor (Čupor) und schließlich Nikolaus Bánffy.

Nach Vertreibung der Türken war Virovitica seit 1698 unter Verwaltung der Hofkammer. Da die Bánffy ihr Besitztum nicht anmeldeten, unterfertigte Kaiser Karl VI. am 19. Dezember 1726 eine Schenkungsurkunde zugunsten des Fürsten Joseph Flock de Cordona, der den Besitz 23 Jahre lang innehatte. Mit Schenkung der Königin Maria Theresia (29. August 1749/23. Jänner 1750) ging der Besitz an den damaligen Obergespan von Syrmien, Markus III. Baron Pejácsevich, und dessen Angehörige Joseph, Heinrich und Ignaz. Diese Schenkung war als Entschädigung für einen Teil der Herrschaft Mitrovica gedacht, der der Militärgrenze eingegliedert wurde. Mit der Grundherrschaft wurde die männliche Nachkommenschaft bedacht, die weibliche erhielt 37.000 Gulden und eine Entschädigung für Meliorationen.

712 BEFREIUNGSKAMPF UM VIROVITICA, GRAPHIK, ENDE 17. JH.
713 DIE FESTUNG VIROVITICA NACH DER BEFREIUNG VON DEN TÜRKEN, GRAPHIK, ANFANG 18. JH.
714 NORDFRONT DES SCHLOSSES, 1880
715 AUSSCHNITT DER KATASTERKARTE, 1862 (1900)
716 ZUGANG ZUM SCHLOSS VON NORDEN, ANSICHTSKARTE, 1916

Die Familie Pejácsevich (Pejačević) sollte Virovitica neunzig Jahre lang besitzen. Im Jahre 1841 kaufte Fürst Wilhelm Schaumburg-Lippe Schloß und Grundherrschaft um 35 Millionen Kronen. Diesen Besitz verkaufte die Familie nach siebzig Jahren, nachdem sie ihn bedeutend vergrößert hatte. Käufer waren die Ungarische Allgemeine Creditanstalt und die Dresdner Bank (1910). Die neuen Eigentümer zerstückelten (parzellierten) den größeren Teil des riesigen Besitzes auf 54 Teile und verkauften ihn weiter. Die Besitztümer Virovitica und Slatina erwarb im Jahre 1911 Johann Graf Draskovich um 43,5 Millionen Kronen; die Vermögensgenossenschaft Slawonisch-Brod aus Vinkovci kaufte den größeren Teil der Wälder, und eingewanderte Deutsche erstanden Meierhöfe. Nach dem Ersten Weltkrieg versäumte die damalige Marktgemeinde Virovitica die Gelegenheit, innerhalb des Gemeindegebietes gelegene Grundstücke zu erwerben. Dies gelang statt dessen deutschsprachigen Einwohnern, die ihren Besitz bis 1945 halten konnten.

713

Am 31. Dezember 1921 erhielt Virovitica den Status einer Stadt. Am 5. Mai 1931 beschloß die Gemeindevertretung den Kauf des Schlosses samt sechs Joch Park. Nach dem Zweiten Weltkrieg wurde ein überwiegender Teil des Großgrundbesitzes staatliches oder genossenschaftliches Eigentum.[764)]

Im Jahre 1735, als die Grundherrschaft im Besitz des Fürsten Cordona war, wurde deren Einwohnerschaft gezählt. Nach dem vom damaligen Verwalter Andreas Leopold Tuskay angelegten Verzeichnis gab es 27 Dörfer[765] mit 783 Haushalten. Gezählt wurden außerdem: 533 Pferde, 628 Ochsen, 1.327 Kühe und Jungochsen, 476 Schafe und Ziegen, 3.412 Schweine, 289 Bienenvölker sowie 837 Zwetschkenbäume, weiters sechs Mühlen an der Drau. Gepflanzt waren 1.439 Weinrebenstöcke. An Ackerland gab es 3.614 Joch und an Wiesen 1.940 „Mähgründe".[766] Um diese Zeit wurden die relativ leeren Ansiedlungen stark bevölkert. Zuwanderer aus Kroatien und anderen Teilen Slawoniens ließen sich nieder, seit dem Anfang des 19. Jhs. auch Familien aus Deutschland und Böhmen.

714

Als die Pejácsevich die Grundherrschaft übernahmen, gehörten außer dem Markt 29 Dörfer und fünf Meierhöfe dazu. Die zweite Hälfte des 18. Jhs. war von Unzufriedenheit der Untertanen und Aufruhr (zur Zeit des Markus III.) gekennzeichnet, außerdem von Streitigkeiten mit den Bewohnern des Marktes Virovitica. Die Grundherren erweiterten ihre eigenen Rechte, minderten aber die der Bürger, beispielsweise Mautgebühren, das Recht zu Schlachtungen, Weinausschank und das Marktrecht. Bis 1768 kam der Grundherrschaft die Blutgerichtsbarkeit zu *(ius gladii)*. Joseph II. Pejácsevich gab den Militärdienst auf und widmete sich der Wirtschaft: Er ließ das Moor von Rogovac trockenlegen und große Obstgärten pflanzen, begann mit einer Fisch- bzw. Teichwirtschaft, legte neue Weingärten an und begründete Meiereien (Pusten). Im Jahre 1829 allerdings wurde der Besitz unter Zwangsverwaltung gestellt, da die von Anton IV. gemachten Schulden nicht bezahlt worden waren.

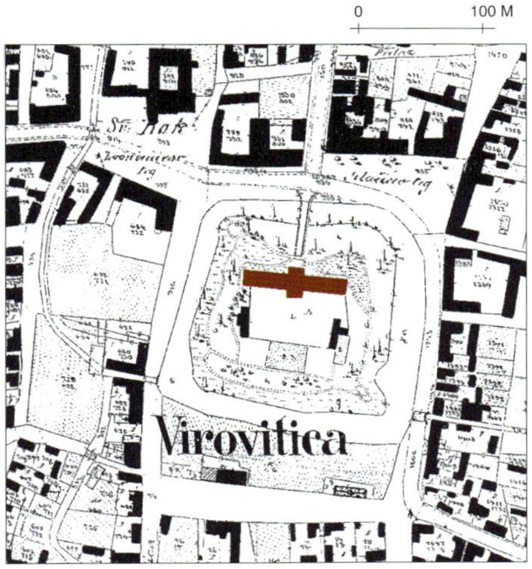

715

716

Den größten wirtschaftlichen Aufschwung erlebte die Grundherrschaft unter den Fürsten Schaumburg-Lippe. Der ohnedies enorme Besitz wurde um die Herrschaften Slatina und Mikleuš (1842 von der Familie von Mihalovich gekauft) sowie um das Besitztum Špišić Bukovica (1861 gekauft) vergrößert. Nun reichte er von der Drau bis an die Nordhänge der Bilogora und des Papuk und in West-Ost-Erstreckung vom Regimentsbereich St. Georgen (Djurdjevac) bis zum Grundbesitz Našice. Er umfaßte mehr als 77.450 Joch, von denen 60.000 Wald, 8.500 Ackerboden, 3.000 Wiesen, 2.850 Weideland und 177 Joch Weingärten waren. Der ganze Besitz war auf acht Meierhöfe verteilt: Antonovac, Korija, Rogovac, Miholac, Senkovac, Slatina, Mikleuš und Bukovica. Fast das gesamte Kulturland befand sich auf fruchtbarem Boden in der Ebene, wovon etwa 40 Prozent verpachtet waren. Aufgrund der schlechten Straßen war bis zum Ende des 19. Jhs. der Transport der Güter schwierig. Den größten Ertrag lieferte die Waldwirtschaft. Um 1846 wurde eine ziemlich kleine Zuckerfabrik durch Dampfkraft betrieben, es gab auch eine Dampfmühle, Schnapsbrennereien und ein paar kleinere Ziegeleien. Der wirtschaftliche Höhepunkt war um die Wende zum 20. Jh. erreicht, als die Eisenbahnen für den Transport des Eichenholzes errichtet waren.[767] Doch bereits 1910 wurde, wie schon erwähnt, der Großgrundbesitz in eine Vielzahl kleiner Besitztümer aufgeteilt.[768]

Anton III., der Sohn von Joseph II. Graf Pejácsevich, begann mit dem Bau des Schlosses. Das schon baufällige Kastell wurde in den Jahren 1798 und 1799

717

718

719

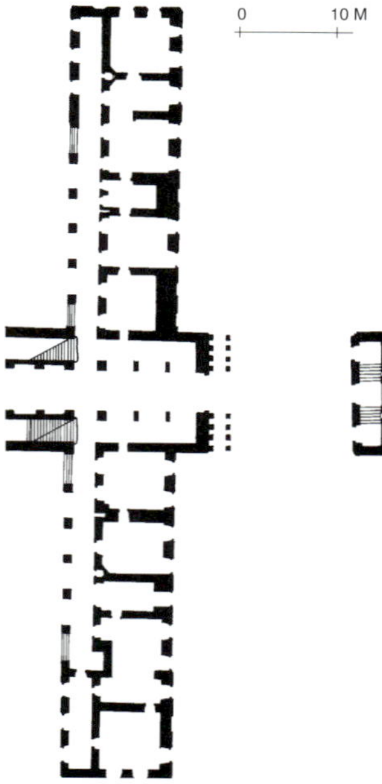

720

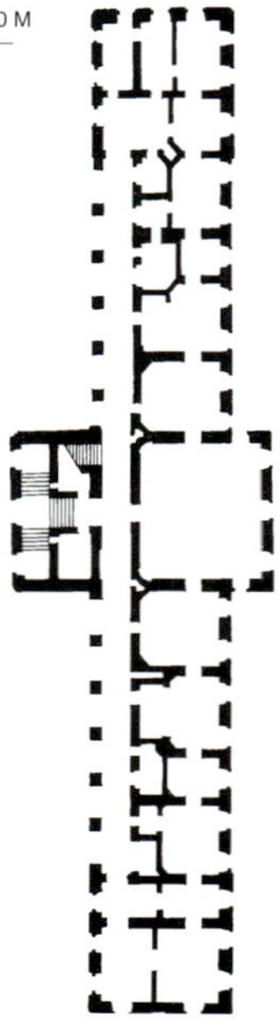

abgerissen und an seinem Platz zwischen 1800 und 1804 das heutige Schloß errichtet. Die Pläne entwarf ein Baumeister N. Roth. Anton III. (den Josip Adamček als Anton I. bezeichnet) starb 1802. Sein Sohn, Anton IV., konnte bereits im Jahre 1804 mit seiner Frau Maria Sidonia geb. Jankovich von Bribir und Voćin das neue Schloß beziehen. (Bis dahin lebte die Familie Pejácsevich in einem einfachen Haus der alten Festung.)

Die Hauptfront des Schlosses ist zum Hauptplatz, zur Kirche und zur dominanten Barockachse, die vom Schloß in Richtung Norden verläuft, gerichtet. Diese Anordnung der Hauptfront nach Norden ist wegen des Mangels an Sonnenlicht ungünstig, aber sie ergab sich aus der baulichen Situation. Nur der Flur und die Zimmer an der östlichen und westlichen Seitenfront erhalten Sonnenlicht. Vom Hauptplatz (Stadtplatz) aus erreicht man das Schloß über eine Brücke, die einen um das Gebäude führenden Festungsgraben überspannt. Er ist schon seit nahezu hundert Jahren ohne Wasser, erinnert aber an die mittelalterliche „Wasserburg".

Das Schloß, das über ein Obergeschoß verfügt, hat einen rechteckigen Grundriß (88 x 13 Meter). An den Seitenfronten befinden sich seichte Risalite, stärker vorspringende in der Mitte der beiden Längsfronten, und zwar an der Vorderfront (Nordfront) wegen des Großen Salons und des Altans, an der Südfront aufgrund des Treppenhauses. Der Altan ruht auf sechzehn Säulen, die in zwei Reihen angeordnet sind; er hat die Funktion eines repräsentativen Eingangs. Außerdem bildet er die Basis für die dem Großen Salon vorgelagerte Terrasse. Der Altan liegt genau in der Achse der Brücke über den Festungsgraben und der Barockstadt. Die Vorderfront hat Pilaster mit betonten Halbkapitellen sowie mäßig geschwungene Gesimse über den Türen, die zum Park gerichtete Rückfront Arkaden, die im Erdgeschoß offen und im Obergeschoß verglast sind. Auf jeden der drei Risalite entfallen drei Fensterachsen. Das Mansardendach über den Risaliten bzw. hinter den Segmentgiebeln verleiht dem Schloß einen repräsentativen Charakter. Die zahlreichen Zierelemente sind im spätbarocken und frühklassizistischen Stil ausgeführt. Bemerkenswert ist die Einfahrt für Fahrzeuge. Im Erdgeschoß befinden sich Neben- und Wirtschaftsräume, während das Obergeschoß der Herrschaft vorbehalten war. Im Jahre 1831 gab es im Schloß 38 Zimmer.[769)]

Seit Jahren befinden sich das Stadtmuseum und die Stadtbibliothek sowie ein Lesesaal im Schloß. Erste Renovierungsarbeiten begannen in den fünfziger Jahren, die eigentliche Renovierung erfolgte 1971. Die Funktion als „Schloß" endete mit der Übernahme durch den Fürsten Schaumburg-Lippe. Obgleich Johann Draskovich das Schloß einige Zeit benützte, spielte sich hier niemals mehr das Leben einer Eigentümerfamilie ab.

Aus dem Plan der Gemeindevertretung, das Schloß mit dem Park zu kaufen und ein „Kroatisches Haus" (Kulturhaus) einzurichten (1912), wurde aufgrund des Ersten Weltkrieges vorerst nichts.[770)] Das Angebot des Grafen Draskovich im Jahre 1916, das Schloß um 60.000 Kronen zu verkaufen, lehnte die Gemeinde ab. Wie wir bereits wissen, griff sie erst 1931 zu und brachte diverse städtische Einrichtungen im Schloß unter.[771)]

717 DAS ZENTRUM VON VIROVITICA, 1954
718 DIE SÜDFRONT (PARKSEITE), 1896
719 GRUNDRISS DES ERDGESCHOSSES
720 GRUNDRISS DES OBERGESCHOSSES

721 DETAIL DER SÜDFRONT (PARKSEITE), 1993

722 DETAIL DER NORDFRONT (EINGANGSFRONT), 1993

723 OSTFLÜGEL DER NORDFRONT, 1993

724 FLUR IM OBERGESCHOSS, 1993

725

726

725 NÖRDLICHER TEIL DES PARKS, VOM SCHLOSS AUS GESEHEN, 1993
726 ÖSTLICHER TEIL DES PARKS, 1997
727 NÖRDLICHER TEIL DES PARKS, 1993
728 AUSSICHT VON DER SCHLOSSTERRASSE, 1993

727

728

Der Schloßpark im Umfang von 4,79 Hektar liegt im Vergleich zur Stadt leicht erhöht und trägt zum Bild der Innenstadt wesentlich bei. Das barock-klassizistische Ensemble von Schloß, Park und Innenstadt ist nicht zu übersehen, wenngleich der Park selbst die Merkmale der Architektur eines Landschaftsparks aus der zweiten Hälfte des 19. Jhs. aufweist. Auf alten Photographien sieht man eine einfache, in historistischer Manier mit Blumen geschmückte Parkanlage. Einige sehr alte Bäume (beispielsweise Platanen, Trompetenbäume, Ahornbäume, Eschen, Pappeln etc.) deuten darauf hin, daß der Park vor 150 bis 200 Jahren entstanden sein könnte. Die Möglichkeit ist aber nicht von der Hand zu weisen, daß einige Bäume wild gewachsen sind oder ohne Gedanken an einen Park gepflanzt wurden. Bäume allein bilden allerdings noch keinen Park. Als gesichert hingegen gilt, daß der Park um die Mitte des 19. Jhs., also in der Zeit der Fürsten Schaumburg-Lippe, angelegt worden ist.

Seit dem Jahre 1962 ist der Park als Kulturdenkmal geschützt, seit 1967 als Zeugnis der Parkarchitektur. Der Schutz begann aber bereits im Jahre 1920, als man die Parzellierung seines südlichen Teils verhinderte,[772)] dort, wo leider im Jahre 1942 das städtische Bad errichtet wurde (1991/92 erweitert). Dieses Stadtbad im Park, besonders aber seine Erweiterung sind ein Beweis für die geringe Wertschätzung von Schloß und Park, aber auch der städtebaulichen Identität. Das Bad und alles, was damit verbunden ist, stört den historischen Charakter des Stadtzentrums erheblich.[773)] Trotz der Beeinträchtigungen und der unzureichenden Erhaltungsmaßnahmen ist der Schloßpark von Virovitica noch immer ein reizvolles dichtes Wäldchen. Darüber hinaus kommt dem Park nicht nur historische, sondern auch dendrologische Bedeutung zu. Zahlreiche Baumarten von besonderer Größe und besonderem Alter verleihen dem heutigen Stadtpark von Virovitica – trotz übertriebener Dichtheit – außergewöhnlichen Reiz. Gegen Ende der siebziger Jahre des 20. Jhs. gab es im Park an die neunzig Pflanzenarten. Im Jahre 1995 verzeichnete man 76 Baum- und Straucharten.[774)] Diese Vielfalt ist weniger die Folge botanischen Interesses als vielmehr der unbekümmerten und unzureichenden Pflege zuzuschreiben, die den Wildwuchs begünstigte.[775)]

In der Geschichte von Schloß und Grundbesitz Virovitica haben vornehmlich zwei Familien ihre Spuren hinterlassen: die Grafen Pejácsevich, deren Ansehen und Stellung mit Entwicklung der Grundherrschaft stiegen, und die Fürsten Schaumburg-Lippe, durch deren Verdienst Virovitica zu einem der größten Grundbesitztümer in Kroatien wurde.

Das Geschlecht der Fürsten Schaumburg-Lippe stammt aus Westfalen, wo im Jahre 1129 ein gewisser Bernhard Herr des Besitzes Lippe war. Der Grafenstand wurde im Jahre 1529 erworben, der fürstliche Stand 1807. (Das souveräne Fürstentum Schaumburg-Lippe entstand damals durch den Beitritt zum Rheinbund.) Begründer der Familie Schaumburg-Lippe war Philipp Graf von Lippe (1601–1681), der, nachdem er seine mit dem Grafen Schaumburg verheiratete Schwester beerbt hatte (1640), deren Namen dem seinen hinzufügte. Die Familie hatte in Deutschland ihre Zentren vornehmlich in Bückeburg und Stadthagen. Georg Wilhelm Schaumburg-Lippe (gest. 1860) erwarb die Herrschaft Virovitica für seine Familie. Seine Rechtsnachfolger waren der Sohn Adolf Georg (1817–1893; Abb. 729) und der Enkel Georg (geb. 1846).[776)]

Die Familie Pejácsevich führt zu ihrem Namen das Prädikat „von Virovitica“ bzw. „de Verőcze“, das ihr Königin Maria Theresia 1772 mit dem Grafenstand verlieh.[777)] Dieses Prädikat führte die Familie weiterhin, obgleich sie vorwiegend in Našice wohnte und Virovitica verkaufte. Die Pejácsevich gehörten zu den Familien, die das wirtschaftliche, politische und kulturelle Leben nicht nur von Slawonien und Kroatien, sondern auch von Ungarn beeinflußten. Das Vermögen und Geschick bei Eheschließungen trugen zu familiären Verbindungen mit den bekanntesten und reichsten Geschlechtern der ganzen Monarchie, ja sogar außerhalb davon, bei. Sie verfügten über große Besitzungen: Virovitica, Orahovica, Našice, Podgorač und Retfala in der Gespanschaft Virovitica; Mitrovica und Ruma in Syrmien; Zomba im ungarischen Komitat Tolna; außerdem kleinere Besitze oder Häuser in Osijek, Zagreb, Kerestinec, Budapest, Pécs, Barcs, Arad, Wien und München. Durch Eheschließungen entstanden Verbindungen mit folgenden Familien: Adamovich, Batthyány, Draskovich, Eltz, Erdődy, Hilleprand-Prandau, Inkéy, Jankovich von Daruvar, Jankovich von Bribir und Voćin, Keglevich, Mihalovich und andere.[778)] Die Angehörigen der Familie Pejácsevich erregten oft allgemeines Interesse; es wurde viel über sie geschrieben.[779)] Obwohl sie für ihre ungarnfreundliche Einstellung („Magyaronen“) bekannt und daher unter den Kroaten nicht besonders populär waren, haben sie eine Reihe von all-

729

730

729 ADOLF GEORG SCHAUMBURG-LIPPE, 1870
730 LILA SCHAUMBURG-LIPPE, GEMAHLIN VON ADOLF GEORG, 1870
731 MARKUS III. ALEXANDER PEJÁCSEVICH
732 JOSEPH II. PEJÁCSEVICH
733 ANTON III. PEJÁCSEVICH

731

732

733

gemein angesehenen Persönlichkeiten gestellt: Generäle und andere Offiziere (Nikolaus I., Joseph II., Anton III., Alexander, Paul [Pavao], Ladislaus d. J., Nikolaus III.), Gesandte und Minister (Andreas, Peter, Theodor), Bane (Ladislaus d. Ä., Theodor), Gelehrte und Literaten (Matthias III., Jakob, Julian) und Wohltäter (Dominik, Paul, Ferdinand, Markus III., Gabriele).

Den Familienchroniken zufolge, die manche Historiker allerdings als Legenden bezeichnen und die auch schwer zu beweisen sind, stammen die Pejácsevich vom bosnischen König Stjepan Dabiša Knežević ab (1391–1396). Dessen Sohn Parčija mußte, da er an einer Verschwörung gegen König Tvrtko teilgenommen hatte, nach Bulgarien fliehen. Er ist der Stammvater der Familie Parčević aus dem Geschlecht der Knežević. Der spätere „Baron" Johann Parčević (Parchevich) hatte vier Söhne: Johann, der den Namen Parčević behielt; Demetrius, der nach dem Ort Pejačevo den Namen Pejačević (Pejácsevich) annahm; Stephan, der sich nach dem Ort Kneze Knežević, und Thomas, der sich nach seinem Vater Tomagjonović nannte. Aus dem Stamm des Demetrius entwickelte sich unsere Familie Pejácsevich. Im Zuge des österreichischen Feldzuges gegen die Türken von 1688/90, der auch in den serbisch-bulgarischen Raum bei Vidin führte, flüchteten die Söhne des 1688 verstorbenen Matthias I. in das ungarische Pécs (Fünfkirchen) und ließen sich 1704 in Osijek nieder. Bei diesen Söhnen handelte es sich um Nikolaus II., Georg II., Johann I. und Markus II.; Johann und Markus (1660–1724 bzw. 1656–1727) begründeten Familien. Johanns Sohn Markus III. Alexander (Abb. 731; 1694–1762)[780] erhielt eine Grundherrschaft in Ruma und wurde der erste Obergespan von Syrmien. Für sich und seinen Bruder Matthias III. (1713–1781; Priester und Historiker)[781] kaufte er die Herrschaft Mitrovica. Da aber dieser Besitz in das Gebiet der Militärgrenze einbezogen wurde, erfolgte, wie erwähnt, ein Tausch mit den Herrschaften Virovitica und Retfala. Da beide Brüder kinderlos starben, erbte Joseph II. (1710–1787)[782] die drei Güter. Er war der Sohn von Markus II.

Joseph II. (Abb. 732) wurde durch Erbschaft Herr von Virovitica, Ruma, Retfala, Podgorač und Kerestinec (bei Zagreb). 1732 kaufte er die Herrschaft Našice. Als Soldat zeichnete er sich besonders im Spanischen Erbfolgekrieg aus. 1748 verließ er die Armee und widmete sich fortan seinen Gütern. 1760 wurde ihm das ungarische Baronat bestätigt, und 1772 erhob ihn Maria Theresia in den Grafenstand. Mit seiner Frau Elisabeth geb. Baronin Peterson hatte er fünf Kinder. Die Tochter Josephine ging in ein Kloster, und die Söhne wurden testamentarische Erben: Der älteste, Sigismund I., erhielt Ruma, Retfala und Podgorač; Karl III. und Anton III. (Abb. 733) hatten sich Našice und Virovitica zu gleichen Anteilen zu teilen; Anton III. erhielt zusätzlich Kerestinec.

Die erwähnten Söhne Josephs II. begründeten drei Erblinien: Virovitica-Našice (Karl III., 1745–1815);[459] Ruma-Retfala (Sigismund I., 1741–1806);[609] die sogenannte Ofener (Budapester) Linie (Anton III., 1749–1802),[783] die im Jahre 1862 mit Anton V. ausstarb. Erstere Linie wurde ausführlich bei Schloß Našice besprochen, diejenige von Ruma-Retfala im Kapitel über Retfala. (Sie erlosch gegen Ende des 19. Jhs.) Der Familienzweig aus Virovitica-Našice hat sich bis heute erhalten. Seine zahlreichen Mitglieder sind über viele Länder verstreut.

Voćin

Schloss Jankovich

Gespanschaft	Virovitica-Podravina
Gemeinde	Voćin
Kat.-Gmde.	Voćin

Voćin und seine kulturgeschichtlichen Zeugnisse wurden im 20. Jh. stark zerstört, und zwar im Verlauf des Ersten und des Zweiten Weltkrieges sowie im „Vaterländischen Krieg" (1991). Die Zerstörung des Schlosses begann in den Monaten der Auflösung von Österreich-Ungarn im Jahre 1918. Das Schloß ist längst verschwunden, doch an die mittelalterliche Burg erinnert die Ruine auf einem gut sichtbaren Hügel. Die als Wallfahrtsort dienende gotische Kirche der hl. Jungfrau Maria vom Ende des 15. Jhs. wurde im Zweiten Weltkrieg zerstört. In den sechziger Jahren wurde sie wiederaufgebaut, aber 1992 von der „jugoslawischen Armee" komplett vernichtet.

In Urkunden aus dem frühen 15. Jh. werden eine Burg und eine Herrschaft Voćin (ung. Vuchin) erwähnt. Die ältesten Besitzer waren die Voćinski aus dem Adelsgeschlecht Aba (ung. Atinai). Nach ihrem Aussterben im Jahre 1434 gehörte Voćin den Grafen Gorjanski und nach deren Aussterben dem König Matthias Corvinus. Die letzten Besitzer vor Eindringen der Türken (1543)[784)] waren die Batthyány, die zuletzt den Banus stellten – ein uraltes ungarisches Geschlecht, das später in den Reichsgrafenstand und in den Reichsfürstenstand erhoben wurde.

Die Grundherrschaft Voćin (Vučin) entstand nach der Befreiung von den Türken (1687). Die Schenkung erfolgte am 2. Januar 1703 durch Kaiser (König) Leopold I. an Don Ferdinand Johann Carl Graf Caraffa di Stigliano, der noch im gleichen Jahr starb. Als Besitzer folgten dessen Witwe Katharina und dann der Sohn Don Carlo Otto. Dieser verkaufte den Besitz der Hofkammer, die in Suhopolje einen Sitz ihrer Wirtschaftsverwaltung eingerichtet hatte. Aus der Literatur ergibt sich nicht klar, ob die nächsten Eigentümer die Grafen Esterházy bzw. Erdödy waren. Ende des 18. Jhs. kaufte jedenfalls Johann Nepomuk von Jankovich (Jankovich de Pribérd/Bribir et Vuchin) die Herrschaft Voćin. Nach dessen Tod (1817) erbten seine beiden Söhne, und zwar Joseph den südlichen Teil mit dem Sitz in Voćin und Stephan den nördlichen Teil mit Sitz in Terezovac (später als Suhopolje bezeichnet). Nach dem Tod des Ladislaus Jankovich (1896) kauften Edmund Guttmann de Gelse und seine Brüder aus Groß-Kanizsa den Besitz Voćin.[785)]

734

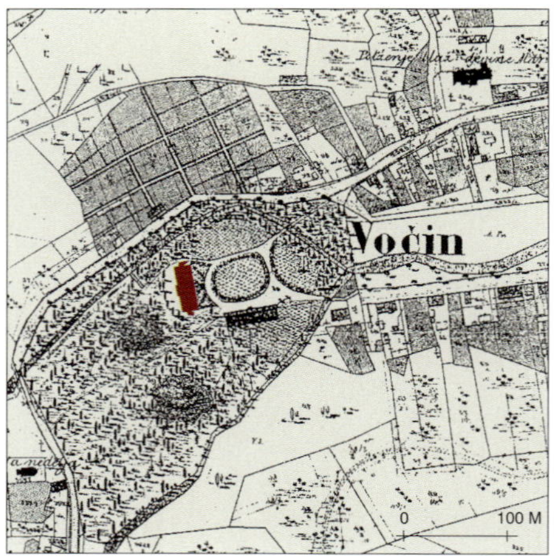

Im 18. Jh. bestand die Grundherrschaft aus zwei räumlich leicht unterscheidbaren Einheiten: dem nördlichen ebenen Teil im Drautal (Podravina), der späteren Herrschaft Suhopolje, und dem südlichen bergigen Teil im Raum des

735

736

737

734 KATASTERKARTE, 1862 (1918)
735 OSTFRONT (HAUPTFRONT) DES SCHLOSSES, 1885
736 OSTFRONT, VOR 1918
737 ZERSTÖRTES SCHLOSS, NACH 1918
738 ZERSTÖRTES SCHLOSS, NACH 1918

738

Papukgebirges. Im Jahre 1736 gehörten 44 Dörfer bzw. Siedlungen mit 705 Haushalten dazu. 1902 betrug der Grundumfang 35.032 Hektar bzw. 60.910 Joch.[786]

Über das im Jahre 1918 angeblich von „Bauern" (wahrscheinlich Deserteuren der sogenannten „Grünen Kader") eingeäscherte Schloß Voćin wissen wir nicht viel. Es war zweigeschossig, den Grundriß bildete ein langgestrecktes Rechteck von etwa 45 x 15 Metern. Die ostseitig gelegene Vorderfront war dem Dorf und dem Garteneingang zugewandt. Das Schloß erfuhr wahrscheinlich einige bauliche Veränderungen. Gjuro Szabo glaubt, daß es einer der besten Baumeister im 18. Jh. erbaute.[787] Michael von Kunich hingegen meint, daß das Schloß etwa um 1820 gebaut wurde.[788] Joseph von Jankovich (1780–1861) hat wahrscheinlich durch Zubauten dem Schloß das endgültige Aussehen verliehen. Die einfach gehaltenen Längsfronten erhielten klassizistische Vorhallen und die beiden Seitenfronten Altane. Das Schloß befand sich inmitten eines Parks am Fuß eines Hügels, auf dessen höchstem Punkt die mittelalterliche Burg stand.

Vom Garten, der 1821–1823 nach den Ideen des Joseph von Jankovich angelegt wurde, ist nichts übriggeblieben. Über das Aussehen dieses Gartens können wir einiges der Darstellung des Michael Kunich aus den dreißiger Jahren des 19. Jhs. entnehmen, weiters der Katasterkarte aus dem Jahre 1862. Der Park umfaßte etwa 6,3 Hektar. An seinen Nordrand grenzte der große Küchengarten, der etwa zwei Hektar groß war. Die Ostfront des Schlosses, die Wirtschaftsgebäude und die Orangerie reihten sich um den vorderen Teil des Parks, was repräsentativ wirkte. Die Orangerie beherbergte im Winter 2.000 Topfpflanzen und an die 300 andere Pflanzen, wie etwa Aloen, Palmen und Magnolien. Der Westteil des Gartens war landschaftlich gestaltet, überwiegend als Wäldchen mit Laubbäumen und solchen Bäumen, die auch im Winter ihr Grün bewahrten.[789] Entlang des Baches am Nordrand des Parks erstreckte sich eine Pappelallee. Auf der einen Seite dieser Allee gab es zwei Reihen von Pelargonien und exotischen Pflanzen sowie drei Reihen Hortensien. Auf der anderen Seite waren Reihen von Rosen. Es gab Bäche, Kanäle, Wasserfälle und Teiche, wo sich auch Schwäne aufhielten.[790]

Wie schon erwähnt, war die Herrschaft Voćin Wohnsitz der Familie Jankovich, deren Namen das Prädikat „von Bribir und Voćin" (de Pribérd et Vuchin) beigesetzt war. Es muß festgehalten werden, daß sich unter dem ungarisch-kroatischen Adel mehrere Familie mit Namen Jankovich bzw. Janković fanden, die miteinander nicht verwandt waren. Die uns betreffende Familie wurde im Jahre 1262 in Verbindung mit königlichen Belehnungen in den Adelsstand erhoben. Dies bestätigte König/Kaiser Ferdinand III. im Jahre 1642. Die Familie besaß in der Gespanschaft Virovitica noch die herrschaftlichen Güter Cabuna, Suhopolje und Graduša sowie weiteren Grundbesitz in den Gespanschaften Syrmien und Požega. Am 3. Oktober 1885 wurde Ladislaus von Jankovich in den Grafenstand erhoben. (Über dessen Erben wurde in Zusammenhang mit dem Schloß Cabuna gesprochen.) Johann Nepomuk von Jankovich (gest. 1817) war der erste der Familie in Voćin. Nach seinem Tod wurde der Besitz geteilt (Voćin und Suhopolje). Über den Familienzweig des Stephan von Jankovich, Sohn von Johann Nepomuk, siehe das Kapitel zu Schloß Suhopolje.[791]

Vrbovec - Rakovec

Schloss Zrinyi / Patachich

Gespanschaft	Zagreb
Stadt	Vrbovec
Kat.-Gmde.	Vrbovec

Vrbovec und Rakovec waren zwei benachbarte Großgrundbesitze, die durch mehrere Jahrhunderte gemeinsame Herren und ein ähnliches Schicksal hatten. Die Schlösser wurden im Bauernaufstand von 1755 übel zugerichtet, aber nur Schloß Vrbovec wurde wiederhergestellt. Es hat sich bis heute, wenngleich in veränderter Form, erhalten. Schloß Rakovec hingegen ist verschwunden. Die Geschichte der beiden Besitze verlief seit dem 13. Jh jedenfalls stürmisch. Unter den zahlreichen Eigentümern ragen zwei Familien heraus: die Zrinyi (Zrinski) und die Patachich (Patačić).

Das Städtchen Vrbovec liegt an der Straße Zagreb–Bjelovar, vierzig Kilometer ostwärts von Zagreb. Das Dorf Rakovec befindet sich zwanzig Kilometer nordwestlich von Vrbovec, an der Straße Vrbovec–Sv. Ivan Zelina. Das Umland der beiden Örtlichkeiten wird heute vorwiegend landwirtschaftlich genutzt. Von Norden reichen die Abhänge des Kalnikgebirges heran, von Westen her die Zagreber Berge; über die südlich sich weitende Ebene erblickt man die Berge der Moslavina.

In Rakovec (Rakolnok, Rakunuk) befand sich zumindest seit 1244 eine Burg als Zentrum einer Grundherrschaft. Vrbovec wurde gleichfalls 1244 erwähnt, als nämlich König Béla IV. den Raum von Vrbovec (Verbouch, Worbouch, Verbovecz) aus der Gespanschaft Križevci ausschied und damit den Gespan Junk belehnte. Somit waren die beiden Herrschaften getrennt und hatten bis 1398 verschiedene Herrschaftsfamilien, die sich, den Gewohnheiten der Zeit entsprechend, miteinander vermischten. Nachdem König Sigismund (1368–1437) im Jahre 1398 den opponierenden Adel von Križevci niedergezwungen hatte, übergab er Medvedgrad und Rakovec Hermann Petermann und Rudolf Alben, den Neffen des Agramer Bischofs Eberhard Alben. Damals wurde der unbedeutende Besitz Vrbovec der Grundherrschaft Rakovec angeschlossen. Ab diesem Zeitpunkt, bis zum Jahre 1848, sollten die beiden Besitze wiederum den gleichen Herrn haben, obwohl die Herrschaftsgeschlechter in dieser langen Zeit wechselten. Die Familie Alben besaß die Grundherrschaft bis 1436.

Dann wurde die Herrschaft von den steirischen Grafen von Cilli (Celje in Slowenien) erworben. Nach dem Tod des letzten dieser Grafen, Ulrich II., im Jahre 1456, gab es mehrere rasch folgende Inhaber: Jan Vitovec (Witowetz, Vitnedy), Kapitän der Grafen von Cilli, König Mátyás (Matthias) Corvinus, der Agramer Bischof Oswald Tuz und dessen Bruder Johann, Herzog Johann (Ivaniš)

739

741

739 ANSICHT VON WESTEN, 1993
740 KATASTERKARTE, 1858
741 „ZRINSKI KULA“, RUNDTURM IM PARK, 1997

740

Corvinus, dann dessen Witwe Beatrice geb. Frankopan und deren zweiter Gemahl, Markgraf Georg von Brandenburg. Letzterer verkaufte im Jahre 1524 sein gesamtes kroatisches Besitztum der Königin Maria, einer Habsburgerin, die mit dem letzten nichthabsburgischen ungarischen König, Ludwig II. aus dem Hause Jagello (1506–1526), vermählt war.

Als Ludwig II. auf dem Schlachtfeld von Mohács geblieben war, übergab der neue ungarische König, Ferdinand I. von Habsburg (1503–1564), den der kroatische Adel 1527 auf dem Landtag von Cetin zu seinem König gewählt hatte, 1528 Medvedgrad und Rakovec dem Banus Johann Karlović, Graf der Krbava, als Pfand für eine Summe von 6.000 Gulden. Als Karlović 1531 starb, suchte der königliche Kapitän Ludwig Pekry sich mit Billigung des Königs der dortigen Burgen, darunter Rakovec und Vrbovec, zu bemächtigen. Daran wurde er durch die Schwester des Karlović, Helene, gehindert, deren Gemahl Graf Nikolaus III. Zrinyi die Ablösesumme für das Pfand bereitstellte. Es folgte eine vertragliche Einigung, welche die Nachfolge zugunsten der Familie Zrinyi anbahnte.[792] Ferdinand I. stellte im Jahre 1541 einen Lehnsbrief aus, demzufolge Johann I. sowie Nikolaus (Nikola, Niklas, Miklós) IV. Zrinyi[793] in den Besitz von Rakovec und Vrbovec, aber auch der übrigen Karlović-Güter gelangten. Rakovec und Vrbovec waren für die Zrinyi wichtig, da sie eine Verbindung zwischen ihren sonstigen Besitzungen herstellten, nämlich der „Murinsel“ (Zwischenmurgebiet, Medjimurje) und ihren Besitzungen an der Küste.

Noch im Jahre 1541 wurde Nikolaus IV. Alleininhaber aller Zrinyi-Güter, da sein Bruder Johann I. bei der Belagerung der Bischofsstadt Vinodol ums Leben kam. Nikolaus IV., der von 1542 bis 1556 die Banuswürde innehatte, vereinbarte im darauffolgenden Jahr mit seinem Nachfolger als Banus, Peter II. Erdödy, einen Austausch einiger Grundbesitze. Nun erhielten die Erdödy Medvedgrad, Rakovec und Vrbovec, die Zrinyi die in Ungarn gelegenen Güter Monyorókerék (Eberau), Vörösvár (Rotenturm) und Gyák. Peter II. folgten die Söhne Thomas II. und Peter III., die sich den Grundbesitz teilten, so daß Rakovec und Vrbovec im Jahre 1600 Peter III. Erdödy zufielen. Doch mit diesem Gütertausch waren sowohl die Erdödy als auch die Zrinyi mit der Zeit nicht zufrieden; 1613 vereinbarten sie die Herstellung des früheren Besitzstandes. Vrbovec und Rakovec erbten Nikolaus VI.[794] (gest. 1625) und Juraj (Georg) V.[795] (1599–1626). Nach Nikolaus' Tod gehörte Juraj alles, doch die Witwe des verstorbenen Bruders, Elisabeth Gräfin Széchy, erhielt das Fruchtgenußrecht auf Lebenszeit hinsichtlich Vrbovec, Božjakovina (Bosyako) und Grdun bei Ozalj. Juraj folgten die Söhne Nikolaus VII.[796] (1620–1664) und Peter IV.[797] (1621–1671), die sich das Vermögen teilten (1649). Nikolaus erhielt Vrbovec und Rakovec, die Murinsel, Preseka und ein Haus in Wien. Peter fielen Ozalj, Ribnik, Božjakovina sowie die küstenländischen Besitzungen zu. Nach dem Tod Nikolaus' (1664) wurden Vrbovec und Rakovec von der Witwe Maria Sophie geb. Baronin Löbl für den noch minderjährigen Sohn Adam[798] (1662–1691) verwaltet. Er war der letzte Herr von Vrbovec aus der Familie Zrinyi. Nach seinem Tod fielen die Güter an die Hofkammer in Wien.

In der Zeit, als die Zrinyi und Erdödy in Vrbovec und Rakovec waren, fielen die Türken mehrmals ein und plünderten. Heftige Einbrüche erfolgten besonders 1554, 1555, 1556, 1582 und 1591. Für kurze Zeit besetzten die Osmanen Vrbovec und beschädigten die aus Holz errichtete Festung schwer. Sie eroberten auch Božjakovina und Gušćerovec. Bald nach der türkischen Niederlage bei Sisak (Sissek) im Jahre 1593 hörten derartige Unternehmungen auf.

Mit dem Tod des Adam Zrinyi fiel das gesamte Vermögen an die kaiserliche bzw. königliche Hofkammer, soweit sie es nicht schon zwanzig Jahre zuvor konfisziert hatte, nachdem Peter IV. hingerichtet worden war, da er mit dem Markgrafen Frankopan eine Verschwörung betrieben hatten, die sogenannte „Magnatenverschwörung". Zunächst wechselten die neuen Herren von Vrbovec und Rakovec einander ab: das Agramer Domkapitel (1692 und 1699–1709) und der Banus Adam Batthyány (1693–1699).

Mit dem Jahre 1709 brach für dieses Besitztum ein neues Zeitalter an, das bis 1834 dauerte. Es war mit der Familie der Barone und Grafen Patachich verbunden. Aufgrund einer Schenkung des Königs (Kaisers) Joseph I. vom Jahre 1709 erhielt Balthasar II. Baron Patachich Zajezda Vrbovec, Rakovec und Preseka. Er war Ritter des (ungar.) Goldenen Sporns, Gespan von Virovitica und Hofrat der ungarischen Hofkammer. Mit dieser Belehnung waren auch Hoheitsrechte verbunden, wie Gerichtsbarkeit, das Recht, eine bewaffnete Schar (Haustruppe; Panduren) aufzustellen und Mautgebühren einzuheben (letzteres in Rakovec, Lonjica und Zelina). Außerdem erhielt er zwei Kurien: die eine in Preseka, die andere in Blaževdol bei Zelina. Als Balthasar II.[799)] 1719 starb, erbte der Sohn Alexander[800)] (gest. 1747), der den Gütern viel Aufmerksamkeit widmete. In seiner Zeit, und zwar mit 20. September 1734, verlieh Karl VI. dem Markt Vrbovec das Recht, jährlich zwei Markttage abzuhalten, am 3. Mai (Fest der Kreuzerhöhung) und am 15. Juni (St. Veits-Tag). Der Erbe des Grafen Alexander war dessen Bruder Ludwig[801)] (gest. 1766). 1755 brach der große Bauernaufstand aus, in dessen Verlauf an die dreißig Schlösser und Kastelle niederbrannten. Auch jene in Vrbovec, Rakovec und Dianeš wurden in Brand gesteckt. Nächster Besitzer war Ludwigs Sohn Johann IV.[802)], der 1769 in Vrbovec die erste Volksschule gründete. Ihn beerbte sein Sohn Bartholomäus.[803)] Mit ihm starb 1816 das Geschlecht der Grafen Patachich (Patačić) in der männlichen Linie aus. Letzter Besitzer aus dieser Familie war Eleonore Gräfin Patachich[804)], die 1834 starb. Dann übernahm bis 1848 wieder die Hofkammer den Besitz.

742 EUGÉNE DE PIENNES

In den nächsten Jahrzehnten wechselten die Eigentümer einander ab, die großteils den bis dahin tadellos geführten Gutsbetrieb und die Wälder nach Tunlichkeit auszunutzen trachteten. Der Reihe nach handelte es sich um folgende Eigentümer: eine österreichische Bank (1848–1859), Ritter von Hempel (1859–1863), ein Franzose namens Jean Pellien (1863–1872), eine Fabrik „Leppmann" aus Wien (1872), die Wiener Anglobank (1872) und ein Ungar namens Ladányi (1872–1879). Nun setzte die Zerstückelung des Besitzes ein: Marquis Eugéne de Piennes (Abb. 742) kaufte das Schloß Vrbovec und das Gut Šabac, den übrigen Teil des Großgrundbesitzes erwarben die Magdalenenschwestern, die aus den Niederlanden kamen. Dieser Orden gab Vrbovec im Jahre 1890 wieder auf und verkaufte den Besitz stückweise: den Meierhof Djurište[805)] erwarb J. Reininger, den übrigen Teil ein Herr Berković sowie Bauern; das Klostergebäude kaufte die Landgemeinde, die daraus eine Schule machte. So war gegen Ende des 19. Jhs. die einstige Grundherrschaft Vrbovec – Rakovec verschwunden.[806] Das Schloß besaß der Marquis Piennes[807] bis zu seinem Tod im Jahre 1911. Er wurde in einem Mausoleum auf dem Friedhof von Vrbovec beigesetzt. Sein Rechtsnachfolger war Pierre Denizot, der das Land verkaufte, aber das Schloß behielt.[808]

743

In Vrbovec und Rakovec dienten die Kastelle hauptsächlich zum Schutz vor den Türken. Ein Dokument aus dem Jahre 1495 spricht davon, daß die Burg Rakovec verstärkt wurde. In den Jahren 1560 und 1587 ordete der Sabor (Landtag) das Heranziehen der Bauern von Rakovec zur Instandsetzung der baufälligen Burg an. Die Türken griffen Rakovec an, aber, zum Unterschied von Vrbovec, ohne Erfolg. Das Kastell Rakovec wurde jedoch im Verlauf des Bauernaufstandes von 1755 ein Opfer der Flammen und nicht wiederaufgebaut. Heute sind von ihm kaum Spuren zu erkennen. Erhalten blieb lediglich ein Brunnen, den die Bauern „Zrinski-Brunnen" nennen.[809]

Von einer alten Burg (Kastell) Vrbovec ist in einem Brief des Königs Ferdinand aus dem Jahre 1528 an den Banus Johann Karlović zu lesen. Es ging um die Verteidigung gegen die Türken, aber man weiß nicht, wer das Kastell wann erbaut hat. 1554 ordnete der Sabor an, daß die Einwohner der Gespanschaft Križevci Vrbovec mittels gefällter Bäume zu befestigen hätten. 1565 bis 1567 ergingen weitere derartige Aufträge. Auch 1572 und 1576 erließ der Sabor sinngemäße Anordnungen, als nämlich die kaiserlichen Burgsoldaten zu den Arbeiten herangezogen werden mußten, nachdem die „Vlachen" (hier im Sinne von Flüchtlingen) abgezogen waren. 1587 und 1588 wurde den Anordnungen des Sabor endlich entsprochen.

Wie bereits bekannt, gingen Kastell und Wirtschaftsgebäude im Bauernaufstand von 1755 in Flammen auf. Über das Aussehen des Kastells können wir einem Schriftstück über die Bewertung des Zrinyi-Vermögens folgendes entnehmen (1672): Es war aus Holz, gut angelegt und hatte im Obergeschoß sechs Räume. In zwei Kellern befanden sich fünfzig Fässer. Es gab eine Vorratskammer sowie ein Haus für die Dienerschaft. Unterhalb des Kastellzuganges befand sich ein altes Holzhaus, in dem Peter IV. Zrinyi zur Welt kam. Das Festungswerk war von einem Wassergraben umgeben. Außerhalb befand sich ein Pferdestall, ebenfalls aus Holz.[810] Als Baron Patachich Vrbovec in Besitz nahm, waren in den Gebäuden um das Kastell untergebracht: Speicher, oberhalb des Festsaales ein als „Speicher" bezeichneter Weinkeller, ein weiterer Weinkeller, genannt „Häuschen", ein „Türmchen" und eine Meierei.[811] Auf den ersten Blick erscheint es uns befremdlich, daß der aus Ziegeln gemauerte Rundturm als „Zrinski kula" und somit als Rest des einstigen, aus Holz gebauten Kastells überliefert wird. Dieser Turm ist dreigeschossig und besitzt ein Kegeldach (Abb. 741, 743). Er „paßt" somit zum „Castellum Verbovecz", das nach dem 1740 entstandenen Aquarell (Abb. 747) für ein gemauertes neueres „festes Schloß" spricht. Für einen derartigen Schloßbau gibt es aber keine weiteren Hinweise. Wahrscheinlich wurde das alte Kastell ein- oder mehrmals erneuert und dabei auch mit gemauerten Türmen versehen, offenbar aber erst nach 1672.

744

745

Über einem Teil der Grundfläche des 1755 zerstörten Bauwerkes errichteten die Grafen Patachich ein aus Ziegeln gemauertes Schloß. Die Trümmer des „Kastells" sind mit der Zeit verschwunden. Das neue, in barockem Stil erbaute Schloß ist noch heute erhalten. Es ist zweigeschossig, rechteckig, 30 Meter lang und 12 Meter breit, mit einem (Voll-)Walmdach. Die Hauptfront ist nach Süden gerichtet, weist keine Verzierungen auf und hat sieben Fensterachsen. Die Räume im Erdgeschoß besitzen Deckengewölbe.[812)] Bis zum Zweiten Weltkrieg war das Schloß bewohnt, komplett eingerichtet und mit Familienporträts und Kupferstichen aus dem Besitz des Marquis Piennes ausgestattet. Alles erinnerte an Napoleon III. und an die Geschichte des Ersten und Zweiten französischen Kaiserreiches.[813)] Heute fehlt das einstige Inventar. Das Schloß wurde renoviert und dient geschäftlichen Zwecken.

Inmitten von Vrbovec, aber im Bereich des seinerzeitigen Schlosses (Kastells), findet sich auf erhöhtem Niveau der heutige Park mit der Pfarrkirche des hl. Veit, die Anfang des 19. Jh. erbaut wurde, der Kapelle der hl. Jungfrau Maria (Mitte 18. Jhs.), mit dem oben erwähnten Rundturm und dem Barockschloß. Unpassende Eingriffe haben allmählich das historische Kernstück von Vrbovec ruiniert. Der Park läßt Ausstrahlung ebenso vermissen wie einen Eindruck von der Gartengestaltung aus der ersten Hälfte des 19. Jhs., als sich Mi-

743 „ZRINSKI KULA", 1993
744 PAVILLON AM SÜDRAND DES PARKS, 1993
745 ANSICHT VON SÜDEN, 1993
746 KASTELL RAKOVEC, AQUARELL, 1740
747 KASTELL VRBOVEC, AQUARELL, 1740

747

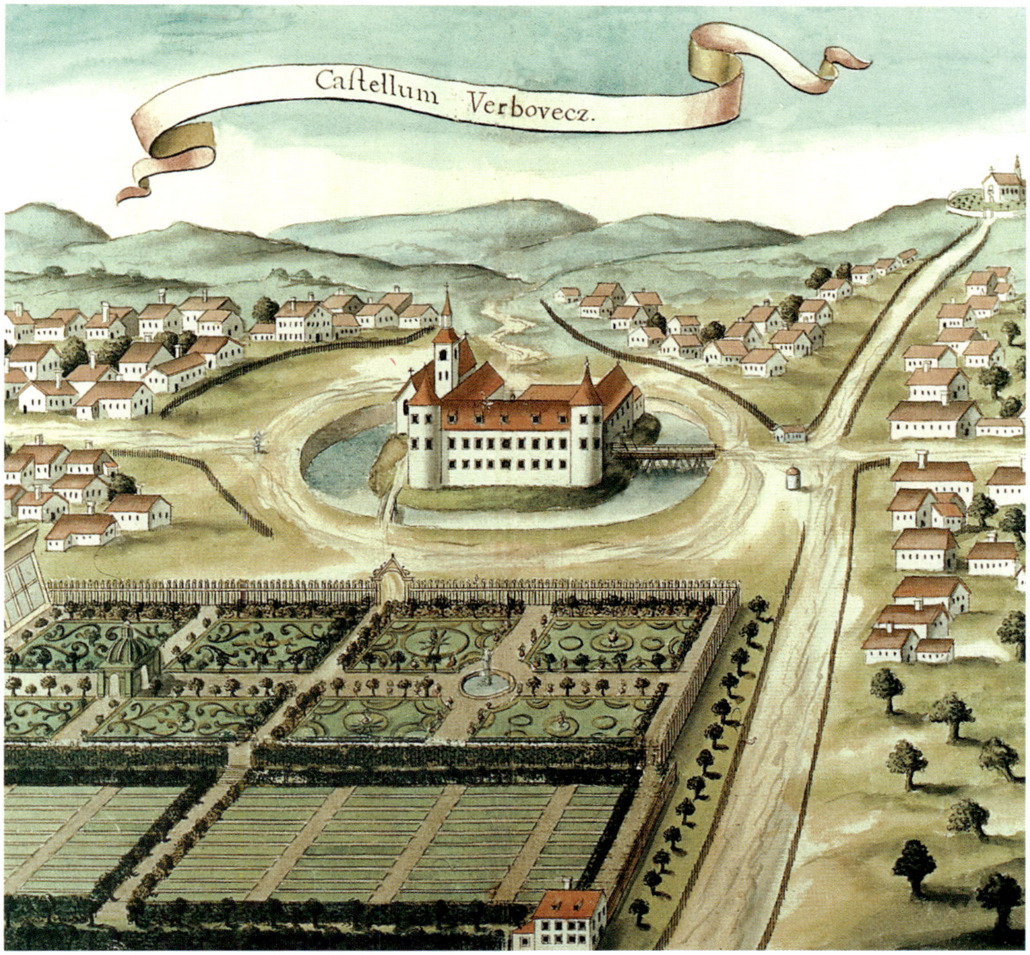

746

chael (Mihovil) von Kunich hier aufhielt und den Schloßgarten folgendermaßen beschrieb: Er besaß ein vorderseitiges Glashaus, die Baumkronen waren regelmäßig gestutzt, die Hecken im altdeutschen Stil, der Garten symmetrisch gestaltet und einzelne Teile durch Mauern abgestützt. Es herrschten Klarheit und Ordnung, alle Pflanzen, das Obst und das verschiedenartige Gemüse wurden vorzüglich kultiviert.[814)] Zwar war es ein Nutzgarten, aber mit den Zierelementen jener Zeit versehen. Er lag vor der Südfront des Schlosses (vgl. die Katasterkarte von 1858, Abb. 740). Daß der Garten in Vrbovec, wie übrigens auch die anderen Schlösser der Gräfin Eleonore Patachich (besonders Schloß Martijanec), sehr in Ordnung gehalten wurde, wird dadurch bestätigt, daß die Gräfin vier Gärtner hatte, die sie in ihrer letztwilligen Verfügung mit je 500 Gulden bedachte.[815)] Um die Mitte des 19. Jhs. wurde der größere (südwestliche) Teil des heutigen Parks zu einem Hof, der erst gegen Ende des Jahrhunderts in einen Park umgewandelt wurde. Vor der Kirche und dem Pfarrhaus sowie entlang des westlichen Parkrandes, vom Turm bis zur Kapelle, wurden im Jahre 1884 Roßkastanien und Linden gepflanzt.[816)] Der Zustand des heutigen Parks weist keine Parallelen zur einstigen Gartentradition auf.[817)] Es handelte sich um einen dem Geschmack der damaligen Zeit entsprechenden Garten mit Glashaus, Einzäunung, Pavillon, Springbrunnen, Spazierwegen, gestutzten Hecken, Baumreihen und Blumenbeeten.[818)]

Die Familie Zrinyi (Zrinski) spielte in der kroatischen Geschichte eine bedeutende Rolle. Sie geht auf das Geschlecht der Šubić zurück, das bereits im 11. Jh. die Gespane im dalmatinischen Bribir stellte. Juraj (Georg) IV. Šubić (Sohn des „Fürsten" Paul II. von Trogir [Trau] und der Elisabeth von Krk) erhielt von König Ludwig I. im Tausch für die Burg Ostrovica die Burg Zrin sowie die ihr benachbarten Burgen Stupnica und Pedalj. Im königlichen Lehnsbrief vom 31. Juli 1347 hieß es, daß die Güter „für ewige Zeit als Anerkennung für erzeigte Treue" übergeben werden. Von da an nannte sich der um etwa 1361 verstorbene Graf Juraj IV. nach seiner neuen Burg: Zrinyi/Zrinski. Der Name Šubić verschwand für diesen Familienzweig, der im Jahre 1703 mit Johann IV. Anton Zrinyi, dem Sohn des oben erwähnten Peter IV., erlosch. Die Burg Zrin liegt an einem Südabhang der Zrinska gora, mit Blick zum kroatisch-bosnischen Grenzfluß Una. Bis 1546, als sie von den Türken erobert wurde, war sie Hauptsitz der Familie. Diese Funktion übernahm dann Čakovec (Csáktornya). Im 17. Jh. wurde die Familie durch Ruhm und Reichtum, aber auch wegen ihres Schicksals allgemein bekannt. Zunächst stellte sie viele tapfere Soldaten im Kampf gegen die Türken. Mehrere Mitglieder bekleideten die Würde eines Banus: Johann IV. (1546–1556), Georg V. (1622–1626), Nikolaus VII. (1647–1664) und Peter IV. (1665–1670). Wegen der heldenhaften Verteidigung der Festung Sziget (Szigetvár) im Jahre 1566 wurde Nikolaus (Miklós) IV., Ritter des Ordens vom Goldenen Vlies, berühmt. Macht und Reichtum bewahrten aber das Geschlecht nicht vor einem tragischen Schicksal, das es zuletzt in Gegnerschaft zum König bzw. zum Wiener Hof brachte: Peter IV. wurde wegen der „Magnatenverschwörung" enthauptet; sein Sohn Johann IV. Anton wurde angeklagt und starb nach zwanzig Jahren Kerkerhaft in Graz, die Gemahlin und die Töchter Peters IV. endeten

748

749

750

751

752

748 NIKOLAUS IV. ZRINYI
749 GEORG V. ZRINYI
750 NIKOLAUS VII. ZRINYI
751 WAPPEN DER GRAFEN ZRINYI
752 PETER IV. ZRINYI

schimpflich. Doch bereits Georg V. (Abb. 749) starb als 28jähriger Banus in Preßburg angeblich nach einem Giftanschlag. Nikolaus VII. (Abb. 750) verunglückte bei einer Eberjagd bei Čakovec tödlich, und sein Sohn Adam fiel in der Schlacht von Slankamen (1691).

Die Familie Zrinyi war der größte Grundbesitzer in Kroatien. Sie erbte die Besitzungen Jakobs II. Šubić (gest. 1456). Riesige Besitzungen erwarb sie im Weg von Erbverträgen. Solche Vereinbarungen schlossen Nikolaus III. mit dem Banus Karlović sowie Nikolaus IV. mit Stjepan Frankopan im Jahre 1544. Im 15. Jh. besaßen die Zrinyi folgende Besitzungen mit Burgen: Dobrljin, Gvozdansko, Jamnički grad, Lišnica, Pastuški grad, Pedalj, Podmilanski grad, Semidraž, Stupnica (Stupnički grad), Završki grad u. a. Im 16. Jh. erbten sie das Vermögen des Banus Karlović (Krupe, Lukavec mit Turopolje, Medvedgrad, Mutnice, Novi an der Unna, Rakovec, Vrbovec etc.); weiters die Besitzungen der Frankopan im Kupa-Tal (Pokuplje), im Gorski kotar (nördlich Rijeka) und im kroatischen Küstenland (Bakar, Bosiljevo, Bribir, Brod an der Kupa, Čabar, Drivenik, Grižane, Grobnik, Hojsić, Hreljin, Kraljevica, Novigrad an der Dobra, Ribnik, Severin an der Kupa, Vinodol, Zvečaj etc.). Zu dauernder Pacht erhielten sie die Besitzungen des „Priorates von Vrana“, unter denen die größten Grundbesitze Božjakovina, Pakrac, Kostajnica, Kamensko und Gradišće waren.[819)]

Das ursprüngliche Wappen der Zrinyi war das Šubić-Wappen. Es zeigte waagrechte Adlerschwingen mit abwärts gerichteten Federn. Im 14. und 15. Jh. waren es zwei schwarze Adlerschwingen in rotem Feld. Nachdem sie 1554 vom König Čakovec erhalten hatten (Aussterben der Familie Ernušt de Csáktornya), wurde ein neues Wappen verliehen. Zum bisherigen Wappensymbol kamen jene der Familie Ernušt: ein auf einem Felsen errichteter Festungsturm mit Mauerkrone und beiderseits ein Stern.[820)]

Die Patachich sind eine alte kroatische Adelsfamilie, die wegen der Türken aus Bosnien flüchtete. Ein Nikola Patachich ließ sich im Jahre 1520, aus der ungarischen Grafschaft Zaránd kommend, in Kroatien nieder. Er heiratete Katharina Herkffy, die Milengrad und Zajezda besaß. Daher kam das Prädikat „de Zajezda“ in Gebrauch. Mit Stephan Patachich (1576–1636) begann die Familie reich zu werden. Viele ihrer Schlösser befanden sich in Zagorien. Es gab zwei Zweige dieser Familie. Im ersten erhielten Balthasar II.[799)] das Baronat und die Brüder Alexander[800)], Ludwig[801)] und Gabriel[799)] im Jahre 1735 den Grafentitel. Die Vertreter dieses Zweiges haben sich nicht militärisch, sondern im zivilen Staatsdienst und als kirchliche Würdenträger hervorgetan. Stephan Patachich war der einzige Banus dieser Familie. Balthasar II. und Ludwig waren Gespane von Virovitica, Johann IV. von Križevci und Bartol von Požega. Gabriel sowie Adam (1717–1784), der dem anderen Zweig angehörte, waren Bischöfe. Von diesem zweiten Familienzweig hörte man erstmals um die Mitte des 18. Jhs., als Stephan Patachich Befehlshaber von Kostajnica war und die Grundherrschaft Novigrad an der Dobra erwarb. Der erste Graf war Franz[804)], der mit der Gräfin Katharina Keglević verheiratet war. Seine Tochter Eleonore[804)] war die letzte der Familie. Sie starb 1834, die männliche Linie erlosch mit Bartol[803)] im Jahre 1816. 1809 gab es neun Vertreter dieses Namens im Sabor.[821)]

Vukovar

Schloss Eltz, Kleines Schloss Eltz

Gespanschaft	Vukovar-Syrmien
Stadt	Vukovar
Kat.-Gmde.	Vukovar

Gegenwärtig liegt die Stadt Vukovar am östlichen Ende Kroatiens. Sie wurde zuletzt zum Symbol für menschliches Leid und Schmerz sowie für die Zerstörung von Städten und eines in Jahrhunderten gewachsenen Kulturerbes: Im „Vaterländischen Krieg“ (1991) machten die sogenannte „Jugoslawische Volksarmee“ und serbische paramilitärische Verbände diese tausend Jahre alte Stadt zu einer Stätte aus Schutt und Asche. Sie vernichteten das Bild von Vukovar als einer Stadt mit zahlreichen historischen Bauwerken und mit einem berühmten urbanen Ambiente. Das barock-klassizistische Schloß der Grafenfamilie Eltz wurde dabei am schwersten betroffen.

So malerisch und zugleich so alt wie Vukovar sind nur wenige kroatische Städte. Die erste Besiedlung reicht bis ins fünfte Jahrtausend v. Chr. zurück.[822] Aus urgeschichtlicher Zeit ist die archäologische Stätte von Vučedol bei Vukovar bekannt, mit Funden eines Dorfes und von Gegenständen aus dem Übergang vom Neolithikum in die Kupferzeit. Ein als „Täubchen von Vučedol“ bezeichnetes Keramikgefäß wurde Symbol einer Vučedol-Kultur. In der Antike führte der Donauweg durch dieses Gebiet. Die römischen Festungsanlagen *Teutoburgium* und *Cornacum* lagen in den benachbarten Siedlungen Dalj und Sotin.[823] Über dem urgeschichtlichen und antiken Boden erstand ab dem 8. Jh. das mittelalterliche Vukovo, das aus drei Einheiten bestand: der königlichen Burg[824], der Siedlung der zur Burg gehörenden Untertanen (Kmeten)[825] und der Stadt („Unterstadt“)[826]. Es handelte sich um eine der größeren Städte des mittelalterlichen Slawonien, in etwa gleichem Umfang wie die Oberstadt (Gradec) von Zagreb. Ihren spätmittelalterlichen Charakter bewahrte sich die Stadt auch in der Zeit der türkischen Okkupation (1526–1687).[827] In der Mitte des 18. Jhs. wurde Vukovar Mittelpunkt der Gespanschaft Syrmien. Dieser Umstand begünstigte die barocke Umgestaltung, wovon wir später sprechen werden. Der Stadterneuerung und ihrem Ausbau in barockem Stil verdankt auch Schloß Eltz sein Entstehen.[828]

753

Vukovar liegt an der Grenze Slawoniens zu Syrmien sowie an den westlichen Abhängen der Fruška gora, auf einem Hügel über der Mündung der schmalen Vuka in die Donau. Das waldreiche, fruchtbare Hinterland begünstigt landwirtschaftliche Aktivitäten, Jagd und Fischfang. Die Vuka, die Vukovar in eine neue und in eine alte Stadt teilt, gab der Siedlung den Namen. Die Schreibweise änderte sich im Lauf der Zeit. Den kroatischen Namen Vukovo finden wir in

753 Wappen der Grafen Eltz
754 Nord-(Garten-)Seite, Ansichtskarte, vor 1918
755 Nordseite, ca. 1980
756 Wirtschaftstrakt des Schlosses, 1997
757 Nordseite des Schlosses, 1997

754

755

756

757

758

758 FELDARBEITEN AUF DEM MEIERHOF DES GRAFEN ELTZ, ÖL AUF LEINEN

759 AUSSCHNITT AUS DER KATASTERKARTE DER HERRSCHAFT VUKOVAR, 1733, ALT- UND NEU-VUKOVAR

760 AUSSCHNITT AUS DER KATASTERKARTE, 1733, ALT- UND NEU-VUKOVAR AUF DER INSEL DER VUKA UND DER DONAU

Urkunden vor dem 14. Jh.; ab da bis zum Ende des 17. Jhs. begegnen wir sowohl dieser Bezeichnung wie auch der ungarischen: Vukovar (Vukovár), die sich bis heute allein erhalten hat.[829)]

In einem Schriftstück wurde Vukovar erstmals Anfang des 13. Jhs. erwähnt, und zwar als Zentrum einer „Gespanschaft Vukovo". Außerdem wurde es in königlichen Urkunden genannt: zunächst im Jahre 1231, als Herzog Koloman, ein Bruder des Königs Béla IV., den Einwohnern von Vukovo die Vorrechte einer königlichen Siedlung zuerkannte. Dieses Privileg bestätigte 1244 Béla IV. seinem gleichfalls Kroatien regierenden Sohn Stephan, dem späteren König Stephan V. (1270–1272). Von König Ludwig I. erhielt Vukovo das Recht, Wochenmärkte abzuhalten (1345). So wird es in mittelalterlichen Quellen als *oppidum* (Markt) bezeichnet. Erst 1919 wurde es zur Stadt. Bis zum 16. Jh. hatte Vukovar viele Herren: Demetrius (1246), Heinrich von Güssing (1315), Archidiakon Andreas (1319), Johann (Ivaniš) Horvat (1380), Banus und Gespan von Vukovar, die Grafen Szentgyörgyi (1382), Nikola Gorjanski, Peter und Matko Talovac, Banus Johann Morović (1404), Palatin Peter Gereb (zur Zeit des Königs Matthias Corvinus), Laurentius Ilok (bis 1494), Dràghffy und andere.[830)] Diese Phase der Geschichte endete am 31. Juli 1526 mit dem kampflosen Einzug von Ibrahim Pascha in die Stadt. Schon am nächsten Tag traf Sultan Suleiman II. ein und verbot Zerstörungen. In den folgenden 161 Jahren der Türkenherrschaft erfuhr Vukovar eine entsprechende Umgestaltung des städtischen Lebens. Ohne auf Widerstand zu stoßen, besetzte der österreichische General Ferdinand Gobert Graf d'Aspremont im Jahre 1687 die Stadt. Sie hatte Schaden erlitten, da Teile von ihr vor dem Abzug der Türken in Flammen gesetzt worden waren.[827)]

Im Anschluß daran kam Vukovar unter die Verwaltung der Hofkammer. Kaiser Karl VI. (als ungar. König Karl III.) fertigte im Jahre 1728 eine Urkunde aus, derzufolge er – im Tausch gegen den ungarischen Besitz Dioszeg – dem Johann Ferdinand Graf Kueffstein Alt- und Neu-Vukovar mit 23 Dörfern sowie acht weiteren im Umkreis von Osijek übergab.[831)] Dieser kaufte noch im gleichen Jahr von Johann Wilhelm Baron Pfeffershofen die Dörfer Sotin und Tovarnik und vereinte sie mit dem Besitz von Vukovar.[832)] Am 26. April 1731 bestätigte der Kaiser dem Grafen Kueffstein den Besitz von Vukovar (einschließlich Sotin und Tovarnik) mit insgesamt 35 Siedlungen. Kueffstein veräußerte ihn 1736 an Philipp Karl Graf Eltz, Erzbischof von Mainz (und damit Kurfürst und Erzkanzler

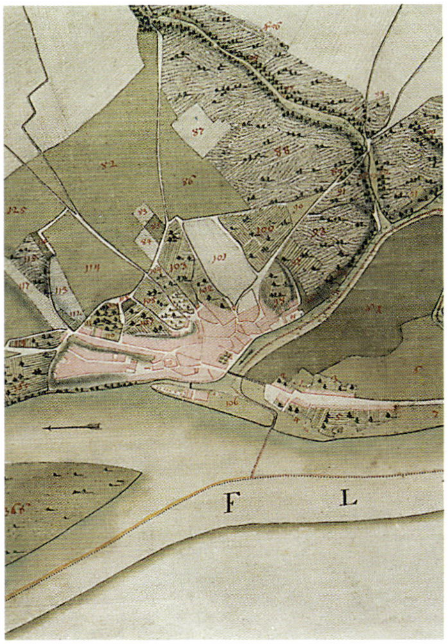

759

760

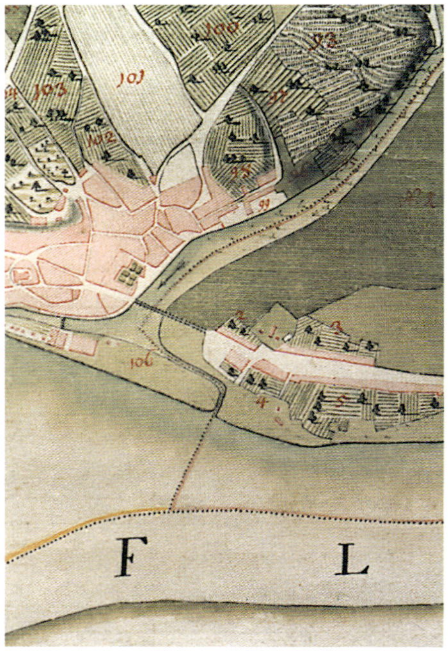

des Reiches). Diesen Besitzübergang unterstützte Karl VI. in Anerkennung der Verdienste, die sich Eltz im Verlauf der Franzosenkriege erworben hatte. Die Übernahme erfolgte am 5. Mai 1737. Nächster Erbe war der Neffe Anselm Kasimir Graf Eltz. Der Besitz blieb 208 Jahre in den Händen dieser Familie. Er wurde ihr im Jahre 1945 samt dem Schloß weggenommen.[833)]

Die Eltzsche Herrschaft Vukovar war ein Fideikommiß bzw. Majorat. Dies bedeutete, daß der Besitz weder veräußert noch geteilt werden durfte und daß er sich auf den ältesten Sohn vererbte. Eine Verringerung um acht Dörfer erfuhr er durch das Entstehen der Militärgrenze.[834)] Bis 1848 gehörten zur Herrschaft 87.708 Joch Land. Danach verblieben dem Familienbesitz 32.000 Joch, da das übrige Land mit Beendigung des Untertanenverhältnisses auf die Bauern aufgeteilt wurde. Karl I. Graf Eltz kaufte im Jahre 1891 die Besitze Gabos und Ada von Baron Debreczen, so daß der gesamte Besitz 1902 über 33.144 Joch (19.052 Hektar) verfügte, von denen 6.556,8 Hektar auf Wald entfielen. Anfang 1919 umfaßte der Besitz 18.444 Joch Ackerland, 419 Joch Wiesen, 1.321 Joch Weideland, 11.354 Joch Wald, 69 Joch Weingärten und 71 Joch Nutzgärten. 1.400 Joch waren unfruchtbar oder Sumpfland. Die „Agrarreform" zwischen den beiden Weltkriegen kostete das Besitztum 20.224 Joch, somit zwei Drittel des Landes. Zu ihm gehörten mehrere Meierhöfe mit Wirtschaftsgebäuden.[835)]

Vukovar war einst einer der wirtschaftlich hochstehendsten Großgrundbesitze Kroatiens, bekannt für Weinbau, Seidenraupenzucht, Imkereien und seine Landwirtschaft. Hier entstanden die ersten Manufakturen Slawoniens. Im Eltz-Besitz Korod errichtete man 1846 die erste Dampfmühle, und seit 1862 arbeitete eine zweite auch in Vukovar. Die Erzeugnisse erfuhren Anerkennung auf Wirtschaftsausstellungen in Wien, Pest, Zagreb und Osijek. Bekannt wurde der Besitz auch durch seine Pferdezucht. In Grabovo wurde 1868 ein Nonius-Gestüt und 1871 ein Lipizzaner-Gestüt in Lipovača gegründet.[836)]

Im 18. Jh. wurde Vukovar zu einer Doppelstadt. Sie setzte sich aus dem mittelalterlichen Teil und aus der im Jahre 1722 in Angriff genommenen Neuen Stadt zusammen. Die Alte Stadt befindet sich am rechten Ufer der Vuka, ist dicht bebaut und unregelmäßig geformt. Sie beherbergte die Läden von Kaufleuten und Gewerbetreibenden. Innerhalb ihrer Struktur entwickelte sich eine Barockstadt, erkennbar an dem das Stadtbild beherrschenden Franziskanerkloster und der Pfarrkirche sowie an den malerischen Arkaden in den Erdgeschossen der Häuser. Außer den unbedeutenden Ruinen der Festung haben sich aus mittelalterlicher und türkischer Zeit keine Bauten erhalten. Die Neue Stadt entstand am linken Ufer der Vuka. Sie war von Grund auf „geplant" und von „Deutschen" bevölkert. Dies entsprach ihrer Rolle als allgemeiner Verwaltungsmittelpunkt. Neu-Vukovar reiht sich um eine breite, mäßig gekrümmte Straße, die, parallel zur Donau, in die Verlängerung der Hauptstraße Alt-Vukovars führt. Charakteristisch ist die Reihe der dicht aneinandergebauten Häuser in spätbarock-klassizistischem Stil. Unter ihnen stachen durch Aussehen und Größe das Schloß der Grafen Eltz, das Gespanschaftspalais, das Gerichtsgebäude sowie andere öffentliche wie private Palais hervor.[837)]

761

Das Schloß entstand allmählich und unter Berücksichtigung mehrerer Baustile. Es entwickelte sich von einer einfachen Kurie zu einem repräsentativen Gebäude mitteleuropäischen Ranges. Trotz der im allgemeinen unzureichend erforschten Baugeschichte läßt sich annehmen, daß in der 1. Hälfte des 18. Jhs. die herrschaftliche Kurie erbaut wurde, zunächst des Grafen Kueffstein um etwa 1728, dann des Grafen Eltz, nachdem dieser 1736 Eigentümer geworden war. Man vermutet, daß sich dort ein muslimisches Kloster des Derwisches Alijanci befand.[838] Am Platz der alten Kurie des Grafen Anselm Kasimir Graf Eltz (1708–1778) wurde 1749–1751 eine neue Kurie errichtet, aus der im Verlauf weiterer Bautätigkeit im 18. und 19. Jh. das prächtige Schloß entstand.[839] Die ersten Zubauten und Neugestaltungen wurden 1781 und 1790 abgeschlossen, weitere in den Jahren 1811 und 1824. Auf einer Karte über den Grundbesitz aus dem Jahre 1817 (Abb. 768) sowie auf einem Ölgemälde aus 1845 (Abb. 764) ist noch ein eher einfaches zweigeschossiges Schloßgebäude zu sehen. Sein endgültiges Aussehen begann das Schloß im letzten Jahrzehnt des 19. Jhs. anzunehmen. Die neubarocke Renovierung begann 1895. Sie wurde durch den Wiener Architekten Viktor Siedek 1907 fertiggestellt. Der Mittelteil des Schlosses wurde damals mittels eines drei Ebenen umfassenden Risalites aufgebaut, wodurch die bisherige anspruchslose Gestaltung des Gebäudes ein erhabenes und feierliches Aussehen erhielt. Im rechten Winkel zur Hauptstraße und zur Längsachse des Schlosses errichtete man eine Reihe von Neben- und Wirtschaftsgebäuden, in Form und Größe im Einklang mit der Gestaltung der Vorderfront des Schlosses. Bis in die Gegenwart wurde dieses Ensemble nicht wesentlich verändert.[840] Die letzte größere Renovierung erfolgte in der Zeit 1968–1970, als das Schloß als Museum der Stadt Vukovar genutzt werden sollte, was auch – bis zum Krieg 1991 – der Fall war.[841] Da es heute nahezu vollständig zerstört ist, bleibt nur die Hoffnung auf einen Wiederaufbau.

761 BLICK AUF SCHLOSS UND WIRTSCHAFTSGEBÄUDE VON NORDOSTEN, VOR 1990
762 SCHLOSSEINGANG VON DER STRASSE AUS, VOR 1990
763 DIE STRASSENFRONT VOR DER RENOVIERUNG 1895

762

763

764

764 BLICK VOM GARTEN AUF DIE NORDFRONT, ÖL AUF LEINEN, CA. 1845
765 GRUNDRISS DES OBERGESCHOSSES
766 GRUNDRISS DES ERDGESCHOSSES

765

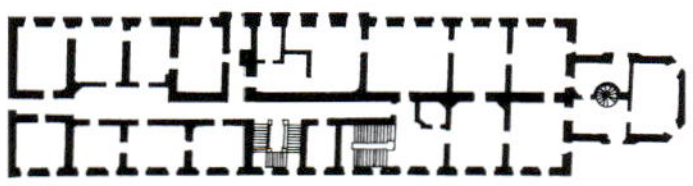

766

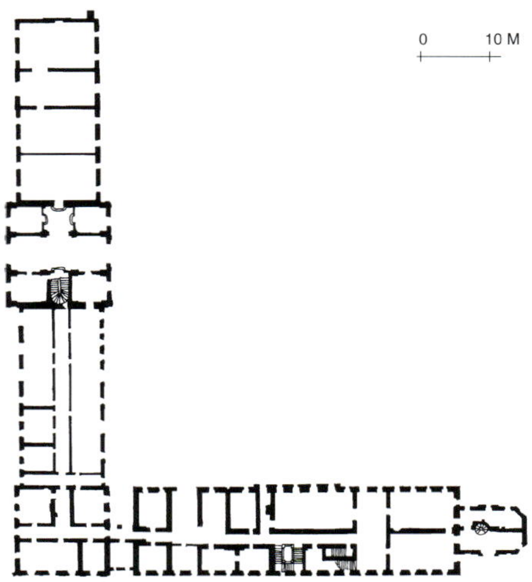

Auf einem Gelände von etwa drei Hektar des neuen barocken Stadtteiles – nördlich der Vuka (bzw. auf ihrer linken Uferseite) und zwischen der Hauptstraße und der Donau – erstreckte sich das Zentrum der Grundherrschaft Eltz (Abb. 759 und 760). Es umfaßte das Schloß in Richtung Südwesten zur Straße und in Richtung Nordosten zum Park; ferner die Neben- und Wirtschaftsgebäude nordwärts vom Schloß, die mit diesem eine architektonische Einheit bildeten; die Kapelle des hl. Rochus,[842] die nicht als Schloßkapelle gedacht war, sondern als Bestandteil des Schloßensembles; den ziemlich kleinen Garten/Park, umschlossen von den erwähnten Gebäuden, mit Aussicht zur Donau und auf das Tiefland der gegenüberliegenden Bačka (Bacska). Der spätbarock-klassizistische Charakter des Schlosses wie die Neubarock-Verzierungen der Vorderfront und der nicht zu übersehende Umfang der Schloßgebäude lassen ein ambitioniertes Bauvorhaben und architektonische Harmonie erkennen. Der Hauptteil des Schlosses hat den Grundriß eines verlängerten Rechtecks (Abb. 765 und 766) mit den Maßen 60,2 (70,2) x 15,9 Meter. Der Grundriß weist Räumlichkeiten in doppelreihiger Anordnung auf, die durch einen langen schmalen Mittelgang erreichbar sind. Der Große Salon ist gartenseitig gelegen. Die Stiegenhäuser liegen an der Straßenfront in der Schloßmitte. Die beiden Längsfronten sind gleich gestaltet: 19 symmetrische Fensterachsen, Gesimse zwischen Erd- und erstem Obergeschoß, Pilaster zwischen den Fenstern sowie geschwungene Gesimse oberhalb der Fenster des ersten Obergeschosses. Der fünf Fensterachsen umfassende Mittelteil des Schlosses verfügt über zwei Obergeschosse, die anderen Teile nur über eines. Der höhere Mittelteil der Gartenfront springt als Risalit vor. Die schon erwähnte Verwendung des Schlosses als Museum nach dem Zweiten Weltkrieg ließ einen geringen Teil der Inneneinrichtung unverändert, beispielsweise Marmorkamine, einen Teil der Möbel, Stukkatur an Decken und Gewölben u. a.

Auch die Neben- und Wirtschaftsgebäude lassen in ihrer Bauweise repräsentativen Charakter, Eleganz und Reichtum erkennen. Dies gilt besonders für jene, die sich in Form eines „L“ an das Schloß lehnen und so einen gegen den Garten gerichteten Flügel bilden. Ihre Fassadenverzierungen stimmen mit jenen des Schloßgebäudes überein, was für die gleichzeitige und einheitliche architektonische Gestaltung sämtlicher Gebäude der Schloßeinheit spricht (Abb. 769 und 770). Dieser lange Wirtschaftsflügel besteht aus zwei quadratischen zweigeschossigen und zwei rechteckigen erdgeschossigen Gebäuden. Dahinter (nördlich) befindet sich noch eine kleinere Reihe einfacher Wirtschaftsgebäude (Abb. 767).

Auf dem Plateau zwischen Schloß und Donau breitete sich in einem Umfang von etwa 1,6 Hektar der Park aus. Als die Grafen Eltz Vukovar verließen, wurde er ausgeholzt und verwilderte. In den siebziger Jahren des 20. Jhs. war er verkommen, in den Achtzigern völlig verschwunden und zu einem gewöhnlichen Hof degradiert. Die Lage des Schlosses zwischen der Hauptstraße von Neu-Vukovar und dem breiten Bett der Donau bot keine Möglichkeit zu einer Ausdehnung der Anlage, so daß auch der Garten verhältnismäßig klein blieb. Die Literatur erwähnt, daß das Stadtmuseum Vukovar über den Plan eines

767 SCHLOSSGEBÄUDE UND GARTEN VOR DER ERWEITERUNG VON 1897, NACH DER SKIZZE DES ARCHITEKTEN VIKTOR SIEDEK

768 PLAN BETREFFEND SCHLOSS, GARTEN UND WIRTSCHAFTSGEBÄUDE, 1817, VON GABRIEL HOMMER

769 SÜDFRONT DES WIRTSCHAFTSGEBÄUDES NEBEN DEM SCHLOSS

770 NORDFRONT DES WIRTSCHAFTSGEBÄUDES NEBEN DEM SCHLOSS

771 ALLEE IM GARTEN ELTZ, ÖL AUF LEINEN

772 DETAIL VOM BESITZ ELTZ, ÖL AUF LEINEN

767

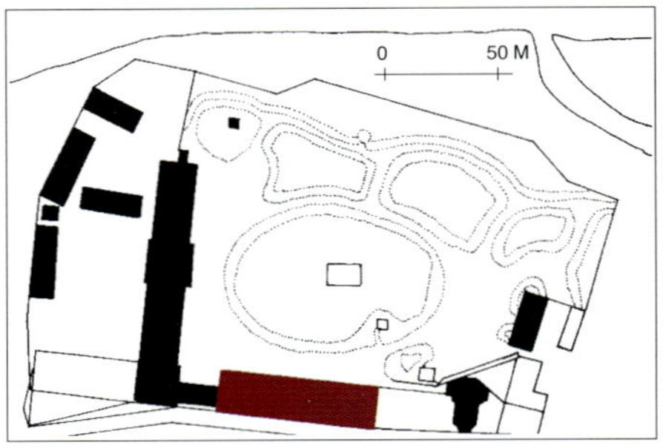

768

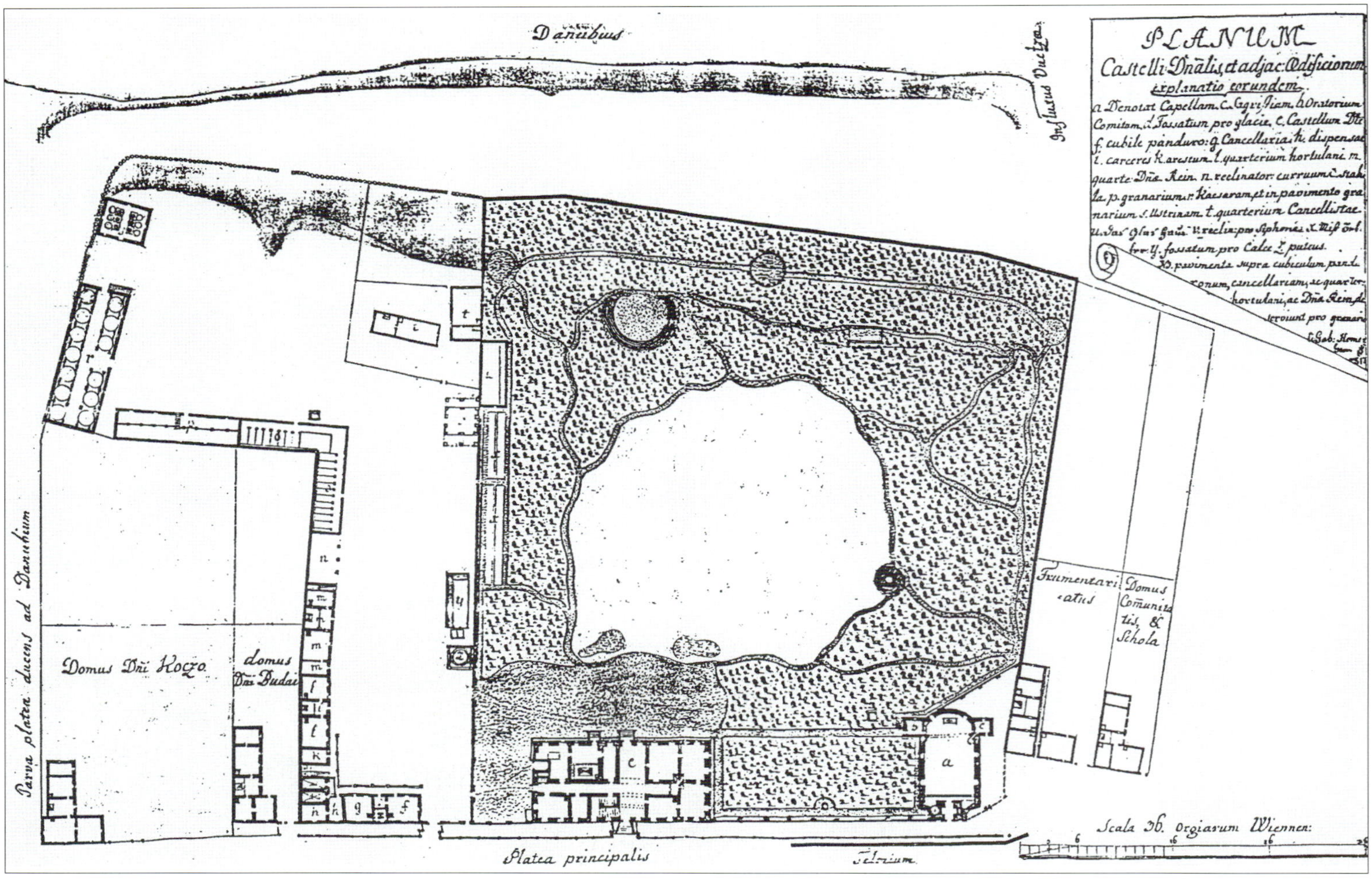

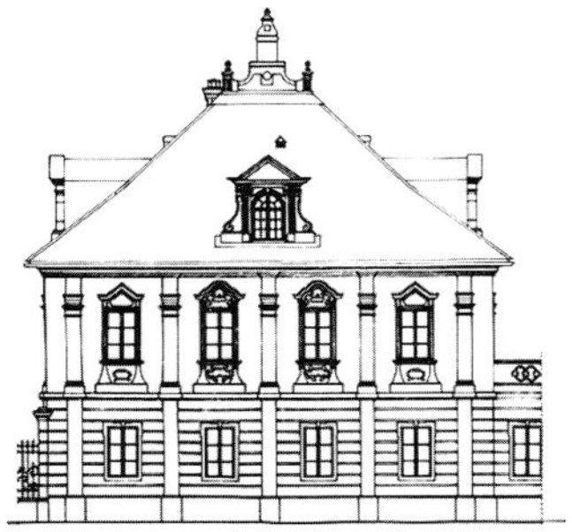

769

770

barocken Gartens aus dem Jahre 1781 verfügte.[843] Er kam wahrscheinlich nie zur Ausführung, es sei denn, der Garten erlebte im 19. Jh. eine Umgestaltung. Der älteste bekannte Plan stammt aus dem Jahre 1817 (Abb. 768). Es handelt sich um die Skizze eines Geometers namens Gabriel Hommer. Das Schloß war damals klein, und es gab auch noch nicht alle der oben beschriebenen Wirtschafts- und Nebengebäude. Der Garten wurde als landschaftlicher Park gezeichnet, in der Mitte eine von dichtem Gehölz umgebene große Wiese. Ob ein derartiger Garten tatsächlich angelegt wurde, ist nicht bekannt. Die Katasterkarte aus dem Jahre 1863 zeigt den Grundriß einer anderen Gartenanlage. Anhand graphischer Zeugnisse (Karten und Photographien) läßt sich feststellen, daß sich der Garten zwischen 1863 und der Mitte des 20. Jhs. nur unwesentlich verändert hat. Er hatte den Charakter einer romantischen Landschaft, wie auch aus einem wahrscheinlich in der Mitte des 19. Jhs. entstandenen Ölbild deutlich hervorgeht (Abb. 764). Die Literatur erwähnt nur eine alte Linde und einige sehr große Eichen, aber auch diese sind großteils verschwunden. Im Park gab es auch eine Orangerie, eine Gloriette (Salettl) sowie römische Grabsteine.[844] Daß in Vukovar Interesse für Garten- und Parkgestaltung bestanden hat, bestätigt die von einem Gärtner namens Thaler im Jahre 1867 gegründete „Baum- und Rosenschule“.

771

772

773

775

773 KLEINES SCHLOSS ELTZ, UM 1905
774 VILLA STREIM IN VUČEDOL, UM 1955
775 PHILIPP KARL ELTZ, ÖL AUF LEINEN
776 ANSELM KASIMIR ELTZ, ÖL AUF LEINEN
777 JAKOB I. ELTZ, ÖL AUF LEINEN
778 HUGO ELTZ, ÖL AUF LEINEN
779 KARL I. ELTZ, ÖL AUF LEINEN

774

776

777

778

779

Außer dem beschriebenen Schloß Eltz gab es in Vukovar auch das „Kleine Schloß Eltz“ (Abb. 773) aus der Mitte des 19. Jhs., das ursprünglich Villa Knoll hieß.[845] Es handelte sich um eine erdgeschossige, spätklassizistische schloßartige Villa mit einem großen Park, auch unter dem Namen „Schloß Erwein Eltz“ bekannt.[846] Die Grafen Eltz besaßen auch ein Jagdschlößchen aus dem Ende des 19. Jhs. im Jelaš-Wald (südöstlich Vukovar, vor kurzem zerstört), die Weinberg-Kurie von Pajzoš (zwischen Bapska und Šarengrad, ebenfalls vor kurzem zerstört) und die spätbarock-klassizistische Kurie in Tovarnik.[847] In der Nähe von Vukovar gab es zwei weitere Kurien: In Vučedol wurde 1918–1920 die Villa Streim (Abb. 774) in neuromantisch-sezessionistischem Stil erbaut. Vier Kilometer südlich von Vukovar befand sich das Adelsgut Trešnja mit Kurie und Kapelle im Besitz der Familie Baron Paunović.[848] An der Hauptstraße von Neu-Vukovar, gegenüber dem Schloß Eltz, erbaute die Familie Baron Adamovich um die Mitte des 19. Jhs. eine erdgeschossige Kurie in spätklassizistischem Stil.

Die gräfliche Familie Eltz stammt von der gleichnamigen Burg im Moselland und gehört zum deutschen Uradel. Die ältesten schriftlichen Daten über sie stammen aus dem 12. Jh. Dem Stammbaum zufolge hatte Peter (1210–1259) zwei Söhne, auf die alle weiteren Familienmitglieder zurückgehen. Der eine, Wilhelm, begründete den freiherrlichen Zweig von Rübenau, der andere, Elias, den gräflichen von Kempenich, der schließlich in den Besitz der Herrschaft Vukovar gelangte. Nachkommen beider Familienzweige leben heute noch in Deutschland. Am 9. November 1733 erfolgte durch Kaiser Karl VI. die Erhebung in den Reichsgrafenstand. Das kroatische Indigenat wurde 1741 den Grafen Philipp Karl[849] und Anselm Kasimir (Abb. 775 bzw. 776) zugesprochen.[850]

Die reichsgräfliche Familie entwickelte sich in zwei Zweigen. Der eine, der mit Jakob I. (1779–1844) begann, kann als Vukovarer Zweig angesprochen werden.[851] Sein Stammvater ist der schon erwähnte Anselm Kasimir. Der andere Zweig begann mit August Philipp (1783–1858).

Nachdem die Grafen Eltz die Grundherrschaft Vukovar erworben hatten, hielten sie sich hier nur vorübergehend auf. Die wirtschaftlichen Belange wurden einem Verwalter anvertraut.[852] Der erste, der sich niederließ, war Hugo Philipp (1781)[853], Sohn des Anselm Kasimir.[850] Dieser erbaute auch das Schloß. Nach dem Tod Hugos (Abb. 778)[851] im 31. Lebensjahr erbte sein 35jähriger Bruder Karl I. (1823–1900; Abb. 779) den Besitz.[854] Dessen Erbe war sein Sohn Jakob II. (1860–1906).[855] Nach dessen Tod führten seine Witwe und sein Bruder Erwein bis zur Volljährigkeit des Sohnes Karl II. (1896–1922)[856] die Geschäfte. Da jedoch Karl II. mit 26 Jahren unter Zurücklassung des sieben Monate alten Sohnes Jakob III. (geb. 1921) starb, wurde der Besitz von der Witwe Sofie und von Karls Schwager, Fürst Erwein Lobkowitz, Gemahl von Karls Schwester Antoinette, verwaltet. Graf Jakob III.[857] lebte als letzter der Familie bis zum Zweiten Weltkrieg in Vukovar.

Als ihm der Besitz im Jahre 1945 weggenommen wurde, übersiedelte er in das Schloß Eltville am Rhein. Er kehrte 1990 nach Kroatien zurück und lebt seit 1992 als in den Sabor gewählter Abgeordneter in Zagreb.

Nachwort und Danksagung

Viel Zeit und Mühe wurden für das Zustandekommen dieses Buches aufgewendet. Begeisterung und Liebe zum kulturellen Erbe Kroatiens waren die Triebfedern für die Autoren. Sie hoffen, daß das Buch in die Hände vieler interessierter Leser gelangt. Das Manuskript ist in den schweren Jahren des „Vaterländischen Krieges" von 1991 und der Nachkriegszeit entstanden, als es von keiner Seite finanzielle Unterstützung gab. Aber trotz dieser Schwierigkeiten wurde das Buch für all jene fertiggestellt, die am Thema interessiert sind und sich an den Reizen einer verflossenen Welt erfreuen wollen. Es soll auch zu weiteren Nachforschungen anregen. Im Vordergrund steht jedoch die Erwartung, daß an der Schwelle eines neuen Jahrtausends für die Bewahrung der Schlösser, Kurien und Parks etwas unternommen wird, weil sie ein wertvolles Erbe der kroatischen Kultur und Kunst darstellen. Jetzt, gleichsam am Ende des Buches, ist allerdings nicht zu übersehen, daß es faktisch nicht vollendet ist: Vieles blieb offen, was noch einer genaueren Untersuchung wert wäre.

Die Autoren möchten an dieser Stelle vor allem jenen danken, die ihre kostbare Hilfe zur Verfügung stellten. Ohne diese Mitwirkung hätte das Buch mit seinen vielen Daten und Fakten nicht geschrieben werden können. Trotz ihrer großen Zahl möchten die Autoren alle einzeln erwähnen und ihnen den herzlichsten Dank aussprechen.

Zunächst sei unserer Tochter Eleonore für ihre Geduld und unseren Eltern für ihr Verständnis und manche Unterstützung gedankt. Wir danken zahlreichen Personen, die bei der Durchsicht des umfangreichen Manuskriptes viel Mühe aufbrachten, für Rat und Hilfe. Als noch das Material gesammelt und aufbereitet wurde, kamen Frau Wanda von Delić und die Herren Wolfgang Baron Steeb, Nikolaus Baron Adamovich sen. und jun. sowie Janko Baron Vranyczany-Dobrinović wiederholten Bitten bereitwillig nach, indem sie Daten, alte Photographien und Familienstammbäume zur Verfügung stellten.

An die siebzig Personen haben uns in verschiedener Weise unterstützt. Sie haben beispielsweise schriftliches oder bildliches Material über Schlösser, Parks und Inhaberfamilien gesammelt bzw. zur Verfügung gestellt und sich an der Suche nach Informationsquellen oder an der Geländeerkundung beteiligt. In alphabetischer Reihenfolge seien erwähnt: Alois Aga (Cernik), Stephan Bahert (Zagreb), Branka Balen (Osijek), Mag. Adriana v. Bartolović (Zagreb), Mirko Bartulac (Valpovo), Marko Bedić (Zagreb), Josip Begović (Petrijevci), Prof. Dr. Sonja Wild-Bićanić (Zagreb), Darko Blažević (Bjelovar), Nives Brajković (Zagreb), Marina Bregovac-Pisk (Zagreb), Xenia Brigljević (Zagreb), Zdravko Bunjevac (Donji Miholjac), Eleonore v. Burjan (Valpovo), Dr. Josip Buturac (Lovrečina), Marko Čolić (Zagreb), Amalie Denich (Zagreb), Stanka Domin (Zagreb), Dr. Karl Graf Draskovich (Güssing), Maria Gräfin Draskovich-Littel (Wald/Schweiz), Jakob Graf Eltz (Eltville), László Graf Erdödy (München), Dr. Mio Fet (Suhopolje), Ivan Fuderer (Valpovo), András Graf Hadik (Budapest), Teufik Galijašević (Zagreb), Mirko Habijanec (Sv. Ivan Žabno), Josip Ham (Donji Miholjac), Gisela Baronin Hellenbach (Marija Bistrica), Zoran Homen (Križevci), Darko Jambreković (Križevci), Dr. Olga Jendriš (Donja Zelina), Johanna Jurković (Feričanci/Našice), Zlatko Karač (Zagreb), Arpad v. Károlyi (Zagreb), Alexander v. Károlyi (Zagreb), Matthias Graf Khuen (Heidelberg), Marcel v. Kiepach (Zagreb), Martha v. Kiepach-Haselburg geb. Baronin Locatelli (Österreich), Natalie und Christoph v. Knobloch (Zagreb), Bischof Dr. Ćiril Kos (Djakovo), Nikola Kostiha (Žabnica), Ferdinand Graf Kulmer (Zagreb), Zvonko Kunović (Zagreb), Mag. Nenad Lipovac (Zagreb), Ljiljana Loina (Zagreb),

Drago Majer (Našice), Mirjana und Radovan v. Marjanović-Kavanagh (Zagreb), Blaž und Nada Mataić (Slavonski Brod), Ljubica Mitrović (Zagreb), Slavica Moslavac (Kutina), Prof. Dr. Vladimir Muljević (Zagreb), Dragutin Navertek (Dugo Selo), Zlata Nekić (Donji Miholjac), Mag. Ivica Nuić (Zagreb), Ladislav Padjen (Valpovo), Dr. Lövei Pál (Budapest), Prof. Dr. Srečko Pegan (Zagreb), László Graf Pejácsevich (Klein Rötz/Österreich), Fritz Baron Pereira-Arnstein (Rothenthurn a. d. Drau), Olga Petrinović (Zagreb), Juliane Petrović geb. v. Berks (Crikvenica), Katharina Piškor (Zagreb), Tanja Pološki (Zagreb), Miroslav Prpić (Nova Gradiška), Dubravka Sabolić (Virovitica), Familie Sakoman (Stražeman), Silvija Salajić (Virovitica), Ivica Samardjić (Kuzmica), Dr. József Sisa (Budapest), Dubravka Sokač-Štimac (Požega), Pfarrer Slavko Starčević (Kuzmica), Madeleine Baronin Steeb (Graz), Mag. Davorin Stepinac (Zagreb), Hrvoje Strukić (Zagreb), Zdravko Šabarić (Djurdjevac), Damir Šargač (Daruvar), Zrdavko Tadić Dida (Donji Miholjac), Mag. Marija Tonković (Zagreb), Vera Trumbetaš (D. Lomnica), Peter Baron Turković (Zagreb), Darko Varga (Osijek), Mag. Josip Waller (Našice) und Ivica Zelenić (Valpovo).

Vierzig staatliche Einrichtungen haben uns Archivmaterial überlassen oder Fragen beantwortet. In Zagreb waren uns das Geodätische Amt und seitens des Kulturministeriums das Amt für den Schutz des Kulturerbes sowie dessen Konservatorische Abteilung behilflich, weiters das Staatsamt für Natur- und Umweltschutz, das Staatsarchiv, das Kroatische Historische Museum, das Universitätsinstitut für Kunstgeschichte, das Kunstgewerbemuseum, die National- und Universitätsbibliothek, die Galerie der Moderne und das Kroatische Institut für Restaurierungen. An weiteren derartigen Einrichtungen im übrigen Nordkroatien erwähnen wir das Historische Archiv in Bjelovar, das Stadtmuseum Križevci, das Moslavina-Museum in Kutina, die Heimatmuseen in Našice und Nova Gradiška, die Stadtbibliothek von Orahovica, die Konservatorische Abteilung in Osijek, welche dem Kulturministerium – Amt für den Schutz des Kulturerbes – untersteht, die Galerie der bildenden Künste in Osijek, das Geschichtsarchiv in Osijek, das Museum Slawoniens in Osijek, das Museum in Požega (das sich mit dem Becken von Požega befaßt), das Museum der Broder Posavina in Slawonisch Brod, das Valpovo-Museum in Valpovo und das Stadtmuseum von Virovitica.

Kataster- und geodätische Karten erhielten wir im Kartographischen Institut der Geodätischen Universitätsfakultät in Zagreb, außerdem in den Katasterämtern in Daruvar, Donji Miholjac, Dugo Selo, Koprivnica, Križevci, Orahovica, Osijek, Požega, Slatina, Sv. Ivan Zelina, Valpovo, Vinkovci, Virovitica und Vrbovec.

Besonderes Entgegenkommen erwiesen uns eine Reihe österreichischer, ungarischer und slowakischer Institutionen, und zwar: Österreichische Nationalbibliothek (Kartensammlung, Bildarchiv, Porträtsammlung sowie Handschriften-, Autographen- und Nachlaßsammlung); Österreichisches Staatsarchiv (Kriegsarchiv, Finanz- und Hofkammerarchiv, Haus-, Hof- und Staatsarchiv, Allgemeines Verwaltungsarchiv); weiters das Steiermärkische Landesarchiv in Graz. Aus Budapest haben wir von folgenden Seiten Unterstützung erfahren: Museum für Zeitgeschichte (Legújabbkori Történeti Múzeum), Ungarisches Landesarchiv (Magyar Országos Levéltár) und Nationalbibliothek (Országos Széchenyi Könyvtár). In Richtung Bratislava danken wir dem Archiv des Innenministeriums sowie dem Slowakischen Staatsarchiv (Ministerstvo Vnútra Slovenskey Republiky – Odbor Archívictva bzw. Slovenský Národný Archív).

Die Drucklegung der kroatischen Originalausgabe ermöglichten zahlreiche Persönlichkeiten, Firmen und staatliche wie nichtstaatliche Institutionen durch ihre finanzielle Unterstützung. Mit herzlichstem Dank erwähnen wir: Ministerium für Wissenschaft und Technologie der Republik Kroatien, „Radnik" d. d. Križevci – Zweigstelle Deutschland (Oberhausen), „Montmontaža" d. d. Zagreb, Stadt Sv. Ivan Zelina, Gemeinde Rasinja, Gemeinde Bilje, Gespanschaft Osijek-Baranja, Familie Nikolaus Baron Adamovich (Zagreb), Senator h. c. Dipl.-Ing. Hubert und Else Petschnigg (Düsseldorf), „Božjakovina" d. d. (Božjakovina), Gemeinde Suhopolje, „Agroproteinka" (Sesvetski Kraljevec), Dipl.-Ing. Arch. Maria Kirchner (Wien), Josepha Baćoka (St. Gallen), Stadt Donji Miholjac, Stadt Slavonski Brod, „Medical-Intertrade" (Zagreb), „Stamp" (Zagreb; Marija und Mirko Pajtak), „Trako" (Veliki Bukovec; Dr. Karl Graf Draskovich), Touristengemeinschaft der Städte Donji Miholjac und Našice, Stadt Virovitica, Botschafter Janko Baron Vranyczany-Dobrinović (Brüssel), László Graf Erdödy (München), Janko und Jela Obad (Dearborn Hts., USA), Baronin Elisabeth von Fürstenberg (Rüthen/Deutschland), Hrvatski stočarski selekcijski centar (Zagreb), Wolfgang Christian Baron Steeb (Graz), Gespanschaft Virovitica-Podravina, Gemeinde Popovača, Gemeinde Lukač, László Cházár (Paris), „Armirač" (Zagreb),

Dipl.-Ing. Nives Brajković (Zagreb), Zlatko und Tatjana Gregurić (Bjelovar), Hoyossche Forstverwaltung (Horn/Österreich; Dipl.-Ing. Johann Graf Hoyos), „Kem-grad" (Dugo Selo), Ing. Alexander Baron Korb-Weidenheim (Münchendorf/Österreich), Mag. Max Machanek (Linz), Suzan Morris (London), Mary Gräfin Pejácsevich (London), Fritz Baron Pereira-Arnstein (Rothenthurn a. d. Drau), Graf Johann Christoph und Gräfin Lidvine von Preysing-Lichtenegg-Moos (Eching/Deutschland), Maximilian Ritter Mautner von Markhof auf Rohrbach (Weistrach/Österreich), Antoinette Gräfin Wimpffen geb. Adamovich (Kumberg/Steiermark), Gemeinde Gradec, Gemeinde Končanica, „Pro-mont Zagreb" (Zagreb), Maria Grünwald geb. Baronin Turković (München), „Izol-termika" (Osijek), Matthias Graf Khuen-Belasi (Heidelberg), Dipl.-Ing. Mag. Viktor Lochert (Nürnberg), Baron Cajetan von Pfetten (Heidelberg), Polyxena Baronin Korb-Weidenheim (Wien), Karoly v. Adamovich (Györ), Benedikta Lagervret geb. Gräfin Eltz (Stockholm), Andjelko Kos (Sv. Ivan Zelina), Fedor v. Vučetić (Zagreb).

Im Weg der Subskription erfuhr das Buch eine Förderung durch den Stadtrat von Zagreb, das Forstinstitut Jastrebarsko, die Stadt Dugo Selo, die Firma Badel 1862 d. d. (Zagreb), die Stadt Osijek, die Gespanschaft Zagreb, die Gemeinden Cernik, Kutjevo und Petrijevci, das Kulturzentrum Djurdjevac sowie durch den Kroatischen Verband der Bauingenieure in Zagreb.

Den Autoren liegt es besonders am Herzen, drei Persönlichkeiten anzuführen, ohne deren Initiativen das Erscheinen einer Ausgabe in deutscher Sprache nicht möglich gewesen wäre:

Bereits bei der Übersetzung und Korrektur des Buches „Schlösser und Gärten des Kroatischen Zagorje" ist uns Baron Wolfgang Steeb tatkräftig zur Seite gestanden. Er hat uns vor allem mit den Familien der ehemaligen Schloßbesitzer, die heute über alle Kontinente verstreut leben, in Verbindung gebracht. So wurde es uns möglich, altes Bildmaterial und wertvolle Informationen zu erhalten. Baron Steeb, der auf dem Schloß Golubovec in Zagorien aufgewachsen ist, hat uns auch diesmal in der gleichen selbstlosen Weise unterstützt und seine Sprachkenntnisse sowie sein reiches genealogisches und historisches Wissen zur Verfügung gestellt. Die Autoren schulden ihm aufrichtigen und herzlichsten Dank.

Der Freundschaft von Baron Steeb zu Herrn Hofrat Dr. Friedrich Jäger ist es zu danken, daß letzterer die schwere Aufgabe auf sich nahm, den Großteil unseres neuen Buches in die deutsche Sprache zu übersetzen. Darüber hinaus hat Dr. Jäger sein reiches politisch-historisches Wissen über den kroatischen Sprachraum durch manche Ergänzungen in die deutsche Ausgabe eingebracht. Wir fühlen uns daher zum aufrichtigsten Dank verpflichtet.

Ein besonderes Bedürfnis ist es uns freilich, dem Inhaber des angesehenen Leopold Stocker Verlages in Graz, Herrn Mag. Wolfgang Dvorak-Stocker, dafür zu danken, daß er das Erscheinen einer deutschsprachigen Ausgabe unseres Werkes ermöglichte. Wenn wir hoffen dürfen, daß die in den letzten Jahrzehnten arg in Mitleidenschaft gezogenen slawonischen Schlösser und Gärten durch die Eröffnung eines weiten internationalen Publikumskreises aus ihrem Dornröschenschlaf erweckt werden und Slawonien an sich dem europäischen Westen nähergebracht wird, so gebührt Herrn Mag. Dvorak-Stocker auch allgemeine Anerkennung. Denn er hat erkannt, daß dieses kroatische Anliegen auch einen Bestandteil des Kulturerbes der Länder der ehemaligen österreichisch-ungarischen Monarchie und Mitteleuropas darstellt.

Mladen und Bojana Šćitaroci

781 SV. HELENA, HAUPTFRONT GEMÄSS PROJEKT AUS DEM JAHRE 1862

Anmerkungen

1

Die römische Provinz *Pannonia* dehnte sich südlich von Wien und Budapest aus, erfaßte den östlichen Teil der Steiermark und Sloweniens, einen Teil Kroatiens sowie den nordwestlichen Teil Bosniens und die Flußniederung der Mačva.
Kaiser Trajan teilte Pannonien in ein Ober- und Unterpannonien *(Pannonia Superior* bzw. *Inferior)*, letzteres später als *Pannonia Sirmiensis* bezeichnet, dem das heutige Slawonien entspricht. Sein Mittelpunkt war Sirmium, das heutige Sremska Mitrovica (Mitrowitz).

2

Das Slawonische Urbar *(Theresiana urbarialis regulatio)* regelte die Grundstückszuweisung und die Verpflichtungen (Dienstbarkeiten) der Kmeten (Untertanen) dem Grundherrn gegenüber. Dieser hatte den Kmeten „Ansässigkeiten" zuzuweisen, deren Umfang von der Güte des Ackerbodens abhängig war (24, 32 oder 40 Joch) und auch Wiese (acht „Mähgründe" – siehe im Einleitungskapitel „Der herrschaftliche Grundbesitz") umfassen sollte. Pro „ganzer Ansässigkeit" hatte der Kmet der Herrschaft drei Gulden an „Grundsteuer" abzuliefern und pro Jahr 24 Tage Gespanndienste (Ochsengespanne) zu leisten.
Der Umfang der Verbindlichkeiten der „Bauern-Kmeten" wechselte im Lauf der Zeit, weil sich auch die Urbare änderten. Im Regelfall waren vorgesehen: Pro Ansässigkeit (Session) bzw. 24 Joch Grund waren neben der Grundsteuer an 56 Tagen im Jahr (unbezahlte) Frondienste zu leisten, eine Fuhre Holz aus dem Wald des Grundherrn zu liefern und ein Zehntel des Eigenweines dem Grundherrn abzuliefern.
Bau- und Brennholz standen dem Kmeten kostenlos zur Verfügung. Von der Ansässigkeit waren aber noch andere Abgaben zu leisten, teils in Geld, teils in Naturalien.
Quelle: Buturac, J. (1977 b), 96; Enciklopedija hrvatske povijesti i kulture, 596, Erceg, I. (1996), 9–10; Karaman, I. (1977), 201; außerdem: Mailáth, Johann, Graf: Das ungarische Urbarialsystem, Pest 1838

3

Bedeutende neolithische Funde gab es in folgenden Gegenden: Vučedol bei Vukovar, Sarvaš bei Osijek, Novigrad bei Slawonisch Brod, Donja Dolina bei Nova Gradiška, Brodski Drenovac am Dilj, Bapska, Cernik, Gorjanci bei Djakovo.
Über diese neolithischen Siedlungen hinaus gab es noch Funde in Ilok, Vukovar, Sotin, Erdut, Vinkovci, Štrbinci und Viškovci bei Djakovo, Londžica, Kutjevo, Mitrovac und Sapna bei Požega, Samatovci bei Bizovac.
Quelle: Dimitrijević, S. (1970), 23–60; Peić, M. (1980), 166–167.

4

Wichtige Fundorte aus der Kupferzeit (2000–1600 v. Chr.): Brekinjska bei Pakrac, Slawonisch Brod, Svilaj, Kutjevo, Mikleuš bei Slatina, Vukovar.
Fundorte aus der Bronzezeit (1600–1000 v. Chr.), und zwar Siedlungen: Novigrad bei Slawonisch Brod, Štitar, Kopanica, Vinkovci, Vukovar, Bijelo Brdo bei Dalj; sonstige Fundstätten: Poljanac, Podcrkavlje und Beravci bei Slaw. Brod, Bizovac, Veliko Nabrdje bei Djakovo, Tenje etc.
Fundstätten aus der älteren Eisenzeit und der La Tène-Periode (400 v. Chr. bis Chr. Geburt): Šarengrad, Dalj, Vukovar, Račinci, Sarvaš, Sotin, Gardun am Dilj, Bjelac unweit Požega etc.
Quelle: Bulat, M. (1970), 62–78; Peić, M. (1980), 167–168.

5

Bedeutendere römische Örtlichkeiten mit erhaltenen archäologischen Funden: Mosaik in Benkovac bei Okučani, Villa in Kamensko, römisches Glas in Rudina bei Čečavac, Steinrelief in Biškupci, Steinbilder und Mosaike in Treštanovci, Fresken im Fundament der Laurentiuskirche in Požega, Steinsarkophage in Daruvar, Metall-Skulptur des Mars in Slawonisch Brod, ein Eros und Bronzegefäße aus Vinkovci, ein Dioskurenkopf aus Ilok etc.
Quelle: Peić, M. (1980), 168–171; Pinterović, D. (1970), 79–100.

6

Bekannte Fundstätten aus dem frühen Mittelalter: Bijelo Brdo bei Osijek, Čadjavica, Mrsunjski lug bei Slaw. Brod, Lijeva bara in Vukovar, Grabstätte bei der Demetriuskirche in Brodski Drenovac, Batina und Zmajevac in der Baranja, Ilok, Dalj, Sotin, Osijek, Požeški Brestovac etc.
Quelle: Peić, M. (1980), 174–175.

7

Wichtige romanische Kirchen: Marienkirche auf dem Friedhof von Bapska (13.–14. Jh., barockisiert), die Kirche Maria Himmelfahrt in Morović (13. Jh., mit erhaltenem Glockenturm mit Schießscharten), Bartholomäuskirche in Mikanovci bei Vinkovci (14. Jh., in gotischem Stil und in Barock umgebaut), Eliaskirche in Vinkovci, Kirche der Kleinen Muttergottes in Koprivna bei Osijek, Martinskirche in Lovčić in der Umgebung von Slaw. Brod und die Martinskirche in Martin bei Našice; weiters die Lukaskirche in Lipovac, die Michaelskirche in Ratkovica bei Požega, die Benediktinerabtei Zum hl. Geist (13. Jh.) in Zidina bei Nuštar.
Quelle: Peić, M. (1980), 175–179.

8

Wertvolle gotische Kirchen: Heiligengeistkirche mit Franziskanerkloster in Požega, Demetriuskirche in Brodski Drenovac bei Požega, Kirche der hl. Jungfrau in Voćin, Nikolauskirche in Orahovica, Kirche des hl. Johannes Kapistran in Ilok, Franziskanerkirche der hl. Peter und Paul in Šarengrad. Der Bestand einstiger gotischer Kirchenbauten war groß. Der Großteil ist in der Türkenzeit untergegangen, doch viele wurden gegen Ende des 17. Jhs. und im 18. Jh. umgebaut und barockisiert oder im 19. Jh. im Geist des Historismus renoviert. Die Literatur hat sich mit den gotischen Kirchen intensiv beschäftigt.
Quelle: Peić, M. (1980), 179–185.

9

Mittelalterliche Burgen und Kastelle: In der Gegend von Požega: Pleternica, Frkljevci, Viškovci, Gradac, Stražeman, Orljavac,

Dolac, Velika (15. Jh.), Kamengrad (14. Jh.), Vrhovci, Drenovac, Požega (13. Jh.); in der Gegend von Daruvar: Dobra kuća, Sirač (15. Jh.), Stupčanica, Grdjevac (13. Jh.), Bijela Stijena (15. Jh.); Gegend Gradiška: Gračanica, Gradiška (16. Jh.); Bereich Našice: Bedemgrad, Motičina, Podgorač; Bereich Pakrac: Čaklovac, Pakrac (14. Jh.); Bereich Podravska Slatina: Drenovac (13. Jh.), Voćin (15. Jh.); Bereich Djakovo: Gorjan-grad (13. Jh.), Nevna (14. Jh.); weiters Ružica bei Orahovica, Gradina bei Nuštar, Garić-grad in der Moslavina.
Quelle: Balić, M. (1976); Devidé, M. (1971); Peić, M. (1980), 185–186.

10

Renaissance-Festungen gab es beispielsweise in Cernik, Kaptol bei Požega, Koprivnica und Ivanić.

11

Zur Zeit der türkischen Okkupation Slawoniens wurden Kirchen zu Moscheen umgebaut, auch neue Moscheen, Klöster (tekija), Medressen, Raststationen etc. errichtet. Der bekannten Reisebeschreibung des Ewliya Celebi († 1682) zufolge gab es allein in Osijek 60 Moscheen. An die zehn Moscheen gab es jedenfalls in Ilok, Vukovar, Dalj, Djakovo, Požega und Gradiška.
Quelle: Balić, M. (1976), 22–23; Mohorovičić, A. (1975), IX–XI; Peić, M. (1970); Peić, M. (1980), 192–195.

12

Im östlichen Slawonien waren folgende Barockkirchen bedeutend: In Vinkovci: Johanneskirche (1772), Hl. Geist (1794); in Osijek: Marienkirche (1758–1760), Michaelskirche (1725–1748), Maria Namen (1728); in Vukovar: hl. Philipp und Jakob (1723–1732), hl. Rochus (1740); in Sotin: Mariahilf; in Čepin: Dreifaltigkeitskirche (1769); in Otok: Kirche des hl. Antonius von Padua (1784); in Privlaka: hl. Martin (1782); in Bapska: Georgskirche (1764).
Barockkirchen in der Baranja (Baranya): In Darda die Kirche des hl. Johannes des Täufers (1715), in Topolje die Peter- und Paulskirche (1722), in Luč die Kirche der hl. Maria Magdalena (1721), in Petlovac Kreuzauffindung (1772), in Zmajevac Kreuzauffindung (1752), in Beli Manastir die Martinskirche (1777), in Branjin Vrh die Kreuzerhöhungskirche (1781), in Draž die Kirche der hl. Barbara (1839), in Duboševica die Kirche Maria Himmelfahrt (1794) und in Popovac die Josefskirche (1778).
Barockkirchen im Raum Našice – Virovitica – Valpovo: In Našice die barockisierte Franziskanerkirche mit dem Kloster, in Čadavica die Peterskirche (1778), in Špišić Bukovica die Kirche des Johannes des Täufers (1753) und die Dreifaltigkeitskirche (1742), in Orahovica die Kreuzerhöhungskirche (1756), in Virovitica die Rochuskirche (1752), in Gradina die Eliaskirche (1775), in Lukač die Lukaskirche (1771), in Sladojevci die Barbarakirche (1806), in Sopje die Kirche Maria Magdalena (1776), in Podravska Moslavina die Geburtskirche der hl. Jungfrau Maria (1789), in Valpovo die Marienkirche (1722) und die Kirche der Unbefleckten Empfängnis (1727).
Barockkirchen im Umland von Djakovo: In Gorjani die Jakobskirche (1788), in Levanjska Varoš die Antoniuskirche (1780), in Punitovci die Kirche König Ladislaus der Heilige (1795), in Semeljci die Kirche Maria Geburt (1784), in Viškovci die Kirche des Apostels Matthäus (1779), in Vuka die Josefskirche (1770) und in Oprisavci die Kreuzerhöhungskirche.
Barockkirchen im Raum Slaw. Brod: Franziskanerkirche in Slaw. Brod (1723), in Kobaš die barockisierte Pfarrkirche, in Garčin die Matthäuskirche (1796), in Podvinje die Antoniuskirche (1828), in Drenje die Kirche des Erzengels Michael, in Nova Kapela die Marienkirche.
Barockkirchen im Raum Požega: Turm der mittelalterlichen Laurentiuskirche in Požega, in Stražeman die Michaelskirche (1700), in Kaptol die Kirche Peter und Paul (1772), in Kutjevo die Kirche Maria Geburt (1761), in Požeške Sesvete die Allerheiligenkirche (1700), in Kuzmica die Kirche der hl. Kosmas und Damian (1767).
Barocke Kirchen in der Gegend von Gradiška: In Nova Gradiška die Theresienkirche (1756), in Cernik die Peterskirche (1765), in Stara Gradiška die Michaelskirche und in Gornji Rajić die Thomaskirche (1776).
Barockkirchen im Raum Koprivnica – Križevci: In Koprivnica die Nikolaus-, Heiligengeist- und Antoniuskirche, in Močila die Marienkirche, in Križevci die Annakirche, die Dreifaltigkeitskirche (griechisch-katholische Kathedrale), die Kirche Maria Koruška (1730) und die Kirche des hl. Florian.
Barockkirchen in der Moslavina: In Kutina die Kirche Maria Schnee (1729–1769), in Kloštar Ivanić die Marienkirche (1758).
Wertvolle barockisierte gotische Kirchen: In Našice die Klosterkirche des hl. Antonius von Padua, in Šarengrad die Klosterkirche Peter und Paul, in Vrbovec die St. Veits-Kirche, in Rakovec (Vrbovec) die Georgskirche, in Visoko bei Zelina die Dreifaltigkeitskirche, in Sv. Helena Koruška (Križevci) die St. Veits-Kapelle; in Kloštar Podravski die Kirche des hl. Benedikt, in Kloštar Ivanić die Kirche Johannes d. Täufers, in Dubrava (Vrbovec) die Margarethenkirche, in Velika die Kirche des hl. Augustin, in Koška die Peter- und Paulskirche, in Nijemci die Katharinenkirche, in Rasinja die Heiligenkreuzkirche, in Nova Rača die Kirche Maria Himmelfahrt, in Ilok die Johann Kapistran-Kirche und die Franziskanerkirche in Požega. Griechisch-orthodoxe Barockkirchen: Die Heiligengeist-Bischofskirche in Pakrac (1732, restauriert gegen Ende des 19. Jhs.), die Annakirche bei Daruvar, die Demetriuskirche in Rastovac bei Daruvar und die Gottesmutter-Kirche in Raščenica bei Mali-Zdenci (Daruvar).
Quelle: Horvat, A. (1982), 15–75; Mohorovičić, A. (1992), 153–156; Peić, M. (1980), 198–200.

13

Klassizistische oder klassizistisch renovierte Kirchen:
Nova Gradiška: Kirche König Stephans des Heiligen (1811–1829); Požega: Christi Himmelfahrt (1807); Buk unter dem Dilj: Georgskirche; Bebrina: Magdalenenkirche (1825); Bučje: Verklärung Christi (1831); Gornji Lipovac: Dreifaltigkeitskirche (1837); Nova Kapela: Marienkirche (1773); Oriovac: hl. Emmerich (Mirko; 1814); Slavonski Dubočac: Erzengel Michael (1801); Kobaš: Johannes der Täufer (1780); Staro Petrovo Selo: Antoniuskirche (1777); Štivica: Maria Magdalena (1808); Vrbova: Georg der Märtyrer (1802); Andrijevci: Andreaskirche (1826); Babina Greda: hl. Laurentius (1838); Gudinci: Apostel Matthäus (1825); Sikirevci: Nikolauskirche (1852); Strizivojna: Martinskirche; Svilaj: Maria Namen (1775); Velika Kopanica: Eliaskirche (1773); Vrpolje: Johannes d. Täufer (1774); Podgorač: Nikolauskirche (1806); Feričanci: Heiligengeistkirche (1803); Podvinje: Antonius von Padua (1828); Aljmaš: Wallfahrtskirche Maria Geburt (1852).
Quelle: Peić, M. (1980), 211.

14

Pottasche (Kaliumkarbonat; K_2CO_3) ist das Produkt der Lauge von Holzasche. Ihr Gebrauch für die Bereitung von Seife war schon in der Antike bekannt, ebenfalls zur Farbgewinnung und als wichtiges Element der Glaserzeugung. Die Pottasche-Erzeugung entwickelte sich in Slawonien in der zweiten Hälfte des 18. Jhs. Pottasche wurde in das damalige Krain, nach Venedig und nach Griechenland ausgeführt.
Quelle: Despot, M. (1970), 255.

15

Quellen (für die wirtschaftliche Entwicklung): Despot, M. (1970), 245–281; Karaman, I. (1966), 283–373.

16

Quellen (für Flora und Vegetation): Bertović, S. und Lovrić, Ž. (1987); Horvatić, S. und andere (1970); Rauš, Dj. (1973).

17

In dem hier behandelten Gebiet sind als Naturdenkmäler geschützt:
1) Naturpark: Moor von Kopačevo (Kopački rit) bei Osijek. 2) Waldreservate (Vegetation): Quelle Muški bunar auf dem Psunj; Crni jarci (Schwarze Gräben) bei Djurdjevac;

Prašnik nächst Okučani; Sekulinac-Höhen auf dem Papuk; Dugačko brdo bei Koprivnica; Lože und Radiševo in Spačva. 3) Geographisch-botanisches Reservat: Djurdjevački pijesci. 4) Tierreservat: Moor von Kopačevo. 5) Vogelkundliches Reservat: Krapje djol bei Jasenovac. 6) Parkwald: Jankovac am Papuk. 7) Ausdrucksvolle Landschaft: Region Erdut. 8) Gartenkultur: Parkanlagen in Suhopolje, Donji Miholjac, Valpovo, Našice, Trenkovo, Lipik, Božjakovina, Virovitica, Kutjevo, Djakovo (bischöflicher Park und Kleiner Park), Slatina, Nuštar, Križevci (Park der Landwirtschaftsschule sowie der Volksschule „Vladimir Nazor"), Osijek (König Krešimir-Park und König Tomislav-Park), Tenje, Dalj, Ilok, Bilje und Kneževo. 9) Seltene Exemplare und Arten von Bäumen: alte Steineichen in Županja und eine Gruppe von zwölf Eichen in Drenovci. 10) Vereinzelte Bäume: eine Weißpappel in Valpovo, eine Sequoia in Slatina, ein Ginkgo in Daruvar und eine Baumgruppe bei der Schule in Novskovačka Dubrava.
Quelle: Badovinac, Z. u. a. (1982), 131–134.

18

Brašnić, M. (1872/73).

19

Laszowski, E. (1902 a), 212–238.

20

Einige Kastelle und Burgen in der mittelalterlichen Gespanschaft Križevci (von West nach Ost): Rakovec, Bisag, Vrbovec, Križevci, Kalnik, Gušćerovec, Grebengrad, Ludbreg, Rasinja, Djelekovec *(Kehel)*, Opoj (Opatovac), Herbertovac *(Herbortya)*, Oslovec, Cerovo brdo, Glogovnica, Kamengrad-Koprivnica, Djurdjevac, Prodavić (Virje), Kloštar *(Gorbonok)*, Rovišće, Križ *(Kerestur)*, Bešenovac-Sv. Benedikt, Streza, Pavlin Kloštar, Tulova, Velike Sredice, Slobošćina, Svibovac, Grdjevac, Zdenci, Palešnik, Berivoj-Sv. Ivan Jalševac, Garešnica, Moslavina, Kutina *(Kotena)*, Bršljanica, Dišnik, Sv. Andrija (Serenci, Temenica), Novi Dvori *(Ujudvar)*, Mogor, Garignica, Sv. Jakov, Garić-grad *(Garyg)*, Podgarić *(Garighalja)*, Kraljeva Velika, Zenišće, Granica, Sv. Ladislav, Majkovac, Roždanik (Rosačnik), Bijela Stijena, Medjurić, Bujovica, Pakrac, Čaklovac, Sirač, Biela, Oporovac, Sv. Duh, Podborje (Daruvar), Četvrtkovac, Toplica *(Hevyz)*, Dobra kuća, Sv. Ana, Kreštelovac, Stupčanica *(Saplonca)*, Voćin *(Atina)*, Kontovci *(Katinac)*, Drenovac, Sv. Nikola *(Miklos)*, Slatina, Sopje, Kračinovac, Ivanec, Osuvak.
Quelle: Bösendorfer, J. (1910), 68–87.

21

Quelle (Gespanschaften Križevci und Bjelovar-Križevci): Blažeković, S. (1990), 19–20; Brajković, V. (1995), 122; Buturac, J. (1979), 30–34, 40–46, 48–52; Buturac, J. (1984), 128–130, 199–201; Buturac, J. (1991 c), 11–12; Goldstein, I. und andere (1996), 158–159; Laszowski, E. (1902 a), 212–213, 225–228.

22

Größere und bekanntere Herrschaften (meist mit Kastellen) innerhalb der mittelalterlichen Gespanschaft Požega: Biharinec, Blacko, Brestovac, Breznica, Bzenica, Čaglin, Djedina Rijeka, Drenovac, Dubovac, Frkljevci, Glogovica, Gnojnica, Grabarje, Gradac, Gradište, Gradpotok, Granica, Kamengrad, Kaptol, Komarica Gornja und Donja, Kutjevo *(Goto)*, Londžica, Ljeskovica, Lješnica, Orljavac, Orljavica, Paka, Petnja, Pleternica, Podvrško, Požega, Predešinac, Rašaška, Rudine, Ruševa, Stari Grad *(Owar)*, Stražeman, Sulkovci, Svilna, Tomica, Velika, Vrbova und andere.
Quelle: Adamček, J. (1977), 116–120.

23

Quelle (Gespanschaft Požega): Adamček, J. (1977), 111–120; Bösendorfer, J. (1910), 119–157; Buturac, J. (1967), 224–226; Buturac, J. (1977 a), 242–244; Buturac, J. (1977 b), 10–16, 90–96; Buturac, J. (1990), 80, 82, 86, 87, 90, 91; Ćuk, J. (1925); Karaman, I. (1977), 199–207; Kempf, J. (1903), 177–182; Kempf, J. (1914), 73–80, 175–189; Laszowski, E. (1903 a); Pavličević, D. (1964), 51, 97, 101; Pavličević, D. (1977), 223–233, Potrebica, E. (1977), 208–222.

24

Im Bereich ostwärts der mittelalterlichen Gespanschaft Virovitica, der im 18. Jh. zu dieser Gespanschaft gehörte, sind folgende Kastelle zu verzeichnen gewesen: Koška, Motočina, Našice, Podgorač, Selce *(Seglak)*, Subotica und Valpovo.
Quelle: Bösendorfer, J. (1910), 103–106.

25

Quelle (Gespanschaft Virovitica): Adamček, J. (1986 b), 115–116; Balta, I. (1997); Bösendorfer, J. (1910), 98–100, 353–356; Bösendorfer, J. (1915); Laszowski, E. (1901); Pavličević, D. (1986); Šišić, F. (1896), 99–129.

26

Bedeutendere befestigte Ortschaften und Kastelle in der mittelalterlichen Gespanschaft Vukovar: Aljmaš *(Hagamas, Hagmas)*, Alšan *(castrum Alsan)*, Atya *(castellum Athya)*, Beletinec *(castellum Belethyncz)*, Berkasovo *(castrum Berekzo)*, Borc *(castrum regale Borcz)*, Borovo *(castrum Boro, Boroh)*, Cerna *(castrum Ceuerna)*, Djakovo *(castrum Diako)*, Erdut *(castellum Erdeed)*, Garčin *(castellum Garchyn)*, Gorjan *(castrum Gara)*, Hermangrad *(castrum Hermanwara)*, Ilok *(castrum Wylak)*, Ivankovo *(castellum Iwaa Zenth Gewrg)*, Kalatinec *(Kanatinc, castrum Kalathynch)*, Korodj *(castrum Korogh)*, Kostroman *(castellum Kozthorman)*, Levanjska Varoš *(castrum Niuna, Newna, Nywna)*, Leve *(castellum Lewe)*, Mikola, Morović *(castrum Maroth, Marchial)*, Neštin *(castellum Nezth)*, Nijemci *(castrum Nempthy)*, Nuštar *(Monostor, castellum Berzethemonostor)*, Osijek *(castrum Ezeck)*, Palina *(castrum Palyna)*, Podgradje *(castellum Waralya)*, Poltoš *(castellum Polthos)*, Rača *(castellum Racha)*, Sivica *(castellum Sywycza)*, Slakovci *(castellum Szlakota)*, Sotin *(castrum Zatha)*, Susek *(castellum Zilseeg)*, Sv. Ladislav *(castellum Zenthlazlo)*, Sv. Lovrinac *(castrum Zenthlerynch)*, Šarengrad *(castellum Athya)*, Virovi *(castellum Weruar, Werwar)*, Vučji dol *(castrum Vichadal, Vychodol)*, Vukovar *(castrum Walkow, Wlco, Wolco, Wolkow)*.
Quelle: Bösendorfer, J. (1910), 161–178; Klaić, V. (1900), 99.

27

Das Territorium der einstigen Gespanschaft Syrmien wurde nach dem Zweiten Weltkrieg auf die Teilrepubliken Kroatien und Serbien verteilt. Die Schlösser und Besitzungen im östlichen bzw. serbischen Teil werden in diesem Buch nicht behandelt. Hier seien sie bloß erwähnt, und zwar: Herrschaft Čalma der Grafen Janković (Dörfer Čalma, Kukujevci und Gibarac); Čerević (Dörfer Čerević, Neštin und Banoštor); Srijemski Karlovci (Karlowitz; Dörfer Kamenica, Ledinci und Beočin); Srijemska Mitrovica (Ruma) der Grafen Pejačević (Dörfer Ruma, Subotište, Budjanovci, Kraljevci, Boganj, Jelenci, Radinci, Putinci, Petrovci, Dobrinci, Sibač, Šelevrenci, Indjija); die Herrschaft Šid wurde dem griechisch-katholischen Bistum Križevci geschenkt (Dörfer Šid und Berkasovo); schließlich Zemun (Semlin) mit den Dörfern Prhovo, Dobanovci, Vojka, Pećinci, Golubinci, Popinci, Šimanovci und Ugrinovci; weiters Dalj.
Quelle: Gavrilović, S. (1960 b), 64–65.

28

Quellen (Gespanschaft Syrmien): Bösendorfer, J. (1910), 157–177, 232–233; Gavrilović, S. (1960 b), 56–58, 64–65; Gavrilović, S. (1960 c); Pavičić, S. (1940); Klaić, V. (1990), 98–102.

29

Der Bürgermeister einer dörflichen Gemeinschaft (knez) versah sein Amt nach alter Gewohnheit und nach den Anordnungen der Grundherrschaft. Er genoß Abgabenfreiheit. Seine Aufgaben waren teils öffentlicher, teils wirtschaftlicher Natur, beispielsweise Sorge für Quartierzuteilung und Gespanndienste für das Militär, Beaufsichtigung der dörflichen Arbeiten und der Feuerwehr, Ergreifung von Übeltätern und Feststellung des Schadens etc., Aufsicht über die dörflichen Liegenschaften (Felder, Wiesen, etc.) und Verwaltung der Gemeindegelder.
Quelle: Buturac, J. (1977 b), 95.

30

Das Gericht der Grundherrschaft war für Übertretungen (auch strafrechtlicher Natur)

zuständig, die mit einer Geldbuße zu bestrafen waren. Statt dessen konnte auch eine Leibesstrafe vollzogen werden, und zwar 24 Hiebe mit dem Stock bzw. für Frauen mit der Rute. Für alte und kranke Personen gab es den Arrest.
Die Urbare sahen auch Strafen für Waldfrevel vor, z. B. das Herunterschütteln von Eicheln, das Sammeln von Tannenzapfen, das Treiben von Schweinen in herrschaftliche Wälder, weiters für den unbefugten Ausschank von Getränken, das Tragen von Waffen und das Halten von Jagdhunden sowie Kauf- und Tauschgeschäfte hinsichtlich urbarialen Bodens oder Sammlung von Nahrungsmitteln für Häftlinge. Wenn der Grundherr nicht das Recht zur Verhängung der Todesstrafe *(ius gladii)* hatte, mußte er jeden schweren Fall dem Gespanschaftsgericht anzeigen. Dieses war im übrigen auch für Klagen von Untertanen gegen eigenmächtige Grundherren zuständig.
Quellen: Buturac, J. (1977 b), 94–95; Buturac, J. (1981), 34–35.

31

Krška, J. (1902), XIII–XIX; Erceg, I. (1992).

32

Mehr Ansuchen um Zuweisung von Gütern gab es aufgrund von erworbenen Verdiensten oder alten Schulden. Die Kommission des Grafen Caraffa, welche im Jahre 1702 mit einer Volkszählung und der Erfassung der Ansiedlungen und Güter befaßt war, erhielt einige solcher Ansuchen, erledigte sie aber nicht, sondern leitete sie an die Hofkammer nach Wien weiter. So erbaten beispielsweise die Grafen Johann Drašković und David Ivanović die Herrschaften Virovitica und Pleternica aufgrund des ersten Aufrufes, in Anbetracht der Verdienste ihrer Vorfahren, und andere aufgrund der Ansprüche ihrer Väter. Um die Herrschaft Pakrac gab es drei Konkurrenten: Die Witwe Maria Erdödy geb. Gräfin Wagensperg ersuchte um Verpachtung; General Joseph Kreutz, Befehlshaber in Osijek, erbat kostenlose Überlassung, ebenso Graf Balthasar Patačić, der sich auf seine Verdienste berief. Paul Ritter von Vitezović erbat das Dorf Orljavac (Orlovacz) oder das zerstörte Brezovica mit zugehörigem Land. Der Grenzeroberst Franz Crnkovački bat um Sirač samt einer größeren Zahl Dörfer um den Preis von 8.000 Gulden. Die Brüder Anton, Damian und Matthäus Ohmučević Grgurić erbaten das Gut Mitrovica (später Trenkovo) sowie Blacko. Stephan Graf Orehoczy beanspruchte den urgroßväterlichen Besitz Orahovica auch als Anerkennung seiner Dienste für die Krone.
Quelle: Mažuran, I. (1993), 27.

33

Angaben über die Struktur der Grundbesitze (Größe, Eigentümer, Zahl der Ansässigkeiten und Untertanen und dergleichen) finden sich in der Literatur: *Karaman, I. (1966 und 1973 b).*

34

Quellen (Grundbesitze in Slawonien): Adamček, J. (1977), 116; Buturac, J. (1977 b), 92–97; Buturac, J. (1981), 34–36; Buturac, J. (1984), 129; Čuržik, V. (1989), 19; Horvat, J. (1982), 18–19; Karaman, I. (1966), 354–370; Karaman, I. (1973 a); Karaman, I. (1973 b), 167–195; Karaman, I. (1977), 200; Krška, J. (1902); Mažuran, I. (1993); Pavličević, D. (1961), 75; Pavličević, D. (1977), 224; Enciklopedija hrvatske povijesti i kulture (Enzyklopädie der kroatischen Geschichte und Kultur), 727–730.

35

Zwischen 1700 und 1918 waren folgende Adelsfamilien in den drei slawonischen Gespanschaften amtlich verzeichnet:
1) Gespanschaft Virovitica: Adamovich Čepinski, Anastazijević, Baranyay, Bartolović, Belošević, Benko, Biričić, Blažeković ili Klaić, Bošnjak ili Bošnjaković, Bujanović, Buković, Čavrak, Delimanić, Demelić, Dobrinić, Dolovec, Duka, Gorup od Kamjonke, Gudić, Gvozdanović, Herzer, Jurjević, Jurković, Knežević, Koić, Kugler, Kuković, Mandić, Mesić, Mihalović, Normann, Novaković, Pejačević, Pfeiffer, Pisačić, Prandau, Rakitijević, Špišić od Japre, Vinković, Zittar;
2) Gespanschaft Požega: Adudić, Ambrozović, Bunjik, Erdödy, Farkaš, Festetić, Garić, Janković Daruvarski, Janković ili Doktorović, Jurišić, Katinelly, Kaveggia, Kraljević, Ljipljanić, Lukić, Magiary, Maljevacz, Marković, Molnar, Nagy, Nikšić, Pejčić, Poparić, Pracaić, Saračević, Szercsen, Skenderlić, Strižić, Suvić, Svetić, Takacs, Vrkljan, Zamobory, Zengevall;
3) Gespanschaft Syrmien: Anastazijević, Andreović, Avakumović, Baić, Balogh, Boričević, Brnjaković, Brodanović, Bubanović, Butković, Delivuk, Ebner, Eltz, Frank, Fratričević, Ilić od Zorlensnika, Jancso, Jelenčić, Jović, Khuen Héderváry, Kiš, Kljunović, Kovač, Lovrenčić, Madarasz, Mihajljević, Miković, Milenković, Milutinović, Mirosavljević, Nović, Odescalchi, Ostoić, Paunović, Pavleković, Pöhr, Prelia, Radosavljević, Ranković, Rogulić, Samphir, Sečujac, Simeonović, Stanisavljević, Stojčević, Živanović.
Quelle: Atlagić, M. (1982); Krška, J. (1902).

36

Die größten Grundbesitzer in Slawonien (einschließlich Syrmien) waren zu Anfang des 20. Jhs.: Georg Adolf Fürst Schaumburg-Lippe (62.000 Joch), Baron Gutmann de Gelse et de Belišće (61.000 Joch), Stefanie Gräfin Mailáth geb. Baronin Hilleprand (45.000 Joch), Familie Tüköry (37.000 J.), Theodor Graf Pejačević (35.000 J.), Jakob Graf Eltz (33.000 J.), Familie von Guczy (30.000 J.). Der Gesamtbesitz der Familie Pejačević umfaßte im Jahre 1902 etwa 70.000 Joch. Ihr Landbesitz war der größte in Slawonien.
Quelle: Balta, I. (1985), 254.

37

Die Adeligen genossen folgende Vorrechte: Ohne vorangegangene Vorladung durften sie nicht verhaftet werden; sie waren nur einem ordentlichen (königlichen) Gericht unterworfen; von öffentlichen Arbeiten (Arbeitsdiensten) waren sie befreit, ebenso von allen Arten von Steuern und Abgaben, allerdings hatten sie dem Aufgebot zur Verteidigung der Heimat (Insurrection) Folge zu leisten. Sie hatten das Recht, gesetzgebenden Körperschaften und Vollzugsausschüssen anzugehören, insbesondere dem Landtag (Sabor); untereinander waren alle Adeligen gleichberechtigt.
Quelle: Bojničić, I. (1908), 15–16.

38

Quellen (Adel in Slawonien): Bojničić, I. (1896); Bojničić, I. (1908); Duišin, A. V. (1938); Laszowski, E. (1903 b); Matoš, A. G. (1988), 301–302. Weiters: Frank-Döfering, Adels-Lexikon des österreichischen Kaisertums 1804–1918, Wien – Freiburg – Basel 1989, sowie Frank, Karl Friedrich, Standeserhebungen und Gnadenakte für das Deutsche Reich und die Österreichischen Erblande bis 1806, Senftenegg 1974.

39

Unter den 60 in diesem Buch beschriebenen Schlössern sind mindestens 20 als Kurien zu bezeichnen, darunter: Bizovac, Brestovac, Čepin, Donja Topličica, Donja Zelina, Dugo Selo, Feričanci, Kapela, Kutina, Kuzmica, Nespeš, Omilje, Orahovica, Podgorač, Prečec, Sv. Helena Koruška, Špišić Bukovica, Štakorovec und Veliki Raven.
Weitere zehn kleinere Schlösser nähern sich ihrem Charakter nach Kurien, und zwar: Aljmaš, Božjakovina, Darda, Gradec, Jelengrad, Križevci, Stražeman, Sv. Helena, Tenje und Voćin.
Rund zehn weitere Kurien sind nicht näher beschrieben. Da man über sie sehr wenig weiß, wurde ihnen kein Kapitel gewidmet. Allerdings sind einige davon bei manchen Schlössern erwähnt, nämlich: beim Schloß Božjakovina die Kurien Blahimir, Brckovljani und Gornje Dvorišće und bei Paukovec die Kurie Laktec. Die Kurie in Stančić (nördlich Božjakovina) hat infolge mehrerer Umbauten ihr Aussehen völlig verändert. Südöstlich von Božjakovina, an der Straße nach Ivanić Grad, befindet sich in Lupoglav eine Kurie.
Verschwunden sind die Kurien in Gornje Psarjevo bei Sv. Ivan Zelina, in Repinec bei Gradec (Vrbovec) und in Sv. Ivan Žabno bei Križevci. Die Kurie Ernestinovo (Franzenshof), südlich von Osijek, ist ein zweigeschossiges spätbarockes Bauwerk.
Miletić, unweit Požega, ist eine zweigeschossige Kurie aus dem 19. Jh., auch unter dem

Namen Ovčara bekannt. In Slatina gibt es eine klassizistische Kurie, die den Grafen Drašković gehörte. Unweit davon, in Senkovec, gibt es gleichfalls eine Kurie.

40

Soweit eine Funktion bzw. Zweckbestimmung der einzelnen Schlösser angegeben ist, richtet sie sich nach der Zeit 1993 bis 1996. Unbenützt sind: Cabuna, Dioš, Gornja Rijeka, Kapela Dvor, Kaptol, Omilje, Rasinja, Suhopolje, Sv. Helena (leer und teilweise zerstört). Einstweilig bewohnt sind: Dugo Selo, Feričanci, Kuzmica, Prečec. Regelrecht bewohnt sind: Paukovec (neues Gebäude auf dem alten Fundament), Stražeman (neue Wirtschaft und neues Haus auf dem Platz des Schlosses), Sv. Helena (ein Teil des Schlosses). Überwiegend provisorische Funktion: Bilje (Forstverwaltung), Brestovac (Schneiderei), Cernik (bis 1991 Geschäftsräume, anschließend Militär), Darda (Krankenhaus und Stab der UNTAES – UN-Übergangsverwaltung von 1996–1998), Kneževo (Archiv „Belje"), Našice/Kleines Schloß (Radiostation, Fahrschule etc.), Nuštar (Militär), Špišić Bukovica (politische Organisationen), Štakorovec (Lagerräume und Wohnungen; Dokumentationsprojekt für die Wiederherstellung der Kurie zu Wohnzwecken), Trenkovo (Militär), Valpovo (großteils ohne Funktion; Erneuerung wird vorgenommen), Veliki Raven (teilweise Gemeindeamt).

41

Das typische Schloß-Ambiente (Schloß plus Wirtschaftsgebäude) ist bei folgenden Schlössern (Kurien) zu sehen: Bilje, Bizovac, Božjakovina, Cabuna, Darda, Donja Topličica, Donja Zelina, Dugo Selo, Erdut, Feričanci, Gornja Rijeka, Gornji Tkalec, Ilok, Križevci, Kutina, Kutjevo, Kuzmica, Lovrečina, Nespeš, Nuštar, Omilje, Orahovica, Podgorač, Rasinja, Retfala, Stražeman, Suhopolje, Sv. Helena Koruška, Šestine, Špišić Bukovica, Štakorovec, Virovitica, Voćin, Vrbovec, Vukovar.

42

Den Eingang von der Nordseite (bzw. Nordost- oder Nordwestseite) haben folgende Schlösser (Kurien): Čepin, Donja Topličica, Donji Miholjac (Altes Schloß), Feričanci, Ilok, Kapela Dvor, Nuštar, Omilje, Retfala, Stražeman, Suhopolje, Šestine, Špišić Bukovica, Tenje, Veliki Raven und Virovitica. Eingang von Süden bzw. Südwest: Bilje, Bizovac, Brestovac, Cabuna, Cernik, Dioš, Donji Miholjac, Dugo Selo, Djurdjevac, Erdut, Kaptol, Kutjevo, Kuzmica, Lovrečina, Našice (Großes und Kleines Schloß), Popovača (Schloß II und III), Rasinja (heutiges größeres Schloß), Valpovo, Vrbovec und Vukovar. Schloßeingang von Osten (oder Südost): Božjakovina, Gornja Rijeka, Križevci, Kutina, Orahovica, Pakrac, Popovača (Schloß I) und Voćin. Eingang von Westen (Südwest oder Nordwest): Aljmaš, Donja Topličica (vor der Renovierung), Donja Zelina, Gornji Tkalec, Gradec, Nespeš, Paukovec, Pleternica, Podgorač, Prečec, Sv. Helena, Sv. Helena Koruška, Štakorovec und Trenkovo.
Hinsichtlich der Schlösser Darda, Gušćerovec, Jelengrad und Kneževo war es nicht möglich, die Eingangsseite mit Sicherheit zu bestimmen.

43

Hofseitig zu betreten waren 23 Schlösser bzw. Kurien, und zwar: Aljmaš, Bizovac, Božjakovina, Brestovac, Čepin, Donja Topličica (vor der Renovierung), Donja Zelina, Donji Miholjac, Erdut, Feričanci, Gornji Tkalec, Ilok, Križevci, Kuzmica, Lovrečina, Nespeš, Omilje, Podgorač, Sv. Helena Koruška, Šestine, Štakorovec, Veliki Raven, Vrbovec.

44

Einen parkseitig gelegenen Eingang gab es bei den folgenden 17 Schlössern bzw. Kurien: Bilje, Dioš, Dugo Selo, Gradec, Kutina, Kutjevo, Orahovica, Paukovec, Popovača (Schloß II und III), Rasinja, Suhopolje, Špišić Bukovica, Tenje, Trenkovo, Valpovo, Virovitica, Voćin.

45

Von einer vorbeiführenden Straße oder von einem Platz her waren folgende Schlösser (Kurien) zu betreten: Cabuna, Cernik, Djurdjevac, Gornja Rijeka, Kapela Dvor, Kaptol, Nuštar, Pakrac, Pleternica, Popovača (Schloß I), Retfala, Stražeman, Sv. Helena und Vukovar.

46

Bei folgenden Schlössern (Kurien) wies die Hauptfront nach Süden: Bilje, Cernik, Čepin, Dioš, Donji Miholjac, Dugo Selo, Feričanci, Ilok, Kaptol, Kutjevo, Lovrečina, Našice, Nuštar, Popovača (Schloß II und III), Stražeman, Šestine, Špišić Bukovica, Valpovo, Vrbovec.

47

Eine mehr oder weniger nach Westen zeigende Hauptfront wiesen auf: Božjakovina, Cabuna, Donja Topličica, Donji Miholjac, Gradec, Križevci, Nespeš, Orahovica, Paukovec, Pleternica, Prečec, Veliki Raven, Vukovar. Mehr oder weniger nach Osten zeigende Hauptfronten hatten: Aljmaš, Donja Zelina, Gornja Rijeka, Gornji Tkalec, Podgorač, Popovača (Schloß I), Sv. Helena, Sv. Helena Koruška, Štakorovec und Voćin. Nordseitig gelegene Hauptfronten gab es in: Bizovac, Brestovac, Kuzmica, Našice (Kleines Schloß), Retfala, Suhopolje, Tenje, Virovitica.

48

Einer Straße zu waren die Hauptfronten gerichtet in: Aljmaš, Bizovac, Brestovac, Cernik, Donji Miholjac (Altes Schloß), Feričanci, Gornja Rijeka, Gornji Tkalec, Ilok, Kaptol, Križevci, Kuzmica, Našice (Großes Schloß), Nespeš, Orahovica, Pakrac, Pleternica, Podgorač, Popovača (Schloß I), Retfala, Sv. Helena Koruška, Špišić Bukovica, Štakorovec, Veliki Raven, Virovitica, Vukovar.

49

Zum Park gerichtet waren die Hauptfronten in: Bilje, Božjakovina, Cabuna, Čepin, Dioš, Donja Topličica, Donja Zelina, Donji Miholjac (Neues Schloß), Dugo Selo, Gradec, Kutjevo, Našice (Kleines Schloß), Nuštar, Paukovec, Popovača, (Schloß II und III), Stražeman, Suhopolje, Sveta Helena, Šestine (dem Weingarten zu), Tenje, Valpovo, Voćin.

50

Bei folgenden Schlössern (Kurien) waren Eingangs- und Hauptfront identisch: Bilje, Cernik, Dioš, Dugo Selo, Gornja Rijeka, Donja Topličica (vor der Renovierung), Gradec, Kaptol, Kutjevo, Lovrečina, Našice (Großes Schloß), Nespeš, Pakrac, Paukovec, Pleternica, Popovača (Schloß I und II), Prečec, Suhopolje, Tenje, Virovitica, Voćin, Vukovar.

51

Folgende Schlösser verfügten über zwei repräsentative Fronten: Donji Miholjac (Neues Schloß), Gornji Tkalec, Našice (Großes Schloß), Rasinja, Retfala, Sv. Helena, Trenkovo, Virovitica, Vukovar.

52

Die Ausgeglichenheit in Formgebung und Repräsentation kann man bei den Schlössern Djurdjevac, Jelengrad und Kapela bemerken.

53

Zufahrtsalleen bestehen gegenwärtig bei folgenden Schlössern (Kurien): Božjakovina, Daruvar, Donja Zelina, Gornja Rijeka, Nuštar, Pakrac, Paukovec, Popovača, Šestine, Špišić Bukovica, Štakorovec.

54

Dreigeschossige Schlösser in Zagorien: Ivanec, Klenovnik, Lobor, Ludbreg, Maruševec, Trakošćan, Varaždin, Veliki Tabor.

55

Hinsichtlich des Erdgeschoß-Umfanges lassen sich die Schlösser (Kurien) nach Quadratmetern in folgende Gruppen teilen: 1) *Sehr große* (mehr als 1.500 m^2): Retfala (1.890), Popovača/Schloß I (1.617), Daruvar (1.587), Gornja Rijeka (1.500); 2) *Große* (1.000–1.500 m^2): Bilje (1.400), Kaptol – Schloß im Kastell (1.300), Cabuna (1.240),

Darda (1.176), Paukovec (1.150), Virovitica (1.144), Stražeman (1.090), Tenje (1.080), Ilok (1.070), Kneževo (1.065), Nuštar (1.050), Pakrac (1.050), Pleternica (1.050); 3) *Mittlere* (500–1.000 m²): Gušćerovec (990), Kutjevo (920), Križevci (915), Cernik (900), Dioš (900), Valpovo – Schloß ohne Festung (900), Vukovar – Schloß ohne begleitende Gebäude (900), Donji Miholjac – Neues Schloß (880), Našice – Kleines Schloß (850), Orahovica (825), Djurdjevac (800), Šestine (800), Erdut (770), Našice – Großes Schloß (750), Aljmaš (700), Voćin (675), Rasinja – Schloß I (650), Božjakovina (540); 4) *Kleine Schlösser* (250–500 m²): Kutina (500), Kuzmica (500), Bizovac (480), Gradec (480), Popovača – Schloß II (460), Feričanci (450), Trenkovo (446), Kapela Dvor (400), Podgorač (400), Sv. Helena (400), Gornji Tkalec (365), Veliki Raven (360), Vrbovec – Barockschloß (360), Lovrečina (350), Čepin (345), Dugo Selo (345), Brestovac (340), Špišić Bukovica (325), Donja Topličica (320), Prečec (300), Suhopolje (300), Štakorovec (300); 5) *Sehr kleine Schlösser* (bis 250 m²): Omilje (240), Nespeš (220), Sv. Helena Koruška (200), Donja Zelina (180), Rasinja – Schloß II (150).

56

Die Literatur hat das Thema der Schloßparks Slawoniens kaum eingehend erforscht. Aufmerksam gemacht wird auf zwei Bücher von Dj. Rauš (1977 b, 1980) sowie auf einige Artikel, und zwar V. Ćerimović (1979, 1981, 1983), M. Kunich (1831, 1834) und Dj. Rauš (1975).

57

Nur wenige Schloßgärtner sind uns namentlich bekannt. In Brestovac war 1887/88 ein Josip Kohoušek tätig *(Qu.: Helmann, T. 1994)*. J. Krška erwähnt hinsichtlich des Anfangs des 20. Jhs. einige Schloßgärtner, und zwar in Donja Topličica, Rasinja (Josef Habich), Lovrečina (Obergärtner I. Duchon), Kutjevo (drei Parkgärtner, ein Kunstgärtner), Erdut (Stjepan Kutrović), Čepin (Franz Hilger) und weitere.
(Qu.: Krška, J. 1902; 29, 63, 84, 91, 93, 102, 103, 110, 111, 119).

58

Den Untersuchungen von Dj. Rauš zufolge gab es in den alten Parks Slawoniens und der Baranja (zwischen der Ilova und der Donau) 35 Arten Nadelholzbäume und -sträucher sowie 215 Arten belaubter Pflanzen, von denen 130 fremdländisch (exotisch) und 83 Arten eigenständig waren; der Rest waren von Gärtnern gezogene Bäume und Sträucher. Von den insgesamt 250 Arten entfielen 136 auf Bäume, 107 auf Sträucher und 7 auf Kletter- oder Schlingpflanzen.
Die ältesten und häufigsten *LAUBGEHÖLZE*: *Acer campestre, A. platanoides, A. pseudoplatanus, Aesculus hippocastanum, Ailanthus altissima, Alnus glutinosa, Betula verrucosa, Carpinus betulus, Catalpa bignonioides, Celtis australis, Corylus avellana, Fagus silvatica, F. silvatica var. purpurea, Fraxinus angustifolia, Gleditsia triacanthos, Juglans nigra, Koelreuteria paniculata, Larix europea, Liriodendron tulipifera, Morus alba, Paulownia tomentosa, Platanus acerifolia, P. occidentalis, Populus alba, P. nigra, Pterocarya fraxinifolia, Quercus cerris, Q. robur, Q. rubra, Robinia pseudoacacia, Salix babylonica, Sophora japonica, Syringa vulgaris, Tilia cordata, T. tomentosa, Ulmus carpinifolia; NADELGEHÖLZE: Abies alba, A. concolor, Ginkgo biloba, Picea excelsa, P. pungens, Pinus nigra, P. silvestris, P. strobus, Seqoiadendron giganteum, Taxodium distichum, Taxus baccata, Thuja occidentalis, Th. orientalis.*
Für Einfriedungen bediente man sich nachstehender Hecken: *Acer tataricum, Buxus sempervirens, Carpinus betulus, Cornus sanguinea, Crataegus monogyna, C. oxyacantha, Gleditschia triacanthos, Ligustrum vulgare, L. ovalifolium, Maclura pomifera, Syringa vulgaris, Taxus baccata.*
Charakteristische Kletter- und Schlingpflanzen der Parks: *Campsis radicans, Clematis vitalba, Hedera helix, Lonicera caprifolium, Parthenocissus quinquefolia, P. tricuspidata, Wisteria sinensis.*
Qu.: Rauš, Dj. (1975).

59

Jurčić, I. (1989), 119–120

60

Gärten und Parks bis zu 1 Hektar: Bizovac (0,88 ha in der 2. Hälfte des 19. Jhs.; heute verschwunden), Čepin (0,76 ha laut alter Katasterkarte, heute 0,36 ha), Donja Topličica (heute 0,20 ha), Dugo Selo (0,40 ha laut altem Kataster), Erdut (0,70 ha Ende 19. Jh.), Križevci (0,90 ha bis 1945), Kutina (0,40 ha laut altem Kataster), Kuzmica (0,50 ha 1901), Orahovica (0,65 ha laut altem Kataster), Špišić Bukovica (0,80 ha Park und 0,40 ha Gärten laut altem Kataster), Štakorovec (0,20 ha laut altem Kataster).

61

Gärten und Parks mit einem Umfang von 1 bis 3,5 Hektar: Feričanci (2,20 ha laut altem Kataster), Gornja Rijeka (1,10 ha laut altem Kataster; 2,50 ha in der 2. Hälfte des 20. Jhs.), Gušćerovec (2,10 ha laut altem Kataster), Ilok (0,70 ha 1864; 3,60 ha 1902), Kutjevo (2 ha), Paukovec (2,5 ha laut altem Kataster und 0,90 ha Gärten), Sv. Helena (1,50 ha laut altem Kat.), Tenje (2,90 ha Ende 20. Jh.), Trenkovo (2,90 ha laut altem Kat. und 2,80 ha Gärten), Vukovar (1,60 ha laut altem Kat.).

62

Parkumfang zwischen 5 und 10 Hektar: Bilje (ca. 8 ha in der 2. Hälfte des 20. Jhs.), Božjakovina (9,60 ha laut altem Kat.; heute 6,90 ha + 4,29 ha jenseits der Straße), Cernik (ursprünglich 5,17 ha; heute 1,8 ha), Donji Miholjac (8,80 ha laut altem Kat.), Kneževo (ca. 7 ha in der 2. Hälfte des 20. Jhs.), Podgorač (7,20 ha laut altem Kat.), Rasinja (6,60 ha laut altem Kat.), Suhopolje (5,50 ha + 2,20 ha Gärten laut altem Kat.), Voćin (6,30 ha + 2 ha Gärten laut altem Kat.).

63

Näheres über den Park in Valpovo: *Obad Šćitaroci, M. (1990); Obad Šćitaroci, M. (1992), 59, 102, 103, 105, 113.*

64

Jurčić, I. (1989), 119.

65

Landschaftsparks befinden oder befanden sich bei folgenden Schlössern und Kurien: Aljmaš, Bizovac, Božjakovina, Cabuna, Čepin, Darda, Daruvar, Dioš, Donji Miholjac, Erdut, Feričanci, Gradec, Gušćerovec, Ilok, Kapela Dvor, Kneževo, Križevci, Kutjevo, Kuzmica, Našice (Großes Schloß), Nuštar, Orahovica, Paukovec, Podgorač, Prečec, Rasinja, Retfala (ca. 1863), Stražeman, Suhopolje, Sv. Helena, Tenje, Trenkovo, Valpovo, Veliki Raven, Virovitica, Voćin, Vukovar.

66

Historistische Elemente kann man bei folgenden Schloßparks erkennen: Aljmaš, Bizovac, Cabuna (Garten vor der Westfront), Čepin, Darda, Donji Miholjac, Dugo Selo, Gornja Rijeka, Gradec, Ilok, Kuzmica, Rasinja, Stražeman, Suhopolje, Špišić Bukovica, Štakorovec, Tenje, Trenkovo (Garten vor der Eingangsfront), Valpovo, Veliki Raven, Voćin, Vrbovec.

67

Gärten und Parks mit landschaftlicher Grundriß-Konzeption: Bilje, Bizovac, Darda, Dioš, Feričanci, Ilok (2. Phase – Ende 19. Jh.), Križevci, Orahovica, Paukovec, Podgorač, Rasinja, Sv. Helena, Špišić Bukovica, Trenkovo, Valpovo, Vukovar.

68

Gärten und Parks mit landschaftlicher Grundriß-Komposition und geometrischem Blumenparterre: Božjakovina, Cernik, Čepin, Donji Miholjac, Erdut, Gradec, Kutjevo, Našice (Großes Schloß), Stražeman, Tenje, Virovitica, Voćin.

69

Geometrisch angeordnete Landschaftsparks haben oder hatten die Schlösser: Cabuna, Daruvar, Dugo Selo, Gornja Rijeka, Kneževo, Kutina, Nuštar, Retfala (auf der alten Katasterkarte ist die Mittelachse erkennbar), Suhopolje, Štakorovec, Veliki Raven.

70

Blumenparterre vor der Eingangsfront: Božjakovina, Cernik, Darda, Daruvar, Donji Miholjac, Gornja Rijeka, Kutjevo, Kuzmica, Nuštar (kleines Parterre im Ehrenhof), Podgorač, Retfala, Suhopolje, Špišić Bukovica, Štakorovec (im Hof zwischen Kurie und Wirtschaftsgebäuden), Trenkovo, Valpovo und Voćin.

71

Parterre vor der gartenseitigen Front: Cabuna, Čepin, Gradec (vor der Eingangsfront), Ilok (Hofteil), Našice (Kleines Schloß), Tenje und Virovitica (laut Foto aus 1896).

72

Obad Šćitaroci, M.: Perivoji i dvorci Hrvatskoga zagorja, Zagreb, Školska knjiga, 1989 u. 1990; Dvorci i perivoji Hrvatskoga zagorja, Zagreb, Školska knjiga, 1991 und 1993; Castles, manors and gardens of Croatian Zagorje, Zagreb, Školska knjiga, 1992, 1993 und 1996; Schlösser und Gärten des Kroatischen Zagorje, Zagreb, Školska knjiga, 1992 und 1994.

73 *ALJMAŠ*

Bösendorfer, J. (1910) 161, 169; Djuric, T. und Feletar, D. (1983), 165.

74 *ALJMAŠ*

Karaman, I. (1973 b), 200; Mažuran, I. (1993), 52, 71, 74, 75, 309, 310.

75 *ALJMAŠ*

Historische Daten laut Angaben des Pfarrers Ante Markić aus Aljmaš; „Obzor" (Zagreb), Nr. 182/1891, S. 86.

76 *ALJMAŠ*

Schloß und Kurie werden in der Literatur spärlich behandelt: *Brlić, A. E. (1934); Djuric, T. u. Feletar, D. (1983), 166–167; Horvat, A. u. a. (1970), 1; Horvat, A. (1979), 295.*

77 *BILJE*

Die genaue Zeit der Erbauung ist unbekannt. Die Literaturangaben sind ungenau und widersprüchlich: 1. Hälfte 18. Jh. *(Horvat, A. 1959, 1970, 1982)*; drittes Jahrzehnt *(Mladinov, D. und Habunek-Moravac Š., 1964)*; 1705–1712 *(Djurić, T. und Feletar, D., 1983)*; 1707 *(Cházar, L., 1989, S. 31)*.

78 *BILJE*

Geschichte und Architektur des Schlosses sind unzureichend untersucht worden. Als dieses Buch verfaßt wurde, war Bilje infolge der serbischen Okkupation unzugänglich. Auf folgende Literatur wird hingewiesen: *Ambruš, V. (1994), 276; Bódai, F. (1820) Baranya Vármegye Topographiai és Históriai Leirása, Tudományos Gyüjtemény, XII. kötet, 66 1; Djurić, T. u. Feletar, D. (1983), 150–152; Horvat, A. (1951), 90; Horvat, A. (1959), 320; Horvat, A. u. a. (1970), 7; Horvat, A. (1982), 87–89; Mladinov, D. u. Habunek-Moravac, Š. (1964), 150; Kolar, M (1993); Mohorovičić, A. (1975), XVIII; Rajczi, P. (1986), 172–173; Rauš, Dj. (1977 b), 96; Sršan, S. (1995), 11; Živković, Z. u. Horvat, M. (1986).*

79 *BILJE*

1977 und früher wurden im Schloßpark folgende Baum- und Straucharten registriert: *NADELGEHÖLZE: Abies concolor, Chamaecyparis lawsoniana, Ginkgo biloba, Picea abies, Pinus nigra var. austriaca, P. silvestris, P. strobus, Thuja occidentalis; LAUBGEHÖLZE: Acer campestre, A. platanoides, A. pseudoplatanus, A. saccharinum, Aesculus hippocastanum, Ailanthus altissima, Betula verrucosa, Broussonetia papyrifera, Carpinus betulus, Catalpa bignonioides, Celtis australis, Corylus avellana, C. colurna, Cotinus coggygria, Fraxinus americana, F. angustifolia, Juglans nigra, J. regia, Koelreuteria paniculata, Maclura pomifera, Morus alba, Paulownia tomentosa, Platanus occidentalis, Populus deltoides, P. nigra var. pyramidalis, Quercus robur, Robinia pseudoacacia, Salix babylonica, Sophora japonica, Tilia cordata, T. tomentosa, Ulmus carpinifolia.*
Qu.: Rauš, Dj. (1977 b), Tab. 9.

80 *BILJE*

Der Park wird in der Literatur kaum erwähnt, und die paar Angaben über die Entstehungszeit sind nicht verläßlich: *Ćerimović, V. (1979), 498; Djuric, T. u. Feletar, D. (1983), 152; Jurčić, V. und Kurtela, M. (1985), 58–59; Rauš, Dj. (1977 b), 96–99.*

81 *BILJE*

Heiszler, V. Szakács, M. Vörös, K.; Krištof, M. (1941), 375; Karaman, I. (1986), 84, 90; Novaković, S. (1986), 244; Rajczi, P. (1986), 171, 178, 179; Rozs, A. (1986), 215–216; Sršan, S. (1995), 11.

82 *BILJE*

Erzherzog Friedrich hatte mit Prinzessin Isabella Croy-Dülmen (1856–1931) acht Töchter und den Sohn, Albrecht (1897–1955), der keine männlichen Nachkommen hatte. Seine Besitzrechte an Bilje waren von kurzer Dauer (1941–1944).
Qu.: Heiszler, V. Szakács, M. Vörös, K., 37; Novaković, S. (1986), 243–245.

83 *BILJE*

Heiszler, V. Szakács, M. Vörös, K.; Krištof, M. (1941), 375; Karaman, I. (1986), 86, 89; Novaković, S. (1986), 243–245; Rajczi, P. (1986), 174–175; Rauš, Dj. (1977 b), 93–96; Sršan, S. (1986), 9, 11.

84 *BIZOVAC*

Pinterović, D. (1959); Odjeci prošlosti, 1987, Nr. 3, S. 15.

85 *BIZOVAC*

Karaman, I. (1962), 7, 90, 91, 100.

86 *BIZOVAC*

Landwirtschaftliche Flächen: Ackerland 1.205 ha, Gärten 10 ha, Weingärten 2 ha, Wiesen 621 ha, Weideland 410 ha, unfruchtbar 123 ha; Wald 4.807 ha, Waldlichtungen 616 ha und 339 ha nicht nutzbar; alles in allem ca. 10.000 Joch.
Qu.: Krška, J. (1902), 106.

87 *BIZOVAC*

Im Jahre 1902 gab es folgende Gutsangestellte: Sekretär Adolf Eisenbart, Buchhalter Luka Cosić, Forstverwalter Josef Sacher, Wirtschaftsverwalter Johann von Schwuger (in Samatovci), Revierförster Andreas Gettwerth (in Petrijevci), Förster Julius Bönel (in Poganovci), Forstadjunkt Melchior Lukenić (in Martinci), Verwalter Ludwig Seh (in Selce) und Adjunkt Hubert Endlicher (in Samatovci).
Qu.: Krška, J. (1902), 107.

88 *BIZOVAC*

Danhelowsky, A. (1885), 296.

89 *BIZOVAC*

Danhelowsky, A. (1885), 295–296.

90 *BIZOVAC*

Laut Danhelowsky (1885, S. 296) befanden sich im Gemüsegarten einige Nebengebäude: ein Glashaus in primitiver Ausführung (Holz, Ziegel und Glas, Schindeldach), ein Treib- bzw. Gewächshaus, eine Unterkunft zum Erwärmen, ein Wohngebäude mit sieben Räumen für das Gartenpersonal und ein Stallgebäude, eine Wagenremise, ein Gebäude für die Dienerschaft, eine Eisgrube, ein Brunnenhaus und ein Hühnerstall.

91 *BIZOVAC*

Umfang laut A. Danhelowsky (1885, S. 296). Laut Katasterkarte von 1863, ergänzt 1891, umfaßte der Hof mit der Kurie, den Nebengebäuden und dem Park mit Gemüsegarten ca. 2,56 Hektar, somit annähernd 4,5 Joch.

92 *BOŽJAKOVINA*

Über die Wurzeln des Namens Božjakovina siehe folgende Literatur: *Adamček, J. (1981), 107; Buturac, J. (1981), 5; Dobronić, L. (1984 a) 30; Dobronić, L. (1984 b), 66; Laszowski, E. (1942), 203.*

93 *BOŽJAKOVINA*

Trupec, J. (1981), 34.

94 *BOŽJAKOVINA*

Horvat, A. (1981), 63–64; Trupec, J. (1981), 35.

95 *BOŽJAKOVINA*

Den TEMPLERORDEN gründeten französische Kreuzritter; die ein Ordensgelübde ablegten. Der Name leitet sich vom Salomontempel in Jerusalem ab, weil sie nächst dem Platz des ehemaligen Tempels ein

Hospiz errichteten. Ihr Ziel war der Schutz des Heiligen Landes und der Pilger sowie die Krankenpflege. 1127/28 bestätigte Papst Honorius II. den Orden, und Bernhard von Clairvaux entwarf die erste Ordensregel. Die Tempelherren trugen einen weißen Mantel mit einem achteckigen roten Kreuz. Nach dem Verlust von Akkon (1291) wurde Zypern, später Frankreich zum Ordenssitz. Durch Schenkungen erwarb der Orden riesigen Landbesitz in Europa und wurde rasch größer (20.000 Ritter um 1260). Da der Orden auch eine kirchenpolitische Rolle spielte und offensichtlich seine Regeln vernachlässigte, weiters der französische König Philipp IV. nach dem Ordensvermögen trachtete und Gerichtsverfahren einleitete, hob Papst Clemens V. 1312 in Avignon den Orden auf. Dessen Vermögen wurde verteilt. In Frankreich und Spanien zog es die Krone ein, in Deutschland wurde es den Johannitern und dem Deutschen Ritterorden überwiesen. Auch das Vermögen in Kroatien gelangte an den Johanniterorden. Die Tempelherren gehen in Kroatien auf das Jahr 1169 zurück, in dem ihnen der Papst das Kloster Vrana (30 km südöstlich von Zadar) schenkte, in dem zuvor (ab 1075) die päpstlichen Legaten residierten. So wurde Vrana zum Sitz der ungarisch-kroatischen Ordensprovinz („Priorat von Vrana"). Ihr von den Königen Emmerich und Andreas geförderter Landbesitz erstreckte sich auf Senj (bis 1269), Glogovnica, Božjakovina, Našice und andere Ländereien. Später erhielten sie die Herrschaften Pakrac, Trnava, Čaklovac und 1269 als Entschädigung für Senj die ganze Gespanschaft Dubica. Nach der Aufhebung des Ordens verzogen die Tempelritter aus Božjakovina nach Zagreb, wo sie bis an ihr Lebensende in ihrem Kloster wohnten, das sich am Ort der heutigen Barockkirche des hl. Johannes in der Nova Ves befand.

Qu.: Adamček, J. (1981), 106; Buturac, J. (1981), 11–18; Dobronić, L. (1984 a,b).

96 *BOŽJAKOVINA*

Bei den JOHANNITERN oder HOSPITALBRÜDERN (später Rhodiser und MALTESER) handelt es sich um den ältesten geistlichen Ritterorden. Er soll sein Entstehen einem Kaufmann aus Amalfi verdanken, welcher (1070) vom Kalifen die Erlaubnis erhielt, unweit des Heiligen Grabes eine Kirche und ein Mönchskloster nach den Regeln des hl. Benedikt zu erbauen, womit eine Herberge und ein Hospital für Pilger verbunden waren. Die Kapelle für das männliche Geschlecht wurde dem hl. Johannes dem Barmherzigen (einem Patriarchen von Alexandrien) geweiht. Erst später nahm der Orden Johannes den Täufer zu seinem Patron. Die päpstliche Bestätigung erhielt der Orden 1113, der 1118 zu einem geistlichen Ritterorden wurde und sich in drei Zweige teilte: Adelige zum Kampf gegen die „Ungläubigen", Presbyter zum Kirchendienst und dienende Brüder für die Krankenpflege. Ordenstracht: schwarzer Mantel mit weißem Kreuz. Nach den glücklosen Kreuzzügen wurde der Sitz zunächst nach Zypern verlegt und schließlich (1309) Rhodos erobert. Als Rhodos 1522 an die Türken verlorenging, überließ Karl V. dem Orden Malta, woher er seinen heutigen Namen als souveräner Ritterorden erhielt. In Kroatien wurden die Johanniter um ca. 1200 mit dem Besitz Marča bei Ivanić von Herzog Andreas, dem Bruder König Emmerichs, beschenkt. Sie erwarben auch Tkalec, Planina bei Kašina und Čiče bei Velika Gorica im Turopolje. Wie in der vorigen Anmerkung erwähnt, gingen nach der Aufhebung des Templerordens dessen in Kroatien gelegene Güter auf die Johanniter über. Diese verlegten den Ordenssitz von Marča zunächst nach Vrana und dann nach Pakrac, ihre Ordensprovinz bezeichneten sie gleichfalls als „Priorat von Vrana". Ordensvorsteher waren unter anderen der Banus Johann von Palocsa und der Bischof-Banus Petar Berislavić.

Qu.: Adamček, J. (1981), 106; Buturac, J. (1981), 12–14, 18–23; Dobronić, L. (1984 a,b).

97 *BOŽJAKOVINA*

Im Jahre 1527 verpfändete JOHANN Graf TAHY die Herrschaften (Kommenden) Kostajnica, Dubica, Pakrac, Rasaška, Trnava und Kamensko dem Grafen Miklós (Nikola) IV. Zrinyi. König (Kaiser) Ferdinand bestätigte Zrinyi diese Besitzungen, während er Božjakovina (Tahy war ein Anhänger des Gegenkönigs Zapolja) dem Banus Johann Karlović zum Pfand gab. Bereits 1528 gab der König diesen Besitz an Miklós Zrinyi, der mit der Schwester des Karlović (Jelena/Helene) verheiratet war. Im Wege der Ehe von Jelena, Tochter des Miklós Zrinyi, mit Franz (Franjo) Tahy gelangte 1553 Božjakovina an diesen, der schon damals die Herrschaften Susedgrad und Stubica besaß. 1563 trat er aber Božjakovina an Miklós Zrinyi aus unbekannten Gründen ab. Nach dessen Tod bei Sziget (1566) erhielt Jelena durch Richterspruch den Besitz (ihre Mitgift) 1573 zurück. Er umfaßte damals 11 Dörfer. Der Sohn und Rechtsnachfolger Stephan Tahy verpfändete 1595 Božjakovina seiner Schwester Margarethe, Witwe des Krsto Oršić, und ihrem Schwiegersohn Georg (Juraj) Janković. Zwei Jahre später vertrieb Georg Zrinyi (Sohn des Miklós) Janković mit Gewalt aus Božjakovina.

Qu.: Adamček, J. (1981), 108–109; Buturac, J. (1981), 23–25.

98 *BOŽJAKOVINA*

Adamček, J. (1981), 108–109; Buturac, J. (1981), 23–26.

99 *BOŽJAKOVINA*

JOHANN IV. Graf DRASKOVICH (1630–1692) ist als Soldat bekannt, der sich in den Türkenkriegen hervortat und deshalb beim König in Ehren stand. Er war General, Kammerherr und Geheimer Rat. In Anbetracht seiner militärischen Leistungen überließ ihm der Sabor den Besitz Kutnjak in der Gespanschaft Križevci. An der Aufdeckung der „Magnatenverschwörung" (Zrinyi – Frankopan) war er beteiligt, zumal er davon durch seine Frau (Magdalena geb. Gräfin Nádasdy; Anm. 100) unterrichtet war und den Hof in Wien in Kenntnis setzte. Gemeinsam mit General Herberstein und Nikolaus Graf Erdödy, dem späteren Banus, unterdrückte er den Aufstand in Kroatien. Von den Zrinyi-Gütern erhielt er Božjakovina und Brezovica (nächst Zagreb). Weiters besaß er die Güter Klenovnik, Vinica, Zelendvor und Trakošćan sowie, gemeinsam mit seinem Bruder Nikolaus II. (1625–1687), Starigrad und Beletinec im Zwischenmurgebiet (Medjimurje). Von Leopold I. erhielt er das Privileg, am Pfarrplatz in Božjakovina jährlich zwei Markttage zu halten: vor dem Dreifaltigkeitssonntag und zu Michaeli.

Qu.: Kukuljević-Sakcinski, I. (1886), 187–189.

100 *BOŽJAKOVINA*

MARIA MAGDALENA Gräfin DRASKOVICH (Anm. 99) hatte mit ihrem Gemahl, Johann IV., fünf Kinder: die Söhne Johann V. und Peter II. sowie die Töchter Juliane Gräfin Esterházy, Katharina (1672–1692) und Elisabeth. Peter II. war mit Katharina Gräfin Erdödy vermählt. Er war Obergespan von Vukovar-Baranya. Maria Magdalena Draskovich beaufsichtigte das Liegenschaftsvermögen. Entgegen den Gewohnheiten schrieb sie viel in kroatischer Sprache. Sie war die Tochter des obersten Kronrichters *(judex curiae)* Franz Graf Nádasdy (Erbauer von Schloß Zelendvor bei Varaždin), der – in die Magnatenverschwörung verwickelt – 1671 in Wien hingerichtet wurde. Sie war sehr gebildet. Zwei ihrer Bücher, aus der ungarischen Sprache übersetzt, wurden in kroatischer Sprache gedruckt (1696 und 1718).

Qu.: Kukuljević-Sakcinski, I. (1886 a), 189; Kukuljević-Sakcinski, I. (1887); Modrušan, M. (1972), 60–62.

101 *BOŽJAKOVINA*

JOHANN V. Graf DRASKOVICH (1660 oder 1669–1733), Abb. 97, war der Sohn Johanns IV. und der Gräfin Nádasdy (Anm. 99 und 100). Dank seiner militärischen Leistungen wurde er 1699 zum Kämmerer und 1708 zum General ernannt, 1718 zum Mitglied des Hofkriegsrates und zum Teilnehmer an den Friedensverhandlungen von Passarowitz (Požarevac). 1723, 1725 und 1728 war er Banus. Er betrieb auch den engeren Anschluß Kroatiens an das österr. Länderkonglomerat. Johann V. war der vierte und zugleich letzte Banus seiner Familie (1732/33). Er war beliebt, man nannte ihn „Volks-Banus". Seine Ausbildung hatte er in Warasdin und Wien, schließlich an der

Universität Bologna erfahren. Seine erste Frau, Katharina Gräfin Csáky, die 1703 nach achtjähriger Ehe starb, schenkte ihm keine Kinder. Mit seiner zweiten Frau, Katharina Gräfin Brandis, hatte er zwei Söhne und drei Töchter (Anm. 102).
Qu.: Belošević-Gornjostubički, S. (1926), 98; Kukuljević-Sakcinski, I. (1886), 190–191; Zmajić, B. (1972), 57.

102 *BOŽJAKOVINA*

KATHARINA Gräfin DRASKOVICH geb. Gräfin Brandis († 1744) war die zweite Frau des Johann V. Draskovich (Anm. 101). Sie hatte mit ihm fünf Kinder: Johann VII. (1709–1735), der als Major im Krieg fiel; Joseph Kasimir (Anm. 103); Johanna Dora, verh. mit Oberst Leopold Graf Limburg-Styrum; Anna Katharina, verh. mit Feldmarschalleutnant Georg Graf Sluha; Anna Maria, verh. zuerst mit dem Obergespan von Požega, Peter Graf Keglevich, dann mit Oberstleutnant Peter Troylus Graf Sermage.
Qu.: Kukuljević-Sakcinski, I. (1886), 191.

103 *BOŽJAKOVINA*

JOSEPH KASIMIR Graf DRASKOVICH (1716–1765) war der zweitgeborene Sohn Johanns V. Draskovich und seiner zweiten Frau Katharina (Anm. 101 und 102). Sein Leben lang war er Soldat auf allen Kriegsschauplätzen: als Feldmarschalleutnant, Befehlshaber in Siebenbürgen, Obergespan von Križevci, Kammerherr und Geheimer Rat. Mit Susanne Malatinski, einer Slowakin, hatte er drei Söhne und drei Töchter: Johann VIII. (Anm. 104), Franz I. (1750–1817), verh. mit Anna Janković de Bribir et Voćin, Joseph II. († 1785), verh. mit Regine von Domjanić aus Zelina, Juliane, verh. mit Leo Graf Erdödy, Barbara, verh. mit Franz Graf Pejačević, und Franziska. Susanne Malatinski war eine Frau von ungewöhnlicher Schönheit, aber sehr verschwenderisch und von zweifelhafter Herkunft. Dies war der Karriere Joseph Kasimirs nicht förderlich und rief den Unwillen seiner Mutter, der Verwandtschaft, ja selbst der Königin Maria Theresia hervor. Gemäß Testament aus dem Jahre 1752 verblieben Susanne 12.000 Gulden, den Kindern der Grundbesitz: Belaj, Černemal, Rečica, Bednja, Prasnica, Voća, Marčan, Božjakovina, Veliki Bukovec, Trakošćan und Klenovnik.
Qu.: Kukuljević-Sakcinski, I. (1886), 192–193; Kukuljević-Sakcinski, I. (1887); Modrušan, M. (1972), 62–64; Zmajić, B. (1972), 57.

104 *BOŽJAKOVINA*

JOHANN VIII. Graf DRASKOVICH (1740–1788) war der älteste Sohn des Joseph Kasimir (Anm. 103). Er war k. k. Oberst an der siebenbürgischen Militärgrenze und Kammerherr. Wie sein Vater war auch er Obergespan von Križevci. Den größten Teil seines Lebens verbrachte er auf den Gütern Brezovica und Božjakovina, von wo aus er auch Klenovnik und Trakošćan verwaltete. Vermählt war er mit der jüngsten Schwester seiner Mutter, Eleonore Felicitas Malatinski (1738–1773), wozu die päpstliche Genehmigung notwendig war. Er hatte zwei Söhne: Janko (1770–1856) und Georg (Juraj IV.), bei dessen Geburt die Mutter starb.
Qu.: Despot, M. (1972 a), 47; Kukuljević-Sakcinski, I. (1886 a) 193; Kukuljević-Sakcincki, I. (1887); Modrušan, M. (1972), 64–69; Zmajić, B. (1972), 59.

105 *BOŽJAKOVINA*

GEORG IV. (V.) Graf DRASKOVICH (Petrinja, 4.8.1773–1.7.1849, Schroffen bei Kreuzlingen) war der jüngere Sohn des Johann VIII. (Anm. 104). Zur Schule ging er in Varaždin, Graz und Wien. Die Gutsverwaltung interessierte ihn nicht sonderlich, und weil ihm auch die politischen Verhältnisse (Metternich) nicht behagten, ließ er sich in der Schweiz nieder. Hier druckte er eine Zeitschrift, in der er fortschrittliche Ideen kundtat. Er verkaufte das Gut Banluk im Temesvárer Banat und verpachtete Božjakovina, solange seine Söhne noch nicht herangewachsen waren. Mit Anna Gräfin Orczy von Orczy (17.12.1776–1830) hatte er sechs Söhne und sechs Töchter: Rosalie (1798–1834?), Maria (1799–1840), Agnes (1802–1842?), Alexander (1804–1845), Stephan (1805–1890), Kasimir (1806–1837), Johann Nepomuk (1805–1856), Leokadia (1809–1875), Theresia (1810–1836), Karoline (1811–1890), Ladislaus (jung gestorben) und Theodor I. (1818–1850). ROSALIE heiratete 1816 Joseph Horvath de Szentgyörgy, mit dem sie vier Kinder hatte, die aber ohne Nachkommen waren. MARIA heiratete 1835 Dr. Johann Lorenz, mit dem sie einen Sohn hatte (Georg; 1833–1909), dessen Nachkommen in der Schweiz leben. AGNES heiratete 1832 Sigismund Graf Benyovsky (1798–1873), mit dem sie den Sohn Sándor hatte. STEPHAN hatte mit Klothilde Jelačić den außerehelichen Sohn Ottokar, verehelichte sich aber mit Anna Gräfin Draskovich. JOHANN starb in Božjakovina, LEOKADIA heiratete 1835 Louis von Violliera, hatte aber keine Kinder. THERESIA vermählte sich im gleichen Jahr mit Edmund Baron Rüplin († 1858), gebar ihm aber keine Kinder. KAROLINE war mit Karl von Montbach vermählt.
Qu.: Čičić, Z. (1982), 51–53; Despot, M. (1972 b); Kukuljević-Sakcinski, I. (1886 a), 202–203; Kukuljević-Sakcinski, I. (1987); Ulčnik, J. (1940), 321; Zmajić, B. (1972), 59.

106 *BOŽJAKOVINA*

JOHANN NEPOMUK Graf DRASKOVICH (1805–1856) war Priester, wurde in Pest ausgebildet und war einige Zeit in Ungarn Pfarrer. Nachdem er sich nach Božjakovina zurückgezogen hatte, wurde er häufig von Literaten und „Patrioten" besucht. Er begründete mit 10.000 Gulden die Illyrische, später Kroatische Akademie (Matica), die sich mit dem Druck und der Verbreitung kroatischer Bücher befaßte. Johann Nepomuk war der letzte Drašković, der in Božjakovina in der gutsherrlichen Tradition lebte. Zu seiner Zeit wurde der Besitz mit 167.929 Gulden bewertet. Er belief sich auf 178 Joch Ackerland und 384 Joch Heuwiesen, wozu folgende Dörfer gehörten: Greda, Trebovec, Ježevo, Črnec, Leprovica, Osterna, Andrilovec, Šaškovec, Kozinšćak, Lukarišće, Dvorišće, Brckovljani, Stančić, Prikraj, Gradec, Hrebinec, Štakorovec etc. bis zur Lonjica. Die Weingärten befanden sich in Hrebinec, Štakorovec und Sv. Jakov. Große Einnahmen erbrachten die Zwetschken- und anderen Gärten. Gasthäuser (Schenken) wurden in Trebovec, Ježevo, Leprovica, Ostrna, Prikraj und Božjakovina betrieben. Bedeutende Einnahmen erbrachten auch die Märkte und die Maut, die in der Nähe des Schlosses an der Straße nach Vrbovec und Bjelovar eingehoben wurden.
Qu.: Kruhek, M. (1972), 93; Kukuljević-Sakcinski, I. (1886 a), 203; Laszowski, E. (1928); Ulčnik, J. (1940), 322; Zmajić, B. (1972), 59.

107 *BOŽJAKOVINA*

Außer in der in den Anmerkungen 98–104 angegebenen Literatur beschäftigen sich mit Božjakovina zur Zeit der Grafen Draskovich auch: *Adamček, J. (1981), 110; Buturac, J. (1981), 117–118.*

108 *BOŽJAKOVINA*

Das Gut umfaßte gegen Ende des 19. Jhs. folgende Betriebe: den zentralen Gutshof Božjakovina mit dem Meierhof Dvorišće unter Einschluß von Krči und Galgišće (800 Joch), die Meierei Ostrna (550 Joch), den Besitz Čret (18 km von Božjakovina mit 950 Joch), das Feld von Otok (nahe von Čret, 200 Joch), die Weinberge Hrebinec und Sv. Jakov sowie viele zerstreute Liegenschaften. Auf Wiesengründe entfielen 1.263 Joch, auf Wälder 225 Joch und 16 Joch auf Weingärten. Es gab 202 Kühe, 55 Pferde und 163 Schweine. Außerdem gab es 5 Fischteiche, 42 Bienenstöcke sowie 15 Joch Gemüsegärten.
Qu.: Trupec, J. (1981), 14–15.

109 *BOŽJAKOVINA*

Im Jahre 1925 gehörten zum Gutsbesitz: 232 ha Äcker, 172 ha Wiesen, 8 ha Gemüsegärten, 7 ha Park, 4 ha Obstgärten, 4 ha Obst-Baumschulen, 13 ha Weingärten, 5 ha Rebenschule, 114 ha Wald, 1 ha Weidengehölz, 3 ha Fischteiche und 79 ha verschiedene Kulturen sowie Wege und Kanäle. Die hauptsächlichsten Feldfrüchte waren Weizen, Hafer, Mais, roter Klee und Kartoffeln. In den Obstgärten wuchsen vor allem Zwetschken, Äpfel und Birnen. Aus den Obst-Baumschulen gelangten jährlich 10.000 Jungbäume zum Verkauf. Die überwiegenden Weinsorten waren: Traminer, fränkische und burgundische Sorten sowie der Rheinriesling. Die Wälder waren Eichenwälder. In

den Teichen züchtete man Karpfen. An Vieh gab es (1925): 137 Rinder, 68 Pferde und 31 Schweine. Zum Gutsbetrieb gehörte eine Mühle mit Turbinenantrieb, eine Branntweinbrennerei, eine Schmiede und eine Wagnerei. Um diese Zeit gab es 12 Angestellte, 11 Handwerker und Aufseher, 17 Kutscher, 8 „Schweizer" und 23 Arbeiter.
Qu.: Buturac, J. (1981), 118–120.

110 *BOŽJAKOVINA*

Buturac, J. (1981), 120; Obad Šćitaroci, M. (1992), 175; Trupec, J. (1981), 34.

111 *BOŽJAKOVINA*

Adamček, J. (1972), 24; Adamček, J. (1981), 111, 117–118.

112 *BOŽJAKOVINA*

Adamček, J. (1981), 134.

113 *BOŽJAKOVINA*

Horvat, J. (1939), 505.

114 *BOŽJAKOVINA*

Zum Besitz gehörten Anfang des 20. Jhs.: 549,50 ha Ackerland, 742,50 ha Wiesen, 282,75 ha Wald, 14,37 ha Weingärten, 14,95 ha Rebenschule, 8,05 ha gepflanzte amerikanische Reben, 4,03 ha Obstgärten, 8,05 ha Waldsetzlinge und 1,74 ha Gemüsegärten. Es gab eine Branntweinbrennerei, je eine Mühle mit Wasser- und Dampfkraftbetrieb, eine Molkerei und eine Korbwarenerzeugung. Um diese Zeit gab es auch eine starke Viehbzw. Tierzucht mit 570 Rindern, 115 Pferden und 106 Schweinen. An feldwirtschaftlichen Kulturen gab es besonders Mais, Weizen, Hafer, Gerste, Mohn, Zichorie, Rüben, Bohnen und Erbsen. Das Besitztum wurde von der Eisenbahn Budapest–Zagreb–Rijeka durchquert.
Qu.: Krška, J. (1902), 20.

115 *BOŽJAKOVINA*

Das Kastell in Božjakovina ist in der folgenden Literatur erwähnt: *Adamček, J. (1981), 107, 111, 117–119; Buturac, J. (1981), 22, 33, 120; Dobronić, L. (1984 a), 30; Kruhek, M (1972), 93.* Kapelle: *Buturac, J. (1981), 27.*

116 *BOŽJAKOVINA*

Blahimir, das alte Schloß von Božjakovina, wird in der Literatur nur spärlich erwähnt: *Buturac, J. (1981), 121; Horvat, A. (1981), 67, 72–73.*

117 *BOŽJAKOVINA*

Das neue Schloß in Božjakovina wird in der Literatur spärlich behandelt und beschrieben: *Adamček, J. (1981), 129; Buturac, J. (1981), 121; Domin, S. und Marković, K. (1986), 91–92; Horvat, A. (1981), 70–71.*

118 *BOŽJAKOVINA*

Eine grundlegende Schilderung der Kurie ist im Elaborat des seinerzeitigen Institutes für den Schutz von Kulturdenkmälern (Zagreb) enthalten: *Domin, S. und Marković, K. (1986), 87–88.* In der Literatur: *Trupec, J. (1981), 35.*

119 *BOŽJAKOVINA*

Besitz und Kurie Dvorišće sind in der Literatur erwähnt: *Adamček, J. (1981), 119–120; Buturac, J. (1981), 117–118, 120; Domin, S. und Marković, K. (1986), 72–73; Horvat, J. (1939), 512; Krška, J. (1902), 20; Trupec, J. (1981), 36–37.*

120 *BOŽJAKOVINA*

Besitz und Kurie Ostrna sind in der Literatur erwähnt: *Adamček, J. (1981), 113–114, 121, 125, 127; Buturac, J. (1981), 25; Horvat, A. (1981), 75; Krška, J. (1902), 20.*

121 *BOŽJAKOVINA*

Informationen über den Park finden sich bei: *Jurčić, I. (1989, 1998).* Die Angaben in der ersteren Arbeit beruhen auf Artikeln des Michael von Kunich, die zwischen 1828 und 1838 in der „Allgemeinen Deutschen Garten-Zeitung" (Passau) erschienen sind. Den Park erwähnte Kunich nur, weil ihm seitens des Schloßbesitzers (Georg IV./V. Graf Draskovich) nicht erlaubt wurde, darüber öffentlich zu schreiben. Božjakovina ist in den Nummern 26 und 36 (1831) sowie 39 (1834) erwähnt.

122 *BOŽJAKOVINA*

Laszowski, E. (1942), 203–204, erste Quelle; Buturac, J. (1981), 27; Horvat, A. (1981), 71.

123 *BOŽJAKOVINA*

Der Name eines Gärtners ist nirgends angeführt. Man denkt vielleicht an Franz Körbler, der aus Laxenburg nach Agram kam und den Maksimir-Park für Bischof Haulik anlegte. Möglicherweise hat Körbler den Park in Božjakovina verbessert; angelegt hat er ihn sicherlich nicht, weil er erst 1838 nach Laxenburg und Ende 1839 nach Zagreb kam. *(Ulčnik I. 1943, S. 250).* Möglicherweise handelte es sich um einen anderen Gärtner aus Laxenburg, vielleicht um Michael Sebastian Riedl, der ab 1798 die Bau- und Parkarbeiten in Laxenburg beaufsichtigte und später Bischof Haulik besuchte. *(Clifford, D. 1966, S. 228)*

124 *BOŽJAKOVINA*

Die Straße Zagreb–Vrbovec–Bjelovar wurde 1947 gebaut, und zwar so, daß der kleinere Teil von 4 Hektar (ehemals Garten, Baumschule und Obstgarten) vom größeren Teil des Parks mit dem Schloß abgetrennt wurde. In den fünfziger Jahren wurde im schönsten Teil des Parks, am Platz der Orangerie zwischen der alten und der neuen Straße, ein Motel gebaut. Dann begann man mit dem Bau eines Schwimmbades, aus dem schließlich ein Fußballplatz wurde.

125 *BOŽJAKOVINA*

Das damalige staatliche Institut für den Schutz von Kulturdenkmälern stellte 1965 etwa 7 Hektar des Parks unter Schutz. Der Teil westlich der Straße Zagreb–Bjelovar wurde nicht berücksichtigt. Auf diesem Terrain (ca. 4 ha) kann man in einem Wäldchen alte Steineichen, amerikanische Eichen, Linden, Roßkastanien und Nadelbäume finden.

126 *BOŽJAKOVINA*

In dem erwähnten „Schutzbrief" vom 03.02.1965 (siehe oben) sind folgende Baumarten angeführt: *NADELBÄUME – Abies concolor, A. nordmanniana, A. pinsapo, Picea excelsa, Pinus jefrei, Sequoiadendron giganteum, Taxus baccata, Thuja occidentalis, Tsuga diversifolia* (im Elaborat des Institutes von 1971 erwähnt)*; LAUBBÄUME – Acer dasycarpum, A. monspessulanum, A. platanoides „Schwedleri", Aesculus hypocastanum, Betula verucosa, Cercis siliquastrum, Cydonia sp., Fraxinus excelsior, Gleditsia triacanthos, Liquidambar styraciflua, Maclura aurantiaca, Quercus robur, Tilia grandifolia* und *Torreya sp.* Anläßlich der Katalogisierung im Jahre 1971 wurden 1.005 Laub- und 66 Nadelbäume gezählt. Dj. Rauš (1980) gibt folgenden Bestand an Bäumen und Sträuchern an: *NADELGEHÖLZE – Chamaecyparis lawsoniana, Ginkgo biloba, Juniperus sabina, J. virginiana, Larix decidua, Pinus nigra var. austriaca, P. silvestris, P. strobus, Sequoiadendron giganteum, Taxus baccata, Thuya gigantea; LAUBGEHÖLZE – Acer campestre, A. negundo, A saccharinum, Berberis vulgaris var. atropurpurea, Betula verrucosa, Buxus sempervirens, Carpinus betulus, Catalpa bignoniodes, Corylus avellana, Cornus sanguinea, Cydonia japonica, Forsythia europaea, Fraxinus angustifolia, Juglans nigra, Maclura pomifera, Magnolia obovata, Philadelphus coronarius, Platanus orientalis, Populus alba, P. x canadensis var. serotina, P. nigra, Prunus avium, P. pissadii, Pterocarya fraxinifolia, Quercus robur, Robinia pseudoacacia, Salix babylonica, Sambucus nigra, Ulmus carpinifolia Gleditsch, U. laevis.*

127 *BRESTOVAC*

Buturac, J. (1977 a), 36; Buturac, J. (1977 b), 42, 147; Buturac, J. (1990), 29, 41; Čuk, J. (1925), 92; Djuric, T. (1974), 31.

128 *BRESTOVAC*

Laut Donation von 1702 umfaßte die Herrschaft Brestovac folgende Dörfer: Brestovac, Završje, Novo Selo, Nurkovci, Dolac, Daranovci, Zakoranje, Gučani, Ivan Dol, Oblakovac, Lipa, Golobrdci, Kunovci, Štitnjak, Ugarci, Svrzigaće und Perenci. Mit der Donation von 1707 wurde die Herrschaft um die folgenden Dörfer erweitert: Čečavac, Šnjegavić, Vučjak, Koprivna, Kujnik, Orlja-

vac, Pasikovci, Rasna, Deževci, Pavlovci, Bolomače, Boričevci, Vilićselo, Skenderovci, Jaguplije und Brdjani.
Qu.: Buturac, J. (1967), 224; Laszowski, E. (1903 a), 184; Mažuran, I. (1993), 643.

129 *BRESTOVAC*

ANTON Graf FESTETICS entstammte dem kroatischen Uradel von Turopolje. Drei Zweige dieser Familie sind zu unterscheiden: Die kroatische Adelsfamilie sowie die ungarischen Grafen und Fürsten. Ein Zweig der kroatischen Familie ließ sich Anfang des 18. Jhs. in Ungarn nieder und erhielt im Jahre 1746 das Prädikat „de Tolna" und 1766 bzw. 1772 den Grafenstand. Die Söhne des Anton, August, Samuel und Dionysius, wurden 1857 in den österr. Grafenstand erhoben. Nähere Literatur: *Atlagić, M. (1982), 65–66* sowie *Laszowski, E. (1903), 22; Ungarischer Fürstenstand 1911 für Tassilo Gf. F. (Almanach de Gotha).*

130 *BRESTOVAC*

Atlagić, M. (1982), 66; Bösendorfer, J. (1910), 376; Buturac, J. (1967), 224; Buturac, J. (1977 a), 156; Buturac, J. (1977 b), 93; Buturac, J. (1990), 94; Horvat, J. (1939), 513; Karaman, I. (1973 b), 200; Karaman, I. (1977), 201; Kempf, J. (1910), 175, 176, 179; Kempf, J. (1914), 64; Kempf, J. (1929), 9; Krška, J. (1902), 87; Laszowski, E. (1903 a), 185–186; Laszowski, E. (1903 b), 22; Mažuran, I. (1993), 643; Šišić, F. (1896), 91; Šišić, F. (1900), 54.

131 *BRESTOVAC*

Buturac, J. (1977 a), 156; Horvat, J. (1939), 513; Karaman, I. (1973 b), 200; Krška, J. (1902), 87; Laszowski, E. (1903 a), 184; Mažuran, I. (1993), 71–76, 644.

132 *BRESTOVAC*

Historisches Archiv der Stadt Zagreb, 23579/I von 1891.

133 *CABUNA*

Dienka, I. (1966 a); Karaman, I. (1873 b), 208; Krška, J. (1902), 97; Papić, T. (1993), 23; Pavličević, D. (1986), 190.

134 *CABUNA*

ALADAR I. Graf JANKOVICH de Bribir et Voćin (1850–1919) war der Sohn des Ladislaus und der Rosalie (Anm. 135). Verheiratet war er mit Klothilde geb. Gräfin Bombelles († 1930). Ihm folgte der Sohn ALADAR II. (1878–1932), der mit Klothilde geb. Gräfin Brandis verheiratet war. Sein Sohn DIONYSIUS (geb. in Cabuna 1904) heiratete Fruszina geb. Gräfin Károlyi, mit der er den Sohn Stephan (geb. 1937) hatte.
Qu.: Duišin, A. V. (1938/39), 54.

135 *CABUNA*

LADISLAUS Graf JANKOVICH (1816–1895) wurde am 3.10.1885 in den ungar.-kroat. Grafenstand erhoben. Mit seiner Frau Rosalie geb. Talijan de Vizek († 1890) hatte er drei Kinder: Aladar I. (Anm. 134), Johann und Irma. JOHANN (geb. 1874 in Cabuna) hatte mit seiner Frau Maria Agnes geb. Pejácsevich die Söhne Johann (geb. 1910) und Anton (geb. 1913). IRMA war in erster Ehe mit Ferdinand Graf Brandis († 1918) und in zweiter Ehe mit Clemens Graf Brandis vermählt, mit dem sie in Italien lebte.
Qu.: Duišin, A. V. (1938/39), 54.

136 *CABUNA*

Die Volksschule im Schloß sollte 1966 mit Hilfe einer eigenen Abgabe zur Erneuerung und Umgestaltung des Schlosses errichtet werden. Über die zum Großteil abgeführte Abgabe wurde abgestimmt, aber zu den Bauarbeiten ist es nicht gekommen, weil die Gemeinde keinen Sinn für die Erhaltung dieses wertvollen Kulturgutes hatte. Über diesen Rettungsversuch siehe die Zeitung *„Virovitički list" Nr. 714–715, Seite 3, 1970.*

137 *CABUNA*

Das Schloß Cabuna wird in der Literatur sehr spärlich behandelt: *Djurić, T. und Feletar, D. (1983), 43–44; Horvat, A. und andere (1970), 14.*

138 *CERNIK*

Djurić, T. (1974), 30; Djurić, T. (1981), 73; Djurić, T. u. Feletar, D. (1983), 81.

139 *CERNIK*

Djurić, T. (1974), 74–75.

140 *CERNIK*

Kulmer, A. (1932), 6.

141 *CERNIK*

Kempf, J. (1924), 56, Mažuran, I. (1986 a), 133.

142 *CERNIK*

Literatur über die Familie Dessewffy: *Buturac, J. (1990), 40–41; Djurić, T. (1974), 31; Djuric, T. u. Feletar, D. (1983); Kulmer, A. (1932), 1–3.*

143 *CERNIK*

Literatur über Cernik zur Türkenzeit: *Celebi, E. (1957), 257; Djurić, T. (1974), 32, 49–53, 74; Djurić, T. (1981), 74; Djurić, T. u. Feletar, D. (1983), 82; Mažuran, I. (1966/67), 409–412; Mažuran, I. (1993), 665.*

144 *CERNIK*

MAXIMILIAN Baron PETRASCH war mit Dorothea geb. Baronin Beckers verheiratet, Tochter des Generals Johann Stephan Baron Beckers, der als Erbauer der Festung Osijek gilt. Der in der Festung Slawonisch Brod geborene Sohn Joseph zeichnete sich als Förderer der Wissenschaften aus.
Qu.: Kulmer, A. (1932), 4–5; Mažuran, I. (1993), 665.

145 *CERNIK*

Der östliche Teil der Herrschaft umfaßte 1727 folgende Dörfer: Baćin-Dol, Banićevac, Drežnik, Dubočac, Golobrdce, Gunjavce, Opatovac, Opršinac, Oštri Vrh, Podvrško, Sinlije, Šagovina (Mašićka), Škrabutnik und Tisovac.
Qu.: Mažuran, I. (1993), 666; Čapo, J. (1991), 22–23.

146 *CERNIK*

In der Literatur wird meistens 1753 als das Jahr des Eigentümerübergangs von der Familie Petrasch auf die Familie Marković bezeichnet. Auch 1754 wird genannt. *(Brlić, A. E., Zbirka poviestnih nadpisa grada Osieka, S. 54)*

147 *CERNIK*

Die Familie MARKOVIĆ (Markovich de Csérnek) stammt aus Sombor. Geadelt wurde der Hauptmann Daniel M. im Jahre 1690. Stephan von Markovich († 1798), Sohn des Markus, der Cernik kaufte, hatte drei Söhne: Andreas, Anton und Ignaz. ANDREAS war Vize-Banus und 1833–1836 Delegierter der Gespanschaft Požega im Sabor und im Preßburger Landtag (Reichstag). Verheiratet war er mit einer Gräfin Hadik de Futak. IGNAZ heiratete Klementine geb. Jankovich de Daruvar. Die Familiengräber befinden sich in der Franziskanerkirche von Cernik.
Qu.: Altagić, M. (1982), 78; Čapo, J. (1991), 23; Kempf, J. (1910), 174–175; Kulmer, A. (1932), 5–6.

148 *CERNIK*

Die Familie Markovich verkaufte Cernik entweder 1848 *(Čapo, J., 1991, S. 23)* oder am 28. Oktober 1849 *(Kulmer, A., 1932, S. 7).*

149 *CERNIK*

Fürst FRANZ COLLOREDO-MANNSFELD (1802–1852) vermählte sich 1841 mit Maria Theresia von Lebzeltern (geb. 1818). Seine Schwester Wilhelmine heiratete Vinzenz Prinz Auersperg (1812–1867). Sie lebte meist in Prag, das Gut wurde von Herrn Bauer verwaltet.
Qu.: Čapo, J. (1991), 23–24; Kulmer, A. (1932), 7.

150 *CERNIK*

Der Besitz Cernik wird in der Literatur eingehend behandelt: *Čapo, J. (1991), 21–24; Djurić, T. (1974), 72–73; Karaman, I. (1973. b), 208, 210; Kempf, J. (1910), 174, 175, 179; Kempf, J. (1924), 57; Kulmer, A. (1932), 4–9; Laszowski, E. (1903 a), 186; Mažuran, I. (1993), 665–666.*

151 *CERNIK*

Über den wirtschaftlichen Charakter des Besitztums gibt es folgende Literaturangaben: *Čapo, J. (1991); Horvat, J. (1939), 513; Krška, J. (1902), 94–96; Kulmer, A. (1932), 8; Laszowski, E. (1903 a), 184; Mažuran, I. (1993), 71–76, 666–667.*

152 *CERNIK*

Über die mittelalterliche Festung gibt es folgende Literaturangaben: *Buturac, J. (1990), 77; Celebi, E. (1957), 257; Djurić, T. (1974), 31, 50; Kempf, J. (1924), 55; Kulmer, A. (1932), 1, 4, 7; Mažuran, I. (1986 a), 141; Puncer, M. (1992); Szabo, Dj. (1920), 121–123.*

153 *CERNIK*

Die baulichen Umgestaltungen des Schlosses behandeln: : *Djurić, T. (1974), 73; Djurić, T. (1981), 75; Djurić, T. u. Feletar, D. (1983), 83; Horvat, A. (1959), 607; Kempf, J. (1924), 57; Kulmer, A. (1932), 7, 9, 10; Lay-Rukavina, J. (1993); Szabo, Dj. (1920), 123.*

154 *CERNIK*

Seit dem Zweiten Weltkrieg gab es zahlreiche Benützer des Schlosses. Noch im Laufe des Krieges, nachdem 1942 die Grafen Kulmer das Schloß verlassen hatten, waren ein Kommando der Deutschen Wehrmacht und eine kleine Truppeneinheit untergebracht. 1946 wurde der gesamte Besitz verstaatlicht, und eine landwirtschaftliche Genossenschaft zog ein. Zwischen 1955 und 1958 war eine Forstschule untergebracht, dann diente die Liegenschaft als Volksschule. 1967 wurde das Schloß renoviert, worauf die Verwaltung des Landwirtschaftlichen Industriekombinats Nova Gradiška einzog. Im Krieg von 1991 wurde das Schloß beschädigt, wobei auch das Parkportal durch eine Fliegerrakete getroffen wurde.
Qu.: Djurić, T. (1981), 75; Horvat, A. (1970), 15; weiters ein Brief des Alois Aga aus Cernik vom 20. 1. 1993.

155 *CERNIK*

Grundlegende Daten über die Schloßarchitektur finden sich bei Andjela Horvat. Diese wurden von anderen Autoren im wesentlichen übernommen: *Horvat, A. u. a. (1970), 15; Horvat, A. (1975), 58, 95–97; Horvat, A. (1982), 84–85, 103, 106, 258, 307; Peić, M. (1980), 200; Radauš, V. (1975), XXX.*

156 *CERNIK*

Über das Schloßinterieur siehe: *Kulmer, A. (1932), 11–23.*

157 *CERNIK*

Lay-Rukavina, J. (1993).

158 *CERNIK*

Kulmer, A. (1932), 10.

159 *CERNIK*

Glibota, A. (1990), 373

160 *CERNIK*

Über den Park gibt es folgende Quellen: *Glibota, A. (1990) – Photos; Jurasović, Lj. (1993); Kulmer, A. (1932), 23–24; Lay-Rukavina, J. (1993); Katasterkarte von 1896 (ergänzt 1907); Skizze und Memo des A. Aga und des Ivan Vuk aus Cernik.*

161 *CERNIK*

Rekonstruktion des Parks, ausgeführt von Dipl.-Ing. Arch. Ljerka Jurasović, 1993.

162 *CERNIK*

Im Verlauf der Verstaatlichung (1946) wurde im Park eine Obst-Baumschule angelegt. 1948/49 wurde aus dem Gemüsegarten eine Wiese und bald darauf ein Fußballplatz.
Qu.: Brief des A. Aga aus Cernik vom 20.1.1993.

163 *CERNIK*

In den Jahren nach 1970 gab es im Park folgende Baum- und Straucharten: *NADELGEHÖLZE: Chamaecyparis lawsoniana, Juniperus communis, J. sabina, J. virginiana, Picea abies, P. pungens, Pinus nigra var. austriaca, P. silvestris, P. strobus, Thuja occidentalis; LAUBGEHÖLZE: Acer campestre, A. platanoides, A. pseudoplatanus, Aesculus hippocastanum, Ailanthus altissima, Alnus glutinosa, Berberis vulgaris var. atropurpurea, Betula verrucosa, Carpinus betulus, Chaenomeles speciosa, Cornus sanguinea, Crataegus monogyna, C. oxyacantha, Forsythia europaea, Fraxinus ornus, Gleditsia triacanthos, Hibiscus syriacus, Juglans regia, Ligustrum vulgare, Maclura pomifera, Morus alba, Parthenocissus quinquefolia, Philadelphus coronarius, Populus x canadensis var. serotina, P. deltoides, P. nigra var. pyramidalis, Robinia pseudoacacia, Salix babylonica, S. fragilis, Sambucus nigra, Syringa vulgaris, Tilia cordata, T. tomentosa, Ulmus carpinifolia, Viburnum opulus var. roseum, Prunus avium, Spiraea sp.*
Qu.: Rauš, Dj. (1977 b), 67–68, Tab. 9.

Aus der ersten Hälfte des 20. Jhs. ist eine geringe Zahl von Bäumen erhalten. Laut Verzeichnis von Ivica Samardjić vom Herbst 1996 handelte es sich um folgende Arten: *NADELGEHÖLZE: Pseudotsuga menziesii var. menziesii* und *Juniperus virginiana; LAUBGEHÖLZE: Aesculus hippocastanum, Ailanthus glandulosa, Buxus sempervirens, Carpinus betulus, Gleditsia triacanthos, Robinia pseudoacacia, Tilia argentea.* Alle übrigen sind entweder wild gewachsen oder in der 2. Hälfte des 20. Jhs. gepflanzt worden. Laut Samardjić handelt es sich um folgende Arten. *NADELGEHÖLZE: Cedrus atlantica „Glauca", Chamaecyparis lawsoniana, Ch. Pisifera, Larix leptolepis, Picea abies, P. omorica, P. pungens var. glauca, Pinus mugo var. mugus, P. nigra ssp. pallasiana, P. nigra ssp. austriaca, P. pinaster, P. ponderosa, P. strobus, P. silvestris, P. wallachiana, Thuja occidentalis „Columna", Th. orientalis; LAUBGEHÖLZE: Acer campestre, A. platanoides, A. pseudoplatanus, A. saccharinum, Betula pendula, Juglans regia, Morus alba, Philadelphus corronarius, Populus nigra, Prunus avium, P. domestica, P. serotina, Quercus borealis, Rhus typhina, Sorbus aucuparia, Syringa vulgaris* und *Ulmus carpinifolia.*

164 *CERNIK*

ALEXANDER (Sándor) Graf KULMER (20.9.1890, Bračak–17.7.1965, Zagreb) war Sohn des Emil Graf Kulmer (1862–1941) und der Beate geb. von Türk (18. 6. 1866–7. 11. 1890). Er studierte Rechtswissenschaften und heiratete Edeltrude geb. Gräfin Bopp von Oberstadt, verwitwet nach dem österreichischen Industriellen Theodor Dreher. Der Ehe entstammte der Sohn Ferdinand (Anm. 165). Er beherrschte die Wappenkunde und war ein Kenner der Geschichte kroatischer Adelsfamilien. Seine Sammlung von Skizzen, Photographien und Ansichtskarten findet sich im Historischen Museum in Zagreb.
Qu.: Glibota, A. (1990), 33–37, 372; Kulmer, A. (1932); Stammbaum der Barone und Grafen Kulmer.

165 *CERNIK*

FERDINAND Graf KULMER (Abb. 141) wurde am 25.1.1925 in Frankreich (Cap Martin, Gem. Roquebrun, Dept. Alpes Maritimes) geboren. Seine Mutter (siehe Anm. 164) wurde am 5.2.1892 in Ulm geboren und starb am 11.1.1973. Ferdinand heiratete 1970 Maila Berdnik († 1989), mit der er die Tochter Barbara (geb. 13.7.1976) hat. Kindheit und Jugend verbrachte er in Cernik, auf dem mütterlichen Besitz Brumov in der Slowakei, in Budapest und Wien. Sein Studium begann er 1942 an der Akademie für bildende Kunst in Budapest, setzte es 1946 in Zagreb fort, wo er es 1950 abschloß. 1961 wurde er Assistent und später Professor an der Kunstakademie in Zagreb. Er ist regelmäßiger Teilnehmer von Ausstellungen im In- und Ausland. Zwischen 1961 und 1991 gab es 78 Ausstellungen seiner Werke, 18 davon im Ausland (Paris 1963, 1964, 1971, 1980, 1985, 1987, 1990, 1991; Mailand 1973, 1982; Chicago 1981, 1982; Tokio 1990 etc.).
Qu.: Glibota, A. (1990).

166 *CERNIK*

EMIL Graf KULMER (1862–1941) war der Sohn des Generals Friedrich Graf Kulmer (1814–1877) und der Alexandrine geb. Gräfin Erdödy (geb. 1829). 1860 wurde der General in den Grafenstand erhoben. Er heiratete Beate Türk von Karlovacgrad. Der Ehe entstammten die Söhne Alexander (Anm. 164), Erbe des Schlosses Cernik, und Friedrich jun., welcher, kinderlos, auf dem Schloß Bračak lebte. Emil hatte noch zwei Brüder: Friedrich/Miroslav „Šestinski" (1860–1943) und Ludwig (Anm. 167).

Qu.: Stammbaum der Freiherren und Grafen Kulmer.

167 *CERNIK*

LUDWIG Graf KULMER (1855–1933) war der Sohn des Generals Friedrich v. Kulmer (Anm. 166). Mit seiner Frau Franziska geb. Baronin Hellenbach hatte er zwei Söhne: Franz und Johann.
Qu.: Stammbaum der Freiherren und Grafen Kulmer.

168 *CERNIK*

FRANZ Baron KULMER (3.2.1806, Agram–16.11.1853, Wien; Abb. 142) war der Sohn des Ferdinand Baron Kulmer und der Josefine geb. Gräfin Oršić. Er war unverheiratet. Sein Vermögen erbten die Brüder Emil und Friedrich (geb. 1814) und seine Schwester Klothilde verh. Gräfin Draskovich. Er erhielt seine Ausbildung am Wiener Theresianum und wurde Verwaltungsjurist in Kroatien. 1848 wirkte er an der Ernennung des Barons Jelačić zum Banus mit. Anschließend gehörte er der Regierung in Wien als „Minister für kroatische Angelegenheiten" an. Als solcher resignierte er, unmittelbar nachdem mit dem kaiserlichen Patent vom 31.12.1851 der „bürokratische Zentralismus" (Minister Bach) eingeführt wurde.
Qu.: Horvat, R. (1928), 129; Kulmer, A. (1932), 15; Znamenja vlasti i časti u Hrvatskoj u 19. st., S. 86; (siehe S. 420); Familienstammbaum Kulmer.

169 *CERNIK*

Literatur über die Familie Kulmer: *Glibota, A. (1990); Kozina, A. (1960), 90; Kulmer, A. (1932); Szabo, A. (1997); Staatsarchiv in Zagreb – „fond Vlastelinstva"; Familienarchiv von Ferdinand Kulmer.*

170 *ČEPIN*

Literatur über das mittelalterliche Čepin: *Bösendorfer, J. (1910), 170; Klaić V. (1900), 99; Pavičić, S. (1942), 225.*

171 *ČEPIN*

Atlagić, M. (1982), 19; Bösendorfer, J. (1910), 355.

172 *ČEPIN*

Horvat, R. (1936), 116–117.
Dieser Quelle zufolge kaufte Leopold Pfeiffer die Wirtschaft Orlovnjak (2.500 Joch); die Nachfolger von Johann Kapistran II. Adamovich kauften die Wirtschaften Livana und Korodjvar (1.100) Joch); die Pusten Lahaz, Palača und Silvanska Ada (2.200 Joch) kaufte A. Virovac, und die Pusten Lug, Pomoćin und Dopsin-Hrastovac (2.536 Joch) kauften Müller und Kastenbaum. Die Wirtschaft Belin dvor (1.900 Joch) befindet sich heute für 12 Jahre in Pacht.

173 *ČEPIN*

Atlagić, M. (1982), 19; Horvat, J. (1982), 27; Krška, J. (1902), 104–105.

174 *ČEPIN*

JOSEPH KNOBLOCH, Bauingenieur (Tunnelbau) kam aus Böhmen nach Slawonien und heiratete in Osijek. Sein Sohn Otto kaufte 1912 den Besitz in Čepin von der Familie von Mihalović. Ing. Joseph von Knobloch war Mitglied des Bauausschusses für die Pfarrkirche in Osijek.
Qu.: Natalie von Knobloch (Zagreb)

175 *ČEPIN*

Brlić, A.E. (1934), 5.

176 *ČEPIN*

Dem Schloß wurde wenig Aufmerksamkeit gewidmet: *Djurić, T. u. Feletar, D. (1983), 155–156; Horvat, A. u. a. (1970), 18; Mohorovičić, A. (1975), XVIII.*

177 *ČEPIN*

Die Existenz des Landschaftsparks im heutigen Umfang von 2,03 ha erwähnen *Jurčić, V. und Kurtela, M. (1985), 58–59.*

178 *ČEPIN*

Krška, J. (1902), 104–105.

179 *ČEPIN*

Despot, M. (1970), 265; Karaman, I. (1966), 313.

180 *ČEPIN*

Krška, J. (1902), 101.

181 *ČEPIN*

Obad Šćitaroci, M. (1992), 179.

182 *ČEPIN*

Über den Park Pomoćin und seine Pflanzenwelt: *Manojlović, R. (1990), 43–44.*

183 *ČEPIN*

Über Ovčara: *Krška, J. (1902), 109; Manojlović, R. (1990), 44; Obad Šćitaroci, M. (1992), 179.*

184 *ČEPIN*

Über den Park von Bare: *Manojlović, R. (1990), 44; Obad Šćitaroci, M. (1992), 179.*

185 *ČEPIN*

Krška, J. (1902), 102, 107–110.

186 *ČEPIN*

PAUL von ADAMOVICH (Adamovics), 17./18. Jh., war Verwalter des Schloßbesitzes von Belje (Bilje). Mit seiner Frau Judith von Knezović (Knesovics) hatte er die Söhne Martin (Anm. 187) und Franz sowie die Töchter Maria, Kathi, Margarete und Elisabeth.

Qu.: Duišin, A. V. (1938/39), 4.

187 *ČEPIN*

MARTIN von ADAMOVICH (18. Jh.) war, wie sein Vater, Verwalter in Belje (Anm. 186). Verheiratet war er mit Anastasia Czindery de Nagy-Atád († 1744, beigesetzt in der Heiligenkreuzkirche in Osijek), Tochter des Georg Ignaz und der Eva Barbara geb. Mallkoczy de Szomszédvár (Susedgrad), die in den Gespanschaften Zagreb und Križevci Liegenschaften besaßen.
Qu.: Stammbaum der Familie von Adamovich.

188 *ČEPIN*

JOHANN KAPISTRAN I. ADAMOVICH de Csepin (21.10.1726, Fünfkirchen–4.12.1808, Čepin) war der Sohn des Martin von Adamovich (Anm. 187). Er war Jurist und von 1758–1766 Vizegespan in Virovitica, seit 1762 königl. Rat sowie Abgeordneter des Sabor und Delegierter beim ungar.-kroat. Parlament. Beigesetzt ist er in der Dreifaltigkeitskirche in Čepin, die er 1771 erbauen ließ. Mit seiner Frau Judith Szaich (Saić) de Pernicz (1737, Imbriovec–20.2.1813, Čepin), Tochter des Vizegespans von Križevci, hatte er drei Söhne: Paul (1760–1801), Anton Kaspar (Anm. 189) und Rochus Cornelius (1764–1809), sowie zwei Töchter. Laut Testament vom 30.8.1801 erhielt Paul Čepin, Anton Kaspar die Herrschaften Aljmaš, Erdut und Tenje, Rochus den Besitz St. Helena bei Zelina. Gemäß Ergänzung von 1804 sollte St. Helena Antons Tochter Maria zufallen. Johann Kapistran I. war als vorzüglicher Wirtschafter bekannt. Noch bevor er Herr in Čepin wurde, pachtete er (Wien, 27.5.1763) von Peter Anton Baron Hilleprand von Prandau die Herrschaft Valpovo auf zehn Jahre für 12.000 Gulden. Aus dieser Zeit stammen seine Regeln für die Wirtschaftsführung (siehe Anm. 726). Er gab auch den Anstoß für die Regulierung der Vuka, für Meliorationen im Bereich der Drau und Donau sowie für die Trockenlegung des Moores von Palača.
Qu.: Adamček, J. (1981), 115; Bösendorfer, J. (1910), 355; Duišin, A.V. (1938/39), 4; Erceg, I. (1992); Erceg, I. (1996), 9–12, 18, 113–117, 129–131, 155, 159, 161; Sršan, S. (1993), 165–166; Kroat. Biographisches Lexikon, Bd. 1, S. 19–20; Stammbaum der Familie von Adamovich.

189 *ČEPIN*

ANTON KASPAR von ADAMOVICH (4.1.1762, Osijek–20.10.1829, Aljmaš) heiratete 1796 Barbara geb. Baronin Perényi de Perény (22.9.1776, Köszeg/Güns–1847, Baden bei Wien). Von 1818–1825 war er Gespan von Virovitica, Hofrat und Kämmerer sowie Inhaber von Tenje, Erdut, Sarvaš und Aljmaš.
Qu.: Erceg, I. (1992), 38; Kroat. Biograph. Lexikon, Bd. 1, S. 19; Stammbaum d. Familie von Adamovich.

190 *ČEPIN*

LUDWIG von ADAMOVICH (geb. 24.8. 1932 in Innsbruck), Univ.-Prof. Dr. iur., verh. mit Elfriede geb. Bubik, ist ein Sproß der Linie Čepin. Eltern: Ludwig von Adamovich (30.4.1890, Osijek–23.9.1955, Wien) und Emma von Hoffmann. Vater wie Sohn sind als Verfassungsjuristen und Professoren bekannt; der Vater war auch Justizminister, der Sohn ist Präsident des Verfassungsgerichtshofes in Wien.

Qu.: Nikolaus Baron Adamovich.

191 *ČEPIN*

JOHANN KAPISTRAN II. von ADAMOVICH (1802–22.8.1976, Osijek) war der Sohn des Paul von Adamovich (1760–1801) und der Theresia Kereszthury de Petrikeresztur. Er setzte Initiativen für die Landwirtschaft, war Mitglied verschiedener Wirtschaftsvereinigungen von Österreich-Ungarn und Präsident des Slawonischen Wirtschaftsverbandes in Osijek.

Qu.: Sršan, S. (1993), 165; Dvjesto godina školstva u Čepinu, S. 27; Kroat. Biograph. Lexikon, Bd. 1, S. 20.

192 *ČEPIN*

BELA von ADAMOVICH (15.9.1856, Čepin–28.2.1934, Osijek) war der Sohn des Lacko und der Oktavie geb. von Mihalović bzw. Enkel Johann Kapistrans II. Verheiratet war er mit Maria Jankovich de Daruvar in erster Ehe, in zweiter mit Paula Niederländer. Von 1897 bis 1908 war er Abgeordneter für die Bezirke Perušić, Donji Miholjac und Osijek, weiters war er Abgeordneter des Budapester Reichstages. Er studierte in Wien Agronomie und von 1890–1893 Musik (Klavier und Komposition) bei Prof. Hermann Grädener und Carl Frühling.

Qu.: Duišin, A.V. (1938/39), 4; Kroat. Biograph. Lexikon, Bd. 1, S. 19.

193 *DARDA*

EMMERICH/IMRE III. ESTERHÁZY (17.12.1665–6.10.1745) studierte in Wien Philosophie und in Rom Theologie. Einige Zeit lehrte er Philosophie in Lepoglava.

1708 wurde er Bischof in Preßburg und 1709 in Agram, 1723 Bischof von Veszprém, von 1725 bis zu seinem Tod war er Erzbischof von Esztergom (Gran) und Fürstprimas von Ungarn.

Zur Regierungszeit Karls VI. bekleidete er die Würden eines Geheimen Rates und eines Hofkanzlers. Er war der Politik des Hauses Habsburg ergeben.

Qu.: Karaman, I. (1986), 83, 86; Rajczi, P. (1986), 170, 174, 179; Sekulić, A. (1992), 43–52; Sekulić, A. (1995 b).

194 *DARDA*

Sekulić, A. (1992), 43–52.

195 *DARDA*

Ambruš, V. (1994, S. 276) sowie *Djurić, T. und Feletar, D. (1983, S. 152)* sprechen sich für die Errichtung des Schlosses in der 2. Hälfte des 18. Jhs. aus, für die Errichtung an der Wende zum 19. Jh. hingegen *Mohorovičić, A. (1975, S. XIX)* und für das Jahr 1813: *Horvat, A. (1951, S. 90), Horvat, A. u. a. (1970, S. 19), Horvat, A. (1979, S. 296–297)* sowie *Mladinov, D. und Habunek-Moravac, Š. (1964, S. 152).*

196 *DARDA*

Im Park wurden 1977 folgende Baum- und Straucharten registriert: *NADELGEHÖLZE: Ginkgo biloba, Picea abies, Pinus nigra var. austriaca, P. silvestris, P. strobus, Taxodium distichum, Thuja occidentalis, Th. orientalis; LAUBGEHÖLZE: Acer ginala, A. negundo, A. platanoides A. saccharinum, Aesculus hippocastanum, Ailanthus altissima, Betula verrucosa, Catalpa bignonioides, Celtis australis, Cercis siliquastrum, Corylus avellana, Forsythia europaea, Fraxinus americana, F. angustifolia, Gleditsia triacanthos, Jasminum nudiflorum, Koelreuteria paniculata, Ligustrum ovalifolium, L. vulgare, Lonicera tatarica, Morus alba, M. alba var. pendula, Philadelphus coronarius, Platanus acerifolia, Populus alba, P. deltoides, P. nigra var. pyramidalis, P. simonii, Prunus padus, P. persica, P. serotina, Ptelea trifoliata, Quercus robur, Q. robur f. fastigiata, Rhus typhina, Robinia pseudoacacia, R. pseudoacacia var. umbraculifera, Rosa sp., Salix babylonica, Sambucus nigra, Sophora japonica, Symphoricarpus orbiculatus, Syringa vulgaris, Tamarix tetrandra, Tilia cordata, T. tomentosa, Ulmus carpinifolia, Weigela florida.*

Qu.: Rauš, Dj. (1977 b), Tab. 9

197 *DARDA*

Karaman, I. (1986), 84–85; Rajczi, P. (1986), 171, 179; Rozs, A. (1986), 215–216.

198 *DARUVAR*

Bösendorfer, J. (1910), 87; Djurić, T. (1961), 3–5; Djurić, T. und Feletar, D. (1983), 46–49; Ettinger, M. (1922), 5–6; Horvat, R. (1936), 90–93; Kuzle, M. (1975), 9–10; Mažuran, I. (1993), 709; Szabo, Gj. (1932), 87–89, 95–98.

199 *DARUVAR*

Djurić, T. und Feletar, D. (1983), 49; Ettinger, M. (1922), 6–8; Szabo, Gj. (1932), 89.

200 *DARUVAR*

Horvat, R. (1936), 91; Mažuran, I. (1993) 709–710.

201 *DARUVAR*

Die mittelalterliche Grundherrschaft Sirač (Siracs), die sich um die gleichnamige Burg ausbreitete, existierte bis zum Türkeneinfall, und zwar nördlich von Pakrac im Tal der Bijela. Die türkische Besetzung dauerte von 1543 bis 1687. Anschließend war die Hofkammer für den Besitz zuständig. 1702 gab ihn Leopold I. der Witwe nach Johann Jakob de Kötten, Prokurator der niederösterreichischen Kammer. Zehn Jahre später wurde der Besitz wieder von der Hofkammer verwaltet, 1748 aber gegen 20.000 Gulden dem Baron Franz Toussaint vergeben. Am 30. Juni 1763 kaufte Anton Jankovich (de Daruvar) Sirač um 40.000 Gulden. Über die Herrschaft Sirač gibt es folgende Literatur: *Bösendorfer, J. (1910), 86; Celebi, E. (1957), 261; Horvat, A. (1966), 211; Horvat, J. (1939), 513; Karaman, I. (1973 b), 205; Karaman, I. (1977), 201; Kempf, J. (1910), S. 178; Laszowski, E. (1903 a), 185, 187; Mažuran, I. (1993), 54, 71, 74–76, 695–698.*

202 *DARUVAR*

Djurić, T. und Feletar, D. (1983), 46–49; Ettinger, M. (1922), 8, 22; Kempf, J. (1924), 89–90; Kuzle, M. (1975), 10; Laszowski, E. (1903 a), 184, 187; Mažuran, I. (1993), 710; Szabo, Gj. (1928), 80; Szabo, Gj. (1932), 90–94.

203 *DARUVAR*

Horvat, J. (1939), 513; Karaman, I. (1973 b), 205, 208; Laszowski, E. (1903 a), 184; Mažuran, I. (1993), 71–76, 710–711.

204 *DARUVAR*

Horvat, A. (1962), 11; Horvat, R. (1936), 92–93; Kempf, J. (1929), 13–14; Mohorovičić, A. (1975), XVI, XIX; Szabo, Gj. (1932), 91–92.

205 *DARUVAR*

Mit der Architektur des Daruvarer Schlosses hat man sich unzulänglich befaßt. Spärliche Beschreibungen findet man bei: *Horvat, A. u. a. (1970), 20; Horvat, A. (1982), 93–94; Mohorovičić, A. (1975), XVI, XIX.*

206 *DARUVAR*

Die heutige Dreifaltigkeitskirche (Pfarrkirche) in Daruvar wurde 1764 als Schloßkapelle gebaut. Der Barockrotunde wurde zunächst die Apsis, dann der Glockenturm hinzugebaut.

Qu.: Kempf, J. (1929), 91–92; Mohorovičić, A. (1975), XVI; Szabo, Gj. (1928), 80; Szabo, Gj. (1932), 93.

207 *DARUVAR*

Im Park lassen sich Reste der einstigen Gartenarchitektur erkennen. Die ältere Literatur erwähnt zahlreiche exotische Bäume um die Wende zum 20. Jh., ohne genauere Bezeichnungen anzuführen. In der Übersicht der Dendroflora von 1977 des Schloßparks und der Heilanstalt werden die verschiedenen Arten nur nach ihren Stämmen erwähnt *(Rauš, Dj., 1977 b, Tab. 9).*

208 *DARUVAR*

Der Schloßpark wurde bisher nur am Rande erwähnt: *Horvat, A. (1982), 93–94; Jurčić, V. und Kurtela, M. (1985), 43; Kempf, J. (1929),*

13; Kiš, D. (1966 b), 3; Mohorovičić, A. (1975), XIX; Rauš, Dj. (1977 b), 84–86; Szabo, Gj. (1928), 80; Szabo, Gj. (1932), 91–92.

209 *DARUVAR*

MICHAEL von JANKOVICH (1551–1622) wurde als Sohn des Georg in Egerszeg im Komitat Zala geboren. Unter dem Banner des Banus Thomas Erdödy kämpte er mit Bravour gegen die Türken. Von König Rudolf II. wurde er laut Urkunde vom 26.8. 1588 geadelt. In der Schlacht bei Kanisza geriet er in Gefangenschaft, wurde aber gegen das Versprechen, sich in Bosnien niederzulassen, freigelassen. Von seinen in Bosnien (Zvornik) aufgewachsenen Nachkommen sind zu erwähnen: Georg, Joseph (Professor der Theologie in Budapest) und Franz (bosnische Ordensprovinz der Franziskaner).
Qu.: Kemp, J. (1929), 3.

210 *DARUVAR*

BONAVENTURA von JANKOVICH hatte mit seiner Frau, Ursula Friebeis, den Sohn Nikolaus. Gemeinsam mit vielen Kroaten aus Bosnien und dem südlichen Kroatien ließ er sich 1695 in Fünfkirchen nieder, wo er als Kürschner arbeitete und dem Gemeinderat angehörte. Da Michaels Adelsbrief verlorengegangen war, wurde ihm am 5.12.1722 der Adel bestätigt.
Sein in Fünfkirchen geborener Sohn NIKOLAUS (1695–1732) ehelichte Katharina von Adamovich, mit der er eine Tochter und zwei Söhne hatte: Johann (Anm. 637) und Anton.
Qu.: Atlagić, M. (1982), 17, 67–69; Horvat, R. (1936), 92; Kempf, J. (1929), 3–4.

211 *DARUVAR*

ANTON Graf JANKOVICH von Daruvar (5.5.1729, Fünfkirchen–16.8.1789, Budapest) war der Sohn des Nikolaus (Anm. 210). Mit seiner Frau Katharina geb. Kiss (Tochter des Vizegespans von Veszprém) hatte er den Sohn Anton jun., der aber jung und kinderlos starb. Mit Abschluß des Philosophie- und Rechtsstudiums (1750) in Ungarn trat Anton in den Verwaltungsdienst ein. 1757 wurde er Vizegespan von Požega und 1767 Rat bei der kroat.-slawonischen Landesverwaltung. 1784 amtierte er als Kommissär für die Beruhigung des Bauernaufstandes in Siebenbürgen. Um Požega und ganz Slawonien machte er sich durch Förderung des Straßenbaus, der Volkswirtschaft, der Seidenraupenzucht und des Schulwesens verdient. Nicht zuletzt legte Anton Jankovich den Grundstein für ein neues Daruvar: Schloßbau, Schloßkapelle (Pfarrkirche), Bad etc. Er war überhaupt der Urheber des Namens Daruvar anstelle des alten Namens Podborje. Auf seinen Wunsch wurde er im Familiengrab neben dem Schloß in Csepregh beigesetzt.
Qu.: Atlagić, M. (1982), 69; Brajković, V. (1995), 149; Ettinger, M. (1922), 16–17; Horvat, R. (1936), 92; Kempf, J. (1925), 30–31; Kempf, J. (1929), 4–7; Szabo, Gj. (1932), 91.

212 *DARUVAR*

ISIDOR JANKOVICH von Daruvar (3.3.1789, Stražeman–17.2.1857, Csepregh) war der Sohn des Johann (Anm. 636, 637) und dessen erster Frau Barbara Anna geb. Baronin Brnjaković († 1792) aus Ilok (Anm. 636, 637). Am 12.11.1811 ehelichte er Eleonore Gräfin Pejácsevich in Podgorač. Kinder: Julius (Anm. 213), Maria, Clementine und Eleonore. 1825 Ehetrennung; Julius wird Universalerbe nach der Mutter. MARIA († 1853) vermählte sich mit Alexander von Nitzky; Kinder: Koloman (verh. mit Rosalie Szabo Szöllösy, Kinder: Maria Coralia und Koloman), Julius (verh. mit Melanie Gräfin Salburg; Sohn Ludwig), Irene (verh. mit Baron Orczy; Tochter Maria Annunciata). CLEMENTINE heiratete Gustav Markovich de Csérnek (Cernik); Kinder: Ladislaus, Antonia, Katharina und Pauline (verh. mit Graf Brunnetti; Töchter: Julie und Pauline). ELEONORE heiratete Stephan Markovich de Csérnek; Kinder: Alexander und Stephan.
Isidor, der als Zehnjähriger seinen Vater verlor, wurde von seiner Stiefmutter Aloisia geb. Gräfin Festetics de Tolna († 1813) aufgezogen. Zwischen beiden ergaben sich Erbstreitigkeiten, die sogar vor Gericht ausgetragen wurden. Nach dem Tod der Stiefmutter erbte Isidor das gesamte väterliche Vermögen. 1816 überließ er die ungarischen Güter Gyulevisz und Bük seiner Schwester Katharina verh. Pejácsevich. 36 Jahre hindurch verwaltete Isidor die Herrschaften Daruvar, Sirač, Pakrac und Stražeman, 43 Jahre lang die Herrschaft Csepregh mit der Puste Tormas und Beösom im Ödenburger Komitat. Meist hielt er sich in Stražeman auf; als er 1849 Julius die Verwaltung überließ, zog er nach Csepregh. Wunschgemäß wurde er im Familiengrab in Stražeman (St. Michael-Pfarrkirche) beigesetzt. Kaiser Franz I. ernannte ihn 1815 zum Kämmerer. 1825 vertrat er gemeinsam mit Andreas Markovich de Csérnek die Gespanschaft Požega beim Preßburger Reichstag. Er war Ritter vom Goldenen Sporn (Eques aureatus).
Qu: Atlagić, M. (1982), 69; Kempf, J. (1929), 8–11; Szabo, Gj. (1932), 93.

213 *DARUVAR*

JULIUS Graf JANKOVICH von Daruvar (26.2.1820, Pakrac–14.11.1904, Wien; Abb. 177) war der Sohn des Isidor (Anm. 212) und der Eleonore geb. Gräfin Pejácsevich († 1849). Seiner Ehe mit Ludovika Maria geb. Gräfin Montbel († 1923) entsprossen Albert (der noch als Kind starb), Maria und Anna Elisabeth. MARIA heiratete 1883 Bela Adamovich de Csepin. Sie galt als große Wohltäterin. Auf ihrem bescheidenen Anwesen Slatinski Drenovac verlor sie am 30. Oktober 1918 bei einem Angriff von Räubern (Deserteuren) ihr Leben. Aus Mitteln ihres Nachlasses wurde 1924 in Drenovac die Herz Jesu-Kapelle gebaut. ANNA ELISABETH (3.6.1859, Daruvar–1926) war der letzte Sproß ihrer Familie. Sie blieb unverheiratet und war eine Wohltäterin der Armen.
Julius Jankovich studierte von 1835–1839 in Preßburg Rechtswissenschaften, war als Beamter bei der Gespanschaft Požega tätig, wo er 1845 Vizegespan wurde. Als Abgeordneter beim Preßburger Reichstag von 1847 verteidigte er die kroatische Amtssprache und die staatsrechtliche Stellung Kroatiens. Als Wohltäter und wegen seiner Bemühungen für Kultur und Wirtschaft gewann er hohes Ansehen. Für die Gründung der Akademie der Wissenschaften und Künste in Zagreb widmete er 10.000 Gulden, ebensoviel für das Gymnasium in Osijek etc. 1852 wurde ihm der Orden der Eisernen Krone und 1857 der Grafenstand verliehen (Übertragung vom Großonkel Anton – Anm. 211). Bei dieser Gelegenheit wurde das Familienwappen geändert: acht Kraniche und zwei Festungen mit Türmen und Zinnen, entnommen dem Wappen des Schwiegervaters, Wilhelm Graf Montbel, Minister des französischen Königs Karl X.
Qu.: Atlagić, M. (1982), 69; Cvanciger, I. (1975), 23, 27; Ettinger, M. (1922), 21; Horvat, J. (1982), 25; Kempf, J. (1910), 296, 298; Kempf, J. (1925), 16–17, 35, 140, 185; Kempf, J. (1929), 11–17; Pavličević, D. (1977), 230; Potrebica, F. (1977), 208; Szabo, Gj. (1932), 93–94.

214 *DIOŠ*

In den Quellen werden unterschiedliche Zeitdaten über die Errichtung des Schlosses angeführt. In der in Anm. 215 angegebenen Literatur ist es das Jahr 1904. Auf einer Ansichtskarte von 1911 steht, daß es vier Jahre zuvor gebaut wurde, doch Alexander Graf Kulmer erwähnt das Jahr 1909 *(Sammlung A. Kulmer im Histor. Museum in Zagreb)*. Höchstwahrscheinlich war es 1904 oder 1905 *(Foerk, E. und Sándy, G. 1906)*, weil bereits 1905 Tüköry das nahe Daruvar verkaufte.

215 *DIOŠ*

Djurić, T. u. Feletar, D. (1983), 45; Herout, V. (1975), 181; Žutinić, Dj. (1975), 163; Sammlung A. Kulmer im Histor. Museum in Zagreb.

216 *DIOŠ*

Die maßgebliche Quelle ist *Foerk, E. und Sándy, G. (1906)*. Dioš erwähnen sonst noch: *Djurić, T. und Feletar, D. (1983), 44–45; Horvat, A. u. a. (1970), 21; Žutinić, Dj. (1975), 162–163.*

217 *DONJA TOPLIČICA*

Über das Schloß und die Eigentümer der Kurie in D. Topličica wurde sehr wenig geschrieben. Benützt wurde folgende Literatur: *Andrassy, J. (1937); Glavičić, Dj.(1984),*

10; Habunek-Moravac, Š. (1971), 21; Horvat, A. u. a. (1970), 15; Krška, J. (1902), 29; Vrhovac, M. (1987), 697; weiters der Bescheid des Institutes für den Schutz von Kulturdenkmälern in Zagreb vom 10.5.1989.

218 *DONJA TOPLIČICA*

JOSEPH FRANZ DOMIN (27.1.1754, Zagreb–18.1.1819, Zagreb) war Priester, Jesuit und zweifacher Doktor. Auch er war ein angesehener Physiker auf dem Gebiet der Elektrizität und führte Versuche mit Ballons durch. Er war Rektor der Universität Budapest und Mitglied der etruskischen Akademie in Cortona und der Akademie Arcadia in Neapel.
IMBRO (Emmerich) von Domin (8.10.1776, Zagreb–1848), Abb. 190, war für die Literatur und die Rechtswissenschaften von Bedeutung. 1818 und 1831 publizierte er ein achtbändiges Lehrbuch über Rechtsgeschichte in kroatischer Sprache. Aus der Ehe mit Hildegard Pozvek (1788, Zagreb–1870, Zagreb), Abb. 189, gab es mehrere Kinder.
IGNAZ von Domin († 31.8.1852, Graz) heiratete Maria Prager, Tochter eines Wiener Großkaufmannes. Kinder: Alfons und Maria Antonia Hildegard (geb. 2.1.1837).
ALFONS von Domin (18.11.1835, Zagreb–16.10.1871, Kanitz/Lupov, Preußen) verbrachte den Großteil seines Lebens in Wien. Er promovierte 1860 zum Dr. iuris; Gerichtsrat und Franz-Joseph-Orden 1869. Alfons von Domin schrieb 4 Bücher und 18 Artikel über Völkerrecht und österr. Rechtsgeschichte. Er starb 3 Wochen nach seiner Heirat mit Elise von Bonin.
Qu.: Andrassy, J. (1937).

219 *DONJA ZELINA*

Literatur über die Kurie Domjanić: *Glavičić, Dj. (1984), 9; Habunek-Moravac, Š. (1971), 20; Horvat, A. u. a. (1970), 16; Tartaglia-Kelemen, V. (1960), 150.*

220 *DONJA ZELINA*

DRAGUTIN (Karl) Milivoj DOMJANIĆ (1875, Zelina–1933, Zagreb) war absolvierter Jurist (Zagreb), Richter und Rat beim Banalgerichtshof, Präsident des Zagreber PEN-Klubs und der Matica Hrvatska sowie ordentliches Mitglied der Akademie der Wissenschaften in Zagreb. Er befaßte sich mit der Erneuerung des kajkavischen Dialektes in der Lyrik und publizierte drei Sammlungen kajkavischer Poesie. Er blieb unverheiratet. Eltern: Milivoj und Zora geb. von Gerechtshammer (geb. 1855).
Qu.: Duišin, A. V. (1938/39), 193; Matoš, A. G. (1988), 70–71.

221 *DONJA ZELINA*

Duišin, A. V. (1938/39), 193.

222 *DONJA ZELINA*

Über das Schloß Stubički Golubovec: *Obad Šćitaroci, M. (1993), 242–249.*

223 *DONJA ZELINA*

Die letzten Besitzer der Kurie aus der Familie Domjanić waren: Otto (geb. 1878), Adele verh. Dobrila († 1978) und Maria verh. Jendriš (1898–1964). Deren Bruder Franz (geb. 1872) heiratete Eleonore geb. Karl, erbte den zweiten Familienbesitz; Kinder: Fedor (geb. 1919), Marzela und Višnja. Die Eltern von Otto und Franz waren Ladislaus (geb. 1852) und Helene geb. von Galac. Der Schriftsteller Dragutin (Anm. 220) war deren Cousin.
Wegen der Kinderlosigkeit von Otto und Adele erbte der Sohn Marias die Kurie, nämlich der Arzt Dr. Borivoj Jendriš (1920–1984); dessen Witwe und Sohn lebten weiterhin in der Kurie Donja Zelina.

224 *DONJA ZELINA*

Literatur über die Kurie Barać: *Glavičić, Dj. (1984), 8; Habunek-Moravac, Š. (1971), 19–20; Tartaglia-Kelemen, V. (1960), 150.*

225 *DONJI MIHOLJAC*

Über die Geschichte von Donji Miholjac gibt es wenig Literatur: *Dugački, Z. (1945 a), 203; Ham, J. (1994), 409–416; Pinterović, D. (1962), 79; Enciklopedija hrvatske povijesti i kulture (Enzyklopädie der kroatischen Geschichte und Kultur), S. 104–105.*

226 *DONJI MIHOLJAC*

STEPHANIE Gräfin MAILÁTH geb. Baronin Hilleprand von Prandau (6.12.1831–5. 7. 1914) heiratete 1852 Georg Graf Mailáth von Székhelyi (1818–1883). Sie hatten zwei Töchter und fünf Söhne: Adele, Georg, Charlotte, Joseph, Géza, Ladislaus, Gustav.
ADELE (geb. 1853) heiratete Eduard Markgraf Pallavicini († 1914). GEORG (1854–1924) heiratete 1882 Gräfin Karoline Zichy (1862–1923). CHARLOTTE (1856–1928) heiratete 1890 den Prinzen Chlodwig zu Hohenlohe-Waldenburg-Schillingsfürst (1848–1929). JOSEPH (geb. 1858) heiratete 1886 Maria Gräfin Széchényi (1863–1932). GÉZA (geb. 1860) heiratete 1894 Maria Gräfin Zichy (geb. 1870). LADISLAUS (11.2.1862–1927) heiratete 1905 Amalie (Ilma) Gräfin Hadik von Futak (1866–1941). GUSTAV (geb. 1864) war Bischof in Siebenbürgen.
Qu.: Fritz Baron Pereira-Arnstein

227 *DONJI MIHOLJAC*

Zur Besitzteilung zwischen Marianne und Stephanie siehe: *Čuržik, V. (1989), 32, 38; Ćutić, D. (1987), 6–7; Karaman, I. (1962 b), 6–7, 11, 89; Koch-Kuhač, F. K. (1876), 19.*

228 *DONJI MIHOLJAC*

Karaman, I. (1962 b), 5.

229 *DONJI MIHOLJAC*

Danhelowsky, A. (1885), 107–127; Karaman, I. (1962 b), 6.

230 *DONJI MIHOLJAC*

Čuržik, V. (1989), 33; Danhelowsky, A. (1885), 282–285.

231 *DONJI MIHOLJAC*

Horvat, J. (1939), 513.

232 *DONJI MIHOLJAC*

Čuržik, V. (1989), 33.

233 *DONJI MIHOLJAC*

Der Umfang des Gutes von 26.335,22 Hektar war im Jahr 1902 folgend gegliedert: Äcker 5.379,12 ha; Gärten 46,58 ha; Wiesen 1.645,95 ha; Weingärten 5,75 ha; Weiden 2.333,35 ha; Wald 15.021,30 ha; Moorland 5,17 ha; ungenutzt 1.898 ha. Dieser Grund verteilte sich auf 17 Meierhöfe: Donji Miholjac, Žestilovac, Brezovica, Krunoslavje, Novo Kladje, Staro Kladje, Karlovac, Gustavdvor, Gložje, Blanje, Cret, Adelinstan, Badjevo, Gustavstan, Martinci, Orešnjak und Dravica.
Qu.: Krška, J. (1902), 111–112.

234 *DONJI MIHOLJAC*

Danhelowsky, A. (1885), 324.

235 *DONJI MIHOLJAC*

Über das Jahr der Erbauung des neuen Schlosses herrscht in folgenden Quellen Übereinstimmung: *Djurić, T. u. Feletar, D. (1983), 135; Horvat, A. u. a. (1970), 22; Mohorovičić, A. (1975), XIV, XX; Pinterović, D. (1962), 79; Sedlmayr, J. (1995); Enzyklopädie der kroatischen Geschichte und Kultur, S. 199; Institut für den Schutz von Kulturdenkmälern in Osijek.*
Lediglich *J. Ham (1994; S. 414)* spricht vom Baubeginn 1903 und Fertigstellung 1906, während *L. Cházár (1989, S. 69)* das Jahr 1890 erwähnt.

236 *DONJI MIHOLJAC*

Danhelowsky, A. (1885), 324.

237 *DONJI MIHOLJAC*

Hauptsächliche und fast einzige Quelle für den Park ist *Danhelowsky, A. (1885), 324–325.* Die sonstige Literatur gründet sich entweder auf Danhelowsky oder enthält unzureichende Daten, beispielsweise: *Gucunski, D. (1969 a), 116–118; Jurčić, V. und Kurtela, M. (1985), 52–53; Kiš, D. (1966 a), 4, 8; Kiš, D. (1966 b), 196; Koch-Kuhač, F. K. (1876), 13; Rauš, Dj. (1977 b), 42–51.*
ADOLF DANHELOWSKY (1825, Selly/Baranya–1902, Wien) galt gegen Ende des 19. Jhs. als besonderer Fachmann für die Verwendung von Eichenholz für Faßdauben. Von 1847 bis 1885 arbeitete er auf den Gütern Valpovo und Donji Miholjac, wobei das Buch „Die Domänen Valpo und Donji Miholjac in Slawonien" entstand. Er beschrieb den Park und alle Gebäude etc., wandte sich aber auch den Forstproblemen

zu, die in der ganzen Monarchie auftraten. Als Forstmann machte er sich besonders um die ökonomische Nutzung der slawonischen Eichenwälder verdient.
Qu.: Šumarska enciklopedija, Bd. 1, 2, S. 297; Baron Prandau und seine Güter, Oesterreichische Monatsschrift für Forstwesen, 1878, S. 25–29.

238 *DONJI MIHOLJAC*

Zu den Glashäusern gehörten ein Arbeitsraum des Gärtners und ein Lager für Blumentöpfe, weiters zwei Nebengebäude in Metallkonstruktion für Jungpflanzen.
Qu.: Danhelowsky, A. (1885), 324.

239 *DONJI MIHOLJAC*

Danhelowsky, A. (1885), 324–325.

240 *DONJI MIHOLJAC*

Laut Rauš, Dj. (1977 b), gab es 1977 im Park folgende Pflanzenarten: *NADELGEHÖLZE: Abies alba, A. nordmanniana, A. grandis, Chamaecyparis lawsoniana, Ginkgo biloba, Juniperus sabina var. prostrata, J. virginiana, Larix decidua, Picea abies, P. abies var. viminalis, Pinus nigra var. austriaca, P. silvestris, P. strobus, Pseudotsuga menziesii, Sequoiadendron giganteum, Taxodium distichum, Taxus baccata, Thuja occidentalis, Th. occidentalis var. pyramidalis, Th. orientalis; LAUBGEHÖLZE: Acer campestre, A. negundo, A. negundo var. aureovariegatum, A. platanoides, A. pseudoplatanus, A. pseudoplatanus var. purpurescens, A. rubrum, A. saccharinum, Aesulus hippocastanum, Ae. pavia, Ailanthus altissima, Berberis thunbergii, B. vulgaris, Betula alba, B. verrucosa, Buxus sempervirens, Campsis radicans, Carpinus betulus, C. betulus var. pendula, Catalpa bignonioides, Celtis australis, Cercis siliquastrum, Chaenomeles speciosa, Corylus avellana, C. avellana var. purpurea, C. tubulosa, Cornus mas, Cotinus coggygria, Crataegus monogyna, Deutzia crenata, Euonymus europaeus, Forsythia europaea, Fraxinus angustifolia, F. excelsior, Gleditsia triacanthos, Gymnocladus dioicus, Hedera helix, Hibiscus syriacus, Jasminum nudiflorum, J. grandiflorum, Juglans nigra, J. regia, Laburnum anagyroides, Liriodendron tulipifera, Lonicera tatarica, Maclura pomifera, Magnolia soulangeana, Machonia aquifolium, Morus alba, Ostrya carpinifolia, Paeonia suffruticosa, Parthenocissus quinquefolia, Paulownia tomentosa, Philadelphus coronarius, Platanus acerifolia, P. occidentalis, P. orientalis, Populus alba, P. deltoides, P. nigra var. pyramidalis, Prunus avium, P. japonica, P. laurocerasus, P. padus, P. persica, P. serotina, Pterocarya fraxinifolia, Pyracantha coccinea, Pyrus communis, Quercus robur, Q. robur f. fastigiata, Q. pubescens, Q. farnetto, Rhus typhina, Robinia pseudoacacia, Rosa sp., Salix babylonica, Sambucus nigra, Sophora japonica, S. japonica var. pendula, Spiraea sp., S. douglasii, Syringa vulgaris, Tilia cordata, T. tomentosa, T. grandifolia, Viburnum lantana, V. opulus, V. opulus var. roseum, Wisteria sinensis.* Laut diesen Aufzeichnungen von Rauš gab es im Park vier Pflanzen, die in keinem anderen Park Slawoniens zu finden sind, und zwar: *Abies grandis, Acer rubrum, Corylus tubulosa und Ostrya carpinifolia.*

241 *DONJI MIHOLJAC*

Angaben nach dem Hörensagen von Fritz Baron Pereira-Arnstein; Perković, V. (1996), 346.

242 *DONJI MIHOLJAC*

Ham, J. (1994), 414; Perković, V. (1996), 346–347.

243 *DONJI MIHOLJAC*

KARL SIGISMUND Baron HILLEPRAND von PRANDAU (6.9.1792–10.4.1865, Wien) war der Sohn des Joseph Ignaz und der Maria Anna geb. Gräfin Pejácsevich (Anm. 717). Er wurde im Familiengrab in Valpovo beigesetzt. 1830 vermählte er sich mit Maria Theresia verw. von Breznay, geb. Gräfin Buttlar. Sie starb früh (1838) und kinderlos. 1814 (nach seinem Studium) gründete Karl in Valpovo ein Quintett. Nachdem er Donji Miholjac geerbt hatte, lebte er zwar einige Zeit im Schloß, widmete sich aber mehr der Musik als der Gutsverwaltung. Seit 1848 lebte er ständig in Wien; sein Bruder Gustav kümmerte sich um Donji Miholjac. Karl unterstützte junge Künstler finanziell. Sein musikalischer Nachlaß konnte in Wien nicht gefunden werden. Gerettet wurde nur eine Sammlung von Terzetten (63 Bände), die noch zu Lebzeiten Karls nach Valpovo geschickt wurde. Nähere Angaben über Karl in der Literatur: *Koch-Kuhač, F. K. (1876).*

244 *DUGO SELO*

Unter „Predij" versteht man ein vererbbares Lehen, dessen adelige Nutznießer zur Kriegsdienstleistung verpflichtet waren.

245 *DUGO SELO*

Adamček, J. (1981), 113; Buturac, J. (1981), 25.

246 *DUGO SELO*

Die Draskovich-Liegenschaft findet sich im Grundbuch, Einlagezahl 2, 301, 364 und 365 der Katastralgemeinde Dugo Selo sowie Einlagezahl 7, 30 und 159 der Katastralgemeinde Prozorje. Vier ihrer Häuser trugen im Jahr 1931 die Hausnummern 32, 75, 133 und 137. Die Kurie selbst hatte die Nr. 133, doch lebte in der Kurie unter der Nr. 75 die Witwe Anna Draskovich. Die übrigen beiden Häuser (Kurien) dienten als Pächterwohnungen.
Qu.: Buturac, J. (1981, 118.

247 *DUGO SELO*

Krška, J. (1902), 23.

248 *DUGO SELO*

Buturac, J. (1981), 25.

249 *DUGO SELO*

Das Schloß (Kurie) ist in der Literatur kaum erwähnt: *Domin, S. und Marković, K. (1986), 76–77; Horvat, A. (1981), 75.*

250 *DUGO SELO*

Krleža, M. (1977).

251 *DUGO SELO*

Im heutigen Stadtpark von Dugo Selo (einstigem Schloßpark) waren 1980 folgende Baum- und Straucharten registriert: *NADELGEHÖLZE: Chamaecyparis lawsoniana, Ginkgo biloba, Juniperus virginiana, Picea abies, Pinus strobus, Taxodium distichum; LAUBGEHÖLZE: Acer campestre, A. ginnala, A. negundo, A. platanoides, A. pseudoplatanus, A. saccharinum, Aesculus hippocastanum, Ae. pavia, Ailanthus altissima, Betula verrucosa, Buxus sempervirens, Carpinus betulus, Catalpa bignonioides, Cladrastis lutea, Fagus silvatica var. purpurea, Fraxinus americana, F. angustifolia, Jasminum nudiflorum, Juglans regia, J. nigra, Kerria japonica, Lonicera nitida, Morus alba, Philadelphus coronarius, Populus nigra var. pyramidalis, Prunus cerasus, Pyracantha coccinea, Quercus robur, Q. rubra, Rhus typhina, Robinia pseudoacacia, Salix babylonica, Sambucus nigra, Spiraea bumalda Korhn var. Antho, Symphoricarpus racemosus, Tamarix tetrandra, Tilia cordata, T. tomentosa.*
Qu.: Rauš, Dj. (1980), 125, Tab. 24.

252 *DUGO SELO*

THEODOR I. Graf DRASKOVICH (Drašković) (1.7.1818, Budapest–16.5.1850, Schrofen bei Kreuzlingen/Schweiz; Abb. 243) war das zwölfte Kind von Georg IV./V. Draskovich und Anna geb. Baronin Orczy (Anm. 105). 1845 heiratete er in Agram Amalie geb. von Tomeković (1827, Agram–1918, Sušak), Kinder: ANNA (15.4.1846, Stančić–1907), verh. mit Ottokar Draskovich († 1902); VALERIE (9.8.1848, Agram, gest. in Wien) und THEODOR II. (Anm. 253). Theodor I. verwaltete Božjakovina gemeinsam mit seinem Bruder Johann Nepomuk (Anm. 106).
Qu.: Belošević-Gornjostubički, S. (1926), 94; Stammbaum der Grafen Draskovich; unveröffentlichte Memoiren des Johann (Janko) II. Draskovich (Anm. 254).

253 *DUGO SELO*

THEODOR II. BELA Graf DRASKOVICH (25.4.1850, Božjakovina–30.6.1906; Abb. 245) heiratete 1874 die polnische Gräfin Felicia Romer von Chyszowa (31.3.1848–1928, Dugo Selo). Kinder: Alexander, Johann II., Margot und Adele (8.1.1886–1907), alle in Dugo Selo geborgen. ALEXANDER (1.1.1876–1913) heiratete 1908 Anna Krieger von Maixdorf (geb. 1886); er starb kinderlos. MARGOT MARIA AMALIE (14.2.1881–1976) heiratete 1913 Karl Balogh de Galántha, der 1916, kinderlos, als Artillerie-Oberleutnant fiel.

Qu.: Belošević-Gornjostubički, S. (1926), S. 94; Buturac, J. (1981), 30; Stammbaum der Grafen Draskovich und unveröffentlichte Memoiren des Johann II. Draskovich.

254 *DUGO SELO*

JOHANN II. (Janko) Georg Maria Graf DRASKOVICH (31.12.1876–15.3.1971, Wald/Schweiz; Abb. 246) heiratete 1912 Karola Gräfin Pongrácz von Szent-Miklós (geb. 1881) in erster Ehe, in der zweiten, 1928, Valerie Gräfin Batthyány (1896, Német-Ujvar [Güssing]–1982). Kinder aus der zweiten Ehe (Abb. 247): MARIA MAGDALENA (9.2.1929, Wien), verh. mit Anthony Littel, sowie OLGA MARIA (9.1.1934, Budapest). Johann (Janko) II. (Eltern Anm. 253) war nach Abschluß des Rechtsstudiums (Kolozsvár/Klausenburg, Budapest, Zagreb) Beamter des Handelsministeriums in Budapest. Nach dem Tod des Vaters verwaltete er Dugo Selo. Im I. Weltkrieg war er Husarenoffizier. 1945 zog er mit der Familie in die Schweiz.

Qu.: Čičić, Z. (1982), 51–53; Stammbaum der Grafen Draskovich und unveröffentlichte Memoiren des Johann II. Draskovich.

255 *DUGO SELO*

Besondere Literatur über die Familie Draskovich: *Belošević-Gornjostubički, S. (1926), 94–103; Despot, M. (1972 a), 47–52; Despot, M. (1972 b), 27–31; Kruhek, M. (1972), 82–95; Kukuljević-Sakcinski, I. (1886 a), 152–260; Kukuljević-Sakcinski, I. (1887); Laszowski, E. (1928); Zmajić, B. (1972), 53–59.*

256 *DUGO SELO*

Über die Angehörigen der Familie Draskovich ist im Buch von *Obad Šćitaroci, M. (1993)* einiges zu finden.

257 *DUGO SELO*

Dr. KARL Graf DRASKOVICH (1923 in Wien geboren) ist der Sohn des Paul III. (1884–1959). Er heiratete Monika geb. Gräfin Salburg-Falkenstein. Der Ehe entsprossen Maria (geb. 1966) und Nikolaus (geb. 1968).

258 *DJURDJEVAC*

Cvekan, P. (1991), 18, 22–23; Horvat, R. (1940), 3, 40, 57; Dugački, Z. (1945 b); Kudumija, M. (1968), 17; Šalamon, K. (1980), 346.

259 *DJURDJEVAC*

Über die Siedlung und den dortigen Abschnitt der „Militärgrenze" siehe die Literatur: *Cvekan, P. (1991), 42, 44–46, 52; Horvat, R. (1940), 3, 9, 11–13, 29; Kruhek, M. (1982/83); Pavičić, S. (1945).*

260 *DJURDJEVAC*

Über die Entstehung der alten Festung siehe: *Cvekan, P. (1991), 23, 29–33; Kruhek, M. (1982/83); Miletić, D. (1988/89), 59, 77–79.*

261 *DJURDJEVAC*

Über die Resultate der archäologischen und konservatorischen Untersuchungen von 1985 bis 1988 hinsichtlich der alten Festung: *Ilakovac, B. und Iveković, D. (1987); Miletić, D. (1988/89), 59–82.*

262 *DJURDJEVAC*

Der ursprüngliche Platz der Steintafel ist unbekannt. Die heutige Tafel an der alten Festung ist eine Kopie; das Original befindet sich im Historischen Museum in Zagreb. Es wurde im 19. Jh. abgenommen und zunächst nach Bjelovar verbracht. Seine Maße: 63 x 53 x 7,5 cm. Die Tafel zeigt einen Schild mit dem Wappen der Familie Ernušt (Abb. 253).

Qu.: Cvekan, P. (1991), 32; Horvat, A. (1974), 26; Horvat, A. (1975), 37, 220–221, 340; Horvat, Z. (1996); Miletić, D. (1988/89), 79; Szabo, Gj. (1920), 104.

263 *DJURDJEVAC*

Über die Architektur der alten Festung siehe: *Cvekan, P. (1991), 34, 40, 42; Habunek-Moravac, Š. und Machiedo, S. (1971); Maroević, I. (1986), 274; Miletić, D. (1988/89); Szabo, Gj. (1920), 103–106.*

264 *DJURDJEVAC*

Beschreibung der alten Festung von 1549 in der Literatur: *Habunek-Moravac, Š. und Machiedo, S. (1971), 39–40; Miletić, D. (1988/89), 80.*

265 *DJURDJEVAC*

Cvekan, P. (1991), 40; Habunek-Moravac, Š. und Machiedo, S. (1971), 39–40.

266 *DJURDJEVAC*

Zur Zeit des JOHANN ERNUŠT, eines fähigen Kaufmannes jüdischer Herkunft aus Schweden, der als Schatzkämmerer im Dienst des Königs Matthias Corvinus wirkte, begann der Aufstieg der Familie. 1473 verlieh ihm der König die Banuswürde auf Lebenszeit und beschenkte ihn mit dem Zwischenmurgebiet (Medjimurje) samt der Burg Csáktornya (Čakovec) und mit Štrigova. 1476 erbten die Söhne Johann jun. und Sigismund sowie die Witwe Katharina. 1477 übertrug er ihnen auch die Kastelle Djurdjevac, Prodavić und Koprivnica. Sigismund, Bischof von Pécs, war Herr von Djurdjevac. 1498 beerbte Johann seinen Bruder. 1519 folgten die Kinder im Erbweg.

Qu.: Cvekan, P. (1991), 27–28.

267 *DJURDJEVAC*

Bösendorfer, J. (1910), 72–73; Cvekan, P. (1991), 24–28; Horvat, R. (1940), 4–6; Szabo, Gj. (1920), 104.

268 *DJURDJEVAC*

Über die Angriffe der Türken siehe: *Cvekan, P. (1991), 37–39; Horvat, R. (1928), 156; Horvat, R. (1940), 9, 11–13; Šalamon, K. (1980), 348–353.*

269 *DJURDJEVAC*

Cvekan, P. (1991), 39, 42; Habunek-Moravac, Š. und Machiedo, S. (1971); Horvat, R. (1940), 11, 13; Miletić, D. (1988/89), 63, 78, 80–81.

270 *DJURDJEVAC*

Die Initiative für die Renovierung und Revitalisierung der Festung kam 1984 von der Gemeinde Djurdjevac. Konservatorische Studien führte das Institut für den Schutz von Kulturdenkmälern in Zagreb durch (Autoren: der Historiker Dr. Milan Kruhek sowie die Architekten Zlata Jeras-Pohl und Željko Jagić), ebenso die archäologischen Untersuchungen (Autoren: Dragica Iveković und Dr. phil. Boris Ilakovac). Die Untersuchungen hinsichtlich der Gebäudekonservierung betrieb das Institut für Restaurierungen in Zagreb unter Leitung des Kunsthistorikers Drago Miletić. Die Dokumentation über die Architektur führte die Architektin Vesna Matijević-Milić (Architektonski studio Zagreb) aus.

Qu.: Ilakovac, B. und Iveković, D. (1987); Miletić, D. (1988/89), 59–62.

271 *ERDUT*

FRANZISKA (Fanny) von ADAMOVICH (31.8.1835–15.2.1891) war die Tochter des ANTON von Adamovich (24.5.1808, Tenje–21.3.1848, Ödenburg; Abb. 662), der in der Kirche in Aljmaš beigesetzt ist. Ihre Mutter war Juliane geb. Gräfin Forgách de Ghymes et Gács (26.3.1811–23.2.1893). Anton, Sohn des Anton Kaspar, war Besitzer von Tenje, Erdut, Sarvaš und Csepin.

Qu.: Stammbaum der Familie von Adamovich.

272 *ERDUT*

ERWIN CSÉH de Szént Katolna (23.3.1838, Valpovo–12.6.1918, Erdut), Abb. 263 und 265, blieb in der Ehe mit Franziska von Adamovich (Anm. 271) kinderlos. Er adoptierte Johann Albrecht Adamovich (Anm. 693). Erwin war in der Budapester Regierung „Minister für Kroatien". Nach Franziskas Tod heiratete er eine Witwe namens von Šauška; die gemeinsame Tochter Irene erbte. Nach der Nationalisierung lebte sie unverheiratet in Erdut. Letzter Miteigentümer war Nikolaus Baron Adamovich (Anm. 696).

Qu.: Nikolaus Baron Adamovich.

273 *ERDUT*

Bösendorfer, J. (1910), 162, 172, 353, 355; Erceg, I. (1996), 11–12, 129; Horvat, R. (1928), 97; Laszowski, E. (1902 b), 18; Mažuran, I. (1993), 293–295; Nikolaus Baron Adamovich (vom Hörensagen).

274 *ERDUT*

In Erdut gab es 85 Ansässigkeiten im Jahre 1722, aber 60 in den Jahren 1726 und 1745. *Qu.: Karaman, I. (1973 b), 202.*

275 *ERDUT*

Mažuran, I. (1993), 71–75, 295.

276 *ERDUT*

Horvat, J. (1939), 513.

277 *ERDUT*

Krška, J. (1902), 101–102.

278 *ERDUT*

Die spärlichen Literaturdaten über das Schloß beziehen sich erst auf den Stand der letzten Jahrzehnte. Überall heißt es, daß es gegen Ende des 19. Jhs. gebaut wurde, nirgends wird der offensichtliche Zubau erwähnt, der sich aus der alten Katasterkarte vergleichsweise ergibt. Literatur: *Balić, M. (1974 b), 16; Djurić, T. und Feletar, D. (1983), 169; Horvat, A. u. a. (1970), 20; Mohorovičić, A. (1975), XX; Pinterović, D. (1962) 221.*

279 *ERDUT*

In den achtziger Jahren des 20. Jhs. waren im Schloßpark folgende Baum- und Straucharten registriert: *NADELGEHÖLZE: Abies alba, A. concolor, Chamaecyparis lawsoniana, Picea abies, Taxus baccata; LAUBGEHÖLZE: Aesculus hippocastanum, Betula verrucosa, Buxus sempervirens, Chaenomeles japonica, Forsythia intermedia, Juglans regia, Liquidambar styraciflua, Mahonia aquifolium, Philadelphus coronarius, Physocarpus opulifolia, Platanus acerifolia, Prunus avium, P. cerasifera var. pissardii, Robinia pseudoacacia, Sambucus nigra, Sophora japonica, Spiraea x vanhouttei, Syringa vulgaris, Tilia grandifolia, Thuja orientalis.*
Qu.: Manojlović, R. (1990), 41.

280 *ERDUT*

Literatur über die mittelalterliche Burg Erdut: *Balić, M. (1974 b), 16; Čačić, K. (1978), 12–15; Deroko, A. (1964), Srednjovjekovni gradovi na Dunavu (Mittelalterliche Kastelle und Burgen an der Donau), 11–12; Devidé, M. (1971), 15; Horvat, A. (1975), 60; Horvat, R. (1928), 97, 212; Laszowski, E. (1902 b), 15; Szabo, Gj. (1920), 141.*

281 *FERIČANCI*

Literatur über die Herrschaft Orahovica-Feričanci: *Balta, I. (1985), 306; Bösendorfer, J. (1910), 353–356; Horvat, J. (1939), 513; Horvat, J. (1982), 19; Karaman, I. (1973 b), 204; Laszowski, E. (1901), 71; Mažuran, I. (1993), 71, 74, 76, 434–435.*

282 *FERIČANCI*

Das Schloß in Feričanci wird in der Literatur kaum erwähnt. Im Aufsatz „Schlösser und Kurien Nordkroatiens"/„Dvorci i kurije sjeverne Hrvatske" *(Horvat, A. u. a., 1970)* wird das Schloß in wenigen Zeilen beschrieben.

283 *FERIČANCI*

Horvat, J. (1982), 27–29.

284 *GORNJA RIJEKA*

Buturac, J. (1979), 84, 87, 106.

285 *GORNJA RIJEKA*

Bevor Klein-Kalnik in den Besitz der Familie Orehoczy gelangte, hatte es von der Mitte des 13. Jhs. bis zum Ende des 16. Jhs. folgende Herren: Um 1240 einen Ritter Maladurić, Dionysius aus dem Geschlecht Türje – Banus von Slawonien (1241–1245), die Brüder Philipp und Dietrich (ab 1248), Augustin Kažotić, Bischof von Zagreb (ab 1318), die Ritter Thomas und Kurač, die 1322 den Besitz an Petrus Melvadov abgaben, Ritter Gregor (1334), Banus Nikolaus Széchy (1349), Vuk Vučić, Banus von Bosnien (1397), Barbara von Cilli, Frau König Sigismunds (ca. 1408), Katharina von Cilli (1456–1461), Banus Johann Vitovec/Vitnedy (1461–1470), Vladislav Kosača und Nachkommen (1470–1533), Ludwig Pekry (1534), Protonotar Michael (1543), Andreas Tarnović (1551), Familie Gezthy (1552–1593).
Qu.: Buturac, J. (1979), 21–27; Buturac, J. (1991 c), 13.

286 *GORNJA RIJEKA*

Der erste Besitzer aus der Familie OREHOCZY, FRANZ, erhielt 1581 Klein-Kalnik von der verwandten Familie Gezthy in Pacht. Schon 1578 besaß er Gušćerovec, 1596–1608 war er Miteigentümer von Groß-Kalnik, 1598 gehörten ihm Lovrečina, Gostović und Velika; 1599 kaufte er Klein-Kalnik. Der Sohn LADISLAUS verkaufte 1663 Klein-Kalnik seinem Onkel KASPAR Orehoczy († 1672), der Vizebanus und Gespan von Križevci und Zagreb war. Kaspars Sohn STEPHAN erbte vom Vater Gornja Rijeka und Ljubešćica und vom Onkel Ladislaus die Besitze Brezovica, Gregurovec, Lovrečina und einen Teil von Groß-Kalnik. Stephans Sohn STANISLAUS jun. († 1727 oder 1730), verh. mit Anna geb. Gräfin Keglevich, erbte 1705 den väterlichen Besitz und insbesondere Gornja Rijeka. Mit ihm erlosch die Familie im Mannesstamm. Erbin war die Schwester, MARIA JOHANNA Orehoczy, die mit Peter Graf Keglevich verheiratet war.
Qu.: Buturac, J. (1979), 26–27; Buturac, J. (1991 c), 13. Ivan Srša (1995) bringt wenig andere Daten; sie beruhen auf den Angaben von Ivan Kukuljević-Sakcinski *(Grad Veliki Kalnik, „Leptir", I., Zagreb, 1859, S. 319).*

287 *GORNJA RIJEKA*

MARIA JOHANNA OREHOCZY (Anm. 286) brachte die Grundherrschaft Klein-Kalnik als Heiratsgut in ihre Ehe ein. Kinder: Alexander und Peter junior. ALEXANDER (1706–1750) ehelichte Theodora Gräfin Petazzi († 1761). Ihre Kinder: Julius, Joseph und JOHANNA, welche Johann Sigismund Chamaré heiratete; dadurch gelangte Gornja Rijeka in den Besitz der Grafen Chamaré.
Qu.: Buturac, J. (1979), 27–28; Brunović, M. (1978), 59.
Etwas anders lauten die Daten der Sammlung des Grafen Alexander Kulmer im Historischen Museum von Zagreb. Dort heißt es, daß nach den Keglevich die Barone Vécsey Eigentümer von Gornja Rijeka waren. Erst durch die Ehe der Amalie Vécsey mit Johann Graf Harbuval-Chamaré kamen die Chamaré zum Besitz. Das Schloß erbte Tochter Henriette, die 1818 Karl Graf Erdödy († 1793) heiratete. Diese Angaben über die Kulmer bekräftigt Schönfeld, I., S. 69.

288 *GORNJA RIJEKA*

Balthasar Adam Krčelić bringt in seinem Buch „Annuae oder Geschichte", 1748–1767, eine Geschichte über die Familie Chamaré, die sich in der Literatur findet, und zwar bei: *Buturac, J. (1979), 27–28. Djurić, T. und Feletar, D. (1983), 191.*
Der junge, vermögenslose Graf JOHANN CHAMARÉ kam nach Gornja Rijeka, das Theodora, der Witwe des Alexander Graf Keglevich, gehörte, wo er ein einsiedlerisches Leben führte. Da er sprachen- und musikkundig war, sollte er die Tochter Johanna unterrichten. Chamaré kehrte schließlich nach Böhmen zurück, und Johanna besuchte nach dem Tod der Mutter die Schule der Ursulinen in Warasdin; 1763 heirateten die beiden und ließen sich in Gornja Rijeka nieder. Nach Einsicht in die Archive des Sabor und der Pfarre Gornja Rijeka gelangte Josip Buturac zu neuen Daten: 1791 anerkannte der Sabor den Adel von Chamaré und räumte ihm 1806 das Stimmrecht ein. Seine Untertanen haben sich wiederholt bei der Gespanschaft Križevci wegen Übergriffen ihres Herrn beschwert (Prügel, Holzentzug etc.). Im Jahre 1848 lebten im Schloß Joseph Chamaré, seine Schwester Johanna, die Witwe Schmiedeg und deren Schwester Henrike. HENRIETTE (Anm. 289), die Schwester des Johann Harbuval-Chamaré, ehelichte Karl Graf Erdödy und brachte ihm Gornja Rijeka als Mitgift.

289 *GORNJA RIJEKA*

KARL Graf ERDÖDY (10.2.1793–1837 oder 1841), Obergespan von Warasdin, war der Sohn Alexanders (1766–1823) und der Amalie geb. Gräfin Pálffy. Seiner Ehe mit

Henriette Harbuval-Chamaré (1795–1841, Anm. 288) entsprossen vier Kinder: Sidonie, GEORG (1823–1849), ein Anhänger der Illyrischen Bewegung, mit Amalie geb. Gräfin Oršić (1830–1851) verheiratet, ALEXANDRINE (1829–1913), verh. mit Friedrich Graf Kulmer (1814–1877), sowie GISELA (1835–1914), verh. mit Géza Graf Pálffy (1834–1898). SIDONIE (Anm. 306) erbte nach ihrem Vater einen Teil von Gornja Rijeka, den anderen Teil kaufte sie 1858.
Qu.: Buturac, J. (1979), 28; Ritter-Schönfeld, I., S. 69; Schneider, A. (1942), 21; Stammbaum der Grafen Erdödy (Ladislaus Graf Erdödy, München).

290 *GORNJA RIJEKA*

ANTON RUBIDO von Zagorje (1817–21.4.1863), Statthaltereirat, heiratete 1843 Sidonie Erdödy (Anm. 289 und 306). Ihre Kinder waren Milutin (1844–1864) und Radoslav (Anm. 291). Beigesetzt ist er in dem Familiengrab in der Pfarrkirche Gornja Rijeka.
Qu.: Brunović, M. (1978), 60; Buturac, J. (1979), 28; Sammlung A. Kulmer im Historischen Museum in Zagreb.

291 *GORNJA RIJEKA*

RADOSLAV Baron RUBIDO von Zagorje und Zics (1857, Gornja Rijeka–24.1.1910, Graz), Sohn des Anton Rubido von Zagorje (Anm. 290), war der erste Obergespan der königl. Freistadt Warasdin (seit 1886). Er war auch Ritter des Stephansordens. 1906 wurde ihm das Baronat verliehen. Verheiratet war er mit Stephanie Zichy de Zich et Zayk, mit der er die Tochter Marietta (Eta) und den Sohn Johann hatte. Er ist in der Pfarrkirche von Gornja Rijeka beigesetzt. Der Sohn Johann erhielt im Weg der Adoption durch den Großvater mütterlicherseits den Namen Rubido-Zichy.
Qu.: Brunović, M. (1978), 60; Ausstellungskatalog des Histor. Museums in Zagreb von 1993 „Znamenja vlasti i časti u Hrvatskoj u 19. stoljeću" (Symbole von Macht und Würden im Kroatien des 19. Jhs.), S. 88; Sammlung A. Kulmer in diesem Museum.

292 *GORNJA RIJEKA*

MARIETTA (Eta) von MICEWSKI geb. von Rubido († 1943) verkaufte Gornja Rijeka nach dem Tod ihres Gatten Sigismund an die Brüder Grünwald-Gorjan und heiratete danach Elemir von Fodróczy, von dem sie sich später trennte. Sie übersiedelte nach Budapest, wo sie auch starb.
Qu.: Sammlung A. Kulmer im Histor. Museum in Zagreb.

293 *GORNJA RIJEKA*

Gemäß Vereinbarung vom 30. April 1906 und Spruch des Bezirksgerichtes Novi Marof vom 2. Mai 1906 waren zu gleichen Teilen Eigentümer: Dr. Sandor Grünwald, Rechtsanwalt in Zagreb, Johann Grünwald aus Zagreb, Isidor Rosenfeld aus Zagreb sowie die Kaufleute Ignaz und Žiga Breyer aus Križevci.
Qu.: Buturac, J. (1979), 29.

294 *GORNJA RIJEKA*

Brunović, M. (1978), 60–61.

295 *GORNJA RIJEKA*

Über die Burg Klein-Kalnik siehe: *Brunović, M. (1978), 58–59; Buturac, J. (1979), 14–15; Buturac, J. (1991 c), 100; Horvat, J. (1928), 118; Kukuljević-Sakcinski, I. (1869/70), 17; Szabo, Gj. (1920), 83; Žmegač, A. (1993 b), 327–328.*

296 *GORNJA RIJEKA*

Žmegač, A. (1993 a), 323.

297 *GORNJA RIJEKA*

Buturac, J. (1979), 26–29, 41.

298 *GORNJA RIJEKA*

Srša, I. (1995), 71–74.
In der älteren Literatur wird 1663 als Jahr der Erbauung und Kaspar Orehoczy als Besitzer angeführt. Mit diesem beginnen: *Brunović, M. (1978), 56, 59, 94; Buturac, J. (1979), 26–27; Buturac, J. (1991 c), 13; Horvat, A. (1975), 254.*

299 *GORNJA RIJEKA*

Badurina u. a. (1993 b), 271; Buturac, J. (1979), 28; Srša, I. (1995), 74–77; Žmegač, A. (1993 a), 325; Staatsarchiv in Zagreb, Schuber (fond) Urbarialia et conscriptiones, Fasz. 28, Zl. 1.

300 *GORNJA RIJEKA*

Über das Schloß und seine architektonischen Merkmale: *Badurina und andere (1993 b), 271–272; Brunović, M. (1978), 56, 59, 94; Buturac, J. (1979), 27–28; Horvat, A. u. a. (1970), 31; Srša, I. (1995); Žmegač, A. (1993 a), 323–326.*

301 *GORNJA RIJEKA*

Noch in den Jahren nach 1930 war das Schloß gut erhalten *(Szabo, Gj. 1939, S. 166)*, doch waren Fenster und Türen sehr schadhaft *(Brunović, M. 1978, S. 64)*. Während des Krieges wurde es beschädigt *(Horvat, A. 1962, S. 406)*, aber gegen Ende der sechziger Jahre war der bauliche Zustand gut *(Horvat, A. u. a., 1970, S. 31)*. Nach dem Auszug der Schule, 1984, stand es leer, 1987/88 diente es als Lager, dann wurde es allmählich zur Ruine.

302 *GORNJA RIJEKA*

Brunović, M. (1978), 61; Buturac, J. (1979), 72, 81; Žmegač, A. (1993 a), 321, 325–326.

303 *GORNJA RIJEKA*

Wie in Anm. 299.

304 *GORNJA RIJEKA*

Ende der siebziger Jahre des 20. Jhs. wurden neben dem Schloß folgende Baum- und Straucharten registriert: *NADELGEHÖLZE: Abies concolor, Cedrus atlantica, Chamaecyparis lawsoniana, Ch. lawsoniana „Alumii", Juniperus communis, J. sabina, J. virginiana, Larix decidua, Picea abies, P. sitchensis, Pinus nigra var. austriaca, P. silvestris, P. strobus, Pseudotsuga menziessi, Sequoiadendron giganteum, Taxus baccata, Thuja occidentalis, Th. occidentalis var. pyramidalis, Tsuga canadensis; LAUBGEHÖLZE: Acer pseudoplatanus, Berberis thunbergii, Betula verrucosa, Buxus sempervirens, Corylus avellana, Cotoneaster horizontalis, Crataegus monogyna, Fagus silvatica, Lonicera tatarica, Platanus occidentalis, Populus nigra, Quercus robur f. fastigiata, Salix babylonica, Tilia cordata, T. tomentosa.*
Qu.: Rauš, Dj. (1980), 129–130, 165–172.

305 *GORNJA RIJEKA*

Žmegač, A. (1993 a), 326.

306 *GORNJA RIJEKA*

SIDONIE von RUBIDO geb. Gräfin Erdödy (7.2.1819, Razvor–17.2.1884, Gornja Rijeka; Abb. 292) war die Tochter von Karl und Henriette Erdödy (Anm. 289). Sie heiratete 1843 Anton von Rubido (Anm. 290, 291). Sie, ihr Gemahl und die Söhne sind in der Pfarrkirche Gornja Rijeka beigesetzt. Sie lernte bei Prof. Karlitzky in Zagreb Gesang. Als sie ihre musikalische Laufbahn beendet hatte, widmete sie sich dem Besitz Gornja Rijeka. Auf der ersten Zagreber Wirtschaftsmesse (18. August 1864) gewann ihr Wein die Bronzemedaille, und auf der Wiener Messe 1866 gewann Sidonie eine Silbermedaille für zwei ihrer Weine.
Qu.: Beleta, S. (1991), 67; Brunović, M. (1978), 60–61; Buturac, J. (1979), 28–29, 73; Buturac, J. (1991 c); Kuhač, F. (1893); Ritter-Schönfeld, I., S. 69; Schneider, A. (1942), 21; Szabo, Gj. (1939), 30, 165–166; Sammlung A. Kulmer im Histor. Museum in Zagreb; Zagreber Zeitung „Gospodarski list" von Oktober 1864 und Juni 1866.

307 *GORNJA RIJEKA*

Über die Herrschaft Groß-Kalnik siehe den Text zu Gušćerovec.

308 *GORNJA RIJEKA*

BOGAČEVO ist ein kleiner Besitz, der 1416 urkundlich erwähnt wurde und seinen Namen von der Familie Bogač (Bogath, Bogachyoczy) hat. Mitte des 18. Jhs. gehörte er der Familie Magdalenić und anschließend, bis zur Mitte des 20. Jhs., den Fodróczy. In Bogačevo gab es eine klassizistische Kurie.
Qu.: Buturac, I. (1979), 54–55; Badurina, A. u. a. (1993 b), 273.

309 *GORNJA RIJEKA*

BREŽANI ist ein kleiner Besitz, der erstmals 1510 erwähnt wurde. Die zugehörige Kurie befand sich im Dorf Fodrovec; sie ging im großen Bauernaufstand von 1755 in Flammen auf. Einige Besitzer waren: Bistum Agram (Bischof Branjug; 1723–1747), die Hofkammer, Bischof Franz Klobušicki (1749), Capara (1755), Banus Franz Nádasdy (1758) sowie, gegen Ende des 19. Jhs., böhmische Unternehmer (Galaž, Hozumplik, Čapek, Holek, Trojek und Smištik).

Qu.: Buturac, J. (1979), 53.

310 *GORNJA RIJEKA*

ČANJEVO gehörte Ende des 13. Jhs. zum Pfarrsprengel Križevci. Im 14. Jh. hieß der Besitzer Jakob, von 1459 bis 1517 wurde der Besitz von Georg Špiranec bzw. seiner Witwe verwaltet. Anschließend, bis 1600, waren die Prašoci (Praschóczy) die Herren, und von 1677–1689 wurde um Čanjevo ein Rechtsstreit zwischen Franz Jelačić und Franz Ivanović geführt, in dem Jelačić siegte. 1745 waren die unmündigen Kinder des Sigismund Skerlecz Besitzer, denen der Sabor einen Vormund (Mijo Husinec) bestellte. 1848 waren Karl Pástory (mit 24 Ansässigkeiten) und Eduard Zdenčaj (mit 30 Ansässigkeiten) Besitzer.

Qu.: Buturac, J. (1979), 47–48; Horvat, J. (1939), 511.

311 *GORNJA RIJEKA*

DUBOVEC wurde 1238 erstmals erwähnt. Um 1500 gehörten zur Grundherrschaft 43 Haushalte. Gegen Ende des 15. Jhs. war Andreas Both und um 1500 der „Vojvode" Vutorini Besitzer. Weitere Inhaber: 1507–1520 Johann Gyulay, 1596–1600 Johann Draskovich, 1755 Raffay, 1897–1919 Joseph und Marcel Kiepach (siehe Anm. 387 und 388). Die Kiepach verkauften zwischen 1915 und 1919 einen Teil des Besitzes an Bauern. Übrig blieb das, was ihnen nach der Agrarreform zukam. 1952 sprach das Justizministerium der Baronin Elisabeth Korb-Weidenheim geb. von Kiepach (Prag) den gesetzlichen Besitzanteil zu.

Qu.: Buturac, J. (1979), 54.

312 *GORNJA RIJEKA*

GREGUROVEC ist ein kleiner, zur Herrschaft Groß-Kalnik gehörender Besitz, der 1217 erwähnt wurde. Ende des 15. Jhs. gehörten 58 Haushalte (Häuser) dazu; das war zur Zeit von Andreas Both. Im 16. Jh. waren Johann und Kaspar Alapić/Allapi (beide waren Vizebanus), Anfang des 17. Jhs. Marianne und Barbara Alapić, dann die Familie Orehoczy Besitzer. Um 1900 waren Joseph Kiepach (Anm. 387) und 1941 Elisabeth Baronin Korb-Weidenheim (Anm. 311, 389) Eigentümer.

Qu.: Buturac, J. (1979), 54.

313 *GORNJA RIJEKA*

Über Schloß und Herrschaft Gušćerovec samt den dazugehörigen kleineren Besitzen Beketinec und Bočkovec siehe den Text zu Gušćerovec.

314 *GORNJA RIJEKA*

Über Herrschaft und Kurie Raven siehe den Text zu Veliki Raven (Groß-Raven).

315 *GORNJA RIJEKA*

SUDOVEC ist allmählich vergrößert worden. Zählte der Besitz im Jahre 1570 nur zwei Haushalte, so nahm er 1896 etwa 107 Joch an allodialem Grund ein. Besitzer waren im 16. Jh. die Familie Županić, im 17. Jh. und in der 1. Hälfte des 18. Jhs. die Familie Benger, von 1750 bis in die Mitte des 19. Jhs. die Familie Magdalenić, anschließend Johann von Zidarić und ab 1896 dessen Schwestern Olga und Mariza verh. Marković. Letztere bewohnte 1926 mit ihrem Sohn Rudolf die Kurie. Nach dem Zweiten Weltkrieg fiel der Besitz durch Parzellierung der Agrarreform zum Opfer.

Qu.: Buturac, J. (1979), 48–49; Horvat, J. (1939), 511.

316 *GORNJA RIJEKA*

ŠPIRANEC hieß in früherer Zeit Miketinec. Im Jahre 1900 gehörten zu diesem kleinen Gut nur zwei Häuser. 1906 kaufte die Kroatisch-slawonische Bank den Besitz, parzellierte und verkaufte ihn an Bauern.

Qu.: Buturac, J. (1979), 54.

317 *GORNJI TKALEC*

Buturac, J. (1984), 125, 159, 191; Dobronić, L. (1984 a), 40.

318 *GORNJI TKALEC*

Über Tkalec zur Zeit der Pröpste von Glogovnica schreibt *Buturac, J. (1984), 125, 191–192.*

319 *GORNJI TKALEC*

Buturac, J. (1984), 125, 192–193.

320 *GORNJI TKALEC*

Mit Beschluß des Institutes für den Schutz von Kulturdenkmälern in Zagreb vom 30.6.1986 wurde der Abbruch des übrigen Flügels des Schlosses bewilligt; ausgenommen war die Schloßkapelle der hl. Maria.

321 *GORNJI TKALEC*

Die Kapelle erwähnen: *Buturac, J. (1984), 125, 193; Dobronić, L. (1984 a), 40–41; Horvat, A. (1975), 391; Horvat, A. (1982), 88–89, 100; Hršak, J. (1991), 11.*

322 *GORNJI TKALEC*

Über das Schloß gibt es in der Literatur nur knappe Angaben: *Horvat, A. u. a. (1970), 33–34; Horvat, A. (1982), 88–89.*

323 *GRADEC*

Buturac, J. (1984), 70–71; Horvat, R. (1942), 3; Hršak, J. (1991), 20.

324 *GRADEC*

Zur Herrschaft Gradec gehörten im Jahre 1769 folgende Dörfer: Gradec, Potočec, Veliki i Mali (Groß- und Klein-)Brezovec, Jales, Mokrice, Brezje, Podvinje, Vugrinšćica (Selnica), Gorice, Miholjec, Cugovec, Lubena, Djurdjec, Čulinec, Buzdanovec, Repinec, Brežane und Biškec in der Gespanschaft Križevci sowie Tomaševec in der Gespanschaft Warasdin.

Qu.: Hršak, J. (1991), 32.

325 *GRADEC*

Buturac, J. (1984), 58–59, 70, 189, 191; Horvat, A. u. a. (1970), 34; Horvat, R. (1942), 36, 38; Hršak, J. (1991), 20, 31–32; Krška, J. (1902), 78–79; Šustek, Lj. (1929), 46.

326 *GRADEC*

Der Sabor erließ mehrere Verfügungen zur Instandsetzung der Festung: Am 7.3.1557 wurden Kmeten aufgeboten, 14 Tage lang Instandsetzungsarbeiten an den Festungen Szigeth und Gradec vorzunehmen. Hinsichtlich Gradec gab es noch ähnliche Aufträge am 15.5.1574, 15.8.1578, 20.4.1586, 4.1.1587 und 2.5.1588.

Qu.: Horvat, R. (1942), 35–36.

327 *GRADEC*

Buturac, J. (1979), 41; Buturac, J. (1981), 33; Buturac, J. (1984), 58, 60, 71, 189; Horvat, R. (1942) 32–36; Hršak, J. (1991), 22.

328 *GRADEC*

Buturac, J. (1984), 60, 62, 190; Horvat, R. (1942), 3, 6, 28–32, 35–37; Hršak, J. (1991), 20, 22, 33, 109–110.

329 *GRADEC*

Horvat, R. (1942), 37, 43.

330 *GRADEC*

Über die Schloßarchitektur wurden keine Untersuchungen angestellt. Es gibt nur eine kurze Erwähnung in einer Studie bei: *Horvat, A. u. a. (1970), S. 34.*

331 *GRADEC*

Buturac, J. (1984), 70–71; Horvat, R. (1942), 38, 51–52, 59; Hršak, J. (1991), 32–33.

332 *GRADEC*

Kunić, M. (1834), Nr. 35, S. 274, und Nr. 39, S. 304.

333 *GRADEC*

Erwähnung des Parks bei: *Buturac, J. (1984), 191; Horvat, R. (1942), 37; Hršak, J. (1991), 32; Jurčić, I. (1989), 101; Jurčić, I. (1994), 54; Kunić, M. (1834), Nr. 35, S. 274, und Nr. 39, S. 304.*

334 *GRADEC*

Bischof Alexander Alagović legte neue Parks in Zagreb an (um seinen Sommersitz in der Nova Ves, am Ribnjak und um die Orangerien) und ließ vernachlässigte bestehende Parks erneuern (den der Kapitelpropstei, der bischöflichen Residenz und in der Vlaška ulica).

Qu.: Jurčić, I. (1989), 101; Jurčić, I. (1994), 43–60.

335 *GRADEC*

Horvat, R. (1942), 29–30, 37–38; Hršak, J. (1991), 21.

336 *GUŠĆEROVEC*

Die Familie OREHOCZY hatte in der Gespanschaft Križevci Besitzungen: Orehovec, Gušćerovec, Gregurovec und andere. FRANZ von Orehoczy († 1. Viertel 17. Jh.) erwarb durch Ehe mit Margarethe (der Tochter des Johann Alapić, Anm. 312) einen Teil des Besitzes dieser Familie, die 1585 ausstarb, woraufhin er auch Banus wurde (1607). LADISLAUS von Orehoczy war 1644/45 Vizegespan von Križevci, sein Sohn GEORG folgte ihm 1672 in diesem Amt. KASPAR († 1672) war von 1642–1672 Vizebanus, weiters Obergespan von Križevci und Zagreb. Sein Sohn STEPHAN († ca. 1704) wurde 1690 in den Grafenstand erhoben. Mit dessen Sohn STANISLAUS († 1727 oder 1730) starb die Familie aus.

Qu.: Grbovi, grbovnice, rodoslovlja (1995), 92–93 (Wappen, Wappenbriefe und Familienforschungen).

337 *GUŠĆEROVEC*

Verwertete Literatur über die Herrschaft Gušćerovec und ihre Besitzer: *Bösendorfer, J. (1910), 70; Buturac, J. (1979), 49–50; Buturac, J. (1984), 164, 168; Buturac, J. (1991 c), 5, 101; Domljan, Ž. (1993 a), 329–332; Horvat, J. (1939), 511–512; Krška, J. (1902), 82; Laszowski, E. (1921), 28.*

338 *GUŠĆEROVEC*

Literatur über das Schloß: *Badurina, A. u. a.(1993 b), 271–274; Domljan, Ž. (1993 a), 329–332.*

339 *GUŠĆEROVEC*

BEKETINEC wurde erstmals 1495 erwähnt, und zwar als Teil der Herrschaft Gušćerovec. Besitzer im 16. Jh.: Peter Horvat (1500), Ludwig Pekry (1512), die Witwe von Bocskay (1517), Franz Orehoczy (1598). Gegen Ende des 19. Jhs. gehörte Beketinec dem Johann Obad, der es 1901 um 50.000 Kronen an Dr. Sandor Grünwald und Stephan von Daubachy aus Zagreb verkaufte. Diese wiederum veräußerten in den folgenden Jahren einen Teil des Besitzes an Bauern.

Qu.: Buturac, J. (1979), 55.

340 *GUŠĆEROVEC*

BOČKOVEC wird erstmals 1519 erwähnt, dann 1598 als Teil der Herrschaft Gušćerovec. Im Jahre 1900 gehörte der Besitz samt der Kurie und den Wirtschaftsgebäuden Karl Novak, Hermine Car, Maria Smodek und ihren Kindern. 1906 kaufte Hinko Pscherhof aus Križevci den Besitz um 68.000 Kronen und verkaufte ihn an Bauern.

Qu.: Buturac, J. (1979), 55.

341 *GUŠĆEROVEC*

Über Burg und Grundherrschaft Groß-Kalnik (Veliki Kalnik): *Badurina, A. u. a. (1993 b), 271; Buturac, J. (1979), 9–14, 16, 18, 21, 50–51; Buturac, J. (1991 c), 12, 101; Horvat, R. (1928), 69; Krška, J. (1902), 82–83; Szabo, Gj. (1920), 94–98; Žmegač, A. (1993 c), 343–344.*

342 *ILOK*

Barbarić, M. (1899), 3–4; Batorović, M. (1994), 430; Enciklopedija Leksikografskoga zavoda (Enzyklopädie des Lexikographischen Institutes), 1969, S. 292.

343 *ILOK*

Der heilige JOHANNES CAPISTRAN (1386–1456) trat als Prediger für die Verteidigung der Christenheit gegen die Osmanen ein und begleitete das Heer des Johann Hunyadi in der Schlacht bei Belgrad. Nach der Schlacht starb Capistran im Franziskanerkloster Ilok. Dort wurde er auch begraben. Seine sterblichen Überreste wurden noch vor dem Einfall der Türken weggebracht, aber die Spur ging verloren. 1690 wurde er heiliggesprochen.

Qu.: Barbarić, M. (1899), 12; Batorović, M. (1994), 431–432; Horvat, V. und Potrebica, F. (1994); Šulc, B. (1992), 50.

344 *ILOK*

Mit dem mittelalterlichen Ilok befassen sich eingehend: *Balić, M. (1974 b), 14; Barbarić, D. (1971), Nr. 28, S. 8; Barbarić, M. (1899), 4, 14; Batorović, M. (1994), 430–431; Djurić, T. und Feletar, D. (1983), 190; Horvat, A. (1958 a), 21; Milić, B. (1995), 42; Szabo, Gj. (1917), 15–17; Šulc, B. (1992), 41, 51–52.*

345 *ILOK*

Horvat, R. (1928), 102–103; Laszowski, E. (1902 b), 62–63; Szabo, Gj. (1917), 15–17.

346 *ILOK*

Batorović, M. (1994), 430; Šulc, B. (1992), 41.

347 *ILOK*

NIKOLAUS IV. von ILOK (ca. 1410–1477) war der Sohn des Ladislaus und Enkel des Bartholomäus. Seine Grabtafel aus schwarzem Marmor befindet sich in der Franziskanerkirche von Ilok (damals Marien-, später Capistran-Kirche). Er war Banus der Mačva und von 1457–1463 Banus von Kroatien und Slawonien. Außerdem war er Palatin und Vojvode von Siebenbürgen.

Qu.: Balić, M. (1974 b), 14; Barbarić, M. (1899), 5; Batorović, M. (1994), 432; Horvat, A. (1958 a), 17–18; Horvat, R. (1928), 103; Laszowski, E. (1902 b), 61–63.

348 *ILOK*

LAURENTIUS von ILOK (ca. 1460–1524 oder 1525) ist, wie sein Vater Nikolaus (Anm. 347), in der Franziskanerkirche bestattet. Die Grabtafel aus schwarzem Marmor ist eine wertvolle Renaissance-Arbeit. Seine erste Frau war Katharina Pongrac de Dengelegh, Tochter des Vojvoden von Siebenbürgen. Die zweite Frau war Magdalena Bakos. Da er keine Kinder hatte, wurde der Besitz nach seinem Tod eingezogen, nur Ilok selbst blieb der Witwe, die sich mit Ladislaus More verheiratete.

Qu.: Balić, M. (1974 b), 14; Batorović, M. (1994), 432; Horvat, R. (1928), 103; Horvat, R. (1936); Laszowski, E. (1902 b), 61–63.

349 *ILOK*

Über Ilok während der türkischen Besatzungszeit schrieben: *Balić, M. (1974 b), 14–15; Barbarić, M. (1899), 5, 15; Batorović, M. (1994), 432–433; Djurić, T. und Feletar, D. (1983), 190; Horvat, A. (1958 a), 19; Horvat, A. (1975), 94, 96; Horvat, R. (1928), 103; Laszowski, E. (1902 b), 59, 63; Šulc, B. (1992), 44.*

350 *ILOK*

Barbarić, M. (1899), 5; Batorović, M. (1994), 433; Djurić, T. und Feletar, D. (1983), 193; Horvat, R. (1928), 103; Laszowski, E. (1902 b), 64; Mažuran, I. (1993), 129; Šafar, V. (1913), 29.

351 *ILOK*

Zur Herrschaft Ilok gehörten im Jahre 1714 folgende Siedlungen bzw. Dörfer: Ilok, Molovin, Sot, Pakledin, Ljuba *(Liuba)*, Susek *(Sussek)*, Sviloš *(Svilosch)*, Gabrovo *(Grabovo)*, Ležimir *(Lessimir)*, Bingula, Laćarak *(Lacziarak)*, Martinci, Kuzmin *(Cusmin)*, Bačinci *(Baczinze)*, Erdevik, Divoš *(Divosch)* und Remete.

Qu.: Mažuran, I. (1993), 131.

Nach 1745 waren es: Ilok, Bingula, Divoš, Ležimir, Sviloš, Grabovo, Susek, Bačinci, Erdevik, Sot s Pakledinom, Molovin, Vizić, Irig, Krušedol, Kukinjaš, Maradik, Šatrinci, Pavlovci, Stejanovci, Radinci, Mandjelos, Grgurevci, Šuljam, Bešenovo, Jazak, Vrdnik und Rivica.

Qu.: Gavrilović, S. (1960 b), 64.

352 *ILOK*

Batorović, M. (1994), 434; Gavrilović, S. (1960 b), 64, 67, 77, 79, 81; Karaman, I. (1961), 249, 251, 253; Karaman, I. (1973 b), 202, 208; Krška, J. (1902), 123; Mažuran, I. (1993), 71, 73, 75, 129–132.

353 *ILOK*

Der Grundriß der mittelalterlichen Festungsmauern hat die Form eines langgezogenen unregelmäßigen Vierecks. Die Mauern sind durch vier Türme verstärkt, einen Rundturm im Bereich des Franziskanerklosters sowie durch eine Bastion im Südwesten. Die Mauern sind aus Ziegeln, mit Zinnen bekrönt. An der Basis der Außenseiten befanden sich wahrscheinlich gedeckte Umgänge aus Holz. Von den Stadtmauern ist nur ein Teil erhalten. Mit dem Abriß begann man im 1. Viertel des 18. Jhs., als man Baumaterial für den Ausbau der Festung Peterwardein benötigte.
Qu.: Balić, M. (1974 b), 13; Devidé, M. (1971), 16; Laszowski, E. (1902 b), 58.

354 *ILOK*

Der Plan von Ilok aus dem Jahre 1784 ist in lateinischer Sprache verfaßt und trägt den Titel: „Delineatio geometrica castelli et opidi Ilok". Bis zum Zweiten Weltkrieg befand er sich im Schloßarchiv, das dann verschwand. Bekannt ist uns aber eine Kopie aus dem Jahre 1907.
Qu.: Barbarić, D. (1975).

355 *ILOK*

Über die Festung insgesamt haben geschrieben: *Balić, M. (1974 b), 14–15; Barbarić, D. (1975); Barbarić, M. (1899), 5–6; Devidé, M. (1971), 16; Djurić, T. und Feletar, D. (1983), 193; Horvat, A. (1958 a), 16; Horvat, R. (1928), 103; Laszowski, E. (1902 b), 59–60; Peić, M. (1980), 186; Szabo, Gj. (1920), 146, 149–151; Šulc, B. (1992), 50.*

356 *ILOK*

Barbarić, D. (1975), Nr. 70, S. 8; Barbarić, M. (1899), 6–7; Horvat, A. (1958 a), 17; Laszowski, E. (1902 b), 58.

357 *ILOK*

Ambruš, V. (1994), 274; Balen, B. (1994), 294; Balić, M. (1974 b), 15; Balić, M. (1976), 33; Barbarić, D. (1975), 8; Djurić, T. und Feletar, D. (1983), 193; Horvat, A. u. a. (1970), 36; Horvat, A. (1979), 295; Horvat, A. (1982), 97; Horvat, R. (1928), 103; Laszowski, E. (1902 b), 58; Mohorovičić, A. (1975), XVI, XIX; Radauš, V. (1975), VI; Šulc, B. (1992), 45.

358 *ILOK*

Die Schloßarchitektur wurde nicht näher behandelt. In der Literatur sind nur ihre Grundmerkmale erwähnt: *Ambruš, V. (1994), 274; Balić, M. (1974 b), 15; Balić, M. (1976), 33; Balić, M. (1977), 10; Horvat, A. (1958 a), 17; Horvat, A. u. a. (1970), 36; Horvat, A. (1979), 295; Horvat, A. (1982), 97; Horvat, A. (1995), 356.*

359 *ILOK*

Balić, M. (1974 b), 15; Laszowski, E. (1902 b), 58–59; Šulc, B. (1992), 46.

360 *ILOK*

Balić, M. (1977), 10; Barbarić, D. (1975), 8; Šulc, B. (1992), 46–47

361 *ILOK*

Barbarić, D. (1975), 8.

362 *ILOK*

Die annähernde Zeit der Entstehung des Parks ermittelte Dragutin Barbarić aufgrund alter Photographien. *Barbarić, D. (1971), Nr. 28, S. 8.*

363 *ILOK*

Die Pflanzen im Park behandelt folgende Literatur: *Barbarić, D. (1971), Nr. 28, S. 8; Kiš, D. (1966 a), 3; Kiš, D. (1966 b), 195–196; Rauš, Dj. (1977 b), Tab. 9; Beschluß über den Schutz des Parks des Staatlichen Institutes für Naturschutz, Zagreb 1973.*
Im Zuge des amtlichen Rundganges wurden 1973 folgende Baum- und Straucharten von besonderem Alter registriert: *NADELGEHÖLZE: Ginkgo biloba, Juniperus sabina var. Pfitzeriana, Picea excelsa, Taxus baccata; LAUBGEHÖLZE: Acer negundo, A. platanoides, Aesculus hippocastanum, Buxus sempervirens, Celtis occidentalis, Cercis siliquastrum, Elaeagnus angustifolia, Fraxinus ornus, Gleditsia triacanthos, Hibiscus syriacus, Juglans regia, Liriodendron tulipifera, Paulownia tomentosa, Prunus serrulata, Robinia pseudoacacia, Sophora japonica, Tilia parvifolia.*
Qu.: Beschluß des Staatlichen Institutes für Naturschutz von 1973.
Rauš (1977 b) erwähnt in seinem Buch einige der angeführten Pflanzen nicht. Seiner Beschreibung zufolge gab es bis dahin, ohne Berücksichtigung des Alters, folgende Baum- und Straucharten: *NADELGEHÖLZE: Chamaecyparis lawsoniana, Juniperus communis, J. sabina var. prostrata, J. virginiana, Picea abies, Taxus baccata; LAUBGEHÖLZE: Acer campestre, A. ginnala, A. negundo, A. platanoides, A. saccharinum, A. tataricum, Aesculus hippocastanum, Ailanthus altissima, Alnus glutinosa, Berberis thunbergii, B. vulgaris, Betula verrucosa, Broussonetia papyrifera, Carpinus betulus, Castanea sativa, Catalpa bignonioides, Celtis occidentalis, Cercis siliquastrum, Clematis vitalba, Corylus avellana, C. avellana var. purpurea, C. colurna, Cornus mas, C. sanguinea, Cotoneaster horizontalis, Crataegus monogyna, C. oxyacantha, Elaeagnus pungens, Exochorda grandiflora, Euonymus europaeus, E. japonicus, Ficus carica, Forsythia europaea, Fraxinus americana, F. excelsior, F. ornus, Gleditsia triacanthos, Hedera helix, Hibiscus syriacus, Juglans nigra, J. regia, Koelreuteria paniculata, Laburnum anagyroides, Ligustrum ovalifolium, L. vulgare, Lonicera caprifolium, L. tatarica, L. xylosteum, Lycium halimifolium, Maclura pomifera, Mahonia aquifolium, Morus alba, M. nigra, M. rubra, Parthenocissus quinquefolia, P. tricuspidata, Paulownia tomentosa, Philadelphus coronarius, Platanus acerifolia, Populus alba, P. x canadensis var. serotina, P. nigra, P. nigra var. pyramidalis, P. tremula, Prunus avium, P. laurocerasus, P. spinosa, Pyrus communis, Quercus cerris, Q. robur, Q. robur f. fastigiata, Q. rubra, Q. pubescens, Rhamnus catharticus, Robinia pseudoacacia, R. pseudoacacia var. umbraculifera, Rosa canina, Salix alba, S. babylonica, S. caprea, Sambucus nigra, Sophora japonica, Sorbus torminalis, Spiraea x vanhouttei, Staphylea pinnata, Syringa vulgaris, Tamarix tetrandra, Tilia cordata, T. tomentosa, Ulmus carpinifolia, U. laevis, Viburnum lantana, V. opulus, V. opulus var. roseum, Vinca minor.*

364 *ILOK*

Mit dem Schloßpark hat sich die Literatur sehr wenig beschäftigt. Sie enthält nur die notwendigsten Angaben, und zwar: *Barbarić, D. (1971), Nr. 28 und 29, S. 8; Barbarić, D. (1975), Nr. 70 und 71, S. 8; Čerimović, V. (1979), 498; Horvat, A. (1982), 264; Jurčić, V. und Kurtela, M. (1985), 58–59; Kiš, D. (1966 a), 3; Kiš, D. (1966 b), 195–196; Rauš, Dj. (1977 b), 30–31; Beschluß des Staatlichen Institutes für Naturschutz von 1973.*

365 *ILOK*

Die kroatische Literatur über die Familie Odescalchi ist spärlich, und manche Daten stimmen nicht überein: *Atlagić, M. (1982), 120; Balen, B. (1994), 294–295; Batorović, M. (1994), 433; Horvat, R. (1928), 103; Laszowski, E. (1902 b), 58–59, 64; Laszowski, E. (1903 b), 66; Karaman, I. (1973 b), 202, 208; Mažuran, I. (1993), 129–130; Od svagdana do blagdana – barok u Hrvatskoj (1993), 255 (Ausstellungskatalog).*

366 *ILOK*

Über die Kurie Brnjaković: *Barbarić, D. (1975), Nr. 70 und 71, S. 8; Barbarić, M. (1899), 7; Batorović, M. (1994), 434; Čačić, K. (1978), 12; Djurić, T. und Feletar, D. (1983), 193; Horvat, A. u. a.(1970), 35; Radauš, V. (1975), VI.*

367 *ILOK*

Über die Familie Brnjaković: *Atlagić, M. (1982), 98; Barbarić, D. (1975), Nr. 70 und 71, S. 8; Barbarić, M. (1899), 7, 11; Batorović, M. (1994), 434; Bojničić, I. (1899), 19; Laszowski, E. (1902 b), 61; Kempf, J. (1929), 7, 18.*

368 *JELENGRAD*

Mažuran, I. (1993), 362, 417; Sršen, S. (1988), 11–45.

369 *JELENGRAD*

Das Schloß wurde 1918 geplündert, aber nicht demoliert. Vergleiche: *Balić, M. (1976), 116–117.*

370 *JELENGRAD*

Zeitung *„Hrvatski list" (Osijek), Jahrgang 8, Nr. 130 (2156), vom 11.5.1927, S. 5.*

371 *JELENGRAD*

Brlić, A. E. (1934), 5.

372 *KAPELA DVOR*

ÁRPÁD I. KÁROLYI (9.1.1875, Makó/Komitat Csanád–28.2.1929, Zagreb) war der Sohn Johanns und der Theresia geb. Halász. Mit Elisabeth geb. Broszman (geb. 1879) hatte er die Kinder Árpád II., Ferenc und Elisabeth.
ÁRPÁD II. († 1957) lebte in Nagykanizsa, war verheiratet, hatte aber keine Kinder.
FERENC (11.7.1901, Višegrad/Bosnien–24.11.1975, Wien) war mit Zdenka geb. Urli (geb. 1908) verheiratet. Ihre Kinder Árpád III. und Alexander verbrachten die Kindheit in Kapela Dvor. Ferenc war Straßenbauingenieur. Er diente im Zweiten Weltkrieg zunächst in der ungarischen, dann in der deutschen Armee (Oberst). Er kämpfte in Stalingrad, Afrika und in den Ardennen. Árpád III. (geb. 17.5.1930 in Zagreb) war Architekt, lebte in Zagreb mit seiner Frau Smilia geb. Žmikić (1939–1987) und den Kindern Zdenko, Daniel und Željka. Alexander (geb. 28.7.1932 in Zagreb) lebte mit Frau Nada geb. Brlić und den Söhnen Miho und Marko in Zagreb.
ELISABETH ehelichte den Oberst Franz Riedl. Die Kinder Maja und Franz jun. leben mit ihren Familien in Österreich.
Qu.: Familienarchiv des Árpád III. Károlyi; Bakić, S. (1994 a, b, c); Szöcs, J. (1969).
In der Festschrift über Virovitica von 1986 („Virovitički zbornik 1234–1984") findet sich eine einzige alte Photographie des Schlosses. In der Studie „Dvorci i kurije sjeverne Hrvatske" (Schlösser und Kurien Nordkroatiens, bei *Horvat, A. u. a., 1970)* wird die Kurie nicht erwähnt. Photographien des bereits verfallenden Schlosses aus dem Jahre 1962 befinden sich im Kulturministerium (Abteilung für den Schutz des Kultur- und Naturerbes). Die Familie Károlyi besitzt noch alte Photographien. Neben der Besichtigung vor Ort dienten als Quellen die Katasterkarten von 1869 und 1932 im Maßstab 1:2880 sowie Skizzen von 1930 und 1932.

373 *KAPTOL*

Buturac, J. (1963), 19; Buturac, J. (1967), 447; Buturac, J. (1991 b), 29–30, 36; Djurić, T. und Feletar, D. (1981), 33; Gulin, A. (1991), 82–83, 91–92.

374 *KAPTOL*

Buturac, J. (1963), 19; Buturac, J. (1967), 447; Buturac, J. (1977 b), 157; Buturac, J. (1977 a), 116; Buturac, J. (1991 b), 34; Djurić, T. (1981), 33.

375 *KAPTOL*

Buturac, J. (1967), 223; Buturac, J. (1977 b), 93, 157–158; Buturac, J. (1991 b), 60; Djurić, T. (1981), 35; Karaman, I. (1973 b), 202, 208; Kempf, J. (1910), 179; Kempf, J. (1914), 115; Krška, J. (1902), 91; Laszowski, E. (1903 a), 184, 186; Pavličević, D. (1977), 227.

376 *KAPTOL*

Buturac, J. (1967), 223; Buturac, J. (1991 b), 29, 32–33, 50–51, 58, 60; Karaman, I. (1977), 201; Krška, J. (1902), 91; Laszowski, E. (1903 a), 184, 186.

377 *KAPTOL*

Buturac, J. (1977 b), 159; Buturac, J. (1991 b), 30, 33, 51, 57–58, 65, 71; Devidé, M. (1971), 13–14; Djurić, T. (1981), 35; Horvat, A. u. a. (1970), 43; Horvat, A. (1975), 58; Horvat, A. (1982), 148, 307; Horvat, Z. und Mirnik, I. (1977), 126–128; Horvat, Z. (1991), 95–108; Szabo, Gj. (1920), 119.

378 *KAPTOL*

Josip Buturac *(1991 b, S. 60–61)* schreibt, daß die Zeitung „Vjesnik" (Zagreb) im Herbst 1945 die Renovierung des Kastells vorschlug und drei Jahre später den Kostenaufwand mit 1,5 Millionen (1945) bzw. 17 Millionen (1948) Dinar bezifferte.

379 *KAPTOL*

Buturac, J. (1977 a), 116; Buturac, J. (1991 b), 51; Djurić, T. (1981), 33; Horvat, Z. und Mirnik, I. (1977), 127; Horvat, Z. (1991), 97; Kempf, J. (1914), 115.

380 *KNEŽEVO*

Das Schloß erwähnen: *Ambruš, V. (1994), 276; Balić, M. (1976), 33; Djurić, T. und Feletar, D. (1983), 153–155; Horvat, A. u. a. (1970), 48; Horvat, A. (1979), 298; Karaman, I. (1986), 81, 86, 90; Mladinov, D. und Habunek-Moravac, Š. (1964), 152–153; Rajczi, P. (1986), 173, 179; Živković, Z. und Horvat, M. (1986).*

381 *KNEŽEVO*

Benützte Literatur und Quellen über den Park: *Rauš, Dj. (1977 b), 101–102; Beschluß über den Schutz des Parks des Staatl. Institutes für Naturschutz, Zagreb 1976.*

382 *KNEŽEVO*

In dem Beschluß über den Park von 1976 (Anm. 381) sind folgende Baumarten angeführt: *NADELGEHÖLZE: Abies concolor, Picea abies f. viminalis, P. pungens, Pinus nigra, P. strobus, P. silvestris, Taxus baccata; LAUBGEHÖLZE: Acer campestre, A. negundo, A. pseudoplatanus, A. saccharinum, Aesculus hippocastanum, Ailanthus altissima, Carpinus betulus, Catalpa bignonioides, Celtis australis, Corylus avellana, Fraxinus americana, F. angustifolia, Gleditsia triacanthos, Gymnocladus dioicus, Morus alba var. pendula, Platanus occidentalis, Prunus padus, Quercus robur, Q. rubra, Salix babylonica, Tilia cordata, T. tomentosa.*
Registriert wurden auch viele Ziersträucher. Im Buch von Rauš (1977 b) sind außerdem folgende Arten angegeben: *NADELGEHÖLZE: Chamaecyparis lawsoniana, Juniperus virginiana, Thuja orientalis; LAUBGEHÖLZE: Berberis vulgaris, Betula verrucosa, Forsythia europaea, Hibiscus syriacus, Juglans nigra, Ligustrum vulgare, Mahonia aquifolia, Morus alba, Populus alba, P. deltoides, P. nigra var. pyramidalis, Prunus avium, P. cerasifera var. pisardii, Robinia pseudoacacia, Sambucus nigra, Sophora japonica, Spiraea sp., Syringa vulgaris, Tamarix tetrandra, Ulmus carpinifolia, Viburnum opulus var. roseum, V. opulus f. variegatum.*

383 *KRIŽEVCI*

Domljan, Ž. (1993 b), 114–115.

384 *KRIŽEVCI*

JOSEPHINE Baronin KULMER (13.8.1786, Samobor–18.1.1876, Samobor) war die Tochter des Johann Emil Baron Kulmer († 1807) und der Judith Gräfin Sermage. Sie ehelichte am 9. Juli 1804 in Agram BALTHASAR IGNAZ von KIEPACH (30.12.1779–14.8. 1847, Samobor), der den Besitz des Barons Kulmer in Samobor verwaltete und von 1809–1813 Bürgermeister war. Dieser Ehe entsprossen sechs Kinder: LUISE (1806–1879), die zunächst mit dem Auditor Zettler und später mit Alois Baron Allnoch verheiratet war; FRANZISKA (1806–1884), verh. mit Joseph Baron Conde; NESTOR (1811–1882), erste Ehe mit Ludmilla Gräfin Lichtenberg, dann mit Virginie Pajman, doch starb mit deren Kindern Stephan und Ottilie der Familienzweig von Kiepach-Krapina aus; MARCEL (Anm. 385) und ALBIN (Anm. 386) sowie NEPOMUK (1826–1866), der mit Ottilie von Praunsperger (1833–1904) verehelicht war.
Qu.: Vrhovac, M. (1987), 705; Familienforschung und Archiv der Familie Kiepach.

385 *KRIŽEVCI*

MARCEL I. von KIEPACH (8.4.1813, Samobor–27.6.1887, Križevci) war der Sohn des Balthasar Ignaz (Anm. 384) und begründete den Familienzweig Križevci mit Bertha Claudius de Claudenburg (23.1.1834–5.6. 1913, Križevci); vier Kinder: Joseph (Anm. 387), PAULA (1856–1892), verh. mit Vladimir Baron Vranyczany-Dobrinović, OLGA (geb. 1860), verh. mit Hugo Baron Zettwitz, und GISELLA (1858–1877).
Qu.: Familienforschung und Archiv der Familie Kiepach.

386 *KRIŽEVCI*

ALBIN von KIEPACH (1815–1879; Eltern siehe Anm. 384) begründete den Familienzweig von Samobor mit Antonia von Modić (1818–1886). Vier Söhne, eine Tochter: EMIL (1848–1936) ehelichte Olga von Nikolić (1859–1929); WILHELM (1852–1931), verheiratet mit Milica Althaler; ALFRED (1857–1900); MARCEL II. (1858–1920), der dreimal verheiratet war, nämlich mit Beate Gvozdanović, Ludmilla Kment und Maria Sidošek; er hatte die Töchter Mira und Beate; ALEXANDRINE (1859 bis um die Zeit des Zweiten Weltkriegs) heiratete Baron Oswald Allnoch (1845–1895).

Die Linie des Emil Kiepach war mit dem Schloß Balagovi Dvori bei Samobor, die Linie Wilhelms mit dem Schloß Bregana verbunden. Emils Kinder: Zdenka (1884–1985), verh. mit Kurt Ritter von Obermayer; Nikolaus (1886–1964); Emil jun. (1895–1989), verh. mit Antoinette Baronin Tinti (1899–1937); Tochter Pia Maria verh. Wilfort (geb. 1921). So setzte Nikolaus die Familie fort. Er heiratete Yvonne Baronin Jordis (1895–1965), mit der er vier Kinder hatte: Natalie (geb. 1922; verh. mit Johann von Knobloch); Henriette (1923–1972), verh. mit Johann Pačkovski; Emil (1925–1942) und Marcel IV. (geb. 1928), der mit Branka Balen verheiratet war (Tochter Marcella, geb. 1958, heiratete Davor Armanda). Wilhelm hatte folgende Kinder: Zlata verh. Rajčević, Zora (1894–1972) verh. Gräfin Oršić sowie die Söhne Vladimir (1891–1966), Wilhelm (1901–1982) und Marian (1905–1982), der keine Kinder hatte.
Qu.: Familienforschung gemäß Marcel IV. Kiepach.

387 *KRIŽEVCI*

JOSEPH von KIEPACH (24.11.1862, Križevci–27.2.1940, Križevci) war der Sohn Marcels I. (Anm. 385). Er heiratete am 20.4.1890 Martha Baronin Locatelli (24.5.1874, Cormons–25.7.1962, Graz; Abb. 365; Tochter des Anton und der Therese geb. Gräfin Strassoldo), mit der er vier Kinder hatte (Abb. 366): Marcel (Anm. 388), Mariza, Paula und Elisabeth (Anm. 389). Joseph (Pepi) war Abgeordneter des Sabor.
Qu.: Familienforschung und Archiv der Familie Kiepach.

388 *KRIŽEVCI*

MARCEL von KIEPACH (12.2.1894–13.8.1915, Abb. 366) fiel als k. u. k. Offizier in Russisch-Polen. Das Gymnasium besuchte er in Zagreb, dann studierte er Wirtschaftswissenschaften in Berlin, Technik in Halle a. d. Saale und Elektrotechnik in Charlottenburg. Seine Erfindungen wurden in Frankreich, Deutschland, England und der Schweiz patentiert, 1910 ein Schiffskompaß in Berlin. Das Handels- und Industrieministerium in Paris anerkannte ihm im Januar 1912 die Erfindung eines Dynamos als Lichtquelle für Fahrzeuge. Dokumente seiner Arbeiten (Skizzen, Briefe etc.) befinden sich im Stadtmuseum Križevci. Marcels Leistungen waren bald vergessen; sie sind auch in der Fachliteratur nicht erwähnt.
Qu.: Milosavljević, R. (1988) in: Lexikon der Bürger von Križevci; Muljević, V. (1993); Novosel, O. (1979); Zeitungen „Narodne novine" (Zagreb), 23.10.1911; „Jutarnji list" (Zagreb) vom 31.10.1915; Znameniti i zaslužni Hrvati 925–1925 (siehe S. 420).

389 *KRIŽEVCI*

MARIZA von KIEPACH (27.11.1897–1985, Los Angeles) heiratete am 28.2.1924 in Dubrovnik Mathias Ziegler Conte Pozza aus Dubrovnik. Sie hatte keine Kinder.
PAULA von KIEPACH (23.3.1899–31.1.1993, Volosko) ehelichte am 28.6.1919 Emil von Lenarčić und im Jahre 1945 Christoph Nestoroff, Urenkel des Banus Ivan Mažuranić. Aus der ersten Ehe gab es den Sohn Emil.
ELISABETH (Elsa) von KIEPACH (14.2.1902, Križevci–13.2.1991, Wien) heiratete am 14.6.1927 in Križevci Karl Baron Korb-Weidenheim, Grundbesitzer in Kunratitz bei Prag (1945 enteignet). Sie hatte zwei Söhne und zwei Töchter, die alle in Österreich leben.
Qu.: Familienforschung und Archiv der Familie Kiepach.

390 *KUTINA*

Bösendorfer, J. (1910), 79; Buturac, J. (1977 c), 15.

391 *KUTINA*

Moslavac, S. (1992), 90.

392 *KUTINA*

Buturac, J. (1977 c), 15.

393 *KUTINA*

Die Grundherrschaft Kutina wurde 1786 zwischen den Familien Erdödy und Szécsen geteilt. Letztere erhielt das Schäferhaus und das Ziegelhaus Kat.-Zahl 19 bzw. 20, das Allod mit den Gebäuden Kat.-Zahl 22, das Schloß (Kat.-Zahl 23), das Provisorhaus (Kat.-Zahl 24) sowie die Dörfer Husain und Repušnica. Ludwig Erdödy erhielt das Holzhaus Kat.-Zahl 21. In Kutina besaß Karl Erdödy das Haus Kat.-Zahl 24 (Provisorhaus), das Gasthaus (Kat.-Zahl 25), das Schloß (Kat.-Zahl 26) und die Dörfer Ilova und Zbjegovača.
Qu.: Buturac, J. (1977 c), 102.

394 *KUTINA*

Die Besitzer der Grundherrschaft Kutina sind in der Literatur aufgezählt: *Bedić, M. (1973); Bösendorfer, J. (1910), 79; Buturac, J. (1977 c), 20–21, 55, 98–102, 112; Djurić, T. und Feletar, D. (1983), 30–33; Kempf, J. (1910), 178; Laszowski, E. (1903 a), 186; Moslavac, S. (1992), 91; Mayer, S. (1911); Mažuran, I. (1993), 797–799; Szabo, Gj. (1920), 107–108.* Über die Besitzer zu Ende des 19. und in der 1. Hälfte des 20. Jhs. wissen wir wenig. In der Literatur sind sie selten erwähnt.

395 *KUTINA*

Die Zahl der Ansässigkeiten wechselte. 1722 waren es 18, 1726 aber 51 und 1745 bereits 62.
Qu.: Karaman, I. (1973 b), 203.

396 *KUTINA*

Bewegliches und unbewegliches Vermögen der Herrschaft laut Verzeichnis vom 31.12.1736: 565 „Rigolen" Weingärten, 766 Joch Ackerboden, 374 „Mähgründe", 284 Zwetschkenbäume, 20 Wassermühlen, 291 Pferde, 517 Ochsen, 607 Kühe und Jungrinder, 587 Schafe und Ziegen, 2.158 Schweine und 48 Bienenstöcke. Zur Herrschaft zählten 7 Dörfer, 248 Haushalte, 242 Familienväter, 225 verheiratete Brüder und Söhne, 33 Söhne von 15 Jahren und 3 Witwen.
Qu.: Mažuran, I. (1993), 72–76, 798–799.

397 *KUTINA*

Horvat, J. (1939), 513.

398 *KUTINA*

Zur Zeit des Ignaz Steiner umfaßte der brauchbare lehmhaltige Grund ca. 1.500 Joch Bergwald, der Rest befand sich in der Ebene. Der Gesamtbesitz umfaßte 2.903,75 ha (5.050 Joch), und zwar: 512,90 ha Acker, 1,72 ha Gärten, 209,87 ha Wiesen, 5,18 ha Weingärten, 1.838 ha Wald, 311 ha Weiden und 24,72 Brachland. Es gab 3 Meierhöfe: Kutina, Keres und Bukova Greda. Angebaut wurden Raps, Weizen, Roggen, Hafer, Mais etc.
Qu.: Krška, J. (1902), 83.

399 *KUTINA*

Zur Zeit des Slavko Bettlheim befand sich ein Teil des Waldes und der Weingärten auf den Hügeln.
Der Gesamtbesitz umfaßte 690 ha (1.200 Joch), und zwar: 115 ha Acker, 92 ha Wiesen, 8,63 ha Gärten und Höfe, 5,75 ha Weingärten, 351,90 ha Wald, 93,73 ha Weideland und 23 ha Brachland. Geerntet wurden vor allem Feldfrüchte und Wein.
Qu.: Krška, J. (1902), 77.

400 *KUTINA*

Das mittelalterliche Kastell und die Festung in Kutina in der Literatur bei: *Bösendorfer, J. (1910), 79; Buturac, J. (1977 c), 21, 32, 54; Djurić, T. und Feletar, D. (1983), 31; Szabo, Gj. (1920), 107.*

401 *KUTINA*

Buturac, J. (1977 c), 55.

402 *KUTINA*

Die Literatur bringt wenig über das Schloß. Offensichtlich hat man sich mit seiner Geschichte und Architektur ungenügend befaßt. Angaben findet man bei: *Beleta, S. (1992 b), 43–44; Djurić, T. und Feletar, D. (1983), 31, 33; Horvat, A. u. a. (1970), 40; Moslavac, S. (1992), 91.*

403 *KUTINA*

Marinović, G. (1992).

404 *KUTINA*

Über Auftrag des Dr. Hohač wurden im Park gepflanzt: Roßkastanien, Eichen, Schwarznußbäume und eine Allee am Westrand des Parks *(Marinović, G. 1992)*.

Ende der siebziger Jahre des 20. Jhs. gab es an alten Bäumen Roßkastanien, Linden, Ahorn und Schwarzkiefern *(Rauš, 1980, S. 120)*.

405 *KUTINA*

Alexander I. SZÉCSEN hatte mit seiner Frau Rosa Bedeković de Komor die Söhne Karl I. und Nikolaus sowie die Töchter Franziska und Magdalena. Karl hatte die Söhne Adolf und Alexander II., Nikolaus die Söhne Karl II. und Anton. Nikolaus war Geheimer Rat, kgl. ung. Schatzmeister, Präsident der kgl. ung. Hofkammer und Obergespan von Požega.

Qu.: Buturac, J. (1977 c), 101; Laszowski, E. (1903 b), 82.

406 *KUTINA*

Verwertete Literatur über Kutina: *Atlagić, M. (1982), 19; Bedić, M. (1984), 21; Bedić, M. (1992), 30, 36; Bösendorfer, J. (1910), 79; Buturac, J. (1977 c); Buturac, J. (1990), 90; Buturac, J. (1991 c), 89; Djurić, T. und Feletar, D. (1983), 30–33; Gavrilović, S. (1960 b), 60–61; Horvat, J. (1939), 513; Karaman, I. (1973 b), 203; Karaman, I. (1977), 200; Krška, J. (1902), 77, 83; Laszowski, E. (1903 a), 184, 186; Marinović, G. (1992); Mažuran, I. (1993), 48, 72–77, 797–799; Moslavac, S. (1992), 90–91; Pasarić, D. (1992 b), 77–78; Pavičić, S. (1968), 70; Szabo, Gj. (1920), 107; Horvat, A. u.a. (1970), 40.*

407 *KUTJEVO*

Buturac, J. (1963), 18; Buturac, J. (1967), 397; Turković, Z. (1969), 39.

408 *KUTJEVO*

Der Zisterzienserorden entstand 1098 in Frankreich. Sein Mittelpunkt war das Kloster Citeaux (Cistercium) nächst Dijon. Er löste sich vom bestehenden Benediktinerorden (Cluny) ab, dessen Regeln sich im Lauf der Zeit abschwächten. Die Zisterzienser wandten sich einem asketischen Leben, der Armut, physischer Arbeit und unbedingtem Gehorsam gegenüber dem Papst zu. Im Hinblick auf die mittelalterliche Landwirtschaft war ihre Rolle bedeutend. Es bestand auch ein Parallelorden für Frauen. Gegen Ende des 13. Jhs. unterhielt der Orden 700 Klöster. Ihre Kirchen waren meist der Gottesmutter geweiht. Nach Kroatien kam der Orden zur Zeit des Arpadenkönigs Andreas II., der ihnen in Topusko Kloster und Kirche baute (1205). Der Orden gründete noch Klöster in Senj (Zengg; 1214), Zagreb (Mitte 13. Jh. die Marienkirche am Dolac) und Samobor (13. Jh.). Durch die Zisterzienser wurde der Stil der Gotik aus Frankreich nach Kroatien gebracht.

409 *KUTJEVO*

Buturac, J. (1942), 23–24; Buturac, J. (1967), 397; Buturac, J. (1977 b), 51, 53; Buturac, J. und Petković, A. (1977), 141–142; Lončarević, J. (1981), 29; Turković, Z. (1969), 9–13, 23.

410 *KUTJEVO*

JOHANN JOSEPH BABIĆ, Titularbischof von Skradin, war Abt von Pécs und Kutjevo. Der Agramer Bischof Alexander Mikulić ernannte ihn 1689 zu seinem Verweser für das Gebiet zwischen Save und Drau. Babić ist entweder 1700 oder 1698 *(Mažuran, 1993, S. 587)* gestorben.

Über Kutjevo speziell zur Zeit des J. Babić: *Buturac, J. (1942), 25–26; Buturac, J. (1967), 223; Buturac, J. (1977 b), 177; Buturac, J. (1990), 84; Karaman, I. (1973 b), 203; Kempf, J. (1910), 176; Kempf, J. (1914), 121–122; Laszowski, E. (1903 a), 186; Mažuran, I. (1993), 587; Pavličević, D. (1961), 77; Turković, Z. (1969), 31–32.*

411 *KUTJEVO*

Den JESUITENORDEN gründete Ignatius von Loyola 1534 in Spanien. Bestätigt wurde er durch Papst Paul III. 1540. Zweck: Verbreitung des Katholizismus in der Neuen Welt; Hauptträger der Gegenreformation und Verbreitung der Barockkultur. In Kroatien erschien der Orden zunächst in Zadar (Zara; 1559), 1560 in Ragusa (Dubrovnik), wo er 1604 seine Residenz hatte; 1606 in Zagreb, 1632 in Warasdin, 1638 in Rijeka, 1687 in Osijek, 1698 in Požega. Nach Unzukömmlichkeiten im kirchlichen und weltlichen Bereich hob Papst Clemens XIV. 1773 den Orden auf, Papst Pius VII. erneuerte ihn 1814. Die Jesuiten gründeten 1607 in Zagreb das erste Gymnasium und 1666 eine theologische und philosophische Fakultät.

Über Kutjevo zur Zeit der Jesuiten: *Buturac, J. (1942), 26; Buturac, J. (1967), 223; Buturac, J. (1990), 84–85, 88, 97–98; Kempf, J. (1914), 121–122; Laszowski, E. (1903 a), 186; Mažuran, I. (1993), 587–588; Turković, Z. (1969), 35–36, 44.*

412 *KUTJEVO*

Über Kutjevo zur Zeit der Schulgründung: *Lončarević, J. (1981), 32–33; Pavličević, D. (1961), 90, 94; Turković, Z. (1969), 41, 44, 56–60.*

413 *KUTJEVO*

Die Landesregierung in Zagreb schrieb 1880 die öffentliche Versteigerung aus; mangels Erfolgs das zweite Mal im Mai 1882. Nicht nur Turković und Türk boten, sondern auch eine Wiener und eine Budapester Firma sowie die „Societé d'importation de chéne“ aus Paris.

Speziell über die Turković-Zeit: *Karaman, I. (1973 b), 208; Lončarević, J. (1981), 33–35; Pavličević, D. (1977), 227; Turković, Z. (1969), 63–83.*

414 *KUTJEVO*

In der Schenkung Kaiser/König Leopolds I. vom 7.2.1700 sind folgende Dörfer als zur Herrschaft Kutjevo gehörig angeführt: Mitrovac, Venje, Hrnjevac (Hrnjevci), Lukač Požeški, Tominovac (Tominovci), Cerovac Jakšićki, Rajavci, Novoselci Jakšićki, Trapari (Trapare), Lakušije, Granje, Šumanovci, Bjeliševac (Biliševci), Ćošinci, Grabarje, Sesvete Požeške, Ašikovci, Gradac Požeški, Zarilac, Knešci, Poreč (Porečje), Ciglenik, Vukojevica, Kula (Sv. Djurađ), Bektež (Bekteže), Gradište Bekteško (Gradišće), Duboka, Londžica, Stojčinovac, Čaglin und Latinovac (Latinovci). Später kamen noch dazu: Sapna, Šibokovac (Sibokovac), Ljeskovica, Jurakovac (Jurkovac), Vetovo, Podgorje Požeško, Mali und Veliki Bilač, Tulnik und Vukčevce.

Qu.: Buturac, J. (1967), 223; Mažuran, I. (1993), 587.

415 *KUTJEVO*

Über die Herrschaft Kutjevo im 18. Jh. schreiben: *Buturac, J. (1942), 14–22; Karaman, I. (1973 b), 203; Karaman, I. (1977), 201; Lončarević, J. (1981), 32; Mažuran, I. (1993), 71, 74, 76, 587–588; Turković, Z. (1969), 35–36.*

416 *KUTJEVO*

IVANINDVOR befindet sich bei Pleternica, unweit der Eisenbahngleise. Gegen Ende des 19. Jhs. entwickelte sich der Meierhof zu einer kleinen Ansiedlung von Arbeitern und Angestellten des Gutes Kutjevo. Zur Meierei gehörten Anfang des 20. Jhs. etwa 915 Joch. 1926 gehörte sie der Familie von Krainčić. Heute ist die Kurie nahezu eine Ruine. Sie diente nach dem Zweiten Weltkrieg als Genossenschaftsheim. Daneben ist ein verwilderter Park von ca. 1 ha, in dem es aber noch 300 Jahre alte Steineichen gibt. Ivica Samardjić registrierte 1996 im Park folgende Baumarten: NADELGEHÖLZE: *Picea abies, Pinus nigra, Taxus baccata, Thuja plicata;* LAUBGEHÖLZE: *Acer campestre, A. pseudoplatanus, Aesculus hippocastanum, Ailanthus glandulosa, Betula pendula, Carpinus betulus, Catalpa bignonioides, Fagus silvatica, Fraxinus excelsior, F. excelsior var. pendula, Juglans regia, Laburnum vulgare, Populus nigra var. italica, Prunus avium, P. domestica, Quercus robur, Salix caprea, Sophora japonica, Syringa vulgaris, Tilia argentea, T. platyphylos, Ulmus laevis.*

Qu.: Buturac, J. (1977 a), 102; Lončarević, J. (1981), 34; Krška, J. (1902), 92; Turković, Z. (1969), 65–66; Sammlung A. Kulmer im Histor. Museum in Zagreb; Ivica Samardjić.

417 *KUTJEVO*

Zum Meierhof FEROVAC gehörten 1.500 Joch. Der Meierhof BRIEST (er gehörte in der Zwischenkriegszeit Irene von Vattay) umfaßte 1.037 Joch, er ist in der Nähe von Ovčara, 1 km östlich der Straße Jakšić–Vetovo. Beide Meiereien erzeugten Spirituosen. Der Meierhof VLAJEVAC mit 960 Joch dehnte sich zwischen den Bahnstationen Čaglin und Ljeskovica aus. 1901 wohnten dort 40 Familien.

Qu.: Krška, J. (1902), 92; Turković, Z. (1969), 65–66; Gedächtniserinnerungen Ferdinand Graf Kulmer.

418 *KUTJEVO*

Forsterzeugnisse waren: Brennholz, Holzkohle, Bauholz (Tannen, Eichen, Buchen), Weiden für Geflechte etc. In Irenovac bei Ljeskovica gab es eine Dampf-Sägemühle. Für den Forstbetrieb wurde eine 46 km lange Eisenbahnstrecke gebaut. Bis 1905 wurden gepflanzt: 2,650.000 Fichten, 750.000 Schwarzkiefern, 250.000 Weißkiefern, 50.000 Lärchen, 30.000 Nußbäume, 30.000 Ahorn, 250.000 Eschen, 15.000 Ulmen. Dem Oberförster in Kutjevo unterstanden: 3 Förster, 1 Geometer, 2 Adjunkte, 4 Oberaufseher, 16 Waldaufseher, 1 Forstbeamter, 4 Angestellte, 2 Müller, 2 Büroschreiber, 1 Rechnungsführer, 1 Magazinverwalter.

Qu.: Krška, J. (1902), 92–93; Turković, Z. (1969), 64–65.

419 *KUTJEVO*

Die Weingärten umfaßten 1882 nur 25 Joch, aber 72,6 ha im Jahre 1906. Seit 1896 pflanzte man amerikanische Reben. Anfang des 20. Jhs. gab es 94 Rebensorten, hauptsächlich „Graševina" (Riesling). Andere erwähnenswerte Qualitätsweine waren: Traminer, Weiß-, Blau- und Rotburgunder, Sauvignon, Silvaner, Rheinriesling, Veltliner, verschiedene Muskateller und Merlot. Weine mittlerer Qualität waren: Plemenka, Roter Portugieser, Verdot, Malbek und Ružica (Dinka). Vier Keller boten für 8.000 hl in Eichenfässern Platz. 1904 baute man eine Zisterne für 525 hl Wein aus der Schweiz. Für den Handel benützte man dunkelgrüne Flaschen.

Qu.: Krška, J. (1902), 92; Turković, Z. (1969), 58, 66, 69–73.

420 *KUTJEVO*

Der Ackerbau lieferte Weizen, Roggen, Mais, Hafer, Gerste, Flachs, Hopfen, Heu, Stroh und Gemüse.

Die Rinder dienten als Mastvieh oder zur Gewinnung von Milch und Milchprodukten. Gezüchtet wurden Zugpferde, Schafe, Schweine, Kaninchen und Geflügel. Weiters gab es Hirsche, Rehe, Fasane, Hasen, Rebhühner und Karpfen.

Qu.: Krška, J. (1902), 92.

421 *KUTJEVO*

Über die Jesuiten in Kutjevo gibt es zwei eingehende Studien: „Kutjevo – kompleks nekadašnjeg isusovačkog samostana" (Kutjevo – Komplex des einstigen Jesuitenklosters), Institut für Kunstgeschichte, Zagreb 1988; und „Obnova kutjevačkog povijesnog kompleksa" (Renovierung des historischen Komplexes von Kutjevo) von Zlatko Uzelac und Davorin Stepinac Zagreb 1988. Außer diesen Befunden über die Entwicklung und Architektur wurde folgende weiterführende Literatur verwertet: *Buturac, J. (1942), 14–22; Buturac, J. (1977 b), 53, 178–179; Cvitanović, Dj. (1975), 242–244; Djurić, T. und Feletar, D. (1983), 114–117; Horvat, A. u. a. (1970), 52; Horvat, Z. und Mirnik, I. (1977), 137–138; Lončarević, J. (1981), 29–32; Mohorovičić, A. (1975), XVIII; Pavličević, D. (1961), 112; Szabo, Gj. (1920), 119–120; Szabo, Gj. (1928), 76, 79; Turković, Z. (1969), 14–19, 36, 72–74.*

422 *KUTJEVO*

Nach dem Plan von 1773 (Budapester Staatsarchiv) befanden sich innerhalb der Mauern des Ordensbereiches folgende Neben- und Wirtschaftsgebäude: Keller an der Nordfront der Kirche; Preßhaus, Scheune, Brennerei, alter Springbrunnen, Jauchengrube, Kutscherhäuschen, Pferdestall, Heuboden, Speicher, Aborte, Wagenschuppen, Ochsenstall.

Qu.: Buturac, J. (1942), 15–17; Cvitanović, Dj. (1975), 243; Uzelac, Z. und Stepinac, D. (1988), 5.

423 *KUTJEVO*

In der Beschreibung zum Grundriß des Schlosses von 1773 sind folgende Räumlichkeiten angeführt: Erdgeschoß rechts vom Haupteingang: Haupttreppe, Kammer, Küche, Dienerzimmer, Wächterzimmer, Kellertreppe, Vorratskammer, Aborte und alter Wagenschuppen in Verlängerung des Ostflügels; Erdgeschoß links: Küche, Zimmer des Rechnungsführers, Kassa, zwei Büroräume, Faßbinderei sowie alter Eingang und alter Teil des Schlosses an die Kirche angelehnt; Obergeschoß: Refektorium, 7 Zimmer im Südflügel, 5 Zimmer im Westflügel sowie Gang und Aborte, jenseits des Ganges eine Verbindung zum Kirchenchor.

Qu.: Cvitanović, Dj. (1975), 242; Uzelac, Z. und Stepinac, D. (1988), 7–8.

424 *KUTJEVO*

Zvonimir Vrkljan *(1995, S. 110)* führt unter den vollendeten Arbeiten des Architekten Viktor Kovačić vor dem Ersten Weltkrieg auch das Schloß Turković in Kutjevo an.

425 *KUTJEVO*

Zu dem Renovierungsprojekt von 1988 (siehe Anm. 421) gehörte auch die Umgestaltung in ein Hotel.

426 *KUTJEVO*

Im Park von Kutjevo wurden 1977 folgende Pflanzenarten registriert: *NADELGEHÖLZE: Abies concolor, Ginkgo biloba, Juniperus virginiana, Larix decidua, Picea abies, Pinus banksiana, P. nigra var. austriaca, P. silvestris, P. strobus, Taxus baccata; LAUBGEHÖLZE: Acer campestre, A. negundo, A. platanoides, A. pseudoplatanus, A. saccharinum, Aesculus hippocastanum, Alnus glutinosa, Betula nigra, B. verrucosa, Campsis radicans, Carpinus betulus, Catalpa bignonioides, Cercis siliquastrum, Corylus avellana, Cornus mas, C. sanguinea, Crataegus monogyna, Fagus silvatica var. purpurea, F. silvatica var. aspleniifolia, Gymnocladus dioica, Hedera helix, Juglans nigra, J. regia, Maclura pomifera, Morus alba, Parthenocissus quinquefolia, Paulownia tomentosa, Platanus acerifolia, Populus nigra var. pyramidalis, Prunus avium, P. cerasifera var. pissardi, P. spinosa, Quercus robur, Q. rubra, Robinia pseudoacacia, Rosa sp., Sambucus nigra, Syringa vulgaris, Tilia cordata, T. tomentosa, Ulmus carpinifolia, U. glabra.*

Qu.: Rauš, Dj. (1977 a), 435-436; Rauš, Dj. (1977 b), Tab. 9.

Es gab nur einige ältere Bäume, und zwar Platanen, Linden, Roßkastanien etc. Größtenteils waren es Bäume, die erst um die Mitte oder in der 2. Hälfte des 20. Jhs. gesetzt wurden. Im Kommissionsprotokoll von 1967 des Staatl. Institutes für Naturschutz wurden Bäume registriert, die es 1977 nicht mehr gab: *Abies nordmanniana, Castanea, Chamaecyparis, Thuja.*

Nach dem Verzeichnis von Ivica Samardjić aus dem Jahre 1996 gab es (in bezug auf 1977) folgende Baumarten nicht mehr: *Abies concolor, Pinus banksiana, P. strobus, Betula nigra, Catalpa bignonioides, Cercis siliquastrum, Gymnocladus dioicus, Maclura pomifera, Populus nigra var. pyramidalis, Robinia pseudoacacia, Ulmus carpinifolia, Abies alba, A. nordmanniana, Acer platanoides „Atropurpurea", Buxus sempervirens, Fagus sylvatica var. purpurea „Pendula", Picea pungens var. glauca, Sophora japonica, Tilia platyphyllos* und *Thuja orientalis.*

427 *KUTJEVO*

Der Schloßpark wurde nicht näher untersucht. In der Literatur finden sich nur spärliche Angaben: *Cvitanović, Dj. (1975), 242–244; Cvitanović, Dj. (1988); Jurčić, V. und Kurtela, M. (1985), 54–55; Kempf, J. (1914), 123; Kiš, D. (1966 a), 4; Krška, J. (1902), 92; Petković, A. (1977), 201; Rauš, Dj. (1977 b); Turković, Z. (1969), 11, 18; Uzelac, Z. (1988); Uzelac, Z. und Stepinac, D. (1988).*

428 *KUZMICA*

Buturac, J. (1943), 9; Buturac, J. (1977 b), 31, 131–132; Buturac, J. und Petković, A. (1977), 142; Horvat, Z. und Mirnik, I. (1977), 121; Kempf, J. (1910), 177–178.

429 *KUZMICA*

Buturac, J. (1977 b), 92, 132; Horvat, J. (1939), 513; Karaman, I. (1973 b), 200; Karaman, I. (1977), 207; Krška, J. (1902), 88; Laszowski, E. (1903 a), 185; Pavličević, D. (1961), 77, 90.

430 *KUZMICA*

Der Besitz BLACKO umfaßte folgende Dörfer: Blacko, Dergasino selo, Orljevac (Orljavica), Srednje selo und Viškovac (Viškovci).

Qu.: Buturac, J. (1977 b), 92; Laszowski, E. (1903 a), 184.

431 *KUZMICA*

Horvat, J. (1939), 513; Karaman, I. (1973 b), 200; Karaman, I. (1977), 201; Krška, J. (1902), 88.

432 *KUZMICA*

Als dieses Buch geschrieben wurde, war die Kurie in schlechtem Bauzustand und vernachlässigt. Ein Teil war bewohnt, ein anderer diente als Lagerraum. Nur wenige Wirtschaftsgebäude waren erhalten.

433 *KUZMICA*

Nur wenige Autoren führen an, daß es im Dorf ein kleines Schloß gibt: *Kempf, J. (1914), 44; Peić, M. (1980), 200.* Eine Beschreibung des Zustandes des Schlosses bringt *Rebrina, V. (1996)*.

434 *KUZMICA*

In der Literatur findet sich nur selten eine Angabe über den Park. Kempf *(1914, S. 44)* schreibt, daß das Schloß in einem Park steht, während Ćerimović *(1979, S. 498)* meint, daß der Park im Ersten Weltkrieg zerstört wurde. Dem widerspricht wiederum Ivica Samardjić. Vielleicht wurde er beschädigt, aber sicherlich nicht zerstört. Im Frühjahr 1996 registrierte Samardjić rund um die Kurie folgende ältere Bäume (wahrscheinlich vom Ende des 19. oder Anfang des 20. Jhs.): *Aesculus hippocastanum, Carpinus betulus, Gymnocladus dioicus, Juglans regia, Pinus nigra ssp. austriaca, Sophora japonica, S. japonica „Pendula".*

435 *KUZMICA*

SVETOZAR KUŠEVIĆ von Blacko (14.4. 1823, Požega–1911) war Jurist, Politiker und Grundbesitzer. Seine Witwe Juliane, die Tochter Eugenie und der Adoptivsohn Theodor beerbten ihn. Svetozar studierte in Preßburg, legte die Rechtsanwaltsprüfung 1845 ab und arbeitete im folgenden Jahr als Notar in Pakrac.

Die Stadt Požega wählte ihn als Abgeordneten zum Landtag 1847 in Preßburg und 1848 zum Sabor. 1848 gehörte er der Banalkonferenz in Zagreb (Regierungsorgan) an. 1850 wurde er Rat bei der Gespanschaft Zagreb und 1861 Statthaltereirat. Dem Sabor gehörte er von 1847 bis 1906 als Abgeordneter an. Er wurde mit dem Ritterkreuz des Franz-Josephs-Ordens (1852) und des Leopolds-Ordens (1869) ausgezeichnet.

Qu.: Kempf, J. (1910), 352–53; Laszowski, E. (1903 b), 50; Pavličević, D. (1961), 104; Pavličević, D. (1977), 225; Potrebica, F. (1977), 208.

436 *LOVREČINA*

Buturac, J. (1984), 157–162, 172.

437 *LOVREČINA*

Buturac, J. (1984)158–159.

438 *LOVREČINA*

Vergleiche die Anmerkungen 101 und 102 im Text über Božjakovina.

439 *LOVREČINA*

LADISLAUS FODROCZY de Fodrovec (Gornja Rijeka) et Borkovec (25.5.1756, Erdovec bei Križevci–26.6.1834, Borkovec bei Zlatar) war in mehreren Gespanschaften als Richter tätig. Er studierte Rechtswissenschaften und Philosophie in Zagreb, betätigte sich literarisch und schrieb eine Geschichte von Križevci. Er hatte Besitztümer in Bogačevo (Sv. Petar Orehovec), Borkovec und Tresće.

Qu.: Buturac, J. (1984), 167

440 *LOVREČINA*

Die Familie FARKAS stammte aus dem Komitat Hont. Im Jahre 1690 wurden Adam, Thomas, Stephan, Matthias und Johann Farkas geadelt. Joseph Farkas zog nach Požega, wo er Anna von Ambrozović heiratete, mit der er den Sohn Emmerich (Mirko) hatte.

EMMERICH (1783, Požega–1865, Lovrečina) wurde am 16.11.1812 in das Adelsverzeichnis der Gespanschaft Požega eingetragen. Er heiratete Amalie von Petrović, mit der er mehrere Kinder hatte, darunter LUDWIG Farkas-Vukotinović (14.1.1813, Zagreb–17.3. 1893, Zagreb). Er war Obergespan von Križevci, beschäftigte sich mit Literatur und Botanik, gehörte dem Sabor an und war Ritter des Leopolds-Ordens und des Ordens der Eisernen Krone. Beigesetzt ist er in Zagreb, in den Arkaden des Friedhofs Mirogoj, zusammen mit anderen Persönlichkeiten der Bewegung der „nationalen Wiedergeburt". Lovrečina fiel dem jüngsten Sohn des Emmerich (Sigismund, 1819 geb.) zu. Emmerich lebte in Lovrečina von 1840 bis 1865. Er ist in der Laurentius-Pfarrkirche in Lovrečka Varoš bestattet.

Qu.: Atlagić, M. (1982), 64; Buturac, J. (1984), 168–172; Laszowski, E. (1903 b), 21; Ausstellungskatalog des Histor. Museums in Zagreb von 1993: ; Znamenja časti i vlasti u Hrvatskoj u 19. stoljeću („Symbole von Macht und Würden im Kroatien des 19. Jhs."), S. 86–87.

441 *LOVREČINA*

FRIEDRICH WANNIECK war gelernter Landwirt und stammte aus Brünn. Zu seiner Zeit umfaßte Lovrečina 862,50 ha (1.500 Joch). Angebaut wurden verschiedene Gemüsesorten, Spargel, Zichorie, Weizen, Mais und roter Klee.

Bekannt waren die großkalibrigen belgischen Pferde. Gutsdirektor war ein R. Haas, Verwalter I. Jugh. Wannieck gründete eine Obstbauschule unter dem Namen „Victoria", in der er Obst- und Gartenbau unterrichtete. Als die Bank das Gut abverkaufte (1911), kaufte Wanniecks Obergärtner Johann Duchon 40 Joch, auf denen er Obstbau betrieb und die Gärtnerschule fortsetzte. Beim Besitzwechsel an die Bank (1905) kehrte Wannieck nach Mähren zurück.

Qu.: Buturac, J. (1984), 173–74; Krška, J. (1902), 83–84.

442 *LOVREČINA*

Die Übersicht über die Besitzer von Lovrečina beruht auf folgender Literatur: *Buturac, J. (1981), 26-28; Buturac, J. (1984); Buturac, J. (1991 c), 85, 93, 95; Horvat, J. (1939), 511; Hršak, J. (1991), 10–11, 73; Krška, J. (1902), 83–84; Szabo, Gj. (1920), 101.*

Genauere Kenntnisse verdankt man Dr. Josip Buturac (1905–1993), der die letzten 25 Jahre seines Lebens im Schloß Lovrečina verbrachte.

443 *LOVREČINA*

Buturac, J. (1984), 163–166.

444 *LOVREČINA*

Buturac, J. (1984), 173.

445 *LOVREČINA*

Das Schloß Lovrečina wird in der Literatur meist nur nebenbei erwähnt. Die Chronologie der Umgestaltungen basiert auf den Ausführungen von Dr. J. Buturac.

Qu.: Buturac, J. (1984), 173, 175; Horvat, A. u. a. (1970), 55; Horvat, A. (1974), 28; Horvat, A. (1975), 229.

446 *LOVREČINA*

Gärtner gab es für den Obst- und Gemüseanbau, besonders seit Ende des 19. Jhs. Zur Zeit des Generals Tomasini waren der Franzose Eugen Jacyneumin sowie Ivan und Anton Golub als Gärtner tätig. Als Friedrich Wannieck Lovrečina besaß, gab es den Obergärtner Duchon und die Gärtner Bolto Hrenjak und Ivan Abramović aus Čerević bei Ilok.

Qu.: Buturac, J. (1984), 172–174.

447 NAŠICE

Cvekan, P. (1981), 23–25; Mažuran, I. (1986 a), 129.

448 NAŠICE

Literatur über die Geschichte von Našice: *Belavić, P., Našice – povjesničke crtice (Našice – Historische Kurzgeschichte); Bösendorfer J. (1910), 104, 106; Cvekan, P. (1981); Dobronić, L. (1984 a), 62–63, 118–120; Dobronić, L. (1984 b), 67–69; Jančula, J. (1996); Lukić, M. (1961), 33–40; Majstorović, S. (1973); Pinterović, D. (1954), 54–68; Szabo, Gj. (1920), 136–137.*

449 NAŠICE

Cvekan, P. (1981), 27; Mažuran, I. (1993), 48, 52, 417–418.

450 NAŠICE

Über die Herrschaft Našice: *Balta, I. (1985), 307; Bösendorfer, J. (1910), 353, 355; Horvat, J. (1939), 513; Karaman, I. (1973 b), 203, 209; Krška, J. (1902), 113; Laszowski, E. (1901), 71; Majstorović, S. (1973), 83; Mažuran, I. (1993), 71–76, 418–419.*

451 NAŠICE

Brief von Maria geb. Gräfin Pejácsevich an die Buchautoren.

452 NAŠICE

Die Literatur gibt 1811 und 1812 als Bauzeit an. Als erster publizierte dies P. Belavić Anfang des 20. Jhs. aufgrund der Daten aus dem Klosterarchiv *(Našice – Historische Kurzgeschichte , S. 38;* in Anm. 448 zitiert). Andere Autoren haben dies übernommen: *Balta, I. (1985), 284; Horvat, A. (1979), 301; Lukić, M. (1961), 40; Majstorović, S. (1973), 79; Mohorovičić, A. (1975), XIV, XX.*

Julius Graf Pejácsevich gibt im sechsten Buch seiner Familiengenealogie bei der Beschreibung des Schlosses an, daß Vinzenz zwischen 1806 und 1810 das Schloß erbauen ließ. *(Kroat. Staatsarchiv, Schuber [fond] 01.753 Fam. Pejačević, Box 4, Buch 6/II/II, S. 1023).*

453 NAŠICE

Die Technik des Feuchtigkeitsschutzes entwickelte Prof. Dr. Milutin Milanković (in Dalj 1879 geboren), Professor an der Universität Belgrad, bekannt durch seine Eiszeittheorie. Einen Meter unter dem Niveau des Souterrains wurde eine Betonwanne mit einem Gefälle in Richtung der Terrainneigung (zum Park) geschaffen und 34 cm unterhalb des Erdniveaus durch Betonplatten abgeschlossen.

Qu.: Beschluß des Regionalinstitutes für den Schutz von Kulturdenkmälern, Osijek 15.10.1990.

454 NAŠICE

Über den Park wurde wenig geschrieben, über seine Geschichte und die Parkkomposition fast nichts. (Und wenn, dann ungenau und mit willkürlichen Jahresangaben.) Literatur, in der immerhin der Park erwähnt ist: *Jurčić, V. und Kurtela, M. (1985), 52–53; Kiš, D. (1966 a), 3; Kiš, D. (1966 b), 194–195; Mička, K. (1984); Rauš, Dj. (1977 b), 52–59; Gemeinde Našice – Naturschutz (Elaborat des Staatl. Institutes für Naturschutz, Zagreb 1983).*

455 NAŠICE

Pflanzenarten im Park laut *Rauš, Dj. (1977 b), Tab. 9: NADELGEHÖLZE: Abies pinsapo, Cedrus deodara, Chamaecyparis lawsoniana, Ginkgo biloba, Juniperus communis, J. sabina var. prostrata, J. virginiana, Larix decidua, Picea abies, Pinus nigra var. austriaca, P. silvestris, P. strobus, Pseudotsuga menziesii, Sequoiadendron giganteum, Taxodium distichum, Taxus baccata, Thuja occidentalis, Th. occidentalis var. pyramidalis, Th. orientalis; LAUBGEHÖLZE: Acer campestre, A. negundo, A. negundo var. aureovariegatum, A. platanoides, A. tataricum, Aesculus hippocastanum, Ae. pavia, Alnus glutinosa, Berberis vulgaris, Betula verrucosa, Broussonetia papyrifera, Buddleia variabilis, Campsis radicans, Caragana arborescens, Carpinus betulus, Catalpa bignonioides, Cercis siliquastrum, Chaenomeles speciosa, Clematis vitalba, Corylus avellana, C. colurna, Cornus mas, C. sanguinea, Cotoneaster horizontalis, Crataegus monogyna, Euonymus europaeus, E. japonicus, Fagus silvatica, F. silvatica var. purpurea, Forsythia europaea, Fraxinus angustifolia, Gleditsia triacanthos, Gymnocladus dioicus, Hedera helix, Hibiscus syriacus, Jasminum nudiflorum, Juglans nigra, J. regia, Laburnum anagyroides, Ligustrum ovalifolium, L. vulgare, Lycium halimifolium, Maclura pomifera, Magnolia obovata, Morus alba, M. alba var. pendula, M. nigra, Parthenocissus quinquefolia, Paulownia tomentosa, Philadelphus coronarius, Platanus acerifolia, P. occidentalis, Populus alba, P. x canadensis var. serotina, P. nigra var. pyramidalis, P. simonii, P. tremula, Potentila fruticosa, Prunus avium, P. cerasifera var. pisardii, P. domestica, P. laurocerasus, P. padus, P. persica, P. spinosa, Ptelea trifoliata, Pyracantha coccinea, Quercus petraea, Q. robur, Q. robur f. fastigiata, Rhamnus cathartica, Rhus typhina, Robinia pseudoacacia, R. pseudoacacia var. umbraculifera, Rosa sp., Salix alba, S. babylonica, S. caprea, S. cinerea, S. fragilis, Sambucus nigra, Sophora japonica, S. japonica var. pendula, Spiraea x vanhouttei, S. bumalda Korhne var. Antho, Symphoricarpus orbiculatus, Syringa vulgaris, Tamarix tetrandra, Tilia cordata, T. tomentosa, Ulmus carpinifolia, U. glabra, Viburnum opulus, Weigela florida, Wisteria sinensis.*

456 NAŠICE

Laut Erinnerung von Zvonimir Brdarić und Leon Majer, Bewohnern von Našice, ist das Glashaus im Verlauf eines Gefechtes zwischen dem 12. und dem 19. November 1944 in Flammen aufgegangen.

457 NAŠICE

Details siehe: *Obad Šćitaroci, M. (1992), 70–73, 130, 139.*

458 NAŠICE

Der Park wurde zunächst als Naturkostbarkeit geschützt (Beschluß des zuständigen Landesinstitutes in Zagreb vom 29.1.1949, Zl. 12/49). Am 12.4.1963 erfolgte der Schutz des Parks aufgrund Art. 40 des damaligen Naturschutzgesetzes (Zeitung „Narodna novine“, Nr. 19/1960).

459 NAŠICE

KARL III. Graf PEJÁCSEVICH (2.11.1745, Mantua–1.4.1815, Ödenburg; Abb. 432) zeigte militärisches Interesse und absolvierte die Theresianische Akademie. 1792 ernannte ihn Kaiser Franz II. zum k. k. Kämmerer. Zuerst war er mit Barbara Baronin Sanchez de Ortigossa y Cyefuentes verheiratet, dann mit Eleonore Gräfin Erdödy (1770, Wien–1840, Ödenburg). Mit dieser hatte er elf Kinder: Karl IV., Maria Antonia Anna, Ferdinand (Anm. 461), Vinzenz (Anm. 460), Anna Maria Barbara, Franziska Xaver, Eleonore, Katharina, Ludwig, Karl und Maximiliana Antonia.

Qu.: Balen, B. (1994), 286–292; Balta, I. (1985), 282–283; Cuvaj, A. (1913), 26–28; Šišić, F. (1896), 125.

460 NAŠICE

VINZENZ Graf PEJÁCSEVICH (11.4.1780–1820, Našice; Abb. 433) war mit Ilma Maria geb. Gräfin Batthyány (1789–1823; Abb. 434) verheiratet. Sie hatten die Tochter Katharina, die Anton Graf Schaffgotsch ehelichte.

Qu.: Balen, B. (1994), 288–289; Cuvaj, A. (1913), 50; Šišić, F. (1896).

461 NAŠICE

FERDINAND Karl Rainer Graf PEJÁCSEVICH (17.6.1800, Ödenburg–10.4.1878, Graz) hatte mit Maria geb. Döry de Jobaháza sieben Kinder: Ladislaus (Anm. 462), der Banus wurde; Karl; Ferdinand, Bürgermeister von Našice; Maria; Julius Vinzenz Markus, der sich mit Musik und Geschichte befaßte; Agnes; Gabriel. Ferdinand bewirtschaftete Našice und nahm an den politischen Geschehnissen 1848/49 Anteil. Er erbte das große Vermögen seiner Frau in Ungarn.

Qu.: Balta, I. (1985), 284; Cuvaj, A. (1913), 48, 57–58; Šišić, F. (1896).

462 *NAŠICE*

LADISLAUS Graf PEJÁCSEVICH (5.4.1824, Ödenburg–9.4.1901, Našice; Abb. 435) war der älteste Sohn Ferdinands (Anm. 461). Er heiratete Gabriele Baronin Döry de Jobaháza (1830–1913). Sie hatten vier Kinder: Maria Eleonore, Theodor (Anm. 463), Maria Elisabeth und Maria Marka Alexandra. Um die Umgebung von Našice, besonders die Schule, machte er sich verdient. Gräfin GABRIELE sorgte für die Armen und war langjährige Präsidentin des Roten Kreuzes und bis 1904 Patronin des Kroat. Musikinstitutes. Kaiser Franz Joseph zeichnete sie mit dem Elisabeth-Orden I. Klasse aus, der Papst mit dem Orden „Pro Ecclesia et Pontifice".

Qu.: Balta, I. (1985), 284–286, 292; Belavić, P. Našice – Historische Kurzgeschichte, S. 50; Cuvaj, A. (1913), 50–57; Majstorović, S. (1973), 81, 85; Šišić, F. (1896), 125; Enzyklopädie der kroat. Geschichte und Kultur, S. 455; Zeitung „Hrvatski tjednik", vol. 1, 1939, Nr. 38, S. 3.

463 *NAŠICE*

Dr. MARIO THEODOR Graf PEJÁCSEVICH (24.9.1855, Našice– 23.7.1928, Wien; Abb. 436) heiratete Elisabeth (Lila) geb. Baronin Vay de Vaja (geb. 1860; Abb. 437). Ihre fünf Kinder waren: Markus VI., Elemér, Theodora (Dora; Anm. 464), Lila und Gabriele. MARKUS VI., für den man das Kleine Schloß in Našice baute, heiratete Maria (Minka) von Beniczky de Beniczet Miscinye. Markus war Kämmerer, Malteserritter, Abgeordneter des Reichstages in Wien, des Parlaments in Budapest sowie des Sabor. Er war der Erbfolger; die heute über viele Länder verstreuten Pejácsevich sind seine Enkel und Urenkel.

Seine drei Söhne waren: Peter, Géza und Markus VII. PETER war Gesandter des NDH-Staates (Unabhängiger Staat Kroatien, 1941–1944) in Madrid und lebte nach dem Zweiten Weltkrieg in Argentinien. Verheiratet war er mit Klara Baronin Inkéy de Pallin (1911–1981). Er lebte von 1908–1987. GÉZA (1917–1995) war gleichfalls NDH-Diplomat und lebte nach dem Krieg in Venezuela. Verheiratet war er mit Amalie Gräfin Wilczek (1917–1985) in erster und mit Katalin Benko de Bógóz (geb. 1931) in zweiter Ehe. MARKUS VII. (geb. 1923) war Malteserritter, lebte in London und war mit Eva Mariassy de Batizfalva verheiratet.

Die vier Töchter von Markus VI. waren: MARIA (geb. 1909), die in London lebte; STEPHANIE (1910–1988), verheiratet mit Johann Baron Adamovich (Anm. 695), war Sternkreuz-Ordensdame und Dame des Malteserordens, lebte in Kolumbien; GABRIELE (1913–1945) wurde mit ihrem Mann (Dr. Lajos Graf Blanckenstein, 1910 geb.) beim Einmarsch der Roten Armee in Budapest erschossen; ELISABETH MARKA (1915– 1993) war mit Peter Graf Keglevich in erster und Dimitrius Petroff († 1978) in zweiter Ehe verheiratet.

Qu.: Balta, I. (1985), 287–288, 290, 292; Cuvaj, A. (1913), 59–64; Majstorović, S. (1973), 81–83; Šišić, F. (1896), 125; Stammbaum der Grafen Pejácsevich.

464 *NAŠICE*

DORA (Theodora) Gräfin PEJÁCSEVICH (10.9.1885, Budapest–5.3.1923, München, Abb. 438 und 439), starb 53 Tage nach der Geburt ihres Sohnes Theodor an einer Sepsis. Im Herbst 1921 hatte sie Ottomar von Lumbe in Našice geheiratet. Danach lebte sie in Dresden, später in München. Auf eigenen Wunsch wurde sie in Našice beerdigt. Ihr Grab schmückt die Skulptur „Tuga", ein Frauenkopf aus Marmor im Stil der Sezession (Bildhauer: Dj. Jovanović, 1906), der zuvor in ihrem Zimmer stand.

Musikunterricht erhielt Dora schon in ihrer Kindheit, und zwar von Károly Noszede (1863–1944), der später Dirigent und Direktor der Budapester Oper war. Ab 1902 erhielt sie in Zagreb Unterricht, und zwar Violine bei Václav Huml, Musiktheorie bei Prof. Ćiril Junek und Instrumentation bei Prof. Kaiser; später in Dresden (ca. 1909), und zwar Kompositionslehre bei Percyl Sherwood und Violine bei Henri Petri. In München studierte sie Komposition bei Walter Courvoisier. 1912 kehrte Dora nach Našice zurück.

Zu ihrem Freundes- und Bekanntenkreis zählten Rainer Maria Rilke und Karl Kraus. Dem Komponieren widmete sie sich hauptsächlich nach 1913, besonders zwischen 1916 und 1920. Ihre Werke umfaßten Kammermusik, Werke für Soli und Orchester, Musikstücke für Klavier sowie für Klavier und Violine, aber auch Lieder.

Qu.: Kos, K. (1982).

465 *NESPEŠ*

Die Kurie und das Gut Nespeš werden in der Literatur selten behandelt: *Glavičić, Dj. (1984), 10; Habunek-Moravac, Š. (1971), 18–19; Horvat, J. (1939), 500, 503; Tartaglia-Kelemen, V. (1960), 149.*

466 *NUŠTAR*

Bösendorfer, J. (1910), 175; Mažuran, I. (1993), 255; Pavičić, S. (1940), 95–96.

467 *NUŠTAR*

Balić, M. (1974 b), 16; Bösendorfer, J. (1910), 175; Djurić, T. und Feletar, D. (1983), 176; Horvat, A. (1964), 568; Mažuran, I. (1993), 255; Pavičić, S. (1940), 95–100.

468 *NUŠTAR*

Mažuran, I. (1993), 256; in der älteren Literatur wird der 19.1.1715 angeführt. Die Autoren der Monographie Nuštar *(Bedenko, V.; Uzelac, Z.; 1996)* erwähnen auch 1715.

469 *NUŠTAR*

In der älteren Literatur heißt es, daß Franz Trenck Nuštar im Jahre 1740 kaufte: *Kempf, J. (1914), 67; Koch-Kuhač, F. K. (1876), 6;* V. Žinić *(1996)* führt an, daß die Erben des Grafen Gosseau den Besitz am 1.1.1746 dem Baron Franz Trenck verkauften.

470 *NUŠTAR*

ANTON Baron SÁNDOR de Szlavnicza († 1802) wurde am 27.8.1787 in den Grafenstand erhoben. Der Ehe mit Esther geb. Gräfin Viczay de Loós et Hédervár (1734–1793) entsprossen der Sohn VINZENZ und drei Töchter: JOSEPHA, verheiratet mit Anton I. Graf Khuen-Belasi (Anm. 488); ANNA, verheiratet mit Joseph Graf Mailáth, und ESTHER, verehelichte de Révay.

Qu.: Laszowski, E. (1903 b), 80; Žinić, V. (1996), 87.

471 *NUŠTAR*

ANTON II. Graf KHUEN-BELASI (Anm. 489) wurde 1811 Besitzer der Herrschaft Nuštar, den Besitz Gaboš ausgenommen, den seine Schwester Esther Ernestine (6.9.1783– 18.5.1814) erbte; sie war mit Franz Graf Attems verheiratet. Später erbte deren Tochter Adelheid Attems verh. Gräfin Kottulinsky diesen Besitz.

Qu.: Karaman, I. (1994 b), 9–24; Zeko, J. (1995), 20; Žinić, V. (1996), 87.

472 *NUŠTAR*

Über die Besitzer der Herrschaft Nuštar schrieben: *Gavrilović, S. (1960 b), 56; Horvat, J. (1939), 513; Karaman, I. (1973 b), 204, 209; Krška, J. (1902), 116–117; Mažuran, I. (1993), 255–256; Pavličević, D. (1977), 232; Šišić, F. (1896), 91; Šišić, F. (1900), 54; Zeko, J. (1995), 12, 17–20, 27–28, 37, 40.*

473 *NUŠTAR*

Im „Großen Schloß" waren im Jahre 1945 Kriegsinvalide untergebracht und in den fünfziger Jahren eine landwirtschaftliche Genossenschaft. 1956 war in einem Teil eine Schule, der andere Teil diente unterstandslosen Personen als Wohnung. 1972–1975 stand das Schloß leer, seit dem Jahr 1991 dient es der Armee. Das „Kleine Schloß" war jahrelang eine Herberge für alte und gebrechliche Menschen.

Qu.: Zeko, J. (1995), 12.

474 *NUŠTAR*

1736 gehörten zur Herrschaft folgende Dörfer: Andrijaševci, Cerić, Gaboš, Ivankovo, Jarmina, Markušica und Retkovci sowie die Ansässigkeiten Jakobovci, Ljeskovci

(Ljeskovac), Radovanci (Draganovac), Novoselo, Kertulijanci, Baherska i Marinci.

Qu.: Mažuran, I. (1993), 255.

475 *NUŠTAR*

Horvat, J. (1939), 513; Karaman, I. (1966), 313; Karaman, I. (1973 b), 204, 209; Krška, J. (1902), 116–117; Mažuran, I. (1993), 52, 71–75, 255–257.

476 *NUŠTAR*

Eine Grundrißskizze des Pferdestalles befindet sich im Staatsarchiv in Zagreb, Schuber (fond) 728, Familie Khuen-Hédervárу, Box 16, Faszikel 1. Das Stallgebäude bestand aus der Wagenremise, den Boxen für acht Pferde und einigen Räumen für das Stallpersonal.

477 *NUŠTAR*

Der Name Gosseau wird in der Literatur abwechselnd auch Goseaux und Coseaux geschrieben.

478 *NUŠTAR*

Mihaljević, A. (1994); Uzelac, Z. (1996), 132–145; Zeko, J. (1995), 27.

479 *NUŠTAR*

Die neueren Forschungen von V. Bedenko und Z. Uzelac (1992–1996) sind in der vorliegenden Darstellung der Entwicklung des Schlosses mit einbezogen. Publiziert wurden sie in den Bulletins der Kroatisch-amerikanischen Gesellschaft und in der Monographie Nuštar (1996) im Verlag der genannten Gesellschaft.

480 *NUŠTAR*

Das Schloß Nuštar ist, besonders vor 1992, in der Literatur nur oberflächlich beschrieben. Einen gewissen Schwung brachte erst die Kroatisch-amerikanische Gesellschaft in Zagreb und ihre Sektion für die Erhaltung von Kulturdenkmälern. Mit dem Schloß befaßt sich folgende Literatur: *Ambruš, V. (1994), 275–276; Balić, M. (1976), 33; Bedenko, V. (1996), 97–125; Djurić, T. und Feletar, D. (1983), 177; Horvat, A. u. a. (1970), 73; Horvat, A. (1975), 82; Horvat, A. (1979), 296; Krajina, G. (1994); Ljubišić, M. (1993); Mažuran, I. (1993), 256; Mohorovičić, A. (1975), VI, XVIII; Tomičić, Ž. (1992); Uzelac, Z. (1996), 127–153; „Projekt Nuštar" (1991/92).*

481 *NUŠTAR*

In den Jahrzehnten nach dem Zweiten Weltkrieg hat der Schloßpark schwer gelitten. Der Mittelteil mit alten Nadelbäumen wurde so gut wie gerodet. Andere Parkbäume wurden erbarmungslos als Brennholz verwertet, so daß von den einstigen 180 Baum- und Straucharten kaum sechzig übrigblieben. Alte und sehr schöne Gruppen von Nußbäumen (*Juglans nigra*; Exoten aus Amerika) wurden 1972 gefällt, als der Park von der „PIK Vinkovci" (landwirtschaftliche Genossenschaft) verwaltet wurde. Im Park wurden sogar, unmittelbar neben dem Schloß, Pferche für Kühe gebaut. Auch im Befreiungskrieg 1991 wurden viele Bäume erheblich beschädigt. Weiters wurde im Park ein erdgeschossiges Altersheim errichtet.

482 *NUŠTAR*

Mit Bescheid des damaligen Staatlichen Institutes für Naturschutz vom 9.6.1971 wurde der Park in einem Umfang von 13,17 ha unter Schutz gestellt, somit die Fläche des ursprünglichen Parks (5,7 ha) und ein größerer Teil der bewirtschafteten Flächen.

483 *NUŠTAR*

„Projekt Nuštar" 1991/92; Kroat. Staatsarchiv (Zagreb), Urb.-Urkunden, Fasz. 133/4; Bedenko, V. (1996), 119; Koščak, V. und Aničić, B. (1996); Ljubišić, M. (1993); Uzelac, Z. (1996), 135, 137, 142.

484 *NUŠTAR*

Kroat. Staatsarchiv (Zagreb), Schuber (fond) Familie Khuen-Hédervárу-Belasi, Box 12, Fasz. 2.

485 *NUŠTAR*

Im Urbanistischen Institut Kroatiens (Zagreb) wurde 1967 unter Leitung von Ing. Dragutin Kiš ein Plan für die Umgestaltung des Parks ausgearbeitet *(vgl.: Obad Šćitaroci, M. 1992, S. 70, 72, 176, 187)*. Dabei wurden 34 Pflanzenarten registriert: *NADELGEHÖLZE: Picea excelsa, P. pungens glauca var. Kosteriana, Pinus silvestris, P. strobus, Taxus baccata, Thuja sp.; LAUBGEHÖLZE: Acer campestre, A. negundo, Aesculus hippocastanum, Betula pendula, Carpinus betulus, Catalpa bignonioides, Corylus colurna, Fagus sp., Fraxinus excelsior, Gleditsia triacanthos, Juglans nigra, J. regia, Maclura aurantiaca, Morus nigra, Platanus acerifolia, Populus sp., P. nigra „Pyramidalis", Prunus sp., Quercus cerris, Q. robur, Robinia pseudoacacia, Salix sp., Sambucus nigra, Sophora japonica var. pendula, Tilia parvifolia, Ulmus campestre, Wisteria sinensis, Obstbäume verschiedener Sorten.*

Der Plan von 1967 sah die Anpflanzung von 100 neuen Pflanzenarten vor (hauptsächlich Sträucher); er wurde aber nicht verwirklicht. Der größere Teil der Pflanzenarten, die Dj. Rauš anführt, bezieht sich auf bodenständige Sträucher und seltene heimische Bäume. *(Rauš, Dj. [1977 b]; Rauš, Dj. [1970 a], S. 21–34.)*

486 *NUŠTAR*

Solche Anlagen sind in der Literatur erwähnt: *Ćirić, M. (1970); Koščak, V. und Aničić, B. (1996); Zeko, J. (1995).*

487 *NUŠTAR*

In alten Urkunden und in der Literatur begegnet man immer wieder unterschiedlichen Schreibweisen: Belasi, Belassy, Belasy. Verwertet wurden die Daten im Kroatischen Staatsarchiv und das Familienarchiv des Matthias Graf Khuen-Belasi.

488 *NUŠTAR*

ANTON I. Graf KHUEN-BELASI (2.9.1732, Chamutitz–5.6.1788, Zagreb; Abb. 458) war der Sohn des Joseph Ferdinand Karl Khuen und der Katharina Ludmilla Baronin Pergler von Perglas (geb. 1698). Er war k. k. Kämmerer und nahm mit großer Auszeichnung am Siebenjährigen Krieg teil. 1787 wurde er Generalmajor. Er führte sein Regiment zum Sturm gegen die Festung Türkisch-Dubica, wobei er schwer verwundet wurde. 1782 heiratete er Josepha Sándor von Szlavnicza (1759–1803); Kinder: ESTHER-ERNESTINE (geb. 6.9.1783), verh. 1814 mit Franz Anton Graf Attems (geb. 1783), ANTON II. (Anm. 489) und AMALIE (1786–1790).

Qu.: Familienarchiv der Grafen Khuen-Belasi.

489 *NUŠTAR*

ANTON II. KHUEN-BELASI (29.7.1784, Wien–23.2.1823, Preßburg) war der einzige Sohn Antons I. (Anm. 488). Er absolvierte die Militärakademie Wiener Neustadt 1802 und nahm 1805 und 1809 an den Napoleonischen Kriegen teil. Wegen Krankheit quittierte er als Rittmeister den Dienst und wandte sich 1810 der Verwaltung seines Vermögens zu. Er bekleidete die Würde eines k. k. Kämmerers. 1810 ehelichte er Karoline Gräfin Viczay von Hédervár (10.10.1780–1839); 6 Kinder: MARIA (1811–1848), verh. 1829 mit Karl Graf Viczay (geb. 1802), HEINRICH-HINKO (3.6.1812, Nuštar–3.4.1880, Preßburg; Abb. 459), EGON (26.5.1814, Nuštar–30.5.1814), FRANZISKA (29.1.1816–1830), ANTON III. (Anm. 490) und KARL (6.8.1818, Nuštar–29.4.1905, Graz). Anton II. lebte mit der Familie in Nuštar, den Winter verbrachten sie in Preßburg. Von Kaiser Franz I. wurde er 1817 zweimal in Audienz empfangen: am 16. Januar mit einer von Fürst Odescalchi angeführten Delegation aus Anlaß der Hochzeit des Kaisers und am 20. Oktober mit einer Delegation, als der Kaiser das Grenz-Generalkommando in Vinkovci besuchte.

Qu.: Familienarchiv der Grafen Khuen-Belasi; Žinić, V. (1996), 87.

490 *NUŠTAR*

ANTON III. Graf KHUEN-BELASI (25.2.1817, Preßburg–21.5.1886, Monostor) war der Sohn Antons II. (Anm. 489). Im ersten Lebensjahr war er wegen einer Augenentzündung faktisch am rechten Auge blind. 1834–1846 leistete er Militärdienst und wurde k. k. Kämmerer. 1847 heiratete er

Angelika Baronin Izdenczy von Monostor (1.3.1823–16.6.1894). 7 Kinder: KARL KHUEN-HÉDERVÁRY (23.5.1849, Nuštar–16.2.1918, Budapest), der Banus war und 1880 Margarethe Gräfin Teleki von Szék (1860–1922) heiratete, mit der er die Söhne Alexander (1881–1946) und Karl Ladislaus (1888–1960) hatte; ALICE (5.11.1850–14.1.1879), verh. 1877 mit Sigismund Graf Zichy (1846–1899); ANTON IV. (23.3.1852–1.2.1890); ANGELIKA (6.6.1855, Nuštar–3.9.1918, Graz), verh. 1887 mit Albert Graf Lodron (1847–1914); MARGARETHE (8.6.1856, Nuštar–13.11.1920, Budapest), verh. 1885 mit Tibor Graf Vay von Vaja (1856–1928); HEINRICH JAKOB I. (Anm. 491) und SABINE (21.5.1863, Nuštar–24.12.1942, Monostor), verh. 1883 mit Johann Graf Woracziczky (1857–1939). Die Familie lebte abwechselnd auf ihren Gütern in Schlesien, Nuštar, Preßburg, Hédervár, Monostor und im Banat von Temesvár. Bis 1871 waren die Brüder Heinrich, Karl und Anton III. (Anm. 489) Eigentümer von Nuštar. Karl starb 1905 kinderlos. Nach dem Tod Heinrichs (1880), der ihn beerbte, wurde Anton III. Alleineigentümer.

Qu.: Familienarchiv der Grafen Khuen-Belasi, Žinić, V. (1996), 87.

491 *NUŠTAR*

HEINRICH-JAKOB (Hinko) I. Graf KHUEN-BELASI (17.11.1860, Nuštar–12.10. 1928, Nuštar; Abb. 461) war der jüngste Sohn von Anton III. und k. k. Kämmerer. Zunächst war er Oberleutnant, übernahm aber nach der Eheschließung die Verwaltung von Nuštar, später auch von Vukovar. Er ehelichte 1890 Johanna Gräfin Eltz (5.10.1861, Vukovar–12.6.1907, Nuštar; Abb. 462), mit der er drei Kinder hatte: KARL (12.12.1892, Vukovar–17.8.1989, Innsbruck; Abb. 460) heiratete 1921 Anna Gräfin Eltz (10.11.1897, Vukovar–3.8.1933, Heidelberg); HEINRICH II. (Anm. 492) und LUDVINE (9.11.1896, Nuštar–23.8.1990, Bad Dürrnberg).

Qu.: Familienarchiv der Grafen Khuen-Belasi; Žinić, V. (1996), 87, 94–95.

492 *NUŠTAR*

HEINRICH (Hinko) II. Graf KHUEN-BELASI (16.11.1894, Nuštar–8.12.1978, Salzburg; Abb. 463), war der Sohn des Heinrich-Jakob I. (Anm. 491). 1925 heiratete er Prinzessin Marie Lobkowitz (1896–1985). Vier Kinder: IDA (1928–1987), verh. 1955 mit Max Willibald Fürst Waldburg-Wolfegg (geb. 1924); JOHANNA (geb. 1930); MATTHIAS (Anm. 493); HENRIETTE (geb. 1937), verh. mit Cajetan Baron Pfetten-Arnbach (geb. 1930).

Qu.: Familienarchiv der Grafen Khuen-Belasi; Žinić, V. (1996), 87.

493 *NUŠTAR*

MATTHIAS Graf KHUEN-BELASI (26.8. 1933, Prag) war der einzige Sohn Heinrichs II. (Anm. 492). Er heiratete 1966 Prinzessin Marie Charlotte Hohenlohe-Langenburg (25.11.1937–17.10.1990). Kinder: STEPHAN (geb. 1968), ANNA (geb. 1971) und MARIE ELISABETH (geb. 1976).

Qu.: Familienarchiv der Grafen Khuen-Belasi, Žinić, V. (1996), 87.

494 *OMILJE*

Das Schloß Omilje wird in der Literatur selten erwähnt: *Bratanić, J. (1964); Glavičić, Dj. (1984), 9–10; Habunek-Moravac, Š. (1971), 18; Horvat, A. u. a. (1970), 49; Horvat, J. (1939), 500, 503; Tartaglia-Kelemen, V. (1960), 148–149.*

495 *ORAHOVICA*

In der Literatur wird das mittelalterliche Orahovica als Baukomplex dargestellt, der sowohl Stadt wie Festung war: *Celebi, E. (1957), 265; Horvat, R. (1936), 138; Kosanović, N. (1979), 164; Szabo, Gj. (1920), 135.*

496 *ORAHOVICA*

Bösendorfer, J. (1910), 93; Buturac, J. (1990), 14.

497 *ORAHOVICA*

Die südlich der Ansiedlung Orahovica 1722 wiederhergestellte Grundherrschaft umfaßte folgende Dörfer: Gornja und Donja Pištana, Kokočak, Krajna, Mikleuš, Kaževac, Čačinci, Brezovljani, Gazije, Sumedje, Jošava und Feričanci sowie die Pusten Magadinovac, Paušince und Radlovac. 1723 umfaßte die Grundherrschaft nördlich von Orahovica folgende Dörfer: Bare, Kutovi, Predrijevo Donje, Crnac, Suha Mlaka, Zdenci, Bokšić sowie die Pusten Drijekovo und Klanac.

Qu.: Mažuran, I. (1993), 433.

498 *ORAHOVICA*

Die Eigentümer der Herrschaft Orahovica-Feričanci sind in folgender Literatur angeführt: *Enzyklopädie der kroat. Geschichte und Kultur, S. 437; Kroat. Staatsarchiv (Zagreb), Schuber (fond) Herrschaft Orahovica-Feričanci; Atlagić, M. (1982), 19; Balta, I. (1985), 264, 266; Bösendorfer, J. (1910), 93, 353–356; Karaman, I. (1973 b), 204; Mažuran, I. (1993), 433–435; Szabo, Gj. (1920), 135.*

499 *ORAHOVICA*

Die Familie Mihalovich (Mihalović) erwähnen: *Atlagić, M. (1982), 49–50; Horvat, J. (1982), 5–45; Laszowski, E. (1903 b), 59; Brajković, V. (1995), 136.*

500 *ORAHOVICA*

KARL von MIHALOVICH (4.9.1830, Feričanci–30.5.1918, Zagreb) heiratete 1861 die schlesische Gräfin Franziska Schaffgotsch (Schwester der ersten Frau von Adolf Graf Pejácsevich). Sechs Söhne und zwei Töchter: KARL (Demetar) erbte den Besitz Csepin, heiratete eine Bäuerin und wurde Landarbeiter, weil er nicht in der Lage war, den Besitz zu bewirtschaften. Zwei Söhne wurden Kavallerieoffiziere, aus dem jüngsten, LATO, wurde nichts. ANTON (Anm. 502) wurde Banus und HUGO (Abb. 476) Geistlicher. Die ältere Tochter MARIA ging unerwartet in ein Kloster, wo sie plötzlich starb. Hingegen erregte ANNAS prächtige Hochzeit im damaligen Zagreb Aufsehen. Karl von Mihalovich lebte meistens in Feričanci. Musik war seine Leidenschaft. Er war ein ausgezeichneter Pianist und mit Franz Liszt befreundet. EDMUND, der Bruder Karls, war ebenfalls Musiker und folgte Liszt als Direktor der Budapester Musikakademie nach.

Qu.: Horvat, J. (1982), 5, 25–27.

501 *ORAHOVICA*

Horvat, J. (1982), 40–44.

502 *ORAHOVICA*

ANTON von MIHALOVICH (21.7.1868–1949, Zagreb; Abb. 477) war der vierte Sohn des Karl von Mihalovich (Anm. 500). Nach dem Rechtsstudium war er Verwaltungsbeamter und schließlich Bezirkshauptmann. 1913 wurde er zum Abgeordneten gewählt und galt als „gemäßigter Unionist". In den letzten Monaten der Monarchie (1918) unterstützte er die kroatisch-serbische Koalition. Im Staatsarchiv in Zagreb sind Urkunden und Korrespondenzen aus der Zeit, als er Banus war (1917–1919), verwahrt.

Qu.: Horvat, J. (1982), 5–6, 36–40.

503 *PAKRAC*

Über den Johanniterorden in Pakrac berichten: *Adamček, J. (1977), 117; Bösendorfer, J. (1910), 86; Buturac, J. (1981), 14; Dobronić, L. (1984 a), 59–60, 103–104; Dobronić, L. (1984 b), 158.*

504 *PAKRAC*

Über die mittelalterliche befestigte Stadt: *Celebi, E. (1957), 259–260; Devidé, M. (1971), 13; Dobronić, L. (1984 a), 60, 103–104; Dobronić, L. (1984 b), 158; Kempf, J. (1924), 38; Szabo, Gj. (1928), 76–77, 79.*

505 *PAKRAC*

Über die Inhaber von Pakrac vor der Türkenherrschaft: *Adamček, J. (1981), 108; Dobronić, L. (1984 a), 59–60; Horvat, R. (1928), 70; Kempf, J. (1924), 36; Szabo, Gj. (1910/11), 17–18.*

506 *PAKRAC*

Über Pakrac zur Zeit der Türkenherrschaft: *Buturac, J. (1977 c), 36–37; Celebi, E. (1957), 259–260; Mažuran, I. (1993), 727.*

507 *PAKRAC*

Dobronić, L. (1984 a), 60; Horvat, J. (1939), 513; Horvat, R. (1928), 70; Karaman, I. (1973 b), 204, 209; Karaman, I. (1977), 201; Kempf, J. (1910), 178; Kempf, J. (1924), 37; Kempf, J. (1929), 15; Krška, J. (1902), 85; Laszowski, E. (1903 a), 186; Mažuran, I. (1993), 727–728; Szabo, Gj. (1910/11), 18–19; Szabo, Gj. (1932), 93; Šišić, F. (1896), 91; Špoljar, J. (1909), 22–23; Taube, F. W. (1777/78), 34.

508 *PAKRAC*

Mažuran, I. (1993), 72–76, 728, 730.

509 *PAKRAC*

Um die Mitte des 18. Jhs. umfaßte die Herrschaft Pakrac 173 Ansässigkeiten innerhalb folgender Ansiedlungen: Pakrac, Krajujević, Zapaga, Lipik, Klisa, Ševica, Prusnik, Lipovac, Kusonja, Čaglovac, Šumetica, Dragović, Batina, Obneš, Toran, Poljana, Prekinčki, Gaj, Ošegovac, Gergevac, Jakobovac, Čikota, Krički, Pergomelce, Koturica, Belajca, Rogolje, Popović, Sajle, Budić, Branešac, Govedjepolje, Trojeglava, Ulinjak, Tišovac und Kreštelovac.

Qu.: Karaman, I. (1973 b), 204; Laszowski, E. (1903 a), 184.

510 *PAKRAC*

Kempf, J. (1929), 9.

511 *PAKRAC*

Krška, J. (1902), 85.

512 *PAKRAC*

Über das Trencksche Schloß in Pakrac wurde nicht geforscht. Demgemäß ist es in der Literatur nur am Rande erwähnt, und zwar bei folgenden Autoren: *Kempf, J. (1924), 34, 37–38; Szabo, Gj. (1910/11), 18–19; Špoljar, J. (1909), 22.*

513 *PAKRAC*

Rauš, Dj. (1977 b), 84; Špoljar, J. (1909), 23; Taube, F. W. (1777/78), 31.

514 *PAUKOVEC*

Kukuljević-Sakcinski, I. (1883), 65–66.

515 *PAUKOVEC*

CHRISTOPH Graf NICZKY war Rat der Ungarischen Hofkanzlei (in Wien), Obergespan von Virovitica (1773–1786) und Präsident des Statthaltereirates (in Agram). Durch seine Ehe mit Juliane Katharina Jankovich (Tochter des Anton Graf Jankovich de Bribir) fielen ihm die Besitze Moravče und Ladomer zu. Er hatte die Söhne Stephan und Georg. STEPHAN (geb. 1747) war Obergespan von Križevci (1781–1794), GEORG († 1814) in der gleichen Zeit Obergespan von Virovitica, außerdem k. k. Kämmerer und Wirklicher Geheimer Rat.

Qu.: Schneider, A. (1942), 3, 5–6.

516 *PAUKOVEC*

Barlé, J. (1933); Horvat, J. (1939), 505; Krška, J. (1902), 28; Kunić, M. (1834), Nr. 32, S. 251; Schneider, A. (1942), 3–5, 21.

517 *PAUKOVEC*

Barlé, J. (1933), 83; Cvitanović, Dj. (1975), 231–232; Schneider, A (1942), 4.

518 *PAUKOVEC*

Vujić, J. (1833), Lebeasbeschreibung, Karlovac: Prettner, S. 8–92.

519 *PAUKOVEC*

Barlé, J. (1933), 81; Maruševski, O. (1980), 11–12; Maruševski, C. (1992), 18, 20; Schneider, A. (1942), 4–5, 14

520 *PAUKOVEC*

Kunich, M. (1831), Nr. 37, S. 281; Schneider, A. (1942), 5.

521 *PAUKOVEC*

Barlé, J. (1933), 84; Scaneider, A. (1942), 5.

522 *PAUKOVEC*

Wie Anm. 521.

523 *PAUKOVEC*

Barlé, J. (1933) 83; Horvat, J. (1939), 505; Krška, J. (1902), 28; Schneider, A. (1942), 4, 10.

524 *PAUKOVEC*

MARIA ANNA Gräfin ERDÖDY geb. Niczky (21.8.1778, Nebersdorf/Burgenland–17.3.1837, München; Abb. 495) war die Tochter des Georg Graf Niczky († 1814) und der Franziska geb. Gräfin Batthyány (deren Vater das Gut Bajnski Dvori bei Warasdin besaß). Maria Anna verbrachte die Kindheit auf den elterlichen Schlössern Nebersdorf und Paukovec sowie in Wien. Am 6. Juni 1796 heiratete sie Peter Graf Erdödy (geb. 3.9.1771), Sohn des Johann Erdödy, der von 1790–1806 Banus war. Das Ehepaar lebte auf den Besitzungen Nebersdorf und Jedlersee bei Wien sowie in Paukovec. Ihre drei Kinder waren: FRIEDRICH (1802–1819), MARIA (Mimi) verehelichte Badenfeld (geb. 1804) und AUGUST (geb. 1806), der 1816 in Paukovec starb. Peter Erdödy war der Onkel der Sidonie Erdödy verh. Rubido (siehe unter Gornja Rijeka).

Qu.: Schneider, A. (1942), 3–24.

525 *PAUKOVEC*

Die Trios wurden 1809 komponiert und ein Jahr später veröffentlicht. Sie trugen den Titel: „Deux Trios pour Pianoforte, Violon et Violoncelle, composés et dédiés à Madame la Comtesse Marie Erdödy née Niczky par Louis van Beethoven". Die Sonaten wurden im Sommer 1815 komponiert und zuerst 1817 ohne Widmung gedruckt. Die zweite Ausgabe (1819) trug den Titel: „Deux Sonates pour le Piano-Forte et Violoncelle ou Violon par Louis van Beethoven. Dédiée à Madame la Comtesse Marie Erdödy née Comtesse Niczky".

Qu.: Schneider, A. (1942), 21–22.

526 *PAUKOVEC*

Über Marie Erdödy und Beethoven siehe: *Schneider, A. (1942), 3–25.*

527 *PLETERNICA*

Laut Balthasar Krčelić wurde Pleternica erstmals 1270 genannt, laut Adamček 1384 und laut Buturac 1427.

Qu.: Adamček, J. (1977), 118; Buturac, J. (1943), 6; Buturac, J. (1963), 12; Buturac, J. (1967), 328; Buturac, J. (1977 b), 32; Grakalić, M. (1959), 16; Pavličević, D. (1961), 52, 173–175.

528 *PLETERNICA*

Adamček, J. (1977), 118; Balić, M. (1974 b), 22; Buturac, J. (1943), 1; Buturac, J. und Petković, A. (1977), 215–217; Horvat, R. (1928), 169; Horvat, Z. und Mirnik, I. (1977), 128, 138; Pavličević, D. (1961), 108; Szabo, Gj. (1920), 124.

529 *PLETERNICA*

Buturac, J. (1943), 2, 6–7; Buturac, J. (1963), 12; Buturac, J. (1967), 328; Pavličević, D. (1961), 174.

530 *PLETERNICA*

Buturac, J. (1967), 223; Horvat, J. (1939), 513; Horvat, R. (1928), 169; Karaman, I. (1973 b), 204, 209; Karaman, I. (1977), 201; Kempf, J. (1910), 176; Kempf, J. (1925), 127; Koch-Kuhač, F. K. (1876), 6; Krška, J. (1902), 86; Laszowski, E. (1903 a), 186; Mažuran, I. (1993), 728; Pavličević, D. (1961), 77, 90, 94, 174; Pavličević, D. (1977), 227; Šišić, F. (1896), 91; Šišić, F. (1900), 54; Turković, Z. (1969).

531 *PLETERNICA*

Zur Grundherrschaft gehörten um die Mitte des 18. Jhs folgende Dörfer: Frkljevci, Cadanovci, Verečindol, Vuk, Resnik, Svilna Donja, Svilna Gornja, Mihalevci, Tulnici, Bjelac Veliki, Bjelac Mali, Ivanovci, Dedina Reka, Ruševo, Migalovci, Solski Dol, Paka, Imrehovci, Dobrogoša, Granica, Presnica, Sulkovci, Pšenica, Komorica, Koprivna, Sašje, Šeovica, Streševica, Sušnjari, Kruševo, Amatovci, Kučunica, Vučjak, Bogdašic, Mihači, Mrkopolja, Jakšić und Vektovo.

Qu.: Laszowski, E. (1903 a), 184.

532 *PLETERNICA*

Buturac, J. (1967), 223; Karaman, I. (1973 b), 204; Karaman, I. (1977), 201; Krška, J. (1902), 86; Pavličević, D. (1977), 227.

533 *PLETERNICA*

Falls Franz von der Trenck tatsächlich Pleternica und Pakrac 1745 kaufte *(Buturac, J. 1967; Karaman, I. 1973 b; Karaman, I. 1977; Laszowski, E. 1903 a; Pavličevic, D. 1961)*, ist es wenig wahrscheinlich, daß er auch das Schloß in dem Jahre baute, als er bereits angeklagt war, vor allem auch wegen Unterschlagung und Beraubung der Staatskassa. Wenn aber dessen Vater Pleternica und Pakrac 1723 gekauft hat *(Kempf, J. 1914; Koch-Kuhač, F. K. 1876; Šišić, F. 1896; Šišić, F. 1900; Turković, Z. 1969)*, dann erscheint es ziemlich sicher, daß Vater und Sohn die Schlösser bauten. Übrigens steht das Jahr 1723 in Gegensatz zu den Angaben, wonach Pakrac und Pleternica im Jahre 1728 dem Baron Imbsen als Donation überlassen wurden.

534 *PLETERNICA*

Die Literatur begnügt sich mit der Erwähnung des Schlosses in Pleternica, ohne es näher zu beschreiben oder sonstige Daten zu liefern: *Buturac, J. und Petković, A. (1977), 217; Grakalić, M. (1959), 16; Horvat, R. (1928), 169; Horvat, R. (1936), 145; Kempf, J. (1914), 46; Pavličević, D. (1961), 101, 176.*

535 *PLETERNICA*

Im Park von Pleternica wurden im Jahre 1977 folgende Pflanzenarten registriert: *NADELGEHÖLZE: Ginkgo biloba, Juniperus virginiana, Larix decidua, Picea abies, P. pungens, Pinus silvestris, P. strobus, Pseudotsuga menziesii; LAUBGEHÖLZE: Acer negundo, A. negundo var. aureovariegatum, A. pseudoplatanus, A. saccharinum, Aesculus hippocastanum, Betula verrucosa, Carpinus betulus, Cornus mas, C. sanguinea, Juglans regia, Maclura pomifera, Morus alba, Platanus occidentalis, Populus x canadensis var. serotina, P. nigra var. pyramidalis, Prunus avium, Quercus rubra, Robinia pseudoacacia, R. pseudoacacia var. umbraculifera, Salix babilonica, Sambucus nigra, Syringa vulgaris, Tilia cordata, T. tomentosa.*

Qu.: Rauš, Dj. (1977 a), 432–437; Rauš, Dj. (1977 b), Tab. 9.

536 *PODGORAČ*

Daten über den Bau des Schlosses sind im Tagebuch des Architekten Alois Hauszmann enthalten. Es befindet sich in einer privaten Sammlung in Budapest. Den Text über Podgorač hat Dr. Joseph Sisa (Budapest) aus dem Ungarischen in die englische Sprache übertragen.

An einer Stelle heißt es, daß, aller Wahrscheinlichkeit nach, Sigismund I. Graf Pejácsevich das Schloß erbaute; aber das ist eine reine Annahme, die sich auch auf das alte Jagdschloß beziehen könnte.

Vergleiche: *Baričević, M. und Jurković, I. (1991), 5; Milanović-Paulić, K. (1986), 67.*

537 *PODGORAČ*

Milanović-Paulić, K. (1986), 32, 67.

538 *PODGORAČ*

Baričević, M. und Jurković, I. (1991), 6; Milanović-Paulić, K. (1986), 33, 47.

539 *PODGORAČ*

Leider gibt es keine Unterlagen über einst vorhandene Baum- und Pflanzenarten im Park. Aus der oben angeführten Literatur sowie aufgrund von Photographien kann man nur wenige bestimmen: *Acer, Magnolia, Picea, Pinus, Platanus, Populus nigra „Italica", Salix babylonica, Tilia.*

540 *PODGORAČ*

Balić, M. (1974 b), 20; Baričević, M. und Jurković, I. (1991), 3; Bösendorfer, J. (1910), 104, 106; Buturac, J. (1990), 13, 42; Kosanović, N. (1979), 167; Majstorović, S. (1973), 23; Milanović-Paulić, K. (1986), 18–19, 23, 25; Szabo, Gj. (1920), 137.

541 *PODGORAČ*

PAUL Graf PEJÁCSEVICH (9.10.1813, Retfala–1907, Podgorač; Abb. 504) wurde in Wien zum Offizier ausgebildet, rüstete vor 1848 als Kavallerie-Rittmeister ab und übernahm mit seinem Bruder Ladislaus die Wirtschaftsführung von Podgorač. Politisch betätigte er sich kaum. Als Abgeordneter des Sabor (1861–1864) gehörte er jener Delegation an, die dem König (Franz Joseph) eine Bittschrift zur Erhaltung der Einheit von Kroatien überreichte. Er heiratete Alvine Baronin Prandau (1830–1882; Abb. 505), Tochter des Baron Hilleprand von Prandau, dem Valpovo gehörte. Die Ehe blieb kinderlos. Über Paul Pejácsevich gab es viele Anekdoten.

Qu.: Balta, I. (1985), 217, 275–276; Baričević, M. und Jurković, I. (1991), 5; Cuvaj, A. (1913), 37–43; Horvat, J. (1939), 513; Milanović-Paulić, K. (1986), 68; Šišić, F. (1896).

542 *PODGORAČ*

Karaman, I. (1962 b), 100–101; Krška, J. (1902), 114; Milanović-Paulić, K. (1986), 66–67; Brief des Baron F. Pereira an die Buchautoren; Angaben von Juliane Petrović geb. von Berks.

543 *PODGORAČ*

LOTHAR II. von BERKS (29.11.1881, Brčko–29.9.1945, Valpovo; Abb. 508) war der Sohn Lothars I. (geb. 1850 in Sunja) und der Isabella geb. von Adamovich de Csepin († 11.12.1939). Er hatte den Bruder Günther (geb. 1883 in Brčko) und die Schwester Bianka verehelichte Baronin Kettenburg (geb. 1881), die neun Kinder hatte. Lothar II. heiratete 1923 in Valpovo Maria Anna Gräfin Normann (26.6.1893–Juni 1952, Valpovo). Mit ihr hatte er die Tochter Juliane und die Söhne Lothar III. und Rudolf.

Die Tochter JULIANE ISABELLA (geb. 16.9.1924, Zagreb, Abb. 506 und 508) heiratete 1944 Paul Branko Petrović (1920–1975), mit dem sie die Söhne Josip Tihomir (13.8.1945, Valpovo), Damir (19.3.1949, Valpovo) und Lothar Predrag (10.2.1954, Crikvenica) hatte.

LOTHAR III. (8.1.1926, Ostrožac–26.8.1977, Barcelona; Abb. 506 und 507) war mit Emilie Perković (geb. 1925 in Pleternica) in erster Ehe verheiratet, in zweiter mit Chrystal, mit der er den Sohn Michael (geb. 1963) hatte.

RUDOLF (4.2.1928, Ostrožac–10.3.1982, Newton/England; Abb. 506 und 507) hatte mit seiner Frau Patricia geb. Stirling (geb. 1940) vier Kinder: Tania Katharina (geb. 22.11.1961), Sabena Magdalena (1963–1972), Christian Rudolf (1972, nach der Geburt gestorben) und Natascha Marika (geb. 1971). Patricia und die Kinder leben in England.

Qu.: Duišin, A. V. (1938/39), 66; Milanović-Paulić, K. (1986), 68–69; Angaben von J. Petrović geb. von Berks.

544 *POPOVAČA*

Die älteste Notiz über Popovača stammt aus dem Jahre 1501, und zwar als Ansiedlung südwestlich der Burg Moslavina. Erst als Mittelpunkt der Grundherrschaft (Schloß Moslavina) begann es an allgemeiner Bedeutung zu gewinnen. Anfang des 20. Jhs. war die Aufwärtsentwicklung zu Ende. Näheres siehe: *Bedić, M. (1984), 17–25; Pavičić, S. (1968), 9–165.*

545 *POPOVAČA*

Bedić, M. (1984), 17; Bedić, M. (1992), 26, 30, 32; Beleta, S. (1992 a), 85; Pavičić, S. (1968), 43–44.

546 *POPOVAČA*

Ende des 13. Jhs. war ein Makarijević Banus von Slawonien. Dessen Sohn Thomas war der erste bekannte Gespan von Vukovar.

Qu.: Bedić, M. (1992), 26–27.

547 *POPOVAČA*

Außer Moslavina besaßen die CSUPOR (Čupor de Monoszlo) zwei nahe gelegene Burgen: Jelengrad (Szarwasko) und Podgradska (Warallya). Herausragende Familienmitglieder waren: PAUL (Gespan von Križevci und 1412–1415 slawonischer Banus); GEORG, der 1460 das Franziskanerkloster in Podgradska gründete, sowie DEMETRIUS II., der 1442–1465 Bischof von Zagreb war.

Qu.: Bedić, M. (1984), 19; Bedić, M. (1992), 32–35.

548 *POPOVAČA*

JOHANN NEPOMUK III. Graf ERDÖDY (10.1.1794–2.5.1879, Wien) war der Sohn Alexanders IV. (Abb. 531; 1766–1823) und der Amalie geb. Gräfin Pálffy (geb. 1774; Abb. 534). Verheiratet war er mit der polnischen Gräfin Theresia Raczysky (1820–1909). Da kinderlos, war er der letzte erbliche Obergespan von Warasdin. Die Besitze Moslavina und Novi Dvori klanječki verkaufte er. Seine Frau hatte ihre Vermögenwerte im damaligen Russisch-Polen verkauft, aber Möbel und Kunstgegenstände nach Bajnski Dvori bei Warasdin gebracht. Nach dem Tod der Witwe erbte deren Neffe Samuel Graf Festetics von Tolna dieses Gut. Johann Nepomuk war Geheimer Rat und Präsident der kroatischen Gerichtstafel, in der 2. Hälfte des 19. Jhs. letzter kroatischer Gouverneur von Fiume (Rijeka).

Qu.: Beleta, S. (1991), 68; Obad Šćitaroci, M. (1993), 34, 36; Schönfeld, I., S. 69; Ausstellungskatalog des Histor. Museums Kroatiens, 1994, „Symbole von Macht und Würden im Kroatien des 19. Jhs.", S. 62, 87; Stammbaum der Grafen Erdödy (Ladislaus Graf Erdödy, München).

Wann Johann Nepomuk III. Moslavina verkaufte, ist unbekannt. In der Literatur wird das Jahr 1886 bzw. 1887 genannt, als er bereits tot war. Vergleiche: *Beleta, S. (1991), 68 sowie 1992 b, 50.*

549 *POPOVAČA*

Über das bewegliche Vermögen im Schloß Moslavina: *Obad Šćitaroci, M. (1993), 34–36.*

550 *POPOVAČA*

Mit Vertrag vom 1.11.1910, der sich im Grundbuch in Kutina befindet, wurde das Eigentumsrecht dieser Herrschaft übertragen, die damals über Liegenschaften in folgenden Dörfern verfügte: Gornja Jelenska, Grabrov potok, Gračenica, Katoliško Selište, Ludina, Okolima, Osekovo, Popovača, Potok, Stružac, Vidrenjak und Voloder.

Qu.: Bedić, M. (1984), 24; Beleta, S. (1992 b), 50.

551 *POPOVAČA*

Die Aufstellung der Grund- und Schloßbesitzer erfolgte aufgrund der Literatur, die allerdings oft unterschiedliche Daten nennt, welche kaum überprüfbar sind, nämlich: *Bedić, M. (1984), 17–28; Bedić, M. (1992), 26–32; Beleta, S. (1991), 65–68; Beleta, S. (1992 a), 85–86; Beleta, S. (1992 b), 50–52; Bösendorfer, J. (1910), 78–79; Buturac, J. (1977 c), 35, 38, 55; Krška, J. (1902), 76; Pavičić, S. (1968), 43–48; Szabo, Gj. (1920), 107–108.* Verwertet wurden auch die Anmerkungen von M. Bedić, welche er bei Einsichtnahme im Grundbuchamt Kutina zu „Adeliges Gut Moslavina" machte.

552 *POPOVAČA*

Die Grundherrschaft Moslavina dehnte sich im 16. Jh. „von Kamenica und Mjesec nach Norden aus, und zwar gegen die Flüßchen Paklenica und Voloderac, nach Süden mit der Lonja zur Save und nach Westen bis Ruča, Črnec und Grabrov potok".

Qu.: Beleta, S. (1991), 66.

553 *POPOVAČA*

Über die Entvölkerung der Moslavina siehe: *Bedić, M. (1984), 21; Bedić, M. (1992), 36–37; Buturac, J. (1977 c), 39; Mažuran, I. (1993), 797.*

554 *POPOVAČA*

Über die Wiederbesiedlung siehe: *Bedić, M. (1984), 21; Beleta, S. (1992 b), 42; Buturac, J. (1977 c), 40–41; Pavičić, S. (1968), 45.*

555 *POPOVAČA*

Pavičić, S. (1968), 45.

556 *POPOVAČA*

Horvat, J. (1939), 512.

557 *POPOVAČA*

Krška, J. (1902), 76–77

558 *POPOVAČA*

Über die mittelalterliche Verteidigungsanlage siehe: *Bedić, M. (1984), 17, 19–21; (1992), 27; Buturac, J. (1977 c), 33, 37; Szabo, Gj. (1920), 107–108.*

559 *POPOVAČA*

Die Literaturangaben über das Jahr der Erbauung des Schlosses stimmen nicht überein. Vergl.: *Bedić, M. (1984), 21–23, 28–29; Beleta, S. (1991), 67; (1992 b), 43, 52.* Zum mittleren Schloß (II) bemerkt *A. Horvat (1970, S. 78)*, daß sich an der Klinke des Eingangsportals die Jahreszahl 1818 findet.

560 *POPOVAČA*

GEORG (György) III. Graf ERDÖDY (22.10.1674–19.2.1759) war der Sohn des Christoph II. und der Marie Susanne Gräfin Pálffy. Er heiratete 1720 Theresia geb. Gräfin Esterházy (1684–1755), mit der er sechs Kinder hatte:

DANIEL; KATALINA (1722– 1759), die Antal Graf Csáky (1702–1764) heiratete; JOSEPH; JOHANN III. (1724–1789), verh. mit Maria Theresia Gräfin Pálffy (geb. 1727); ANTAL I. (1714–1769), verh. mit Josepha Erdödy (1721–1757), und CHRISTOPH III. (1727–1778), der mit Maria Antonia Gräfin Kinsky (1732–1803) verheiratet war.

Qu.: Schönfeld, I., S. 73; Stammbaum der Grafen Erdödy (Ladislaus Graf Erdödy, München).

561 *POPOVAČA*

LADISLAUS II. Graf ERDÖDY (1693–7.11.1750), Grenzkapitän von Petrinja, war der Sohn des Alexander (Sandor) II. (1670–1729). Er heiratete 1710 Anna Maria Gräfin Illésházy de Trenchin (1694–1765), mit der er sechs Söhne und zwei Töchter hatte:

JOSEPH; KARL (1734–1811), verh. mit Maria Polixena Gräfin Koháry († 1804); SIGISMUND (geb. 1728); JOHANN NEPOMUK II. (1733–1806), Banus, in erster Ehe mit Anna Gräfin Széchényi, in zweiter mit Theresia Gräfin Pálffy verheiratet; FRANZISKA (1723–1787), verh. mit Imre Baron Barkóczy; ANNA MARIA (1718–1807), verh. in erster Ehe mit Johann Graf Szapáry, in zweiter mit Daniel Graf Esterházy; NIKOLAUS (1719–1757), der Antonie Gräfin Batthyány (1720–1797) heiratete, und ALEXANDER (1726–1793), der Ilona Baronin Schilson ehelichte.

Qu.: Schönfeld, I., S. 70; Stammbaum der Grafen Erdödy (Ladislaus Graf Erdödy, München).

562 *POPOVAČA*

LUDWIG Graf ERDÖDY (1694–22.11.1766; Abb. 512) war der Sohn Alexanders II. und der Bruder Ladislaus' II. (Anm. 561). Verheiratet war er mit Regine Gräfin Stubenberg (1713–1760), mit der er sechs Söhne und sieben Töchter hatte:

HENRIKA (1731–1778), verh. mit Georg Graf Csáky; ANTONIA FRANZISKA; LUDWIG JOSEPH; MARIA ANNA JOSEPHA; JOSEPH (1736–1764); LEOPOLD (1744–1764), verh. mit Juliane Gräfin Draskovich; MARIA GISBERTA; LADISLAUS (1746–1786), verh. mit Juliane Gräfin Draskovich, in zweiter Ehe mit Agathe Gräfin

Stillfried; CÄCILIE (1748–1769), verh. mit Ferenc Graf Nádasdy (1745–1780); LUDWIG jun. (1749–1794; Abb. 513), verh. mit Eleonore Gräfin Aichbüchel; CHRISTIAN XAVER; MARIA ANNA CÄCILIE und GABRIELE MARIA.

Qu.: Schönfeld, I., S. 74; Stammbaum der Grafen Erdödy.

Ludwig war 1749–1753 Vizebanus *(Duišin, A. V. 1938/39, S. 224)*. 1776 erbaute er das Schloß in Novi Marof *(Obad Šćitaroci, M., 1993, S. 198)*.

563 *POPOVAČA*

Krčelić, B. A. (1952), 229.

564 *POPOVAČA*

Die Bauskizze des Schlosses von 1742 befindet sich im Staatsarchiv in Bratislava unter „Familie Erdödy". Sie trägt kein Datum und keine Unterschrift, aber einem Schriftstück zufolge (Lade 62, Fasz. 11, Zl. 91) wurde sie 1742 für Graf Georg III. Erdödy angefertigt. Laut einer Skizze war das Schloß zwischen Georg III., Ladislaus II. und Ludwig aufgeteilt.

565 *POPOVAČA*

Ein Entwurf aus 1851 befindet sich im Staatsarchiv in Zagreb (Sammlung von Plänen, Inv.-Nr. 176 und 177).

566 *POPOVAČA*

Gemäß der Skizze des Schlosses (Stand Februar 1993), die „Zo-Invest" aus Zagreb anfertigte (Dipl.-Ing. Slavica Justić), hatte der quadratische Innenhof Seitenlängen von 23,06 m, während die südöstliche (Eingangs-)Front und die gegenüberliegende Außenfront 46,42 m maßen, die übrigen beiden Außenfronten 46,29 m.

567 *POPOVAČA*

Zum Entwurf des Kapellenaltars existiert eine undatierte und nicht unterzeichnete Briefanmerkung des Autors, in der (wahrscheinlich Georg III.) Graf Erdödy gebeten wird, die Zeichnung auch dann zurückzugeben, wenn ihm der Vorschlag zusagt, um ihn weiter zu bearbeiten. (Staatsarchiv Bratislava, „Familie Erdödy", Lade 62, Fasz. 11, Zl. 92).

568 *POPOVAČA*

Über die Architektur der Moslavina-Schlösser, vor allem Schloß I, findet sich in der Literatur sehr wenig. Am Rande erwähnen sie: *Horvat, A. (1964); Horvat, A. u. a. (1970), 78; Horvat, A. (1982), 86–87.*

569 *POPOVAČA*

Wenn wir den ungeschickten Zubau im Erdgeschoß beiseite lassen und die heutigen Maße mit der Katasterkarte aus der Mitte des 19. Jhs. vergleichen, können wir zum Schluß kommen, daß der heutige Grundrißumfang mit dem ursprünglichen aus der Mitte des 18. Jhs. identisch ist.

570 *POPOVAČA*

ALEXANDER V. Graf ERDÖDY (1802–1881; Abb. 530 und 532) war der Sohn des Sigismund Erdödy (1775–1813) und der Maria geb. Gräfin Festetics (1774–1837). Er heiratete Leopoldine geb. Gräfin Batthyány-Strattmann (1824–1866; Abb. 533). Es gab keine Kinder. Er malte hauptsächlich Aquarelle, die sich im Museum von Szombathély befinden. Überwiegend sind es Moslavina-Landschaften.

Qu.: Bedić, M. (1984), 23; Beleta, S. (1991), 67; Stammbaum der Grafen Erdödy.

571 *POPOVAČA*

Die land- und forstwirtschaftliche Lehranstalt Križevci führte am 29. Juni 1867 eine Exkursion auf dem Gut Moslavina durch, dessen Verwalter damals ein Herr Rösler war.

Besonderes Interesse galt den ausgedehnten Weingärten (196 Joch). Auf dem Meierhof gab es 50 Stück Zuchtkälber, viel Stechvieh und Wirtschaftsmaschinen, doch spürte man einen Mangel an Arbeitskräften. Viel Land blieb unbearbeitet.

Erwähnenswert war das steinige „Ludwigstal" zwischen den Wasserläufen der Großen und Kleinen Kamenica, 8 km nördlich von Popovača, mit einem Granitsteinbruch, dessen Material nach Wien geliefert wurde. Auch das ursprüngliche Postament des Jelačić-Denkmals in Zagreb stammte von hier.

Qu.: Gospodarski list (Zagreb), Nr. 32 vom 8.8.1867.

572 *POPOVAČA*

Im Jahre 1867 kauften nur einige Leute aus Krain etwas Land.

Qu.: Wie Anm. 571.

573 *POPOVAČA*

Das Geschlecht Erdödy stellte folgende Obergespane für die Gespanschaft Warasdin: Thomas (1607–1618), Sigismund (1618–1639), Georg I. (1639–1665), Alexander I. (1665–1682), Emmerich (1682–1690), Georg II. (1690–1713), Alexander II. (1713–1729), Georg III. (1729–1760), Anton (1761–1770), Johann Nepomuk I. (1770–1783), Christoph (erwähnt als Verweser für Johann Nepomuk), Alexander III. (1784–1793), Johann Nepomuk II. (1793–1806), Karl I. (1806–1811), Alexander IV. (1811–1823), Georg IV. (1824–1827), Karl II. (1827–1834), Johann Nepomuk III. (1834–1845).

Qu.: Janković, J. (1898), 167–168.

574 *POPOVAČA*

Folgende Söhne des Franz Bakocs wurden geadelt: Valentin († 1483), Nikolaus I. (etwa 1433–1494), Thomas I. (1442–1521) und Johann I. († 1489). Außer diesen gab es noch den jüngsten Sohn Franz sowie die Töchter Katharina und Agnes.

Qu.: Bedić, M. (1993), 4–5; Duišin, A. V. (1938/39), 222.

575 *POPOVAČA*

PETER I. Baron ERDÖDY (1463–1574) war der Sohn von Nikolaus I. (Anm. 574). Er hatte neun Kinder und war zweimal verheiratet, zuerst mit Sarah Losonczi-Bánffy, dann mit Borbála (Barbara) Puchheim. Die Kinder waren: Peter II. (Anm. 577) sowie Valentin, Johann, Georg, Ursula, Sophie, Barbara, Anna und Katharina, die früh gestorben sind. Die Brüder Peters I. waren: Valentin († 1503), Paul und Johann V. (1474–1519), der von 1511 bis 1518 Bischof von Zagreb war. Peter I. erbte eine Reihe von Gütern seines Onkels Thomas I. (Anm. 576), änderte den Namen auf Erdödy und führte auch den Titel „Herr der Moslavina" *(perpetuus comes Montis Claudii)*. Zu seiner Zeit verließen viele Leute wegen der Türkeneinfälle die Moslavina.

Qu.: Bedić, M. (1993), 4–5; Beleta, S. (1991), 66; Enzyklopädie der kroat. Geschichte und Kultur, S. 131; Stammbaum der Grafen Erdödy.

576 *POPOVAČA*

THOMAS I. BAKOCS (1442–1521) war der Sohn des Franz und Bruder von Nikolaus I. (Anm. 574). Er erwarb viele Herrschaftsgüter in Ungarn (etwa Monyorókerék) sowie in Kroatien und Slawonien (Cesargrad, Dijanovec, Jastrebarsko, Kutina, Moslavina, Okić, Plovdin und Želin). Er erlebte drei Herrscher: Matthias Corvinus, Wladislaw II. Jagello und Ludwig II. 1481 begleitete er Matthias Corvinus nach Zagreb. Er war Bischof von Raab (Györ) und Eger und Erzbischof von Esztergom (Gran). Papst Leo X. ernannte ihn zum päpstlichen Legaten für das nördliche und östliche Europa. Außerdem war er königlicher Hofkanzler. Es gelang ihm, seinen Neffen Johann V. (1474–1519) als Bischof von Zagreb (1511–1518) durchzusetzen und nach ihm dessen Cousin Simon, der von 1518–1546 Zagreber Bischof war. Das Testament von Thomas I. sah vor, daß, falls der Neffe Peter I. (Anm. 575) ohne Nachkommen bleibt, das Vermögen je zur Hälfte dem Zagreber Domkapitel und dem Bistum zufällt. Dieser Fall ist aber nicht eingetreten.

Qu.: Bedić, M. (1993), 5; Beleta, S. (1991), 65–66; Buturac, J. (1977 c), 39; Duišin, A. V. (1938/39), 222–223.

577 *POPOVAČA*

PETER II. Graf ERDÖDY (1504–1567) war der Sohn Peters I. und Vater von Thomas II. (Anm. 578). Zunächst war er mit Margarethe Tahy, dann mit Barbara Alapić, der Schwester des Banus Kaspar Alapić, verheiratet. Er hatte acht Kinder: Anna (1551–1577), Ilona (1557–vor 1565), Thomas II., Kaspar I. († vor 1565), Johann († vor 1565), Peter III. (1560–1613), Margit (geb. 1562) und Georg († vor 1565). Obgleich er die Verteidigung gegen die Türken förderte, war er ein Gegner der zentralistischen Politik des Kaisers. Nach dem Sieg bei Obreška 1565, bei dem 2.000 Türken auf ihrem Vormarsch gegen Križevci geschlagen wurden, wurde ihm der Grafenstand verliehen. 1557 folgte er Nikolaus (Miklós) Zrinyi als Banus.

Qu.: Bedić, M. (1993), 5; Beleta, S. (1991), 66; Duišin, A. V. (1938), 223; Stammbaum der Grafen Erdödy.

578 *POPOVAČA*

THOMAS II. Graf ERDÖDY (1558–17.1.1624, Krapina) war der Sohn Peters II. und der Barbara Alapić (Anm. 577). Er heiratete Anna Maria, die einzige Tochter des Banus Christoph Ungnad, wodurch die Erdödy in den Besitz der Burg Warasdin und großer Besitzungen im Drautal gelangten. Sie hatten neun Kinder: JOHANN (1589–1626); SIGISMUND/Zsigmond (1596–1639), Banus, der Anna Maria Keglevich heiratete; STEPHAN († 1639); ERZSÉBET (Elisabeth), verh. mit Nikolaus Graf Draskovich, in zweiter Ehe mit Justus Joseph Baron Moscon; PETER IV.; SUSANNE (1588–1633), verh. mit Christoph Thurzó; JULIANE; ANNA JULIANE (1587– 1634) und CHRISTOPH I. (1586–1621), verh. mit Barbara Thurzó.

Obgleich erst 26 Jahre alt, wurde er wegen seiner militärischen Leistungen gegen die Türken von Kaiser Rudolf II. zum Banus ernannt. Die Inthronisierung erfolgte am 8. April 1584 in der Markuskirche in Zagreb. Am 15. Mai 1595 legte er diese Würde nieder. 1608 wurde er vom Sabor wiedergewählt, entsagte aber im November 1614 wegen Unstimmigkeiten mit den kaiserlichen Befehlshabern und weil der Kaiser (König) die Inthronisation hinausschob. Siege über die Türken erfocht Thomas II. 1581 bei Cernik, 1584 bei Slunj, 1585 bei Kostajnica, 1586 bei Ivanić und Dubrava etc. Es wird ihm vor allem eine bedeutende Rolle beim großen Sieg der Kaiserlichen bei der Festung Sissek (Sisak) am 22. Juni 1593 zugeschrieben. Mit Entschließung des Herrschers (Prag, 24. März 1607) wurde die Familie Erdödy zu Erb-Gespanen und Erb-Kapitänen von Warasdin erhoben. Die Devise von Thomas II. lautete: „In deo vici". Beigesetzt ist er in der Kathedrale von Zagreb. Zu seiner Zeit, nämlich 1608, beschloß der Landtag (Reichstag) von Preßburg, den Protestantismus in Kroatien zu bekämpfen.

Qu.: Bedić, M. (1992), 38; Bedić, M. (1993), 4–5; Beleta, S. (1991), 67; Duišin, A. V. (1938/39), 223; Janković, J. (1898), 21; Horvat, K. (1900); Horvat, R. (1928), 15; Laszowski, E. (1903 b), 19–20; Enzyklopädie des Lexikographischen Institutes, Bd. 2, 1967, S. 298; Stammbaum der Grafen Erdödy.

579 *POPOVAČA*

PETER III. Graf ERDÖDY (1560–1613), Bruder von Thomas II., war mit Susanne Gräfin Stubenberg verheiratet. Er hatte acht Söhne und zwei Töchter: PETER V., verh. mit Anna Gregorijanec; SIMON I., verh. mit Anna Kálnay; THOMAS III. († 1639); FRANZ I. († 1634); BARBARA, verh. mit Peter Ratkay; ANNA MARIA, verh. mit Stephan Keglevich; WOLFGANG I., verh. mit Barbara Thuróczy; BÁLINT I. († 1629), verh. mit Sophie Révay; NIKOLAUS I. († 1663), Banus; KASPAR II.

Qu.: Bedić, M. (1993), 5; Stammbaum der Grafen Erdödy (Ladislaus Erdödy, München).

580 *POPOVAČA*

ANTON (Antal) Graf ERDÖDY (18.1.1797, Štakorovec–12.11.1864, Štakorovec; Abb. 635) war der Sohn Alexanders (1766–1823) und der Amalie geb. Gräfin Pálffy. Seine Brüder waren Karl (1793–1837, siehe Gornja Rijeka) und Johann Nepomuk III. (Anm. 548). Er heiratete Ludovica Baronin Lo Presti della Fontana d'Angioli (Abb. 636). Mit ihr hatte er den Sohn Johann Nepomuk und die Töchter Laura (1840–1876) und Josepha (1845–1878). JOHANN NEPOMUK (1847–1878; Abb. 637) war der Erbe des Anton. Er heiratete Irma Maria geb. Baronin Zornberg von Gallwitz (1842–1891; Abb. 638), mit der er eine Tochter und drei Söhne hatte, und zwar: THOMAS (1868–1918), Obergespan von Warasdin, verh mit Theresia geb. Baronin Rast (1866–1932); LEO (geb. 1869 in Štakorovec); KOLOMAN (Štakorovec, 1873–1949), verh. mit Maria Leganović. Die Tochter MARIA THERESIA (geb. 1878) heiratete Baron Sigismund Gušić. Die Linie der Erdödy aus Štakorovec ist ausgestorben: JENÖ (1902–1933), der Sohn des Thomas, starb kinderlos; Kolomans Tochter JUDIKA (geb. 1924) blieb unverheiratet.

Qu.: Duišin, A. V. (1938/39), 224; Stammbaum der Grafen Erdödy (Ladislaus Erdödy, München).

581 *POPOVAČA*

KARL Graf ERDÖDY (1816–1864) war der Sohn des Georg (1785–1859) und der Maria geb. Gräfin d'Aspremont-Linden (1783–1866), von denen er die Güter Novi Marof und Jastrebarsko erbte. Seine Brüder Stephan (1813–1886) und Ludwig (1814–1833) erhielten das ungarische Vermögen. Karl heiratete die polnische Gräfin Kolowrat-Krakowsky (1823–1907). Drei Söhne und zwei Töchter: FERENC (1853–1859); RUDOLF (1846–1932); STEPHAN (1848–1922), Geheimer Rat und Mitglied des Sabor und der Magnatentafel; VALERIE (1850–1933) heiratete Arthur Fürst Odescalchi (siehe Schloß Ilok); JULIANE (1847–1901), heiratete Johann IX. Graf Draskovich (1844–1910). Rudolf erbte Novi Marof und heiratete Luise geb. Baronin Drasche (1853–1924), verw. Gräfin Schlippenbach (Schlippenbach ließ das Schloß Maruševac in Zagorien restaurieren). Ihr Sohn Rudolf jun. (1883–1966) starb kinderlos als letzter Erdödy auf Novi Marof. Stephan erbte Jastrebarsko, wo er 1922 kinderlos starb. (Näheres über die Linie des Karl im Buch von M. O. Šćitaroci, „Schlösser und Gärten des Kroatischen Zagorje".)

Qu.: Duišin, A. V. (1938/39), 224; Obad Šćitaroci, M. (1993), 196–199; Stammbaum der Grafen Erdödy.

582 *POPOVAČA*

Über die Familie Erdödy und ihre Besitzungen berichtet ausführlich *Obad Šćitaroci, M. (1993).*

583 *POPOVAČA*

Das Oberhaupt der Familie war im Jahre 1994 LADISLAUS, geb. 1937, Sohn des Ferenc Graf Erdödy (1901–1983) und der Theresia geb. Gräfin Hunyady (geb. 1909). Außerdem wurde der Familienstamm fortgesetzt von: IMRE (geb. 1939; Bruder des Ladislaus); JOHANN (geb. 1942; Sohn des Paul [1904–1994] und der Paula geb. Baronin Rubido-Zichy [1917–1983]); ALEXANDER (geb. 1969; Sohn des Peter Erdödy [geb. 1902] und der Gerda Töpfer [geb. 1925]).

Qu.: Stammbaum der Grafen Erdödy (Ladislaus Erdödy, München).

584 *POPOVAČA*

Die Verwaltung des in Kroatien gelegenen Vermögens von Ludwig Graf Erdödy (1694–1766) übernahm im Jahre 1784 Thomas von Šćitaroci (Schytaroczy), bis dahin Kommandant in Glina (Militärgrenze). Nach dem Tod des Grafen sorgte er auch für die Erziehung der Kinder (vgl. Anm. 562).

Qu.: Krčelić, B. A. (1952), 185, 252, 497.

585 *POPOVAČA*

Eine Übersicht des Erdödyschen Besitztums findet sich in folgenden Werken: *Beleta, S. (1991), 65–68; Obad Šćitaroci, M. (1993); Enzyklopädie der kroat. Geschichte und Kultur, S. 131–132.*

586 *POPOVAČA*

Über die Familie Erdödy wurden folgende Quellen verwertet: *Atlagić, M. (1982), 61–64; Bedić, M. (1993), 4–5; Bedić, M. (1996), 31–52; Beleta, S. (1991), 65–68; Bojničić, I. (1895); Brajković, V. (1995), 73–74; Buturac, J. (1990), 91; Duišin, A. V. (1938/39), 222–224; Horvat, K. (1900); Horvat, R. (1928), 15; Janković, J. (1898); Laszowski, E. (1903 b), 19–20; Vrhovac, M. (1987), 699; Obad Šćitaroci, M. (1993); Pasarić, D. (1992 a), 159; Enzyklopädie der kroat. Geschichte und Kultur, S. 131–132; Od svagdana do blagdana – barok u Hrvatskoj, S. 255; „Symbole von Macht und Würden im Kroatien des 19. Jhs." (Ausstellungskatalog des Histor. Museums Kroatiens) Zagreb 1994, S. 62, 79, 87; Kroat. Staatsarchiv, Schuber (fond) Erdödy B.01.712 (Katalog) und Pejačević 01.753 (Schachtel 4, Buch 6); Briefe des Wolfgang Baron Steeb an die Buchautoren vom 4.9.1993, 3.3.1994 und 25.4.1994; Stammbaum der Grafen Erdödy (im Besitz des Ladislaus Graf Erdödy, München).*

587 *PREČEC*

JOSEPH von GALJUF (Galliuf, Galliuff; 20.11.1722, Warasdin–5.3.1786) war 1772–1786 Bischof von Agram. Er entstammte einer Familie aus dem Zagorje, die 1613 geadelt wurde, was der Sabor 1687 für Martin Galjuf und dessen Frau Katharina bestätigte.

Joseph Galjuf ging in Wien zur Schule, doch die theologischen Studien (mit dem Doktorat) absolvierte er in Rom. 1745 wurde er in Agram Kanonikus und 1746 Rektor des Kroatischen Instituts in Bologna. 1757 war er Beisitzer und Prälat der Banaltafel.

Qu.: Duišin, A. V. (1938/39), 261; Sekulić, A. (1994), 45–53; Sekulić, A. (1995 a); Brajković, V. (1995), 78.

588 *PREČEC*

Über die Kurie und den Besitz Prečec siehe: *Buturac, J. (1981), 31–32; Domin, S. und Marković, K. (1986), 44; Horvat, A. (1981), 75; Horvat, J. (1939), 512; Pavičić, S. (1968), 150; Trupec, J. (1981), 42.*

589 *RASINJA*

Feletar, D. (1976), 157; Feletar, D. (1982), 186; Feletar, D. (1992), 127.

590 *RASINJA*

Im Verlauf des 16. Jhs. sowie Anfang des 17. Jhs. war Rasinja türkischen Einfällen ausgesetzt. 1532 wurde es erstmals verwüstet, als Sultan Suleiman II. von seinem erfolglosen Vormarsch gegen Wien zurückkehrte und Opoj-grad zerstörte. Nach Rasinja kamen die Türken auch 1574, 1576 und 1579 sowie 1603, wobei die Pfarrkirche in Flammen aufging.

Qu.: Djurić, T. und Feletar, D. (1981), 150; Feletar, D. (1976), 164; Horvat, R. (1941), 73.

591 *RASINJA*

Über Opoj-grad und das mittelalterliche Rasinja schrieben: *Bösendorfer, J. (1910), 71; Dobronić, L. (1984 a), 43–44; Feletar, D. (1976), 154–166; Feletar, D. (1982), 184–192.*

592 *RASINJA*

Djurić, T. und Feletar, D. (1981), 149; Feletar, D. (1976), 166–168; Feletar, D. (1982), 192; Feletar, D. (1992), 125–127; Horvat, A. (1966), 57.

593 *RASINJA*

Belošević, S. (1926), 131–132; Duišin, A. V. (1938/39), 12; Djurić, T. und Feletar, D. (1981), 149–153; Feletar, D. (1976), 164–165, 169; Horvat, J. (1939), 511; Krška, J. (1902), 62; Rauš, Dj. (1980), 128; Winter, M. (1980), 362.

594 *RASINJA*

Duišin, A. V. (1938/39), 13; Djurić, T. und Feletar, D. (1981), 153; Feletar, D. (1976), 154, 169; Horvat, J. (1939), 511; Krška, J. (1902), 62–63.

595 *RASINJA*

Mit der Baugestaltung und der Geschichte des Schlosses hat man sich unzureichend befaßt. Erwähnungen in der Literatur: *Djurić, T. und Feletar, D. (1981), 153; Feletar, D. (1976), 159, 165, 168–169; Feletar, D. (1992), 127, 129; Horvat, A. u. a. (1970), 83.*

596 *RASINJA*

Kunich, M. (1834), Nr. 33, S. 258.

597 *RASINJA*

Helman, T. (1994), 52; Histor. Archiv in Zagreb, Sign. 32818/I von 1891.

598 *RASINJA*

Krška, J. (1902), 63.

599 *RASINJA*

Der Park ist unerforscht und wird in der Literatur nur selten erwähnt: *Feletar, D. (1976), 169; Jurčić, I. (1989), 78.* Verzeichnis der Bäume und Sträucher: *Rauš, Dj. (1980), Tab. 24.* Unter den Pflanzenarten finden sich relativ wenige alte, mehr neu gepflanzte und wild gewachsene. *NADELGEHÖLZE: Chamaecyparis lawsoniana, Juniperus communis, Larix decidua, Picea abies, Pinus strobus, Taxus baccata, Thuja occidentalis, Th. gigantea, Tsuga canadensis; LAUBGEHÖLZE: Acer campestre, A. ginnala, A. negundo var. aureovariegatum, Aesculus hippocastanum, Alnus glutinosa, Betula verrucosa, Buxus sempervirens, Catalpa bignonioides, Fraxinus excelsior, Hibiscus syriacus, Juglans regia, Lonicera nitida, Magnolia obovata, Morus alba, Philadelphus coronarius, Prunus padus, P. avium, Quercus robur, Rhus typhina, Robinia pseudoacacia, Salix babylonica, S. caprea, Sambucus nigra, Symphoricarpus racemosus, Tilia cordata, T. tomentosa.*

600 *RASINJA*

PETER INKÉY († 1670) war der Sohn des Franz II. (1596–1650) und der Maria geb. Csobor de Széntmihályi. Mit seiner Frau Eva geb. Baronin Reviczky hatte er den Sohn FRANZ III. (geb. 1640), der Grenzkapitän in Legrad war. Dieser heiratete Dorothea geb. Horvath de Zalaber, mit der er den Sohn Johann (Anm. 601) hatte.

Qu.: Duišin, A. V. (1938/39), 10; Historisches Museum in Zagreb (Sammlung A. Kulmer).

601 *RASINJA*

JOHANN INKÉY (1680–1747) war der Sohn des Franz III. (Anm. 600). Er heiratete Maria Szegedy de Mezö-Szeged und hatte drei Söhne. Der jüngste, Franz IV., fiel im Krieg; er wurde vom Bruder Balthasar (Anm. 602) beerbt. Das Prädikat „de Pallin" wurde Johann am 1.12.1724 verliehen.

Qu.: Duišin, A. V. (1938/39), 10–11; Historisches Museum in Zagreb (Sammlung A. Kulmer).

602 *RASINJA*

BALTHASAR INKÉY (1726–1792) war der Sohn Johanns (Anm. 601). Er war Obergespan des Komitats Zala, Eigentümer des großen Besitzes Pallin und gehörte als Virilist dem Agramer Sabor an. Verheiratet war er mit Juliane geb. Nagy de Zalapatak. Erbe des kroatischen Vermögens war sein Sohn Emmerich I. (Anm. 603).

Qu.: Duišin, A. V. (1938/39), 10–12; Historisches Museum in Zagreb (Sammlung A. Kulmer).

603 *RASINJA*

EMMERICH I. INKÉY (1757–1813) war der Sohn Balthasars (Anm. 602). Er erbte das väterliche Vermögen in Kroatien. Mit seiner ersten Frau, Franziska geb. Jeszensky von Jeszenov, hatte er den Sohn Emmerich II. Seine zweite Frau war Antonie geb. Gräfin Szécsen de Temerin.

EMMERICH II. war mit dem Plan der Trockenlegung der Lonja-Ebene beauftragt. Er war auch ein Förderer zur Gründung des Kroatischen Theaters in Zagreb. Nach dem Tod des Vaters verkaufte er ein Drittel des Besitzes Valpovo an Baron Hilleprand von Prandau. Verheiratet war er mit Josephine geb. Kiss de Nemesker. Sein Erbe war der Sohn Ferdinand (Anm. 604).

Qu.: Duišin, A. V. (1938/39), 12; Historisches Museum in Zagreb (Sammlung A. Kulmer).

604 *RASINJA*

FERDINAND Baron INKÉY (11.6.1829–22.11.1890; Abb. 549) war der Sohn Emmerichs II. (Anm. 603). Er war Obergespan von Križevci, Virilist des Sabor, k. k. Kämmerer und Geheimer Rat sowie Mitglied der Magnatentafel in Budapest. Das ungarisch-kroatische Baronat wurde ihm am 17.8.1875 verliehen. 1858 ehelichte er Ludmilla geb. Gräfin Deym von Stritež (geb. 9.1.1842; Abb. 550). Emmerich III. (Anm. 605) war sein Erbe.

Es gab auch drei Töchter: LUDMILLA/Lilly (geb. 19.11.1865; Abb. 553), GABRIELE/Ella (geb. 4.1.1861; Abb. 551) und FERDINANDINE (geb. 13.4.1859; Abb. 552), die 1884 Waigo Graf Rüdt von Collenberg († 3.6.1896) heiratete und 1932 starb.

Qu.: Duišin, A. V. (1938/39), 12–13; Feletar, D. (1976), 165; Ausstellungskatalog „Symbole von Macht und Würden im Kroatien des 19. Jhs." des Histor. Museums in Zagreb, 1993, S. 127–128; Sammlung A. Kulmer in diesem Museum; Janko Baron Vranyczany-Dobrinović.

605 *RASINJA*

EMMERICH III. Baron INKÉY (29.1.1870–1935) war der Sohn Ferdinands (Anm. 604). Er war k. k. Kämmerer, Virilist des Sabor und Angehöriger der Magnatentafel in Budapest, k. u. k. Oberstleutnant und Ritter des Malteserordens.

Er heiratete 1924 Franziska Buttera-Vicentini. Kinder: LUDMILLA, genannt Lilli, geb. 1925, und EMMERICH IV., geb. 1926, der nach dem Zweiten Weltkrieg nach Südafrika auswanderte.

Qu.: Belošević, S. (1926) 133; Duišin, A. V. (1938/39), 13; Feletar, D. (1976), 169; Janko Baron Vranyczany-Dobrinović.

606 *RASINJA*

Duišin, A. V. (1938/39), 9–13; Historisches Museum in Zagreb (Sammlung A. Kulmer).

607 *RETFALA*

Mažuran, I. (1993), 123; Plevnik, B. (1975 b), 4.

608 *RETFALA*

Horvat, J. (1939), 513; Karaman, I. (1973 b), 205; Laszowski, E. (1901), 71; Mažuran, I. (1993), 48, 71, 74–75, 123–124.

609 *RETFALA*

SIGISMUND I. Graf PEJÁCSEVICH (11.2.1741–26.4.1806; Abb. 554) war mit Anna Maria Deschau von Hansen (1748–1802, Retfala) verheiratet. Er hatte sechs Kinder: Johann Nepomuk (Anm. 610), Joseph IV., Maria Anna, Antonie, Sigismund II., Hermine.

Qu.: Balen, B. (1994), 289; Balta, I. (1985), 271; Cuvaj, A. (1913), 32.

610 *RETFALA*

JOHANN NEPOMUK Graf PEJÁCSEVICH (16.5.1765, Našice–5.2.1821, Ödenburg; Abb. 561) gehörten Ruma und Retfala. Zunächst war er mit Maria geb. Gräfin Pejácsevich verheiratet, dann mit Katharina geb. Gräfin Jankovich-Daruvar, mit der er neun Kinder hatte: ELEONORE Maria Vizenzia, PETER, der als Ältester den Familienzweig fortsetzte, LADISLAUS, ALEXANDER (er wurde General), MARIA, PAUL (Anm. 541; Besitzer von Podgorač), JULIE, KLEMENTINE und MARKUS.

Qu.: Balta, I. (1985), 273; Cuvaj, A. (1913), 32–37; Šišić, F. (1896); Kroat. Staatsarchiv, Schuber (fond) Familie Pejačević, Schachtel 4, Buch 6/II/I.

611 *RETFALA*

LADISLAUS jun. Graf PEJÁCSEVICH (1828–1916; Abb. 562) war k. k. Major, Geheimer Rat, Hofmeister der Erzherzogin Maria Annunziata Ritter des Ordens vom Goldenen Vlies. Er schätzte Ruma und Retfala sehr, besaß auch die Herrschaft Torda in Ungarn, doch die meiste Zeit lebte er in Wien und Hadersdorf. Verheiratet war er mit Maria Theresia geb. Gräfin Czernin; vier Töchter: Franziska Romana Maria Theresia, Karoline Maria Theresia, Maria Anna Agathe Eugenie und Maria Theresia Aloisia.

Qu.: Balta, I. (1985), 277; Cuvaj, A. (1913), 46.

612 *RETFALA*

Die Familie CLARY stammt aus dem Friaul. Der Freiherrnstand wurde ihr 1613 verliehen, der Beiname Aldringen 1660, der Grafenstand 1680 und die Fürstenwürde 1767. Außer der gräflichen Linie von Retfala gab es noch andere: eine verfügte über große Besitzungen in Böhmen, eine andere in Weinwarth etc. EDMUND Graf Clary (1885, Wien–gest. in Salzburg) war der letzte Besitzer von Retfala. Verheiratet war er mit Margarethe geb. Gräfin Lodron-Laterano (1889–1949; Abb. 563).

Qu.: Semigothaisches Genealogisches Taschenbuch aristokratisch-jüdischer Heiraten; Brief der Franziska Baronin Rukavina geb. Gräfin Clary-Aldringen, 1993; Wanda von Delić.

613 *RETFALA*

Quellen zum Text über die Besitzer von Retfala: *Balta, I. (1985), 264–265, 271–277; Bösendorfer, J. (1910), 356; Brlić, A. E.; Zbirka poviestnih nadpisa grada Osieka (Sammlung geschichtlicher Schriften der Stadt Osijek), S. 57; Mažuran, I. (1993), 124; Milinković, D. (1992)*

614 *RETFALA*

PETER Graf PEJÁCSEVICH (20.2.1804–12.10.1875), k. k. Kämmerer, Geheimer Rat, Obergespan und Banus, war mit Franziska geb. Gräfin Esterházy de Galántha vermählt; vier Kinder: Ludvina Barbara Katharina, Ladislaus (Anm. 611), Adolf; Nikolaus III. (1835–1890) verlor bei Königgrätz den rechten Arm, wurde später General der Kavallerie und Kavallerieinspektor.

Qu.: Balta, I. (1985), 274–278; Cuvaj, A. (1913), 34–37; 44–47; Meyers Konv. Lexikon, 1896.

615 *RETFALA*

Die Gründung eines Realgymnasiums in Osijek wäre ohne Hilfe des slawonischen Adels gescheitert. Es spendeten: Peter Graf Pejácsevich 40.000 Kronen, Paul Graf Pejácsevich 20.000, Ladislaus sen. und jun. Grafen Pejácsevich je 10.000, Adolf Graf Pejácsevich 20.000, die Grafen Heinrich, Anton und Karl Khuen 10.000, Julius Graf Jankovich 20.000, K. v. Mihalovich 10.000 und Johann Capistran Baron Adamovich 20.000 Kronen.

Qu.: Cuvaj, A. (1913), 4–5.

616 *RETFALA*

Aufschrift auf der Steintafel: VNIONI PERENNI INNOCVAEQVE VOLVPTATI STIRPIS POSVIT C. SIGISMVNDVS I. (Auf ewig vereint und in reiner Freude an der Nachkommenschaft von Sigismund I. erbaut)

Qu.: Horvat, A. (1979), 299.

617 *RETFALA*

Die meisten Autoren setzen den Baubeginn mit 1796 an, so: *Djurić, T. und Feletar, D. (1983), 149; Horvat, A. (1964), 606; Horvat, A. (1979), 299; Plevnik, B. (1975 a), 4.* Diese Angabe ist wahrscheinlich fehlerhaft, da 1764 mit dem Bau begonnen wurde *(Balta, I. 1985, S. 271)*. Besitzer war damals Sigismunds Vater Joseph II., der 1787 starb; erst dann erhielt Sigismund den Besitz.

618 *RETFALA*

Brlić, A. E. (1934).

619 *RETFALA*

Am 19.11.1942 brach im Schloß ein Feuer aus, dem der West- und der Mittelteil zum Opfer fielen *(Plevnik, B. 1975, S. 4)*. Das charakteristische barocke Mansardendach brannte aus; es wurde durch ein niedriges Walmdach ersetzt, wodurch die Proportionen wesentlich verändert wurden. Der Ostflügel hatte ursprünglich ein Mansardendach.

620 *RETFALA*

Das Schloß wurde nicht systematisch erforscht. Das Archivmaterial ist spärlich und stammt überwiegend aus dem 20. Jh. (Slawonisches Museum in Osijek, ehem. Regionalinstitut für den Schutz von Kulturdenkmälern in Osijek).

621 *RETFALA*

Milinković, D. (1992); Daten des ehem. Regionalinstituts für den Schutz von Kulturdenkmälern in Osijek.

622 *RETFALA*

Das Schloß wurde zum Kulturdenkmal der ersten Kategorie erklärt, und zwar mittels Bescheid des Regionalinstituts für den Schutz von Kulturdenkmälern in Osijek vom 6.6.1969.

623 *RETFALA*

Horvat, A. (1964), 606

624 *RETFALA*

Laut Katasterkarten von 1863 und 1888 betrug der Umfang 17,5 ha. Die Literatur bringt andere Zahlen: 23 Joch *(Balta, I. 1985, S. 271)* und 12 Joch *(Plevnik, B. 1975, S. 4)*.

625 *RETFALA*

Balta, I. (1985), 277.

626 *STRAŽEMAN*

Über das mittelalterliche Stražeman: *Adamček, J. (1977), 114, 120; Buturac, J. (1963), 20; Buturac, J. (1977), 42, 153; Buturac, J. und Petković, A. (1977); Ćuk, J. (1924), 69–70; Kempf, J. (1914), 105–106.*

627 *STRAŽEMAN*

Horvat, Z. und Mirnik, I. (1977), 130; Kemp, J. (1914), 105–106; Szabo, Gj. (1920), 120; Szabo, Gj. (1928), 78.

628 *STRAŽEMAN*

KLOTHILDE Gräfin BURATTI (30.1.1838–1913; Abb. 582) war die einzige Tochter des Barons Ambrosius Vranyczany-Dobrinović (13.10.1801–12.7.1870; Abb. 579) und seiner Frau Theresia geb. von Modrušan (1.12.1814–12.9.1838). Ambros war ein illyrischer Patriot und Förderer der kroatischen Kultur. Zur Zeit des Banus Jelačić besorgte er die Finanzverwaltung und genoß am Wiener Hof Ansehen. (Über seine Familie siehe Obad Šćitaroci, M. 1993, S. 134–135.) Klothilde erbte ein großes Vermögen: die Güter Jurovo und Jankovo im Gebiet von Karlstadt (von Theresia Modrušan eingebracht), Rakitje und Botinec südlich Zagreb, Stražeman, das Palais Dverce und anderen Realitätenbesitz in Zagreb. Mit 8 Monaten verlor Klothilde ihre Mutter. Im 18. Lebensjahr heiratete sie Giovanni Conte Buratti, k. k. Geheimer Rat und Gouverneur von Dalmatien, der sich hier besonders um das Schulwesen verdient machte. Die Ehe war nicht glücklich. Nach dem Tod der vierjährigen Tochter trennte sich Klothilde von ihrem Mann und überließ ihm Botinec, wo er bis zu seinem Tod lebte. Die Kurie Botinec war seinerzeit der Ausgangspunkt des feierlichen Zuges zur Inthronisation von Jelačić in Zagreb gewesen. Klothilde lebte dann im Palais Dverce und zeitweise auf ihren Gütern, und zwar mit Karl von Gvozdanović, ihrem Privatsekretär und Güterverwalter, was ihre Familie nicht schätzte. Klothildes Lieblingsneffe war der junge Ambrosius aus Bedekovčina, dem sie das Palais in Zagreb zudachte, aber er durfte sie nicht besuchen. Darüber erzürnt, hinterließ Klothilde ihr ganzes Vermögen Gvozdanović, das Palais der Stadt Zagreb. Wegen ihrer zahlreichen Wohltaten erhielt sie von Kaiserin Elisabeth eine ordensmäßige Auszeichnung. Bestattet ist sie in der Arkadengruft auf dem Mirogoj in Agram.

Qu.: Janko Baron Vranyczany-Dobrinović.

629 *STRAŽEMAN*

Die Angaben in der Literatur über die Besitzer stimmen nicht immer überein. Verwertet wurden: *Buturac, J. (1967), 223; Buturac, J. (1977 b), 93; Buturac, J. (1990), 93, 96; Karaman, I. (1973 b), 205, 209; Kempf, J. (1910), 177–179; Kempf, J. (1929), 7, 9–10, 15; Laszowski, E. (1903 a), 187; Mažuran, I. (1993), 583; Pavličević, D. (1977), 227; Szabo, Gj. (1928), 78; Szabo, Gj. (1932), 93.*

630 *STRAŽEMAN*

Karaman, I. (1973 b), 205, 209; Karaman, I. (1977), 201; Krška, J. (1902), 87.

631 *STRAŽEMAN*

Horvat, Z. und Mirnik, I. (1977), 130; Kempf, J. (1914), 106; Kempf, J. (1929), 14; Szabo, Gj. (1928), 78.

632 *STRAŽEMAN*

Kempf, J. (1929), 7–10.

633 *STRAŽEMAN*

Gemäß Inventarisierung der Überreste des Parks *(Rauš, Dj., 1977 b, Tab. 9 bzw. 1977 a, S. 435–437)* befanden sich darin vor 1977 folgende Baumarten: *NADELGEHÖLZE: Picea abies, Pinus strobus; LAUBBÄUME: Acer pseudoplatanus, Aesculus hippocastanum, Ailanthus altissima, Alnus glutinosa, Corylus avellana, Cornus mas, C. sanguinea, Fraxinus angustifolia, F. excelsior var. pendula, Gleditsia triacanthos, Gymnocladus dioica, Hedera helix, Juglans regia, Platanus occidentalis, Populus nigra var. pyramidalis, Prunus spinosa, Quercus robur, Robinia pseudoacacia, Salix alba, S. caprea, Sambucus nigra, Sorbus domestica, S. torminalis, Syringa vulgaris, Tilia cordata, T. tomentosa.*

Anläßlich eines Augenscheins im Jahre 1996 notierte Ivica Samardjić einige alte Bäume, die Rauš nicht verzeichnete, beispielsweise: *Acer campestre, A. platanoides, Carpinus betulus, Paulownia imperialis, Platanus acerifolia, Quercus petraea, Tilia platyphyllos* sowie alte Sträucher wie *Buxus sempervirens, Ilex aquifolium* und *Laburnum vulgare*. In den letzten 20 Jahren verschwanden einige alte Bäume: *Fraxinus excelsior var. pendula, Picea abies* und *Pinus strobus*. Ältere Einwohner erinnern sich noch an Trauerbuchen und Trauereschen sowie an Nadelgehölze („Fichten mit tief herabhängenden Zweigen“) und japanische Quitten, Schlingpflanzen, gestutzte Buchshecken etc.

634 *STRAŽEMAN*

JOSIP KOHOUSEK (1862 in Roztok Kolar/Semily, Böhmen geboren) verbrachte nach Schulabschluß 2½ Jahre als Lehrling in Böhmisch Holitsch und trat 1881 in den Dienst beim damals bekannten Gartenarchitekten Josip Tiale in Prag. Ab 1881 arbeitete er beim Fürsten Adolf Schwarzenberg, und 1884/85 pflegte er den Schloßgarten des Grafen Lippek. 1886 wurde er in die kunstgärtnerische Vereinigung „Flora“ in Prag aufgenommen, was ihm selbständige Gartenplanungen ermöglichte. 1887/88 arbeitete er als Gärtner auf dem slawonischen Gut Brestovac und 1888/89 in Stražeman. Dann begab er sich zu Baron Ludwig (Lujo) Vranyczany nach Oroslavje, wo er bis 1891 als Obergärtner tätig war. Anschließend war er Stadtgärtner in Zagreb, und zwar aufgrund eines gewonnenen Wettbewerbs.

Qu.: Helman, T. (1994), 51; Historisches Archiv der Stadt Zagreb, 23579/I von 1891.

635 *STRAŽEMAN*

Über den Park wird in folgender Literatur oberflächlich gesprochen: *Kempf, J. (1914), 106–107; Kempf, J. (1929), 14; Peić, M. (1980), 200; Rauš, Dj. (1977 a), 433; Rauš, Dj. (1977 b), 77; Szabo, Gj. (1932), 92.*

636 *STRAŽEMAN*

In der Grabstätte der Familie Jankovich de Daruvar sind folgende Familienangehörige beigesetzt: Johann, Barbara, seine zweite Frau Aloisia (alle Anm. 637) sowie Johanns Kinder Peter, Michael, Joseph, Antonie, Johann, Juliane und Isidor (1789–1857), weiters dessen Tochter Maria verh. Nitzky.

Qu.: Kempf, J. (1929), 17–18.

637 *STRAŽEMAN*

JOHANN JANKOVICH de Daruvar (Janković Daruvarski; 11.6.1731, Fünfkirchen–9.11.1798, Ödenburg) war der Sohn des Nikolaus (1695–1732) und der Katharina Adamovich de Csepin. 1777 ehelichte er Barbara Anna geb. Baronin Brnjaković (1754–1792) aus Ilok. Die zweite Ehefrau war Aloisia geb. Gräfin Festetics de Tolna

(† 1813). Acht Kinder aus erster Ehe starben im Kindesalter: Michael (1778–1785), Peter (1780 geb. und gest.), Antonie (1781–1788), Joseph (1784–1788), Johann (1791–1793) und drei weitere Töchter. KATHARINA (aus 1. Ehe) heiratete Johann Nepomuk Graf Pejácsevich (1765–1821). JULIANE (aus 2. Ehe) starb 14jährig 1810. Das väterliche Vermögen erbte ISIDOR (1789–1857). Johann von Jankovich wurde am 3. April 1794 k. k. Hofrat. Er war Vizegespan von Požega und diente auch als Hauptmann im Siebenjährigen Krieg.

Qu.: Cvanciger, I. (1975), 26; Kempf, J. (1929), 6–8, 17–18; Szabo, Gj. (1932), 93

638 *SUHOPOLJE*

ELEMIR JANKOVICH de Bribir et Vuchin († 2.2.1917; Abb. 587) war ein sehr beliebter Eigentümer von Suhopolje. Er widmete sich der wirtschaftlichen Entwicklung, war Mitglied des Schulrates der Gemeinde und ihr erster Feuerwehrhauptmann. In den Grafenstand wurde er aus Anlaß der Krönung Karls IV. (Karl I. von Österreich) am 30. Dezember 1916 in Budapest erhoben. Mit seiner Frau Ilka († 1907), Tochter des Ing. Magyary Kossa, hatte er zwei Söhne. Der ältere starb als Kind, der jüngere, Andreas (Abb. 588; verh. mit Janka Szentkereszty), erbte den Besitz. Andreas hielt sich öfters auf den ungarischen Besitzungen auf und kümmerte sich nicht so sehr um Suhopolje wie sein Vater.

Qu.: Jančevski-Salajić, S. (1991), Nr. 25 und 26; Papić, T. (1993), 23–24.

639 *SUHOPOLJE*

Das Gut in Čemernica, das Herr Verfy verwaltete, umfaßte 1.060 Joch. Dazu gehörten auch der Wald von Taborište, Ovčara und die Puste Elemir. An Vieh gab es 70 Kühe und Kälber, viele Pferde und Zugochsen. In Čemernica gab es eine Molkerei und eine Schule.

Qu.: Jančevski-Salajić, S. (1991), Nr. 27.

640 *SUHOPOLJE*

Horvat, J. (1939), 513; Jančevski-Salajić, S. (1991), Nr. 27; Karaman, I. (1973 b), 209; Krška, J. (1902), 97–98; Papić, T. (1993), 20–24; Pavličević, D. (1986), 190.

641 *SUHOPOLJE*

Horvat, A. u. a. (1970), 93; Jančevski-Salajić, S. (1991), Fortsetzung Nr. 8; Papić, T. (1993), 24–25; Valenčić, B. (1992 a); Janjić, J. und Denich, A. (1993), 8, 39–40.

642 *SUHOPOLJE*

Das Verwalterhaus maß 10 x 8 Klafter. Es bestand aus Keller, Parterre, Obergeschoß und Mansarde und war ein Ziegelbau mit einem Schindeldach sowie (außer der Mansarde) gewölbten Decken. Die Fußböden waren aus Holz, im Keller, in den Fluren und einigen Parterreräumen aus Ziegelplatten. Das Stiegenhaus war aus Holz. Die Zimmer hatten Kachelöfen.

Qu.: Papić, T. (1993), 12; Valenčić, B. und Papić, T. (1992), 8.

643 *SUHOPOLJE*

Valenčić, B. (1992 a); Valenčić, B. und Papić, T. (1992).

644 *SUHOPOLJE*

Janjić, J. und Denich, A. (1993), 29; Jurčić, V. und Kurtela, M. (1985), 51; Jurčić, I. (1989), 83; Kunić, M. (1834), Nr. 37, S. 292–293.

645 *SUHOPOLJE*

Jančevski-Salajić, S. (1991), Fortsetzung Nr. 8; Janjić, J. und Denich, A. (1993), 32.

646 *SUHOPOLJE*

Im Park, Garten und Obstgarten wurden gebaut: Restaurant, Parkplatz (auch für Autobusse), Tankstelle, Sportklubhaus, Fußball- und Handballplatz sowie Nebengebäude. Auf diese Weise wurde leider das historische Umfeld des Schlosses in Mitleidenschaft gezogen.

647 *SUHOPOLJE*

Das Resultat der Umgestaltung des Parks von Suhopolje (Anm. 646) – mit seiner ursprünglich klaren Komposition – und vor allem der Vernachlässigung nach dem Zweiten Weltkrieg war ein unpersönlicher Wald, zwar mit alten Bäumen, aber mit viel mehr neu gepflanzten und wild wachsenden.

Aufgrund des Alters der Bäume und alter Photographien lassen sich einige der ursprünglichen Arten bestimmen *(Janjić, J. und Denich, A. 1993., S. 22–23, 39, 85–99): NADELGEHÖLZE: Abies alba, A. nordmanniana, Ginkgo biloba, Juniperus virginiana, Picea abies, P. pungens, Pinus silvestris, Pseudotsuga menziesii; LAUBGEHÖLZE: Acer campestre, A. platanoides, A. pseudoplatanus, Aesculus hippocastanum, Gymnocladus dioicus, Juglans nigra, Liriodendron tulipifera, Morus alba, Paulownia tomentosa, Platanus occidentalis, Populus alba, Prunus avium, Quercus robur, Salix babylonica; STRAUCHARTEN: Buxus sempervirens, Cornus alba var. spaethii, Corylus avellana, Crataegus monogyna, Forsythia europaea, Syringa vulgaris, Taxus baccata; SCHLINGPFLANZEN: Tecoma radicans, Wisteria sinensis.*

Gemäß Augenschein von 1977 *(Rauš, Dj. 1977 b, Tab. 9)* gab es vor dieser Zeit folgende Arten: *NADELGEHÖLZE: Abies alba, Ginkgo biloba, Juniperus virginiana, Picea abies, P. abies var. viminalis, P. pungens, Pinus nigra var. austriaca, P. silvestris; LAUBGEHÖLZE: Acer campestre, A. platanoides var. globosum, A. pseudoplatanus, Aesculus hippocastanum, Ailanthus altissima, Broussonetia papyrifera, Carpinus betulus, Corylus avellana, Cornus mas, C. sanguinea, Fagus silvatica, Forsythia europaea, Gymnocladus dioicus, Juglans nigra, J. regia, Liriodendron tulipifera, Platanus acerifolia, P. occidentalis, Prunus avium, Quercus robur, Q. rubra, Robinia pseudoacacia, R. pseudoacacia var. umbraculifera, Rosa sp., Sambucus nigra, Sorbus torminalis, Tilia cordata, T. tomentosa, Ulmus carpinifolia, U. glabra, Wisteria sinensis.* Neupflanzungen zwischen 1977 und 1988 *(Janjić, J. und Denich, A. 1993., S. 91–93): Acer negundo, A. platanoides, A. rubrum, Betula pendula, Chamaecyparis lawsoniana, Crataegus monogyna, Fagus silvatica var. Atropurpurea, Fraxinus angustifolia, Magnolia denudana, Morus alba, Paulownia tomentosa, Populus deltoides, Pinus strobus, Populus alba, Pseudotsuga menziesii, Rhus typhina.*

Neupflanzungen nach 1988 *(Janjić, J. und Denich, A. 1993., S. 91–93): Abies nordmanniana, Catalpa bignonioides, Cornus alba var. spaethii, Thuja occidentalis.*

648 *SUHOPOLJE*

Die historistische Grabkapelle ließ Elemir von Jankovich nach dem Tod seiner Frau Ilka 1907 erbauen. Ilka, Elemir und der ältere, als Kind verstorbene Sohn sind hier beigesetzt. Das Grab wurde mehrmals geplündert. Bis 1962 war die Kapelle gut erhalten, dann begann der Verfall. Jetzt ist sie eine Ruine.

Qu.: Jančevski-Salajić, S. (1991), Fortsetzung Nr. 8, Nr. 30; Janjić, J. und Denich, A. (1993), 13.

649 *SV. HELENA*

Adamček, J. (1981), 112, 114–115, 118, 121, 127, 131.

650 *SV. HELENA*

WILHELM Baron HELLENBACH wurde auf dem elterlichen Besitz Paczolay bei Neutra (Oberungarn/Slowakei) geboren. Ladislaus Šaban charakterisiert ihn als begabten Musiker, der Flöte spielte und vielleicht auch dirigierte. Als unruhiger Geist reiste er oft durch Europa und veranstaltete Volkskonzerte; so auch eines in Zagreb am 17.12.1851, bei dem ein Trio für Flöte, Klavier und Harmonika von Vatroslav Lisinski gespielt wurde. Wo und wann Wilhelm Hellenbach starb, ist unbekannt.

Qu.: Kulmer, Th. (1931); Šaban, L. (1970), 8–9.

651 *SV. HELENA*

LAZAR Baron HELLENBACH (3.9.1827, Paczolay–23.10.1887, Nizza; Abb. 613) lebte zunächst in Paczolay und übersiedelte 1833 mit seiner Mutter nach Wien. 1842–1846 studierte er in Prag. Nach Studienabschluß reiste er über Hamburg, Malta und Bagdad nach Indien. 1848 diente er als Leutnant in einem ungarischen Regiment. Im gleichen

Jahr gelangte Paczolay in den Besitz von Nikolaus Graf Bereny, woraufhin sich Lazar auf dem mütterlichen Besitz Sv. Helena niederließ. Am 10.8.1851 heiratete er Klothilde Jelačić vom Bužim (18.2.1831, Jankomir–28.1.1918, Zagreb), die Tochter Karls von Jelačić und der Fanny geb. Gräfin Sermage. Als Mitgift erhielt Klothilde das Schloß in Maria Bistrica und das Gut Jankomir bei Zagreb. Das Paar hatte fünf Töchter (Helene, Marianne, Gisela, Fanny und Zdenka) und den Sohn Dionis. HELENE (geb. 27.6.1852; Abb. 614) heiratete 1880 Nikolaus Conte Papadopoli-Aldobrandini, italienischer Senator. Er besaß den „Palazzo Papadopoli" in Venedig, einige Palais in Rom und einen großen Besitz in San Polo die Piave. MARIANNE (geb. 27.5.1856) und GISELA (geb. 10.6.1857) sind wahrscheinlich jung gestorben. FANNY (geb. 18.10.1859) heiratete 1884 in Maria Bistrica Ludwig Graf Kulmer aus Popovec in Zagorien. ZDENKA (5.8.1861–1921; Abb. 615) heiratete 1886 in Venedig Viktor Baron Vranyczany-Dobrinović (1860–1887) aus Gornja Bedekovčina. Dieser Ehe entsproß der Sohn Ambros (1886–1940). Nach Viktors Tod heiratete sie 1896 General Nikolaus von Karapancsa. DIONIS (18.2.1854, Zagreb–1927) heiratete 1891 Maria Gräfin Dessewffy de Csérnek et Tarkeö, mit der er zwei Söhne und zwei Töchter hatte: GOTTFRIED (geb. 1892), verh. mit Klara geb. Gräfin Bolza (Kinder: Dionis, geb. 1919, und Klothilde); ZDENKO (1894–1979); AGATHE (geb. 1900), verh. mit Wolfgang Baron Fraydta von Fraydenegg und Monzello († 1935), und HELENE (geb. 1904). Zdenko war der letzte männliche Sproß. Seine Frau war Alexandra Novak-Skarek, mit der er die Tochter Gisela († 5.11.1998) hatte, die im Schloß Maria Bistrica mit Tochter und Enkelkindern lebte.

Lazar Hellenbach war 1861 und 1865–1868 Abgeordneter des Sabor. Er vertrat liberale Grundsätze. Er war ein Gegner des „Ausgleichs" von 1867 und zog sich 1868 aus der Politik zurück. 1869 übersiedelte er nach Wien. Bald darauf kaufte er Schloß und Besitz Turniš bei Pettau (Ptuj), wo er 1873 Kaiser Franz Joseph bewirtete. Von seinem Interesse für Finanzwirtschaft wandte er sich der Philosophie zu. Er war Korrespondent der Zeitungen „Agramer Zeitung", „Psychische Studien", „Sphinx" etc. Insgesamt schrieb er 34 Bücher bzw. Broschüren (Sozialpolitik, Staatsrecht, Finanzwirtschaft, Metaphysik, Magnetismus, Spiritismus und Okkultismus). Aus Nizza, wo er in einem Hotel starb, wurde er nach Maria Bistrica überführt und in der Patronatskirche am 26.11.1887 beigesetzt.

Qu.: Duišin, A. V. (1938/39), 312–314; Ébls, G. (1904); Grčević, N. (1981), 70; Kulmer, Th. (1931); Pajas, F. (1917); Adelsporträts des 19. Jhs. (Portreti plemstva u XIX. stoljeću), 1995; Familienarchiv Hellenbach.

652 *SV. HELENA*

Die Übersicht über die Besitzer von Sv. Helena gründet sich auf folgende Quellen: *Duišin, A. V. (1938/39), 3–5, 312–314; Erceg, I. (1992), 39; Erceg, I. (1996), 161; Horvat, J. (1939), 504, 516; Krška, J. (1902), 29; Obad Šćitaroci, M. (1993), 158–162; Pajas, F. (1917); Kroatisches biographisches Lexikon, 1983, Bd. 1, S. 19–20; Adelsporträts (wie Anm. 651); Stammbaum der Familie von Adamovich; Sammlung A. Kulmer in Histor. Museum in Zagreb.*

653 *SV. HELENA*

Krška, J. (1902), 29.

654 *SV. HELENA*

Die Literatur über das Schloß begnügt sich mit Basisdaten: *Erceg, I. (1996), 125; Glavičić, Dj. (1984), 10; Habunek-Moravac, Š. (1971), 20–21; Horvat, A. u. a. (1970), 29; Tartaglia-Kelemen, V. (1960), 150.*

655 *SV. HELENA*

Das Projekt für den Umbau des Schlosses befand sich in einer roten Mappe (71 x 47 cm) mit der Aufschrift: Schloß St. Helene. Darin waren 10 Skizzen eingeheftet: 1) Räumliche Übersicht – Ansicht von Osten; 2) Obergeschoßgrundriß des alten Schlosses und der Erweiterung; 3) Hauptfront (Ostfront); 4) Zubau – 1. Obergeschoß (September 1862); 5) Zubau – Erdgeschoß; 6) Zubau – Fundament und Keller; 7) Zubau – Querschnitt CD; 8) Zubau – Querschnitt EF (Februar 1863); 9) Zubau – Seitenfront (März 1863); 10) Zubau – Querschnitt AB (März 1863). Auf einem weiteren Blatt fanden sich Angaben über die Vorplanung. Die Mappe ist im Besitz der Familie Hellenbach.

656 *SV. HELENA*

Domin, S. (1971), 112–113; Glavičić, Dj. (1984), 11; Tartaglia-Kelemen, V. (1960), 150.

657 *SV. HELENA*

Bojničić, I. (1899), 16; Duišin, A. V. (1938/39), 312–314; Obad Šćitaroci, M. (1993), 158–162; Pajas, F. (1917); Adelsporträts (wie Anm. 651), 1995.

658 *SV. HELENA KORUŠKA*

Im Staatsarchiv in Zagreb findet sich ein Schuber (fond) mit dem Titel „Plemička općina Sveta Helena Koruška", der Dokumente von 1297 bis 1914 enthält. Das Material ist lückenhaft aber teilweise geordnet. Man findet folgende „Schachteln": 1) Privilegien und Urkunden einzelner Familien, Eigentums- und Rechtsbeziehungen zwischen den Adeligen; 2) Rechtsstreitigkeiten, Kauf- und Verkaufsverträge, Abschriften von Privilegien, Schriftstücke über Grundgrenzen etc.; 3) Schriftstücke über Grundgemeinschaften, Protokolle der Adelsversammlungen, Meldungen über Waldschäden, Rechnungen etc. 4) Rechnungsbücher und Steuerverzeichnisse von 1889–1894, Kataster der Adelsgemeinschaft und Sitzungsprotokolle 1910–1924.

Qu.: Buturac, J. (1991 c), 5.

659 *SV. HELENA KORUŠKA*

Sv. Helena Koruška ist erwähnt bei: *Domljan, Ž. und Marković, K. (1993), 365, 368; Horvat, A. u. a.(1970), 28; Laszowski, E. (1904), S. XIII; Matoš, A. G. (1988), 156.*

660 *SV. HELENA KORUŠKA*

Laszowski, E. (1904), S. XII.

661 *SV. HELENA KORUŠKA*

Buturac, J. (1991 c), 16, 24, 101; Laszowski, E. (1904), S. IV–XIII.

662 *SV. HELENA KORUŠKA*

Laszowski, E. (1904), S. IV.

663 *SV. HELENA KORUŠKA*

König (Kaiser) Ferdinand II. verlieh am 6. Mai 1630 in Preßburg den ungar.-kroat. Adel und Wappen an Mathias ŠATVAR (Sattuar) und Emmerich GUDIĆ (Gudich). In der Sabor-Sitzung am 9.12.1630 wurde dies kundgemacht. Diese Familien existieren heute nicht mehr in Sv. Helena Koruška. Nach einem Bevölkerungsverzeichnis von 1948 war der Name Šatvar im Gebiet von Križevci sehr verbreitet (203 Einwohner). Um die gleiche Zeit gab es im gleichen Gebiet 77 Einwohner des Namens Gudić in 20 Häusern.

Qu.: Buturac, J. (1991 a); Laszowski, E. (1904), S. X–XII.

664 *SV. HELENA KORUŠKA*

Eine adelige Familie FILIPOVIĆ tauchte hier 1650 auf. Gleichzeitig wurde Barbara Radaković, Witwe des Nikolaus Filipović, erwähnt, weiters Ursula Filipović als Frau des Mathias Švagel (Schwagel). Georg und Johann Filipović wurden 1664 erwähnt und ein Emmerich Filipović 1763 und 1767. Eine adelige Familie SENY scheint 1673 auf (Kurie des Franz und Georg Seny). Ein Michael Seny wurde 1752 urkundlich erwähnt, 1773 ein Stephan Seny als Geschworener der Gespanschaft Križevci, weiters ein Lukas Seny.

Qu.: Laszowski, E. (1904), S. XII.

665 *SV. HELENA KORUŠKA*

Gundrum, F. (1914); Laszowski, E. (1904), S. XII; Marković, K. (1993).

666 *ŠESTINE*

Das Schloß wird in der Literatur nur nebenbei erwähnt. Graphische Quellen sind zahlreicher, so daß es möglich ist, eine Vorstellung über das Aussehen zu gewinnen. Zur Beschreibung des Schlosses wurden folgende Quellen verwertet: *Amt für den Schutz des Kultur- und Naturerbes im Kulturministerium in Zagreb (Pläne und Photos); Sammlung A. Kulmer und Graphiksammlung (G. 618) im Histor. Museum in Zagreb; Stadtmuseum Zagreb – Sammlung von Fotos und Ansichtskarten; Glibota, A. (1990), 412; Henneberg, V. (1929); Horvat, A. (1975), 254; Krizmanić, Z. (1989); Matasović, J. (1923).*

667 *ŠESTINE*

Erinnerungen des Ferdinand Graf Kulmer.

668 *ŠESTINE*

Über diesen Besitz gibt es wenige Daten: *Krška, J. (1902), 27; Sammlung Kulmer im Histor. Museum in Zagreb.*

669 *ŠESTINE*

Sammlung A. Kulmer im Histor. Museum in Zagreb; Adelsporträts (s. Anm. 651).

670 *ŠESTINE*

FRIEDRICH Graf KULMER (1860–1943) war der Sohn des Generals Friedrich (1814–1877) und der Alexandrine geb. Gräfin Erdödy (geb. 1829). Verheiratet war er mit Elvira von Türk aus Karlstadt. Er blieb kinderlos. Elviras Schwester Beate heiratete Friedrichs Bruder EMIL (1862–1941) aus Bračak. Friedrich (Miroslav „Šestinski") verschenkte auf der Medvednica eine Liegenschaft, um in Brestovac das erste Tuberkulose-Sanatorium Südosteuropas zu errichten (1909).

Qu.: Stammbaum der Barone und Grafen Kulmer; Horvat, J. (1982), 154.

671 *ŠPIŠIĆ BUKOVICA*

Über die Geschichte dieser Herrschaft schreiben: *Adamček, J. (1986 a), 162, 175–176; Adamček, J. (1986 b), 121; Bösendorfer, J. (1910), 92; Cvetković, B. und Kahrić, D. (1971); Dienka, I. (1966 b); Djurić, T. und Feletar, D. (1983), 35–36.*

672 *ŠPIŠIĆ BUKOVICA*

ANTON von ŠPIŠIĆ lebte nicht in Bukovica, sondern war in Virovitica tätig. Er galt als ungarnfreundlich. Am Preßburger Landtag (Reichstag) von 1751 schlug er vor, daß die neu geschaffenen slawonischen Gespanschaften (Požega, Syrmien, Virovitica) ihre Abgeordneten in den ungarischen und nicht in den kroatischen Landtag schicken sollten.

Qu.: Cvetković, B. und Kahrić, D. (1971), 9.

673 *ŠPIŠIĆ BUKOVICA*

Die Mitglieder der Familie ŠPIŠIĆ waren besonders ab 1503 politisch tätig, nachdem König Wladislaw II. dem NIKOLAUS Špišić Adel und Wappen verliehen hatte. Er war Mitglied der Delegation des Sabor, die sich 1535 für Ferdinand von Habsburg als König aussprach. FRANZ Špišić war Richter der Warasdiner Gespanschaft; er hat auch die Sabor-Beschlüsse vom 5. Mai 1566 mit unterzeichnet. Sein Sohn JOHANN hat 1567 Kroatien am Preßburger Landtag vertreten. CHRISTOPH († 1614) war Grenzkapitän von Ivanić. LADISLAUS († 1800), ein Sohn des Anton, heiratete Barbara von Delimanić; er machte sich um die Errichtung einer Pfarre in Bukovica verdient. Ladislaus wurde von seinem Sohn JOHANN beerbt, der mit Henriette von Bedeković verheiratet war.

Qu.: Cvetković, B. und Kahrić, D. (1971), 9–10.

674 *ŠPIŠIĆ BUKOVICA*

STEPHAN Graf PEJÁCSEVICH († 1824 oder 1826) war der Sohn Antons III. (1749–1802) und der Barbara geb. Gräfin Draskovich. Mit seiner Frau Maria Kiss de Ittebe et Elémer († 1844) blieb er kinderlos. Als Witwe renovierte sie die Pfarrkirche in klassizistischem Stil. Am Friedhof errichtete sie eine Kapelle, in der sie auch beigesetzt ist. Sie war sehr beliebt.

Qu.: Cuvaj, A. (1913), 31; Cvetković, B. und Kahrić, D. (1971), 10–11.

675 *ŠPIŠIĆ BUKOVICA*

Die Literatur beschäftigt sich mit der Grundherrschaft eingehend: *Adamček, J. (1986 a), 162, 175–176; ; Adamček, J. (1986 b), 121; Bösendorfer, J. (1910), 92, 353–355; Cvetković, B. und Kahrić, D. (1971), 7–11; Dienka, I. (1966 b); Horvat, J. (1939), 513; Karaman, I. (1973 b), 201; Laszowski, E. (1901), 70.*

676 *ŠPIŠIĆ BUKOVICA*

In baulicher Hinsicht hat man sich mit der Kurie Špišić Bukovica nicht beschäftigt. Kurz erwähnt wird sie von: *Cvetković, B. und Kahrić, D. (1971), 10; Djurić, T. und Feletar, D. (1983), 35–36; Horvat, A. u. a. (1970), 60; Horvat, A. (1979), 295.*

677 *ŠTAKOROVEC*

Trupec, J. (1981), 40

678 *ŠTAKOROVEC*

Adamček, J. (1981), 120, 129.

679 *ŠTAKOROVEC*

Die Literatur nennt verschiedene Besitzer, aber es wird sich um Pächter gehandelt haben. Wann die Erdödy nach Štakorovec kamen, ist ungewiß. Anton Graf Erdödy (1797–1864; Abb. 635, Anm. 580) wurde in Štakorovec geboren, wo er auch starb. Möglicherweise hatten die Erdödy den Besitz verpachtet. Die Literatur nennt als Besitzer im 18. und zu Anfang des 19. Jhs. die Familien Praskač und Bušić *(Horvat, A. 1981, S. 74)* und 1848 Aloisia verh. Babočaj *(Horvat, J. 1939, S. 501)*.

680 *ŠTAKOROVEC*

Über die Linie Štakorovec der Grafen Erdödy siehe Anm. 580.

681 *ŠTAKOROVEC*

Buturac, J. (1981), 119.

682 *ŠTAKOROVEC*

Siehe Anm. 561.

683 *ŠTAKOROVEC*

Krška, J. (1902), 22.

684 *ŠTAKOROVEC*

Auf der Katasterkarte von 1862 ist die Kurie rechteckig (19 x 13 m) eingezeichnet, was bedeutet, daß der Zubau an der Nordfront noch nicht ausgeführt war. Den Daten des ehem. Regionalinstituts für den Schutz von Kulturdenkmälern in Zagreb zufolge wurden der nördliche Zubau und der halbkreisförmige Turm in der 1. Hälfte des 19. Jhs. gebaut, die Terrasse gegen Ende des 19. Jhs. Allerdings werden keine Quellen angegeben *(Domin, S. und Marković, K. 1986, S. 53–54)*. A. Horvat *(1981, S. 74)* erwähnt nicht den Zeitpunkt des Zubaues.

685 *ŠTAKOROVEC*

Im letzten Jahrzehnt gehörte Štakorovec dem landwirtschaftlichen Gutshof Božjakovina. Seit dem Zweiten Weltkrieg war der Zustand des Schlosses sehr schlecht. Die Renovierung begann 1995 durch den neuen Besitzer, das Unternehmen „Božjakovina d. d.", nach dem Projekt von Univ.-Prof. Boris Podrecca (Wien) und Univ.-Doz. Teufik Galijašević (Zagreb). 1998 war sie abgeschlossen.

686 *ŠTAKOROVEC*

Horvat, A. (1981), 74.

687 *TENJE*

Die Literatur erwähnt den Besitz Tenje nur nebenbei: *Djurić, T. und Feletar, D. (1983), 158; Erceg, I. (1992), 39; Horvat, J. (1939), 513.*

688 *TENJE*

Einige Daten über das Aussehen des Schlosses in der 2. Hälfte des 20. Jhs. bringt A. Horvat. In seiner kurzen Beschreibung erwähnt er nicht das ursprüngliche Aussehen und die baulichen Veränderungen. Vergleiche: *Enzyklopädie der bildenden Künste, 1966, Bd. 4, S. 412; Horvat, A. u. a. (1970), 97; Horvat, A. (1979), 295–296.*

689 *TENJE*

Djurić, T. und Feletar, D. (1983), 158.

690 *TENJE*

Horvat, A. (1966), 412.

691 *TENJE*

Im Bescheid über den Schutz des Parks des damaligen Instituts für Naturschutz in Zagreb (4.9.1973) wurden wegen ihrer Größe einige Baumarten angeführt: *Carpinus betulus* (in der Allee), *Quercus robur f. fastigiata, Fraxinus ornus, Aesculus hippocastanum, Robinia pseudoacacia, Acer platanoides, Larix europaea, Sophora japonica, Celtis occidentalis, Ulmus campestris, Ginkgo biloba* etc.

692 *TENJE*

KARL I. von ADAMOVICH (11.12.1829, Wien–19.2.1874, Bad Gleichenberg; Abb. 663) heiratete 1857 Bianka geb. Gräfin Capello von Wickenburg (6.10.1837, Graz–19.9.1912, Wöllan/Krain).

Söhne: Karl II. (Anm. 694), Johann (Anm. 693) und Branko. Töchter: IRMA, Isabella und Julie. IRMA heiratete Ferdinand Graf Bissingen, ISABELLA ehelichte Lothar I. von Berks aus Podgorač (Anm. 543), JULIE vermählte sich mit Johann Althof aus Turjak. Karl I. war Rittmeister, Kammerherr und Besitzer von Tenje, außerdem der mittelalterlichen Burg Wöllan (Velenje), wo er auch beigesetzt ist.

Qu.: Duišin, A. V. (1938/39), 5; Stammbaum der Barone Adamovich.

693 *TENJE*

JOHANN ALBRECHT Baron ADAMOVICH (13.10.1866, Bad Gleichenberg – 13.7.1929, Wöllan; Abb. 665) heiratete 1899 Theresia Gräfin Westphalen zu Fürstenberg (1871, Josefstadt–1950, Goldegg im Pongau), die in Rußland begütert war. Kinder: Anton, Dr. iur.; Joseph (1903–1959), Johann Kapistran III., Wilhelmine (Minka). ANTON (Frá Michael Anton; 1901–1958) war Richter in Osijek und nach dem Zweiten Weltkrieg in Rom „Bailli“ des Souveränen Malteser-Ritterordens. JOHANN KAPISTRAN III. (Anm. 695) setzte die Familienlinie fort. WILHELMINE (1900–1992) heiratete Gundacker Graf Herberstein (1902–1960) aus Pettau. Johann Albrecht war 1914–1918 Obergespan in Virovitica und Besitzer in Neudorf (Novo selo/Vojvodina) und Wöllan sowie Mitbesitzer von Tenje (s. Anm. 272).

Qu.: Stammbaum der Barone Adamovich.

694 *TENJE*

KARL II. von ADAMOVICH (1865–1940), Geheimer Rat und k. k. Kämmerer, verh. mit Gisela geb. Baronin Ritter-Zahony, hatte vier Kinder: Karl III.; ERWIN (verh. mit Valentine Gräfin de Canetmont); MARIA (verh. mit Herward Graf Auersperg); BIANKA (verh. mit Adolf Graf Auersperg). KARL III. (6.9.1882, Wöllan–31.12.1972, Budapest) hatte mit Julie Zilahy de Gyurgyóka (12.4.1899–19.5.1982) die Söhne KARL (geb. 1924) und DOMONKOS (geb. 1930) und die Tochter MARIE DOLORES (1924–1988), deren Kinder und Enkel heute in Ungarn leben.

Qu.: Stammbaum der Barone Adamovich.

695 *TENJE*

JOHANN KAPISTRAN III. Baron ADAMOVICH (11.8.1905, Görz–16.3.1971, Bogota), Agraringenieur, Ritter des Malteser-Ordens, heiratete 1930 Stephanie Gräfin Pejácsevich (6.7.1910, Budapest–23.7.1988, Schloß Kainberg/Steiermark), die Miteigentümerin von Našice und Homoku in Ungarn war. Kinder: BARBARA (19.5.1931, Zsámbok) heiratete 1953 den Architekten Ferdinand Zarándy (Argentinien); ANTOINETTE (30.12.1932, Budapest) heiratete 1958 Siegfried Graf Wimpffen (Steiermark); MARIA (30.12.1932, Budapest); NIKOLAUS (Anm. 696).

Qu.: Stammbaum der Barone Adamovich

696 *TENJE*

NIKOLAUS Baron ADAMOVICH (6.11.1936, Osijek) Jurist, Ritter des Malteser-Ritterordens, heiratete 1969 Angela Freiin Spies von Büllesheim aus Metternich/Deutschland. Kinder: JOHANN (23.1.1971, Caracas), NIKOLAUS (14.1.1972, Caracas), BORIS (3.6.1980, Bogota). Sie alle leben in Zagreb.

Qu.: Stammbaum der Barone Adamovich.

697 *TENJE*

Laszowski, E. (1903 b), 5.

698 *TENJE*

Krška, J. (1902), 107–108.

699 *TENJE*

Ausführlich über den Park „Orlovnjak“: *Manojlović, R. (1990), 42–43.*

700 *TRENKOVO*

Djurić, T. und Feletar, D. (1983), 106–107; Horvat, A. (1966), 448; Horvat, A. u. a. (1970), 99; Horvat, A. (1979), 298; Kempf, J. (1910), 176; Mohorovičić, A. (1975), XX.

701 *TRENKOVO*

Der Schloßpark ist als Denkmal der Gartenarchitektur seit 1964 in einem Umfang von 5,20 ha geschützt.

702 *TRENKOVO*

Laut den Notizen des Ivica Samardjić aus dem Jahre 1966 gab es im Park folgende Baum- und Straucharten: *NADELGEHÖLZE: Chamaecyparis lawsoniana**, *Juniperus sabina, J. virginiana**, *Picea abies**, *P. pungens f. columnaris***, *Pinus silvestris**, *P. strobus**, *Pseudotsuga menziesii**, *Taxus baccata**, *Thuja occidentalis**, *Th. orientalis**, *Th. plicata**, *Thuja sp.**; *LAUBGEHÖLZE: Acer campestre, A. negundo**, *A. platanoides**, *A. pseudoplatanus**, *A. saccharinum**, *Aesculus carnea**, *Ae. flava***(¿), *Ae. hippocastanum**, *Ailanthus glandulosa**, *Alnus glutinosa, A. sp.***, *Betula pendula, B. pubescens**, *Buxus sempervirens**, *Carpinus betulus, Catalpa bignonioides**, *Clematis vitalba, Corylus avellana, Cornus hungarica, C. mas, C. sanguinea, Crataegus monogyna, Euonimus europaea, Fagus silvatica**, *F. silvatica „Atropurpurea“**, *Fontanesia fortunei***, *Fraxinus americana**, *F. angustifolia, F. excelsior**, *F. excelsior var. monophylla***, *F. excelsior „Aureovariegata“***, *F. pensilvatica, Gleditsia triacathos var. inermis**, *Hedera helix, Juglans regia**, *J. nigra**, *Ligustrum vulgare, Malus domestica, M. pumila**, *Magnolia sp.**, *Morus alba, M. nigra, Parthenocissus quinquefolia, Philadelphus coronarius, Platanus x acerifolia**, *Populus alba, P. nigra var. italica**, *P. tremula, Prunus avium, P. domestica, P. spinosa, Quercus borealis**, *Q. macrocarpa* (¿)**, *Q. phaellos***, *Q. robur, Q. robur „Fastigiata“**, *Rhamnus frangula, Robinia pseudoacacia**, *Rosa arvensis, R. sp., Rubus caesius, R. fruticosa, Salix alba, S. caprea, S. fragilis, Sambucus nigra, Spiraea sp., Staphylea pinata, Symphoricarpus orbiculatus, Syringa vulgaris**, *Tamarix tetrandra, Tilia argentea**, *T. cordata**, *T. plathyphyllos**, *Tilia x* (¿)**, *Ulmus carpinifolia, U. laevis, Viburnum lantana, V. opulus.*

* alte Bäume, Ende des 19. Jhs. gepflanzt

** alte Bäume, die in Kroatien selten sind

Rauš legte ein Verzeichnis der Bäume an: *Rauš, Dj. 1977 a, 435–437; Rauš, Dj. 1977 b.*

703 *TRENKOVO*

Kempf, J. (1914), S. 71 schreibt, daß um diese Zeit eine 300 Jahre alte riesige Eiche im Park stand, die die Leute „Trenck-Eiche“ nannten.

704 *TRENKOVO*

Der Park wird in der Literatur nur am Rande erwähnt: *Jurčić, V. und Kurtela, M. (1985), 54–55; Kiš, D. (1966 a), 4; Rauš, Dj. (1977 a), 433; Rauš, Dj. (1977 b), 72–77.*

705 *TRENKOVO*

Adamček, J. (1977), 119; Balić, M. (1974 b), 22; Bösendorfer J. (1910), 125; Buturac, J. (1977 b), 40–41; Celebi, E. (1957), 258; Ćuk, J. (1925), 61–62; Horvat, A. (1966), 504; Kempf, J. (1910), 176, 179.

706 *TRENKOVO*

Die Herrschaft Velika umfaßte 1702 außer dem Marktflecken Velika folgende Dörfer: Radovanci, Potočani, Draga (Požeška), Poljanska, Mitrovica (heute Trenkovo),

Škomić, Treštanovci, Šeovci, Tekići, Bertelovci, Eminovci, Vilić-Selo, Boričevci, Bolomače, Pavlovci, Deževci, Pasikovci, Rasna, Koprivna, Kujnik, Orljavac, Podsreće, Vranić, Sloboština, Crljenci, Žigerovci, Skenderovci, Jaguplije, Brdjani, Bratuljevci, Lučinci, Oljasi, Ozdakovci, Smoljanovci, Milivojevci, Mrtovlasi, Dedina Klisa, Nježić und Vrhovci (Gornji). Die Dörfer Bertelovci, Eminovci, Šeovci, Tekići und Treštanovci (nordöstlich von Požega) waren von der Mehrheit der Siedlungen weit entfernt.

Qu.: Kempf, J. (1910), 176, 179; Mažuran, I. (1993), 543.

707 *TRENKOVO*

JAKOB Graf SVETIĆ (Svetics de Nemes-Ságod), Kämmerer, 7.8.1765–1.2.1833, heiratete Juliane Gräfin Batthyány. Die Familie stammte aus Požega, übersiedelte aber im 16. Jh. nach Ungarn und nahm den Namen ihres Besitzes als Beinamen an. In Ungarn war sie in den Komitaten Somogy und Sopron (Ödenburg) begütert. Im Gebiet von Požega besaß Jakob Svetić die Güter Pleternica, Velika, Mitrovica (später Trenkovo), Vetovo (später Ovčara) und Jakšić. In den Grafenstand wurde er noch von der Königin Maria Theresia am 14.4.1780 erhoben, und am 16.6.1797 wurde ihm der Beiname „de Velika" bewilligt.

Er ist in der Pfarrkirche von Velika beigesetzt, wo ihm 1845 seine Witwe eine Gedenktafel mit Wappen und der Devise „Virtute et labore" errichtete.

Qu.: Atlagić, M. (1982), 88–89; Kempf, J. (1925), 127; Pavličević, D. (1961), 93–94; Pavličević, D. (1977), 227; Brajković, V. (1995), 103.

708 *TRENKOVO*

Das Gut Mitrovica (Trenkovo) hatte mit Skomnić im Jahre 1902 einen Umfang von 1.228 ha (2.136 Joch): Felder (480 ha), Wiesen (90 ha), Gärten (4 ha), Wald (630 ha) und 19 ha Weingärten. Angebaut wurden Raps, Weizen, Roggen, Hafer, Mais und Klee. Verwalter waren Franz Kazda und Venceslav Skopec, Oberwinzer war Simon Pavleković.

Qu.: Krška, J. (1902), 90.

709 *TRENKOVO*

Über die Besitzer von Velika und Trenkovo siehe: *Bösendorfer, J. (1910), 376; Horvat, J. (1939), 513; Karaman, I. (1973 b), 206; Kempf, J. (1910), 179; Kempf, J. (1914), 70; Laszowski, E. (1903 a), 187; Mažuran, I. (1993), 543, 583.*

710 *TRENKOVO*

Karaman, I. (1973 b), 206; Karaman, I. (1977), 201; Laszowski, E. (1903 a), 185, 187.

711 *TRENKOVO*

FRANZ Freiherr von der TRENCK (1.1.1711, Reggio di Calabria–4.10.1749, Spielberg/ Brünn; Abb. 674) war das dritte Kind des Johann Frh. von der Trenck und seiner Frau Keiler von Hargvatten aus einer herzoglich kurländischen Familie. Der älteste Bruder (geb. 1707) kam 1725 bei einer Kutschenfahrt nahe Slawonisch Brod durch scheuende Pferde zu Tode. Der andere Bruder (geb. 1709) starb als Offizier 1731 in Wien.

JOHANN von der TRENCK (1652–11.2.1743) verließ 1683 die preußische Armee und diente anschließend 60 Jahre bei den Österreichern, zuletzt als Oberstleutnant und Kommandant der Festung Brod. Die Familie „von Trenck" mit dem Prädikat „de Schorlak, Schakulak et Meiken" gab es im Frankenkreis bereits im Mittelalter; um etwa 1450 siedelte sie nach Ostpreußen. Franz von der Trenck besuchte die Jesuitenschulen in Ödenburg und Požega. Er sprach sieben Sprachen. Als Sechzehnjähriger trat er ins Militär ein, mußte aber nach dem Tod der beiden Brüder diese Laufbahn aufgeben. 1731 heiratete er die Tochter des Feldmarschalleutnants Tillier, mit der er vier Kinder hatte. 1737 starben die Frau und zwei Kinder an der Pest. In der Zeit seiner Ehe betrieb er die Wirtschaft und beschäftigte sich mit der Jagd – auch nach Räubern, die um diese Zeit ihr Unwesen trieben. Sein Angebot, 4.000 Soldaten auszurüsten und ins türkische Bosnien einzufallen, wurde von Kaiser Karl VI. abgelehnt, worauf er russische Kriegsdienste annahm, aber als Major wegen Insubordination zum Tode verurteilt wurde. 1740 gelang es ihm, nach Slawonien zu fliehen. 1741 erhielt er von der Königin die Erlaubnis, auf eigene Kosten eine Panduren-Truppe aufzustellen. Er wurde Major und bald (1743) Oberst. Trotz seiner Erfolge hatte er wegen Verletzung der Kriegsgesetze zwischen 1745 und 1747 drei Gerichtsverfahren und wurde zu Rang- und Vermögensverlust verurteilt. Während der zweijährigen Haft auf dem Spielberg schrieb er seine Memoiren.

Qu.: Karaman, I. (1977), 201; Kempf, J. (1910), 186–193; Kempf, J. (1914), 61–71; Pavličević, D. (1961), 83–87; Šišić, F. (1896), 85–93; Šišić, F. (1900).

712 *VALPOVO*

Zur Herrschaft Valpovo gehörten 1472 noch 5 Marktflecken: Djurdjenovac, Donji Miholjac, Janovac, Marianac und Grešigorijanac *(Enzyklopädie der kroat. Geschichte und Kultur, S. 712)*. 1809 erhielt Valpovo wiederum den Status eines Marktes (Marktgemeinde), gemeinsam mit Miholjac, Čadjavica und Moslavina, und zwar über Befürwortung des Baron Joseph Ignaz Prandau *(Koch-Kuhač, F. K. 1876, S. 14)*.

713 *VALPOVO*

Daten über die mittelalterliche Grundherrschaft bei: *Bösendorfer, J. (1910), 105–107; Mažuran, I. (1993), 359; Szabo, Gj. (1920), 137–138.* Nicht übereinstimmende Daten bei: *Balić, M. (1974 b), 17–18; Balić, M. (1976), 61; Horvat, R. (1928), 83.*

714 *VALPOVO*

Literatur über Valpovo in der Türkenzeit: *Balić, M. (1974 b), 17–18; Balić, M. (1976), 61–62; Bösendorfer, J. (1910), 107; Čuržik, V. (1989), 5, 14; Horvat, R. (1912), 237–282; Horvat, R. (1928), 83, 170; Koch-Kuhač, F. K. (1876), 5; Enzyklopädie der kroat. Geschichte und Kultur, S. 712.*

715 *VALPOVO*

Über die Befestigungsanlagen von Valpovo siehe: *Balić, M. (1974 b), 17–18; Balić, M. (1976), 66–68; Bösendorfer, J. (1910), 107; Čuržik, V. (1989), 15; Devidé, M. (1971), 14; Horvat, R. (1912), 254; Szabo, Gj. (1920), 135–138.*

716 *VALPOVO*

PETER ANTON Baron HILLEPRAND von PRANDAU (24.9.1676, Bozen–28.5.1767, Wien, Abb. 679) wurde 1700 zum Rat der kaiserlichen Hofkammer und königlichen Kämmerer ernannt. Am 3.1.1704 wurde er Baron. Sein Leben hindurch war er in Wiener Zentralstellen tätig: 1737 Direktor der „Universal-Bancalität", 1745 Vizepräsident der Hofkammer, 1766 Wirkl. Geheimer Rat. 1707 heiratete er Maria von Prämbs (laut Baron F. Pereira-Arnstein: Anna Pranns, † 1735), mit der er drei Töchter hatte: Maria Josephine verh. von Pfeffershofen; Maria Franziska verh. von Elberfeld; Maria Anna verh. von Harrucker.

Die zweite Ehe ging er 1748 mit Maria Christine von Lattermann († 1784) ein, die ihm, als er 72 Jahre alt war, den Sohn Joseph Ignaz (Anm. 717) gebar. Außer Valpovo hatte Peter Anton noch einigen Realbesitz. Mit Testament von 1765 hinterließ er alles dem Sohn. Die Kirche in Valpovo wurde 1722 mit seiner Hilfe gebaut. Er lebte ständig in Wien und kam nur gelegentlich nach Valpovo.

Qu.: Balen, B. (1994), 284–286; Čuržik, V. (1989), 24, 28; Ćutić, D. (1987); Karaman, I. (1962 b), 3–4, 9–10; Koch-Kuhač, F. K. (1876), 9–11; Fritz Baron Pereira-Arnstein.

717 *VALPOVO*

JOSEPH IGNAZ Baron HILLEPRAND von PRANDAU (geb. 1748 oder 1749, † 13.10. 1816, Valpovo; Abb. 680) war Jurist und lebte bis 1789 in Wien. Er gab sich dem Müßiggang hin, verbrauchte das ererbte Geld und verkaufte österreichische Liegenschaften. Mit 700.000 Gulden Schulden mußte er sich nach Valpovo zurückziehen.

Er übernahm die Verwaltung, die Wirtschaft machte rasch Fortschritte, und nach zehn Jahren war er schuldenfrei. 1769 heiratete er Maria Viktoria Baronin Jabornigg zu Gamsegg († 1775), 1777 Anna Maria Baronin Kienmayer (1757–1788) und 1791 Anna Maria Gräfin Pejácsevich (1768 oder 1769–1863). Mit dieser hatte er vier Söhne und vier Töchter, nämlich: KARL SIGISMUND (1792–1865), SIGISMUND PETER (1794–1803), MARIA FRANZISKA (1795–1823), JOSEPH (1801– 1804), AMALIE KAROLINE (1802 geb.), JOHANNA FLORA (1804 geb.), ANTON GUSTAV (1807–1885) und ADELHEID MARIA (1813–1864). (Über Karl Sigismund siehe unter Schloß Donji Miholjac.) Maria Franziska heiratete 1819 Stephan Nepomuk von Köver († 1827). Johanna Flora war zunächst mit Sigismund Barkóczy, dann mit Anton Baron Radivojević († 1881) verheiratet. Adelheid Maria heiratete 1840 Emmerich von Parssetich.

Qu.: Balen, B. (1994), 283–285; Čuržik, V. (1989), 30–31; Ćutić, D. (1987), 6; Karaman, I. (1962 b), 3–4, 10–11; Koch-Kuhač, F. K. (1876), 11–15.

Die Angaben über die Eheschließungen und die Kinder sind in einem Brief des Barons F. Pereira-Arnstein an die Autoren vom 23.12.1993 enthalten. Die übrigen Angaben sind der angeführten Literatur entnommen; sie stimmen aber häufig nicht mit dem zitierten Brief überein.

718 *VALPOVO*

ANTON GUSTAV Baron HILLEPRAND von PRANDAU (13.5.1807, Valpovo–23.5.1885; Abb. 82) heiratete 1827 in Vukovar Adelheid Cséh von Szent-Katolna (1802–1869; Abb. 83), Tochter des Vizegespans von Syrmien. Der einzige Sohn dieser Ehe, KOLOMAN, starb 5jährig 1836.

Töchter: Alvine (1830– 1882), Marianne (1828–1891) und Stephanie (1831–1914). ALVINE heiratete 1850 Paul Graf Pejácsevich (Anm. 541).

Nach dem Rechtsstudium verwaltete Anton Gustav Valpovo. Die Akademie der Wissenschaften, das Nationaltheater und die Universität in Zagreb sowie die Musikinstitute in Osijek und Zagreb unterstützte er finanziell. Er war Patron des Kapuzinerklosters in Osijek sowie von Kirchen und Schulen innerhalb seines Gutsbereiches. Abgeordneter des Sabor, dann des Stadtrates von Osijek, war er nur für kurze Zeit. Er errichtete ein Denkmal für Mathias Petrus Katančić und gründete für bedürftige Studenten aus Osijek und der Gegend von Valpovo Stiftungen.

Qu.: Čuržik, V. (1989), 32, 37; Ćutić, D. (1987), 7; Karaman, I (1962 b), 4–7, 11, 89; Koch-Kuhač, F. K. (1876), 15–19; Baron F. Pereira-Arnstein.

719 *VALPOVO*

MARIANNE Gräfin NORMANN-EHRENFELS geb. Baronin Hilleprand von Prandau (15.4.1828, Zagreb–8.11.1891, Wien-Döbling; Abb. 683) heiratete zunächst Paul Albert Graf Zichy (1808–1850). Sie hatten keine Kinder.

1852 heiratete sie Heinrich Friedrich Constantin Graf Normann-Ehrenfels (1818–1882). Sie hatten die Söhne RUDOLF I. (Anm. 720) und GUSTAV Rudolf Karl Kaspar (geb. 1856) sowie die Tochter ANNA Adele Karoline (1854–1927) verh. Gräfin Csáky.

Qu.: Čuržik, V. (1989), 41; Ćutić, D. (1987), 7; Karaman, I. (1962 b), 7, 11, 89; Baron F. Pereira-Arnstein; Univ.-Prof. V. Muljević.

720 *VALPOVO*

RUDOLF I. Joseph Graf NORMANN-EHRENFELS (13.9.1858, Valpovo–22.5.1942, Valpovo) hatte mit Juliane Antonie geb. von Vest (geb. 1868), die er 1890 heiratete, zwei Söhne und drei Töchter, und zwar: Karl Ludwig (im Alter von 7 Jahren gestorben); MARIA ANNA (1893–1952; verh. von Berks); MARIA VERA (1901–1983; verh. Gräfin Csáky); MARIA THERESIA (1895–1978; verh. Gräfin Coronini) und RUDOLF II. Constantin (Anm. 721).

Qu.: Čuržik, V. (1989), 38, 40; Ćutić, D. (1987), 7–8; Karaman, I. (1962 b), 4, 7, 89; Baron F. Pereira-Arnstein

721 *VALPOVO*

RUDOLF II. Constantin Graf NORMANN-EHRENFELS (24.3.1891, Bizovac–16.10.1965; Abb. 681) ehelichte 1931 Theresia Baronin Apfaltrer von Apfaltrern (1905–1983), die aus Litija (heute Slowenien) stammte.

Ihre Kinder: RUDOLF RICHARD (1934–1939) und MAJA (geb. 1932), die 1953 Fritz Baron Pereira-Arnstein (geb. 1930) ehelichte.

Qu.: Čuržik, V. (1989), 39–40; Karaman, I. (1962 b), 7, 12, 103; Baron F. Pereira-Arnstein.

722 *VALPOVO*

Über die Anfänge und über die Besitzer von Valpovo: *Čuržik, V. (1989); Ćutić, D. (1987), 5–9; Karaman, I. (1962 b); Koch-Kuhač, F. K. (1876), 1–31; Mažuran, I. (1993), 359–362.*

723 *VALPOVO*

Atlagić, M. (1982), 50–51, 54–55; Koch-Kuhač, F. K. (1876), 6–7; Laszowski, E. (1903 b), 65, 75; Baron F. Pereira-Arnstein.

724 *VALPOVO*

Zwischen 1724 und 1736 waren am Sitz der Gutsherrschaft neben dem Verwalter 15 Personen tätig: 1 Schreiber, 1 Mann für das Getreide (Speicher), 2 Aufseher, 1 Lehrer, 1 Gärtner, 2 Jäger, 1 Förster, 2 Fuhrleute, 2 Schankleute, 1 Kellermeister sowie 1 Kutscher.

Qu.: Karaman, I. (1962 b), XI.

725 *VALPOVO*

Vor der Errichtung der Grundherrschaft (1720) gab es im Distrikt nur 93 Ansässigkeiten, später waren es zunächst 244 und 220 zwischen 1726 und 1745, was in Anbetracht des Grundumfanges wenig war *(Bösendorfer, J. 1910, S. 354; Karaman, I. 1973 b, S. 206, 209; Laszowski, E. 1901, S. 71)*. 1736 gab es 1.415 Haushalte, 1.220 Pferde, 1.340 Ochsen, 2.773 Kühe und Kälber, 672 Schafe/Ziegen, 4.548 Schweine, 275 Bienenkörbe, 6.035 Joch Ackerland, 4.207 „Mähgründe“ und 14 Wassermühlen *(Mažuran, I. 1993, S. 71–76)*.

726 *VALPOVO*

Der Pachtvertrag bezog sich auf das gesamte Besitztum, sogar auf das Haus in Osijek. Der Pachtzins betrug 12.000 Gulden, damals eine bedeutende Summe (Gegenwert etwa 800 starke Ochsen). Unter Adamovich haben sich innerhalb von 10 Jahren die Einkünfte erheblich erhöht. Die Verwaltung erfolgte aufgrund schriftlicher Anleitungen des Johann Kapistran Adamovich.

Qu.: Erceg, I. (1992), 35–39; Karaman, I. (1962 b), VII, 10, 40, 108.

727 *VALPOVO*

Die Kreise mit ihren Ortschaften: *Kreis Valpovo*: Valpovo, Bistrinci, Bocanjevci, Crnkovci, Gat, Kunišinci, Marjanci, Nard, Šag, Veliškovci, Vinogadci, Tiborjanci; *Kreis Šljivoševci*: Šljivoševci, Beničanci, Čamagajevci, Kućanci, Lacić, Radikovci, Šaptinovci; *Kreis Petrijevci*: Petrijevci, Bizovac, Harkanovci, Ivanovci, Josipovac, Ladimirevci, Marjančaci, Satnica, Zelčin; *Kreis Martinci*: Martinci, Brodjanci, Budimci, Habjanovci, Koška, Poganovci; *Kreis Miholjac*: Miholjac, Bočkinci, Čađavica, Golinci, Kapelna, Moslavina, Podgajci, Poreč, Rakitovica, Sveti Djuradj, Viljevo.

Qu.: Karaman, I. (1962 b), 5.

728 *VALPOVO*

Joseph Ignaz teilte die Gutsverwaltung in 6 „Sektionen“: Rechnungsführung, Getreide, Vieh, Kellerei, Forst- und Bauangelegenheiten. Territorial gab es drei Kreise: Valpovo, Miholjac, Bizovac. 1810 gab es 202 Bedienstete und Diener, im Schloß selbst 3 Bedienstete und 20 Panduren.

Nach dem Tod von Joseph Ignaz wurde der Ausbau fortgesetzt: große Mühle in Valpovo (1825), Sägemühle, Ziegelei, Indigofabrik, Walzwerk etc.

Qu.: Čuržik, V. (1989), 31–34; Karaman, I. (1962 b), XI, 64.

729 *VALPOVO*

1831 gab es vor der Teilung: 57.454 Joch Wald, 66.027 Joch auf Ansässigkeiten verteiltes Land (1.967 Joch Hausgärten, 40.134 Joch Acker, 10.175 Joch Wiesen, 13.751 Joch Weideland); 13.359 Joch Allodialland (8.349 Joch Acker, 5.010 Joch Wiesen) etc. *(Karaman, I. 1962 b, S. 8)*. 1848 war Valpovo bereits von Miholjac getrennt und hatte 997 Ansässigkeiten *(Horvat, J. 1939, S. 513)*.

730 *VALPOVO*

Valpovo umfaßte 1868, ohne Wald, mehr als 13.000 Joch. Der Besitz war nach „Kreisen" und Meierhöfen eingeteilt: 1) Valpovo mit Meierhof Kraljevci, 2) Gorica mit Gorica, Kitišanci und Suvar, 3) Krtinjača mit Krtinjača, Prisunčani und Vučkovac, 4) Selce mit Selce und Celovac, 5) Jedinac mit Meierhof Jedinac. 1885 gab es auch den „Kreis" Samatovci, den Rudolf I. Graf Normann-Ehrenfels pachtete.

Qu.: Čuržik, V. (1989), 32; Karaman, I. (1962 b), X, 6.

731 *VALPOVO*

Neben den „Kreisen" und Forstrevieren gründete Rudolf I. im Jahre 1892 eine zentrale Güterdirektion in Valpovo. So bildeten sich folgende Verwaltungseinheiten: Direktion, Kanzlei, Gebäudeamt (Schloß und Häuser), Rechnungsamt, Forstamt, Wirtschaftsführung, Technisches Büro, Wirtschafts-„Kreise" (Valpovo, Gorica, Krtinjača, Jedinac) und Revierämter (Valpovo und Koška).

Qu.: Karaman, I. (1962 b), XII, 91.

732 *VALPOVO*

Krška, J. (1902), 105–106.

733 *VALPOVO*

Wichtigste Literatur über die Herrschaft Valpovo: *Čuržik, V. (1989); Karaman, I. (1962 b); Mažuran, I (1993), 359–416.*

734 *VALPOVO*

Diese These unterstützen: *Balić, M. (1976), 71; Koch-Kuhač, F. K. (1876), 9.*

735 *VALPOVO*

Bei Betrachtung des Grundrisses liegt die Folgerung nahe, daß die Südfront noch die mittelalterliche Mauer ist und das Portal mit dem Turm hinzugebaut wurde. Sie ist der Stärke nach gleich den äußeren Umfassungsmauern der Festung und zweieinhalbmal so dick wie die Mauern der Kapelle, die Ende des 18. Jhs. errichtet wurde. Alle anderen tragenden Mauern des Schlosses (im südlichen Teil der ursprünglichen Burganlage) sind wesentlich dünner.

736 *VALPOVO*

Über den Schloßbau nach der Feuersbrunst schreiben: *Horvat, A. (1979), 297; Horvat, A. (1982), 81–83; Karaman, I. (1962 b), 64–65; Koch-Kuhač, F. K. (1876), 13.*

737 *VALPOVO*

Koch-Kuhač, F. K. (1876), 23.

738 *VALPOVO*

Im Amt für den Schutz des Kultur- und Naturerbes in Zagreb finden sich Fotos des Schloß-Grundrisses im Maßstab 1:100, der in Budapest am 30.4.1914 ausgearbeitet wurde. Er ist vom Verfasser (unleserlich) und von Rudolf Graf Normann unterzeichnet.

Die Grundrisse zeigen die geplanten wenigen Änderungen (Um- und Zubauten) und beziehen sich auf den damaligen Stand. Geplant war beispielsweise ein Zubau an der Hauptfront sowie an der südlichen und östlichen Hoffront in Erdgeschoßhöhe, so daß das Obergeschoß eine Terrasse erhält. Das Regionalinstitut für den Schutz von Kulturdenkmälern in Osijek entwarf 1973 einen Grundriß gemäß dem Vorschlag von 1917. In Einzelheiten gibt es Unterschiede zwischen den Vorhaben von 1917 und 1914.

739 *VALPOVO*

Balić, M. (1976), 73; Danhelowsky, A. (1885).

740 *VALPOVO*

Nach den Skizzen von 1914 war das Schloß folgend eingeteilt: Das ganze Schloß und die Festung waren unterkellert; im Erdgeschoß waren Schloß- und Gutsbedienstete untergebracht (Portier, Koch etc.), weiters gab es eine Schreibstube, einen Wirtschaftsflügel (Küche, Waschküche, Vorratskammer, Magazin) und viele andere Nebenräume; im 1. Obergeschoß befanden sich in dem parkseitigen Südflügel die Aufenthaltsräume (Großer Salon, Bibliothek, Speisezimmer, Rauchsalon, Herrenzimmer und Schreibzimmer); im Ostflügel waren die Schlafzimmer mit Nebenräumen (Bad, Garderobe, Kosmetik etc.) untergebracht; im Westflügel waren die Zimmer der Dienerschaft und im Turm das Billardzimmer; das 2. Obergeschoß war für Schlafzimmer samt Bad bestimmt (Südflügel), aber auch für einen kleinen Salon und ein Arbeitszimmer. Im hofseitigen Teil des Südflügels sowie im Ost- und Westflügel waren Schlafzimmer samt Nebenräumen für die Dienerschaft.

741 *VALPOVO*

Geschichten über die Schloßräume bringt: *Koch-Kuhač, F. K. (1876), 13, 24–25.*

742 *VALPOVO*

Die Schloßkapelle wurde 1698 nahezu vollständig zerstört *(Horvat, R. 1912, S. 254)*. 1722 begann man mit der Renovierung, und 1730 wurden die Altarbilder hergestellt *(Horvat, A. 1982, S. 165–166; Koch-Kuhač, F. K. 1876, S. 13; Balić, M. 1976, S. 71)*.

743 *VALPOVO*

Horvat, A. (1982), 165–166.

744 *VALPOVO*

Koch-Kuhač, F. K. (1876), 25.

745 *VALPOVO*

Die gegenwärtige Wiederherstellung des Schlosses begann 1969 an den Hoffronten. 1971 wurde der Turm der Hauptfront renoviert und 1975 ein Teil des Daches. Das Regionalinstitut für den Schutz von Kulturdenkmälern in Osijek verfaßte 1973 ein Elaborat zur Wiederherstellung von Schloß und Turm. 1994 gab es einen Vorschlag zur Nutzung des Schlosses (Autoren: Višnja Zgaga, Ksenija Petrić und Zlatko Uzelac).

Qu.: Balić, M (1974 b), 18; Balić, M. (1976), 73; Zgaga, V. u. a. (1994).

746 *VALPOVO*

Die Geschichte über Gespenster geht auf das Jahr 1838 zurück, als sich im Juli ein Oberleutnant im eisenhältigen Wasser des Bades kurieren wollte (es lag im Park südöstlich des Schlosses). In der Nacht erschien ihm der Schatten einer jungen Frau, die ihm sagte, ihr Gerippe liege zwischen der Eisgrube und der Schloßkapelle. Sie könne keine Ruhe finden, solange ihre Knochen nicht am Friedhof beerdigt seien. Der Geist versprach dem Kranken Heilung und dem Baron Belohnung. Doch der Baron (Gustav) entsprach der Bitte nicht, obgleich ihm die Auffindung eines Schatzes versprochen wurde und ihm bekannt war, daß sich bei der Belagerung durch die Türken eine Frau besonders ausgezeichnet hatte. Erst nach Überredung durch seine Frau Adelheid erlaubte er am 28. November 1838 die heimliche Ausgrabung. Sie erfolgte in Anwesenheit des Schloßkaplans und des zuverlässigen Gärtners und des Kochs. Alles, was der Geist gesagt hatte, bewahrheitete sich, mit Ausnahme des Schatzes, der an einem anderen Ort vergraben war. Die Gebeine wurden auf Anordnung des Bischofs von Pécs auf dem Friedhof beerdigt, und niemand hörte mehr Schritte im zweiten Stockwerk. Oberleutnant K. wußte, wo der Schatz lag, durfte es aber dem Baron nicht sagen, weil dieser nicht gleich der Exhumierung zugestimmt hatte. Auf Anordnung des Geistes verfaßte der Oberleutnant drei Lagepläne, die er zuverlässigen Personen übergab und die dem Nachfolger des Barons, nach dessen Tod, ausgehändigt werden sollten. Es ist unbekannt, ob dieses Geheimnis jemals gelüftet wurde.

Qu.: Koch-Kuhač, F. K. (1876), 26–31.

747 VALPOVO

Ausführlich über den Park: *Obad Šćitaroci, M. u. a. (1989); Obad Šćitaroci, M. (1990), 76–87; Obad Šćitaroci, M. (1992), 59, 102–103, 113, 167.*

748 VALPOVO

Koch-Kuhač, F. K. (1876), 23; Laszowski, E. (1923).

749 VALPOVO

Einzelheiten über den Park, gelegentlich auch ungenau oder unzuverlässig, kann man in der Literatur finden: *Čuržik, V. (1989), 47–59; Dohnal, S. (1987); Gucunski, D. (1969 a); Gucunski, D. (1969 b); Jurčić, V. und Kurtela, M. (1985), 52–53; Koch-Kuhač, F. K. (1876), 13; Rauš, Dj. (1977 b), 42–53.*

750 VALPOVO

Nach einer dendrologischen Skizze des Parks von 1957 im Maßstab 1:1.000, die J. Ton photographierte und die im Amt für den Schutz des Kultur- und Naturerbes in Zagreb (ehemals Republikinstitut für den Naturschutz) verwahrt ist, gab es im Park folgende Pflanzenarten: NADELGEHÖLZE (11 Arten): *Abies balsamea, A. pinsapo, Ginkgo biloba, Larix decidua, Picea abies, P. pungens, Pinus nigra, P. strobus, P. silvestris, Taxus baccata, Thuja orientalis;* LAUBGEHÖLZE (51 Arten): *Acer campestre, A. negundo, Aesculus carnea, Ae. hippocastanum, Ailanthus altissima, Alnus glutinosa, A. incana, Betula verrucosa, Buxus sempervirens, Carpinus betulus, C. betulus „Pendula", Catalpa ovata, Celtis australis, Cornus mas, Corylus avellana, Cotinus coggygria, Crataegus monogyna, Deutzia scabra, Fagus silvatica „Atropurpurea", Fraxinus excelsior, F. excelsior „Pendula", Gleditsia triacanthos, Gymnocladus dioicus, Juglans nigra, J. regia, Ligustrum vulgare, Liriodendron tulipifera, Lonicera xylosteum, Magnolia sp., Mahonia aquifolium, Morus nigra, Paulownia imperialis, Philadelphus grandiflorus, Platanus orientalis, Populus alba, P. canadensis, P. tremula, Prunus avium, P. mahaleb, Quercus palustris, Q. robur, Q. robur „Latiniata", Robinia pseudoacacia, Sophora japonica, S. japonica „Pendula", Syringa vulgaris, Tilia grandifolia, T. parvifolia, T. tomentosa, Ulmus carpinifolia, U. laevis.*

751 VALPOVO

Über die Pflanzenarten im Park von Valpovo ausführlich: *Obad Šćitaroci, M. (1990), 75–87.*

752 VALPOVO

Über eine Wiederherstellung des Parks gibt es folgende Studien und Projekte:

1) *Studija obnove perivoja*, April 1989, Fakultät für Architektur der Universität Zagreb und Republikinstitut für Naturschutz in Zagreb, Autoren: Dr. Dipl.-Ing. Arch. Mladen Obad Šćitaroci, Mag. Dipl.-Ing. Arch. Tihomir Jukić, Dipl.-Ing. Amalija Denich;

2) *Projekt obnove perivoja*, Mai 1991, Abt. für Schutz der Natur und des Naturerbes im Ministerium für Umwelt sowie der Fakultät für Architektur der Universität Zagreb, Autoren: Dr. M. Obad Šćitaroci, A. Denich und Dr. Dipl.-Ing. Arch. Bojana Bojanić Obad Šćitaroci;

3) *Izvedbeni projekt uredjena istočnog i zapadnog ulaza*, Februar 1993, Autoren: Dr. M. Obad Šćitaroci und Dr. B. Bojanić Obad Šćitaroci. Auftraggeber aller Projekte war ein Fonds zur Finanzierung der kommunalen Wohnkultur der Gemeinde Valpovo.

753 VELIKI RAVEN

Über die Ereignisse hinsichtlich der Herrschaft Raven schreiben ausführlich: *Buturac, J. (1979), 51–53; Buturac, J. (1991 c), 14–15; Domljan, Ž. (1993 c), 358.*

754 VELIKI RAVEN

Der Aufstand der Bauern von Križevci entbrannte 1755 aufgrund ihrer Überbeanspruchung. Sie wollten Grundfreiheit und den Anschluß des Gebietes zwischen den Flüssen Glogovnica und Lonja an die Militärgrenze, weil dann ihre Lasten geringer geworden wären. Der Aufstand endete im März gleichen Jahres, insoweit nicht völlig erfolglos, als die Königin am 8.11.1755 das vorläufige Urbar für Kroatien erließ, wonach die Herrschaften zur Einhaltung der Vorschriften verpflichtet wurden. Dazu: *Karaman, I. (1962 a).*

755 VELIKI RAVEN

Im Bauernaufstand von 1755 (Anm. 754) wurden folgende Schlösser, Kurien und Meierhöfe völlig oder teilweise zerstört, geplündert oder niedergebrannt: Brežani, Dijaneš, Dubovec, Gaj, Gradec (bischöflicher Besitz), Gregurevec, Jaleš, Lovrečina, Negovec, Novo Mesto (Kurie Pongrac), Preseka (Kurien Šimunić, Patačić und Stephan Domjanić), Rakovec, Špiranec, Tkalec (Jesuitenorden), Velika (Paulinerorden), Vrbovec, Vrh (Kurien Bušić und Galijan).

Qu.: Karaman, I. (1962 a).

756 VELIKI RAVEN

Über die Besitzer von Raven schreiben: *Buturac, J. (1979), 51–53; Buturac, J. (1991 c), 14–15; Horvat, J. (1939), 510–511.*

757 VELIKI RAVEN

Domljan, Ž. (1993 c), 357–358.

758 VELIKI RAVEN

Domljan, Ž. (1993 c), 362; Horvat, A. u. a. (1970), 84.

759 VELIKI RAVEN

NIKOLAUS von ZDENČAJ (1775, Veliki Raven–1854) verbrachte hier den größten Teil seines Lebens. Er war Jurist, förderte die Landwirtschaft und den Straßenbau und war ein Mann der kroat. Wiedergeburtsbewegung. Überdies war er Mitbegründer und Vizepräsident der Gutsbesitzervereinigung (1841). Aus dem politischen Leben mußte er sich 1844 zurückziehen, weil er 1842 der „illyrisch" eingestellten Beamtenschaft der Gespanschaft zum Sieg verholfen hatte.

Qu.: Buturac, J. (1979), 53; Domljan, Ž. (1993 c), 361, 364; Jugoslawische Enzyklopädie, Bd. 8, S. 614; Znameniti i zaslužni Hrvati (Bedeutende und verdiente Kroaten), 1925, S. 289–290.

760 VELIKI RAVEN

Über die Park- und Gartengestaltung der Kurie Zdenčaj schreiben: *Domljan, Ž. (1993 c), 362; Horvat, A. u. a. (1970), 84; Jurčić, I. (1996), 103–111.*

761 VIROVITICA

Der Rundturm hat einen Außendurchmesser von 14 m. Nach 1752 machte Graf Pejácsevich daraus eine Kapelle. Einer der quadratischen Türme wurde zu einem Getreidespeicher umgestaltet.

Qu.: Adamček, J. (1986 a), 169; Horvat, A. (1986), 352; Sekulić-Gvozdanović, S. (1986), 342.

762 VIROVITICA

Über Virovitica zur Türkenzeit schreiben: *Celebi, E. (1957), 262; Marković, M. (1986), 46; Mažuran, I. (1956); Mažuran, I. (1986 a)*

763 VIROVITICA

Der mittelalterlichen Festungsanlage schenkt die Literatur wenig Aufmerksamkeit: *Adamček, J. (1986 a), 169; Horvat, A.(1958 b); Horvat, A. (1986); Mažuran, I. (1993), 459; Sekulić-Gvozdanović, S. (1986); Szabo, Gj. (1920), 129–130.*

764 VIROVITICA

Angaben über die Schloßbesitzer und die Grundherrschaft finden sich bei: *Adamček, J. (1986 a), 17–158; Atlagić, M. (1982), 16; Balta, I. (1985), 265, 282; Bösendorfer, J. (1910), 356; Dienka, I. (1954); Dienka, I. (1967 a); Horvat, R., Povijest grada Virovitice (rukopis), Gradski muzej Virovitica (Geschichte der Stadt, Handschrift im Stadtmuseum Virovitica); Mažuran, I. (1986 b), 149, 155; Mažuran, I. (1993), 462; Sabolić, D. (1986).*

765 *VIROVITICA*

1736 umfaßte die Herrschaft folgende Dörfer: Bušetina, Gradac, Turnašica, Vukosavljevica, Naudovac, Novaki, Vaška, Kapinci, Sopje, Vranješevci, Starin, Medinci, Donja und Gornja Bukovica, Viljevo, Kozice, Slatina, Lipovac (Lukovac), Bakići, Gornji Miholjac, Meljani, Bistrica, Radosavci (Radoslavci), Lozan, Noskovci sowie die Ansässigkeiten Gušća, Koštica, Orešac, Sladojevci und Senkovce.

Qu.: Mažuran, I. (1986 b), 149, 155; Mažuran, I. (1993), 462–463

766 *VIROVITICA*

Mažuran, I. (1993), 71, 74, 76.

767 *VIROVITICA*

An der Schwelle zum 20. Jh. umfaßte das Besitztum 7.464 Hektar (12.982 Joch). Als Gutsdirektor und Berater fungierte Adolf Hansemann. Seine wichtigsten Mitarbeiter waren: Ernst vitez Reindl, Stellvertreter; Sekretär: Karl Rohrbacher; Buchhalter: Armin Breustedt; Buchhaltungsgehilfe: Ludwig Hofer; Förster: Wilhelm Müller; Forstsekretär: Theodor Münck; Forstadjunkt: Milan Gujatović; Baufachmann: Armin Bochard; Landvermesser: Anton Starkovsky; Verwalter: Eduard Quentell; Wirtschaftsadjunkt: Rudolf Spankerren; Forstleute: Hermann Henking und Karl Cassenbaum.

Qu.: Krška, J. (1902), 99.

768 *VIROVITICA*

Die Darstellung über das Besitztum erfolgte aufgrund folgender Literatur: *Adamček, J. (1986 a); Dienka, I. (1969 a); Despot, M. (1970), 265; Karaman, I. (1966), 313; Kramberger, E. (1880 b), 287; Marković, M. (1986), 49; Mažuran, I. (1986 b), 149, 155; Mažuran, I. (1993), 71, 74, 76, 459–466; Pavličević, D. (1986), 186.*

769 *VIROVITICA*

Baustilistische Darstellungen über das Schloß sind in Artikeln und Büchern spärlich enthalten. Hauptsächlich beruhen sie auf Kurzbeschreibungen des Dr. A. Horvat. Die kurzen Texte über den Schloßbau basieren auf den Arbeiten des Dr. R. Horvat, und zwar in Zusammenhang mit der Geschichte von Virovitica. Folgende Literatur wurde verwertet: *Cvekan, P. (1977), 43; Dienka, I. (1965 a); Horvat, A. (1958 b), 166–167; Horvat, A. u. a. (1970), 108; Horvat, A. (1979), 300–301; Horvat, A. (1982), 98, 118; Horvat, A. (1986), 355–356; Ivančević, R. (1996), 34; Kramberger, E. (1880 b), 287; Mohorovičić, A. (1975), XIV, XIX, XX; Sabolić, D. (1986), 678; Sekulić-Gvozdanović, S. (1986), 342; Gradski dvorac u Virovitici, „Hrvatski tjednik", 1939, Bd. 38, S. 3.*

770 *VIROVITICA*

Dienka, I. (1967 b).

771 *VIROVITICA*

Der Gemeinderat von Virovitica faßte am 5. Mai 1930 den Beschluß, Schloß und Park um 1,491.000 Dinar zu kaufen und die Summe innerhalb von 15 Jahren ohne Zinsen abzuzahlen.

Qu.: Horvat, R. (1928), 171.

772 *VIROVITICA*

Nach der Besitzübernahme durch Johann Graf Draskovich entstand ein Problem, das, wie manches andere in Virovitica, bis heute nicht gelöst ist. Alle diese Probleme ergaben sich daraus, daß man den urbanen Wert der Architektur mit dem Park nicht schätzte, wodurch Virovitica ein wichtiger Teil seiner Identität abhanden kam. Der Absicht des Grafen Draskovich, den südlichen Teil gemeinsam mit dem Graben zu parzellieren, trat im Jahre 1920 das Kuratorium für Denkmalschutz entgegen, und zwar über Intervention des Dr. Branimir Domac *(Horvat, A. 1958 b, S. 167, 168).*

773 *VIROVITICA*

1941 entstand der Plan, ein städtisches Schwimmbad (50 x 16 m; 0,8–2,5 m tief) zu bauen *(„Hrvatski tjednik", Jahrgang 3, 1941, Nr. 27, S. 3; Nr. 28, S. 3)*. Bereits 1942 wurde am Platz des einstigen Schloßgartens Erdreich ausgehoben. Hier fanden die Archäologen die hölzernen Piloten der Brücke zur ehemaligen Festung. Die ganze Anlage verfiel, als in den fünfziger Jahren Nebengebäude des Schlosses abgerissen und neue Häuser gebaut wurden.

774 *VIROVITICA*

Anläßlich der Entscheidung über den Schutz des Parks vom 14.2.1967 entstand auch ein Verzeichnis der Pflanzen. Darin sind nur die ältesten Bäume angeführt, und zwar: *NADELGEHÖLZE: Ginkgo biloba, Larix decidua, Picea abies, P. pungens, Pinus nigra, P. silvestris, Pseudotsuga menziesii, Taxodium distichum, Thuja sp.; LAUBGEHÖLZE: Acer campestre, A. negundo, A. platanoides, A. dasycarpum, Aesculus hippocastanum, Betula verrucosa, Buxus sempervirens, Carpinus betulus, Castanea sativa, Catalpa bignonioides, Fraxinus excelsior, Gleditsia triacanthos, Juglans nigra, Ligustrum ovalifolium, Magnolia soulangeana, Populus alba, P. nigra var. pyramidalis, Quercus robur f. fastigiata, Rhus cotinus, Robinia pseudoacacia, Salix babylonica, Sophora japonica* und *Tilia sp.*

Qu.: Amt für den Schutz des Kultur- und Naturerbes in Zagreb (ehem. Republikinstitut für Naturschutz).

Dj. Rauš *(1977 b, Tab. 9)* führt indessen folgende Arten an: *NADELGEHÖLZE: Abies pinsapo, Chamaecyparis lawsoniana, Criptomeria japonica, Ginkgo biloba, Juniperus communis, J. sabina var. prostrata, J. virginiana, Larix decidua, Picea abies, P. abies var. viminalis, P. pungens, Pinus nigra var. austriaca, P. silvestris, P. strobus, Pseudotsuga menziesii, Taxodium distichum, Taxus baccata, Thuja occidentalis, Th. occidentalis var. pyramidalis, Th. orientalis, Tsuga canadensis; LAUBGEHÖLZE: Acer campestre, A. negundo, A. negundo var. aureo-variegatum, A. platanoides, A. pseudoplatanus, A. saccharinum, Aesculus hippocastanum, Ailanthus altissima, Alnus glutinosa, Betula verrucosa, Buxus sempervirens, Carpinus betulus, Castanea sativa, Catalpa bignonioides, Chaenomeles speciosa, Corylus avellana, Cotinus coggygria, Crataegus monogyna, Elaeagnus pungens, Fagus silvatica, Forsythia europaea, Fraxinus americana, F. excelsior, Gleditsia triacanthos, Gymnocladus dioicus, Hibiscus syriacus, Juglans nigra, Kerria japonica, Laburnum anagyroides, Ligustrum ovalifolium, L. vulgare, Lonicera tatarica, Maclura pomifera, Magnolia obovata, M. soulangeana, Mahonia aquifolium, Morus alba, Parthenocissus quinquefolium, P. tricuspidata, Philadelphus coronarius, Platanus acerifolia, P. occidentalis, Populus alba, P. nigra, P. nigra var. pyramidalis, Potentila fruticosa, Prunus cerasifera var. pisardii, P. padus, Quercus robur f. fastigiata, Rhus typhina, Robinia pseudoacacia, Robinia pseudoacacia var. pyramidalis, R. pseudoacacia var. umbraculifera, Rosa sp., Salix babylonica, Sambucus nigra, Sophora japonica, Spiraea thunbergii, Staphylea pinnata, Symphoricarpus albus, Syringa vulgaris, Tamarix tetrandra, Tilia cordata, T. tomentosa, Ulmus laevis, Viburnum opulus var. roseum, V. opulus f. variegatum.*

Dj. Rauš *(1980, Tab. 24)* führt noch zusätzlich folgende Arten an: *Lonicera nitida, Paulownia tomentosa, Philadelphus grandiflorus, Platanus orientalis, Populus x canadensis var. serotina, P. simonii, Prunus avium, Sorbus torminalis.*

V. Ćerimović *(1986, S. 349)* führt in seinem Verzeichnis zusätzlich zu dem des Dj. Rauš folgende Arten an: *Clematis vitalba, Juglans regia, Spiraea x vanhouttei, Abies alba, Thuja gigantea, Th. rhosenthali, Sequoiadendron giganteum.*

Das letzte dendrologische Verzeichnis des Stadtparks von Virovitica wurde 1995 erstellt, und zwar von: Mag. Dipl.-Ing. Jasna Razlog-Grlica, Ivan Grlica, Dipl.-Ing. Dinko Rujer und Zlatko Šafar. Registriert wurden damals (unter 589 Pflanzen) 76 Arten (Obad Šćitaroci, M. und Bojanić Obad Šćitaroci, B. 1996): *NADELGEHÖLZE: Abies alba, Chamaecyparis lawsoniana, Ch. pisifera, Cryptomeria japonica, Ginkgo biloba, Juniperus virginiana, Larix decidua, Picea abies, P. omorica, Pinus nigra, P. nigra var. austriaca, P. strobus, P. silvestris, Pseudotsuga menziesii, Taxodium distichum, Taxus baccata, T. baccata „Fastigiata", Thuja occidentalis, Th. occidentalis „Columna", Th. sp., Tsuga canadensis; LAUBGEHÖLZE: Acer campestre, A. negundo, A.*

platanoides, A. pseudoplatanus, A. pseudoplatanus var. purpurescens, Acer sp., Aesculus carnea, Ae. hippocastanum, Berberis thunbergii, B. vulgaris, Betula pendula, Buxus sempervirens, Carpinus betulus, Castanea sativa, Catalpa bignonioides, Chaenomeles japonica, Corylus avellana, Deutzia scabra, Fagus silvatica, Fraxinus americana, F. excelsior, Gymnocladus dioicus, Hibiscus syriacus, Ilex aquifolium, Juglans nigra, Ligustrum vulgare, Lonicera tatarica, Maclura pomifera, Mahonia aquifolium, Malus pumilla var. domestica, Morus alba, Philadelphus coronarius, Ph. sp., Platanus acerifolia, P. occidentalis, Populus alba, Prunus avium, P. domestica, Quercus robur „Fastigiata", Rhus typhina, Robinia pseudoacacia, Salix babylonica, S. matsudana var. tortuosa, Sambucus nigra, Sophora japonica, Spiraea japonica, S. thunbergii, Symphoricarpus albus, Syringa orbiculatus, S. vulgaris, Tilia cordata, T. tomentosa, Ulmus glabra, U. laevis, Viburnum opulus „Variegatum".

775 *VIROVITICA*

Den Schloßpark erwähnen: *Ćerimović, V. (1986); Denich, A. (1996); Fischer, M. (1987), 102–103; Horvat, A. (1982), 98; Jurčić, I. (1989), 83, 85; Jurčić, V. und Kurtela, M. (1985), 49, 54–55; Kiš, D. (1966 a), 5; Obad Šćitaroci, M. (1992), 105, 131, 139; Obad Šćitaroci, M. und Bojanić Obad Šćitaroci, B. (1996 a, b); Rauš, Dj. (1977 b), 87–89; Rauš, Dj. (1980), 118, 140.*

776 *VIROVITICA*

Bojničić, I. (1899), 164; Horvat, R., Geschichte der Stadt Virovitica (Handschrift im Stadtmuseum Virovitica); Brajković, V. (1995), 99.

777 *VIROVITICA*

Verӧcze war der ungarische Name für Virovitica. In mittelalterlichen Urkunden scheinen verschiedene Namen auf, beispielsweise: Verucia, Veruche, Verouche, Verocza, Verevzha, Wereuce, Wereuche, Werowitz, Werwetitz, Werӧwitz.

Qu.: Kramberger, E. (1880 b), 285; Marković, M. (1986), 44.

778 *VIROVITICA*

Eheverbindungen der Familie Pejácsevich mit anderen angesehenen Familien in Kroatien: Mit den *Adamovich* – Stephanie (geb. 1910), Tochter von Markus VI., heiratete Johann Kapistran III. (Anm. 695); mit den *Batthyány* – Vinzenz (1780–1820), Sohn Karls III., heiratete Maria Gräfin Batthyány; mit den *Draskovich* – Anton III. (1749–1802), Sohn Josephs II., heiratete Barbara, Tochter des Feldzeugmeisters Joseph Graf Draskovich; mit den *Eltz* – Ludvine (geb. 1826), Tochter Peters (1804–1875), war zunächst mit Jakob I. Graf Eltz, dann mit dessen Bruder Karl I. (Anm. 851 bzw. 854) verheiratet; mit den *Erdödy* – Karl III. hatte Maria Eleonore Gräfin Erdödy in zweiter Ehe zur Gattin; mit den *Hilleprand* – Maria Anna (1766–1863), Tochter Sigismunds I., heiratete Joseph Baron Hilleprand; mit den *Inkéy* – Peter (geb. 1908), Sohn von Markus VI., heiratete Klara Inkéy; mit den *Jankovich de Daruvar* – Eleonore Maria (1793–1840), Tochter des Johann Nepomuk (1765–1821), heiratete Isidor Graf Jankovich; mit den *Jankovich de Vuchin/Voćin* – Anton IV. († 1838), Sohn Antons III. (1749–1802), heiratete Maria Sidonia Jankovich; mit den *Keglevich* – Elise Marka (geb. 1915), Tochter von Markus VI., heiratete Peter Keglevich in erster Ehe; mit den *Mihalovich* – Antonie (1777–1840), Tochter Sigismunds I., heiratete Johann Karl Mihalovich; mit den *Prandau* – Paul Pejácsevich (1813–1907) heiratete Alvine Prandau († 1882).

Die Familie Pejácsevich ist außerdem mit einer Reihe anderer angesehener Familien durch Eheschließungen in Verbindung getreten, und zwar: Althan, Apony, Arno, Bardin, Báttycs, Bellegarde, Beniczky, Bethlen, Biričić, Blanckenstern, Blumenstern, Borgberg, Clary, Czernin, Deshau von Hansen, Döry de Jobahaza, Esterházy, Felbis, Festetich, Gabelić, Gentile, Golubić, Guadagni, Hilleprand von Prandau, Ittebe, Klebensberg, Leigh-Wood, Lomniczy, Lonyay, Lossegg, Lumbe, Mariassy, Martinović, Mihalović, Mikó de Hidveg, Miskolczy, Nikolantin, Nostitz, Orczy, Ortigosa, Palm, Petroff, Peterson, Rohan, Schaffgotsch, Schnechen, Seilern, Stekić, Stillfried-Battonitz, Vay, Wilczek, Windecker-Gotter, Woztitz, Ziegler u. a.

Qu.: Balta, I. (1985), 273–294; Cuvaj, A. (1913).

779 *VIROVITICA*

Verwertet wurde auch die wichtigste Literatur über die Familie Pejácsevich, und zwar: *Balta, I. (1985); Cuvaj, A. (1913); Pfeiffer, J. (1937); Šišić, F. (1896), 124–125; Tomičić, I. (1904).*

780 *VIROVITICA*

MARKUS III. Alexander Baron PEJÁCSEVICH († 16.1.1762, Virovitica; Abb. 731) verwaltete Mitrovica und von 1730 an die Herrschaften Orahovica, Feričanci und Mikleuš, die er 1744 (oder 1742) den Mihalovich verkaufte.

Im Juni 1745 wurde er Administrator der Gespanschaft Syrmien, und seit Dezember 1745 war er ihr erster Obergespan. Seit 13.1.1749 war er Herr von Ruma, Virovitica und Retfala, Mitrovica verkaufte er im August 1749. Für den Bau einer Schule in Ruma hinterließ er eine Stiftung, die Joseph II. (Anm. 782) verwaltete.

Qu.: Balta, I. (1985), 264–265; Cuvaj, A. (1913), 12–16.

781 *VIROVITICA*

MATTHIAS III. Franz Xaver PEJÁCSEVICH (15.7.1707, Osijek–7.10.1781, Požega) trat 1722 in den Jesuitenorden ein und wurde 1744 Doktor der Theologie. Er wurde Univ.-Prof. für kanonisches Recht und spekulative Theologie in Graz, wo er 1755–1759 auch Rektor war.

Er verfaßte mehrere theologische und geschichtliche Arbeiten, darunter die „Historia Serviae" (Geschichte Serbiens), die 1799 in Kálocsa/Ungarn gedruckt wurde. Darin wollte er den Beweis führen, daß die Serbische Kirche vor dem Einfall der Osmanen mit der römisch-katholischen Kirche verbunden war und erst anschließend unter den starken Einfluß der griechisch-orthodoxen Kirche geriet.

Qu.: Balta, I. (1985), 267–268; Cuvaj, A. (1913), 16–18.

782 *VIROVITICA*

JOSEPH II. Franz Xaver Anton Graf PEJÁCSEVICH (4.9.1710, Osijek–30.4.1787, Ödenburg; Abb. 732) verlor mit 17 Jahren seinen Vater (Markus II.), woraufhin die Brüder Anton I. und Markus III. (Kinder des Onkels Johann I.) die Vaterstelle vertraten. Vom Grafen O. Duyre erwarb er Našice um 18.000 Gulden. Später kaufte er Podgorač; Ruma, Retfala und Virovitica erbte er von Anton I. und Markus III. Verheiratet war er zunächst mit Elisabeth Peterson (1734), dann mit Anna Maria Francoluchi († 1794). Gegen Ende seines Lebens übersiedelte er nach Ödenburg.

Qu.: Balta, I. (1985), 259, 261, 266, 270, 292; Cuvaj, A. (1913), 19–23; Šišić, F. (1896), 125.

783 *VIROVITICA*

ANTON III. Michael Ignaz Nepomuk Viktor PEJÁCSEVICH (14.9.1749, Osijek–25.9.1802, Virovitica; Abb. 733) war der jüngste Sohn Josephs II. Nach Abschluß des Theresianums in Wien trat er in das Kürassier-Regiment Karl Graf Pálffy ein. Er kämpfte in Bayern; im Türkenkrieg erhielt er 1789 als Oberst den Maria-Theresien-Orden; 1793 Generalmajor und 1801 Feldmarschalleutnant.

Mit Barbara geb. Gräfin Draskovich (1740–1787) hatte er die Söhne Anton IV. und Stephan sowie die Töchter Barbara und Anna. ANTON IV. († 1838) hatte mit Maria Sidonia Jankovich de Bribir die Tochter Theresia (1790–1863) und die Söhne Johann Nepomuk (geb. 1804) und Anton V. (1806–1862). Mit diesem starb diese Linie aus. Das Schloß in Virovitica verkaufte er dem Fürsten Schaumburg-Lippe.

784 *VOĆIN*

Bösendorfer, J. (1910), 90; Celebi, E. (1957), 262, 267–268; Devidé, M. (1971), 13; Horvat, R. (1928), 149.

785 VOĆIN

Horvat, J. (1939), 513; Karaman, I. (1973 b), 206, 209; Krška, J. (1902), 99; Mažuran, I. (1993), 501; Papić, T. (1993), 24; Valenčić, B. (1992 a).

786 VOĆIN

Über die Herrschaft Voćin schreiben: *Horvat, J. (1939), 513; Karaman, I. (1973 b), 206, 209; Krška, J. (1902), 99; Mažuran, I. (1993), 52, 71, 74–76, 501–504.*

787 VOĆIN

Szabo, Gj. (1928), 75, 78.

788 VOĆIN

Jurčić, I. (1989), 85. Bei Kunich ist das Schloß kurz beschrieben.

789 VOĆIN

Im Park gab es 1977 folgende Baumarten: *NADELGEHÖLZE: Abies alba, Cedrus deodara, Ginkgo biloba, Larix decidua, Picea abies, P. pungens, Pinus silvestris, P. strobus, Pseudotsuga menziesii, Taxus baccata, Thuja occidentalis; LAUBGEHÖLZE: Acer campestre, A. platanoides, A. pseudoplatanus, Aesculus hippocastanum, Alnus glutinosa, Betula verrucosa, Carpinus betulus, Castanea sativa, Catalpa bignonioides, Celtis australis, Corylus avellana, Fagus silvatica, Fraxinus angustifolia, Gymnocladus dioicus, Morus alba, Platanus acerifolia, Populus deltoides, P. nigra, P. nigra var. pyramidalis, Quercus robur, Robinia pseudoacacia, Salix alba, Sophora japonica, Sorbus torminalis, Tilia cordata, T. tomentosa, Ulmus carpinifolia, U. glabra, Prunus avium.*

Qu.: Rauš, Dj. (1977 b), 93, Tab. 9.

790 VOĆIN

Jurčić, I. (1989), 85–88; Kunich, M. (1834), Bd. 38, S. 297–298.

791 VOĆIN

Duišin, A. V. (1938/39), 53–54; Jančevski-Salajić, S. (1991), Bd. 25; Laszowski, E. (1903 b), 32.

792 VRBOVEC

NIKOLAUS III. ZRINYI (1489–1534) war der Sohn Peters II. (gefallen in der Krbava-Schlacht 1493) und der Helene von Blagaj. Er war mit der Schwester des Banus Johann Karlović, Helene, verheiratet. Sie hatten sechs Kinder: Helene I. († 1573) und Margit III. sowie die Söhne Johann I. († 1541), Georg III. (1528–1547), Nikolaus IV. (Anm. 793) und Peter III. († 1547). Helene war mit Franz Tahy von Susedgrad verheiratet, beigesetzt ist sie in Donja Stubica. Margit heiratete Johann Halapić-Kalnički. Nikolaus (Miklós) IV. war der berühmte Banus. Der Bruder von Nikolaus III., Paul III. (1465–1481), hatte den Sohn Michael, mit dem 1526 diese Linie ausstarb. Mit Nikolaus III. begannen die großen Besitzerwerbungen durch Erbverträge mit Jakob Šubić, Johann Karlović und Stephan Frankopan. Von Johann Tahy erhielt er die übriggebliebenen Besitzungen des „Priorates von Vrana" in Pacht: Kostajnica, Božjakovina, Pakrac, Kamensko, Gradišće, Sloboština und Rasa. Auf dem denkwürdigen Sabor von Cetin am 1.1.1527 stimmte Nikolaus III. für Ferdinand von Habsburg als kroatischer König. Mit den Türken schloß er 1530 eine Vereinbarung, daß sie, gegen Tributleistung, seine Besitzungen schonen (Dubica, Jasenovac, etc., vor allem die Burg Zrin).

Qu.: Kukuljević-Sakcinski, I. (1883).

793 VRBOVEC

NIKOLAUS (Miklós) IV. ZRINYI (1508–1566; Abb. 748) war 1542–1556 Banus; Grafenstand 1554. 1546 verlieh ihm der König Čakovec (Csáktornya) und Štrigova, somit fast das ganze Zwischenmurgebiet. Čakovec wurde nun Familienbesitz. In die Geschichte ging er als Verteidiger der Festung Sziget ein (1566). Zunächst war er mit Katharina Frankopan († 1562) verheiratet, dann mit der Fürstin Eva Rosenberg aus Böhmen († 1591). Aus der ersten Ehe stammten acht Töchter und fünf Söhne, aus der zweiten JOHANN III. (1565–1612), der Maria Magdalena Kolowrat heiratete, mit der er kinderlos blieb. Der älteste Sohn, GEORG IV. (1549–1606), war in erster Ehe mit der Fürstin Anna D'Arco verheiratet, dann mit Sophie Baronin Stubenberg. Diese gebar ihm Nikolaus VI. (Anm. 794) und Georg V. (Anm. 795) sowie Barbara, Elisabeth II. und Susanne. Über die übrigen Söhne von Nikolaus IV. gibt es wenig zu berichten; sie waren nicht verheiratet oder starben jung ohne Nachkommen: Johann II., Christoph, Wolfgang und Nikolaus V. Von den Töchtern starb Anna unverheiratet. Helene heiratete Johann Ország-Gutski, in zweiter Ehe Stephan Balassa de Gyarmáth; Katharina II. ehelichte Franz Thurzó-Behtlenfálva, in zweiter Ehe Emmerich (Imre) Forgác de Ghymes; Dorica heiratete Balthasar Batthyány; Ursula in erster Ehe Johann Graf Perényi, in zweiter Ehe Nikolaus Bánffy; Barbara heiratete Alexander Thurzó; Margita IV. heiratete Nikolaus Druget Homonay; Magdalena in erster Ehe Stephan Teleki, in zweiter Ehe Johann Joseph Graf Thurn.

Qu.: Horvat, R. (1944); Kukuljević-Sakcinski, I. (1883); Laszowski, E. (1921); Schneider, A. (1923), 161–164; Hrvatski knezovi Zrinski i Frankopani (Die kroatischen Fürsten Zrinyi und Frankopan), 1971, S. 98.

794 VRBOVEC

NIKOLAUS VI. ZRINYI († 1625) war der Sohn Georgs IV. und der Sophie Baronin Stubenberg. Zuerst war er mit Anna Gräfin Nádasdy, dann mit Elisabeth Baronin Széchy verheiratet. Er blieb kinderlos. Nach seinem Tod schenkte Elisabeth ihrem Schwager Georg V. (Anm. 795) das ererbte Vermögen, doch dieser überließ ihr auf Lebenszeit den Fruchtgenuß von Vrbovec, Božjakovina und Grdun bei Ozalj.

Qu.: Kukuljević-Sakcinski, I. (1883); Laszowski, E. (1921), 30.

795 VRBOVEC

GEORG V. ZRINYI (1599, Čakovec–18.12.1626, Preßburg; Abb. 749) war der Bruder von Nikolaus VI. (Anm. 793, 794). Mit Katharina Széchy hatte er die Söhne Nikolaus VII. (Anm. 796) und Peter IV. (Anm. 797). Schon 1623 ernannte ihn Ferdinand II. zum Banus. Angeblich starb er an Gift, das er bei einem Festessen in Preßburg vorgesetzt bekam.

Er wurde im Familiengrab beim Paulinerkloster in Sv. Helena bei Čakovec beerdigt. In Anbetracht seiner kriegerischen Leistungen gegen die Türken wurde er Ritter des Goldenen Vlieses.

Qu.: Horvat, R. (1944); Laszowski, E. (1921); „Symbole von Macht und Würden im Kroatien des 19. Jhs." (siehe Anm. 291), S. 83.

796 VRBOVEC

NIKOLAUS VII. ZRINYI (2.5.1620, Čakovec–18.11.1664) war der Sohn Georgs V. (Anm. 795). Er kam bei einer Wildschweinjagd nächst Čakovec ums Leben. Zuerst war er mit Eusebie Draskovich verheiratet, dann mit Maria Sophie Baronin Löbl. Aus erster Ehe gab es die Tochter Maria Katharina († 1656), aus der zweiten Adam (Anm. 798). Nach dem frühen Tod des Vaters erhielten er und der Bruder Peter IV. (Anm. 797) Vormunde. Nikolaus VII. zeichnete sich militärisch aus und wurde Banus (1647–1664). 1664 zerstörte er die strategisch wichtige Draubrücke in Osijek. Dafür ernannte ihn Ludwig XIV. zum „Pair von Frankreich", und die Türken „versprachen" ihm die Zerstörung der Festung „Novi Zrin", was ihnen auch gelang. Nikolaus VII. ist auch als Dichter bekannt. Bei der „Magnatenverschwörung" hatte er eine zentrale Rolle, die dann sein Bruder Peter übernahm.

Qu.: Horvat, R. (1944); Kukuljević-Sakcinski, I. (1883); Laszowski, E. (1921).

797 VRBOVEC

PETER IV. ZRINYI (6.6.1621, Vrbovec–30.4.1671, Wiener Neustadt; Abb. 752) war der Sohn Georgs V. (Anm. 795, 796). Als Jüngling nahm er am 30jährigen Krieg teil, weiters an den Türkenkriegen. Er folgte seinem Bruder als Banus (1665–1670), aber auch als Verschwörer gegen den Kaiser und König in Wien. Im April 1670 wurde er in Wien verhaftet und später mit weiteren Verschworenen in Wiener Neustadt hingerichtet. Das gesamte Vermögen wurde von der Hofkammer eingezogen.

Verheiratet war Peter IV. mit Anna Katharina Frankopan (1625–1673), mit der er den Sohn JOHANN IV. Anton Balthasar (1654–1703) und drei Töchter hatte: HELENE (Jelena; 1643–1703), verheiratet mit Fürst Franz Rakoczy, in zweiter Ehe mit Emmerich Graf Tököly; JUDITH PETRONELLA (1652–1699), die früh ins Kloster ging; ZORA VERONIKA († 1735). Im Zuge der Verhaftungen wurde Anna Katharina im Dominikanerinnenkloster in Graz festgehalten, wo sie auch starb. Helene floh mit Tököly in die Türkei. Zora wurde in das Ursulinenkloster nach Klagenfurt geschafft, wo sie Äbtissin wurde. Das Vermögen von Johann IV. wurde eingezogen. 1683 wurde er angeklagt und zu lebenslänglichem Kerker verurteilt. In den Kasematten des Grazer Schloßberges starb er am 11. November 1703 als letztes Mitglied der Familie.

Qu.: Horvat, R. (1944); Kalšan, V. (1995), 44–58; Kukuljević-Sakcinski, I. (1883); Laszowski, E. (1921).

798 *VRBOVEC*

ADAM ZRINYI (24.11.1662–19.8.1691) war der einzige Sohn von Nikolaus VII. und der Baronin Löbl (Tochter des Hans Christian Baron Löbl und der Katharina Rátkay). Die Kindheit verbrachte er mit der bald verwitweten Mutter in Vrbovec. Das Vermögen des Vaters verblieb ihm auch nach der Hinrichtung seines Onkels Peter IV. Von 1676 bis 1679 studierte er an der Wiener Universität, anschließend ein Jahr in Löwen. 1684 heiratete er Maria Katharina Gräfin Lamberg († 1715), blieb aber kinderlos. In einem Ehepakt von 1686 überließ er ihr Vrbovec und Rakovec. Auf Adam gingen manche Titel seiner Vorfahren über: Kämmerer und Stallmeister, Obergespan des Komitates Zala, Erbkapitän von Legrad und des Zwischenmurgebietes. 1686 beteiligte er sich am Türkenkrieg und fiel in der Schlacht von Slankamen. Seine Grabstätte ist unbekannt. Die Witwe verzichtete unter Druck des Wiener Hofes auf die Erbschaft. 1693 heiratete sie Graf Max Ernst Wlaschim. Auf dessen Schloß Bitovo in Mähren verwahrte sie Andenken aus dem Besitz des Verteidigers von Sziget (Nikolaus IV.), beispielsweise Helm, Schild, Kettenpanzer und eine Bibliothek, welche zunächst in die Hände des Grafen Daun, dann eines Wiener Antiquariats und schließlich an die Königliche Universitätsbibliothek in Zagreb kam. Das Realvermögen des Adam Zrinyi fiel der Hofkammer zu: Čakovec mit dem Zwischenmurgebiet, Besitz im Küstenland, weiters Ozalj, Vrbovec und Rakovec, Land um Kanizsa und Sziget, Brezovica bei Zagreb, Ribnik etc.

Qu.: Kukuljević-Sakcinski, I. (1883); Laszowski, E. (1921); Laszowski, E. (1937).

799 *VRBOVEC*

BALTHASAR II. Baron PATACHICH (14.10. 1663, Vidovec–9.12.1719, Zagreb) war der Sohn von Nikolaus III. († 1674), der mit Katharina Gräfin Ratkay und in 2. Ehe mit Martha Baronin Oršić verheiratet war. Wer die Mutter von Balthasar war, weiß man nicht. In Wien und Graz studierte er Rechtswissenschaften, 1683/84 kämpfte er gegen die Türken. 1706/07 wurde ihm das Baronat und die Funktion des Obergespans von Virovitica verliehen. Viele Jahre war er als Rat in der Hofkanzlei in Wien tätig und begründete die Gesellschaft der „Weindoktoren“ (eine Herrenrunde).

1689 heiratete er Theresia Gereczy († 1722), mit der er fünf Söhne und drei Töchter hatte: Alexander, Gabriel Armin, Ludwig, Sigismund († 1726) und Kasimir († 1725) bzw. Magdalena, Anna Maria und Beatrix (alle drei Ordensschwestern in Zagreb). GABRIEL ARMIN (1698–1745) studierte in Rom Theologie, wurde in Zagreb Kanoniker und 1729 Bischof, 1731 Bischof in Siebenbürgen und 1733 Erzbischof von Kálocsa. Vom Vater erbte er Vidovec bei Warasdin.

Qu.: Laszowski, E. (1921), 38–39; Matasović, J. (1930), 15–21.

800 *VRBOVEC*

ALEXANDER Anton Graf PATACHICH (1697–1747, Wien) war der Sohn Balthasars II. (Anm. 799). 1719 heiratete er in Mannheim Herula Maria Katharina Baronin Freinfelt († 1758), mit der er drei Kinder hatte, die alle in jungen Jahren starben. Alexander Anton studierte in Würzburg und Löwen, absolvierte 1718 das Rechtsstudium in Wien und fungierte 1720–1724 als Delegierter des Sabor am Wiener Hof. 1735 wurden er und die Brüder Gabriel und Ludwig in den Grafenstand erhoben. 1743–1745 gehörte er der Kommission an, die die Zusammenlegung Slawoniens mit Kroatien regelte. Er ist der Autor des bekannten Werkes „Status familiae Patachich“, Wien 1740.

Qu.: Laszowski, E. (1921), 39–41; Matasović, J. (1930), 18–20.

801 *VRBOVEC*

LUDWIG Graf PATACHICH (1699–20.8.1766, Rakovec) war Sohn Balthasars II. (Anm. 799); verheiratet mit Susanne Patachich (Tochter des Paul und Enkelin Peters IV.) Aus der Ehe stammte Johann IV. (Anm. 802). Ludwig war Obergespan von Virovitica.

Qu.: Laszowski, E. (1921), 41–43; Matasović, J. (1930), 20.

802 *VRBOVEC*

JOHANN IV. Graf PATACHICH war Sohn des Ludwig (Anm. 801). 1758 heiratete er in Graz Eleonore Gräfin Rindsmaul (geb. 1766), die ihm den einzigen Sohn (Bartholomäus; Anm. 803) gebar. Johann war Jurist und Obergespan von Križevci. Seinem Einfluß und seiner finanziellen Unterstützung war die Gründung der Volksschule in Vrbovec zu verdanken. Der Schule gab er auch Land, dessen Erträgnisse den Schülern zugute kommen sollten.

Qu.: Buturac, J. (1984), 153; Laszowski, E. (1921), 43–44; Matasović, J. (1930), 20; Šimčik, A. (1930).

803 *VRBOVEC*

BARTHOLOMÄUS (Bartol) Graf PATACHICH (24.11.1766, Graz–1816 oder 1817, Martijanec) war der einzige Sohn des Johann IV. (Anm. 802), zugleich der letzte männliche Sproß der Familie. Auch er heiratete eine Patachich, nämlich Eleonore (Anm. 804). Ihre Kinder starben in jungen Jahren. Bartol war 1803–1812 Obergespan von Požega. Gegen Ende seines Lebens verkaufte er Zajezda in Zagorien, den Stammsitz der Familie, und noch einige Besitze. Der Erlös sollte einer Stiftung zugunsten in Not geratener Bauern dienen. Der Plan wurde von seiner Witwe verwirklicht.

Qu.: Laszowski, E. (1921), 44; Matasović, J. (1930), 26.

804 *VRBOVEC*

ELEONORE Gräfin PATACHICH (19.2.1770–9.6.1834, Varaždin) war die Tochter von Franz Graf Patachich († 1776) und der Katharina Gräfin Keglevich († 1811). Abgesehen von ihrem ältesten Bruder Friedrich Vinzenz, sind alle übrigen sechs Geschwister im Kindesalter gestorben. Eleonore heiratete Bartol Patachich (Anm. 803), der einem anderen Familienzweig angehörte. Da ihre Kinder früh starben, widmeten sie sich armen Menschen. Eleonores Testamente (1824 und 1829) gingen davon aus, daß gemäß alten Vereinbarungen der Hofkammer nichts zufällt. Das bewegliche Vermögen sollte mehr oder weniger öffentlichen Zwecken dienen (die Bibliothek der Universität Zagreb, das Familienarchiv dem Kroat. Landesarchiv; für den Bau einer Pfarrkirche in Vidovec setzte sie 8.000 Gulden aus, und die Dienerschaft erhielt je 500 Gulden). Das unbewegliche Vermögen sollte verkauft und einer Stiftung zugunsten ehemaliger Untertanen (Kmeten) zugeführt werden. Diese Stiftung bestand bis zum Ende der österreichisch-ungarischen Monarchie. Eleonore hielt sich überwiegend in Martijanec (bei Ludbreg) und in Vrbovec auf.

Qu.: Belošević, S. (1926), 76–77; Buturac, J. (1984), 153; Laszowski, E. (1921), 44–46; Matasović, J. (1930), 25–26; Szabo, Gj. (1929), 232.

805 *VRBOVEC*

In Djurište ließ Julius Reininger um 1900 im Bereich des Meierhofes eine Ziegelei einrichten, die in der Zwischenkriegszeit vom Industriellen Djuro Predović übernommen wurde. Er errichtete eine Selchwarenerzeugung, die sich nach dem Zweiten Weltkrieg zur „PIK Vrbovec" entwickelte.

Qu.: Buturac, J. (1984), 156.

806 *VRBOVEC*

Das Gut RAKOVEC umfaßte im Jahre 1902 etwa 400 Hektar (696 Joch). Es gehörte Michael Hoffinger aus Rakovec. 1905 übernahm es die Kroatisch-slawonische Bank zur Parzellierung. Bis 1920 verkaufte sie das Land an die Grundgemeinschaft Rakovec und an Bauern. Ein Teil des Besitzes wurde 1954 zugunsten der Gemeinde „nationalisiert".

Das Gut DIJANEŠ gehörte um 1900 einer Rosa Tintner aus Wien. Mitsamt den Äckern und Wiesen verkaufte sie es 1906 an die Grundgemeinschaft Dijaneš und an Bauern.

Qu.: Buturac, J. (1984), 156; Krška, J. (1902), 79–80.

807 *VRBOVEC*

EUGÉNE Emmanuel Ernest d'Halvin Marquis de PIENNES (1825–1911, Vrbovec; Abb. 742) hatte Napoleon III. treu gedient und verließ nach dessen Sturz Frankreich. Er kaufte das Schloß in Vrbovec, in dem er noch 30 Jahre lebte. (Über die Kaufanbahnung des Gutes Paukovec für die Kaiserin Eugénie siehe unter Schloß Paukovec.) Der Galerie Stroßmayer in Zagreb schenkte er 28 Bilder französischer Maler. Die Leute in Vrbovec haben ihn sehr geschätzt.

Qu.: Buturac, J. (1984), 154–156; Hršak, J. (1991), 73; Laszowski, E. (1921), 47; Schneider, A. (1942).

808 *VRBOVEC*

Die Darstellung über die Besitzer der Herrschaft Vrbovec-Rakovec gründet sich auf folgende Literatur: *Adamček, J. (1972); Bösendorfer, J. (1910), 68–69; Buturac, J. (1979), 30, 45; Buturac, J. (1984); Buturac, J. (1991 c), 11, 92; Kruhek, M. (1995), 7–25; Laszowski, E. (1921).*

809 *VRBOVEC*

Das Kastell von Rakovec erwähnen: *Buturac, J. (1984), 117, 136, 138; Laszowski, E. (1921), 19, 25–28, 43; Szabo, Gj. (1920), 100.*

810 *VRBOVEC*

Buturac, J. (1984), 30, 138, 142, 144; Laszowski, E. (1921), 22, 24, 26, 28, 32–33.

811 *VRBOVEC*

Über das Inventar des Kastells und des Meierhofes im Jahre 1708 siehe: *Laszowski, E. (1921), 36.*

812 *VRBOVEC*

Der Bescheid des Regionalinstituts für den Schutz von Kulturdenkmälern in Zagreb vom 15.3.1983 betrifft den Schutz des Schlosses in Vrbovec.

813 *VRBOVEC*

Laszowski, E. (1921), 9.

814 *VRBOVEC*

Kunich, M. (1834), Nr. 39, S. 304; Jurčić, I. (1989), 102.

815 *VRBOVEC*

Laszowski, E. (1921), 45.

816 *VRBOVEC*

Laszowski, E. (1921), 8.

817 *VRBOVEC*

Im Jahre 1980 wurden im Park folgende Pflanzenarten registriert: *NADELGEHÖLZE: Chamaecyparis lawsoniana, Ginkgo biloba, Juniperus communis, J. sabina var. prostrata, J. virginiana, Larix decidua, Picea abies, P. omorica, P. pungens, Pinus nigra var. austriaca, P. strobus, Taxus baccata, Thuja gigantea; LAUBGEHÖLZE: Acer negundo, A. pseudoplatanus, A. saccharinum, Aesculus hippocastanum, Ailanthus altissima, Berberis vulgaris var. atropurpurea, Betula verrucosa, Buxus sempervirens, Carpinus betulus, Catalpa bignonioides, Corylus avellana, Cornus alba var. spaethii, C. mas, Cydonia japonica. Elaeagnus angustifolia, Fagus silvatica var. purpurea, Forsythia europaea, Fraxinus angustifolia, F. excelsior var. pendula, Gleditsia triacanthos, Jasminum nudiflorum, Ligustrum ovalifolium, Liriodendron tulipifera, Lonicera nitida, Magnolia obovata, Mahonia aquifolium, Parthenocissus quinquefolia, Philadelphus coronarius, Populus nigra, Prunus domestica, P. pissardii, Pyracantha coccinea, Salix babylonica. S. fragilis, Sambucus nigra, Sophora japonica var. pendula, Symphoricarpus racemosus, Viburnum rhytidophyllum.*

Qu.: Rauš, Dj. (1980), Tab. 24.

Bei näherer Betrachtung gelangt man zur Schlußfolgerung, daß der Großteil in den letzten Jahrzehnten gepflanzt wurde, weil solche Arten in alten Gärten und Parks unüblich waren. Von sehr alten Bäumen erwähnt Rauš neben Roßkastanien, Linden und Ahorn auch einen Baum mit Dornen und einen Tulpenbaum mit einem Durchmesser von 75 cm.

818 *VRBOVEC*

Obad Šćitaroci, M. (1992), 167, Anm. 129.

819 *VRBOVEC*

Über die Familie Zrinyi wurde folgende Literatur verwertet: *Adamček, J. (1972); Brajković, V. (1995), 109; Kukuljević-Sakcinski, I. (1883); Laszowski, E. (1937); Zrinski i Frankopani, 1971 (s. Anm. 793).*

820 *VRBOVEC*

Bojničić, I. (1923), 159–160.

821 *VRBOVEC*

Über die Familie Patachich wurde folgende Literatur verwertet: *Belošević, S. (1926), 76–77; Laszowski, E. (1921); Matasović, J. (1930); Enzyklopädie der kroat. Geschichte und Kultur, S. 453; Kroat. Staatsarchiv (Sammlung Großgrundbesitze – Katalognummer B.01.718, B.01.752).*

822 *VUKOVAR*

In der urbanen Raumentwicklung von Vukovar sind drei (vier) Phasen zu erkennen: 1) Die Zeit vor 1687 ohne wahrnehmbare Baureste zufolge der Zerstörungen beim Abzug der Türken; 2) Die Zeit des „historischen Stils" von Vukovar (1687–1945), die ein barock-historistisches Stadtbild formte; 3) Die Zeit der modernen Stadtplanung (1945–1991); 4) Die Phase des Wiederaufbaus nach dem kroatisch-serbischen Krieg.

Qu.: Karač, Z. (1994 c).

823 *VUKOVAR*

Über Vukovar zur Römerzeit (12 v. bis 395 n. Chr.) schreiben: *Belavić, P. (1927), 3; Brlić, A. E. (1965), 13–14; Horvat, R. (1936), 13–14; Karač, Z. (1993), 192; Karač, Z. (1994 c), 80; Karač, Z. (1994 a), 140.*

824 *VUKOVAR*

Die mittelalterliche königliche Burg wird in den ältesten Dokumenten 1231 als *Castrum Walkow* bezeichnet. In der Literatur tauchen verschiedene Termini auf. Jedenfalls war die Burg Sitz eines Gespans, eines Kastellans und wahrscheinlich auch einer Gerichtstafel. Die Festungsanlage stürzte am 12. Juli 1752 von selbst zusammen. Die Bürger nahmen dann das Baumaterial mit, so daß es keine sichtbaren Spuren mehr gibt. Sie befand sich auf einem Plateau zwischen der heutigen Gaj- und Augustinčićstraße und der alten Gewerbeschule, ca. 200 m nordwestlich des Klosters.

Qu.: Belavić, P. (1927), 11–12, 19; Brlić, A. E. (1965), 15; Horvat, V. und Potrebica, F. (1994 d), 130–131; Karač, Z. (1993), 199, 206–207; Karač, Z. (1994 c), 81; Karač, Z. (1994 a), 144; Szabo, Gj. (1920), 141, 147–148.

825 *VUKOVAR*

Die mittelalterliche Jobagionen-Siedlung bestand nächst der Burg entlang dem Plateau. Die Bewohner waren adelige Stadtbürger und sog. Jobagionen (freie „Burg-Kmeten" bzw. Burgknechte), die einen Soldatenstand unterer Stufe darstellten.

Qu.: Karač, Z. (1993), 195–196, 202; Karač, Z. (1994 c), 81–82; Karač, Z. (1994 a), 141–152.

826 *VUKOVAR*

Die mittelalterliche Unterstadt war ein Handels- und Gewerbeplatz, dem Herzog Koloman, Bruder König Bélas IV., im Jahre 1231 die Privilegien einer königlichen Ansiedlung verlieh (als dritte Siedlung in Kroatien, aber erste in Slawonien).

Qu.: Karač, Z. (1993), 195–196, 202; Karač, Z. (1994 c), 81–82; Karač, Z. (1994 a), 141–152.

827 *VUKOVAR*

Über Vukovar zur Türkenzeit schreiben: *Belavić, P. (1908), 94, 97; Belavić, P. (1927), 6, 9; Celebi, E. (1957), 116–118; Horvat, V. und Potrebica, F. (1994 d), 126–137; Karač, Z. (1994 c), 81–82; Karač, Z. (1994 a), 145–152.*

828 *VUKOVAR*

Über die Entwicklung des Baugeschehens im 19. und 20. Jh.: *Karač, Z. (1994 b); Karač, Z. (1994 d).*

829 *VUKOVAR*

Für den Fluß Vuka gab es in der Römerzeit die Namen Hiulka, Ulka, Wlcea und Wolcea. Daraus entwickelten sich im Mittelalter die Namen der Ansiedlung: Wolco, Wlco, Valk, Valco, Vlkovo, Volkov, Wolkow, Walkow, Valkow, Walcum; magyarisiert zu Wolcovar, Walcovar, Volkovar, Valkovar, Walkovar.

Qu.: Belavić, P. (1908), 91; Belavić, P. (1927), 3, 13; Bösendorfer, J. (1910), 108; Brlić, A. E. (1965), 15; Crlenjak, B. (1994), 464; Horvat, R. (1928), 110; Horvat, R. (1936), 14; Klaić, V. (1900), 98.

830 *VUKOVAR*

Belavić, P. (1908), 93; Belavić, P. (1927), 5–6; Bösendorfer, J. (1910) 108; Brlić, A. E. (1965), 15; Crlenjak, B. (1994), 464; Horvat, R. (1928), 110–111; Karač, Z. (1993), 193–194.

831 *VUKOVAR*

Zur Herrschaft Vukovar gehörten 1728 folgende Dörfer: Opatovac, Mohovo, Šarengrad, Novak, Lovas, Ilača, Ilinci, Vašica (Malovašica), Nijemci, Djeletovci, Banovci (Šidski), Tompojevci, Mikluševci, Čakovci, Berak, Orolik, Slakovci, Laze, Jankovci, Negoslavci, Petrovci, Bogdanovci und Svinjarevci; zur Herrschaft Osijek: Trpinja, Bršadin, Antin, Pačetin, Korodj, Tordinci, Vera und Bobota *(Qu.: Mažuran, I.,1993, S. 171)*

Jakob Graf Eltz führt an, daß 1736 zur Herrschaft die folgenden Dörfer gehörten: Antin, Berak, Bršadin, Bobota, Bogdanovci, Čakovci, Foravac, Jankovci, Ilača, Korodj, Lovas, Mikluševci, Mohovo, Negoslavci, Novak, Opatovac, Pačetin, Petrovci, Šarengrad, Sotin, Svinjarevci, Trpinja, Tompojevci, Tordinci, Tovarnik und Vera sowie die Meierhöfe Groß- und Klein-Beleš, Bisket, Klisa, Golinac, Gornje Golje, Grabovo, Ivance, Kardoš, Lipovac, Lipovača, Pajzoš, Šomodj, Smerdan, Tancoš, Carinje Njive *(Qu.: F. W. E. Roth, Geschichte der Herren und Grafen zu Eltz, Bd. II., S. 148).*

832 *VUKOVAR*

Die Hofkammer verkaufte 1720 die Dörfer Sotin und Tovarnik dem General Baron Fels, den im folgenden Jahr seine Tochter Maria Margarethe von Fels verh. Baronin Löffelholz beerbte. Bereits 1722 verkaufte sie an General O'Dwyer, und dieser 1725 an Johann Baron Pfeffershofen.

Qu.: Mažuran, I. (1993), 170–171.

833 *VUKOVAR*

Belavić, P. (1927), 16–18; Crlenjak, B. (1994), 465; Horvat, J. (1939), 513; Horvat, V. (1991), 218; Horvat, V. und Potrebica, F. (1994 b), 159–162; Horvat, V. und Potrebica, F. (1994 c), 185; Karaman, I. (1973 b), 207, 209; Mažuran, I. (1993), 171; Sršan, S. (1988), 67.

834 *VUKOVAR*

Aus der Herrschaft wurden 1745 folgende Dörfer ausgeschieden: Ilinci, Nijemci, Banovci, Djeletovci, Orolik, Slakovci, Laze und ein Teil von Jankovac.

Qu.: Horvat, V. und Potrebica, F. (1994 b), 161

835 *VUKOVAR*

1736 zählte die Herrschaft 35 Siedlungen mit 2.117 Haushalten. Amtlich registriert wurden damals 2.290 Pferde, 1.734 Ochsen, 3.151 Kühe und Kälber, 1.940 Schafe/Ziegen, 2.584 Schweine und 819 Bienenkörbe. Die Weingärten umfaßten 2.166 Rigolen, es gab 4.576 Joch Acker, 3.360 „Mähgründe“ und außerdem 10.683 Zwetschkenbäume.

Qu.: Mažuran, I. (1993), 71–75, 173.

836 *VUKOVAR*

Mit dem Besitztum Vukovar beschäftigen sich: *Belavić, P. (1927), 12; Crlenjak, B. (1994), 465; Gavrilović, S. (1960 b), 65; Horvat, V. (1991), 218; Horvat, V. und Potrebica, F. (1994 b), 160–161; Horvat, V. und Potrebica, F. (1994 c), 185–188; Karaman, I. (1966), 313; Karaman, I. (1973 b), 207, 209; Kolar-Dimitrijević, M. und Potrebica, F. (1994), 241–248; Krška, J. (1902), 115–116; Mažuran, I. (1993), 71–75, 169–174; Sršan, S. (1988), 67–69.*

837 *VUKOVAR*

Mit der baulichen Entwicklung im 18. und 19. Jh. befassen sich: *Belavić, P. (1927), 7, 13; Horvat, V. und Potrebica, F. (1994 b), 162, 165; Mažuran, I. (1993), 171; Karač, Z. (1992); Karač, Z. (1993), 203; Karač, Z. (1994 c), 84; Karač, Z. (1994 d), 267–276; Karač, Z. (1996 a).*

838 *VUKOVAR*

Die alte Kurie in Vukovar erwähnen nur: *Brlić, A. E. (1965), 23; Mažuran, I. (1993), 169; Karač, Z. (1994 d), 274.*

839 *VUKOVAR*

Über den Bau des Schlosses finden sich in der Literatur unterschiedliche Angaben. Die meisten führen 1749–1751 an. Andjela Horvat spricht von 1790; A. E. Brlić und die neueste Literatur setzen die Erbauung in der Mitte des 18. Jhs an.

Qu.: Balić, M. (1974 b), 15; Brlić, A.E. (1965), 23; Horvat, A. u. a. (1970), 109; Horvat, A. (1979), 297; Mohorovičić, A. (1975), XV, XIX, XXIV, XXV; Rauš, Dj. (1977 b), 32; Karač, Z. (1992), 8; Karač, Z. (1994 c), 86; Karač, Z. (1994 d), 274.

840 *VUKOVAR*

Diese Bautätigkeit wird in der Literatur nicht eingehend dargestellt. Wir verweisen auf: *Balić, M. (1974 b), 15; Brlić, A. E. (1965), 23–24; Horvat, A. u. a. (1970), 109; Horvat, A. (1979), 297; Horvat, A. (1982), 98; Horvat, V. (1992); Mohorovičić, A. (1975), XV, XIX, XXIV; Rauš, Dj. (1977 b), 32; Karač, Z. (1992); Karač, Z. (1994 c), 86, 89; Karač, Z. (1994 d), 274, 283, 291.*

841 *VUKOVAR*

In den sechziger Jahren war im Schloß eine Musikakademie der „jugoslawischen Volksarmee“ untergebracht, anschließend, bis 1991, das Stadtmuseum. Die Seitenflügel dienten als Wohnungen und als landwirtschaftliche Station.

Qu.: Balić, M. (1974 b), 15; Djurić, T. und Feletar, D. (1983), 174; Horvat, A. u. a. (1970), 109; Medar, I. (1966).

842 *VUKOVAR*

Die Rochuskapelle neben dem Schloß wurde noch vor diesem, 1740, erbaut, und zwar vom Gutsverwalter Anton Pöhr de Rosenthal. Für die deutschsprachigen Kolonisten wurde der Gottesdienst in deutscher Sprache gehalten. Anfang des 19. Jhs. bauten die Grafen Eltz ein Oratorium in die Kapelle.

Qu.: Karač, Z. (1994 d), 272.

843 *VUKOVAR*

Den barocken Entwurf des Schloßparks erwähnen: *Ćerimović, V. (1975), 9; Horvat, A. u. a. (1970), 109; Rauš, Dj. (1977 b), 32.*

844 *VUKOVAR*

Mit dem Schloßpark hat man sich niemals eingehend befaßt. In der Literatur sind hauptsächlich Rohdaten zu finden: *Balen, B. (1994), 292; Ćerimović, V. (1975), 9; Horvat, A. u. a. (1970), 109; Horvat, A. (1982), 98; Kiš, D. (1966 a), 6; Kiš, D. (1966 b), 196; Mohorovičić, A. (1975), XIX; Rauš, Dj. (1977 b),*

32–35, 118; Švajcer, O. (1973/74), 174; Karač, Z. (1994 d), 280, 283.

845 VUKOVAR

Die Villa baute der Vukovarer Holzhändler Jakob Knoll. Erwein Eltz kaufte sie ihm für seine Wohnbedürfnisse ab. 1927 erwarb sie die Stadtbehörde um 600.000 Dinar. Zunächst diente sie ihren Beamten als Bürogebäude und auch zu Wohnzwecken, 1940 wurde die Krankenhausverwaltung untergebracht. Ein Angehöriger der Familie Knoll war Dr. PETER KNOLL (1872–1943). Als Dozent für Kunstgeschichte war er an den Universitäten Wien und Zagreb, zuletzt an der Technischen Hochschule in Zagreb tätig.

Qu.: Balić, M. (1978), 6; Vrkljan, Z. (1995), 105–106.

846 VUKOVAR

Karač, Z. (1994 c), 89; Karač, Z. (1994 d), 288, 294.

847 VUKOVAR

Horvat, V. und Potrebica, F. (1994 b), 159; Mažuran, I. (1993), 170–171.

848 VUKOVAR

Kolar-Dimitrijević, M. und Potrebica, F. (1994), 242; Krška, J. (1902), 117–118.

849 VUKOVAR

PHILIPP CARL Graf ELTZ (26.10.1665–23.3.1743; Abb. 775) war als Erzbischof von Mainz deutscher Kurfürst und eine Stütze Kaiser Karls VI. in den Franzosenkriegen. Die Herrschaft Vukovar überließ er letztwillig seinem Bruder ANTON (1671–1736). Dieser war mit Helene geb. Baronin Wambold von Umstadt verheiratet, die ihm 15 Kinder gebar.

Qu.: Balen, B. (1994), 293; Belavić, P. (1927), 11; Brajković, V. (1995), 149; Crlenjak, B. (1994), 465; Duišin, A. V. (1938/39), 220; Horvat, V. (1991), 218; Horvat, V. und Potrebica, F. (1994 b), 160–164; Laszowski, E. (1903 b), 19; Barock in Kroatien, S. 418 (siehe S. 420); Stammbaum der Familie Eltz.

850 VUKOVAR

ANSELM KASIMIR Graf ELTZ (27.6.1709–21.1.1778; Abb. 776) war mit Anna Johanna geb. Baronin Faust von Stromberg verheiratet, von der er 14 Kinder hatte. Als einziges Kind brachte sie eine Reihe von Besitzungen in die Ehe mit Anselm Kasimir ein. 1737 erhielt er das Recht der Wappenvereinigung. Bei den deutschen Besitzungen handelte es sich um Trapstat, Wenderseim, Kempenich, Schmidburg und Wütten. Vukovar erbte Anselm Kasimir vom Vater Anton (Anm. 849). 1771 verlieh ihm die Königin Maria Theresia die Würde eines erblichen Obergespans von Syrmien. Er war Kämmerer, Geheimer Rat und Präsident des Hof-Gerichtshofes in Wien. Vukovar erbte sein Sohn Hugo Philipp (Anm. 853).

Qu.: Balen, B. (1994), 292, 294; Belavić, P. (1927), 16; Brajković, V. (1995), 149; Horvat, V. und Potrebica, F. (1994 b), 164; Duišin, A. V. (1938/39), 220; Laszowski, E. (1903 b), 19; Barock in Kroatien, S. 248; Stammbaum der Familie Eltz.

851 VUKOVAR

JAKOB I. Graf ELTZ (5.5.1779–22.4.1844; Abb. 777) war der vierte Sohn von Hugo Philipp (Anm. 853) und Sophie Boos von Waldeck. Er war der Erbe von Vukovar. Mit seiner Frau Maria Anna geb. Baronin Wambold von Umstadt hatte er die Söhne Hugo und Karl I. (Anm. 854), die Vukovar erbten.

HUGO (19.8.1817–26.10.1848; Abb. 778) kam im Verlauf der revolutionären Umtriebe des Jahres 1848 in seinem Schloß ums Leben. Der Ehe mit Ludvine geb. Gräfin Pejácsevich (Schwester Peters, Obergespan von Virovitica) entstammte die Tochter HUGOLINA, die mit Baron Kuno Eltz-Rübenach verheiratet war.

Qu.: Belavić, P. (1908), 127–129; Belavić, P. (1927), 17; Duišin, A. V. (1938/39), 221; Horvat, V. und Potrebica, F. (1994 b), 164, 174; Švajcer, O. (1973), 173; Stammbaum der Familie Eltz.

852 VUKOVAR

Die allgemeinen Familiendaten gründen sich auf: *Atlagić, M. (1982), 103–104; Balen, B. (1994), 292; Belavić, P. (1927), 16; Duišin, A. V. (1938/39), 220–221; Horvat, V. und Potrebica, F. (1994 b), 160–164; Laszowski, E. (1903 b), 19.*

853 VUKOVAR

HUGO PHILIPP Graf ELTZ (1.2.1742–20.11.1818) war der Sohn des Anselm Kasimir (Anm. 850). Nach dem Tod des Vaters erbte er Vukovar, Eltville und andere Besitzungen in Deutschland. Er sorgte dafür, daß in das Stadtwappen von Vukovar das gräfliche Familienwappen aufgenommen wurde. Mit seiner Frau Sophie Philippine Baronin Boos von Waldeck und Montfort hatte er 14 Kinder, sieben davon Söhne: Emmerich (22.3.1765–1.12.1844), Clemens (geb. 1770), Hugo Franz (geb. 1772), Jakob I. (Anm. 851), Lothar (geb. 1782), Franz (geb. 1786) und August. Vukovar erbte Jakob I. bzw. dessen Sohn Karl I.

Qu.: Balen, B. (1994), 292, 294; Horvat, V. und Potrebica, F. (1994 b), 161–164; Stammbaum der Familie Eltz.

854 VUKOVAR

KARL I. Graf ELTZ (29.1.1823, Aschaffenburg–26.5.1900, Vukovar; Abb. 779) war der jüngere Sohn Jakobs I. (Anm. 851). Er erbte die Güter Eltzburg und Eltville sowie Vukovar. Dem Sabor gehörte er als Virilist aufgrund seiner Familie an. Er war Geheimer Rat des Kaisers von Österreich und des Königs von Preußen, Ritter des Ordens der Eisernen Krone und des bayrischen Hausritterordens von St. Georg. Er lebte in Vukovar und vergrößerte den Besitz um 2.500 Joch. Für die Errichtung des Gymnasiums in Vukovar spendete er den Grund und 4.000 Gulden. 1853 heiratete er Ludvine, die Witwe seines Bruders Hugo (Anm. 851). Der Ehe entsprossen drei Söhne und fünf Töchter, und zwar: Jakob II. (Anm. 855); Erwein, verh. mit Johanna Gräfin Schönborn-Wiesentheid; Wilhelm, der jung starb; Sophie verh. Baronin Geyr von Schweppenburg; Marianne; Antoinette verh. Baronin Wambold von Umstadt; Johanna verh. Gräfin Khuen-Belasi; Franziska verh. Gräfin Magnis.

Qu.: Belavić, P. (1908), 135; Belavić, P. (1927), 18; Duišin, A. V. (1938/39), 221; Horvat, V. und Potrebica, F. (1994 b), 164; Horvat, V. und Potrebica, F. (1994 c), 185; Stammbaum der Familie Eltz.

855 VUKOVAR

JAKOB II. Graf ELTZ (13.2.1860–22.6.1906) war der Sohn Karls I. (Anm. 854). Mit seiner Frau Maria geb. Prinzessin Lobkowitz hatte er die Söhne Karl II. (Anm. 856) und Georg (der früh starb) sowie vier Töchter: LUDVINE, verh. mit Fürst Alfons Clary-Aldringen; ANNA, verh. mit Karl Graf Khuen-Belasi; ANTOINETTE, verh. mit Fürst Erwein Lobkowitz; FRANZISKA, verh. mit Ladislaus Graf Henckel-Donnersmarck. Jakob II. war Kämmerer und Mitglied des ungarischen Oberhauses.

Qu.: Belavić, P. (1927), 18; Duišin, A. V. (1938/39), 221; Horvat, V. und Potrebica, F. (1994 b), 164; Stammbaum der Familie Eltz.

856 VUKOVAR

KARL II. Graf ELTZ (17.7.1896–21.8.1922) war der Sohn Jakobs II. (Anm. 855). Seiner Ehe mit Sophie geb. Prinzessin Löwenstein-Wertheim-Rosenberg entsprossen Josephine (verh. mit Ernst Graf Moy de Sonsa) und Jakob III. (Anm. 857). Karl II. kam bei einem Verkehrsunfall in Nördlingen ums Leben.

Qu.: Belavić, P. (1927), 18; Duišin, A. V. (1938/39), 221; Stammbaum der Familie Eltz.

857 VUKOVAR

JAKOB III. Graf ELTZ (geb. 22.9.1921) wurde in Kleinheubach in Bayern im Schloß des Großvaters mütterlicherseits geboren. (Seine Eltern siehe Anm. 856.) Er ging in Vukovar zur Schule und maturierte am Humanistischen Gymnasium in Zagreb, wo er auch die Agrarausbildung erfuhr. Neben Eltville gehörte ihm auch das Burgschloß Eltz an der Mosel, welches bis vor kurzem auf dem 500-DM-Schein abgebildet war. Er war fünf Jahre Mitglied des Souveränen Rates (der Ordensregierung) des Malteser-Ordens in Rom und anschließend Botschafter des Ordens für die Bundesrepublik Deutschland. Er ist Ritter des Ordens vom Goldenen Vlies.

Bei den allgemeinen Wahlen in Kroatien wurde er 1992 und 1995 in das Abgeordnetenhaus des Sabor gewählt. Er verehelichte sich mit Ladislaja geb. Baronin Mayr-Melnhof (geb. 23.12.1920).

Der Ehe entsprossen vier Söhne und fünf Töchter, und zwar: LIDVINA (geb. 12.5. 1947), verh. mit Christoph Graf Preysing, KARL (geb. 1.5.1948), verh. mit Sophie Gräfin Schaffgotsch, MICHAEL (geb. 22.6. 1949), MARIA ASSUNTA (geb. 9.11.1950), verh. mit Emmanuel Graf Mensdorff-Pouilly, CHRISTIANE (geb. 27.11.1951), verh. mit Adolf von Ribbentrop, JOHANNA (geb. 18.4.1954), verh. mit Haralampi Graf Oroschakoff, GEORG (geb. 26.9.1956), JOHANNES (geb. 2.10.1957), BENEDIKTA (geb. 26.8.1960), verh. mit Carl Gustav Lagervret.

Qu.: Stammbaum der Familie Eltz.

782 SV. HELENA, ZUBAU DES SCHLOSSES, 1863

Literatur

Das Literaturverzeichnis wurde aus der kroatischen Originalausgabe übernommen.

1) Der kroatische Buchstabe „Đ" („đ") wurde in der deutschen Übersetzung als „Dj" wiedergegeben. Im Literaturverzeichnis erscheint er jedoch als „Đ", und zwar nach dem Buchstaben „D". Kroatische Abkürzungen: „god." = Jahrgang, „sv." = Band, „br." = Nummer, „str." = Seite.
2) Die in den ANMERKUNGEN (S. 355 ff.) ohne Angabe eines Autors angeführten Quellenhinweise beziehen sich auf Sammelwerke, Handbücher, Artikel, Ausstellungskataloge etc., die auf Seite 420, am Ende des Literaturverzeichnisses, näher zitiert sind.

ADAMČEK, Josip (1972) *Zrinsko-frankopanski posjedi u 17. stoljeću*, posebni otisak, Zagreb.

ADAMČEK, Josip (1977) *Požega i Požeška županija u srednjem vijeku*, Požega 1227–1977, str. 111–120, Slavonska Požega: Skupština općine.

ADAMČEK, Josip (1981) *Povijest vlastelinstva Božjakovina i okolice*, „Kaj" (Zagreb), br. 4, str. 105–134.

ADAMČEK, Josip (1986 a) *Prilozi povijesti Virovitice (od sredine 18. do sredine 19. stoljeća)*, Virovitički zbornik 1234.–1984., str. 157–179, Virovitica: JAZU.

ADAMČEK, Josip (1986 b) *Virovitica i Virovitička županija u srednjem vijeku*, Virovitički zbornik 1234.–1984., str. 113–124, Virovitica: JAZU.

AMBRUŠ, Viktor (1994) *Arhitektura sjeveroistočne Hrvatske u prošlosti i danas*, Hrvatska – povijest sjeveroistočnog područja, str. 267–279, Osijek: Povijesni arhiv.

ANDRASSY, Juraj (1937) *Život i rad Alfonza Domina Petruševečkoga*, Rad JAZU, knj. 266, str. 171–179, Zagreb.

ANGER, Nada (1960) *Zagrebački muzealci i konzervatori na stručnoj ekskurziji po Slavoniji 8.–11. lipnja 1960.*, „Vijesti muzealaca i konzervatora Hrvatske" (Zagreb), god. 9, br. 4, str. 122–124.

ATLAGIĆ, Marko (1982) *Grbovi plemstva u Slavoniji 1700.–1918.*, Čakovec: Zrinski (biblioteka posebnih izdanja, knj. 25).

BACH, Ivan (1948) *Umjetnost 17. i 18. stoljeća u Hrvatskoj*, „Arhitektura" (Zagreb), god. 2, br. 13–17, str. 55–58.

BADOVINAC, Zvonimir (1969) *Stanje hortikulturnog fonda na području zagrebačke regije i Hrvatskoga zagorja i prijedlozi za saniranje i uređenje posebno zaštićenih parkova*, elaborat, Zagreb: Republički zavod za zaštitu prirode SRH.

BADOVINAC, Zvonimir; BRALIĆ, Ivica; KAMENAROVIĆ, Marinka; KEVO, Ratko; MIKULIĆ, Zvjezdica; PIŠKORIĆ, Oskar (1982) *Prirodne znamenitosti Hrvatske*, Zagreb: Školska knjiga.

BADURINA, Anđelko; BARIČEVIĆ, Doris (1993 a) *Javni i grobni spomenici*, Križevci – grad i okolica, str. 238–243, Zagreb: Institut za povijest umjetnosti Sveučilišta u Zagrebu.

BADURINA, Anđelko; FISCHER, Miljenka; ŽMEGAČ, Andrej (1993 b) *Profana arhitektura*, Križevci – grad i okolica, str. 271–276, Zagreb: Institut za povijest umjetnosti.

BAKIĆ, Slavica (1994 a) *Skica seoske razglednice – Kapela Dvor: Ni kapelica ni dvor – već podravsko selo*, „Glas Slavonije" (Osijek), 8.8.1994.

BAKIĆ, Slavica (1994 b) *Neizvjesna sudbina dvorca plemićke obitelji Janković u Kapela Dvoru – spomenik kulture postaje ruševinom*, „Glas Slavonije" (Osijek), 17.8.1994.

BAKIĆ, Slavica (1994 c) *Sudbina dvorca plemićke obitelji Janković u Kapela Dvoru – vrijeme nije stalo*, „Glas Slavonije„ (Osijek), 30.8.1994.

BALEN, Branka (1986) *Portreti 18. stoljeća iz fundusa Galerije likovnih umjetnosti*, Osijek: Galerija likovnih umjetnosti.

BALEN, Branka (1994) *Umjetnost u sjeveroistočnoj Hrvatskoj*, Hrvatska – povijest sjeveroistočnog područja, str. 280–296, Osijek: Povijesni arhiv.

BALIĆ, Milan (1974 a) *Kratak prikaz spomeničkog fundusa Slavonsko-baranjske regije*, „Vijesti muzealaca i konzervatora Hrvatske" (Zagreb), god. 23, br. 1–2, str. 10–11.

BALIĆ, Milan (1974 b) *Pregled dvoraca i srednjovjekovnih gradova u Slavoniji – 1. dio*, „Vijesti muzealaca i konzervatora Hrvatske" (Zagreb), god. 23, br. 1–2, str. 13–25.

BALIĆ, Milan (1976) *Spomenici kulture Valpovštine – 1. dio*, Valpovo: Društvo prijatelja starina.

BALIĆ, Milan (1977) *Dvorac u Iloku*, Vukovarske novine (Vukovar), god. 36, br. 35, str. 10.

BALIĆ, Milan (1978) *Detaljna obnova spomeničkog kompleksa stare bolnice*, „Zdravstveni vjesnik" (Vukovar), br. 3–4, str. 6.

BALTA, Ivan (1985) *Vlastelinska porodica Pejačević s posebnim osvrtom na njezinu genealogiju i heraldiku*, Anali zavoda za znanstveni rad, knj. 4, str. 251–320, Osijek: JAZU.

BALTA, Ivan (1997) *Virovitička županija i grad Osijek u zbivanjima 1848. i 1849. godine*, Osijek: Hrvatska akademija znanosti i umjetnosti – Zavod za znanstveni rad Osijek.

BANAC, Ivo (1991) *Grbovi – biljezi identiteta*, Zagreb: Grafički zavod Hrvatske.

BARBARIĆ, Dragutin (1971) *Od proljeća do proljeća*, „Iteks" (Ilok), godište 4; br. 28, str. 8; br. 29, str. 8.

BARBARIĆ, Dragutin (1975) *Ilok prije 200 godina*, „Iteks" (Ilok), god. 8; br. 70, str. 8; br. 71, str. 8.

BARBARIĆ, Mladen (1899) *Iločke starine*, Zagreb: Tiskara Franjo Rulić.

BARIČEVIĆ, Marina; JURKOVIĆ, Ivana (1991) *Hinko Juhn – publikacija o 100-toj godišnjici rođenja i 50-oj godišnjici smrti kipara, keramičara i profesora*, Našice: Zavičajni muzej.

BARLÉ, Janko (1907) *Popis župa u Donjoj Slavoniji od godine 1660.*, „Vjesnik kr. hrvatsko-slavonsko-dalmatinskog arkiva" (Zagreb), god. 9, str. 161–172.

BARLÉ, Janko (1933) *Joakim Vujić i imanje Paukovec*, Prilozi za književnost, jezik, istoriju i folklor, knj. 13, sv. 1–2, str. 81–84, Beograd.

BARTULAC, Mirko (1994) *Kratka povijest Valpova*, Hrvatska – povijest sjeveroistočnog područja, str. 449–453, Osijek: Povijesni arhiv.

BATOROVIĆ, Mato (1994) *Kratka povijest Iloka*, Hrvatska – povijest sjeveroistočnog područja, str. 429–438, Osijek: Povijesni arhiv.

BAUERLEIN, Stjepan; KNIEWALD, Dragutin (1945) *Đakovo*, Hrvatska enciklopedija, sv. 5, str. 524–526, Zagreb: Naklada hrvatskoga izdavačkog bibliografskog zavoda.

BEDENKO, Vladimir (1993) *Urbanistički razvoj Križevaca do sredine 19. stoljeća*, Križevci – grad i okolica, str. 75–91, Zagreb: Institut za povijest umjetnosti.

BEDENKO, Vladimir (1996) *Nuštar – vlastelinstvo, mjesto, dvorac*, Nuštar (zbornik), str. 97–125, Zagreb: Hrvatsko-američko društvo.

BEDIĆ, Marko (1973) *Šezdeset godina hrvatske vinarske zadruge moslavačkih vinogradara*, Voloder: „Moslavačko vinogorje".

BEDIĆ, Marko (1984) *Povijest dvoraca u Popovači i okolnih mjesta*, Neuropsihijatrijska bolnica „Dr. Ivan Barbot" u Popovači, str. 17–25, Popovača.

BEDIĆ, Marko (1992) *Moslavina od 12. do 16. stoljeća*, Zbornik Moslavine, knj. 2, str. 25–40, Kutina: Muzej Moslavine.

BEDIĆ, Marko (1993) *Od najstarijih poznatih Bakača do bana Tome Erdödya*, „Sisački tjednik" (Sisak), 17.6.1993, str. 4–5.

BEDIĆ, Marko (1996) *Velikaška obitelj Erdödy – uspon i pad*, „Kaj" (Zagreb), god. 25, br. 3, str. 31–52.

BELAVIĆ, Placido (1908) *Poviest samostana i župe vukovarske*, Vukovar.

BELAVIĆ, Placido (1927) *Crtice iz prošlosti Vukovara*, Vukovar: Tiskara „Novo doba".

BELAVIĆ, Placido. *Našice – povjesničke crtice*, Vukovar: Tiskara Sriemskih novina.

BELETA, Stjepan (1991) *Erdödy od „Zaprte Gore" – prilog poznavanju povijesti Moslavine*, „Kaj" (Zagreb), br. 4, str. 65–68.

BELETA, Stjepan (1992 a) *Drevna Moslavina – prilog poznavanju povijesti Moslavine*, Muzejski glasnik – glasilo muzeja sjeverozapadne Hrvatske, god. 15, br. 15, str. 85–86, Kutina: Muzej Moslavine.

BELETA, Stjepan (1992 b) *Društveno-gospodarski odnosi u Moslavini od 17. do početka 20. stoljeća*, Zbornik Moslavine, knj. 2, str. 41–56, Kutina: Muzej Moslavine.

BELOŠEVIĆ – Gornjostubički, Stjepan (1926) *Županija Varaždinska i slobodni kraljevski grad Varaždin*, Zagreb.

BERTOVIĆ, Stjepan; LOVRIĆ, Željko (1987) *Šumske zajednice Hrvatske*, Šumarska enciklopedija, sv. 2, str. 395–404, Zagreb: Leksikografski zavod „Miroslav Krleža".

BEUSAN, Mario (1992) *Novi Dvori Cesargradski – povijesno-prostorna analiza i prijedlog obnove*, „Anali Galerije Antuna Augustinčića" (Klanjec), god. 12, br. 12, str. 3–21.

BLANUŠA, Danilo (1970) *Istaknuti ljudi slavonskog kulturnog kruga iz područja matematike, fizike, astronomije i kemije*, u: Zbornik radova Prvoga znanstvenog sabora Slavonije i Baranje, str. 283–286, Osijek: JAZU.

BLAŽEKOVIĆ, Stjepan (1990) *Bjelovarsko-Križevačka županija*, u: Bjelovarski zbornik '90., Bjelovar: Gradski muzej.

BOGNAR, Andrija; CRKVENČIĆ, Ivan; PEPEONIK, Zlatko; RIĐANOVIĆ, Josip; ROGLIĆ, Josip; SIĆ, Miroslav; ŠEGOTA, Tomislav; VRESK, Miroslav (1975) *Geografija SR Hrvatske – istočna Hrvatska*, knj. 3, Zagreb: Školska knjiga.

BOJNIČIĆ, Ivan (1895) *Plemstvo i bogatstvo obitelji Erdödy*, „Prosvjeta" (Zagreb), god. 3; br. 1 (1. siječnja), str. 12–15; br. 2 (15. siječnja), str. 44–46.

BOJNIČIĆ, Ivan (1896) *Popis plemića proglašenih na Saboru Kraljevina Hrvatske, Slavonije i Dalmacije g. 1557.–1848.*, Zagreb.

BOJNIČIĆ, Ivan (1899) *Der Adel von Kroatien und Slavonien*, Nürnberg.

BOJNIČIĆ, Ivan (1908) *O plemstvu – s osobitim obzirom na hrvatsko plemstvo*, Zagreb: Tisak Antuna Scholza.

BOJNIČIĆ, Ivan (1923) *Grb knezova Zrinskih*, Narodna starina, knj. 2, Zagreb.

BÖSENDORFER, Josip (1910) *Crtice iz slavonske povijesti – s osobitim obzirom na prošlost županija: Križevačke, Virovitičke, Požeške, Cisdravske Baranjske te kr. i slob. grada Osijeka u srednjem i novom vijeku*, Osijek.

BÖSENDORFER, Josip (1915) *Prvi dani u životu Županije Virovitičke poslije reinkorporacije (1745.–1749.)*, Rad JAZU, knj. 206, str. 148–167, Zagreb.

BRAJKOVIĆ, Vlasta (1995) *Grbovi, grbovnice, rodoslovlja*, katalog zbirke grbova, grbovnica i rodoslovlja, Zagreb: Hrvatski povijesni muzej.

BRAŠNIĆ, Mijo (1872/73, 1873/74) *Županije u današnjoj Hrvatskoj, Slavoniji i Vojnoj krajini od g. 1102.–1301.*, Achter Jahresbericht der k.k. Ober Realschule zu Rakovac, Agram (Zagreb): Buchdruckerei und Litogr. Anstalt C. Albrecht.

BRATANIĆ, Jakov (1964) *Krizmanić Anka*, Enciklopedija likovnih umjetnosti, sv. 3, str. 247–248, Zagreb: Izdanje i naklada Jugoslavenskoga leksikografskog zavoda.

BRLIĆ, Ante E. (1934) *Slavonische Burgen und Schlösser*, „Christliche Volkszeitung" (Osijek), god. 16, br. 51 (20. prosinca), str. 5.

BRLIĆ, Ante E. (1965) *Dvije reportaže* (Vukovar u prošlosti, str. 13–20; Pet stoljeća kulturne djelatnosti, str. 21–28), Vukovarska komuna, Vukovar.

BRLIĆ, Ante E. *Zbirka poviestnih nadpisa grada Osieka*, Osijek: Društvo prijatelja starine „Mursa".

BRUNOVIĆ, Milan (1978) *Novi Marof u prošlosti, NOB-i i danas*, Zagreb: „Zagreb" – izdavačko i propagandno poduzeće.

BULAT, Mirko (1970) *Metalno doba u Slavoniji*, Zbornik radova Prvoga znanstvenog sabora Slavonije i Baranje, str. 61–77, Osijek: JAZU.

BUNTAK, Franjo (1960) *Spomenici kulture u Slavoniji*, „Vijesti muzealaca i konzervatora Hrvatske" (Zagreb), god. 9, br. 4, str. 120–122.

BUTURAC, Josip (1942) *Požeški isusovci i kutjevačko vlastelinstvo 1698.–1773.*, „Hrvatska prošlost" (Zagreb), sv. 2–3, str. 3–47.

BUTURAC, Josip (1943) *Pleternica i okolica – povijesni prikaz o kretanju stanovništva*, Zagreb.

BUTURAC, Josip (1963) *Naselja Požeštine u kasnom srednjem vijeku*, „Vjesnik Historijskog arhiva Slavonska Požega i Muzeja Požeške kotline" (Slavonska Požega), god. 2, br. 1(2), str. 9–26.

BUTURAC, Josip (1966) *Naseljavanje grada Požege 1691.–1900.*, Požeški zbornik 2, str. 102–108, Slavonska Požega.

BUTURAC, Josip (1967) *Stanovništvo Požege i okolice 1700.–1950.*, Zbornik za narodni život i običaje, knj. 43, Zagreb: JAZU.

BUTURAC, Josip (1977 a) *Blacko; Brestovac požeški*, str. 36; *Cisterciti u Kutjevu*, str. 46; *Ivanin-dvor; Kaptol*, str. 116; *Marindvor*, str. 156; *Požeška županija*, str. 242–244; Požeški leksikon, Požega: Skupština općine.

BUTURAC, Josip (1977 b) *Crkveno-kulturna povijest Požege i okolice 1227.–1977.*, Zagreb: Hrvatsko književno društvo sv. Ćirila i Metoda.

BUTURAC, Josip (1977 c) *Kutina – uz 200. obljetnicu župne crkve*, Zagreb: Kršćanska sadašnjost.

BUTURAC, Josip; PETKOVIĆ, Antun (1977) *Kutjevo*, str. 141–142; *Kuzmica*, str. 142; *Pleternica*, str. 215–217; *Stražeman*, str. 303; Požeški leksikon, Požega: Skupština općine.

BUTURAC, Josip (1979) *Povijest Gornje Rijeke i okolice*, Gornja Rijeka: Rkt. župa Gornja Rijeka.

BUTURAC, Josip (1981) *Božjakovina-Brckovljani 1209.–1980. (iz povijesti župe, uprave i gospoštije)*, Zagreb: Hrvatsko književno društvo sv. Ćirila i Metoda.

BUTURAC, Josip (1984) *Vrbovec i okolica 1134.–1984.*, Zagreb: Hrvatsko književno društvo sv. Ćirila i Metoda.

BUTURAC, Josip (1990) *Regesta za spomenike Požege i okolice 1221.–1860.*, Zagreb: Hrvatsko književno društvo sv. Ćirila i Metoda.

BUTURAC, Josip (1991 a) *Plemićka obitelj Šatvar u Heleni kod Križevaca*, Muzejski vjesnik – glasilo muzeja sjeverozapadne Hrvatske, god. 14, br. 14, str. 59–64, Kutina: Muzej Moslavine.

BUTURAC, Josip (1991 b) *Povijest Kaptola (Požega)*, Kaptol 1221.–1991., str. 29–79, Kaptol: Mjesna zajednica.

BUTURAC, Josip (1991 c) *Regesta za spomenike Križevaca i okolice 1134.–1940.*, Križevci: Skupština općine.

CELEBI, Evliya (1957) *Putopis*, sv. 1 i 2, Sarajevo: Svjetlost.

CHÁZÁR, László (1989) *Kastélyaink*, Ohio: A Hazánk kiadása, Boardman.

CLIFFORD, Derek (1966) *A History of Garden Design*, London: Faber & Faber.

CRKVENČIĆ, Ivan; DUGAČKI, Zvonimir; JELEN, Ivan; MALIĆ, Adolf; RIĐANOVIĆ, Josip; ROGLIĆ, Josip; ŠEGOTA, Tomislav; ŽULJIĆ, Stanko (1974 a) *Geografija SR Hrvatske – središnja Hrvatska – opći dio*, knj. 1, Zagreb: Školska knjiga.

CRKVENČIĆ, Ivan; DUGAČKI, Zvonimir; JELEN, Ivan; KURTEK, Pavao; MALIĆ, Adolf; ŠAŠEK, Marijan (1974 b) *Geografija SR Hrvatske – središnja Hrvatska*, knj. 2, Zagreb: Školska knjiga.

CRLENJAK, Brane (1994) *Kratka povijest Vukovara*, Hrvatska – povijest sjeveroistočnog područja, str. 463–473, Osijek: Povijesni arhiv.

CUVAJ, Antun (1913) *Grofovi Pejačević – njihov rad za kralja i dom*, Biblioteka znamenitih Hrvata, sv. 3, Zagreb: Tisak kr. zemaljske tiskare.

CVANCIGER, Ivan (1975) *Grb grada*, str. 11, *Slavonija poslije oslobođenja od turske vlasti*, str. 21–22, *Daruvarski kraj u doba Jankovića*, str. 22–27; Daruvar (monografija), Zagreb: Zagreb – izdavačko i propagandno poduzeće.

CVEKAN, Paškal (1977) *Virovitica i Franjevci*, Virovitica.

CVEKAN, Paškal (1981) *Franjevci u Abinim Našicama*, Našice: u izdanju autora.

CVEKAN, Paškal (1986) *Doprinos virovitičkog samostana u razvoju kulturno-prosvjetnog života na području Virovitice*, Virovitički zbornik 1234.–1984., str. 477–482, Virovitica: JAZU i Skupština općine.

CVEKAN, Paškal (1991) *Đurđevac – kakav nije poznat*, Đurđevac: Skupština općine.

CVETKOVIĆ, Bogdan; KAHRIĆ, Danica (1971) *Tragom prošlosti Špišić Bukovice*, Virovitica: Gradski muzej.

CVIKO, Fazileta (1991) *O Požegi u 16. stoljeću – na osnovi osmanskih katastarskih popisa*, Zbornik radova Petoga znanstvenog sabora Slavonije i Baranje, str. 88, Osijek: JAZU – Zavod za znanstveni rad.

CVITANOVIĆ, Đurđica (1975) *Dokumentaciona građa isusovačke arhitekture u sjevernoj Hrvatskoj i Slavoniji*, „Godišnjak zaštite spomenika kulture Hrvatske" (Zagreb), br. 1, str. 219–246.

CVITANOVIĆ, Đurđica (1988) *Cistercitski samostan – isusovačka rezidencija – vlastelinski dvorac*, Kutjevo – kompleks nekadašnjeg isusovačkog samostana, Zagreb: Institut za povijest umjetnosti.

ČAČIĆ, Krunoslav (1978) *Konzervatorsko-zaštitni radovi Regionalnog zavoda za zaštitu spomenika kulture u Osijeku*, „Dokumenti" (Osijek), br. 1, str. 7–15.

ČAPO, Jasna (1991) *Vlastelinstvo Cernik – gospodarstvene i demografske promjene na hrvatskome selu u kasnome feudalizmu*, Zagreb: Institut za etnologiju i folkloristiku.

ČIĆIĆ, Zvonimir (1982) *Die Kroaten in der Schweiz*, Zürich.

ČURŽIK, Vilko (1987 a) *Tristo godina oslobođenja Valpovštine od Turaka*, Odjeci prošlosti, sv. 4, Valpovo: Društvo prijatelja starina.

ČURŽIK, Vilko (1987 b) *Valpovačko vlastelinstvo (1721.–1945.)*, „Đakovački vezovi" (Đakovo), str. 16–19.

ČURŽIK, Vilim (1989) *Novi gospodari Valpovštine*, Odjeci prošlosti, sv. 5, Valpovo: Društvo prijatelja starina.

ĆERIMOVIĆ, Velimir (1975) *Kada bi park progovorio*, „Glas Slavonije" (Osijek), 17.6.1975, str. 9.

ĆERIMOVIĆ, Velimir (1979) *Vrtna i pejzažna arhitektura Slavonije i Baranje*, Osječki zbornik, sv. 17, str. 495–506, Osijek: Muzej Slavonije.

ĆERIMOVIĆ, Velimir (1981 a) *Parkovna arhitektura Slavonije i Baranje*, „Čovjek i prostor" (Zagreb), god. 29, br. 3 (336), str. 24.

ĆERIMOVIĆ, Velimir (1981 b) *Značaj kulturno-parkovnih cjelina i spomeničko-ambijentalno-zaštitnih prostora u oblikovanju, zaštiti i prezentaciji spomeničkih vrijednosti*, Županjski zbornik, br. 7, str. 122–127, Županja: Muzej u Županji.

ĆERIMOVIĆ, Velimir (1983) *Parkovi i drvoredi Slavonije i Baranje*, „Hortikultura" (Zagreb), god. 50, br. 3–4, str. 31–34.

ĆERIMOVIĆ, Velimir (1986) *Stari park oko dvorca u Virovitici*, Virovitički zbornik 1234.–1984., str. 345–350, Virovitica: JAZU i Skupština općine.

ĆIRIĆ, Miroslava (1970) *Botanička ekskurzija u park u Nuštru*, diplomski rad, Osijek: Pedagoški fakultet.

ĆUK, Juraj (1924) *Požeško plemstvo i Požeška županija od doba prvih sačuvanih imena i naziva do polovice četrnaestoga vijeka*, Rad JAZU, knj. 229, str. 49–100, Zagreb.

ĆUK, Juraj (1925) *Požeško plemstvo i Požeška županija od doba prvih sačuvanih imena i naziva do polovice četrnaestog vijeka*, Rad JAZU, knj. 231, str. 38–101, Zagreb.

ĆUTIĆ, Davor (1987) *Vlastelini na valpovačkom tlu nakon izgona Turaka*, Odjeci prošlosti, sv. 3, str. 5–9, Valpovo: Društvo prijatelja starina.

DANHELOWSKY, Adolf (1885) *Domanen Valpo und Donji Miholjac in Slavonien*, Wien.

DEANOVIĆ, Ana (1962) *Dvorac*, Enciklopedija likovnih umjetnosti, sv. 2, str. 144–147, Zagreb: Izdanje i naklada Leksikografskoga zavoda.

DENICH, Amalija (1996) *Zelene površine Virovitice*, Virovitica – izabrane teme, str. 117–121, Virovitica: Gradsko poglavarstvo Virovitica i Nakladna kuća „Dr. Feletar".

DESPOT, Miroslava (1970) *Ekonomsko-historijski razvoj Slavonije unutar njenog manufakturnog i industrijsko-proizvodnog procesa u 18. i 19. stoljeću*, Zbornik radova Prvoga znanstvenog sabora Slavonije i Baranje, str. 245–282, Osijek: JAZU.

DESPOT, Miroslava (1972 a) *Nekoliko podataka o privrednim akcijama grofa Ivana VIII Draškovića i njegova sina Janka*, „Kaj" (Zagreb), god. 5, br. 11, str. 47–52.

DESPOT, Miroslava (1972 b) *Slobodar – grof Juraj V Drašković, izdavač naprednog časopisa „Misli iz Švicarske"*, „Kaj" (Zagreb), god. 5, br. 11, str. 27–31.

DEVIDÉ, Marija (1971) *Burgovi u Slavoniji*, „Arhitektura" (Zagreb), god. 25, br. 109–110, str. 12–17.

DIENKA, Ivan (1954) *Virovitičko vlastelinstvo*, „Virovitički list" (Virovitica), god. 2, br. 12, str. 2.

DIENKA, Ivan (1965 a) *Iz prošlosti Virovitice – gradnja dvorca*, „Virovitički list" (Virovitica), god. 12, br. 494, str. 4.

DIENKA, Ivan (1965 b) *Virovitičko vlastelinstvo*, „Virovitički list" (Virovitica), god. 12, br. 520, str. 4.

DIENKA, Ivan (1966 a) *Cabuna*, „Virovitički list" (Virovitica), god. 13, br. 554, str. 4.

DIENKA, Ivan (1966 b) *Špišić Bukovica*, „Virovitički list" (Virovitica), god. 13, br. 543, str. 4.

DIENKA, Ivan (1967 a) *Iz prošlosti Virovitice – prodaja vlastelinstva*, „Virovitički list" (Virovitica), god. 14, br. 571, str. 4.

DIENKA, Ivan (1967 b) *Iz prošlosti Virovitice – izgradnja doma i kupnja dvorca*, „Virovitički list" (Virovitica), god. 14, br. 594, str. 4.

DIENKA, Ivan (1969 a) *Prodaja virovitičkog vlastelinstva*, „Virovitički list" (Virovitica), god. 16, br. 651, str. 4.

DIENKA, Ivan (1969 b) *Zanimljivosti iz Suhopolja*, „Virovitički list" (Virovitica), god. 16, br. 657, str. 4.

DIMITRIJEVIĆ, Stojan (1970) *Neolit u Slavoniji i Srijemu*, Zbornik radova Prvoga znanstvenog sabora Slavonije i Baranje, str. 23–59, Osijek: JAZU.

DOBRONIĆ, Lelja (1984 a) *Posjedi i sjedišta templara, ivanovaca i sepulkralaca u Hrvatskoj*, Rad JAZU, knj. 406, Zagreb.

DOBRONIĆ, Lelja (1984 b) *Viteški redovi – templari i ivanovci u Hrvatskoj*, Zagreb: Kršćanska sadašnjost.

DOHNAL, Silva (1987) *Valpovački park*, Odjeci prošlosti, sv. 3, str. 28–34, Valpovo: Društvo prijatelja starina.

DOMIN, Stanka (1971) *Sakralna arhitektura na zelinskom području*, „Kaj" (Zagreb), god. 4, br. 7–8, str. 107–117.

DOMIN, Stanka; MARKOVIĆ, Ksenija (1986) *Elaborat konzervatorsko-urbanističke dokumentacije za prostorni plan općine Dugo Selo*, Zagreb: Regionalni zavod za zaštitu spomenika kulture.

DOMLJAN, Žarko (1993 a) *Gušćerovec*, Križevci – grad i okolica, str. 329–330, Zagreb: Institut za povijest umjetnosti.

DOMLJAN, Žarko (1993 b) *Profana arhitektura*, Križevci – grad i okolica, str. 103–134, Zagreb: Institut za povijest umjetnosti.

DOMLJAN, Žarko (1993 c) *Raven*, Križevci – grad i okolica, str. 357–358, 361–364, Zagreb: Institut za povijest umjetnosti.

DOMLJAN, Žarko; MARKOVIĆ, Ksenija (1993) *Sveta Helena*, Križevci – grad i okolica, str. 365, 368, Zagreb: Institut za povijest umjetnosti.

DUGAČKI, Zvonimir (1942 a) *Cernik*, Hrvatska enciklopedija, sv. 3, str. 680, Zagreb: Naklada Hrvatskoga izdavačkog bibliografskog zavoda.

DUGAČKI, Zvonimir (1942 b) *Daruvar*, Hrvatska enciklopedija, sv. 4, str. 556–557, Zagreb: Naklada Hrvatskoga izdavačkog bibliografskog zavoda.

DUGAČKI, Zvonimir (1945 a) *Donji Miholjac*, Hrvatska enciklopedija, sv. 5, str. 203, Zagreb: Naklada Hrvatskoga izdavačkog bibliografskog zavoda.

DUGAČKI, Zvonimir (1945 b) *Đurđevac*, Hrvatska enciklopedija, sv. 5, str. 531, Zagreb: Naklada Hrvatskoga izdavačkog bibliografskog zavoda.

DUIŠIN, Antun Viktor (1938/39) *Zbornik plemstva u Hrvatskoj, Slavoniji, Dalmaciji, Bosni-Hercegovini, Dubrovniku, Kotoru i Vojvodini* (1. dio – 1938., 2. dio – 1939.), Zagreb.

ĐURIĆ, Tomislav (1961) *Privredni vodič daruvarske komune*, Daruvar.

ĐURIĆ, Tomislav (1974) *Iz prošlosti novogradiškog kraja*, Varaždin: Novinsko izdavačko poduzeće.

ĐURIĆ, Tomislav (1975) *Iz slavonske prošlosti 17. stoljeća*, Varaždin.

ĐURIĆ, Tomislav (1981) *Srednjovjekovni gradovi slavonskog gorja*, Varaždin: NIŠRO Varaždin.

ĐURIĆ, Tomislav; FELETAR, Dragutin (1981) *Stari gradovi i dvorci sjeverozapadne Hrvatske*, Varaždin: NIŠRO Varaždin.

ĐURIĆ, Tomislav; FELETAR, Dragutin (1983) *Stare građevine istočne Hrvatske*, Varaždin: NIŠRO Varaždin.

ÉBLS, Gabriel (1904) *Das Geschlecht der Dessewffy*, Budapest.

ERCEG, Ivan (1992) *Adamovićev naputak o ekonomskom upravljanju veleposjedom*, Acta historico-oeconomica, vol. 19 (1), str. 35–51, Zagreb.

ERCEG, Ivan (1996) *Ivan Kapistran Adamović – javni djelatnik, veleposjednik i ekonomist*, Osijek: Povijesni arhiv.

ETTINGER, M. (1922) *Stogodišnjica daruvarske župe (1821.–1921.)*, Zagreb.

FELETAR, Dragutin (1976) *Stara rasinjska zdanja*, Podravski zbornik, str. 153–170, Koprivnica.

FELETAR Dragutin (1982) *Stara rasinjska zdanja*, Studije i radovi o Podravini, Biblioteka posebnih izdanja, knj. 22, str. 184–200, Čakovec: Zrinski.

FELETAR, Dragutin (1992) *Spomenici kulture i povijesti u općini Koprivnica*, Koprivnica: Muzej grada Koprivnice.

FISCHER, Miljenka (1987) *Virovitica – provedbeni urbanistički plan centra – pokušaj pomirenja staroga i novoga*, „Radovi Instituta za povijest umjetnosti" (Zagreb), br. 11, str. 95–105.

FISCHER, Miljenka (1993) *Oblikovanje modernoga grada*, Križevci – grad i okolica, str. 92–102, Zagreb: Institut za povijest umjetnosti.

FOERK, Ernö; SÁNDY Gyula (1906) *A Tüköry-Kastély Diósszentpálon*, Budapest: Patria (posebno izdanje Udruženja mađarskih inženjera i arhitekata, sv. XII).

FRKOVIĆ, Šimo (1989) *Feud Hrvati i druge crtice za povijest Mikanovaca*, Vinkovci: Privlačica.

GAVRILOVIĆ, Slavko (1960 a) *Agrarni nemiri u Križevačkoj i varaždinskoj županiji 1848.–1850.*, Historijski zbornik, br. 13, str. 47–110, Zagreb.

GAVRILOVIĆ, Slavko (1960 b) *Obnova slavonskih županija i njihovo razgraničavanje sa vojnom granicom (1745.–1749.)*, Zbornik za društvene nauke, br. 25, str. 49–92, Novi Sad: Matica srpska.

GAVRILOVIĆ, Slavko (1960 c) *Urbarijalno pitanje u Sremskoj županiji sredinom 18. stoleća*, Zbornik za društvene nauke, br. 27, str. 5–31, Novi Sad: Matica srpska.

GAVRILOVIĆ, Slavko (1961) *Virovitička županija u revoluciji 1848.–1849.*, Historijski zbornik, god. 14, str. 1–73, Zagreb.

GAVRILOVIĆ, Slavko (1965) *Otpor prema apsolutizmu u Slavoniji i Hrvatskoj 1821.–1825.*, Historijski zbornik, god. 18, str. 119–128, Zagreb.

GAZDEK, Goran (1996) *Nedovoljno iskorišten simbol grada Virovitice*, „Građevinar" (Zagreb), god. 48, br. 8, str. 535–536.

GLAVIČIĆ, Đuro (1984) *Zelina i zelinsko prigorje*, Biblioteka kulturne baštine Zeline i okolice, knj. 2, Zelina: Zavičajni muzej Zelina.

GLIBOTA, Ante (1990) *Ferdinand Kulmer*, Pariz: Paris Art Center & Zagreb: Muzejsko galerijski centar.

GOLDSTEIN, Ivo; GRGIN, Borislav; MOAČANIN, Nenad; POTREBICA, Filip; PAVLIČEVIĆ, Dragutin; VRANJEŠ-ŠOLJAN, Božena; KOLAR-DIMITRIJEVIĆ, Mira; KLEMENČIĆ, Mladen; ROGIĆ, Veljko (1996) *Hrvatske županije kroz stoljeća*, Zagreb: Školska knjiga.

GRAKALIĆ, M. (1959) *Muzejska zbirka u Pleternici*, „Vijesti muzealaca i konzervatora Hrvatske" (Zagreb), god. 8, br. 1, str. 15–16.

GRČEVIĆ, Nada (1981) *Fotografija devetnaestog stoljeća u Hrvatskoj*, knj. 28, Zagreb: Društvo povjesničara umjetnosti Hrvatske.

GRUJIĆ, Radoslav (1913) *Građa za kulturnu istoriju Slavonije*, Starine JAZU, knj. 34, str. 173–304, Zagreb.

GUCUNSKI, Dragica (1969 a) *Iz prošlosti Narodnog parka u Valpovu*, „Hortikultura" (Split), br. 4, str. 116–118.

GUCUNSKI, Dragica (1969 b) *Narodni park u Valpovu*, „Priroda" (Zagreb), god. 61, br. 6, str. 161–165.

GULIN, Ante (1991) *Srednjovjekovni požeški Kaptol i njegovi pečati*, Kaptol 1221–1991, str. 81–94, Kaptol: Mjesna zajednica.

GUNDRUM, Fran (1914) *Zavjet plemića iz Sv. Helene od god. 1787.*, Vjesnik kr. hrvatsko-slavonsko-dalmatinskoga zemaljskog arkiva, god. 16, str. 315, Zagreb.

HABUNEK-MORAVAC, Štefica; MACHIEDO, Stanka (1971) *Stari grad Đurđevac*, „Arhitektura" (Zagreb), god. 25, br. 109–110, str. 39–41.

HABUNEK-MORAVAC, Štefica (1971) *Šetnja, pomalo nostalgična, oko srušenih burgova i zapuštenih kurija*, „Kaj" (Zagreb), god. 4, br. 7–8, str. 14–22.

HAM, Josip (1994) *Kratka povijest Donjeg Miholjca*, Hrvatska – povijest sjeveroistočnog područja, str. 409–416, Osijek: Povijesni arhiv.

HEISZLER, Vilmos; SZAKÁCS, Margit; VÖRÖS, Károly. *Photo Habsburg – Frederick Habsburg and his family*.

HELMAN, Tea (1994) *Doprinos gradskog vrtlara Josipa Peklara vrtnome i parkovnom oblikovanju Zagreba 1878.–1895.*, „Prostor" (Zagreb), vol. 2, br. 1–2, str. 115–134.

HENEBERG, Većeslav (1929) *Gradine i gradišta po Medvednici*, Narodna starina, knj. 8, str. 129–136, Zagreb.

HEROUT, Vjenceslav (1975) *Ribnjaci – Končanica*, Daruvar (monografija), str. 181, Zagreb: „Zagreb" – izdavačko i propagandno poduzeće.

HORVAT, Anđela (1951) *Pregled spomenika kulture u Baranji*, „Arhitektura" (Zagreb), god. 5, br. 5–8, str. 64, 90–92.

HORVAT, Anđela (1954) *Obilazak spomenika kulture na području kotara Slavonski Brod*, „Vijesti muzealaca i konzervatora Hrvatske" (Zagreb), god. 3, br. 4, str. 104–106.

HORVAT, Anđela (1958 a) *Ilok*, „Bulletin JAZU" (Zagreb), god. 6, br. 1, str. 15–21.

HORVAT, Anđela (1958 b) *O urbanističkoj jezgri Virovitice*, „Bulletin JAZU" (Zagreb), god. 6, br. 3, str. 161–168.

HORVAT, Anđela (1959) *Belje*, str. 320; *Brezovica*, str. 498; *Cernik*, str. 607; *Čakovec*, str. 713–714; Enciklopedija likovnih umjetnosti, sv. 1, Zagreb: Izdanje i naklada Leksikografskoga zavoda.

HORVAT, Anđela (1962) *Daruvar*, str. 11–12; *Đurđevac*, str. 163; *Gornja Rijeka*, str. 406; *Gradec*, str. 442; *Gušćerovec*, str. 488; *Ilok*, str. 665; Enciklopedija likovnih umjetnosti, sv. 2, Zagreb: Izdanje i naklada Leksikografskoga zavoda.

HORVAT, Anđela (1964) *Kaptol*, str. 143; *Kutina*, str. 267–268; *Kutjevo*, str. 268; *Našice*, str. 534; *Nuštar*, str. 568; *Osijek*, str. 605–606; *Popovača*, str. 709; Enciklopedija likovnih umjetnosti, sv. 3, Zagreb: Izdanje i naklada Jugoslavenskoga leksikografskog zavoda.

HORVAT, Anđela (1966) *Rasinja*, str. 57; *Sirač*, str. 211; *Suhopolje*, str. 344; *Sveta Helena*, str. 349; *Tenje*, str. 412; *Trenkovo*, str. 448; *Valpovo*, str. 488; *Virovitica*, str. 534; *Vukovar*, str. 560; Enciklopedija likovnih umjetnosti, sv. 4, Zagreb: Izdanje i naklada Jugoslavenskoga leksikografskog zavoda.

HORVAT, Anđela; HABUNEK-MORAVAC, Štefica; ALEKSIĆ, Nada (1970) *Dvorci i kurije sjeverne Hrvatske – stanje i mogućnosti njihova uključenja u suvremeni život*, Zagreb: Republički zavod za zaštitu spomenika kulture.

HORVAT, Anđela (1974) *Pregradnja burgova-kaštela*, „Vijesti muzealaca i konzervatora Hrvatske" (Zagreb), god. 23, br. 1–2, str. 26–29.

HORVAT, Anđela (1975) *Između gotike i baroka – umjetnost kontinentalnog dijela Hrvatske od oko 1500. do oko 1700.*, knj. 22, Zagreb: Društvo povjesničara umjetnosti Hrvatske.

HORVAT, Anđela (1977) *O baroku u srednjoj Podravini*, Podravski zbornik, str. 203–228, Koprivnica.

HORVAT, Anđela (1979) *O klasicizmu u Slavoniji*, Osječki zbornik, sv. 17, str. 289–303, Osijek: Muzej Slavonije.

HORVAT, Anđela (1981) *Pregled spomenika kulture s područja općine Dugo Selo*, „Kaj" (Zagreb), br. 4, str. 63–102.

HORVAT, Anđela (1982) *Barok u kontinentalnoj Hrvatskoj*, u: HORVAT, Anđela; MATEJČIĆ, Radmila; PRIJATELJ, Kruno. *Barok u Hrvatskoj*, Zagreb: Sveučilišna naklada Liber.

HORVAT, Anđela (1986) *O spomenicima kulture u virovitičkom kraju*, Virovitički zbornik 1234.–1984., str. 351–356, Virovitica: JAZU i Skupština općine.

HORVAT, Anđela (1995) *Ilok*, Enciklopedija hrvatske umjetnosti, sv. 1, str. 355–356, Zagreb: Leksikografski zavod „Miroslav Krleža".

HORVAT, Josip (1939) *Kultura Hrvata kroz 1000 godina*, Zagreb.

HORVAT, Josip (1982) *Hrvatski panoptikum*, Zagreb: Globus.

HORVAT, Karlo (1900) *Erdödy Bakač ban hrvatski*, Zagreb.

HORVAT, Rudolf (1912) *Valpovština u tursko doba*, Vjesnik kr. hrvatsko-slavonsko-dalmatinskoga arkiva, god. 14, str. 237–282, Zagreb.

HORVAT, Rudolf (1928) *Slike iz hrvatske povijesti*, Zagreb.

HORVAT, Rudolf (1930) *Dvije crtice iz povijesti Rasinje*, „Podravske novine", god. 1, br. 4 (22.3.1930), str. 3.

HORVAT, Rudolf (1933) *Hrvska Podravina – povijesne rasprave, crtice i bilješke*, Zagreb.

HORVAT, Rudolf (1936) *Slavonija – povijesne rasprave i crtice*, knj. 1, Zagreb: Tisak Tipografija d.d.

HORVAT, Rudolf (1940) *Povijest Đurđevca*, Zagreb: Hrvatski tiskarski zavod.

HORVAT, Rudolf (1941) *Rimokatoličke župe u hrvatskoj Podravini*, Hrvatska prošlost, br. 2, Zagreb.

HORVAT, Rudolf (1942) *Gradec kod Križevaca*, Hrvatska prošlost, br. 3, str. 3–65, Zagreb.

HORVAT, Rudolf (1944) *Povijest obitelji Zrinskih*, „Nova Hrvatska" (Zagreb), br. 67 (16.3.1944.).

HORVAT, Vlado (1991) *Zemljišne karte vukovarskog vlastelinstva kao izvori za povijest istočne Hrvatske poslije oslobođenja od Turaka*, Zbornik radova Petoga znanstvenog sabora Slavonije i Baranje, str. 217–224, Osijek: JAZU.

HORVAT, Vlado (1992) *Eltzov dvorac*, „Čovjek i prostor" (Zagreb), br. 1, posebno izdanje, str. 12.

HORVAT, Vlado (1994) *Kulturno stvaralaštvo i spomeničko naslijeđe*, Vukovar – vjekovni hrvatski grad na Dunavu, str. 343–352, Zagreb: Nakladna kuća „Dr. Feletar" Koprivnica.

HORVAT, Vlado; POTREBICA, Filip (1994 a) *Središte srednjovjekovne vukovske/vukovarske županije*, Vukovar – vjekovni hrvatski grad na Dunavu, str. 110–125, Zagreb: Nakladna kuća „Dr. Feletar" Koprivnica.

HORVAT, Vlado; POTREBICA, Filip (1994 b) *Srijemska županija, vukovarsko vlastelinstvo i trgovište Vukovar*, Vukovar – vjekovni hrvatski grad na Dunavu, str. 155–175, Zagreb: Nakladna kuća „Dr. Feletar" Koprivnica.

HORVAT, Vlado; POTREBICA, Filip (1994 c) *Uspon građanskog Vukovara 1850.–1918. godine*, Vukovar – vjekovni hrvatski grad na Dunavu, str. 182–198, Zagreb: Nakladna kuća „Dr. Feletar" Koprivnica.

HORVAT, Vlado; POTREBICA, Filip (1994 d) *Vukovar i okolica pod turskom/osmanskom vlašću*, Vukovar – vjekovni hrvatski grad na Dunavu, str. 126–137, Zagreb: Nakladna kuća „Dr. Feletar" Koprivnica.

HORVAT, Zorislav; MIRNIK, Ivan (1977) *Graditeljstvo srednjega vijeka u Požeškoj kotlini*, Požega 1227.–1977., str. 121–157, Slavonska Požega: Skupština općine.

HORVAT, Zorislav (1991) *O nekim starim građevinama Kaptola*, Kaptol 1221.–1991., str. 95–108, Kaptol: Mjesna zajednica.

HORVAT, Zorislav (1996) *Heraldički štitovi gotičke arhitekture kontinentalne Hrvatske*, Zagreb: Društvo povjesničara umjetnosti Hrvatske, knj. LVIII.

HORVATIĆ, Stjepan; ILIJANIĆ, Ljudevit; MARKOVIĆ-GOSPODARIĆ, Ljerka (1970) *O biljnom pokrovu Slavonije*, Zbornik radova Prvoga znanstvenog sabora Slavonije i Baranje, str. 287–318, Osijek: JAZU.

HRŠAK, Josip (1991) *Gradec – sakralno-povijesni vodič katoličke župe Ranjenog Isusa*, Gradec: Katolički župni ured.

ILAKOVAC, Boris; IVEKOVIĆ, Dragica (1987) *Stari grad Đurđevac*, „Vijesti muzealaca i konzervatora Hrvatske" (Zagreb), god. 36, br. 1–2, str. 30–31.

IVANČEVIĆ, Radovan (1996) *Radijus ozračja spomenika*, Radovi instituta za povijest umjetnosti (Zagreb), br. 20, str. 27–39.

JANČEVSKI-SALAJIĆ, Silvija (1991) *Iz prošlosti Suhopolja*, „Virovitički list" (Virovitica), br. 25 (24.5.1991.), br. 26, br. 27 (14.6.1991.), br. 30 (5.7.1991.).

JANČULA, Julije (1980) *Povijest Cernika i cernička samostanska kronika*, Slavonska Požega: u izdanju autora.

JANČULA, Julije (1996) *Predturska povijest Našica*, Našice: Zavičajni muzej.

JANEKOVIĆ, Gjuro (1970) *Pedološke karakteristike Slavonije i Baranje*, Zbornik radova Prvoga znanstvenog sabora Slavonije i Baranje, str. 155–181, Osijek: JAZU.

JANKOVIĆ, Julije (1898) *Pabirci po povijesti Županije Varaždinske*, Varaždin

JANJIĆ, Jadranka; DENICH, Amalija (1993) *Studija zaštite povijesnog perivoja dvorca u Suhopolju*, elaborat, Zagreb.

JURASOVIĆ, Ljerka (1993) *Perivoj uz dvorac Cernik*, seminarski rad iz kolegija „Vrtna umjetnost", Zagreb: Arhitektonski fakultet.

JURČIĆ, Ivana (1989) *Doprinos Mihovila Kunića u poznavanju stanja i razvoja vrtne umjetnosti sjeverne i zapadne Hrvatske u prvoj polovci 19. stoljeća*, magistarski rad, Zagreb: Fakultet poljoprivrednih znanosti.

JURČIĆ, Ivana (1994) *Vrtovi i perivoji zagrebačkih biskupa*, „Kaj" (Zagreb), god. 27, br. 4–5, str. 43–60.

JURČIĆ, Ivana (1996) *Perivoj u Velikom Ravenu*, „Kaj" (Zagreb), god. 29, br. 1–2, str. 103–111.

JURČIĆ, Ivana (1998) *Sjaj i bijeda perivoja u Božjakovini*, „Kaj" (Zagreb), god. 31, br. 3–4, str. 97–120.

JURČIĆ, Vinko; KURTELA, Mikaela (1985) *Povijesni vrtovi i perivoji kontinentalne zone SR Hrvatske*, Vrtna umjetnost Jugoslavije – povijesno nasljeđe, Zbornik radova Prvoga znanstvenog skupa o povijesnom nasljeđu vrtne umjetnosti u Jugoslaviji, str. 29–66, Dubrovnik.

JURKOVIĆ, Ivana; BARIČEVIĆ, Marina (1991) *Hinko Juhn – publikacija o 100-oj godišnjici rođenja i 50-oj godišnjici smrti kipara, keramičara i profesora Hinka Juhna*, Našice: Zavičajni muzej.

JURMAN-KARAMAN, Draginja (1958) *S evidencionog putovanja u kotaru Vinkovci*, „Vijesti muzealaca i konzervatora Hrvatske" (Zagreb), god. 7, br. 4, str. 105–108.

JURMAN-KARAMAN, Draginja (1963) *Spomenici kulture između Bidja, Save i Spačve*, „Vijesti muzealaca i konzervatora Hrvatske" (Zagreb), god. 12, br. 6, str. 178–182.

KALŠAN, Vladimir (1995) *Petar Zrinski*, Vrbovec u prošlosti i sadašnjosti – radovi sa znanstvenog skupa posvećenog 750. obljetnici prvog pisanog spomena o Vrbovcu, str. 44–58, Vrbovec: Matica hrvatska.

KARAČ, Zlatko (1992) *Vukovar – grad i graditeljstvo*, „Čovjek i prostor" (Zagreb), posebno izdanje, br. 1, str. 8–11.

KARAČ, Zlatko (1993) *Prilog definiranju urbane topografije srednjovjekovnog Vukovara*, „Prostor" (Zagreb), vol. 1, br. 2–4, str. 189–212.

KARAČ, Zlatko (1994 a) *Gradograditeljstvo i graditeljstvo na tlu Vukovara od prapovijesti do kraja osmanske vlasti*, Vukovar – vjekovni hrvatski grad na Dunavu, str. 138–154, Zagreb: Nakladna kuća „Dr. Feletar" Koprivnica.

KARAČ, Zlatko (1994 b) *Oblikovanje suvremenog urbanog sustava Vukovara (1945.–1991.)*, Vukovar – vjekovni hrvatski grad na Dunavu, str. 327–342, Zagreb: Nakladna kuća „Dr. Feletar" Koprivnica.

KARAČ, Zlatko (1994 c) *Osnovna analiza urbanističko-arhitektonskog razvoja Vukovara*, „Prostor" (Zagreb), vol. 2, br. 1–2, str. 77–98.

KARAČ, Zlatko (1994 d) *Urbanistički razvoj i arhitektonska baština Vukovara od baroka do novijeg doba (1687.–1945.)*, Vukovar – vjekovni hrvatski grad na Dunavu, str. 267–299, Zagreb: Nakladna kuća „Dr. Feletar" Koprivnica.

KARAČ, Zlatko (1996 a) *Urbani razvitak srednjovjekovnog Vukovara*, „Starohrvatska prosvjeta" (Split), ser. III, sv. 21, str. 245–274.

KARAČ, Zlatko (1996 b) *Vukovar*, Enciklopedija hrvatske umjetnosti, sv. 2, str. 462–464, Zagreb: Leksikografski zavod „Miroslav Krleža".

KARAMAN, Igor (1961) *O nekim osnovnim problemima ekonomsko-socijalnog razvoja na području Slavonije i Srijema u početku 19. stoljeća*, Historijski zbornik, god. 14, str. 243–254, Zagreb.

KARAMAN, Igor (1962 a) *Prilog velikoj buni križevačkih seljaka god. 1755.*, Starine JAZU, knj. 52, str. 273–297, Zagreb.

KARAMAN, Igor (1962 b) *Valpovačko vlastelinstvo – ekonomsko-historijska analiza*, Građa za gospodarsku povijest Hrvatske, knj. 13, Zagreb: JAZU.

KARAMAN, Igor (1966) *Privredni položaj Slavonije u Habsburškoj monarhiji pod nagodbenim sistemom (1868.–1918.)*, Zbornik historijskog instituta Slavonije, br. 4, str. 283–373, Slavonski Brod.

KARAMAN, Igor (1973 a) *Historijat slavonskih vlastelinstava do sredine 18. stoljeća*, Arhivski vjesnik, god. 16, sv. 16, str. 123–157.

KARAMAN, Igor (1973 b) *Sumarni katastar veleposjeda u Slavoniji od 18. do 20. stoljeća*, Radovi Centra za organizaciju naučnoistraživačkog rada u Vinkovcima, knj. 2, str. 167–212, Zagreb: JAZU.

KARAMAN, Igor (1977) *Požega i Požeška kotlina od oslobođenja ispod turske vlasti do 1848. god.*, Požega 1227.–1977., str. 199–207, Slavonska Požega: Skupština općine.

KARAMAN, Igor (1986) *Osnovna obilježja imanja Belje i Darda u sastavu kasnofeudalnih/kapitalističkih zemljoposjeda na baranjsko-slavonskom tlu do 1918. godine*, Tri stoljeća Belja (zbornik radova), str. 77–92, Osijek: Zavod za znanstveni rad JAZU.

KARAMAN, Igor (1994 a) *Društveno-gospodarsko značenje vlastelinskih veleposjeda te višenarodni suživot u Srijemu, Slavoniji i Baranji – pod udarom velikosrbijanske/balkanske agresije (1700.–1993.)*, Hrvatska – povijest sjeveroistočnog područja, str. 130–148, Osijek: Povijesni arhiv.

KARAMAN, Igor (1994 b) *Nuštar i njegovo žiteljstvo tijekom stoljeća*, Nuštar – mala povijesnica mjesta, str. 9–24, Vinkovci: Privlačica.

KARAMAN, Igor (1996) *Nuštarsko naselje, vlastelinstvo i žiteljstvo*, Nušar (zbornik), str. 55–84, Zagreb: Hrvatsko-američko društvo.

KEMPF, Julije (1903) *Nešto domaće građe o putovanju cara Josipa II. kroz Požešku županiju i grad Požegu*, Vjestnik kr. hrvatsko-slavonsko-dalmatinskog zemaljskog arkiva, god. 5, str. 177–182, Zagreb.

KEMPF, Julije (1910) *Požega i okolica*, Slavonska Požega.

KEMPF, Julije (1914) *Iz požeške kotline – zemljopisne i povijesne crtice za mladež*, Slavonska Požega.

KEMPF, Julije (1924) *Oko Psunja – zemljopisno-povijesne crtice za mladež*, knj. 82, Zagreb: Hrvatski pedagoški književni zbor.

KEMPF, Julije (1925) *Iz prošlosti Požege i Požeške županije*, Slavonska Požega: Tiskara Dragutin Rališ.

KEMPF, Julije (1929) *O grofovskoj porodici Jankovića Daruvarskih*, Vjesnik državnog arkiva u Zagrebu, sv. 4, str. 141–158, Zagreb.

KIŠ, Dragutin (1966 a) *Parkovi i pejzaži u turističkom planu Slavonije*, „Hortikultura" (Split), god. 12, br. 3, str. 1–8.

KIŠ, Dragutin (1966 b) *Parkovi Slavonije*, „Priroda" (Zagreb), god. 53, br. 6–7, str. 194–197.

KLAIĆ, Vjekoslav (1900) *Crtice o Vukovskoj županiji i Djakovu u srednjem vijeku*, Vjestnik kr. hrvatsko-slavonsko-dalmatinskoga zemaljskog arkiva, god. 2, str. 98–109, Zagreb.

KOCH-KUHAČ, Franjo Ksaver (1876) *Valpovo i njegovi gospodari*, Zagreb: Tisak dioničke tiskare.

KOLAR, Marija (1993) *Baranjski dvorci*, seminarski rad iz kolegija „Vrtna umjetnost", Zagreb: Arhitektonski fakultet.

KOLAR-DIMITRIJEVIĆ, Mira; POTREBICA, Filip (1994) *Na slavonsko-srijemskom razmeđu, 1918.–1945. godine*, Vukovar – vjekovni hrvatski grad na Dunavu, str. 238–266, Zagreb: Nakladna kuća „Dr. Feletar" Koprivnica.

KOS, Koraljka (1982) *Dora Pejačević*, Zagreb: JAZU – Razred za muzičku umjetnost i Muzikološki zavod Muzičke akademije.

KOSANOVIĆ, Nikola (1979) *Evolucija naselja u Slavoniji – od najranijeg naseljavanja do savremenih urbanih formi* Osječki zbornik, sv. 17, str. 153–175, Osijek: Muzej Slavonije.

KOŠĆAK, Vesna; ANIČIĆ, Branka (1996) *Prilog istraživanju perivoja uz nuštarski dvorac*, Nuštar (zbornik), str. 211–227, Zagreb: Hrvatsko-američko društvo.

KOZINA, Antun (1960) *Krapina i okolica kroz stoljeća*, Krapina: Gradski muzej.

KRAJINA, Grga (1994) *Nuštar u domovinskom ratu*, Nuštar – mala povjesnica mjesta, str. 69–74, Vinkovci: Privlačica.

KRAMBERGER, Ernest (1880 a) *Požega*, „Vienac" (Zagreb), god. 12; br. 27, str. 435–439; br. 28, str. 448–452.

KRAMBERGER, Ernest (1880 b) *Virovitica*, „Vienac" (Zagreb), god. 12, br. 18, str. 285–287.

KRČELIĆ, Baltazar Adam (1952) *Annuae ili Historija 1748.–1767.*, Zagreb: JAZU.

KRIŠTOF, Milan (1941) *Belje*, Hrvatska enciklopedija, sv. 2, str. 375, Zagreb: Naklada Hrvatskoga izdavačkog bibliografskog zavoda.

KRIZMANIĆ, Zdravko (1989) *Studija za pristup problematici rekonstrukcije i adaptacije dvorca Kulmer*, diplomski rad, Zagreb: Arhitektonski fakultet.

KRLEŽA, Miroslav (1977) *Dnevnik 1958.–69.*, knj. 5, Sarajevo: NIŠP Oslobođenje.

KRŠKA, Josip (1902) *Statistika i šematizam veleposjednika u Hrvatskoj i Slavoniji*, Zagreb.

KRUHEK, Milan (1972) *Posjedi, gradovi i dvorci obitelji Drašković*, „Kaj" (Zagreb), god. 5, br. 11, str. 82–95.

KRUHEK, Milan (1982/83) *Stari đurđevački grad u sistemu granične obrane od 16. do 19. stoljeća*, „Godišnjak zaštite spomenika kulture Hrvatske" (Zagreb), br. 8–9, str. 85–105.

KRUHEK, Milan (1989) *Obrambena arhitektura hrvatske i slavonske Vojne krajine u 16. stoljeću*, doktorska disertacija, Zagreb: Filozofski fakultet.

KRUHEK, Milan (1995) *Vrbovec, vrbovečki kaštel i njegovo mjesto u sustavu krajiške granične obrane*, Vrbovec u prošlosti i sadašnjosti – radovi sa znanstvenog skupa posvećenog 750. obljetnici pisanog spomena o Vrbovcu, str. 7–25, Vrbovec: Matica hrvatska.

KUDUMIJA, Mato (1968) *Đurđevac u svijetu i vremenu*, Đurđevac: Mjesna konferencija SSRN.

KUHAČ, Franjo (1876) *Valpovo i njegovi gospodari*, „Vienac" (Zagreb), god. 8; br. 12, str. 190–193; br. 13, str. 210–211; br. 14, str. 230–233; br. 15, str. 250–254.

KUHAČ, Franjo (1893) *Ilirski glazbenici – prikazi za povijest Hrvatskog preporoda*, Zagreb.

KUKULJEVIĆ-SAKCINSKI, Ivan (1869/70) *Neke gradine i gradovi u kraljevini Hrvatskoj*, Zagreb.

KUKULJEVIĆ-SAKCINSKI, Ivan (1883) *Zrinski grad i njegovi gospodari*, Zagreb: Tiskara Narodnih novinah.

KUKULJEVIĆ-SAKCINSKI, Ivan (1886 a) *Glasoviti Hrvati prošlih vjekova*, Zagreb.

KUKULJEVIĆ-SAKCINSKI, Ivan (1886 b) *Priorat vranski sa vitezi templari i hospitalci Sv. Ivana u Hrvatskoj*, Rad JAZU, sv. 81, str. 1–80; sv. 82, str. 1–68, Zagreb.

KUKULJEVIĆ-SAKCINSKI, Ivan (1887) *Povijest porodice Draškovića Trakošćanskih*, Zagreb.

KULMER, Aleksandar (1932) *Grad Cernik*, Nova Gradiška: Tisak M. Bauer.

KULMER, Th. (1931) *Lazar Baron Hellenbach als Denker, Forscher und Menschenfreund*, „Zeitschrift für Parapsychologie", god. 58, br. 2–3, str. 1–18.

KUNICH, Mihovil (1831) *Rhapsodieen über Gärtnerei, Unlagen, Obstbaumzucht und Landwirthschaft in Croatien*, „Allgemeine Deutsche Garten Zeitung" (Passau), br. 37 (19.9.1831.), str. 281–284.

KUNICH, Mihovil (1834) *Rhapsodieen über Gärtnerei, Unlagen, Obstbaumzucht und Landwirthschaft in Croatien*, „Allgemeine Deutsche Garten Zeitung" (Passau), god. 12; br. 32, str. 249–253; br. 33, str. 257–261; br. 35, str. 273–279; br. 37, str. 289–293; br. 38, str. 297–298; br. 39, str. 301–304.

KUZLE, Miroslav (1975) *Daruvar – ime*, Daruvar (monografija), str. 9–11, Zagreb: „Zagreb" – izdavačko propagandno poduzeće.

LANDEKA, Marko; ŠALIĆ, Tomo (1991) *Vojna krajina u današnjoj istočnoj Slavoniji u 18. stoljeću*, Zbornik radova Petog znanstvenog sabora Slavonije i Baranje, str. 135–148, Osijek: JAZU – Zavod za znanstveni rad.

LASZOWSKI, Emilij (1901) *Popis imanja Županije virovitičke godine 1745.*, Vjestnik kr. hrvatsko-slavonsko-dalmatinskog zemaljskog arkiva, god. 3, str. 70–72, Zagreb.

LASZOWSKI, Emilij (1902 a) *Grbovnice hrvatskih županija*, Starine JAZU, knj. 30, str. 212–243, Zagreb.

LASZOWSKI, Emilij (1902 b) *Hrvatske povijesne građevine*, knj. 1, Zagreb.

LASZOWSKI, Emilij (1903 a) *Imanja Požeške županije od vremena oslobođenja Slavonije do god. 1766.*, Vjestnik kr. hrvatsko-slavonsko-dalmatinskog zemaljskog arkiva, god. 5, str. 183–187, Zagreb.

LASZOWSKI, Emilij (1903 b) *Matica plemstva Županije požeške, srijemske i virovitičke 1745.–1902.*, Zagreb.

LASZOWSKI, Emilij (1904) *Listine općine Sv. Jelene Koruške kod Križevaca*, Vjesnik kr. hrvatsko-slavonsko-dalmatinskog zemaljskog arkiva, god. 6, sv. 3–4; god. 7, sv. 1–2, Zagreb.

LASZOWSKI, Emilij (1921) *Iz prošlosti Vrbovca – rodnoga mjesta hrvatskoga bana Petra grofa Zrinskoga o 300-godišnjici njegova rođenja (1621.–1921.)*, knj. 33, Zagreb: Braća hrvatskoga zmaja.

LASZOWSKI, Emilij (1923) *Valpovo*, „Hrvatski list", 27.7.1923.

LASZOWSKI, Emilij (1928) *Grofovi Drašković*, „Svijet" (Zagreb), br. 5, 14.1.1928.

LASZOWSKI, Emilij (1937) *Adam grof Zrinski*, Vjesnik kr. državnog arkiva u Zagrebu, god. 7, str. 79–101, Zagreb.

LASZOWSKI, Emilij (1942) *Božjakovina*, Hrvatska enciklopedija, sv. 3, str. 203–204, Zagreb: Naklada Hrvatskoga izdavačkog bibliografskog zavoda.

LAY-RUKAVINA, Jasna (1993) *Studija povijesno-prostornog razvoja naselja Cernik*, elaborat, Zagreb: Urbanistički institut Hrvatske.

LONČAREVIĆ, Juraj (1981) *Kutjevo – mala monografija župe i okolice*, Zagreb: Kršćanska sadašnjost.

LOPAŠIĆ, Radoslav (1902) *Slavonski spomenici za 17. viek – pisma iz Slavonije u 17. vieku (1633.–1709.)*, Starine JAZU, knj. 30, Zagreb.

LUKIĆ, Miroslav (1961) *Našice jučer i danas*, Našice.

LUTZ, Andreas (1937) *Karten zur Verwaltungsgeschichte des einstigen Slawonien (1684.–1936.)*, Graz: Selbstverlag.

LJUBIŠIĆ, Marina (1993) *Projekt obnove Nuštra*, Zbornik sabora hrvatskih graditelja, str. 478–483, Crikvenica.

MAJNARIĆ-PANDŽIĆ, Nives (1994) *Granica na Dunavu u antičko doba i velika seoba naroda*, Vukovar – vjekovni hrvatski grad na Dunavu, str. 81–91, Zagreb: Nakladna kuća „Dr. Feletar" Koprivnica.

MAJSTOROVIĆ, Srećko (1973) *Našice kroz 700 godina 1229.–1929.*, Zagreb.

MANOJLOVIĆ, Rade (1986) *Zaštita perivoja Vrbik*, „Hortikultura" (Zagreb), br. 3–4, str. 29–32.

MANOJLOVIĆ, Rade (1990) *Parkovi ratarskih pejzaža IPK Osijek*, „Hortikultura" (Zagreb), god. 57, br. 1–2, str. 40–45.

MARINOVIĆ, Gordan (1992) *Perivoj i dvorac Erdödy u Kutini*, seminarski rad iz kolegija „Vrtna umjetnost", Zagreb: Arhitektonski fakultet.

MARKOVIĆ, Ksenija (1993) *Sv. Helena – tradicijska arhitektura*, Križevci – grad i okolica, str. 367–368, Zagreb: Institut za povijest umjetnosti.

MARKOVIĆ, Mirko (1986) *Geografski položaj i povijesno-geografski prikaz područja Virovitice*, Virovitički zbornik 1234–1984, str. 41–51, Virovitica: JAZU i Skupština općine.

MARKOVIĆ, Mirko (1993) *Descriptio Croatiae – hrvatske zemlje na geografskim kartama od najstarijih vremena do pojave prvih topografskih karata*, Zagreb: Naprijed.

MAROEVIĆ, Ivo (1986) *Sadašnjost baštine*, knj. 36, Zagreb: Društvo povjesničara umjetnosti SR Hrvatske.

MARUŠEVSKI, Olga (1980) *Maksimir*, „Bulletin JAZU" (Zagreb), br. 2, str. 5–36.

MARUŠEVSKI, Olga (1992) *Maksimir – spomenik kulture*, str. 18, 20; u: MARUŠEVSKI, Olga; JURKOVIĆ, Sonja (1992) *Maksimir*, Zagreb: Školska knjiga.

MATASOVIĆ, Josip (1923) *Die Briefe des Grafen Sermage*, Zagreb.

MATASOVIĆ, Josip (1930) *Prilog genealogiji Patačića*, Zagreb.

MATASOVIĆ, Josip (1933) *Jelačićiana iz Vukovara*, Narodna starina, knj. 12, sv. 30, str. 77–79, Zagreb.

MATIĆ, Tomo (1951) *Narodni život i običaji u Požeškoj županiji krajem osamnaestoga vijeka*, Zbornik za narodni život i običaje, knj. 35, str. 5–27, Zagreb: JAZU.

MATOŠ, Antun Gustav (1988) *Misli i pogledi*, Zagreb: Globus.

MAYER, Srećko (1912) *Kolonizacija i parcelacija u Moslavini*, „Narodna starina", br. 12 i 13.

MAŽURAN, Ive (1956) *Virovitica pod Turcima*, Osječki zbornik, sv. 5, str. 121–131, Osijek: Muzej Slavonije.

MAŽURAN, Ive (1966/67) *Pakrački ili cernički sandžak*, Historijski zbornik, god. 19–20, str. 409–412, Zagreb.

MAŽURAN, Ive (1970 a) *Sažeti povijesni pregled Slavonije (srednji i novi vijek)*, Zbornik radova Prvoga znanstvenog sabora Slavonije i Baranje, Osijek: JAZU.

MAŽURAN, Ive (1970 b) *Spomenici kulture Slavonije*, Zbornik radova Prvoga znanstvenog sabora Slavonije i Baranje, str. 709–711, Osijek: JAZU.

MAŽURAN, Ive (1986 a) *Virovitica i njezina okolica za osmanske vladavine (1552.–1684.)*, Virovitički zbornik 1234.–1984., str. 127–138, Virovitica: JAZU i Skupština općine.

MAŽURAN, Ive (1986 b) *Virovitica pod upravom vojske, dvorske komore i vlastelina (1684.–1736.)*, Virovitički zbornik 1234.–1984., str. 141–155, Virovitica: JAZU i Skupština općine.

MAŽURAN, Ive (1991 a) *Rat za oslobođenje Slavonije ispod osmanske vladavine od 1684. do 1691. godine*, Zbornik radova Petog znanstvenog sabora Slavonije i Baranje, str. 101–128, Osijek: JAZU – Zavod za znanstveni rad.

MAŽURAN, Ive (1991 b) *Turske provale i osvajanja u Slavoniji od kraja 14. do sredine 16. stoljeća*, Zbornik radova Petog znanstvenog sabora Slavonije i Baranje, str. 17–64, Osijek: JAZU – Zavod za znanstveni rad.

MAŽURAN, Ive (1993) *Stanovništvo i vlastelinstva u Slavoniji 1736. godine*, Osijek: HAZU – Zavod za znanstveni rad.

MEDAR, I. (1966) *Barokni dvorac-muzej*, „Vjesnik" (Zagreb), 17.7.1966.

MESINGER, Bogdan (1992) *Ilok kao znak, simbol i mit*, Ilok hrvatskoj kulturi – okrugli stol, Zbornik Muzeja grada Iloka, br. 1, str. 13–37, Zagreb: Muzej grada Iloka i Ogranak Matice hrvatske Ilok.

MIČKA, Karmelija (1984) *Zelene površine u Našicama*, diplomski rad, Zagreb: Šumarski fakultet.

MIHALJEVIĆ, Ante (1994) *Pregled povijesti župe*, Nuštar – mala povjesnica mjesta, str. 43–49, Vinkovci: Privlačica.

MIKULIĆ, Zvjezdica; DENICH, Amalija; ŠTAHAN, Željko (1979) *Evidencija, stanje i smjernice za rezervate i spomenike prirode na području općine Slavonska Požega*, Zagreb: Republički zavod za zaštitu spomenika prirode.

MILANOVIĆ-PAULIĆ, Katarina (1986) *Podgorač u Slavoniji – sjećanja i zapisi*, Našice: Zavičajni muzej.

MILETIĆ, Drago (1988/89) *Neki problemi izvođenja konzervatorsko-restauratorskih radova prigodom obnove Staroga grada u Đurđevcu*, „Godišnjak zaštite spomenika kulture Hrvatske" (Zagreb), br. 14–15, str. 60–83.

MILIĆ, Bruno (1995) *Razvoj grada kroz stoljeća II – srednji vijek*, Zagreb: Školska knjiga.

MILINKOVIĆ, Danijela (1992) *Dvorac Pejačevića u Retfali*, seminarski rad iz kolegija „Vrtna umjetnost", Zagreb: Arhitektonski fakultet.

MLADINOV, Dubravka; HABUNEK-MORAVAC, Štefica (1964) *Tri baranjska dvorca* „Vijesti muzealaca i konzervatora Hrvatske" (Zagreb), god. 13, br. 5, str. 150–153.

MOAČANIN, Nenad (1991) *Slavonija pod turskom vlašću*, Zbornik radova Petoga znanstvenog sabora Slavonije i Baranje, str. 67, Osijek: JAZU – Zavod za znanstveni rad.

MODRIĆ, Nikola (1943) *Dr. Ivo pl. Mallin – povodom 35.-godišnjice njegove smrti*, „Zagreb" (Zagreb), god. 11, br. 4–6, str. 132–139.

MODRUŠAN, Martin (1972) *Nekoliko ženskih likova iz obitelji Drašković*, „Kaj" (Zagreb), god. 5, br. 11, str. 60–69.

MOHOROVIČIĆ, Andre (1975) *Razvoj arhitekture na području Slavonije u razdoblju od 16. do 19. stoljeća*, u: RADAUŠ, Vanja (1975) *Spomenici Slavonije iz razdoblja 16. do 19. stoljeća*, Zagreb: JAZU– Razred za likovne umjetnosti.

MOHOROVIČIĆ, Andre (1979) *Opći uvjeti razvoja kulturnog i umjetničkog života Hrvatske u toku 19. stoljeća*, „Bulletin JAZU" (Zagreb), br. 2 (48), str. 7–12.

MOHOROVIČIĆ, Andre (1986) *Kulturno-povijesno značenje Virovitice*, Virovitički zbornik 1234.–1984., str. 33–40, Virotica: JAZU i Skupština općine.

MOHOROVIČIĆ, Andre (1991) *Razvoj gradova i naselja na tlu Slavonije u postturско doba*, Zbornik radova Petoga znanstvenog sabora Slavonije i Baranje, str. 233–237, Osijek: JAZU – Zavod za znanstveni rad.

MOHOROVIČIĆ, Andre (1992) *Graditeljstvo u Hrvatskoj*, Zagreb: Školska knjiga.

MOSLAVAC, Slavica (1992) *Iz prošlosti Kutine*, „Muzejski vjesnik" (Kutina), god. 15, br. 15, str. 90–91.

MULJEVIĆ, Vladimir (1993) *Mladi izumitelj Marcel pl. Kiepach*, Zbornik IV. međunarodnog simpozija o novim tehnologijama (25.–27.10.1993.), str. 202–205, Pula.

NAJMAN, Stjepan (1987) *Naši zaslužni građani*, Odjeci prošlosti, sv. 3, str. 10–21, Valpovo: Društvo prijatelja starina.

NOVAKOVIĆ, Stanko (1986) *Državno dobro „Belje" od 1918. do 1941. godine*, Tri stoljeća Belja (zbornik radova), str. 243–251, Osijek: Zavod za znanstveni rad JAZU.

NOVOSEL, O. (1979) *Nesuđeni križevački Tesla*, „Vjesnik" (Zagreb), 28.1.1979., str. 9.

OBAD ŠĆITAROCI, Mladen; JUKIĆ, Tihomir; DENICH, Amalija (1989) *Studija obnove perivoja u Valpovu*, elaborat, Zagreb: Arhitektonski fakultet i Republički zavod za zaštitu prirode u Zagrebu.

OBAD ŠĆITAROCI, Mladen (1990) *Perivoj dvorca u Valpovu*, „Godišnjak zaštite spomenika kulture Hrvatske" (Zagreb), br. 16, str. 76–87.

OBAD ŠĆITAROCI, Mladen (1992) *Hrvatska parkovna baština – zaštita i obnova*, Zagreb: Školska knjiga.

OBAD ŠĆITAROCI, Mladen (1993) *Dvorci i perivoji Hrvatskoga zagorja* (3. izd.), Zagreb: Školska knjiga.

OBAD ŠĆITAROCI, Mladen; BOJANIĆ OBAD ŠĆITAROCI, Bojana (1996 a) *Gradski park u Virovitici*, „Prostor" (Zagreb), vol. 4, br. 2 (12), str. 157–174.

OBAD ŠĆITAROCI, Mladen; BOJANIĆ OBAD ŠĆITAROCI, Bojana (1996 b) *Gradski park u Virovitici – studija zaštite i obnove*, elaborat, Virovitica: VTC projekt.

PAJAS, Ferdo (1917) *Lazar barun Hellenbach*.

PANDŽIĆ, Miljenko (1972) *Jedan pogled na odnose vlastelina i kmetova kroz sačuvanu arhivsku građu*, „Kaj" (Zagreb), god. 5, br. 11, str. 70–77.

PANDŽIĆ, Miljenko (1986) *Pregled arhivske građe za povijest Virovitice i Virovitičke županije od 13. do 19. stoljeća*, Virovitički zbornik 1234.–1984., str. 673–676, Virovitica: JAZU i Skupština općine.

PAPIĆ, Tone (1993) *Dvorac u Suhopolju*, Osijek: Povijesni arhiv i Općina Suhopolje.

PASARIĆ, Dragutin (1992 a) *Moslavački spomenleksikon,* Zbornik Moslavine, knj. 2, str. 157–164, Kutina: Muzej Moslavine.

PASARIĆ, Dragutin (1992 b) *Tri zapisa uz jubilej Kutine,* „Muzejski vjesnik" (Kutina), god. 15, br. 15.

PAVIČIĆ, Stjepan (1940) *Vukovska župa u razvitku svoga naselja od 13. do 18. stoljeća,* knj. 1, Zagreb: JAZU.

PAVIČIĆ, Stjepan (1942) *Cernik,* sv. 3, str. 680–681; *Čepin,* sv. 4, str. 225; Hrvatska enciklopedija, Zagreb: Naklada Hrvatskoga izdavačkoga bibliografskog zavoda.

PAVIČIĆ, Stjepan (1945) *Đurđevac,* Hrvatska enciklopedija, sv. 5, str. 531–532, Zagreb: Naklada Hrvatskoga izdavačkoga bibliografskog zavoda.

PAVIČIĆ, Stjepan (1968) *Moslavina i okolina,* Zbornik Moslavine, knj. 1, str. 9–165, Kutina: Muzej Moslavine.

PAVIČIĆ, Stjepan (1970) *Slavonija u svojem naselnom razvitku od trinaestog stoljeća do danas,* Zbornik radova Prvoga znanstvenog sabora Slavonije i Baranje, str. 191–236, Osijek: JAZU.

PAVLIČEVIĆ, Dragutin (1961) *Na vratima Požeške kotline,* Slavonska Požega: Matica hrvatska.

PAVLIČEVIĆ, Dragutin (1977) *Pregled povijesti Požeške kotline u drugoj polovici 19. stoljeća (1849.–1903.),* Požega 1227.–1977., str. 223–233, Slavonska Požega: Skupština općine.

PAVLIČEVIĆ, Dragutin (1986) *Prilog poznavanju agrarnih odnosa u virovitičkom kotaru potkraj 19. i početkom 20. stoljeća,* Virovitički zbornik 1234.–1984., str. 185–193, Virovitica: JAZU i Skupština općine.

PAVLIČEVIĆ, Dragutin (1995) *Seljački nemiri u vrbovečkom kraju 1867. i 1883. godine,* Vrbovec u prošlosti i sadašnjosti – radovi sa znanstvenog skupa posvećenog 750. obljetnici prvog pisanog spomena o Vrbovcu, str. 26–43, Vrbovec: Matica hrvatska.

PAVLIČEVIĆ, Dragutin (1996) *Županije u Hrvatskoj i Slavoniji u prijelaznom razdoblju od 1848. do 1881.,* Hrvatske županije kroz stoljeća, str. 71–97, Zagreb: Školska knjiga.

PEIĆ, Matko (1970) *Turci i kultura u Slavoniji,* Zbornik radova Petoga znanstvenog sabora Slavonije i Baranje, str. 229–231, Osijek: JAZU – Zavod za znanstveni rad.

PEIĆ, Matko (1980) *Umjetnost u Slavoniji i Baranji,* Slavonija '80., Osijek: Tisak Litokarton.

PEIĆ, Matko (1991) *Turci i kultura u Slavoniji,* Zbornik radova Petoga znanstvenog sabora Slavonije i Baranje, str. 229–231, Osijek: JAZU – Zavod za znanstveni rad.

PERKOVIĆ, Vladimir (1996) *Stari i novi dvorac u Donjem Miholjcu,* „Građevinar" (Zagreb), god. 48, br. 5, str. 345–347.

PETKOVIĆ, Antun (1977) *Kutjevo,* str. 201; *Trenkovo-Mitrovica,* str. 326; Požeški leksikon, Slavonska Požega.

PFEIFFER, Julije (1937) *Kako je porodica Pejacsevich došla u Slavoniju,* „Hrvatski list", god. 18, br. 354.

PILAR, Đuro (1875) *Podravina, đakovština i Diljgora,* Rad JAZU, knj. 33, str. 38–57, Zagreb.

PINTEROVIĆ, Danica (1954) *Povijest Našica,* Osječki zbornik, sv. 4, Osijek: Muzej Slavonije.

PINTEROVIĆ, Danica (1959) *Bizovac,* str. 399; *Čepin,* str. 721; Enciklopedija likovnih umjetnosti, sv. 1, Zagreb: Izdanje i naklada Leksikografskoga zavoda.

PINTEROVIĆ, Danica (1962) *Darda,* str. 10; *Donji Miholjac,* str. 79; *Erdut,* str. 221; Enciklopedija likovnih umjetnosti, sv. 2, Zagreb: Izdanje i naklada Leksikografskoga zavoda.

PINTEROVIĆ, Danica (1967) *O starom paviljonu u Parku kulture,* Osijek.

PINTEROVIĆ, Danica (1970) *Slavonija kao dio rimske Panonije,* Zbornik radova Prvoga znanstvenog sabora Slavonije i Baranje, str. 79–100, Osijek: JAZU.

PIŠKORIĆ, Oskar (1987) *Arpad Károlyi,* „Šumarski list" (Zagreb), br. 3–4, str. 162–165.

PLEVNIK, Božo (1975 a) *Osječki „Schönbrunn",* „Glas Slavonije" (Osijek), 10.10.1975., str. 4.

PLEVNIK, Božo (1975 b) *Retfala,* „Glas Slavonije" (Osijek), 3.10.1975., str. 4.

PÓCS, T.; KÁROLYI, Á. (1961) *The Occurrence of Helicigona (Campylea) illyrica Stabile in Hungary (Mollusca, Gastropoda),* Annales Historico-Naturales Musei Nationalis Hungarici, Pars Zoologica, vol. 53, str. 531–532.

POTREBICA, Filip (1977) *Požeška županija i grad Požega 1848.–1849.,* Požega 1227.–1977., str. 208–222, Slavonska Požega: Skupština općine.

POTREBICA, Filip (1986) *Virovitica u doba revolucije 1848.–1849.,* Virovitički zbornik 1234.–1984., str. 195–202, Virovitica: JAZU i Skupština općine.

POTREBICA, Filip (1996) *Županije u Hrvatskoj i Slavoniji u 18. i prvoj polovici 19. stoljeća,* Hrvatske županije kroz stoljeća, str. 49–70, Zagreb: Školska knjiga.

PRELOG, Milan (1984) *Umjetnost na tlu Jugoslavije – Romanika,* Beograd: Prosveta, Zagreb: Spektar.

PUNCER, Milko (1992) *Dvorac u Cerniku,* elaborat, Osijek: Urbos.

RADAUŠ, Vanja (1975) *Spomenici Slavonije iz razdoblja 16. do 19. stoljeća,* Zagreb: JAZU – Razred za likovne umjetnosti.

RAJCZI, Péter (1986) *Pravno ustrojstvo i funkcioniranje dardanskog i beljskog vlastelinstva od nastanka do 1918.,* Tri stoljeća Belja (zbornik radova), str. 169–180, Osijek: Zavod za znanstveni rad JAZU.

RAUŠ, Đuro (1969) *Autohtona i alohtona dendroflora šire okoline Vukovara,* „Šumarski list" (Zagreb), god. 93, br. 5–6, str. 185–209.

RAUŠ, Đuro (1970 a) *Dendroflora parkova i drvoreda Vinkovaca i Nuštra,* Godišnjak Matice hrvatske Vinkovci, Vinkovci.

RAUŠ, Đuro (1970 b) *Prilog poznavanju flore Fruške gore iz okolice Iloka,* „Šumarski list" (Zagreb), god. 94, br. 9–10, str. 285–306.

RAUŠ, Đuro (1973) *Šume Slavonije i Baranje od Matije Antuna Reljkovića do danas,* Radovi Centra za organizaciju naučnoistraživačkog rada JAZU u Vinkovcima, sv. 2, str. 107–159, Zagreb.

RAUŠ, Đuro (1975) *Dekorativno drveće i grmlje u starim parkovima Slavonije i Baranje,* „Hortikultura" (Split), br. 2, str. 42–44.

RAUŠ, Đuro (1977 a) *Parkovi i drvoredi Požeške kotline,* Požega 1227.–1977., str. 432–437, Slavonska Požega: Skupština općine.

RAUŠ, Đuro (1977 b) *Stari parkovi u Slavoniji i Baranji,* Split: Hortikultura.

RAUŠ, Đuro (1980) *Zelenilo bjelovarskog kraja,* Bjelovar: Bjelovarski list i SIZ stambeno-komunalne djelatnosti.

RAUŠ, Đuro (1987) *Šumarska fitocenologija,* Zagreb: Liber.

REBRINA, Verica (1996) *I danas su tu Trenkovi panduri – dvorac baruna Trenka u Trenkovu,* „Glas Slavonije" (Osijek), 5.3.1996., str. 12.

REBRINA, Verica (1996) *Oronula ljepotica iz 18. stoljeća (Kuzmički dvorac – vrijedno ali zapušteno zdanje požeške graditeljske baštine),* „Glas Slavonije" (Osijek), 12.4.1996., str. 13.

REBRINA, Verica (1996) *Oronuli dvorac Kušević u Kuzmici kraj Požege,* „Građevinar" (Zagreb), god. 48, br. 6, str. 411–412.

ROZS, András (1986) *Veleposjed i seljačko privređivanje u nekadašnjim općinama beljskog i dardanskog gazdinstva od oslobođenja kmetova do 1914.,* Tri stoljeća Belja (zbornik radova), str. 212–231, Osijek: Zavod za znanstveni rad JAZU.

SABOLIĆ, Dubravka (1986) *Kronologija Virovitice,* Virovitički zbornik 1234.–1984., str. 677–680, Virovitica: JAZU i Skupština općine.

SCHNEIDER, Artur (1923) *O nekim manje poznatim portretima Nikole Zrinskog,* Narodna starina, sv. 2, Zagreb.

SCHNEIDER, Artur (1942) *Neostvaren boravak Beethovenov u Hrvatskoj,* „Sv. Cecilija" (Zagreb), br. 36.

SCHNEIDER, Marijana (1968) *Vedute 19. stoljeća u grafici,* Zagreb: Povijesni muzej Hrvatske.

SCHNEIDER, Marijana (1975) *Slikar Ivan Zasche,* Zagreb.

SCHNEIDER, Marijana (1977) *Gradovi i krajevi na slikama i crtežima od 1800. do 1940.,* Zagreb: Povijesni muzej Hrvatske.

SCHÖNFELD, Ignaz, Ritter von (1825) *Adels Schematismus des Oesterreichischen Kaiserstaates,* Wien: Bey Schaumburg & Comp.

SEDLMAYR, János (1995) *Möller István és nagyapám együttmuködése a Donji Miholjac uradalom építezésein,* Muemlékvédelmi Szemle – az országos műemlékvédelmi hivatal tájékoztatója, sv. 1–2, str. 265–268.

SEKULIĆ, Ante (1992) *Ugarska velikaška obitelj Esterházy u hrvatskoj povijesti,* „Kaj" (Zagreb), god. 25, br. 5–6, str. 43–52.

SEKULIĆ, Ante (1994) *Zagrebački biskup Galjuf/Galliuf,* „Kaj" (Zagreb), god. 27, br. 1, str. 45–53.

SEKULIĆ, Ante (1995 a) *Josip Galjuf*, Zagrebački biskupi i nadbiskupi, str. 419–425, Zagreb: Školska knjiga.

SEKULIĆ, Ante (1995 b) *Mirko Esterházy*, Zagrebački biskupi i nadbiskupi, str. 383–391; Zagreb: Školska knjiga.

SEKULIĆ-GVOZDANOVIĆ, Sena (1986) *Srednjovjekovni burg – jezgra urbanizma kasnije Virovitice*, Virovitički zbornik 1234.–1984., str. 339–344, Virovitica: JAZU i Skupština općine.

SMIČIKLAS, Tadija (1891) *Dvjestogodišnjica oslobođenja Slavonije*, Djelo JAZU, knj. 11, 1–2. dio, Zagreb.

SRŠA, Ivan (1995) *Dvorac Gornja Rijeka*, „Kaj" (Zagreb), god. 28, br. 4–5, str. 71–95.

SRŠAN, Stjepan (1984) *Popis i procjena 35 sela vukovarskog okruga iz 1722. godine*, „Anali Zavoda za znanstveni rad JAZU u Osijeku", god. 3, str. 231–264.

SRŠAN, Stjepan (1985) *Arhivska građa vukovarskog vlastelinstva 1719.–1945.*, „Arhivski vjesnik" (Zagreb), god. 28, str. 143–175.

SRŠAN, Stjepan (1986, 1988) *Pregled gospodarskog i demografskog stanja vukovarskog vlastelinstva (1728.–1736)*, „Acta historico-oeconomica Iugoslaviae" (Zagreb), vol. 13, br. 1, str. 189–228; vol. 15, br. 1, str. 195–223.

SRŠAN, Stjepan (1988) *Popis vukovarskog vlastelinstva, 1728. i 1736. godine*, Godišnjak za kulturu, umjetnost i društvo, br. 2, str. 67–69, Vinkovci.

SRŠAN, Stjepan (1993) *Inventar čepinsko-erdutskog posjeda 1880. godine*, „Acta historico-oeconomica" (Zagreb), vol. 20(1), str. 165–183.

SRŠAN, Stjepan (1995) *Općina Bilje u hrvatskoj Baranji*, Osijek: Općina Bilje i Povijesni arhiv.

SRŠEN, Stjepan (1988) *Petrijevci od antike do drugog svjetskog rata*, Dvjesto godina školstva i prosvjete u Petrijevcima i povijest Petrijevaca, str. 9–45, Petrijevci: Osnovna škola „Republika Petrijevci".

SZABO, Agneza (1997) Barunica Vilhelmina Kulmer u kulturnom i gospodarskom životu Samobora i njegove okolice, „Kaj" (Zagreb), god. 30, br. 1, str. 81–93.

STRUKIĆ, Hrvoje (1997) *Paukovec*, Muzejski vjesnik (Sesvete), god. 19, br. 20, str. 48–53.

SZABO, Gjuro (1910/11) *Prilozi za povijesnu topografiju Požeške županije*, Vjesnik Hrvatskog arheološkog društva, nova serija, sv. 11, Zagreb.

SZABO, Gjuro (1916) *Spomenici prošlosti u Srijemu – Mikanovci, Rokovci, Ledenci, Bapska, Lipovac*, „Savremenik" (Zagreb), god. 11, str. 43–50.

SZABO, Gjuro (1917) *Spomenici prošlosti u Srijemu – Ilok*, „Savremenik" (Zagreb), god. 12, str. 13–29.

SZABO, Gjuro (1920) *Sredovječni gradovi u Hrvatskoj i Slavoniji*, Zagreb: Matica hrvatska.

SZABO, Gjuro (1928) *Spomenici prošlosti za rata i poslije rata*, Narodna starina, knj. 7, sv. 16, str. 67–84, Zagreb.

SZABO, Gjuro (1929) *Spomenici prošlosti Hrvatskog zagorja*, „Hrvatski planinar" (Zagreb), god. 25, br. 9, str. 226–234.

SZABO, Gjuro (1932) *Iz prošlosti Daruvara i okolice*, Narodna starina, sv. 28, str. 79–98, Zagreb.

SZABO, Gjuro (1939) *Kroz Hrvatsko zagorje*, Zagreb.

SZÉCHÉNYI, August (1986) *Das Hunnenreich des „Heiligen Petrus" – Gemeinsames aus der Geschichte der Völker in Mitteleuropa*, Wien.

SZÖCS, J. (1969) *Acrolepia Karolyii sp. N. (Lepidoptera: Acrolepiidae)*, „Acta Zoologica Academiae Scientiarum Hungaricae", vol. 15, br. 1–2, str. 213–218.

ŠABAN, Ladislav (1970) *Da se ne zaboravi – bilješke o glazbi, glazbenicima i ljubiteljima glazbe u zlatarsko-bistričkom kraju*, „Kaj" (Zagreb), god. 3, br. 10, str. 3–12.

ŠAFAR, Vinko (1913) *Album slika hrvatskih gradova*, Zagreb.

ŠALAMON, Krešimir (1980) *Iz povijesti đurđevačkog Staroga grada*, Podravski zbornik 1980., str. 344–356, Koprivnica.

ŠEPER, Mirko; HORVAT, Anđela (1959) *Bosiljevo*, Enciklopedija likovnih umjetnosti, sv. 1, str. 445, Zagreb: Izdanje i naklada Leksikografskoga zavoda.

ŠIMČIK, Ante (1930) *Publikacije – Dr. Velimir Deželić, kardinal Haulik*, Narodna starina, knj. 9, str. 333–337, Zagreb.

ŠIŠIĆ, Ferdinand (1896) *Županija Virovitička u prošlosti*, Osijek.

ŠIŠIĆ, Ferdo (1900) *Franjo barun Trenk i njegovi panduri*, Zagreb.

ŠPOLJAR, Josip (1909) *Povijest Pakraca*, Zagreb.

ŠULC, Branka (1992) *Kulturološki aspekti i muzejska djelatnost*, Zbornik Muzeja grada Iloka, br. 1, str. 39–54, Zagreb.

ŠUSTEK, Ljudevit (1929) *Dubrava – u povijesti i njena okolina*, Zagreb: Tiskara Merkantile.

ŠVAGELJ, Dionizije (1970) *Slavonija i Baranja u hrvatskoj književnosti*, Zbornik radova Prvoga znanstvenog sabora Slavonije i Baranje, str. 713–754, Osijek: JAZU.

ŠVAJCER, Oto (1973/74) *Dileme oko vukovarskih pejzaža*, „Peristil" (Zagreb), br. 16–17, str. 169–177.

TADIJANOVIĆ, Lidija (1996) *Dvorci u okolici Osijeka*, seminarski rad iz kolegija „Vrtna umjetnost", Zagreb: Arhitektonski fakultet.

TAJDER, Miroslav (1970) *Noviji pogledi sastava i geneze eruptiva i metamorfita papučko-psunjskog gorja*, Zbornik radova Prvoga znanstvenog sabora Slavonije i Baranje, str. 107–126, Osijek: JAZU.

TAKŠIĆ, Antun (1970) *Pregled geološke građe*, Zbornik radova Prvoga znanstvenog sabora Slavonije i Baranje, str. 127–153, Osijek: JAZU.

TARTAGLIA-KELEMEN, Vladimir (1960) *O spomenicima Prigorja – izvještaj s puta*, „Vijesti muzealaca i konzervatora Hrvatske" (Zagreb), god. 9, br. 5, str. 148–153.

TAUBE, Friedrich Wilhelm (1777/78) *Historische und geographische Beschreibung des Königreiches Slavonien und des Herzogthumes Syrmien*, Leipzig.

TOMIČIĆ, Ivan (1904) *Grofovska familija Pejačević*, „Prosvjeta", br. 20, str. 642–644.

TOMIČIĆ, Željko (1992) *Nuštar*, Bulletin hrvatsko-američkog društva, br. 5–6 (26.8. i 30.9. 1992.), Zagreb: Hrvatsko-američko društvo – Sekcija za obnovu i očuvanje nepokretnih spomenika kulture.

TOMIČIĆ, Željko (1994) *Vukovo i okolni kraj u starohrvatsko doba*, Vukovar – vjekovni hrvatski grad na Dunavu, str. 92–106, Zagreb: Nakladna kuća „Dr. Feletar" Koprivnica.

TOPČIĆ, Danela (1994) *Vrtno i parkovno naslijeđe Pakraca*, seminarski rad iz kolegija „Vrtna umjetnost", Zagreb: Arhitektonski fakultet.

TRUPEC, Josip (1981) *Vodič po području općine Dugo Selo*, „Kaj" (Zagreb), br. 4, str. 9–60.

TURKOVIĆ, Zdenko (1969) *Sedam stoljeća dobra Kutjevo*, posebno izdanje „Agronomskog glasnika" (Zagreb).

ULČNIK, Ivan (1940) *Novi Dvori – Jelačićevo dobro kraj Zaprešića u prošlosti i sadašnjosti*, „Zagreb„ (Zagreb), god. 8, br. 10–11, str. 321–327

ULČNIK, Ivan (1943) *Franjo Serafin Körbler*, „Zagreb" (Zagreb), god. 11, br. 8–9, str. 248–261.

ULRICH, Antun (1949) *Regulaciona osnova Voćina*, „Arhitektura" (Zagreb), br. 18–22, str. 57.

UZELAC, Zlatko; STEPINAC, Davorin (1988) *Obnova kutjevačkog povijesnog kompleksa* (elaborat), Zagreb.

UZELAC, Zlatko (1988) *Valorizacija prostornog koncepta kutjevačkog kompleksa*, Kutjevo – kompleks nekadašnjeg isusovačkog samostana, Zagreb: Institut za povijest umjetnosti.

UZELAC, Zlatko (1996) *Dvorac Gosseau-Sándor-Khuen u Nuštru*, Nuštar (zbornik), str. 127–153, Zagreb: Hrvatsko-američko društvo.

VALENČIĆ, Božica (1984) *Prilozi za konzervatorsku obradu dvorca Pejačević u Retfali*, „Revija" (Osijek), br. 4.

VALENČIĆ, Božica; PAPIĆ, Toni (1992) *Konzervatorska studija vučinskog vlastelinskog posjeda grofova Janković*, elaborat, Osijek: Regionalni zavod za zaštitu spomenika kulture.

VALENČIĆ, Božica (1992 a) *Dvorac u Suhopolju* (studija obnove dvorca – rukopis).

VALENČIĆ, Božica (1992 b) *Pejačevićev dvorac u Retfali*, „Čovjek i prostor" (Zagreb), posebno izdanje, br. 3, str. 12.

VALVASOR, Johann Weichard (1689, reprint 1877–79) *Die Ehre des Herzogthums Krain*, Laibach–Nürnberg.

VIDAKOVIĆ, Viktor (1976) *Sjećanja na parkove moga grada*, „Iteks" (Ilok), god. 9, br. 83, str. 7–8.

VODOPIĆ, M. (1970) *Hoće li se spriječiti propadanje dvorca u Cabuni?*, „Virovitički list" (Virovitica), god. 17, br. 714–715, str. 3.

VODOPIĆ, M. (1971) *Napokon adaptacija gradskog dvorca*, „Virovitički list" (Virovitica), god. 18, br. 754, str. 6.

VRANJEŠ-ŠOLJAN, Božena (1996) *Županijsko uređenje u posljednjoj fazi postojanja (1881.–1918.)*,

Hrvatske županije kroz stoljeća, str. 99–112, Zagreb: Školska knjiga.

VRHOVAC, Maksimilijan (1987) *Dnevnik (Diarium)*, sv. 1 (1801–1809), Zagreb: Kršćanska sadašnjost, Sveučilišna naklada Liber, Globus.

VRKLJAN, Zvonimir (1995) *Sjećanja*, Zagreb: Sveučilište u Zagrebu.

WINTER, Marija (1980) *Ludbreški grad i njegovi gospodari*, Podravski zbornik, str. 357–369, Koprivnica.

ZEKO, Jasna (1995) *Perivoj dvorca u Nuštru*, seminarski rad iz kolegija „Vrtna umjetnost“, Zagreb: Arhitektonski fakultet.

ZGAGA, Višnja; PETRIĆ, Ksenija; UZELAC, Zlatko (1994) *Idejni prijedlog korištenja dvorca Prandau-Normann u Valpovu*, „Informatica museologica“ (Zagreb), br. 1–4, str. 35–45.

ZMAJIĆ, Bartol (1971) *Heraldika*, Zagreb.

ZMAJIĆ, Bartol (1972) *Postanak i razvitak roda Drašković*, „Kaj“ (Zagreb), god. 5, br. 11, str. 53–59.

ŽINIĆ, Vlasta (1996) *Vlasnici nuštarskog veleposjeda i kompleksa dvorca*, Nuštar (zbornik), str. 85–96, Zagreb: Hrvatsko-američko društvo.

ŽIVKOVIĆ, Zdravko; HORVAT, Manja (1986) *Pustare u Belju*, Tri stoljeća Belja (zbornik radova), str. 421–429, Osijek: Zavod za znanstveni rad JAZU.

ŽMEGAČ, Andrej (1993 a) *Dvorac Gornja Rijeka*, Križevci – grad i okolica, str. 323–326, Zagreb: Institut za povijest umjetnosti.

ŽMEGAČ, Andrej (1993 b) *Vlastelinski grad Mali Kalnik*, Križevci – grad i okolica, str. 327–328, Zagreb: Institut za povijest umjetnosti.

ŽMEGAČ, Andrej (1993 c) *Vlastelinski grad Veliki Kalnik*, Križevci – grad i okolica, str. 343–344, Zagreb: Institut za povijest umjetnosti.

ŽUTINIĆ, Đorđe (1975) *Dioš*, Daruvar (monografija), str. 162–163, Zagreb: „Zagreb“ – izdavačko i propagandno poduzeće.

*** *Barok u Hrvatskoj – od svagdana do blagdana*, (1993), Zagreb: Muzej za umjetnost i obrt.

*** *Burna povijest Novog Zrina* (1944), „Nova Hrvatska“ (Zagreb), br. 140 (18.6.1944.).

*** *Daruvar – mineralno i blatno kupalište (Slavonija)*, Budimpešta: Tiskara Dioničkoga društva Athenaeuma.

*** *Daruvar* (1975), urednici: M. Kuzle, Đ. Žutinić; Zagreb: „Zagreb“ – izdavačko i propagandno poduzeće.

*** *Die Steiermark – Brücke und Bollwerk* (1986), Katalog der Landesausstellung, str. 346–347, Schloß Herberstein bei Stubenberg (3.5.-26.10.1986.).

*** *Dokumenti* (1978), Osijek: Regionalni zavod za zaštitu spomenika kulture.

*** *Dvjesto godina školstva u Čepinu 1787.-1987.* (1978), Čepin.

*** *Dvjesto godina školstva i prosvjete u Petrijevcima i povijest Petrijevaca* (1988), Petrijevci: Osnovna škola „Republika Petrijevci“.

*** *Enciklopedija hrvatske povijesti i kulture* (1980), Zagreb: Školska knjiga.

*** *Enciklopedija Leksikografskog zavoda* (1969), natuknica: *Prob Marko Aurelije*, Zagreb: Jugoslavenski leksikografski zavod.

*** *Genealogisches Reichs und Staats Handbuch* (1804), 1, Frankfurt/Main: Barrentrapp und Benner.

*** *Gradski dvorac u Virovitici* (1939), „Hrvatski tjednik“, god. 1, br. 38, str. 3.

*** *Hrvatski biografski leksikon* (1983), sv. 1, Zagreb: Jugoslavenski leksikografski zavod.

*** *Hrvatski knezovi Zrinski i Frankopani* (1971), „Arhitektura“ (Zagreb), god. 25, br. 109–110, str. 98.

*** *Kaptol 1221.–1991.* (1991), Kaptol: Mjesna zajednica.

*** *Križevci – grad i okolica* (1993), str. 281–391, Zagreb: Institut za povijest umjetnosti.

*** *Kupalište Daruvar* (1929), Zagreb: Tipografija.

*** *Likovna enciklopedija Jugoslavije* (1984), sv. 1 i 2, Zagreb: Jugoslavenski leksikografski zavod „Miroslav Krleža„.

*** *Magyar életrajzi lexikon II*, (1969), Budapest, str. 248, 571.

*** *Matica velikaša kraljevina Hrvatske, Slavonije i Dalmacije* (1905), Zagreb (Hrvatski državni arhiv).

*** *Naše bazensko kupalište* (1941), „Hrvatski tjednik“, god. 3, br. 28, str. 3.

*** *Našice na razglednicama* (1989), Našice: Zavičajni muzej, Povijesno društvo Našice, Turističko društvo „Straviana“.

*** *Nuštar*, Zbornik (1996), Zagreb: Hrvatsko-američko društvo.

*** *Obzor* (1891), br. 182, str. 86.

*** *Odjeci prošlosti* (1987), sv. 3, str. 15, Valpovo: Društvo prijatelja starina.

*** *Od svagdana do blagdana – Barok u Hrvatskoj* (1993), katalog izložbe, Zagreb: Muzej za umjetnost i obrt.

*** *Općina Našice – zaštita prirode* (1983), elaborat, Zagreb: Republički zavod za zaštitu prirode.

*** *Poljepšavanje trgovišta Pleternica – građenje lijepoga parka* (1931), „Hrvatski list„ (Osijek), br. 284 (16.10.1931.), str. 5.

*** *Portreti plemstva u 19. stoljeću – izbor iz zbirke Hrvatskog povijesnog muzeja iz Zagreba i zbirka obitelji Hellenbach iz Marije Bistrice* (1995), katalog izložbe, Muzeji Hrvatskoga zagorja i Muzej seljačkih buna Gornja Stubica.

*** *Potreba izgradnje bazenskog kupališta u Virovitici* (1941), „Hrvatski tjednik“, god. 3, br. 27, str. 3.

*** *Pozdrav iz Osijeka – razglednice Osijeka do 1945.* (1995), Osijek: Povijesni arhiv.

*** *Projekt Nuštar* (1991/92), Zagreb: Hrvatsko-američko društvo – Sekcija za obnovu i očuvanje nepokretnih spomenika kulture.

*** *Semigothaisches Genealogisches Taschenbuch aristokratisch-jüdischer Heiraten* (1914), München: Kyffhäuser-Verlag.

*** *Status familiae Patachich* (1740), Nacionalna i sveučilišna knjižnica – Zbirka rijetkih knjiga.

*** *Šumarska enciklopedija* (1980, 1983, 1987), sv. 1, 2, 3; Zagreb: Jugoslavenski leksikografski zavod „Miroslav Krleža“.

*** *Virovitički list* (1970), god. 17, br. 714–715, str. 3.

*** *Virovitičko vlastelinstvo* (1940), „Hrvatski tjednik“, god. 2, br. 23, str. 2-3.

*** *Vodič stalnog postava Galerije likovnih umjetnosti u Osijeku* (1978), Osijek: Galerija likovnih mjetnosti.

*** *Vukovarska komuna 1945.–1975.* (1975), Vukovar: Općinska konferencija SSRN Vukovar, gl. urednik: Brana Majski.

*** *Znameniti i zasluži Hrvati 925.–1925.* (1925), Zagreb.

*** *Znamenja vlasti i časti u Hrvatskoj u 19. stoljeću* (1993), katalog izložbe, Zagreb: Hrvatski povijesni muzej.

ORTSREGISTER

Personenregister

Anmerkung über die Schreibweise von Personennamen

Bei den kroatischen Familiennamen wurde auch die ältere – d. h. die bis zur zweiten Hälfte des 19. Jhs. in Kroatien gebräuchliche – Schreibweise (z. B. Jellachich gegenüber Jelačić) berücksichtigt. Der gelegentlichen Konkurrenz zwischen deutschen, kroatischen und magyarischen Formen wurde ebenfalls durch Beisetzungen Rechnung getragen. Soweit nicht besondere Umstände dagegen sprachen, wurde bei den Vornamen den im deutschen Sprachraum gebräuchlichen Namen und der deutschen Schreibweise der Vorzug gegeben.

Die meisten Vornamen weisen im Deutschen und im Kroatischen nur geringfügige Abweichungen auf (etwa: Agnes/Agneza; Anton/Antun; Elisabeth/Elizabeta; Theresia/Terezija). Bei einer Reihe von Vornamen, besonders wenn man das Ungarische einbezieht, sind indessen erhebliche Unterschiede festzustellen. Die häufigsten sind: Aleksandar/Sándor = Alexander; Andrija/Endre = Andreas; Antun/Antal = Anton; Djordje, Juraj/György, Gyuro = Georg; Dragutin/Károly = Karl; Elizabeta/Erzsébet = Elisabeth; Grgur = Gregor; Ivan/János = Johann; Jelena/Ilona = Helene; Josipa = Josephine; Julije/Gyula = Julius; Krsto = Christoph; Ladislav (Vladislav)/László = Ladislaus; Lipot = Leopold; Ljudevit/Lajos = Ludwig; Lovro/Lörinc = Laurentius; Matija/Mátyás = Matthias; Maksimilijan/Miksa = Maximilian; Mihajlo, Mihovil/Mihály = Michael; Milan/Elemir = Emil; Mirko, Emerik/Imre = Emmerich; Miroslav = Friedrich; Nikola/Miklós = Nikolaus; Pavo, Pavel/Pál = Paul; Roko = Rochus; Srećko = Felix; Stjepan/István = Stephan; Vid = Veit; Vilim/Vilmos = Wilhelm; Vinko/Vince = Vinzenz; Vlaho, Blaž/Balázs = Blasius; Vuk/Farkas = Wolfgang.

Bildnachweis

Photographien

MLADEN OBAD ŠĆITAROCI
1–7, 9–18, 22, 24, 26–30, 37–39, 42, 45–47, 52–59, 61–63, 84, 87–92, 95, 99, 103–107, 109–111, 114–117, 119, 127, 146, 147, 160–162, 170–174, 176, 178–182, 192–194, 198–201, 208, 213–215, 233–236, 241, 242, 252–262, 273–275, 277–282, 285, 286, 290, 291, 293, 298–302, 305, 306, 308, 309, 336, 337, 339–342, 344–349, 368–373, 378–383, 387, 388, 390–392, 394, 395, 403–405, 406a, 406b, 416, 417, 430, 431, 441–443, 465–468, 471–475, 480–483, 486, 522–529, 537–539, 543–546, 555–560, 568, 571–573, 583–585, 595, 596, 608, 610, 631, 632, 639–642, 667–670, 672, 673, 688, 700, 706, 710, 711, 721–728, 739, 743–745, 780.

LADISLAV PADJEN
34, 35, 51, 60, 210–212, 217, 225–229, 677, 684–687, 690, 692, 697–699, 701.

ZLATKO KARAČ
69, 72, 73, 75, 318, 319, 352, 355, 356, 756, 757, 761, 762
Kopien: 759, 760.

MARKO ČOLIĆ
32, 33, 202–207
Kopien: 67, 85, 96, 100, 148, 175, 189, 190, 195, 197, 231, 276, 289, 295, 304, 375, 384, 396, 426, 499, 500, 547, 576, 578, 586, 597, 609, 617, 654, 671, 702, 703, 707, 715, 740, 781.

FOTO CROCE, GRAZ
510, 530–534, 635–638.

ANDREJ JAKOMIN
535, 646, 648–650, 741.

MILAN BABIĆ
317, 708.

PREDRAG IVANKOVIĆ – PJER
569, 570.

LIDIJA TADIJANOVIĆ
574, 575.

STUDIO HRG, ZAGREB
579, 582.

HEDVIGA CRHA
Kopien: 93, 94, 98, 101, 102, 120, 121, 123–125, 130, 133–139, 141–143, 163, 166, 209, 216, 230, 240, 243, 245–247, 324, 327, 329–331, 335, 357–367, 376, 377, 398–401, 409–414, 420–425, 469, 476, 489, 492, 493, 497, 498, 501–503, 506–508, 598, 601–607, 626–629, 655–661, 665, 681, 709, 714, 716, 746, 747, 782.

Zeichnungen

BOJANA BOJANIĆ OBAD ŠĆITAROCI
36, 40, 41, 43, 44, 48, 49, 64, 65b, 70, 71, 86, 108, 118, 126, 128, 129, 140, 149, 156, 157, 168, 169, 218–220, 232, 238, 239, 268, 287, 288, 294, 307, 323, 325, 326, 328, 333, 334, 343, 350, 353, 354, 374, 385, 386, 389, 407, 408, 418, 428, 440, 449, 451, 454, 464, 470, 484, 485, 487, 488, 490, 491, 536, 577, 592, 593, 619, 623, 624, 630, 643–645, 647, 689, 691, 704, 705, 715, 719, 720, 765–767.

Abbildungen

Institutionen

GALERIE DER BILDENDEN KÜNSTE OSIJEK
432, 477, 504, 505, 562, 680, 731–733, 758, 771, 772, 775–778.

GENERALLANDESARCHIV KARLSRUHE
131 (Hfk Bd. VI/45), 676 (Hfk XIV/48).

STADTBIBLIOTHEK ORAHOVICA
469.

STADTMUSEUM KRIŽEVCI
283.

STADTMUSEUM VARAŽDIN
674.

STADTMUSEUM VIROVITICA
729, 730.

STADTMUSEUM VUKOVAR
768.

STADT ZAGREB, PALAIS DVERCE
579, 582.

KROATISCHES STAATSARCHIV, ZAGREB

Sammlung der „Brüder des kroatischen Drachen“ (Braća hrvatskoga zmaja): 271, 479.
Graphiksammlung (Städte und Ortschaften): 272, 393, 478, 712, 713.
Matica Velikaša (Verzeichnis des Hochadels; Zeichnungen: Gustav Hermann): 31, 113, 132, 244, 332, 444, 511, 548, 682, 753.
Familiensammlungen: Pejácsevich – 165, 402, 433, 434, 436, 554, 561, 564, 565, 679; Erdödy – 512, 513; Khuen-Hédérvary Belasi – 445, 462; Vranyczany-Dobrinović – 438.
Wappensammlung: 19, 20, 23.
Sammlung von Plänen: 520, 521.
Sammlung von Ansichtskarten: 542.
Sammlung alter Katasterkarten: 67, 85, 96, 100, 148, 175, 195, 197, 231, 276, 289, 295, 304, 375, 384, 396, 426, 494, 499, 500, 547, 576, 578, 586, 597, 609, 617, 654, 671, 702, 703, 707, 715, 740.

HISTORISCHES MUSEUM KROATIENS, ZAGREB

80, 97, 237, 267, 284, 292, 312, 314, 315, 322, 540, 541, 612, 621, 666, 748–752, 754.

LEGÚJABBKORI TÖRTÉNETI MÚZEUM, BUDAPEST (Museum für Zeitgeschichte)
74, 76, 81, 112, 122, 151, 155, 158, 164, 167, 718.

GALERIE DER MODERNE, ZAGREB (Moderna galerija)
177.

MOSLAVINA-MUSEUM, KUTINA
374.

SLAWONISCHES MUSEUM, OSIJEK
149d, 759, 760.

NATIONAL- UND UNIVERSITÄTSBIBLIOTHEK, ZAGREB

Graphiksammlung: 93, 94, 102, 130, 166, 209, 230, 313, 316, 320, 331, 376, 427, 709, 716.

ORSZÁGOS MÜEMLÉKVÉDELMI HIVATAL, BUDAPEST (Ungarisches Museum für Architektur)
186, 221–224.

ORSZÁGOS SZÉCHENYI KÖNYVTÁR, BUDAPEST (Nationalbibliothek)
78, 79, 150.

ÖSTERREICHISCHES STAATSARCHIV – KRIEGSARCHIV, WIEN
249–251.

HISTORISCHES ARCHIV IN ZAGREB
675.

SLOVENSKÝ NÁRODNÝ ARCHÍV, BRATISLAVA
514–519.

KULTURMINISTERIUM DER REPUBLIK KROATIEN, AMT FÜR DEN SCHUTZ DES KULTURERBES, ZAGREB
65b, 66, 68, 70, 71, 153, 154, 156, 157, 159, 168, 169, 196, 238, 239, 270, 294, 296, 297, 303, 311, 321, 333, 334, 350, 353, 354, 407, 408, 448, 459, 577, 599, 600, 611, 616, 618, 620, 622–625, 633, 634, 689, 691, 695, 696, 717, 719, 720, 735, 736, 765, 766, 769, 770.

KULTURMINISTERIUM DER REPUBLIK KROATIEN, AMT FÜR DEN SCHUTZ DES KULTURERBES – KONSERVATORISCHE ABTEILUNG IN OSIJEK

86, 149, 218–220, 266.

KATASTRALAMT, SLATINA

734.

HEIMATMUSEUM NAŠICE

419.

Einzelpersonen

NIKOLAUS Baron ADAMOVICH
65a, 144, 145, 149b, 149c, 263, 265, 269, 400, 411, 414, 420, 421, 429, 437, 439, 651–653, 662, 663, 665.

STJEPAN BAHERT
338.

ADRIANE v. BARTOLOVIĆ
566, 655–661.

NIVES BRAJKOVIĆ
501–503, 681.

LÁSZLÓ CHÁZÁR
152.

JULIJAN DOMANOVAC
418.

STANKA v. DOMIN.
32, 33, 189, 190.

TATJANA DVORSKI geb. KIŠ
476, 613–615.

JAKOB Graf ELTZ
779.

LÁSZLÓ Graf ERDÖDY
510, 530–534, 635–638.

TEUFIK GALIJAŠEVIĆ
643, 644, 647.

GISELA Baronin HELLENBACH
598, 601–607, 781, 782.

ÍSTVÁN Graf JANKOVIĆ
120, 121.

OLGA JENDRIŠ
207.

ZLATKO KARAČ
264, 768, 773, 774.

MATTHIAS Graf KHUEN-BELASI
446, 447, 450, 452, 453, 455–458, 460, 461, 463.

MARTHA v. KIEPACH
357–362, 364–367.

FERDINAND Graf KULMER
133–136, 138, 139, 141–143, 626–629.

MARIA LITTEL geb. Gräfin DRASKOVICH
240, 243, 245–247.

DRAGO MAJER
398, 399, 401, 409, 410, 412, 413, 422–425.

FRITZ Baron PEREIRA-ARNSTEIN
82, 83, 415, 435, 683, 693, 694.

JULIANE PETROVIĆ geb. v. BERKS
506–508.

FRANZISKA Baronin RUKAVINA geb. CLARY
563.

SILVIJA SALAJIĆ (Marija Verfi, Štefica Plevnik)
587, 588, 591.

DARKO VARGA
77

JANKO Baron VRANYCZANY-DOBRINOVIĆ
549–553.

Abbildungen aus der Literatur

ATLAGIĆ, M. (1982): 21.
BANAC, I. (1991): 25.
BARLÉ, J. (1933): 492.
BUTURAC, J. (1984): 742.
CVITANOVIĆ, Dj. (1975): 490, 491.
DANHELOWSKI, A. (1885): 216, 678.
DUIŠIN, A.V. (1938/39) 664.
FOERK, E.; SÁNDY, G.: 183–185, 187, 188.
HORVAT, A. (1981): 101.
HORVAT, R. (1936): 497.
KEMPF, J. (1914): 580.
KRAMBERGER, E. (1880 b): 714.
KULMER, A. (1932): 137.
LONČAREVIĆ, J. (1981): 377.
MODRIĆ, N. (1943): 98.
PAPIĆ, T. (1993): 592–594.
PAVLIČEVIĆ, D. (1961): 498.
PRELOG, M. (1984): 8.
PUNCER, M. (1992): 126, 128, 129.
RADAUŠ, V. (1975): 764.
SCHNEIDER, A. (1942): 489, 493, 495, 496.
SZABO, G. (1928): 581, 737, 738.
TOPČIĆ, D. (1994): 485, 488.
UZELAC, Z.; STEPINAC, D. (1988): 385, 386.
Barok u Hrvatskoj – od svagdana do blagdana (1993): 329, 330.
Križevci – grad i okolica (1993): 286, 287, 310, 704, 705.
Likovna enciklopedija Jugoslavije (1984): 50.
Narodna starina (1932), sv. 28: 163.
Nuštar (1996): 451, 454.
Status familiae Patachich (1740): 746, 747.
Vukovarska komuna 1945–1975 (1975): 764.
Vukovar – vjekovni hrvatski grad na Dunavu (1994): 755.
Zbornik Muzeja grada Iloka (1992): 324, 327, 335.

Die Autoren

MLADEN OBAD ŠĆITAROCI, geboren am 1. Januar 1955, ist Diplomingenieur der Architektur und Doktor der Technischen Wissenschaften mit den Spezialfächern Architektur und Städtebau. Er ist an der Fakultät für Architektur der Universität Zagreb als Professor tätig und lehrt Geschichte des Städtebaus bis zum 20. Jahrhundert, Gartenkunst (Geschichte und Theorie der Gartenkunst) sowie Städteplanung. Er hält auch Lehrveranstaltungen für Postdiplom-Studierende zu folgenden Fachbereichen ab: Raumgestaltung, Städtebau und Parkarchitektur (an der Fakultät für Architektur); weiters Gestaltung von Parkanlagen und Naturerholungsgebieten (an der Fakultät für Forstwirtschaft). Als Gastprofessor wirkte er an Universitäten in Spanien (Madrid und Teneriffa) sowie in Italien, wo er auch an Symposien teilnahm (Florenz, Rom, Vicenza). Mladen Obad Šćitaroci ist Autor eines Lehrbuches für Hochschulen („Die Parks Kroatiens – Schutz und Erneuerung dieses Kulturerbes“; 1992) sowie der Fachbücher „Parks und Schlösser Kroatisch-Zagoriens“ (1989; drei Auflagen) und „Schlösser und Gärten des Kroatischen Zagorje“ (1991), welches in englischer und deutscher Übersetzung in zwei bzw. drei Auflagen erschienen ist. Von seinen ca. fünfzig Aufsätzen wurden zehn im Ausland publiziert. Als Autor oder Koautor verfaßte er zehn Studien über Parkarchitektur, dreißig Raum- bzw. urbane Planungen und führte etwa fünfzig Projekte auf dem Gebiet der Garten- und Landschaftsarchitektur durch. Er ist weiters Leiter kroatischer und ausländischer Forschungsprojekte (u. a. über Stadtparkanlagen der ehemaligen k. u. k. Monarchie), überwiegend auf dem Gebiet der Geschichte der Parkarchitektur. Durch seine Tätigkeit leistete er einen wesentlichen Beitrag zu einer entsprechenden Einschätzung der Garten- und Parkarchitektur als kulturelles Erbe.

BOJANA BOJANIĆ ŠĆITAROCI, geboren am 6. Januar 1956, ist Diplomingenieur der Architektur und Doktor der Wissenschaften der Fächer Architektur und Städtebau. Nach Abschluß des humanistischen Gymnasiums in Zagreb inskribierte sie 1974 an der Fakultät für Architektur der Universität Zagreb und erhielt 1980 das Diplom. 1982 war sie in Montreal (Kanada) fachlich tätig. Aufgrund ihrer Diplomarbeit („Das Erbe in der Architektur“) und nach Beendigung der Postdiplom-Studien erwarb sie 1986 den akademischen Grad einer Magistra. Anschließend verfaßte sie ihre Doktorarbeit zum Thema „Forschung über die Kontinuität in der Baukunst im Zentrum der Insel Hvar“ (1990). Sie ist Autorin des Buches „Die Tradition der Baukunst auf der Insel Hvar – Besiedlung und Architektur des mittleren Teils der Insel“ (1997). Seit 1991 ist sie in der wissenschaftlichen Forschung selbständig tätig. Sie ist Koautorin von etwa zwanzig Aufsätzen, zehn Studien über Parkarchitektur, zehn urbanen Planungen und Studien sowie von zwanzig Projekten über Garten- und Landschaftsarchitektur. Im Rahmen ihrer Teilnahme an in- und ausländischen Forschungen war sie in Italien als Gastvortragende für Postdiplom-Studierende tätig. Sie nahm an einschlägigen Symposien in Venedig, Wien, Neapel, Shanghai, Palmanova, Poreč, Stari Grad, Zagreb und auf der Insel Hvar teil. Außer ihrer kroatischen Muttersprache spricht sie deutsch, englisch, französisch und italienisch.

Inhalt